普通高等教育"十二五"会计与财务管理专业规划教材

高级财务管理

（第二版）

主　编　田高良　赵栓文

西安交通大学出版社

XI'AN JIAOTONG UNIVERSITY PRESS

内 容 提 要

　　高级财务管理所讨论的内容是相对于中级财务管理和财务管理基础而言的，其所蕴涵的具体内容随着管理科学的发展、管理过程的更新及其财务事项的出现而不断变化。本书与传统的高级财务管理教科书有较大的不同，增加了许多新的内容，配备了相应的案例分析。书中内容包括：高级财务管理概述；企业财务战略概论；企业并购与重组；内部控制与风险管理；公司治理；无形资产投资与管理策略；纳税筹划；财务管理与企业资源计划；价值链管理研究；企业业绩评价；企业集团财务管理；中小企业财务管理；非营利组织财务管理；国际财务管理；和谐财务管理；行为财务学。

　　本书适合财经类专业大学本科高年级学生、研究生及实务界的朋友阅读。

普通高等教育"十二五"会计与财务管理专业规划教材

编写委员会

学术指导：杨宗昌

总 主 编：张俊瑞

编委委员（按姓氏笔画排序）：

田高良　冯均科　刘惠利　师　萍

张　禾　张华伦　张晓明　高晓林

徐焕章　贾宗武

策　　划：魏照民

总　　序

在"十一五"规划的开局之年,我国正式发布了经过多年酝酿和制定的企业会计准则体系,并从 2007 年 1 月 1 日起在上市公司范围内实施,也鼓励其他企业执行。与此同时,我国审计准则体系也正式发布实施。实施会计、审计准则体系,是实现我国会计、审计准则国际趋同,有效提高会计信息质量,进一步提升我国会计、审计整体水平所迈出的重要一步,是推进企业改革、促进资本市场发展、提高对外开放水平的一项基础性工程,是完善我国市场经济体制,推动企业实施"请进来"、"走出去"战略的重要举措,对于财政工作和会计行业贯彻落实科学发展观,确保经济又好又快发展和建设我国和谐社会具有非常重要的意义。

为了适应会计领域的这一重大变化,在教育部的领导下,西安交通大学出版社组织编写了这套普通高等教育"十一五"会计与财务管理专业规划教材。本套教材内容新颖,结构合理,体系科学,切合实际。

本系列教材由《基础会计学》、《中级财务会计》、《高级财务会计》、《成本会计学》、《管理会计学》、《审计学》、《财务报告分析》、《中级财务管理》、《高级财务管理》、《财务管理案例》和《会计学》(非会计学专业使用)共十一本组成。为了保证本系列教材的质量,各教材的主编均为西安交通大学等多家高校的教授或副教授,副主编也均为副教授以上的专家学者。

根据编写背景、编写思路和效果,该系列教材体现了以下几个方面的特点:

1. 新颖性和前瞻性。近年来,随着国际范围内会计准则的日益趋同、我国经济的持续高增长、大量中国企业的境外上市,对适应中国会计准则国际化以及精通国际会计、审计准则人才的需求越来越强烈。本系列教材主要根据我国新颁布实施的会计、审计准则体系的最新内容和要求编写而成,反映了会计理论与实务的国际发展现状和未来发展变化的趋势。

2. 科学性与先进性。本系列教材力求体现科学性与先进性。科学性要求教材阐释的内容应能体现该门课程的科学原理与核心知识,以使学生使用教材后掌握该课程内容和该学科知识体系,同时还要求编写手法符合人们认识客观规律和经济活动特点的现实,循序渐进,由表及里,由浅入深;先进性要求课程的内容完整,素材丰富,信息量大,做到把会计基本理论与经济现实紧密结合,把中国的经济发展与国际经济环境变化相结合,把本课程与其他相关课程以及本学科与其他相关学科的相关知识相结合。本系列教材在阐述各种会计原理和会计方法时坚持科学发展观,能够从理论的高度进行解释,充分引导学生从根本上理解、认知和掌握该原理和方法。

3. 全面性和通用性。本系列教材涵盖了会计、财务、审计等领域的主干课程。教材名目划分合理,符合读者的认知特点;教材内容全面,知识点丰富。每本教材均比较全面地阐述了该门课程的知识体系、要点、难点。为了便于教师教与学生学,每一章都配有富有概括性和启发性的本章要点、本章小结、关键术语、思考题和练习题,以帮助学生抓住要点,进一步消化所学内容,锻炼学生综合分析问题和解决问题的能力。另外,该系列教材语言精练,逻辑清晰,由浅入深,通俗易懂,即使那些会计、财务基础较低的学生也能比较容易地学懂并掌握。

基于该系列教材的以上特点,以及教材的编写和出版适逢会计规范变革之大好时机,社会上对最新的会计、财务专业教材的需求旺盛,因此,本人非常欣喜地看到本系列教材的出版。

是为序。

会计学教授、博士生导师

杨宗昌

2007 年 5 月 8 日

第二版前言

本书第一版于 2010 年付梓问世以来,已先后印刷两次,受到使用者好评。然而,近几年来,世界经济风云变幻莫测,美国经济复苏乏力,欧债危机一波三折,金砖国家风光不再,我国经济发展从 2012 年起出现大拐点,由高速换挡为中高速的新常态,国家推出全面深化改革和依法治国的重大决定,制定了"一带一路"(丝绸之路经济带和 21 世纪海上丝绸之路)的发展战略,这些因素均深刻影响着财务管理环境的变化,导致本书第一版相关内容过时。加之我们使用中发现一些小纰漏,以及同行们的建设性建议,激发我们修订本书。在此,我们对提出意见和建议的同行们表示最衷心的感谢!

本书第二版修订的内容主要有以下变化:

第一章:第二节重点解释了并购成本的内涵,并增加了并购风险的影响;删除了最优融资组合中的资本结构概念,重新界定了资本结构的含义。第三节中宏观财务管理环境部分增补了金融市场环境;修改了微观财务管理环境中相关内容,增添了第五个方面公司内部管理等内容。

第二章:第二节增添了行业中的竞争力量分析图、波士顿矩阵法、通用电气经营矩阵分析法,全面介绍了企业战略选择的常用方法。增添了第三节财务战略的制定程序等相关内容,将原来的第三节企业财务战略方案的设计与优选调整为第四节。

第三章:第二节增添了上市公司的壳资源理论。第三节增添了企业并购的成本分析、企业并购的风险分析和企业并购的协同效应分析。

第四章:第一节增添了 1994 年和 2004 年关于内部控制的相关理论。第二节增添了内部控制、风险管理、公司治理三者的关系介绍。

第五章:本章内容的三节标题分别修改为:第一节产权理论与公司治理;第二节公司治理的模式;第三节公司治理的效应与评价。第一节增添了公司治理结构框图;原第二节的部分内容合并到第一节。第三节重新编写了公司治理的效应与评价。

第六章:第一节和第二节替换和补充了较新的行业知识。第三节补充了品牌资产价值的评估方法和运用品牌资产价值评估应注意的问题等内容。本章课后补充了一些行业案例,充分介绍和分析了无形资产投资与管理策略在现实中的问题。

第七章:第一节重新界定了纳税筹划的概念及主要内容。第二节标题修改为纳税筹划技术。第四节重新界定了国际税收筹划的概念;关于国际税收筹划产生的客观因素增加了税收优惠的差别;国际避税的方法增加了利用电子商务避税,并详细介绍了国际反避税的具体措施。

第八章:第二节 ERP 对财务管理的影响中增添了成本核算更精确精细、风险防范更有效、预算管理更全面、资金管理更严格、财务分析更及时的内容。第三节增添了 ERP 在企业绩效考核中的应用等内容。

第九章:第一节增添了新的行业理论并补充了虚拟价值链和价值链会计的内容。第三节替换了价值链优化全部内容。第四节补充了平衡计分卡在价值链评价中应注意的问题。

第十章:第一节增添了业绩评价要素与程序等内容。

第十一章:第一节企业集团财务管理补充了新的行业内容,增加了企业集团的特征和企业集团的组织结构等内容。第三节增添了企业集团投资管理目标等内容。

第十二章:第一节修改了国家对于不同行业的中小企业概念的相关界定、中小企业的重要作用和地位的具体表现,增加了目前中小企业财务管理存在的主要问题。

第十三章:第一节增添了新的行业知识;关于非营利组织产生的背景增补了非营利组织产生的理论依据;非营利组织的作用增补了非营利组织是公共物品的重要提供者和政府权力的监督者。第二节关于非营利组织财务管理的特点第二条修改为资金渠道复杂并作了详细介绍。

第十四章:第一节对于相关概念进行了重新定义。第二节重新介绍了外汇风险管理程序和交易风险管理的内容。第四节增补了新知识并详细介绍了国际贸易筹资。第四节增加了国际直接投资的方式。

第十五章:指出了和谐的出处。

第十六章:第一节补充了早期行为财务学、心理行为财务学、财务行为财务学时期和行为财务学发展前景等新的内容,并予以详细介绍。第二节替换了全部内容。第四节关于资本市场上资产的价格补充了新的内容。

在此次修订时,田高良教授负责全书的修订组织工作及总纂、定稿。参与本书修订的还有西安交通大学访问学者姚江红、杨娜、宋粉鲜、师艳四位老师。具体分工如下:姚江红(第一、二、三、四章);杨娜(第五、六、七、八章);宋粉鲜(第九、十、十一、十二章);师艳(第十三、十四、十五、十六章)。

本书在修订过程中,广泛征求了任课教师的意见,但因时间紧迫,修订者学识有限,仍可能存在不足之处,希望再版后,广大读者和同仁们继续不吝赐教,以便我们后续进一步修改提高。

编　者

2015 年春于西安交大

第一版前言

进入 21 世纪,随着信息经济时代的悄然来临,全球经济一体化的日趋发展,金融市场的不断完善,资本市场的迅猛扩张,财务管理的核心地位日益突显,许多院校都设立了财务管理专业,开设了高级财务管理课程,以便培养急需的高级财务管理人才。目前,高级财务管理的内容体系尚未有统一的界定标准,我们根据多年的教学实践,并参考国内外诸多高级财务管理教材,编写了这本《高级财务管理》,希望对财经类专业的大学本科高年级学生、研究生及实务界朋友有所裨益。

本书是我们承担的普通高等教育"十一五"会计与财务管理专业规划教材之一,历经三年多的调查研究编写完成。全书共十六章,内容包括:高级财务管理概述;企业财务战略概论;企业并购与重组;内部控制与风险管理;公司治理;无形资产投资与管理策略;纳税筹划;财务管理与企业资源计划;价值链管理研究;企业业绩评价;企业集团财务管理;中小企业财务管理;非营利组织财务管理;国际财务管理;和谐财务管理;行为财务学。本书具有以下特点:

(1)设计内容新颖。本书根据近几年财务管理环境的重大变化,设计了企业并购与重组、内部控制与风险管理、公司治理、财务管理与企业资源计划、价值链管理研究、和谐财务管理、行为财务学等新的热点问题,有利于读者掌握财务管理研究的最新内容。

(2)习题案例丰富。为了便于教师教和学生学,我们在每章开始简要列出本章要点,每章结尾有本章小结、关键术语、思考题和案例分析,便于老师提纲挈领,把握重点,也便于学生领会内容,开拓思路。

(3)理论实务结合。在系统讲授高级财务管理理论的基础上,重视与实务问题的衔接。书中主要章节通过案例、例题说明理论在实务中的应用,尽可能做到理论落地,使理论讲解与实务探索紧密结合起来。

(4)全面重点兼顾。本书章节安排注重系统性,涵盖了高级财务管理应该讲授的全部内容,但在具体论述时突出了企业战略、企业并购与重组、内部控制与风险管理、价值链管理等重点内容。

本书由西安交通大学管理学院会计与财务系主任、博士生导师田高良副教授,西安财经学院会计学院理财系主任赵栓文教授担任主编,负责全书内容和章节体系设计;由西藏民族学院财经学院副院长秦国华副教授、西安石油大学管理学院庞明老师、西安财经学院会计学院余涛老师担任副主编,协助主编工作。本书第一、二、十一章由田高良副教授撰写,第三、十二章由赵栓文教授撰写,第四、八章由郑州大学车伟娜老师撰写,第五、六章由秦国华副教授撰写,第七章前三节、第十章由西安武警工程学院马广军老师撰写,第七章第四节、第十三和十四章由余涛老师撰写,第九、十六章由庞明老师撰写,第十五章由西安工程大学管理学院高民芳副教授撰写。在各章作者撰写的基础上,最后由田高良副教授、赵栓文教授对全书进行总纂定稿。本书部分章节是 2007 年国家自然科学基金项目(编号:70772110)和 2008 年教育部人文社科研究项目(编号:08JA630068)的阶段成果。本系列丛书的总主编西安交通大学管理学院副院长张俊瑞教授指导了本书的设计规划,西安交通大学出版社的魏照民编辑始终关注本书的撰写工作,西安交通大学管理学院的研究生刘韦韦、李超、罗春、杨双等参与了本书的校对工作,为本书提供了宝贵的修改意见,在此一并表示衷心的感谢。

在本书撰写过程中,我们参阅了国内外二十多本高级财务管理教材,发现各有千秋,但目前尚未有定型的、公认较为成熟的高级财务管理教材,加之我们水平所限,错误和问题在所难免,恳切期望财务理论与实务界同仁指正,欢迎读者批评,以帮助我们今后对本教材作进一步修订。

本书中引用了许多同行专家的重要文献,在此顺致谢忱。

编　者

2010 年 9 月

目　录

第一章 高级财务管理概述

本章要点

1. 高级财务管理的基本特征
2. 高级财务管理的理论框架
3. 财务管理决策与财务战略
4. 财务管理的环境
5. 财务管理的伦理道德

第一节 高级财务管理的界定

财务是指企事业单位资金及其活动。财务活动是企事业单位客观上存在着的聚财、用财、生财的活动,具体包括资金筹集、资金投放、资金营运、资金分配等环节,有时也将其称作财务行为。财务管理就是对这种财务活动或财务行为的管理,它直接表现为主观对客观的反作用,表现为财务主体对管理主体的主动行为,它赋予人们按照既定目标对财务活动实施控制和运作的天职,表现了人的主观能动性。高级财务管理是财务管理体系的重要组成部分,是就管理来论财务,体现财务管理的社会过程,立足于组织结构和治理环境,从实现企业战略目标、提高核心竞争能力的角度来诠释财务管理功能。

一、高级财务管理的基本特征

高级财务管理中的"高级"是一个相对的概念,它是相对于传统或者说中级财务管理和财务管理基础而言的,其所蕴涵的具体内容随着管理科学的发展、管理过程的更新及其财务事项的出现而不断变化。总体而言,高级财务管理的基本特征表现如下:

(一)从企业的股东价值到整体价值

财务目标是确定财务管理主体行为的目标和准则,在已往的多种财务目标取向中,企业着重于财务利润等财务价值目标,现在企业价值最大化目标成为现代企业财务目标的最好表述。企业价值不仅仅是股东财富的价值,而且考虑了股东在内的企业所有利益相关者。一个企业的利益相关者包括股东、债权人、员工、管理者、客户、供应商、社区、政府,甚至整个社会,而且企业整体价值的概念强调的不仅仅是单一的财物价值,而是在组织机构中财务、采购、生产、技术、市场营销、人力资源、产权运作等各方面整合的结果。

(二)从保障性到战略性财务管理

从目前的财务管理教材所阐述问题的逻辑思维分析,主要定位在特定企业发展阶段和特定组织结构模式下的财务投融资、财务控制与分析问题,其讨论的财务管理似乎与战略距离较远,可以说是一种战略保障性财务管理。现代财务在企业战略管理中应该发挥更为广阔、深远的作用,应该侧重于企业的长期发展和规划。现代财务管理的又一特征是全面的战略管理,实现价值最大化必须突出战略管理与财务管理的结合,战略的目标不再仅仅是获取竞争优势,而是获得企业整体价值的不断提高。

(三)从财务独立性到财务整合型管理

传统的企业管理与财务分析的思想无法满足企业整体价值最大化和战略管理的要求。传统的管理思维是把公司划分为不同的部门,突出职能分工和部门利益。然而企业管理的实践已经充分表明,比单一职能部门、单项管理顺利运作更为重要的是,把不同职能部门的功能、职责有效地整合起来。也就是说,不同的职能管理单项运作并不能保证公司整体功能的效率最大化。需要运用系统的财务思想整合企业管理,实现"财务管理是企业管理的中心"的基本命题。高级财务管理带来管理理念和方法的全面提升,它提供了一种与现代企业制度下法人治理结构相匹配的管理制度以及整合企业实物流程、资金周转和信息流的科学方法,建立确保战略实施并整合全方位、全过程、全员的管理体系。

(四)从结果导向性到过程控制性财务管理

在现代财务管理的研究中,主要研究财务管理如何获得成功,结果应该如何,如何反映结果。但却对如何面对逆境,如何使企业免遭损失重视不够。实践证明,由于理财环境的动荡和人们对未来认识能力的局限性,企业可能的奉献与损失是难免的,财务管理必须居安思危,防患于未然,把握企业财务失败的原因及预防措施,必须实现由结果控制向过程控制延伸的管理导向,必须在管理过程中,充分重视人的行为因素,重视全方位的内部控制,针对企业不断面临的危机或风险,及时反馈,加强沟通,制定对策,实施政策,引导行为,以规避风险或走出困境。

(五)从资金型管理到价值型管理

传统的财务管理关注股东价值最大化,以净利润或者股票价格的最大化来表现企业的成长和壮大,财务部门强调资金运营、资金筹措和资金投放以及资金的分配,财务管理工作呈现典型的资金管理特点。高级财务管理以企业价值最大化目标为出发点,以现金收益和风险的平衡发展为基本财务管理理念,强调财务分析技术和决策模型的量化财务管理方法,全方位对接发展战略,以落实财务战略为基础,改造组织体系,分析企业价值增长的驱动因素,将战略落实为具体的预算目标,并以预算管理、报告体系和预警机制为监控手段,通过资产组合和风险控制,保障企业的可持续增长,最后以相关的评价机制和激励机制来激励管理者和全体员工不断追求价值的最大化。

(六)从资产运营到资本运营

财务理论的发展除了受到财务学科本身特质、相关学科相互关联的影响外,越来越受到理财环境、经营模式和企业战略的复杂影响,当今世界经济的一体化趋势、跨国战略、购并浪潮、抵御区域性风险已经成为理财环境和企业关注的热点。资本运营成为企业实现全球战略的捷径,于是世界范围的兼并、重组浪潮风起云涌。在我国市场化改革的进程中,资本运营的功效同样得到了认可,通过跨地区、跨行业、跨所有制和跨国经营的大型企业集团在建立并壮大;通过改组、联合、兼并、租赁、承包经营和股份出售等形式,国有小企业不断焕发新的活力。事实上资本运营已成为我国实施战略性结构调整,改革国有企业的重要手段。随着资本运营活动在经济中的扩展与深入,与此相关的一系列属于基础性的困惑和问题逐渐暴露:资本为何交易?

谁在交易中起决定作用? 资本交易的依据又是什么? 运营后的效益如何评价? 这些问题必须由以资本、资产配置为内容,以企业价值最大化为财务管理目标的财务理论来描述和规范。现行财务理论体系关注资产管理和资金管理,关于资本运营的理论较为零散和随机。而当今现实已表明,资本运营是企业更高层次的资源重新配置方式,对它的长期关注和主动研究是企业价值增长的有效手段之一。

(七)从单一的财务主体到复杂的财务主体

不同企业组织是决定财务管理特征的主要因素。市场经济的发展与企业组织形态的多样化,要求财务管理必须关注不同规模、不同组织结构的企业财务管理行为。既要研究大型企业的一般财务问题,又要关注中小企业的特殊财务情况;既要分析单一组织结构的财务管理问题,又要特别研究多层组织结构(集团制)的集权与分权问题。

二、高级财务管理理论的基本框架

高级财务管理由于不同事项的变化而发生了上述七个方面的变化,但这些变化绝不是杂乱无章的理论堆积,它具有自身的逻辑主线和思想体系,并遵循财务管理的基本原理和固有方法,与现有的中级财务管理、财务管理基础相互补充,共同构成完整的财务管理科学与理论体系。

(一)企业财务战略概论

高级财务管理在这个方面关注的问题主要包括:什么是财务战略,它与公司经营战略的关系如何,如何在财务决策、控制与分析中注入战略思考,等等。市场的竞争与风险直接导致了对公司战略的需求。现代财务与战略管理的相互影响和渗透应该主要体现在三个方面:第一,在财务决策中必须注入战略思考,尤其是涉及企业长期财务决策的思考。第二,在使用评价方法时注入战略元素。第三,必须在日常财务控制、分析评价中注入战略元素。这部分内容将在第二章详细介绍。

(二)企业并购与重组

全球经济、市场正处于一体化进程之中,人们逐渐意识到,任何产品和服务都可能过剩,唯独土地和资本总是相对稀缺的。过去出资者只要依靠经营者利用规模经济、范围经济去开拓市场,进行产品经营,就能得到满意的收益,无须顾及资本的经营问题。而今,市场环境使出资者意识到,仅仅依靠公司经营者是不够的,自己也要以经营的观念、资本"经营者"的身份参与到产业的调整、市场的变动之中,这样才能得到与所拥有的资本稀缺性相匹配的收益。财务重组理论需要研究与资本运营活动相关的一系列基础问题。现实已表明,以战略重组为导向的财务资本运营是更高层次的资源配置方式,无论从经营目标、经营主体、经营内容和方式等诸多方面,都有别于商品经营,高级财务管理理论必须给予更多的关注。这部分内容将在第三章详细介绍。

(三)内部控制与风险管理

在市场经济条件下,我国企业作为自主经营、自负盈亏、自我约束和自我发展的市场主体,面临着日益多变的市场环境,随时都要面对各种风险,经受财务危机的考验,任何企业、任何时候均不可回避。如何对企业面临的风险进行管理并进行内部控制,从而在财务危机尚未到来之前就预先察觉其苗头,并提前告知管理者,以便尽早采取有效措施,消除危机隐患,已成为当前亟待解决的问题。这部分内容将在第四章详细介绍。

(四)公司治理

现代公司更多地被描述成一个治理结构,这种治理结构不再满足于古典企业中的一个生产函数就能描述其所有特征,大规模现代公司存在的一个必要条件是所有权与经营权分离,公司治理结构就是研究所有权与经营权分离条件下的"代理人"问题,如何降低代理成本是治理结构需要解决的核心问题。从这种意义上讲,公司治理结构也被定义为旨在降低交易成本的一种制度安排。公司治理结构经历了两种治理模式的变迁,一种是以股东利益最大化为终极目标的治理模式,另一种是全面考虑利益相关者利益的治理理论,现在两种治理结构趋同的发展趋势表明各个国家在实践中结合自身情况探索有效的公司治理机制是各国公司永恒的主题。这部分内容将在第五章详细介绍。

(五)无形资产投资与管理策略

无形资产指不具有实物形态,而主要以知识形态存在的重要经济资源,它是为其所有者和合法使用者提供某种权利、特权或优势的固定资产。它的内容广泛,按国际通行观点,一般包括知识产权、技术秘密、特许权和商誉等。

随着计算机技术的发展,计算机网络的出现,无形资产的价值也在逐渐地显露。与其他投资相比,无形资产投资有前瞻性、长期性、风险性、综合性、合法性、衍生性等特点,因此在投资的过程中必须正确、全面、连续地对投入的人、财、物进行核算,正确地衡量投入产出效益,减少浪费,提高工作效率和管理水平。这部分内容将在第六章详细介绍。

(六)纳税筹划

随着世界经济的迅猛发展,纳税筹划已越来越受到各国企业的重视,一些国家的政府对纳税人的纳税筹划行为给予认可和鼓励。随着我国社会主义法制的逐步健全和完善,政府机关和企业的法制观念也在不断增强。尤其随着我国税收环境的日渐改善和纳税人依法纳税意识的增强,纳税筹划已开始进入人们的生活,企业的纳税筹划欲望不断增强,筹划意识也在提高。不少企业已在利用自有资源或依托中介机构介入纳税筹划活动。这部分内容将在第七章详细介绍。

(七)财务管理与企业资源计划

企业资源计划(enterprise resource planning,ERP)具有强大的系统功能、灵活的应用环境和实时的控制能力,是制造业未来信息时代的一种管理信息系统。ERP是目前企业管理信息系统中十分流行的一种形式,大多数的ERP系统在全面解决企业的供销、财务、计划、质量、制造等核心业务问题方面均能起到良好的作用并产出效益。

ERP在财务管理中的应用主要是基于会计核算的数据,再加以分析,从而进行相应的预测、管理和控制活动。它侧重于财务计划、控制、分析和预测,强调事前计划、事中控制和事后反馈。然而,ERP系统中的财务管理模块已经完成了从事后财会信息的反映,到财务管理信息处理,再到多层次、一体化的财务管理支持。这种转变体现在,它吸收并内嵌了先进的财务管理实践,改善了企业会计核算和财务管理的业务流程。这部分内容将在第八章详细介绍。

(八)价值链管理研究

价值链的概念是20世纪80年代中期由美国学者迈克尔·波特在《竞争优势》一书中提出的。企业的每项生产经营活动都是创造价值的经营活动,价值链就是一个企业的众多与战略相关的活动组成的链条,是企业创造价值的动态过程。价值链管理的根本目的是使企业获得和保持竞争优势,应对日趋激烈的市场竞争,为动态环境下企业的战略、营销、财务管理等提供有力的理论依据和分析方法。

随着社会经济生活的发展,各种经济关系更为复杂,许多新问题、新矛盾层出不穷,企业管理的质量和水平面临着新的严峻挑战。价值链思想为企业的财务管理注入了新的活力,也为企业管理质量和水平的提高开辟了新的渠道。价值链分析将企业的价值运动和最终收益紧密结合,以顾客价值作为企业价值运动的核心。运用价值链分析思想,使企业的管理包括财务管理有了更坚实的基础,从而突破了传统管理思想的束缚,使管理的质量和水平大大提升。这部分内容将在第九章详细介绍。

(九)企业业绩评价

高级财务管理理论所涉及的业绩评价绝不是现行财务教材中介绍的财务报表分析。业绩评价的功能定位在三个方面:其一,是作为企业经营目标的具体化,反映企业战略目标、重点和要求,以此形成具有战略性、整体性、行为导向性的"战略绩效衡量",为经营决策选优提供标杆;其二,是通过业绩评价对企业各种活动、运营过程的透彻了解和准确把握,尤其形成对企业整体价值的影响方向与程度的正确判断,为企业进行财务战略性重组决策提供依据;其三,是通过有效的绩效评价体系,反映经营者、管理当局、员工的努力对于企业目标实现的贡献,并依据决定奖惩,作为公平的价值分享政策、薪酬计划的前提,以激发经营者、员工为企业目标而努力的积极性。这部分内容将在第十章详细介绍。

(十)企业组织与财务管理

财务管理的基础是企业组织形式,企业组织性质和特点决定企业目标及其相应的财务目标。高级财务管理理论摆脱股份公司的单一财务主体,同时关注非营利组织的财务管理和中小企业的特殊财务问题,并进一步研究多层组织结构(集团制)的财务控制与评价问题,并且研究了国际财务管理、和谐财务管理和行为财务学问题。这部分内容将在第十一章到第十六章详细介绍。

第二节　高级财务管理人员的角色与职责

高级财务管理人员应在公司担当重要的角色,履行相应的职责,主要包括确定财务目标、进行财务管理决策、制定财务战略和道德财务政策。

一、财务目标

(一)公司的主要财务目标

公司财务理论是建立在公司运营管理以公司所有者利益最大化这一假设基础上的,即公司财务理论建立在以普通股股东利益最大化为目标的基础上。为公司提供财务资源的各方包括:普通股股东、优先股股东、贷款提供方以及其他长期和短期信贷机构等。公司包括现金在内的一切,属于公司的法定所有者,即其普通股股东;任何留存收益均属于其权益所有者的未分配财富。

(二)价值的计量

公司的价值可以按以下三种方法计量:

1.持续经营基础

以资产负债表为基础,通过累计留存收益积累财富,留存收益为潜在的股利。

2.破产清算基础

只在公司面临破产时,或者在独立资产将被变现时采用此计量基础。

3.市价基础

以债券或股票的交易价格计量,此计量基础与公司的财务目标直接相关。股东的收益来自股利和股票市价的提高。

(三)其他财务目标

除收益目标、每股收益(EPS)和每股股利外,公司还有许多其他财务目标,见表1-1。

表1-1　　其他财务目标

杠杆限制	负债/权益不应超过1:1;财务成本不应超过营业利润的25%
留存收益	股利覆盖率(本年利润/股利)不应超过2.5倍
营业利润	营业目标利润:收益比率或最小资本收益率
现金产出	公司应留有足够维持运营的资金
价值增值	为股东增加的经济价值

(四)短期目标与长期目标

企业以股东利益最大化为长期目标,当企业的长期目标和短期目标存在冲突时,企业对短期目标的追求有可能会以牺牲长期目标为代价。比如为了节约成本提高短期利润,企业会减少研发投资,这会损害企业的长期盈利能力。正由于企业可能面临不同的长期财务目标和短期财务目标,才需要企业进行财务上的协调。

二、财务管理决策

为确保企业财务目标,财务经理需要对企业的投资、融资、股利分配、财务计划与控制和风险管理进行决策。在企业实际运营中,这些方面是相互联系不可分割的。另外还有同样重要的一个方面,财务经理必须负责就企业的财务政策和公司目标与企业内外部利益相关者进行沟通交流。

(一)投资决策

财务经理需要确认投资机会,进行评估并决策出最优的资源分配方案。投资决策可能是在公司内部开展新项目,也可能是对外部企业进行并购,还可能是将本企业的一部分售出。财务经理必须依据企业的整体战略,如内部增长或外部扩张,进行财务决策。

1.并购增长

企业并购应使企业的长期利润和短期利润得到提高。并购为企业提供了一条迅速进入市场的通道,并购使企业以比内部建设更少的投资、更快的速度建立起一定的市场份额,从这点上讲,并购不失为一条成本低廉、快速发展的捷径。但同时,并购也存在着其特有的缺陷,并购带来的企业突然增长很可能导致企业消化不良、文化冲突、交流不畅、政策混乱以及员工对企业和产品的认同感下降等问题,不容忽视。

在采取并购战略时,还需要仔细评估以下方面:

(1)行业技术变化的前景。

(2)竞争者的规模与实力。

（3）竞争者对并购的反应。

（4）行业的状况及其长远前景。

（5）并购带来的协同效应。

唯有当并购企业能够为企业带来其内部发展所不能带来的机遇并且能够紧密适应企业未来发展战略时，外部并购才可能成为成功的发展战略。

2. 内部增长

内部增长需要企业提供现金，而外部并购可以通过与其他企业换股实现。内部增长战略的实施还需要考虑以下因素：

（1）公司须有足够资金，可能主要来自留存收益，公司应该知道可以支持多少支出，不能因为希望迅速增长而导致过度扩张。

（2）公司可以利用其现有人员和系统开展新项目。这可以为员工提供新的职业机会；相反，并购需要公司购买并吸收被购企业的员工。

（3）跟外部并购相比，整体扩张可以更合理地统筹规划。例如，公司在建设新工厂时可以自主选址（如建在离其他配套工厂较近的地方，降低运输成本），但并购中公司只能接受现有工厂。

（4）通过更有效地使用公司总部的部门，如融资部、采购部、人事部和管理服务可以达到规模经济；而在并购中，其他公司的总部也一起被并入企业，导致了规模效益下降，冗余成本增加。

3. 并购与内部增长的对比

一般来说，并购可能只是当企业内部增长无法达到预期目标时的选择。内部增长需要很长的时间，而并购可以一次性地将建设完备的全套供产销线吸纳入企业。另外，若买卖双方愿意通过换股实现，那么并购可以不需要资金。然而，外部买入的确存在战略问题：

（1）并购成本过高。并购成本不只是一个普通的财务成本概念，而是由此发生的一系列代价的总和。它除了包括并购完成成本和并购整合成本以外，有时还会受制于目标公司的董事会，有时还可能受制于政府反垄断条例。

（2）并购过程中突发事件的发生。

（3）并购压力过大。

（4）并购风险的影响。企业并购是一种具有高风险的经营活动，因此应该重视并购过程中的各种风险，如：融资风险、营运风险、信息风险、技术风险、反收购风险、法律风险、体制风险等。除上述几种风险以外，还有管理者当局制订的并购决策方案可能遭受股东大会否决的决策风险；并购方股东的股权比例可能少于目标企业股东在新设企业中的股权比例的控制风险等。总之，并购的风险非常复杂和广泛，企业应谨慎看待，尽量避免风险，将风险消除在并购的各个环节中，最终实现并购的成功。

（二）融资决策

融资决策包括长期融资决策（资本结构层面）和短期融资决策（运营资本层面）。财务经理需要决定长期融资的来源、成本以及可能的风险；而在考虑短期融资时盈利能力和流动性必须兼顾。

1. 资金来源

长期资金有以下来源：

(1)新发行股票、优先股、债券或贷款。

(2)留存收益。

(3)银行借款(中期借款)。

其中留存收益是长期融资的主要来源。其他长期融资来源还有政府援助、风险投资。

2.最优融资组合

资本结构有广义和狭义之分。广义的资本结构是指企业全部资本价值的构成及其比例关系,它不仅包括长期资本,还包括短期资金。狭义的资本结构则指企业各种长期资金筹集来源的构成及其比例关系,尤其是指长期的债权资本与权益资本的构成及其比例关系。考虑到短期资金的需要量和筹集经常变化,且在整个资金总量中所占比重不稳定,短期资金一般不列入狭义的资本结构管理范围。

3.最优融资组合的决定因素

传统观点认为,存在资本与负债的最优比率使公司的平均资本成本最低,然而莫迪利亚尼(Modigliani)和米勒(Miller)认为公司的加权资本成本不会受公司资本结构的影响,他们认为发行债务性资本会使公司权益性资本成本增加从而抵消了债务所带来的收益(债务性资本成本低于权益性资本成本)。个人投资者会自行调节其个人杠杆系数,因此公司所作的杠杆调节其实起不到什么作用。

在确定融资组合时,需要考虑以下因素:

(1)纳税影响:融资组合对公司纳税的影响,融资来源如何使公司合理避税。

(2)委托代理效应:当进行融资选择时,不同的杠杆系数会吸引不同的投资者购买公司股票。

(3)破产风险:高负债水平会带来高破产风险,公司需要衡量负债所带来的好处与风险。

(4)信号效应:一些投资者将公司发行债券视为董事会对未来公司现金流量充满信心的标志。

(5)控制权:董事和股东可能不愿意接受由外部融资带来的控制权稀释。当对外发行新股时,现有公司股东的控制权将被稀释,若公司为上市公司,也可能因此需要接受更多的管制;抵押贷款会限制公司处置资产的能力,而可转换债券会限制公司整体处置资产的能力或股利的发放。

4.战略现金流规划

公司为了生存,必须有足够的现金流维持运营。现金流规划在战略层面上,类似于现金预算,但它同现金预算还有一定的差异。首先,现金流规划的未来时间较长;其次,未来现金流入流出的不确定性比现金预算大;再次,公司应该可以对未曾预见到的现金流需求作出反应;最后,公司的现金流规划应该与公司的股利政策和融资结构相匹配。

战略现金流规划就是要力图维持以下两方面的平衡:

①制造与销售商在发展初级阶段需要好产品。

②制造与销售能为公司带来高额利润和稳定现金流入的成熟产品。

当公司现金富余时,可以进行投资,通常为短期投资,如进入资金市场,以此赚取利息收入。然而对那些不提供融资服务或银行业务的公司,其富余资金可以进行投资,如投资新项目或者购买新公司,或者用来发放股利,或者用来回购公司股份等。

战略基金管理是现金流规划的延伸,其任务是衡量公司克服无法预料的现金流困难的能

力,辨认公司的三类资产:

①支持公司核心经营的资产。任何公司都有其一个或几个核心经营业务,公司战略应该首先确保其有足够的资金支持核心业务的发展。

②非核心资产,可以在短期内被处置变现的资产,通常为存在市场的短期投资。

③非核心资产,可以被处置变现的资产,尽管变现的时间和数量可能不确定。这些资产包括长期投资(如持有其他公司的股票);经营公司"周边业务"的子公司;土地和建筑物。

如果事前不可预见的事件威胁到公司的现金流状况,公司可以通过调节营运资金(如:减少存货和应收账款、增加应付账款、提高银行透支额度)或改变股利政策来应对威胁。

5.财务控制

战略计划与控制是"确定组织目标,目标变更,实现目标的资源配置,以及获取资源政策的一系列决策过程";战术管理或者管理控制是"管理者确保获取资源并充分有效利用资源以实现组织目标的过程";运营管理是"确保具体的任务有效完成的过程"。表1-2是三个层面的举例。

表1-2　三个层面的举例

	投资	融资	股利
战略层面	选择市场与产品 确定盈利水平 购买基本固定资产	目标负债/权益组合	资本增长或高股利回报
战术层面	购买其他非基本固定资产 节约并且有效地利用资源 定价策略	选择租赁还是购买	选择配股还是现金股利
运营层面	营运资本管理	营运资本管理	N/A

(三)与利益相关者的沟通政策

财务战略的成功与否也取决于公司能否与利益相关者进行沟通并取得支持。企业的利益相关者包括如下:

(1)内部——管理者、雇员。

(2)外部——政府、当地社区。

(3)有联系者——股东、银行、顾客、供应商。

利益相关者实现其目标的行为会影响到公司的战略。利益相关者的权利越大,其影响力也越大。公司目标的利益相关者观点认为公司中存在多方的利益。股民拥有企业,但是还有供应商、管理者、员工和客户等利益相关者。每一类利益相关者都有自己在公司中的特定利益。管理层在制定战略时需要考虑到来自非股东利益相关者的压力。西尔特(Cyert)和马奇(March)的组织目标共识理论认为管理者运营公司但是并不拥有公司,组织没有目标,只有人才有目标,而公司的管理者不一定会制定公司的目标,但是可能会制定适合自己偏好的目标。然而,组织的目标最终是以股票所有者、管理者、员工、供应商、客户和社会大众这些持不同观点的利益所有者达成一致而制定的。这一点同利益相关者所持的组织目标由管理者所制定是不同的。

三、财务战略

战略是为达成目标的一系列行动,由于目标不同,战略可以是长期的,也可以是短期的。确定要实施的战略,首先需要确定要达到的目标。而财务战略又决定了公司实现其他既定目标的方法。其中,融资管理是财务战略的一个重要组成部分。长期财务战略是公司整体战略中的一个组成部分,它与投资战略、生产战略、营销战略具有同等重要的地位。财务战略由一系列的年度计划和盈利计划构成。而短期财务计划是长期财务计划的有效补充,短期财务计划主要侧重公司融资来源的管理,其目标是管理公司的流动资产和流动负债,以使风险和收益平衡。过多地投资于流动资产会降低盈利能力,而太少地投资则会导致公司偿债能力下降,这两者都会降低公司的整体价值。

有效管理公司融资来源的方法是制定一系列的年度现金预算,以此反映公司的现金流入和流出状况。现金预算是评估公司短期现金需求和过剩的有效方法,如果预计现金短缺,公司将采取有效手段进行融资,一般是发行短期货币市场票据;而当公司预计产生现金过剩,相应地也会在短期货币市场上进行投资。

四、道德财务政策

道德、福利、后勤服务和社会责任等非财务目标对公司也是具有重要作用的,管理者不可忽视这些因素的重要影响。道德问题涉及公司管理层对公司的利益相关者的损害,比如性别、年龄、种族歧视、哄抬物价或者故意压低买价、破坏环境、逃税等。公司制定财务政策时必须考虑到以上因素,并且其财务政策的执行必须得到密切监督。为了道德目标,财务政策必须作出妥协。

道德财务政策在许多发展中国家得到了支持,投资者更愿意投资在那些存在道德政策的公司,消费者也更愿意购买有社会责任感的公司的商品,员工也更愿意就职在声誉好的企业。道德框架一般由以下几点构成:

(1)正直诚实。公司成员应该在所有专业的和商业的关系中保持正直诚实。

(2)客观公正。公司成员不能存在偏见、利益冲突或者受他人影响。

(3)尽职尽责。公司成员在提供职业服务中必须尽职尽责并且符合职业水平要求。

(4)保守秘密。公司及其成员应遵守行业保密协议。

(5)行为规范。公司成员应当遵纪守法不使行业声誉受损。

具体内容将在本章第四节作详细阐述。

第三节　财务管理环境

一、生存能力与环境风险

对不可再生资源的过度使用和对环境有害的生产方法的采用,已经威胁到后代的生存与发展。公司利益相关各方已经逐步意识到所面临的问题,并开始考虑公司的长期生存能力。生存能力,即指在环境、社会与经济三者中维持平衡的发展理念。

在过去,企业生产经常会产生危害环境的问题,生产与环境似乎总是矛盾的。现如今,随着绿色生产方法的使用,这一问题已得到不断缓解。环保问题在公司实务中产生了直接和间接的影响:环境的变化影响到公司资源的获取,对需求产生了重要影响,对不同竞争者的竞争实力也产生了影响。另外,环境法规的改变也对公司所处的环境造成了影响。现在,越来越多的公司向其外部利益相关者发布环境报告。环境报告的内容包括:

(1)公司的行为及其对环境的影响。

(2)公司的环保目标。

(3)公司为监控并达到其环保目标所采取的方法。

(4)对完成环保目标程度的评价机制。

(5)独立确认声明。

公司开始意识到拥有环境政策的好处:可以降低管理层风险,激励员工,还可以提高企业的声誉。许多人开始认为环境政策有利于公司长期盈利能力的提高。随着公司的利益相关者对企业环保期望的提高,企业面临不断增加的压力。同时,企业也面临不断提高的社会责任要求。

二、环境责任与环境审计

环境责任包括洪水风险控制、浪费管理、污染控制以及空气质量管理。环境审计与三重底线会计旨在评估经济、社会环境对企业的影响。

(一)环境责任

各国都在加强对环境的保护,欧盟发布了绿色报告敦促企业自愿对社会、对环保事业作贡献,我国也正致力于采取措施,减排增效,保护环境。美国推动了全球报告草案的拟订,草案建立了一套上自CEO的公司愿景与战略,下自绩效指标对经济、社会与环境的评估与独立检验。评估与独立检验技术十分重要,它可以防止公司虚报环境绩效。

弗兰克·柯克(Frank Kirken)在《管理会计》(1996年2月)中认为,会计作为信息的提供者,可以提供公司对环境的影响及结果的报告。环境管理会计的目标有:

1.生态平衡

公司可以确认其所使用的原材料及其排出的废物、噪音等,这些可以被赋予名义价值,可以把这些认定为社会成本。

2.节能技术

节能技术在生产环节的使用可以减少浪费,浪费最小化的评估可以直接为公司带来经济效益。

3.公司负债

公司可能因为破坏环境而面临诉讼,在风险评估中,这需要被记录为负债,并成为项目评估与风险的衡量因素。

4.绩效考评

绩效考评时,应将降低污染列于其中。

5.生命周期评估

测评产品的整体环境影响,从原材料的使用、能源的耗用,到废弃的处置。通过这种评估,产品构成生态影响的部分可以被追踪到并可能解决其生态问题。

6.预算计划与控制系统

在环境问题上,预算计划与控制系统可以被用来进行差异分析。

(二)环境审计

环境审计是对公司环境政策的审计。审计人员需要确认公司的环境政策是否满足了公司关键利益相关者的要求，符合法规要求及地方规定。环境问题对公司报告的影响反映在其环境负债上，未列在财务报表上的可能的环境负债会影响到企业未来的盈利能力。环境问题所能带来的负债将是巨大的，并随之带来技术更新以及对环境的重视。

引起环境负债的案例比比皆是：石油泄漏、水体污染、厂址改建搬迁、根据新法规对化工厂的搬迁以及废弃排放。相比较一般行业，有些行业更容易产生环境污染，如化工、石油、制药、采矿冶金等。

三重底线报告是指对财务结果、环境质量和社会责任进行的外部报告。为了评价公司的真实绩效与风险，必须从经济、社会、环境三方面进行评估，如图1-1所示。

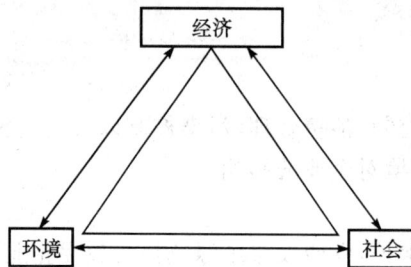

图1-1　决策中的三重底线

三重底线的决策方式确保了经济发展不以牺牲环境和社会为代价，可以使公司更好地进行风险评估，提高决策效果，吸引保留人才。对三重底线的批评在于其所推行的思想在实际上和理念上是否可行，对其执行过程及方法还需要进一步探讨。

三、财务管理环境概述

(一)财务管理环境的分类

系统论认为，环境是在被研究系统之外的，但是对被研究的系统有一定影响作用的一切系统的总和。环境具有相对性，即某一系统的环境往往是其他的系统，财务管理也一样。如果将财务管理作为一个系统来研究，那么它所处的环境就是财务管理以外的对它有影响作用的一切系统的总和。比如公司所处的行业、市场状况、国家的行政法规等都属于财务管理系统的环境。

既然财务管理环境是个多层次多方位的复杂系统，我们就要对其进行分类，以弄清其在财务管理中的作用和地位，并采取相应战略。

(1)按照大环境划分，财务管理环境分为宏观财务管理环境和微观财务管理环境。

宏观财务管理环境是指各种宏观因素，比如国家的政策法规、金融市场的状况、经济发展的水平、世界经济的格局以及自然环境、社会环境等，这些因素对企业的财务管理有着重要影响。一般而言，宏观环境对各类企业的财务管理均有影响。

微观财务管理环境是指对财务管理有重要影响的各种微观因素，如企业格局、产品销售的市场状况、资源供应情况等。微观环境的变化一般只对特定的企业财务管理产生影响。

(2)按照财务管理环境与企业的关系划分,财务管理环境分为内部财务管理环境和外部财务管理环境。

内部财务管理环境是指企业内部影响财务管理的各种因素,如企业的领导层战略、生产情况、机构分布、组织结构等。相对外部管理环境而言,内部管理环境比较容易把握,可以找到现成的资料进行分析。

外部管理环境则指企业外部的能够影响到企业财务管理的各种因素,包括社会环境、政策法规等上文提到的宏观环境以及企业资源供应等微观环境。企业的外部管理环境较为复杂,一般不易于把握。

(3)按照环境的变化情况划分,财务管理环境分为静态财务管理环境和动态财务管理环境。

静态财务管理环境是指那些处于相对稳定状态的影响财务管理的各项因素。这些因素的稳定性高,不容易变化,容易预见到,它对财务管理的影响程度也相对平衡,起伏不大。一般而言,认清这些静态财务管理的环境后,无需经常予以调整、研究,而是作为已知条件来对待。

动态财务管理环境是指那些处在不断发展变化中的影响财务管理的各种因素。从长远观点来看,财务管理环境都是发展变化的,都是变化状态下的财务管理环境。这里所谓的财务管理环境,指那些变化性强的、预见性差的财务管理环境部分。在市场中,产品的销售数量、价格以及资金市场上的利率、国际市场上的汇率等都是影响财务管理的因素,属于动态财务管理环境。在财务管理中,我们应当着重分析那些动态的、变化着的财务管理环境,并采取相应对策,抓住机遇,提高对财务管理环境的适应能力和应变能力,为企业创造更大的价值,同时兼顾社会价值和环境因素。

(二)宏观财务管理环境

财务管理的宏观环境十分复杂,包括经济、政治、法律、社会文化、自然环境以及科学技术等。

1.经济环境

财务管理的经济环境是指影响到企业财务管理的各种经济因素,如经济周期、经济发展水平、经济体制等。

(1)宏观经济发展水平。财务管理的发展和企业所处的经济环境中的经济发展水平密切相关。经济发展水平越高,财务管理水平的要求也就越高。相反,经济发展水平越低,对财务管理水平的要求也就越低。经济发展水平是一个相对的概念,在世界范围内说明各个国家所处的经济发展阶段和他们目前的经济发展水平是件相当困难的事情。所以我们也只能按照常用理念,把不同的国家分别归于发达国家、发展中国家和不发达国家三大类,并以此说明经济发展水平对财务管理的影响。

发达国家经历了较长时间的资本主义经济发展过程,资本的集中和垄断已达到了相当高的程度,经济发展水平在世界上处于领先地位,这些国家的财务管理水平比较高。

发展中国家的经济水平不是很高,但都处在发展过程中。目前来看,这类国家的经济具有以下特征:基础较为薄弱、发展速度较快、经济政策变更频繁、国际交往日益增多。这类国家的经济特征一般表现为以农业为主要经济部门,工业特别是加工工业很不发达,企业规模小,组织结构简单,这就决定了这些国家的财务管理呈现水平很低、发展较慢、作用不能很好发挥等特征。

（2）宏观经济周期。在市场经济中，经济不会长时间地增长或衰退，而是在波动中前进，这一循环过程称为经济周期。由于经济周期的波动性，企业财务管理也应在战略制定中考虑到周期性的因素。在萧条阶段，由于整个宏观经济的不景气，企业会处在紧缩状态中，投资量减少，产品和销售量降低，资金的预算会不甚精确，有时资金紧缺，有时资金限制。而在繁荣阶段，由于市场需求旺盛，销售幅度提高，企业为了扩大生产，就需提高投资来购买原材料、机械设备、雇用员工。企业的这种需求对财务人员提出的要求就是要能够具有及时筹措资金的能力。财务人员能够预计这种波动性，准确掌握经济变化情况，适当调整企业财务政策。

（3）宏观经济体制。经济体制是指对有限资源进行配置而制定并执行决策的各种机制。典型的经济体制有计划经济体制和市场经济体制两种。

在计划经济体制下，企业财务管理的权利比较小，企业的筹资权、投资权都归高层决策单位，企业只有执行权，而无决策权，这样，财务管理的内容比较单一，财务管理的方法比较简单。

在市场经济体制下，企业筹资、投资的权利归企业所有，企业必须根据自身的条件和外部环境作用作出各种各样的财务决策并组织实施，因此，财务管理的内容比较丰富，方法比较复杂，财务管理的发展水平较高。

（4）具体的经济因素。除以上几点因素外，一些具体的经济因素发生变化也会对企业财务管理产生重要影响。这些因素包括：通货膨胀、利息率、外汇汇率、金融市场、金融机构的完善程度、金融政策、财税政策、产业政策、对外经济政策及其他相关因素。这些因素的变化都会对企业的财务管理产生明显的影响。

2. 法律环境

财务管理的法律环境是指影响财务管理的各种法律因素。法律是体现统治阶级意志，由国家制定或认可，并以国家强制力保证实施的行为规范的总和。广义的法律包括各种法律、规定和制度。财务管理作为一种社会行为，必然要受到法律规范的约束。按照法规对财务管理内容的影响情况，可以把法规分为以下几类：

（1）影响企业收益分配的各种法规。企业在进行收益分配时，必须遵守有关法规的规定。这方面的法规包括：税法、公司法、企业法、企业财务通则、企业财务制度、企业会计准则等。这些法规都从不同方面对企业收益分配进行了规范。

（2）影响企业融资的各种法规。企业融资是在特定的法律约束下进行的。影响企业融资的法规主要有公司法、证券法、金融法、证券交易法、合同法、企业财务通则、企业财务制度等。这些法规可以从不同层面规范或制约企业的融资活动。

（3）影响企业投资的各种法规。企业在投资时，必须遵守有关法规的规定。这方面的法规包括：企业法、公司法、企业财务通则、证券交易法等。这些法规可以从不同方面规范或制约企业的投资活动。

3. 金融市场环境

金融市场环境是公司财务管理活动的最重要的外部环境，对公司筹资决策和投资决策等有着举足轻重的作用。金融市场包括资金市场、外汇市场和黄金市场，而资金市场又分为货币市场和资本市场。金融市场是资金的融通场所，是资金的供应者和资金需求者双方通过金融工具，在金融交易场所进行交易而融通资金的市场。资金的取得与投放都与金融市场密不可分，熟悉金融市场的类型和管理规则，可以让财务人员有效地组织资金的筹集和资本的投资活动。

金融市场的种类很多,见图1-2。

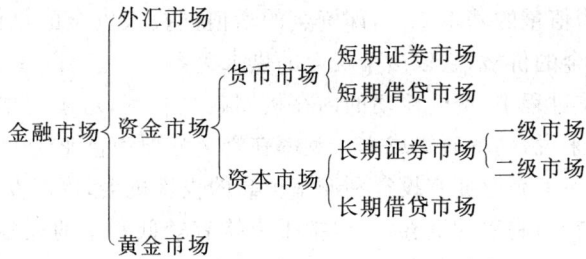

图1-2　金融市场的基本类型

金融市场是金融中介,能起到调节资金的作用。首先金融市场为公司提供了多种融资渠道,公司通过比较评估,可以选择最佳的筹资渠道和筹资方式,以达到筹资成本最低的目的。其次,金融市场也是公司的投资场所,公司可以根据金融市场各种金融产品的收益状况,选择不同的金融产品进行投资,以提高资金的使用效益,实现最大的投资收益。

(1)金融市场与企业财务活动。

金融市场对公司理财的影响主要体现在:①为企业筹资和投资提供场所。金融市场的基本功能是融通资金。它提供一个场所,将资金提供者手中的富余资金转移到那些资金需求者手中。金融市场上存在着各种筹资方式,企业需要资金时,可以到金融市场上选择合适的筹资方式筹集资金;当企业有多余的资金时,可以到金融市场选择灵活多样的投资方式。②企业可以通过金融市场实现长短期资金的转化。长期债券、远期汇票、股票等,可以在金融市场中出售或贴现变为现金,同样的,短期资金也可以在金融市场中变为股票或长期债券等长期资产。③金融市场为企业财务活动节约信息成本。如果没有金融市场,每一个资金需求者寻找合适的资金供应者,或者每一个资金提供者寻找合适的资金需要者,其信息成本是非常高的。完善的金融市场中的利率变动、金融资产价格的变动等,都反映了资金的供求状况、发行股票及债券公司的经营状况和盈利水平,节约了寻找资金投资对象的成本和评估金融资产投资价值的成本。

(2)金融机构。

金融机构主要包括银行金融机构和非银行金融机构。银行是指经营存款、放款、汇兑、储蓄等金融业务,承担信用中介的金融机构。我国银行除中央银行(即中国人民银行)外,还有工商银行、农业银行、中国银行、建设银行、交通银行、招商银行、光大银行、上海银行、浦东发展银行、广东发展银行等。非银行金融机构主要有保险公司、基金公司、金融公司、证券机构等。

(3)金融工具。

金融工具是资金供应者将资金转移给资金需求者的凭证和证明。金融工具按发行和流通的场所,划分为货币市场证券和资本市场证券。

①货币市场证券。货币市场证券主要包括商业本票、银行承兑汇票、国库券、银行同业拆借、短期债券等。货币市场证券属于短期金融工具,具有期限短、流动性强和风险小等特征。

②资本市场证券。资本市场证券主要包括普通股、优先股、长期公司债券、国债、衍生金融工具等。与货币市场相比,资本市场证券的期限长(大于1年),利率或要求的报酬率较高,其风险也较大,主要功能是进行长期资金的融通。

（4）利率构成。

利率是衡量资本增值量的基本单位，即资金的增值同投入资金的价值之比。从资金的借贷关系来看，利率是资金的价格，它取决于资金的供求关系。

在金融市场的运作过程中，资金流动的内在机制就是利率，对于资本供应者来说，利率是收益，对于资本需求者来说，利率属于成本。利率在资金分配和企业或个人作出财务决策中起着重要的作用。例如，一家企业拥有投资利润率很高的投资机会，可以发行较高利率的证券吸引资金，投资者发现有较高利率的证券，可以把手中持有较低利率的证券卖掉，购买较高利率的证券，资金将从低利率投资项目不断向高利率投资项目转移。

在金融市场中，利率主要由以下五个方面构成：

①纯利率。纯利率是指没有通货膨胀、没有风险条件下的均衡利率。纯利率的大小取决于资金的供求情况。

②通货膨胀贴补率。通货膨胀贴补率也叫通货膨胀贴水。持续的通货膨胀会不断降低货币的实际购买力，对投资项目的投资报酬率也会产生影响。资金的提供者在通货膨胀的情况下，必然要求提高利率水平以补偿购买力下降造成的损失。

③违约风险贴补率。违约风险是指借款人无法按时支付利息或偿还本金而给投资人带来的风险。违约风险贴补率是指债券人为了弥补违约风险所要求提高的利率。违约风险贴补率大小取决于债务人的信用程度。信用程度高，违约的可能性就小，债权人要求的违约风险补贴就较低；反之，信用程度差，违约的可能性就大，债权人要求的违约风险补贴就高。国库券等政府发行的债券，可以视为没有违约风险，其利率一般较低，企业债券的违约风险要根据企业的信用程度来定。

④变现风险贴补率。变现风险贴补率是指为了弥补所持有的金融资产变现能力不足所要求提高的利率。金融资产的变现能力取决于发行人的资产流动能力、营运能力、信誉等。政府债券、大公司的股票与债券，由于信用好、变现能力强，因此流动性风险小，而一些不知名的中小企业发行的证券，则流动性风险较大。

⑤到期风险贴补率。到期风险贴补率是指资金提供者在让渡资金使用权期间，期限越长，资金使用者承受的不确定因素越多，面临利率变动的风险也越大，为了补偿这种风险所要求的补偿利率。

因此，利率的构成可以用以下公式概括：

利率＝纯利率＋通货膨胀补偿率＋违约风险贴补率＋变现风险贴补率＋到期风险贴补率

4. 社会文化环境

社会文化环境包括教育、科学、文学、艺术、新闻出版、广播电视、卫生体育以及理想、道德、信念等理念。企业财务管理作为人类的一种社会实践，必然受到社会文化的影响，而社会文化的各个方面，对财务管理的影响程度是不尽相同的，有的具有直接影响，有的可能是间接影响；有的影响比较明显，有的影响微乎其微。

（三）微观财务管理环境

微观财务管理环境也包括许多内容，如企业组织形式和资本实力、市场状况、生产情况、材料采购情况等。

1. 企业组织形式和资本实力

企业是市场的主体，不同类型的企业的财务组织和财务管理方式也不相同。企业的财务组织及其职责取决于企业的组织形式。按照企业资本金的构成,企业组织有以下三种形式:个人独资企业、合伙企业、公司制企业(《中华人民共和国公司法》规定的公司只包括有限责任公司和股份有限公司两种)。

独资企业的理财比较简单,主要是利用业主自己的资金和供应商提供的商业信用。因为信用有限,独资企业利用借款筹资的能力亦相当有限,银行和其他人都不太愿意借钱给独资企业。独资企业业主抽回资金也比较容易,无法律限制。

合伙企业的资金来源和信用能力比独资企业有所增加,收益分配也更复杂,因此,合伙企业的财务管理比独资企业复杂得多。

公司引起的财务问题最多,公司不仅要争取获得最大的利润,而且要争取使公司价值增加。公司的资金来源多种多样,筹资方式也有很多,需要进行认真的分析选择。公司的盈余分配也不像独资企业和合伙企业那样简单,而是要考虑公司内部和外部的各项因素。

2. 市场环境

每个企业所面临的不同的市场环境也会影响和制约企业的理财行为。构成市场环境的要素主要有两项:一是参加市场交易的生产者和消费者的数量;二是参加市场交易的商品的差异程度。一般而言,参加市场交易生产者和消费者的数量越多,竞争越大;反之,竞争越小。参加市场交易的商品的差异程度越小,竞争程度越大;反之,竞争程度越小。

3. 采购环境

采购环境又称为物资来源环境,对企业的财务管理影响也很大。若按来源稳定程度划分,企业的采购环境可以分为稳定来源型和不稳定来源型。在稳定来源型中,企业可采取少存储少占用资金的战略,而在不稳定来源型中企业则需要大量存储,占用较多资金。另外,按照采购环境的价格可以分为价格上涨型和下降型。在上涨型的环境中,企业需要提前采购,以防止价格上涨造成的损失,这需要投入较多的资金;而在下降型的环境中则需要尽量推后采购,以节约采购成本,也可在存货上尽量减少资金占用。

4. 生产环境

不同的生产企业和服务企业具有不同的生产环境,对企业的财务管理影响很重要。比如说高技术型企业对设备要求较高,那么在长期投资上的要求就比较高;而劳动密集型的企业则相反,企业可以较多地利用短期资金,而不需在长期资产上投资较多。

世界是由相互联系的事物组成的,正是事物之间的相互作用和相互影响促成了世界的发展与变化。通过对财务管理环境的研究,可以使我们正确全面地认识财务管理的历史规律,掌握财务管理的发展趋势,找到影响财务管理的各种因素,因地制宜地进行财务管理工作,尽快建立起适应市场发展需要的财务管理体系。所以,研究财务管理环境,将推动整个财务管理理论真正朝着与市场经济相结合的方向发展。

5. 公司内部管理

公司内部对财务管理环境的影响环境,主要有公司治理、公司组织结构、财务机构的设置等方面。

(1)公司治理。

尽管财务管理属于公司管理范畴,但公司治理影响公司管理,从而影响公司财务管理。不同治理结构和治理效果的公司,财务活动受管理层的影响不同。公司财务管理的目标是实现股东财富的最大化,但当公司的控制权实质上掌握在管理层手中时,管理层利益与股东利益不一致,管理层就可能利用其控制权干预财务管理活动,如管理层的期权计划等,使其自身利益最大化,而损害了股东利益。

所以,对于一个公司治理效果好的公司,财务活动能够正常开展,有利于保证财务决策和财务管理活动围绕着股东财富最大化的目标进行。相反,对于一个公司治理效果差的公司,财务人员财务决策可能受到干扰,从而影响了股东财富最大化目标的实现。一般来说,在上市公司中,通过设立独立董事、审计委员会等机构来提高公司治理效果,以保障股东利益。

(2)公司组织结构。

公司的组织结构也会影响公司的财务管理活动。公司组织结构是否科学合理,是否适应公司面临的具体环境,直接影响公司对市场反应的灵敏程度。当财务管理部门察觉到需要对公司的生产经营活动等作出调整,如改变投资项目,减少存货或扩大企业规模,增加厂房、设备,招聘员工和管理人员等时,一旦作出决策,便需要公司迅速作出反应,在有效时间内完成任务。而要做到这一点,公司便需要有一个科学合理的组织结构,内部有一个畅通无阻的信息传递渠道。

(3)财务机构的设置。

公司财务机构的设置状况反映了公司对财务管理活动的重视程度。财务管理活动的开展依赖于财务人员来进行,所以对于专设财务管理机构,聘请了专业财务管理人才的公司,其投资决策、筹资决策的正确性就会提高。相反,对于财务与会计机构合并设立的公司,其财务人员的地位较低,不利于工作积极性的发挥,在财务控制、财务预算、财务决策等方面所起的作用也就有限。

第四节　财务管理的伦理道德

一、公司道德准则

(一)非财务指标

在公司的财务管理中,股东利益最大化是其关键目标,然而,道德准则所考量的乃是公司的非财务目标以及其对管理决策的影响。公司的非财务目标如表1-3所示。

表1-3　公司的非财务目标

道德因素	行为和战略
员工福利	提供合理的薪资,舒适安全的工作环境,培训,升迁计划
管理层福利	高工资,公司配车
社会福利	重视环保
行业服务的最低标准	如对水、电行业的服务标准的要求
对供应商的责任	不滥用购买者的权利
对消费者的责任	提供合格产品服务,价格公道
研发的领导地位	不重视创新将导致不利的长期财务结果

以上大部分非财务目标都反映了公司的道德准则。

（二）商业道德准则

商业在国家的经济和社会生活中占据重要角色。商业为社会提供职位，为国家提供税收。商业研发促成了许多科技的重大突破，改变了人们的生活。但是商业也存在负面作用，市场中滥用其权利，不重视环境，无度使用非可再生资源，损害地方文化习俗。许多跨国大企业，如可口可乐，已经对发展中国家饮食习惯及生活方式造成了很大的影响。

考虑到公司有如此之大的权利和影响力，我们应该考虑如何来评估其对社会造成的影响，一旦其违反道德准则，又如何进行评判。因此，我们应该树立商业道德作为道德实务的分支，专门用来衡量评判公司的行为，并树立规范其行为的道德准则。

应该指出的是，商业道德没有一种可以通用的框架以适应所有企业，因此只能在公司治理的基础上建立起一套最低道德准则。有时公司的道德准则容易与公司的政策结合；有时却难以与公司政策结合，这就需要管理层对政策的协调。

二、公司中的道德事务及职能部门

商业道德应当指导公司所有职能部门的行为，如人力资源、市场营销、市场行为、产品生产等。

股东财富最大化往往意味着利润最大化与长期稳定的一致。在实际中，公司的短期利益也常常因为公司的长期利益而被牺牲，在整体的财务目标管理中，财务经理需要对五个方面的决策作出考虑：投资决策、融资决策、股利政策、财务计划与控制以及风险管理。在企业实际运营中，这些方面是相互联系不可分割的。另外还有同样重要的一个方面，财务经理必须负责就企业的财务政策和公司目标与企业内外部利益相关者进行交流。

（一）人力资源管理

员工在现代企业中不仅仅是企业生产的一个因素，员工是有情感和感觉的，应该被尊敬。很多国家制定劳动法保障员工的权利和利益。当企业的财务目标与员工利益产生冲突时就存在道德问题，比如最低工资问题、歧视问题。

公司应保障员工的最低工资，然而，当跨国企业在没有最低工资要求的国家经营时，企业会试图利用这种法规欠缺而降低工资，商业道德要求公司不得剥削员工、降低工资。

法规要求企业不得在经济中存在种族、性别、年龄、婚姻状况、残疾以及国籍的歧视。然而公司有时候有绕过这些法规的能力，比如雇主可能在需要加班的工作上存在对身为女性员工的歧视问题。所以道德规范要求企业控制违规的风险。

（二）市场营销

市场营销的决策对企业绩效也非常重要，营销是企业与顾客交流的主要渠道，对社会大众来说，这种交流应该真实。营销战略不应该以那些敏感人群为目标，创造虚假需求或者推崇消费至上观点，也要避免老套死板或者制造不安全感和不满情绪。

（三）市场行为

公司不能依靠其市场主导地位压榨供应商或者消费者。道德行为要求企业限制其定价策略。占据市场控制地位或垄断市场的企业可能会索价过高谋取暴利。比如自来水公司可能会因其管理者的薪酬与企业利润挂钩而定价过高，类似的进口市场上的公司也可能对其供应商出价过低。比如说在许多发展中国家，跨国公司可能是其原材料的唯一买者，在这种情况下，企业可能会出价过低。

三、道德财务战略的元素

公司应该建立道德体系并确保公司治理成为管理层的重要议案。其目标是使顾客和社会，也包括股东和投资者增强对公司的信任并确保公司是社会所希望存在的。公司道德框架应该成为公司社会责任的一部分，而根据卡罗尔（Carroll）的理论，公司的社会责任包括：经济责任、法律责任、道德责任和爱心责任。这四项责任从前到后以其重要性由大到小依次排列。卡罗尔的理论框架为公司整合各项活动管理社会责任目标提供了有用的指导思想。

该框架的缺陷在于没有明确的机制解决公司责任的冲突问题，比如当公司必须遵守的法律可能会限制到公司的利益时，公司该如何应对。

1. 经济责任

公司的首要责任是对其股东负责。股东投资于公司并要求回报，公司有责任管理外部投资者的资金并达到所要求的回报。

2. 法律责任

公司存在于各种法律约束下，公司法、会计法、环境保护法以及劳动法都约束着公司的行为。公司必须遵守法律规章并确保员工知晓这些政策。

3. 道德责任

道德责任不仅仅来自于法律，也来自于社会道德对公司的要求。公司如何才能确保在其各项活动中都能够遵守道德准则呢？以下介绍欧洲和美国在公司道德管理上的一些方法。

（1）公司愿景应该考虑对社会的责任。

（2）有可供员工遵守的道德准则以解决行为中遇到的道德难题。道德准则应当反映公司价值同时包括职业道德准则。

（3）设立对非道德行为的报告渠道及咨询渠道。

（4）设立道德委员会，专门协调公司各部门执行道德准则的责任。

（5）设立道德咨询员，以供公司在需要解决遇到的道德问题时进行咨询。

（6）对员工和管理层进行道德教育和培训，使其能够分辨出道德问题并根据道德准则进行处理。

（7）审计、会计和报告是公司必要的道德计划部门，因为公司必须能够评估其经济和社会影响并向利益相关者报告。

4. 爱心责任

爱心是公司的最后一项责任，它包括为确保员工生活水平提高、为当地社区作出贡献等目的公司所做出的一切行为。爱心活动包括慈善捐款、员工招待、教育援助、体育援助以及文化活动。

本 章 小 结

本章是对高级财务管理的总述，主要介绍了高级财务管理的基本特征和理论框架，即本书的主要内容。与传统的财务管理相比，高级财务管理所蕴涵的具体内容随着管理科学的发展、更新和更复杂的管理过程及其财务事项的出现而不断变化。公司财务理论是建立在以普通股股东利益最大化为目标的基础上，为达成企业财务目标，财务经理需要对企业的投资、融资、股利分配、财务计划与控制以及风险管理进行决策。而财务战略是为达成财务目标的一系列行动，由于目标的不同，财务战略可以是长期的，也可以是短期的。

　　财务管理的环境就是财务管理以外的、对它有影响作用的一切系统的总和,是个多层次多方位的复杂系统。财务管理环境既包括经济、政治、法律、社会文化、自然环境以及科学技术等宏观财务管理环境,也包括企业组织形式和资本实力、市场状况、生产情况、材料采购情况等微观财务管理环境。另外,道德、福利、后勤服务和社会责任等非财务目标对公司具有重要的作用,管理者不可忽视这些因素的重要影响。公司制定财务政策时必须考虑到道德因素,并且财务政策的执行必须得到密切监督。

关 键 术 语

　　财务　财务管理　高级财务管理　财务目标　财务管理决策　财务管理环境　三重底线道德准则

思 考 题

1. 什么是财务管理? 高级财务管理与中级财务管理、初级财务管理有哪些区别?
2. 高级财务管理所涉及的企业业绩评价包括哪些内容?
3. 公司在融资组合中要考虑哪些因素?
4. 高级财务管理人员的角色和职责是什么?
5. 什么是财务战略?
6. 在战略基金管理中需要辨别的三类资产是什么?
7. 影响企业财务管理的微观环境有哪些?
8. 试从环境保护的角度分析企业财务管理的目标。
9. 举例分析商业道德与企业财务目标出现矛盾的地方,并提出解决方案。

第二章　企业财务战略概论

本章要点

1. 企业财务战略研究的主要观点
2. 战略财务管理与战略经营管理的关系
3. 企业财务战略选择的常见方法:SWOT 分析法、生命周期矩阵分析法、行业结构分析法、波士顿矩阵法、通用电气经营矩阵分析法
4. 企业财务战略的制定程度
5. 企业财务战略方案的设计与优选

　　我国加入 WTO 后,企业面对复杂多变的环境和企业战略的实施,这就要求企业必须制定财务战略规划。这是因为,没有财务战略规划指导的企业,很容易迷路;迷了路的企业,很难不误入歧途;迷路后走入歧途的企业,失足是必然的——这就是造成许多企业辉煌不再的根由。因此,研究企业财务战略规划对于企业在新的形势下搞好财务管理具有重要的理论与现实意义。

第一节　企业财务战略的基础理论

一、企业财务战略理论研究综述

(一)企业战略理论研究综述

　　企业财务战略是企业战略的重要组成部分,企业战略理论是财务战略的理论基础之一,因此,有必要对企业战略理论研究的发展进行总结。

　　1. 以外部环境为重心的企业战略研究

　　巴纳德首先将战略用于企业管理,他将组织理论从管理理论与战略理论中分离出来,认为管理工作的重点在于创造组织的效率,强调企业组织与环境相适应。这种"匹配"的思想成为现代战略分析的基础。而哈佛商学院的 E. P. 利尔恩德(E. P. Learend)等人创建了战略分析框架,提出了 SWOT 分析方法(详见本章第二节),将企业战略定义为"企业能干什么与它可以做什么之间的一种配比"。此外,迈克尔·波特在其著作《竞争战略》中通过产业经济学的理论分析方法,认为产业结构决定企业的竞争状态,从而引导企业的竞争战略走向。波特明确指出,企业制定战略必须考虑两个方面的因素:一是企业所处行业的结构,二是企业在所处行业中的竞争地位。另外,以外部环境为重心的战略观念还形成了另外一个学派——环境学派,它

强调了外部环境对企业长期发展的作用,要求企业必须适应其生存的环境,充分了解并掌握环境变化的特点,从而使企业能在竞争中获得一席之地并进一步发展。

2. 以内部条件为重心的企业战略研究

安索夫等人提出了企业经营战略理论。他认为经营战略是"现有资源和计划资源配置及外部环境相互作用的基本模式,这一模式表明企业组织如何实现其目标"。20世纪90年代初期,C. K. 普拉哈拉德(C. K. Prahalog)、加里·哈默尔(Gary Hamel)引入了"核心竞争力"一词,企业竞争优势的获得及战略管理的观念也就从企业外部转向企业内部。以核心竞争力为基础性概念的核心竞争力学派认为,与其说市场竞争是一种基于产品的竞争,还不如说是基于企业核心能力的竞争。

3. 企业联盟及群理论

企业联盟理论是企业战略研究的一个重要分支。在这方面比较突出的是 A. M. 布兰登勃格(A. M. Brandenburger)与 B. J. 内勒巴夫(B. J. Nalebuff),他们运用博弈论分析了联盟企业特殊的竞争问题。哈佛商学院的迈克尔·波特提出了"群"与新竞争经济学的概念,他将"群"作为一种分析对象,对获得竞争优势的途径进行了分析。群是某一特定领域内相互联系、在地理位置上又集中的公司或机构的集合。群现象表明,企业的内外环境同样重要,创新或竞争胜利在地理位置上是集中的,而创新则是企业获得长期竞争优势的最根本途径。这对于进行技术竞争的企业或产业尤为重要。"群"的提出是对企业联盟战略的新发展。因地域不同而形成的"群",因文化差异而形成的"群",甚至在网络的虚拟空间中形成的"群",都是企业获得竞争优势的新的组织形式和资源配置方式,值得企业战略学的研究者进行深入探讨。

(二)财务战略理论研究综述

1. 投资战略研究

投资战略始终被各位学者排在财务战略的首位,甚至有学者将其独立于财务战略以外,与财务战略相并列研究,如理查德·派克和理查德·鲍比斯(Richard Pike & Richard Bobbins,1986),他们指出投资战略决策的质量在很大程度上决定了公司的前景和公司发展的健康程度,足见投资战略的制定在公司财务及其决策中的重要地位。

米尔顿·卢恩斯坦(Milton Lauenstein,1999)指出,制定投资战略主要是确定投资多少、投资方向以及风险控制决策的问题。在研究投资战略的制定时,学者们还研究了确定投资组合的方法及投资项目的评价指标和方法。如理查德·派克和理查德·鲍比斯(1986)通过资金的时间价值、净现值的研究分析投资项目的价值,在资本投资评价技术中研究了资本预算的应用以及项目排序等问题,并研究了资本成本和投资风险的评价,以及通过现代投资组合理论化解风险的方法。

斯坦利·F·斯莱特和托马斯·J·茨威尔莱茵(Stanley F. Slate & Thomas J. Zwirlein,1996)指出投资也反映和影响着公司的资本结构、分配策略的类型,制定投资战略就是通过确定公司是要扩大规模、保持稳定还是要实施规模的缩减,从而制定相应的关于投资方向、项目选择标准和额度等方面的决策。

国内学者指出投资战略主要是对企业资金投放战略的程序、目标、原则、生成方法、类型进行详细的论证,并讨论了资金投放规模的确定、企业投资实现方式的选择、投资时机的把握。

2. 融资战略研究

国外学者在研究融资战略的制定时,是将资本结构以及财务杠杆使用等内容作为其研究的重点,研究了财务融资方式和数量的确定方法。

如理查德·派克和理查德·鲍比斯(1986)研究财务战略制定时,主要分析的内容之一就是资本结构决策,即研究公司最佳资本结构的选择,以及税收对利息费用的作用等内容,这些都是我们所说的融资战略的内容。斯坦利·F·斯莱特和托马斯·J·茨威尔莱茵(1996)对于融资战略的研究也关注资本结构问题,他们指出,关于资本结构的各项事实证明减少负债会增加公司价值减少资本成本,公司价值的最大化是在债务的边际成本与公司的边际收益相平衡的点上实现。此外,投资和股利分配决策在设置最佳资本结构中也扮演了重要的角色,因此在战略制定的过程中,应该将财务三大活动综合起来考虑,使彼此之间相互协调一致。珍妮特·鲁特福德(Janette Rutterford,2000)编写的关于财务战略的文集中,关于融资战略的内容主要就由一篇关于最佳资本结构的研究文献和三个分别关于资本结构、项目融资、股利分割的案例研究构成。

卡尔·M·桑德伯格(Carl M. Sandberg)等(1987)将财务战略研究的焦点放到了融资决策中的财务杠杆使用度上,他们指出,杠杆决策即是选择公司的债务和资本总额的目标比率,也是财务和战略相结合的关键点。詹姆斯·E·沃尔特(James E. Walter,1990)在作财务战略里关于融资战略的制定中,研究了负债政策、通货膨胀的影响,也研究了财务杠杆的限度及其决定因素。

此外,还有学者将租赁决策也纳入融资战略的决策内容中,如詹姆斯·E·沃尔特(1990)。而理查德·派克和理查德·鲍比斯(1986)也将租赁决策与股利分配决策、资本结构决策等内容相并列示于财务战略的内容当中,也可将其认为是我们按财务三大活动划分的财务战略框架中融资战略的内容。他们主要研究了租赁的决策依据、实例、影响因素以及融资租赁等相关内容。

国内学者研究筹资战略主要是对企业资金筹集战略的内容、目标、原则进行的揭示,同时讨论了资金来源结构战略,分析企业筹资机会,对企业筹资渠道与方式也进行了探讨。

3.股利分配战略研究

股利分配也是财务战略的重要内容,在学者研究财务战略制定时都对其作了专门的论述。如詹姆斯·E·沃尔特(1990)在财务战略制定的内容中研究了股利与收入、股票价值的关系、股利制定的决定因素,以及股利的信号作用和股票回购决策等内容。理查德·派克和理查德·鲍比斯(1986)研究了支持股利不相关理论的证据、对股利均衡论提出异议,并从分析股利的信号作用、公司盈利及资金需求等方面进行分析,推荐了多种股利分配政策,并指出股利支付只是那些盈利公司需要研究的内容,股利支付是一项法定权利但不是义务,它是由公司董事会决定的。他们通过研究公司价值、股利分配原因、资金需求以及公司风险等因素以确定不同股利分配的内容,并指出股利分配战略的选择将在很大程度上受到诸如税收等许多政府政策因素的影响。

4.企业财务战略研究

20世纪90年代以来,我国学者在吸收借鉴国外研究成果的基础上,紧密结合我国国情,在财务战略方面进行了系统研究。财务战略研究目前已经成为财务学科中的一个重要分支,受到越来越多学者的关注。

王军、雷宏等人1999年出版了《现代企业财务战略》一书,对财务战略进行了有益的探索。他们的主要观点和研究内容包括:认为企业财务管理在企业日常运营中的地位日益重要,将财务管理上升到企业的战略地位;从外部环境入手,研究了财务战略与环境、内部限制、决策机制的关系;将现金流量限制分析、风险收益分析、证券估价模型、财务分析和预测作为企业财务战略决策的四种基本技术;介绍了长期投资、融资的财务战略问题,对企业购并、跨国公司的财务战略问题有所涉及。陆正飞重点研究了企业发展的财务战略问题,他在其《企业发展的财务战略》一书中,提出如下观点:以企业目标与财务目标分析为起点,提出"长期稳定发展"和"长期资本增值最大化"是适当的现代企业目标与财务目标;提出当前中国企业发展战略的三大核心问题,即适度负债、规模扩大、资金营运效率与资金积累,并进行了深入讨论;提出不同类型企业发展过程中的特殊财务战略问题:中小企业发展的财务战略、集团企业的财务体制与财务控制、跨国企业转让定价以及国际企业内部控制等;对财务战略实施的微观环境和宏观环境进行了分析,指出我国企业存在规模小、资金低效运行、缺乏国际竞争力等问题,同时又存在因同一产业投资过剩而导致的同业恶性竞争,所以,企业通过财务手段进行扩张十分必要。

罗福凯在《战略财务管理》一书中,为战略财务管理建立了完整的理论体系。他主要探讨了财务战略、战略财务管理的基本概念和战略财务管理的特征。他认为企业战略包括并在财务领域中表现为财务战略。财务战略是企业组织处理重大而复杂财务活动或财务关系的智谋策略。企业战略管理在财务管理方面表现为战略财务管理,战略财务管理是企业为解决重大而复杂的财务问题,或为了实现企业财务管理目标而使用财务战略作为企业全局产生作用的关键性管理行为。近几年来,在财务战略研究方面的研究成果还有:王锋的著作《发展财务战略研究》(2005)、贾明月的著作《民营企业的财务战略》(2004)等。赵治纲编著的《EVA 业绩考核理论与实务》(2009)第八章"建立基于 EVA 的企业财务战略"主要阐述了基于 EVA 的企业财务战略框架、设计思路和具体设计。

二、基于系统观的企业财务战略

制定和实施企业战略是一种系统行为,它不仅要考虑企业自身因素,还要考虑与外部、内部竞争环境的相互作用;不仅要重视企业自身的竞争力,还应重视企业与竞争对手的对阵行为和博弈策略;不仅要深入分析和合理利用企业某一项资源创造价值的能力,而且要分析资源内部和资源间的联系;不仅要具有注重时点和地点的静态思维方式,而且要注重战略实施在时间上的继起性和空间上的连续性。

财务战略内生于企业战略之中,它是企业组织或处理重大而复杂财务活动或财务关系的智谋策略。制定和实施企业战略的最终目标是企业价值最大化,企业在实施资产组合、优化资本结构、保持成本领先等价值性战略行为时,必须依靠财务的驱动力量,此时,企业战略主要方面即反映为财务战略。

从系统的观点来看,特别是当财务管理环境发生变化、财务经济关系复杂性日益显现的情况下,传统的研究方法会导致孤立、片面、静止地考虑问题,从而会得到错误的结论。忽视财务经济系统的复杂性在现实经济生活中已经造成了许多恶果。韩国大宇汽车公司由于过分追求投资的多元化,而没有考虑多元化投资的协同效应和相关的筹资风险,导致企业产生巨额亏损、背负沉重债务负担,最终无法挽回地宣告破产;美国亚马逊网络书店只重视销售收入最大化的单一财务指标,虽在短期吸引了众多投资,但在面临长期的战略选择时,却陷入了连年亏损、投资额锐减的窘境。这样的例子在当今复杂多变的经济环境中不胜枚举,产生这些问题的一个重要原因就是用传统的思维方式考虑财务管理问题,不能适应现实经济环境的变化。必须将系统论引入财务管理研究中。将财务管理看做是一个复杂的财务经济系统,用联系的、全面的、发展的观点审视这一系统,财务管理才会表现出许多新的规律性,此时的财务管理,才可以称为战略财务管理。

三、企业战略与企业财务战略的类型及特征

(一)企业战略的类型

美国著名战略管理学家弗雷德·R·戴维认为,企业战略包括以下四种类型,即:一体化战略、加强型战略、多元经营战略以及防御型战略。

1.一体化战略

一体化战略包括纵向一体化和横向一体化,其中,纵向一体化还可进一步细分为前向一体化和后向一体化。前向一体化战略是指获得分销商或零售商的所有权或加强对它们的控制。后向一体化战略是指获得供货方公司的所有权或增加对其的控制。横向一体化战略是指获得竞争公司所有权或加强对其的控制。

2.加强型战略

加强型战略是市场渗透、市场开发和产品开发的统称。市场渗透战略是通过更大的市场营销努力,提高现有产品或服务在现有市场上的市场份额。市场开发战略是指将现有产品或服务打入新的地区市场,包括国内市场开发和国际市场开发。产品开发战略是通过改进和改变产品或服务而增加产品销售。

3.多元经营战略

多元经营战略包括集中化多元经营、横向多元经营及混合式多元经营。集中化多元经营战略是指增加新的,但与原有业务相关的产品或服务。横向多元经营战略是指向现有用户提供新的,且与原有业务不相关的产品或服务。混合式多元经营战略则是指增加新的与原有业务不相关的产品或服务。

4.防御型战略

防御型战略包括合资经营、收缩、剥离和清算等。合资经营战略是指两个或更多的公司结成暂时的合作关系以共同利用某些机会。收缩战略是指企业通过减少资产与成本而重组企业,以扭亏为盈。剥离战略是指出售企业的分部、分公司或任何一个部分,以使企业摆脱为那些不盈利却又占用大量资金的分部所累的状况。清算战略是指企业停止营业,将企业全部资产出售,以实现其有形资产价值。

(二)企业财务战略的类型及特征

企业战略的具体形式是多种多样的。然而,从财务的角度来看,我们主要关心的不是这些具体的企业战略形式,而是与这些企业战略形式相配合的财务战略具有什么样的基本特征。如前所述,财务战略与企业战略密不可分,但财务战略又侧重于资金的筹措与使用。所以,财务战略类型也就应该主要从资金筹措与使用特征的角度进行划分。陆正飞在《论财务战略的相对独立性——兼论财务战略及财务战略管理的基本特征》一文中,指出财务战略的三种类型:快速扩张型财务战略、稳健发展型财务战略、防御收缩型财务战略。

1.快速扩张型财务战略

快速扩张型财务战略是指以实现企业资产规模的快速扩张为目的的一种财务战略。为了实施这种财务战略,企业往往需要在将绝大部分乃至全部利润留存的同时,大量地进行外部筹

资,更多地利用负债,大量筹措外部资金,是为了弥补内部积累相对于企业扩张需要的不足;更多地利用负债而不是股权筹资,是因为负债筹资既能为企业带来财务杠杆效应,又能防止净资产收益率和每股收益的稀释。企业资产规模的快速扩张,也往往会使企业的资产收益率在一个较长时期内表现为相对的低水平,因为收益的增长相对于资产的增长总是具有一定的滞后性。总之,快速扩张型财务战略一般会表现出"高负债、低收益、少分配"的特征。

2.稳健发展型财务战略

稳健发展型财务战略是指以实现企业财务绩效的稳定增长和资产规模的平稳扩张为目的的一种财务战略。实施稳健发展型财务战略的企业,一般将尽可能优化现有资源的配置和提高现有资源的使用效率及效益作为首要任务,将利润积累作为实现企业资产规模扩张的基本资金来源。为了防止过重的利息负担,这类企业对利用负债实现企业资产规模从而促进经营规模扩张往往持十分谨慎的态度。所以,实施稳健发展型财务战略的企业的一般财务特征是"低负债、高收益、中分配"。当然,随着企业逐步走向成熟,内部利润积累就会越来越成为不必要,那么,"少分配"的特征也就随之而逐步消失。

3.防御收缩型财务战略

防御收缩型财务战略是指以预防出现财务危机和求得生存及新的发展为目的的一种财务战略。实施防御收缩型财务战略的企业,一般将尽可能减少现金流出和尽可能增加现金流入作为首要任务,通过采取削减分部和精简机构等措施,盘活存量资产,节约成本支出,集中一切可以集中的人力,用于企业的主导业务,以增强企业主导业务的市场竞争力。由于这类企业多在以往的发展过程中曾经遭遇挫折,也很可能曾经实施过快速扩张的财务战略,因而历史上所形成的负债包袱和当前经营上所面临的困难,就成为迫使其采取防御收缩型财务战略的两个重要原因。"高负债、低收益、少分配"是实施这种财务战略的企业的基本财务特征。

第二节　企业财务战略选择的常用方法

一、SWOT分析法

任何组织在制订战略方案之前,总要对组织内部和外部的环境进行全面认真的分析。在内部环境分析中,既要搞清自己的力量和优势,也要明确自己的弱点和不足;在外部环境分析中,既要发现一些有利的机会,也要意识到某些不利的威胁。对上述四类因素的综合分析就是所谓"优势(strength)、劣势(weakness)、机会(opportunity)和威胁(threaten)分析法",取其英文字头,简称"SWOT分析法"。它是一种在综合考虑企业内部条件和外部环境的各种因素和正确认识自身优势和劣势的基础上,进行系统评价,扬长避短,抓住机会,避开威胁,从而选择最佳投资战略的方法。该方法是由美国哈佛商学院最先采用的一种经典分析方法。

(一)确定"优势"和"劣势"

"优势"和"劣势"这两类因素都来自于组织内部,处于管理人员可以直接控制的范围之内,而且多半是由以往的组织决策造成的。所有能使组织处于一种相对优势地位或主动态势的因素均可称为"优势";相反,所有导致组织处于一种相对劣势或被动态势的因素均可称为"劣势"。要确定企业具有哪些优势和劣势,必须对企业整体进行全面分析,包括组织结构、高层管理人员素质、财务管理、生产管理、营销管理、人力资源管理等诸多方面。

（二）确定"机会"和"威胁"

由于"优势"和"劣势"因素都处于组织的内部,一般都是可以改变的。它们与外部的"机会"和"威胁"形成对比,因为后两者属于外部条件,战略管理者通常无法直接控制,因而也就难以使之改变。要了解和掌握外部的机会和威胁,当然要对外部环境作全面的分析研究,其中主要包括经济、技术、法律、物质、社会人口和竞争等方面的因素。机会是企业业务环境中重大的有利形势。诸如环境发展的趋势、政府政策的变化、买方及供应方关系的改善等因素都可视为机会。威胁是环境中的重大不利因素,构成企业业务发展的障碍。例如,新竞争对手的加入、市场发展放缓、关键技术改变等因素都可以成为对企业未来成功的威胁。理解企业面临的机会和威胁将有助于企业选择合适的资金投放战略。

（三）SWOT分析与资金投放战略

内部的优势、劣势和外部的机会、威胁一旦确定,管理者即可着手制定资金投放战略,它能充分利用外部机会,避免或克服外部威胁,巩固内部优势,减少内部劣势,在此过程中,一定要注意两个方面的一致性:一是内部的一致性,即资金投放战略要与企业战略相一致;二是外部的一致性,即资金投放战略要与外部环境相一致。图2-1表明某些投资战略与不同的SWOT因素组合之间的关系。图中横、纵两轴把平面分为四个区域,横轴表示内部的优势和劣势,纵轴表示外部机会和威胁。

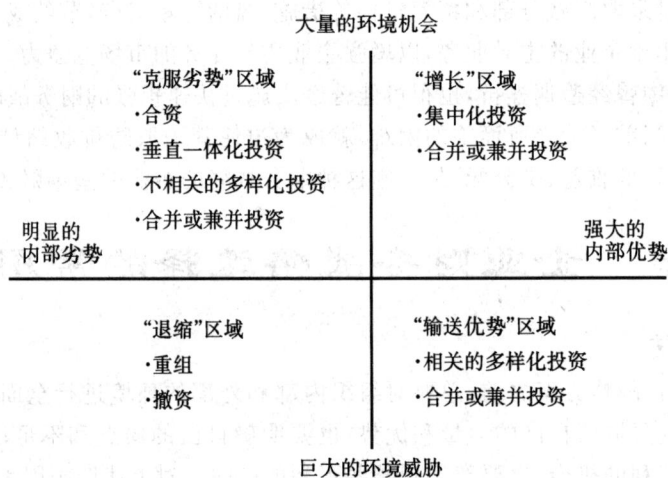

图2-1　SWOT和资金投放战略

(1)"增长"区域:是最有利的情况。在这一区域内,外部环境机会很多,内部优势很明显,因此企业可以趁机增加投资大力发展。应该采取的战略是把优势集中在现在的产品和市场上,或者通过合并或兼并方式使企业迅速扩大。

(2)"退缩"区域:是最糟糕的情况,内部劣势明显,外部威胁巨大,收缩或退出自然是唯一明智的选择。

(3)"输送优势"区域:内部优势很明显,同时也面对外部巨大的威胁,此时公司可以在稍有不同的领域中施展自己的力量,即在相关领域内进行多样化投资,在相关领域内与别人合并或兼并别人都是恰当的投资战略。

(4)"克服劣势"区域:环境机会很多,但内部劣势也很多,所以企业应采取战略行动来克服或避免这些劣势。如与别人形成暂时的或长期的伙伴关系,谋求向前(原材料)或向后(最终产品)纵向一体化,在其他领域进行多样化投资等都是恰当的战略。

总之,SWOT分析通过对各项业务所面临的环境及内部能力的分析,提出了一种生成相应投资战略的合理框架。

二、生命周期矩阵分析法

(一)企业生命周期各阶段的财务特征及其财务战略选择

企业的生命周期是指企业从成立、成长、壮大、衰退直至破产或解散、清算完毕的整个时期。企业的生命周期一般可分为初创期、成长期、成熟期与衰退期四个不同阶段。

1. 初创期

由于初创时期企业资信水平低,偿债能力差,资产抵押能力有限,负债融资缺乏信用和担保支持,很难获得银行贷款支持,企业资本主要来源于创业者和风险资本。投资项目具有高风险和高收益的特点,技术研发风险、产品推广受阻、同业竞争激烈、融资不利以及资金回收难等经常发生。财务上一般体现为集权模式,创业者对筹资、投资以及日常财务管理工作都要过问,财务大权完全掌控在创业者手中。因此,该阶段企业财务管理的目标是"现金流量最大化",采取以"低负债、低收益、不分配"为特征的稳步成长型财务战略。

2. 成长期

企业通过积累形成了初步规模,拥有了一定的自有资金周转规模,在一定的市场中建立了较大的竞争优势,形成了一定规模的员工队伍,具备了一定的融资能力。经营者分权财务治理模式逐渐形成,所有权与经营权也逐渐发生分离。一般成长期企业以"利润最大化"为财务管理目标,采取"高负债、高股本扩张、低收益、少现金分红"的快速扩张型财务战略。

3. 成熟期

在成熟期,产品开始进入回报期,由于产品市场份额稳定,企业盈利水平稳定、现金流转顺畅,企业财务状态比较稳定,人力资源充足,研发能力增强;组织管理方面,由于企业组织层次的增多,部门之间相互推诿的现象增多,创新精神逐步被较为保守的做事方式取代,应变能力开始变差,这一阶段需要充分注意预防"大企业病"。在这个阶段,由于企业规模扩张,甚至采取国际化运作方式,客观上需要职业经理人员进行实际运作、管理,形成了职业经理层财务治理模式。成熟期企业以企业价值最大化增长为财务管理目标,财务战略一般应采取"低负债、高收益、中分配"的稳健型财务战略。

4. 衰退期

企业在衰退期,销量、利润急剧下降,呈现负增长态势;产品、设备及工艺老化;企业思想僵化、创新意识严重缺乏;企业内部闲置的人力资源也不断增加;企业财务状况逐渐变坏;员工流动率增大等。处于此阶段的企业具有较低的经营风险和较高的财务风险。在这一阶段,企业财务管理的重点在于获得稳定的现金流量,并不断提高自身的市场价值。因此,企业财务管理目标将会是"现金流量最大化",企业应采取"高负债、低收益、少分配"的防御收缩型财务战略。

如何保持企业原有的市场收益能力,并随环境的变化而调整自身的财务战略,是企业在任何一个生命周期阶段都必须考虑的问题。基于企业生命周期的财务战略调整,注重对企业财务资源和能力的整合,通过对投资战略、筹资战略和收益分配战略的动态调整达到企业资源的合理配置,实现资本增值并实现企业财务能力的持续、快速、健康增长,来实现企业的可持续增长。但市场中不同类型、不同性质和特征的企业在经营规模、组织形式和管理水平等方面是有差别的,对其各自的财务战略还应具体问题具体分析,不可"一刀切"。

(二)生命周期矩阵分析法的使用方法

生命周期矩阵分析法是根据企业各项业务所处的产品/市场生命周期阶段和业务的大致竞争地位决定战略类型的方法。它适用于难以确定企业的业务竞争优势或相对竞争地位的情况。生命周期矩阵分析法的使用方法见表2-1。

表2-1　生命周期矩阵分析表

生命阶段＼竞争地位	强	中	弱
初创阶段	盈	问号	亏
成长阶段	盈	盈或问号	可能亏
成熟阶段	盈	盈	亏
衰退阶段	盈	亏	亏

1.竞争地位

生命周期矩阵分析表中将企业产品/市场的竞争地位划分为三种:竞争地位"强"是指企业业务在市场上处于领先和主导地位;"中"是指企业的产品或服务尚受欢迎;"弱"是指企业在市场上的地位很弱,处于边际或低于边际的状况。

2.生命阶段

生命周期矩阵分析表中将企业产品/市场的生命阶段划分为初创、成长、成熟、衰退等四个阶段。

(1)处于初创和成长阶段的"盈"业务需要企业内其他业务提供资金支持,以便于获得更进一步的发展,其中对处于初创阶段的"盈"业务一般采取具有成本优势,甚至于成为同行业的成本领先者;处于成熟阶段的"盈"业务有能力将市场上其他竞争对手驱赶出去,因此还能在该产业中继续经营下去但不宜过多投资发展;而处于衰退阶段的"盈"业务虽然通过集中于某一细分市场在目前尚可有盈利,但由于市场在逐渐消失,所以仍应及早做好撤资退出的打算。

(2)处于初创阶段和成长阶段的两个"问号"业务有两个出路:一是在"盈"业务的资金支持下提高竞争地位而成为"盈"业务;二是在通过紧缩或退出战略,将转移出来的资金用于支持发展阶段的"盈"业务或发展新的业务。

(3)表中的几个"亏"业务中,处于初创和成长阶段的"亏"业务尚有提高市场竞争地位的可能,只是需要追加大量的资金。特别是在初创阶段的业务,目前处于较弱的竞争地位意味着在这个新市场上企业已经面临着很强大的竞争对手,更不用讲在这个阶段的业务本身就需要在技术、工艺、人员培训、提高产品知名度等方面进行大量投资。这时企业需要决定是放弃这个业务,用抽出的资金支持其他业务发展呢,还是在这个业务中坚持下去。最后,处于成熟和衰退阶段的"亏"业务多数只有撤资退出一条出路。

由于行业生命周期是制定企业经营层次上的战略的主要因素之一,所以通过生命周期矩阵的分析,不仅可以确定投资战略方案,还可以发现对经营层次上的战略要求,这是其他分析方法所不具备的优点。这种分析方法的缺点是没有考虑到影响行业吸引力的其他因素,行业发展阶段固然是重要因素,但绝不是唯一因素。

三、行业结构分析法

资金投放战略主要的目的是保证企业的长期盈利能力。但是,各个行业并非都是提供同等的持续盈利机会,一个企业所属行业的内在盈利能力是决定这个企业盈利能力的一个要素。因此,我们就需要进行行业结构分析。行业结构是指一个行业内存在的各种竞争力量及其相互关系,它是决定行业竞争性质、竞争程度及行业内企业能否获取竞争优势的根本因素。波特教授在他的《竞争战略》一书中提出了一种被人们所普遍接受的行业结构分析模型。波特认为,任何行业,不管是国内行业,还是国际行业,其竞争性质都取决于以下五种竞争力量:行业的新进入者、替代品、买方、供方和行业中原有的竞争者。

在一个行业中,这五种基本竞争力量的状况及其综合程度,引发行业内经济结构的变化,从而决定着行业内部竞争的激烈程度与在行业中获得利润的最终潜力,如图 2-2 所示。

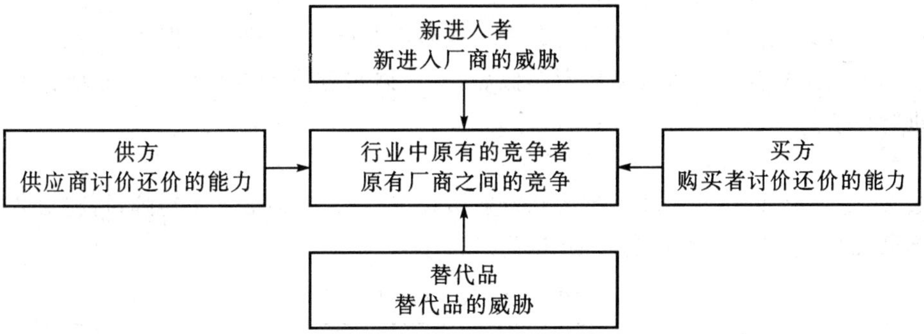

图 2-2　行业中的竞争力量分析

五种竞争力量的大小都是行业结构的函数。例如,新进入者的威胁取决于行业壁垒的高低,而规模的经济性、产品的独特性和品牌偏好等都是构成进入某一行业的障碍因素。每一个行业都有自己的结构,表现出自己的特点。通过行业结构分析,企业可以发现该行业是否能提供较高的持续盈利机会,并可结合企业实际情况决定是否向该行业投放资金,从而确定投资的方向与领域。

企业在分析行业结构并决定向该行业投放资金之后,还要为自己在该行业中选择一个恰当的位置,即进行行业定位。确定竞争优势是行业定位的核心。任何一家企业要想战胜竞争对手,就必须能长期保持某种优势。最基本的两种竞争优势就是低成本和差异化。所谓低成本就是企业能比竞争对手更有效地设计、生产和销售相似产品。所谓差异化就是企业能在产品质量、特点和售后服务等方面向买方提供更高级或更独特产品的能力。低成本和差异化这两种竞争战略都能形成比竞争对手更高的生产率,低成本企业可以比对手使用更少的投入要素,差异化企业可以比对手获得更高的单位产品收益。

行业定位的另一重要方面是确定竞争范围,即必须选择企业所生产的产品和种类范围,所使用的分销渠道,所服务的顾客类型,产品销售的地理区域,以及将要与之竞争的相关行业,等等。确定竞争范围的原因在于行业的细分性,几乎每一个行业中都存在多种产品种类、多种销售渠道和多种顾客。不同的产品、渠道和顾客所提出的不同需要又使行业细分成为必要,不同的细分市场又要求企业采取不同的竞争战略,具备不同的竞争能力。

把竞争优势和竞争范围结合起来,就可以进一步确定企业资金投放的重点和具体的方向,从而形成投资战略。

四、波士顿矩阵法

波士顿矩阵法是美国波士顿咨询公司(BCG)在 20 世纪 60 年代提出的一种投资组合分析方法。该方法将企业生产经营的全部产品或业务的组合作为一个整体进行分析,其着眼点是企业各种业务的相对市场份额以及给企业所带来的现金流量,因此,该方法非常有利于财务战略的制定。

波士顿矩阵法的分析前提是认为企业的相对竞争地位(以相对市场份额指标表示)和行业增长率决定在企业业务组合中的某一特定业务应当采取何种战略。

波士顿矩阵法的主要内容如下:

1.划分并评估战略经营单位(SBU)

企业管理者首先把整个企业划分为若干个战略经营单位,在企业实践中,一般都是按所处的产品市场情况来划分。划分战略经营单位后,要根据相对市场占有率和行业增长率两个指标对其进行评估。

2.比较 SBU 或经营活动

如表 2-2 所示,以相对市场占有率和行业增长率为二维,构成一个矩阵,再将对各个经营业务或 SBU 的评估结果标在该矩阵中,进而进行比较。

表 2-2　波士顿矩阵

		相对市场占有率	
		高	低
行业增长率	高	需要继续投入资源以稳定市场份额	尚未打开市场 发展潜力较大 需加大投入获取市场或出售
	低	资源投入较少 企业的主要经济来源	衰退类业务 撤退战略 可将此类业务单元合并,统一管理

根据波士顿矩阵法可将企业的全部经营业务或 SBU 定位在四个区域中,分别是明星区域、问号区域、现金牛区域和属狗区域。

处于高增长/强竞争地位的称为"明星"业务或 SBU,此区域中的 SBU 不仅位于高增长行业中,而且拥有较高的相对市场竞争率。由于同时具有竞争实力或扩展机会,因此可以为企业提供长期的利润和增长的可能性。

处于高增长/低竞争地位的称为"问号"业务或 SBU,此区域内的 SBU 具有较低的相对市场份额和较弱的竞争力,不过它们所依托的行业是高速增长的行业,因此为企业提供了长期获利和发展的机会。

处于低增长/高竞争地位的称为"现金牛"业务或 SBU。虽处于低增长率行业,但占有的相对市场份额较高的 SBU 就叫做现金牛。它们是成熟行业中的成本领先者,本身不需要投资,反而能保持利润,产生大量的正现金流量,用以支持其他业务的发展。

处于低增长/低竞争地位的称为"属狗"业务或 SBU。它们所在的行业处于饱和的市场竞争中,没有吸引力,并且本身又缺乏竞争力,因此对企业的贡献不大,虽然也能带来正现金流量,但利润很低或亏损。即使要维持其很低的市场份额,也需要大量的资本投资。

3. 确定投资战略

该矩阵指出了每个经营业务或 SBU 在竞争中的地位,使企业了解它的作用或任务,从而有选择和集中地运用企业有限的资金。如果对经营业务不加区分,按相同的比例分配资金及人员,结果往往会造成企业资源的浪费,使急需资金的业务或 SBU 得不到充足的资金,而将资金浪费在没有前途的业务或 SBU 上。综上所述,利用波士顿矩阵分析法,可以采取相应的投资战略。对于处于"明星"区域的经营业务或 SBU 应加大资金的投入,以巩固其"明显"地位,所需的大量资金可来自"现金牛"。对于处于"问号"区域的经营业务或 SBU,如有希望,就应采取扩大投资的战略,使之转变为"明星";否则,就应减少或停止投资,以避免或减少资金浪费。对于处于"现金牛"区域的经营业务或 SBU,可采取兼并或退出等战略。对于处于"属狗"区域的经营业务或 SBU,若没有更好的重组机会,应完全停止投资,退出所在的行业。

五、通用电气经营矩阵分析法

该方法要把整个组织分为若干个 SBU(划分并评估战略经营单位),并从两个方面进行评估:一是行业吸引力;二是 SBU 在本行业中的竞争力。通用电气经营矩阵如表 2-3 所示,其中水平方向表示 SBU 在行业中的竞争地位,垂直方向表示 SBU 所在行业的吸引力。该方法认为,处于"输家"上的经营活动或 SBU 应给予必要的资金资助;对于有希望的"问号"也应给予支持,以便使之转变为"胜者";对于"利润生产者",应充分利用其强有力的竞争地位使之尽可能提供利润,用于对"胜者"和某些"问号"的资助;对于不会提供长期收益的"平均经营者",可以设法使之转变为胜者,也可以考虑停止投资。

表 2-3　通用电气经营矩阵

		竞争地位		
		高	中	低
行业吸引力	高	胜者	胜者	问号
	中	胜者	平均经营者	输家
	低	利润生产者	输家	输家

第三节　财务战略的制定程序

一、财务战略环境分析

环境对于企业的财务战略管理具有直接的影响,从制定目标、方案生成到实施和控制,都必须切实地具体了解企业所处的各种环境。脱离具体的环境所制定的财务战略、目标、规划、计划和措施等,都必然产生失误。

(一)企业财务战略环境及其分析的含义

财务战略的环境注重的是环境因素对企业资金流动的影响,可以把企业财务战略环境界定为企业内部和外部所存在的影响企业资金流动的各种客观因素的集合。

在企业财务战略管理行为、财务战略决策和财务战略环境之间具有一种紧密的关系,即财务战略决策对财务管理行为施加的影响,财务战略环境对财务战略决策施加影响进而对财务管理行为施加影响,这种关系可以用图2-3表示。

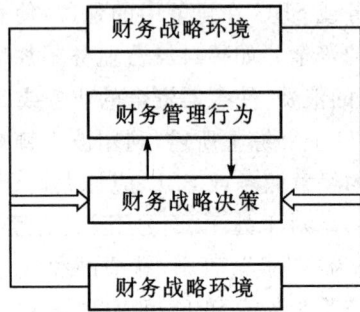

图2-3 财务战略环境、财务管理行为与财务战略决策的相互关系

企业财务战略环境分析是指对企业外部环境和内部情况进行深入分析和正确判断,并在此基础上认识到企业面临的挑战和发展机遇,这是企业战略管理的基础环节。

(二)企业财务战略环境的结构

企业财务战略环境可分为外部环境和内部环境两部分。存在于企业外部影响企业资金流动的客观条件和因素的总和,被称为企业财务战略外部环境。存在于企业内部影响资金流动的条件和因素的总和,被称为企业财务战略内部环境。外部环境和内部环境相互影响、相互作用,共同构成完整的企业财务战略环境。一般而言,两者中起主导作用、最活跃的是外部环境。企业应主动改善内部环境,制定正确的财务战略,以适应外部环境的状况和趋势。

1. 企业财务战略外部环境的构成

企业财务战略外部环境可分为一般外部环境和直接外部环境两部分。

(1)一般外部环境。企业财务战略的一般外部环境主要从宏观方面间接地对企业的资金流动产生影响,它主要包括以下方面:

①政治法律环境因素。这是指那些制约和影响企业的政治要素和法律系统及其运行状态,主要包括政治主体的目标、纲领和政策、法律和法规体系、对外方针和政策以及各种社会利害关系集团之间的相互作用过程等。

②经济环境因素。经济环境表明了经济资源的分配和使用方式,它的内容很广泛,包括经济增长率、产业结构、国民收入、物价变化、利率变动、通货膨胀、投资动向和国际贸易等。

③社会文化环境因素。这种因素反映了企业所处的社会特点,包括社会阶层的形成和变动,人口的地区流动、年龄结构的变化,交通和信息系统的发展,社会中的权力结构,人们的生活方式、价值观、风俗习惯和道德传统观念等。

④技术环境因素。科学技术是第一生产力,它既包括自然科学技术,也包括组织技术、管理技术和信息技术等内容。

⑤自然物质环境因素。相对于其他一般环境因素而言,自然物质环境是相对稳定的,但它

对于吸引资金的流入是一项极其重要的影响因素。

（2）直接外部环境。企业财务战略的直接外部环境体现了一般环境因素在某一领域里的综合作用，对于企业当前和今后的资金流动产生了直接的影响。它主要包括以下几个构成要素：

①产业环境因素。它是指在某一特定产业中的基本条件、市场构造、企业活动以及市场与企业活动之间的相互作用。其具体内容包括供给和需求的平衡状态、企业的集中程度、产品差异化的状况、进入壁垒的高低、各企业的产品战略、价格政策、研究与开发、流通渠道及销售促进等。企业所属产业的具体环境状况，对企业资金流动模式等具有重大的影响。

②竞争环境因素。它是指在某一特定市场中的竞争状态，表现在竞争企业数量的多少，各企业的市场占有率的大小，各企业的产品结构、质量和价格水平，研究与开发动向，主要竞争对手和进入威胁等方面。竞争状况以及本企业竞争优势的大小直接决定着企业资金流动能否达到均衡和有效。

③金融环境因素。在市场经济条件下，企业筹集资金、投放资金、运用资金等必须借助于金融环境，所以金融环境的状况对于企业资金流动具有至关重要的作用。其具体内容包括金融机构的种类和数量、金融业务的范围和质量、金融市场的发展程度、金融传统、人们的金融意识和有价证券的种类等。

2.企业财务战略内部环境的构成

企业财务战略的内部环境是指决定或影响企业资金流动的内部条件。它是企业财务战略管理决策制定的内在依据和实施的基础。相对于外部环境来说，内部环境具有稳定性和可控制的特点。同时，企业的性质不同，内部环境也是不同的，具有各自的特点。对于财务战略来说，一般可分为组织、人事、生产、营销和其他因素五个方面，如表2-4所示。

表2-4 企业财务战略管理的内部环境因素

组织方面	人事方面	生产方面	营销方面	其他方面
沟通网络	劳资方面	工厂布置	市场细分	企业历史
组织结构	雇佣政策	研究与开发	产品战略	资本结构
目标的层次	培训计划	技术水平	定价战略	收益状况
政策、程序和规划	绩效评估制度	原材料采购	促销战略	企业规模
管理人员的能力	奖惩制度	存货控制	分销战略	

资料来源：胡元木，等.高级财务管理[M].北京：经济科学出版社，2005.

内部环境状况是决定企业财务战略管理的内因，脱离一定的企业内部环境，要制定一个良好的财务战略管理并加以实施是不可能的。研究分析企业财务战略管理的内部环境，就是要搞清这些因素对企业资金流动的影响，同时发现企业自身的长处与短处、优势与劣势，分析造成这种情况的原因，以充分挖掘潜力，发挥优势，结合外部环境机会制定企业的财务战略。

21世纪是创新经济时代，这就要求企业理财人员科学分析环境因素的构成与变化，制定战略对策，增强企业的环境适应能力，促进企业的可持续发展。

（三）企业财务战略环境分析的程序

财务战略环境分析就是通过对企业财务环境的检测，确定影响企业资金流动目标的机会和威胁的工作过程。企业财务战略环境分析的程序大致如下：

1.收集企业财务战略环境的信息因素

外部环境信息一般可从各种宣传媒介、专业会议、行业组织、科研机构和管理者个人的经验中获得。有关内部环境信息可通过组织的内部资料、档案及管理人员和员工的经验渠道获得。

2.分析环境因素对企业资金流动的影响

在掌握大量环境信息并对其趋势进行预测分析的基础上,要进一步分析各环境因素对企业资金流动可能造成的影响,估计影响的性质、大小和发生的时间,从而明确企业未来在资金流动方面受到的威胁和可以利用的机会。

3.归纳环境分析的结构

将各种资料和数据进行归纳整理,编写环境分析报告。环境分析报告应包括以下几项内容:①企业今后将面临什么样的财务环境;②各种环境因素会如何变化,对企业资金流动将造成什么影响;③未来财务环境对企业资金流动来说,存在哪些机会和威胁,它们出现的可能性有多大;④针对未来环境中可能出现的威胁和机会,结合企业的现状和内部条件,考虑适应环境变化的设想,提出企业财务战略所应解决的环境课题。

二、制定财务战略的程序

企业财务战略的制定是财务战略管理中的中心环节。为使企业制定和选择出一个确保企业可持续发展的财务战略,并使财务战略得以良好地贯彻和执行就必须采用科学的方法和遵循必要的程序来制定企业的财务战略。

因此,遵照企业战略的生成程序,可以得到企业财务战略的制定程序,如图2-4所示。

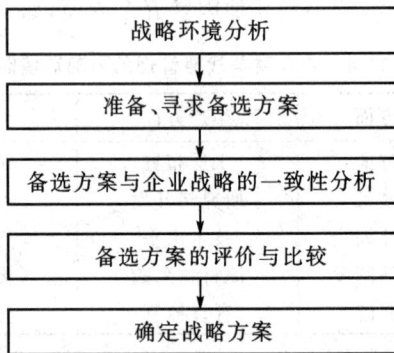

图2-4　企业财务战略的制定程序

在企业内外环境分析和确定战略目标的基础上,广泛地寻求企业各种可能的备选方案(备选方案越多,企业最终确定的战略方案的覆盖面越广);由于财务战略只是企业战略的子战略,前者必须服从于后者,因此,必须检测各种备选方案与企业战略的一致性,对于不一致的备选方案,应该剔除;在符合一致性的备选方案之间,通过各种具体指标进行综合评价与比较,从中择优;最后,在通盘考虑的基础上,确定企业应该选择的战略方案。

第四节　企业财务战略方案的设计与优选

一、企业资金投放战略方案的设计与实施

资金投放战略方案即符合资金投放战略要求并有助于其实现的各种资金投放项目。因此资金投放战略方案是企业资金投放战略的具体化,也是其基本的实现途径。在分析确定了企业资金投放战略之后,必须编制、设计具体的资金投放战略方案,然后采用科学的方法从中筛选出最佳方案并投入实施,才能保证资金投放战略的顺利实现。

(一)资金投放战略方案的设计依据

设计资金投放战略方案必须遵循以下设计依据:

1.资金投放战略

资金投放战略方案的设计是为了实现资金投放战略,因此在设计方案时需以资金投放战略为指导,在其规定的框架内进行,具体方案应与战略保持一致。

2.资金投放的盈利与增值水平

追求尽可能多的投放收益和实现尽可能大的投资增值是每一个投资项目都不可忽视的重要目标,设计投资项目时,对其盈利与增值水平的考虑是重要的设计思想之一。

3.资金投放风险

资金投放机会与风险共存,多数投资项目都有不能获得预期收益的可能性,因此设计投资方案时,分析投资风险,考虑如何利用或避免风险是不可或缺的一个重要内容。

4.资金投放成本

资金投放是将本求利的过程。因此设计资金投放项目,不仅要考虑其产出因素,还要考虑其投入因素,即投资成本。这一因素决定了企业在财力上能否承受这一投资项目,同时也是对投资项目进行评价、选择的基础。资金投放成本主要包括前期费用、实际投资额、资金成本、投资回收费用等。

5.投资管理和经营控制能力

没有良好的管理与控制,再好的投资项目亦不能达到预期目的。因此资金投放项目的设计还要考虑企业的投资管理和经营控制能力。

6.筹资能力

任何资金投放项目都要求企业能及时、足额、低成本地筹集到投资所需资金。如果企业资金短缺,筹资能力又较弱,势必会影响到资金投放方案的选择。

7.资金投放环境

设计资金投放方案时,必须熟知资金投放环境,预知资金投放环境的发展变化,重视其影响作用,不断增强对投资环境的适应能力,根据投资环境的发展变化,设计相应的投资方案。

(二)DCF 法与资金投放战略方案的评价

从理论上讲,贴现的现金流量法(discounted cash flow method,DCF 法)被认为是评价投资方案优劣的比较成熟和科学的方法之一。但是,却很少有企业把这种方法应用于战略性投资项目的评价、选择。其主要原因有三:一是对 DCF 法的运用不适当。如对通货膨胀因素处理不当,使用不切实际的高贴现率等。二是人们认识上的一些偏见。一些人通常认为,任何数量化的方法都不可避免地是短视的,DCF 法也不例外。三是 DCF 法本身所具有的局限性。

因此,通过纠正 DCF 法的一些误用,进一步完善 DCF 法,消除它的局限性,这种工具是可以用于资金投放战略方案的评价与选择的。

(三)建立适应资金投放战略方案评价的 DCF 法

与一般投资方案相比,资金投放战略方案的重要特点是具有长期性和全局性。这导致它的不确定性和影响的深远性都远远超过了一般性的战术性资本支出项目。因此,在将 DCF 法运用于资本投放战略方案的决策分析时,要注意以下几点:

(1)在资本支出预算程序上,应采用上下结合,由上至下,由下至上的过程。首先应由企业最高管理当局通过战略规划过程确定企业的战略方向、目标和资金投放备选方案等,再将战略方案分别下达到企业各战略中心进行讨论、补充和完善,并由其负责提出有关战略投资备选方案的初步资本支出预算分析,再报送企业最高管理当局和战略规划部门进行审核、协调。

(2)合理确定现金流量。合理确定资金投放战略方案的现金流量应特别注意以下几点:

①需要对环境作出特别的假定。

②估计现金流量时,不能只计算该方案本身的情况,还必须计算实施战略方案与不实施该战略方案之间的差别现金流量。

③预测资金投放战略方案的现金流量,应该采取内外结合,即企业内部有关方面和企业外部有关专家、机构共同进行的方法。

(3)正确处理风险因素。一个投资方案的风险程度可以定义为它的实际现金流量偏离其预期现金流量的差异程度。偏差越大,该投资方案的风险越大。目前,在把 DCF 法用于风险投资的经济评价时,最常用的办法是按风险调整贴现率法。这种方法是将项目因承担风险而要求的与投资项目的风险程度相适应的风险报酬,计入资金成本或要求达到的收益率,构成按风险调整的贴现率,并据以进行投资决策分析。

(4)正确排定资金配置的优先次序。在运用 DCF 法对资金投放战略方案进行评价选择时,应以使投资方案组合的总净现值最大作为资金配置的标准和目的。这样更有利于企业注重战略发展,使企业的长期利益达到最优化。

(四)正确处理通货膨胀因素的影响

通货膨胀对投资项目的现金流量有重要影响,它使不同时间现金流量的货币购买力不再相同,并随着时间的推移而下跌。显然,在通货膨胀条件下,现金流量可以以两种不同的方式加以计量。一种是以名义货币计量的名义现金流量(以 NA 表示),另一种是消除通货膨胀因素影响后,以不变购买力货币计量的实际现金流量(以 RA 表示)。假设未来若干年内平均每年的通货膨胀率均为 j,第 t 年的名义现金流量为 NA_t,则其实际现金流量应为:

$$RA_t = \frac{NA_t}{(1+j)^t}$$

通货膨胀对贴现率同样也会产生影响。在通货膨胀条件下,投资者所要求的贴现率除了无风险报酬率之外,还包括了通货膨胀补偿率。因此这时贴现率也可分为名义贴现率(即包含通货膨胀补偿率的名义报酬率)和实际贴现率(即消除通货膨胀补偿之后的实际报酬率)两种。设以 r 代表名义贴现率,i 代表实际贴现率,j 代表通货膨胀率,则它们之间具有以下关系:

$$(1+r) = (1+j)(1+i)$$

$$或 \quad (1+i) = \frac{(1+r)}{(1+j)}$$

现以净现值指标为例,来说明 DCF 法中如何正确处理通货膨胀的影响。

如前所述,在通货膨胀条件下,现金流量和贴现率都具有名义量和实际量两种表达方式。那么此时净现值应根据哪一种量进行计算呢?从正确、客观地评价投资项目真正能够取得的经济成果出发,应使用实际现金流量与实际贴现率进行计算。由此可得投资项目的净现值为:

$$NPV = \sum_{t=1}^{n} \frac{RA_t}{(1+i)^t} - A_0 = \sum_{t=1}^{n} \left[\frac{NA_t}{(1+j)^t} \Big/ (\frac{1+r}{1+j})^t \right] - A_0 = \sum_{t=1}^{n} \frac{NA_t}{(1+r)^t} - A_0$$

由上式可见,在这种情况下,净现值用实际量进行计算和用名义量进行计算,其结果是一致的,但前提条件是此时现金流量与贴现率的口径必须一致,即两者要么都是按名义值计量的,要么都是按实际值计量的。未能一贯地严格执行这条明显的、简单的规则,是投资评价中常见的错误之一。

由以上论述可见,在通货膨胀条件下把 DCF 法用于对战略投资方案评价时,有关指标的计算一定要在口径一致的基础上进行,其中尤其要注意现金流量的估计是否考虑了通货膨胀因素。

(五)运用 DCF 法对资金投放战略方案评价选择时应注意的问题

资金投放战略方案一般涉及的时间均很长,且金额巨大,因此,在运用 DCF 法对资金投放战略方案进行评价选择时,必须要注意以下三点:

(1)DCF 法作为一种投资评价工具,其逻辑是严谨合理的,因此它输出结果的合理性主要取决于该模型输入数据的合理性。

(2)由于资金投放战略方案的特性,使得各有关指标预测、分析的难度空前加大,各种数据的不确定程度亦会有很大提高,导致 DCF 模型中输入数据很难准确确定。因此这时 DCF 法的评价结果中必然包含较大可能的随机错误,故其作用应该是说服性的和参考性的,而绝不能将其理解为结论性的。

(3)为了保证正确评价与选择资金投放战略方案,应采用定量与定性相结合的方法,即既应该使用 DCF 法,同时还应仔细考虑一些关键战略因素对资金投放战略方案的影响,并综合考虑两方面的结果对资金投放战略方案作出正确的抉择。

(六)资金投放战略实施的一般步骤

资金投放战略的实施就是把制定的资金投放战略及设计好的方案付之于行动。一般包括以下步骤:

1.分析战略变化

资金投放战略实施的第一步是对新老资金投放战略进行对比,从而明确地了解要使新的资金投放战略实施成功组织需要在哪些方面及多大程度上作出变化。

2.分析组织结构

组织结构代表着管理当局规定的各种资源之间的关系。因为资金投放战略实际上代表着企业资金这种关键资源在企业组织中的重新配置,故其必然会影响到组织内部的资源关系,即影响到组织结构,要求其在形式、规模、结构等方面作出相应调整。

3.分析组织文化

组织文化不仅影响资金投放战略的制定,而且影响资金投放战略的实施,它包括组织成员的共同信念、价值观等。

4.选择战略实施方式

资金投放战略的实施方式是指组织、管理投资项目实施活动的形式。一个投资项目经审慎决策和计划被批准之后,如何尽快完成实施任务,一个重要问题是如何选择合理的实施形式,如自营方式、承发包方式或综合方式等。

　　5.资金投放战略实施与控制

　　在这个阶段中,管理者的职责就是具体组织实施工作,首先要对资金投放战略进行空间和时间上的分解,形成执行目标;其次要有效地分配任务、时间和其他资源,建立内部经济责任制;最后要利用多种管理技能激励员工,克服困难,保证任务的有效完成。在整个实施过程中,管理者还必须对其实行有效的控制才能保证资金投放战略的顺利完成。

　　(七)资金投放战略控制

　　合理的企业资金投放战略控制是该战略顺利实现的可靠保证。按照控制活动发生的时间分类,管理控制可以分为事前控制、事中控制和事后控制。为保证资金投放战略的成功实现,这三类控制都是必要的,但事前控制则起着关键的作用。因为资金,特别是长期性资金一旦投入使用后,其使用的方向、规模等在短期内将很难进行调整或改变,这种现象叫做"资金的固定化"。因此,如果资金投放发生失误,不仅后果相当严重,而且任何事后的努力也将难以很快改变这种被动局面。这说明,事前采取有效的控制措施,确保资金实际投放能符合战略的要求,是资金投放战略成功的关键。因此,我们将着重论述资金投放战略的事前控制措施。

　　我们认为,为确保资金的实际投放符合战略的要求,至少应从以下几个方面采取相应的事前控制措施:业务性控制、政策性控制、程序性控制和时机性控制。下面分别就上述几项内容进行探讨。

　　1.业务性控制

　　业务性控制是指企业应该根据企业战略的要求,把企业的业务划分为旧业务与新业务,或经营性业务与发展性业务两部分,相应把资金划分成经营资金和战略资金两部分。这种业务性控制具有以下几大优点:

　　(1)可以保证新业务开发的必要资金。

　　(2)安排今天能够盈利的业务与准备明天的工作这两个任务可以齐头并进。

　　(3)经理人员不能依靠削减战略开支来给日常经营装门面,避免了老业务挤新业务的一贯弊端。

　　2.政策性控制

　　资金投放政策是企业根据企业战略指导资金配置的具体指南。它可以明确资金投放的优先次序,指出资金投放的重点方向,限制资金流向不需要投资的领域,减少资金实际投放过程中的不确定性,增强企业内部对资金投放的共识,从而有助于保证资金投向符合企业全局和长期利益需要的项目上。一些重要的资金投放政策常常包括以下这些方面的内容:①关于资金投放优先次序的政策;②关于资金投放与企业战略相联系的政策;③关于资金投放的限制性政策;④关于鼓励长期行为的奖惩政策;⑤关于可由下级人员自由做主的资金投放的授权政策。

　　3.程序性控制

　　所谓程序性控制是指企业应该通过合理、有效的资金投放程序而对资金的投放或配置进行调控。广义而言,企业目前的资金投放程序主要有两种:自下而上和自上而下。自下而上这种程序是首先由下级单位提出投资建议或资金需要计划,然后逐级上报批准、分配后再执行。自上而下的方法则是由高层管理人员直接提出具体的资金支出方案,然后交由基层人员执行。对资金投放战略的有效控制,需要综合运用自上而下和自下而上两种程序。

4.时机性控制

在资金投放战略的实施中,一个非常重要的问题是资金投放时机的恰当把握。时机选择不当,投入资金的时间过早或过迟,都可能使原本良好的战略大打折扣。根据不同情况,资金投放时机可以有以下三种不同的选择:

(1)抢先一步,先发制人。这是指企业在竞争中一经发现市场机会,就迅速集中资金,抢在他人之前进行投资,率先占领市场,牢牢地把握竞争的主动权。

(2)引而不发,静待时机。这是要求企业密切注视机会的发展变化,积极准备资金,创造条件,静待时机成熟。一旦时机成熟,再把资金"准时"投入运用,使有限的资金充分发挥效力。

(3)以迂为直,后发制人。这种战略要求企业在对市场机会没有一定把握,或自身资金实力不够雄厚,难于独立承担开拓市场的高昂费用时,要等待别人先投入资金,自己则密切研究市场的发展变化,研究先进入者的经验教训。这样自己的资金投入虽然迟些,但能更好地利用市场机会,使投放的资金达到事半功倍的效果。

二、企业资金筹措战略的制定与实施

(一)企业资金筹措战略方案类型

按照企业选择的主要筹资渠道与方式的不同来分类,企业资金筹措战略方案可分为内部型、金融型、证券型、联合型和结构型等几种基本类型,不同类型的筹资战略方案适用于不同的企业,需要不同的实施措施。下面我们分别就这五种筹资战略方案进行一些讨论:

1.内部型资金筹措战略

所谓内部型资金筹措战略也称为经营型筹资战略,是指主要从企业内部开辟资金来源,筹措所需资金。这一战略主要的资金来源包括:留存盈余或利润留成,包括从利润中提取而形成的一般盈余公积金和公益金等;从销售收入中回收的折旧、摊销等无需用现金支付的费用等。企业利用内部资金方便、可靠,不需支付筹资费用,所以内部型筹资战略可为许多企业广泛采用,目前内部资金已成为企业长期资金的重要来源。该种筹资战略特别适用于下列情况下的企业:企业外部资金来源渠道匮乏;内部资金来源丰富、充裕,足以满足现阶段资金需要的企业;企业战略要求采用内部型筹资战略的企业等。

采用内部型资金筹措战略必须采取切实有效的实施措施才有可能获得成功。这些措施主要有:

(1)适应市场环境的变化。

(2)加强内部管理,节约各项费用。

(3)降低利润分配率,提高留存盈余的水平,把大部分利润留存于企业用于生产和发展。

(4)合理制订和利用折旧计划等,以增加积累,减少税收支出。

(5)减少资金占用,加速资金周转。

(6)加强企业内部资金的调度,避免资金闲置。

2.金融型资金筹措战略

金融型资金筹措战略主要指企业通过与金融机构建立起密切的协作关系,有效地利用这些金融机构的信贷资金,以保证随时获得长期稳定贷款的筹资战略,这是一种从企业外部以间接金融方式筹集资金的战略。金融机构信贷资金主要有以下几项具体来源:①政策性银行信贷资金;②商业银行信贷资金;③非银行金融机构的信贷资金;④租赁公司。

金融型资金筹措战略具有广泛的适用性。它可供资金规模大,筹集方便,形式灵活,几乎所有企业都可在一定程度上运用它。特别是对于内部资金不足、发展迅速或暂时有资金困难的企业更为适用。

3.证券型资金筹措战略

证券型资金筹措战略是指主要依靠社会资金来源,通过发行各种有价证券,特别是发行股票和债券等方式来筹集资金的战略。企业通过在证券市场上公开发行股票和债券可以直接吸纳家庭和个人的待用和结余资金,另外某些金融机构也常常大量投资于有价证券,其他企业和某些公共团体由于种种考虑也会将一部分资金投入证券市场,因此发行有价证券筹资面对的是异常广阔和雄厚的资金来源。证券型筹资战略可以为企业筹集到大规模的长期限可用资金,随着证券市场的发展和股份制经济的推广,这一筹资战略的作用会越来越大。

4.联合型资金筹措战略

联合型资金筹措战略指主要依靠企业间的联合,通过企业间信用、吸收、合并、收买、投资等方式,充分利用其他企业的资金力量和金融力量进行筹资的战略。这种战略的主要形式有:

(1)通过企业间信用筹资。企业间信用筹资主要包括应付账款、应付票据等内容。

(2)通过企业的联合突破单一企业筹措资金的能力界限,从而取得金融机构的贷款或者政府的资金援助。

(3)通过吸收、合并、收买等方式,一方面利用对方企业的资金力量或金融力量,另一方面通过合并来扩大销售额和利润,以此来增强企业的资金筹措能力。

(4)通过举办合资企业、合营企业和补偿贸易等方式利用外商资金,以此来解决资金不足问题。

企业是金融市场上一个重要的资金供应者,通过企业联合筹资是一种适用范围很广的筹资战略。实施这一战略的关键是选择好联合的形式与联合的伙伴,以便优势互补,克服劣势。

5.结构型资金筹措战略

结构型资金筹措战略是指企业多种筹资渠道与筹资方式并重,不存在单一的重点筹资渠道与方式。这种战略实际上是一种综合性的筹资战略,它是上述四种不同筹资战略的某种组合。对于大多数企业而言,为了获取足够的资金或保持稳定的资金来源与优良的资金结构,常常需要采取前述四种筹资战略的某种合理组合进行筹资,组合的不同,构成的结构型筹资战略也就不同。

上述五种情况是企业资金筹措战略方案一般的和基本的类型。企业在具体开展资金筹措战略时,要根据企业自身的能力及企业所处的金融环境等,选择合理的资金筹措渠道与方式战略,采取适合自身状况与环境的具体实施方案与措施。

(二)企业资金筹措能力分析及开发

资金筹措能力是指企业从各种资金来源获得资金的本领,它集中表现为在一定时期内,企业能够筹集到的资金的数量和质量。资金是一种具有稀缺性的重要经济资源,企业之间为筹集所需资金的竞争往往非常激烈,因此,资金筹措能力对于企业十分重要。

1.资金筹措能力分析

企业可以从多种资金来源渠道,用不同的筹资工具或方式筹措所需资金。从不同来源筹集资金的能力受不同因素的影响。所以,分析、评价企业的资金筹措能力,首先应该分析企业从不同资金来源获取资金的能力,然后再将它们综合起来分析,才能得到比较准确的结果。企业的资金来源可以分为企业内部资金来源与企业外部资金来源两大类。企业内部资金来源是指企业通过自身生产经营成果的积累而形成的可用资金;而企业外部资金来源则是企业通过不同筹资方式从企业外部所获得的可用资金。企业外部资金来源又有两种主要的来源,一是筹集负债资金,即以借债的方式获得经营发展资金;二是筹集权益资金,即通过增加股权资本的方式获得经营发展资金。企业从这三条主渠道筹集资金的能力构成了企业资金筹措能力的主要内容,即内部资金筹措能力、负债资金筹措能力和权益资金筹措能力。这三种能力分别受到众多因素的影响,通过分析有关的因素,可大致确定企业从这三种来源获得资金的能力,从而对企业资金筹措能力有一个比较清楚的认识。

(1)内部资金筹措能力的一般估计。企业内部资金来源就是企业在其所获得的收入和利润中重新投入企业生产经营过程中,参加资金再循环的那部分资金。所以企业内部资金筹措能力主要决定于企业的收入水平、盈利能力及有关财务政策(如股利政策、折旧政策)等因素。

企业内部资金筹措能力可大致估计如下:

$$\frac{预计未来几年}{内的收入水平} \times \frac{税后目标}{销售利润率} - \frac{现金}{股利} + \frac{固定资产}{折旧} - \frac{银行贷款和长期}{负债还款总计}$$

$$= \frac{税后}{净收益} - \frac{现金}{股利} + \frac{固定资产}{折旧} - \frac{银行贷款和长期}{负债还款总计}$$

$$= 留存收益 + 固定资产折旧 - 银行贷款和长期负债还款总计$$

$$= 经营产生的全部内部资金 - 银行贷款和长期负债还款总计$$

$$= 净内部资金来源总额$$

对上述估计简要解释如下:企业首先根据对未来若干年内市场状况的预测和企业战略计划,预测出企业未来几年内的收入水平并估计、确定相应的税后目标销售利润率,这两者的乘积就是企业未来若干年的税后净收益。企业的税后净收益要用来给股东分派股利。企业分红派息的方式有现金股利、股票股利两种,但只有以现金股利方式对财务成果进行分配,才导致资金脱离企业,流至企业外部。因此用税后净收益减去预计的现金股利部分,就是企业净收益中重新投入企业资金循环的部分,即留存收益。留存收益是构成企业内部资金来源的一个重要组成部分。另外,企业在成本、费用中,有一部分是不需要实际发生现金支出的,其中主要是固定资产折旧。但这部分费用仍计入当期的销货成本或期间成本中去,随着收入的发生而收回,并继续参加企业下一轮的资金循环。因此这部分已收回的成本或费用构成了企业内部另一个可用的资金来源。用留存盈余加上固定资产折旧,就是企业生产经营过程中产生的全部内部资金来源。再用它减去企业预期要偿还的银行贷款和其他长期负债的本息总额,就是企业通过生产经营可提供的净内部资金来源总额。

(2)负债资金筹措能力的一般估计。企业负债资金来源,就是企业通过借债的方式所能获得的资金。企业的负债资金筹措能力,主要取决于企业的盈利水平与资金来源结构。一定的盈利水平是企业偿还借款本息的保证,而资金来源的结构(主要是负债资金与权益资金之比)则反映了企业财务风险的大小。一般情况下,只有这两方面的情况良好,潜在的债权人才会有信心把资金借贷给企业,企业才能以合理的利率和条件得到所需的借款。现在假设企业的盈利能力是有保证的,则企业的负债资金能力可大致估计如下:

$$\left(\frac{目前的}{股东权益} + \frac{预期新的}{股东权益} + \frac{税后}{净收益} - 股利\right) \times \frac{行业平均负债}{股东权益} - \frac{现有}{总负债}$$

$$= 估计的未来股东权益总数 \times 行业平均负债/股东权益 - 现有总负债$$

$$= 总负债能力 - 现有总负债$$

$$= 企业可利用的新负债能力$$

对上述估计简要解释如下:股东权益是企业所能承担的责任的限度,并且是企业最终风险的承担者。因此,一定的股东权益是企业负债的基础。负债/权益比率反映了企业的信誉状况和财务风险。对于不同的行业来说,因企业经营的性质和现金流转的稳定程度等不同,负债/权益比率也不相同。一般而言,行业平均负债/权益比率在一定程度上反映了债权人对该行业可以接受的财务风险程度,是企业筹集负债资金的一个外部限制。所以用企业总的股东权益基础乘上行业平均负债/权益比率,就是企业总的负债能力。再用总的负债能力减去现有的总负债(即已占用的负债能力),就是企业可以利用的新的以负债方式筹集资金的能力。

(3)权益资金筹措能力的一般估计。权益资金来源,即企业通过发行新股或以其他方式增资获得资金的能力。股东或潜在的股东们投资于某一企业,主要目的是期望得到较高的利益回报。因此权益资金筹措能力主要决定于企业的盈利能力及给股东的回报。股东一般总是很关心其每股盈余(EPS)的高低。当企业准备发行新股时,股东一般并不希望 EPS 被新股"稀释",使其降低。如果预期新股发行会导致这样的结果,他们就会表示反对并向董事会施加压力以求改变。所以企业要想增加新的股权资金,在可能的情况下应选择经营情况和金融市场状况最好的年份发行新股。力求在这一年里使企业的利润和 EPS 有一个较大幅度的增长,为新股发行提供基础,使之不会使现有股东的 EPS 因被"稀释"而降低。根据以上论述,企业权益资金筹措能力可分三步,大致估计如下:

第一步,估计额外净收益(Δ净收益):

额外净收益(Δ净收益)=净收益(最好增长年份)-净收益(正常增长年份)

第二步,估计新股股数:

潜在的可发行新股数=额外净收益(Δ净收益)÷每股盈余(正常预期水平)

第三步,估计发行新股可得资金:

发行新股可得资金=潜在的可发行新股数×预期股票发行价格-估计发行成本

(4)资金筹措能力的综合分析。企业总的资金筹措能力是其内部资金筹措能力、负债资金筹措能力和权益资金筹措能力的总和,但不能视为上述三个估计的简单算术和。这是因为首先上述三种能力之间是互相联系、互相影响的。例如,增加内部资金来源和权益资金来源的比例,就会为企业筹集负债资金提供新的基础,使其能力得到提高。其次,资金筹措能力还受到企业多方面其他因素的影响,具体可分为内部因素和外部因素,从而上述估计只能看做是一种大致的预测。所以,企业要分析、预测自身的筹资能力,还必须在上述预测、估计的基础上,结合其他重要影响因素进行综合分析。并据此对上述估计的结果进行必要的调整,从而更加全面、准确地认识自身的资金筹措能力。

影响企业资金筹措能力的重要内部因素通常有:①企业规模的大小;②企业创办时间的长短;③企业组织形式;④利润的稳定程度及其增长趋势;⑤企业的信誉与公共关系状况;⑥企业领导与管理人员的素质、知识结构与能力;⑦企业领导对风险的态度;⑧企业资产的性质。其外部因素主要包括金融、经济、政治、行业等方面的因素。企业只有全面分析预测了上述各种内外因素对企业资金筹措的影响之后,才能比较准确地把握企业资金筹措能力有多大,从而更有效地制定和实施资金筹措战略。

2.资金筹措能力开发

从一定意义上说,资金筹措能力是企业自己可以控制的,即可以通过自身有意识、有成效的努力而在一定程度上予以加强。这说明资金筹措能力具有可开发性。开发企业的资金筹措

能力,一般可从下述这些方面进行:

(1)提高盈利能力,改善资金结构。这是提高企业资金筹措能力的一项根本性措施。首先,企业的留存盈余等内部积累本身是企业资金来源的一条重要渠道,而盈利能力强、资金结构合理的企业,其留存盈余就可望大大提高,从而增强企业的内部筹资能力。其次,如果企业盈利能力高,资金结构健康,则投资者可望获得的投资报酬率就高,而财务风险则相对较小,对潜在投资者、债权人等的吸引力就较大,从而使企业的外部筹资能力大大加强。最后良好的盈利能力和资金结构还会改善企业的信誉状况,扩大企业的影响,从而使企业的外部筹资能力得到加强。

(2)加强与金融机构的联系。企业从外部筹资的很大比重来自于金融机构的贷款。因此加强与金融机构的联系十分重要,它能在很大程度上影响和决定企业获取贷款的能力。具体应从以下三个方面进行:①充分了解金融机构的贷款政策与方针;②选择贷款政策合理的金融机构;③与金融机构保持良好的关系。

(3)增强企业领导和资金筹措人员不断开发利用新的融资渠道和工具的能力。资金筹措是由企业领导和资金筹措人员决定和进行的。他们是否具备良好的素质和知识,是否具有开拓能力,是否具有与金融机构和投资者等洽谈的能力等都对企业筹资能力具有重要影响。因此企业应努力增强企业领导及资金筹措人员的素质和能力。

(4)扩大企业影响,提高企业信誉。企业为了能以较为有利的条件稳定地获得所需资金,还应努力提高社会知名度,扩大企业影响,提高企业信誉。企业社会影响大,信誉高,资金供给者就比较放心,乐意以较有利的条件为企业提供资金,这有利于企业开发利用多种融资渠道和工具,增加筹资能力,改善融资环境。

(5)促进产融结合。工业资本与金融资本的相互融合是经济发展到一定阶段的必然产物,而且对增强企业筹资能力具有重大影响。产融结合有助于企业得到金融方面的支持,特别是当企业面临困难时更是如此。例如日本的丰田公司在 20 世纪 50 年代初曾经面临破产的境地,但它依靠一些银行的大力支持,得到了极为宝贵的贷款,从而闯过了难关,发展成为今天举世闻名的大公司。

(6)制定有效的企业战略。有效的企业战略可以增强企业在产品市场上的竞争和发展能力,提高企业产品成功的可能性,从而增强企业在金融市场上获得资金的能力。另外,良好的企业战略可以使潜在的投资者明确企业资金投放的方向和长期效果,从而提高投资者对企业的信心,使之愿意把资金的使用权让渡给企业,并要求较低的资金成本。

三、股利战略

(一)股利决策与企业战略的关系

为搞清楚股利决策与企业战略之间的关系,首先考察一下股利决策对企业战略有何影响。我们认为,股利决策至少将从以下两个方面对企业战略产生影响。

(1)股利决策事实上也是一项筹资决策,它关系到企业内部资金来源数量的多寡。如果企业不发股利,其内部资金来源就等于其现金净流量,即:

$$内部资金来源＝现金净流量－净收益＋折旧$$

如果企业发放股利,那么:

$$内部资金来源＝留存收益＋折旧$$

$$留存收益＝净收益－股利$$

一般来说，留存收益在企业全部资金来源中所占的比重很大，是企业的基本资金来源。不仅如此，股利决策还对企业外部筹资有着重要影响。股利支付率越高，企业从外部依靠举债或发行新股筹资的需要就越多。所以，在研究股利决策时，必须同时考虑筹措资金决策。

（2）股利决策还是企业影响与改善其外部环境，特别是外部金融环境的重要方式。股利发放过程及股利水平是投资者及其他利益关系集团评价企业状况时的重要依据之一，这种评价将直接影响他们对于企业的看法和行为。同时，股利发放过程可以传达一些重要的信息给投资者。如股利增发可以传达下列信号给投资者——管理当局预期公司未来收益将会获得改善。相反，股利减发所传达给投资者的信息则是公司的未来收益较目前的收益差。这些信息毫无疑问会影响投资者及其他关系人对企业的态度。所以，股利决策是否正确，对于企业能否与其外部环境，特别是金融环境之间形成和保持一种良好的、相互协调的状态具有很大关系。

由上述分析可知，股利决策的正确与否，对于企业战略的顺利实施和最终成功有很大的影响。所以，企业必须重视和审慎地制定股利决策。为确保企业战略的实现，关键在于股利决策应服从企业战略的总体要求，保证战略实施所需资金，并力求为企业战略的实施创造和保持一个良好的外部金融环境。

（二）股利战略的含义与内容

所谓股利战略，就是依据企业战略的要求和内外环境的状况，对股利分配所进行的全局性和长期性谋划。与通常所说的股利决策或股利政策相比较，股利战略具有以下两个特点：一是股利战略不是从单纯的财务观点出发决定企业的股利分配，它是从企业的全局出发，从企业战略的整体要求出发来决定股利分配的。二是股利战略在决定股利分配时，是从长期效果着眼的，它不过分计较股票价格的短期涨落，而是关注于股利分配对企业长期发展的影响。

股利战略要处理的内容主要包括三个方面：

（1）股利支付率，即确定股利在净收益中所占的比重，也就是股利与留存收益之间的比例为何。这是股利战略上一个最重要也是最困难的问题。

（2）股利的稳定性，即决定股利发放是采用稳定不变的政策或是变动的政策。

（3）信息内容，即决定希望通过股利分配传达何种信息给投资者。

以上三个方面的内容，都要根据企业内外环境状况和企业战略的要求作出决定。在作出上述决定的基础上，企业还应进一步就股利支付的具体方式进行设计与策划，并确定股利发放的程序。

派息分红是股东权益的具体体现，也是股份公司有关权益分配和资金运作方面的重要决策。其战略目标应该是：

（1）保障股东权益，平衡股东间利益关系。公司股利政策必须通过创造实实在在的高效益以回报投资者，提高回报率。由于现代股份公司股权的分散性和股东的复杂性，股东可分为控股股东、关联股东和零星股东。控股股东和关联股东侧重于公司的长远发展，零星股东倾向于近期收益，如分配政策仅限于满足控股者和关联股东利益，则会使零星股东产生不满，他们会行使"用脚投票"的权力，使股价下跌，严重时将导致法律诉讼事件，影响公司声誉。

（2）促进公司长期发展。如前所说，股利战略实质上就是探寻股利与留存收益之间的比例关系，也是公司有关权益分配和资金运作方面的重要决策。股利战略的基本任务之一是要通过股利分配这种途径，为增强公司发展后劲，保证企业扩大再生产的进行，提供足够的资金，促进公司长期稳定发展。

（3）稳定股票价格。一般而言,公司股票在市场上股价过高或过低都不利于公司的正常经营和稳定发展。股价过低,必然影响公司声誉,不利于今后增资扩股或负债经营,也可能引起被收购兼并事件;股价过高,会影响股票流动性,并将留下股价急骤下降的隐患;股价时高时低,波动剧烈,将动摇投资者的信心,成为投机者的投资对象。所以,保证股价稳定必然成为股利分配政策的目标。稳定股价,具有以下含义:

①在一个较长时期内公司股价稳定并呈上升态势;

②在整个股市动荡中,公司股票市价波动幅度相对较小;

③均衡公司股价短期稳定与长期稳定的关系。

以上三个方面既相联系,又相排斥,综合反映了股利分配是收益—风险—权益的矛盾统一,说明了短期消费与长远发展的资金分配关系,也体现了公司—股东—市场以及公司内部需要与外部市场形象的制衡关系。综合说来,就是要保证股东投资收益高额、持续、稳定,使企业股票市价上涨,使企业未来发展的基础扎实、资金雄厚。

（三）股利战略的制定

根据前述讨论中所提出的股利战略的基本思想,我们认为股利战略应根据图2-5所示的模式来制定。

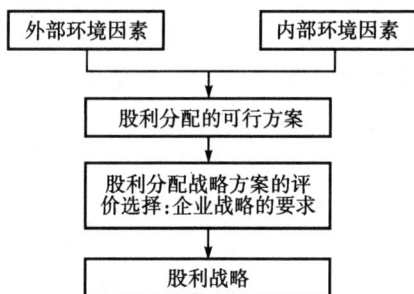

图2-5 股利战略制定模式

在现实世界中,企业的股利分配要受企业内外多种因素的影响,正是这些因素的作用,决定了企业股利分配全部的可行方案有哪些。所以,制定股利战略必须首先分析和弄清楚这些因素对股利分配的制约和影响。

影响股利分配的外部因素主要有:

1.法律因素

各国对企业股利支付制定了很多法规,股利分配面临着多种法律限制。尽管每个国家的法规不尽相同,但归纳起来主要有如下几点:

（1）资本限制。资本限制是指企业支付股利不能减少资本（包括资本金和资本公积金）。这一限制是为了保证企业持有足够的权益资本,以维护债权人的利益。

（2）偿债能力的限制。如果一个企业的经济能力已降到无力偿付债务或因支付股利将使企业丧失偿债能力,则企业不能支付股利。这一限制的目的也是为了保护债权人。

（3）内部积累的限制。有些法律规定禁止企业过度地保留盈余。如果一个企业的保留盈余超过了目前和未来的投资很多,则被看做是过度的内部积累,要受到法律上的限制。这是因为有些企业为了保护高收入股东的利益,故意压低股利的支付,多留利少分配,用增加保留盈余的办法来提高企业股票的市场价格,使股东逃税。所以税法规定对企业过度增加保留盈余征收附加税作为处罚。

2.债务(合同)条款因素

债务特别是长期债务合同通常包括限制企业现金股利支付权力的一些条款,限制内容通常包括:

(1)营运资金(流动资产减流动负债)低于某一水平,企业不得支付股利。

(2)企业只有在新增利润的条件下才可进行股利分配。

(3)企业只有先满足累计优先股股利后才可进行普通股股利分配。这些条件在一定程度上保护了债权人和优先股东的利益。

3.所有权者因素

企业的股利分配最终要由董事会来确定。董事会是股东们的代表,在制定股利战略时,必须尊重股东们的意见。股东类型不同,其意见也不尽相同,大致可分为以下几种:

(1)为保证控制权而限制股利支付。有些企业的控制权为少数股东控制,如果企业增发股利,在企业需要资金时再发行股票筹资,就会使股权分散,影响现有股东对企业的控制权。因此这些股东们往往倾向于限制股利支付,较多地保留盈余。

(2)为避税的目的而限制股利支付。很多国家税法规定,所得税率一般均高于资本利得(资本收益)税率。所以,对于那些收入较高的股东来说,倾向于限制股利支付,较多地保留盈余,以便使股票的价格上涨,通过转让股票实现资本收益来减少纳税。

(3)为了取得收益而要求支付股利。很多股东(往往是小股东)是靠股利收入来维持生活的,他们要求企业在一定期间内要维持较固定的股利支付额,不希望将税后利润全部或大部分地积累起来。

(4)为回避风险而要求支付股利。大多数股东认为,企业经营是在不确定的环境中进行的,目前能得到的股利收益是确定的,而通过增加保留盈余,引起股价上涨获得的资本收益是不确定的。为了回避这种风险收益,股东们往往倾向于宁愿现在获得股利而不愿将来获得更多的资本收益,因此要求高股利支付率、低保留盈余。

(5)不同的心理偏好和金融传统。如对于美国的股东们来说,获取股利是投资的一个主要目的。他们之所以购买股票,除了希望从股票升值中得到好处外,还期望分得较多的红利,对股利的多少并不认为是小事一桩,因而美国企业的股利支付率一般较高。而在日本,股东们已习惯于较低的股利,企业象征性地发放股利无非是使股东知道企业的经营还行,尽可放心,通常分配股利的比例不超过面值的一成。

4.经济因素

宏观经济环境的状况与趋势会影响企业的股利分配。比如通货膨胀的状况,在持续通货膨胀时期,投资者往往要求支付更高的股利,以抵消通货膨胀的影响,所以通货膨胀时期股利支付率一般应稍高些。

影响股利分配的内部因素主要有:

(1)现金流量因素。企业的现金流量是影响股利分配的重要因素。如果一个企业的流动性较高,即持有大量的现金和其他流动资产,现金充裕,其支付股利的能力就强。如果一个企业的流动性较低,或因扩充资产、偿还债务等原因已消耗了大量的现金,再用现金大量支付股利显然是不明智的。在确定股利战略时,绝不能因支付股利而危及企业的支付能力。

(2)筹资能力因素。一个企业若筹资能力很强,能随时筹集到经营所需的资金,那么它就有较强的支付股利的能力。反之,如企业外部筹资能力较弱,不可随时筹集到所需资金,或虽能筹集到但代价太高,则应采用限制股利支付,以大量保留盈余作为企业的重要筹资方式。

(3)投资机会因素。股利战略的确定在很大程度上还要受企业投资机会因素的左右。一般说来,如果一个企业有较多的有利可图的投资机会,需要大量资金,则经常会采用高保留盈余、低股利支付的方案。反之,如果企业的投资机会较少,资金积累较多,那就可以采用高股利支付的方案。

(4)公司加权资金成本。股利分配对公司加权资金成本有重大影响。这种影响是通过以下四个方面来实现的:①股利分配的区别必然影响留存收益的多少,留存收益的实际资金成本为零。②股利的信号作用。股利的大小变化必然影响公司股价。③投资者对股利风险以及对资本增加值的风险的看法。④资本结构的弹性。公司债务与股东权益之间应当有一个最优的比例(最优资本结构),在这个最优的比例上,公司价值最大,或它的平均资本成本最低。平均资本成曲线的形状很大程度上说明公司资本结构的弹性有多大。如果平均资本成本曲线弯度较大,说明债务比率的变化对资本成本影响很大,资本结构的弹性就小,股利分配在资本结构弹性小的公司比弹性大的公司要重要得多。

(5)股利分配的惯性。要考虑企业历年连续采取的股利分配的连续性和稳定性,一旦决定作重大调整,就应该充分地估计到这些调整在企业声誉、企业股票价格、负债能力、信用等方面带来的一系列后果。

综合以上各种因素对股利分配的影响,企业就可以拟订出可行的股利分配的备选方案。它通常有多种,是客观条件上允许企业采取的方案。此后,企业还需按照企业战略的要求对这些方案进行分析、评价,才能从中选出与企业战略协调一致的股利分配方案来,确定为企业在未来战略期间内的股利战略予以实施。

企业战略对股利分配的要求主要体现在以下几个方面:

①股利分配方案应优先满足企业战略实施所需的资金,并与企业战略预期的现金流量状况保持协调一致。

②股利分配方案应能传达管理部门想要传达的信息,尽力创造并维持一个企业战略所需的良好环境。

③股利分配方案必须把股东们的短期利益——支付股利,与长期利益——增加内部积累很好地结合起来。

本 章 小 结

企业财务战略就是为谋求企业资金均衡有效地流动和实现企业战略目标,增强企业财务竞争优势,财务决策者在分析企业内外环境因素对理财活动影响的基础上,对企业资金流动进行全局性、长期性和创造性的谋划,并确保其执行的过程。企业财务战略主要包括以下三个方面的内容:①企业资金筹集战略;②企业资金投放战略;③企业收益分配战略。

企业财务战略是企业战略的重要组成部分,企业战略理论是财务战略的理论基础之一。企业战略理论研究主要包括:①以外部环境为重心的企业战略研究;②以内部条件为重心的企业战略研究;③企业联盟及群理论。

企业财务战略有三种类型:快速扩张型财务战略、稳健发展型财务战略、防御收缩型财务战略。快速扩张型财务战略是指以实现企业资产规模的快速扩张为目的的一种财务战略,其特征是"高负债、低收益、少分配"。稳健发展型财务战略是指以实现企业财务绩效的稳定增长和资产规模的平稳扩张为目的的一种财务战略,其特征是"低负债、高收益、中分配"。防御收缩型财务战略是指以预防出现财务危机和求得生存及新的发展为目的的一种财务战略,其特征是"高负债、低收益、少分配"。

企业财务战略的制定的主要方法:SWOT 分析法、生命周期矩阵分析法、行业结构分析法、波士顿矩阵法、通用电气经营矩阵分析法。企业财务战略方案的设计与优选主要包括企业资金投放战略方案的设计与实施、企业资金筹措战略的制定与实施、股利战略三部分内容。

关 键 术 语

企业财务战略　SWOT 分析法　生命周期矩阵分析法　行业结构分析法　资金投放战略方案　资金筹措能力　股利战略

思 考 题

1. 什么是企业财务战略?

2. 企业财务战略包括哪些内容?

4. 企业财务战略选择的方法有哪些?

5. 试举例说明 SWOT 分析法的应用。

6. 简析 DCF 法在资金投放战略中的应用。

7. 企业战略对股利战略有何影响?

8. 日本的丰田公司在 20 世纪 50 年代初曾经面临破产的境地,但它依靠一些银行的大力支持,得到了极为宝贵的贷款,从而闯过了难关,发展成为今天举世闻名的大公司。根据此信息,讨论工业资本与金融资本的融合对增强企业筹资能力的重大影响。

案 例 分 析

案例一:20 世纪 50 年代本田把当时长期占据日本摩托行业首位的东发公司逼得走投无路,主要就是依靠大量贷款进行设备投资,迅速扩大生产规模的财务战略来实现的。当时本田的利润不及东发的一半,贷款与自有资本的比率却高达6∶1,贷款数额是东发的 4 倍以上。这种财务战略在当时备受奚落。然而,就是依靠这种大量贷款的筹资战略与急速膨胀的设备扩张投资战略,本田实现了 40% 以上的年平均规模增长率,比当时市场需求的发展速度高出50% 以上。与本田的猛烈攻势形成对比的是,东发显得毫无生气。在这种状况下,本田的市场占有率与设备能力同步发展,市场占有率从 1956 年的 20% 一举扩大到 1961 年的 40%,而同期东发却从 22% 猛跌到 4%。本田的财务战略有效地支持了其大量生产的企业战略,使之收到了预期的效果(产量达到东发的 10 倍),并因此实现了降低生产成本的目标。由于成本下降,使本田的财务基础更加牢固,1960 年,本田公司的销售利润率回升到 10%。相反,东发却出现了相当于总销售额 8% 的巨额亏损,曾经以财务稳健自诩的东发,至此也不得不依赖大量贷款。贷款与自有资本比率一下子变为 7∶1,而本田却减少到 1∶1,形势完全逆转过来了。

当东发悟出其中的道理,企图以同样的财务战略卷土重来时,已经为时过晚,错过了摩托车行业的黄金时期,年市场增长率已降到9%。胜负已成定局,1964年东发公司终于寿终正寝。

试对比分析日本本田公司和东发公司的财务战略对于企业发展的重要作用。

案例二:大通曼哈顿银行在1984年曾经对日美半导体产业的财务战略作了一个比较,在报告书中,该银行一针见血地指出,日本半导体企业的竞争力是靠其财务战略来支持的。日本半导体厂家依靠大量贷款投资不断蚕食世界市场,已经对以健全的财务状态和适当的资金收益率为目标的美国半导体厂商构成严重的威胁。这种由财务战略引起的企业业绩上的差距,引起了美国厂商的极大关注。如果听任日本半导体产业如此迅猛地扩展而不采取足以抵消他们财务优势的有效措施,美国半导体产业遭受到严重的挫折将是不可避免的。为此美国厂商一方面试图说服金融界放弃历来的商业习惯,加大对企业贷款的力度;另一方面则把事业的基地转移到工资水平较低的国家,以和日本半导体企业对抗。

试分析财务战略对日美半导体产业发展的影响。

案例三:日本的日立、三菱、东芝三家公司都是电器和电子机械行业的国际著名企业。20世纪80年代,他们都采取优先发展战略。三家企业中日立的业绩最好,依次为三菱、东芝。财务状况的次序也如此(见表2-5)。

表2-5 日立、三菱、东芝的财务状况
(1983年)

财务指标	日立	三菱	东芝
企业整体竞争力	强	中	弱
销售利润率(%)	3.8	2.2	1.6
总资本利润率(%)	3.8	2.5	1.6
贷款与自有资本比率	0.7:1	1.4:1	1.9:1
贷款利息占利润比率(%)	27	44	50
红利分配率(%)	14	27	45
企业利润留成率(%)	86	73	55
企业利润留成额(10亿日元)	540	110	90
可用以再投资的利润及追加借款(10亿日元)	917	260	260

由表2-5可以看出,利润可以再投资的部分,日立最大,东芝最小,三菱居中。借贷比例也是竞争力越弱的企业越高。这说明竞争力弱的企业,为了维持现有的地位,对贷款的依赖程度比较高。东芝和三菱为了扩大规模,靠企业内部利润留成已经不能满足需要,必须从外部获取部分贷款。与此相反,财务状态最好的日立公司贷款与自有资本比例越来越低。1981年为1:1,到1983年就降到0.7:1,这说明它主要是依靠自己的资金实现发展,对贷款的依赖程度已经大大降低了。本案例说明,股利战略对企业竞争力和财务状态具有很大的影响。当企业采取优先发展为目标的战略时,低现金股利战略不失为股利分配的一种明智的选择。

试分析企业战略对股利战略的影响。

第三章　企业并购与重组

本章要点

1. 企业并购的基本概念、主要形式和类型
2. 企业并购动因的理论解释
3. 企业并购估价的主要方式
4. 企业并购的支付方式
5. 企业并购的筹资管理
6. 企业反并购的措施
7. 企业重组的策略

第一节　企业并购概述

企业并购作为市场经济发展的产物，已经成为西方发达国家一个十分重要的经济现象。在当今市场经济发达的国家中，企业越来越重视利用并购这一手段拓展经营，实现生产和资本的集中，达到企业外部增长的目的。因此，深入研究企业并购问题，对指导当前我国国有企业的资产重组，实现国有企业资产的优化配置，促进企业经济效益的提高，具有十分重要的现实意义。

一、企业并购的概念

"并购"是"兼并"和"收购"的合称。兼并是指一个企业购买其他企业的产权，并使其他企业失去法人资格的一种经济行为。收购是指一个企业用现金、有价证券等方式购买另一家企业的资产或股权，以获得对该企业控制权的一种经济行为。

其中，"兼并"有广义和狭义之分，广义的"兼并"包括吸收合并和新设合并；狭义的"兼并"通常是指吸收合并。本书所介绍的"兼并"为广义兼并。

兼并与收购相比较有很多相同之处，主要有：①两者均是企业的经济行为，是企业对市场竞争的一种能动反应；②均是一种产权交易活动，是一种有偿的资产交换；③动因基本相同，都是为了迅速增强企业的竞争实力而进行的外部扩张，如扩大企业的经营规模、经营范围、市场占有率等。但是，兼并与收购也有差别，主要不同之处有：①在兼并中被兼并的企业丧失法人资格；收购中被收购企业的法人地位仍可继续存在。②兼并后，兼并企业成为被兼并企业债权债务的承担者，是资产和债权债务的一同转让；收购后，收购企业是被收购企业新的所有者，以收购出资的股本为限承担被收购企业的风险。③兼并多发生在被兼并企业财务状况不佳、生

产经营停滞或半停滞之时,兼并后一般需要调整其生产经营、重新组合资产;而收购则一般发生在被收购企业正常经营的情况下。

尽管兼并与收购存在着许多差异,但两者更有许多联系,尤其是两者所涉及的财务问题并无差异。因此,现实经济生活中,多将二者混用,统称为"并购"。事实上,"并购"概念是一个动态的概念,实践中并购形式的创新在不断地丰富着并购的内涵和外延。

企业并购,其性质属于一种大规模的战略性投资。决策准确,可带来较好的收益;决策失误,则会给企业带来巨大的损失。

二、企业并购的形式

了解并购形式之前有必要先了解一下并购双方的称谓。通常,我们把主兼并或主收购的企业称为兼并企业、收购企业、进攻企业、出价企业、标购企业或接管企业等;把被兼并或被收购企业称为被兼并企业、被收购企业、目标企业、标的企业、被标购企业、被出价企业或被接管企业等。并购包括吸收合并、新设合并和收购三种形式。

(1)吸收合并。吸收合并是指一家或多家企业被另一家企业吸收,兼并企业继续保留其合法地位,目标企业则不再作为一个独立的经营实体而存在。

(2)新设合并。新设合并是指两个或两个以上的企业组成一个新的实体,原来的企业都不再以独立的经营实体而存在。

(3)收购。收购是指一家企业在证券市场用现金、债券或股票购买另一家企业的股票或资产,以取得对该企业的控制权,被收购企业的法人地位不会消失。

三、企业并购的类型

企业并购活动,根据不同的标准,可以划分成不同的类型。对于并购企业来说,不同类型的并购活动,可能导致的并购成本是不同的,并购双方所要完成的工作也不完全相同。因此,企业需要认真分析并购的类型,选择对自己最有利的方式。

1. 按并购双方企业所处的行业性质划分

(1)纵向并购,是指从事同类产品的不同产销阶段的企业之间所进行的并购。一般是供应商与客户的合并。从并购方向来看,纵向并购又有向前并购和向后并购之分,所谓向前并购,是指向其最终客户的并购;所谓向后并购,是指向其供应商的并购。纵向并购的优点是,可以加强公司对销售或采购的控制,形成协作化经营,并带动生产经营成本的节约。

(2)横向并购,是指从事同一行业的企业之间所进行的并购。如两家石油公司的合并等。横向并购的目的,在于消除竞争、扩大市场份额、增加并购企业的垄断实力或形成规模效应。横向并购是企业并购中的常见方式,但由于这种并购容易破坏竞争,形成高度垄断的局面,许多国家都密切关注并严格限制此类并购的发生。

(3)混合并购,是指与企业原材料供应、产品生产、产品销售均没有直接关系的企业之间的并购,即不相关行业的企业所进行的并购。混合并购的目的是为了实现多元化经营,扩大经营范围和经营规模,降低企业的经营风险。

2. 按并购程序划分

(1)善意并购,是指并购企业与被并购企业双方通过友好协商确定并购诸项事宜的并购。这种并购有利于降低并购风险和额外支出。

（2）敌意收购，是指当友好协商遭拒绝时，并购方不顾被并购方的意愿而采取非协商性购买手段，强行并购对方企业。常见的非协商性购买手段主要有两种：①获取委托投票权，并购方设法收购或取得并购企业股东的投票委托书；②收购股票，收购被并购企业的股票，就是并购企业在股票市场公开买进一部分被并购企业股票作为摸底行动之后，宣布直接从被并购企业的股东手中用高于股票市价的接收价格（通常比市价高10％～50％）收购其部分或全部股票，以达到控制（兼并）被并购企业的目的。

3. 按并购的支付方式划分

（1）现金购买式并购，即并购企业用现金购买被并购企业的资产或股权。这种并购方式会加大并购企业的现金支出，但不会影响并购企业的资本结构。

（2）股权交易式并购，即并购企业用其股权换取被并购企业的资产或股权。这种并购方式虽然可以减少并购企业的现金支出，但要稀释并购企业的股权结构。

（3）承担债务式并购，即在被并购企业资不抵债或资产与债务相等的情况下，并购企业以承担被并购企业全部或部分债务为条件，取得被并购企业的资产所有权和经营权。这种并购方式，可以减少并购企业的现金支出，但有可能影响并购企业的股权结构。

4. 按是否利用被并购企业的本身资产来支付并购资金划分

（1）杠杆并购，即并购企业利用被并购企业资产的经营收入来支付并购价款，或作为此种支付的担保。在这种并购中，并购企业不需要拥有巨额资金，只需要准备少量现金（用以支付并购过程中必需的律师、会计师等费用），加以被并购企业的资产及营运所得作为融资担保和还贷资金，便可并购任何规模的企业。

（2）非杠杆并购，即并购企业不用被并购企业自有资金及营运所得来支付或担保支付并购价格的并购方式。早期并购浪潮中的并购形式多属此类。但是，采用这种并购方式并不意味着并购企业不需举债即可承担并购价格，实践中，几乎所有的并购都是利用贷款来完成的，只是贷款数额的多少、贷款抵押的对象不同而已。

第二节　企业并购的动因和效应

评价企业并购效应的标准是股东的财富，股东财富增加则为正效应，反之，为负效应。西方学者的研究认为企业并购并非总能产生正效应。有的并购确实能产生正效应，有的并购却是零效应，有的并购甚至会产生负效应。但大量实证研究表明，并购总能为目标企业股东带来正效应，而并购企业股东却不一定就能从并购中获得好处，双方股东财富效应的组合产生的结果与并购的动因有关。财务管理实践中对并购动因的研究已形成了不同的理论体系，主要有以下几种理论解释：

一、效率理论

效率理论认为：并购活动产生正效应的原因在于并购双方的管理效率是不一样的。具有较高管理效率的企业兼并管理效率较低的企业，可以通过提高后者的管理效率而获得正效应。该理论有两个基本假设：

（1）并购方的管理资源有剩余，并且具有不可分散性。如果并购方的管理资源并没有剩余，已经得到了充分利用，或者并购方的剩余管理资源具有可分散性，可以轻易释放出去，并购将是没有必要的。

（2）对于目标企业来说，其管理的低效率可以通过外部管理层的介入和增加管理资源的投入而得到改善。

二、经营协同效应理论

经营协同效应理论认为：由于人力资本支出、固定资产支出、制造费用、营销费用、管理费用等的不可分性，在合理范围内，分摊这些费用支出的数量越大，则单位产品的成本也就越低。因此，在企业尚未达到合理规模以使各种资源得到充分利用时，通过并购使企业达到规模经济的要求，从而降低成本，增加效益。此外，当双方存在互补优势时，并购会增强并购企业的整体实力，产生经营协同效应。例如，并购方拥有较强的研发实力而营销力量较弱；相反，被并购方具有强大的营销实力而产品研发力量较弱，这时两者的合并无疑会增强并购后企业的整体实力。纵向并购通过降低上下游企业的交易费用也可带来经营的协同效应。经营协同效应理论的前提假设是规模经济的存在。

三、多元化理论

多元化理论认为：通过并购其他企业，可使企业迅速达到多元化扩展的目的。多元化的最大好处就在于分散企业的经营风险，从而降低企业管理者和员工的人力资本投资风险；增加员工的升迁机会；提高企业原有商誉、客户群体或供应商等无形资产的利用率。

虽然，企业多元化经营并不一定要通过并购来实现，如通过企业内部积累形成，但并购活动是实现多元化的最快捷方式。

四、财务协同效应理论

财务协同效应理论认为：并购可以给企业提供成本较低的内部融资。例如，当一方拥有充足的现金流量但缺乏投资机会，而另一方有巨大的成长潜力却缺乏融资渠道时，两者的合并就会产生财务协同效应。此外，并购后的企业借贷能力往往大于并购前各自的借贷能力，负债的节税效应以及股利支付的纳税筹划都将显著降低企业的财务成本。

五、战略调整理论

战略调整理论认为：企业并购可以增强企业适应环境变化的能力，迅速进入新的投资领域，占领新的市场，退出原有竞争市场或者获得新的竞争优势。虽然企业也可以通过内部发展来获得新的资源和新的市场，但并购显然能使企业更快地完成这种调整。

六、价值低估理论

价值低估理论认为：当目标企业的市场价值由于某种原因而未能反映其真实价值或潜在价值时，获利意图使得众多企业趋之若鹜，并购活动就会产生。企业价值被低估的原因通常有：

（1）企业的经营管理未能充分发挥其应有的潜能。

（2）并购企业拥有外部市场所没有的、有关目标企业真实价值的内部信息。

（3）由于通货膨胀造成企业资产的市场价值和重置成本的差异。

1969 年,美国经济学家托宾(Tobin)提出了著名的用来衡量企业价值是否被低估的指标——托宾系数 Q。因此,该理论又被称为托宾理论。

$$Q＝企业的市场价值/企业资产的重置成本$$

其中:企业的市场价值是指企业的普通股、优先股和债务的市场价值之和;企业资产的重置成本＝全部资产的账面价值－固定资产和存货的账面价值＋固定资产和存货的重置成本。

当企业的 Q 值小于 1 时,就表明企业的价值被低估了,并购行为就会发生,企业通过并购方式比新建一个规模相当的企业更合算。

如果 Q 值为 0.5,只要并购成本不超过被并购企业市值的 2 倍,并购总成本就不会超过被并购企业重置成本,并购企业就有利可图。

七、自由现金流量理论

自由现金流量理论认为:自由现金流量是企业的现金在支付了所有净现值为正的投资计划后所剩的现金流量。由于股东与管理者之间的利益摩擦,在自由现金流量的使用问题上,股东与管理者之间存在一定的冲突。对股东而言,因为企业内外部不存在可行的投资机会,自由现金流量就应该派发给股东;而对管理者而言,派发自由现金流量就会减少他们所控制的财务资源,从而削弱他们的权力,所以,管理者往往动用自由现金流量去并购企业来实现扩张政策,以扩大管理者的代理范围和权力,而不管并购的回报如何,由此可能进行低收益甚至导致亏损的并购。如果企业没有自由现金流量,管理者的这种低收益甚至导致亏损的并购也就可能无法进行。

八、上市公司的壳资源理论

对于计划在某一国或地区上市的公司而言,可通过在某国或地区首次发行股票上市,或通过购买已上市公司,将其资产注入被并购的上市公司,实现借壳上市。由于首先发行股票上市条件的限制及时间的长度,某些不具备上市条件或时间紧迫的企业,则通过购买上市公司的壳资源实现上市。

上述任何一种关于并购动机和效应的解释都是针对一种或几种具体的并购动机而言的,都有其各自使用的范围。现实中,一例并购往往不只有一个动因,而是一个多种因素的平衡过程,因此,并购实际所产生的效应不一定会与最初的动因一一对应。

第三节　企业并购价格的评估

一、企业并购的步骤及内容

企业并购活动是一个极其复杂的运作过程,会涉及许多经济、政策和法律问题,因此,在企业并购程序问题上,法律也作了一些规定,但更多的细节仍要由参与并购的各方具体操作。一次并购通常会涉及三个阶段:准备、谈判和整合。每一个阶段又包括一些具体步骤。具体步骤如下:

1.第一阶段——准备阶段

（1）并购战略、价值创造逻辑(并购可行性)和并购标准的确定。

(2)目标企业搜寻、筛选和确定。

(3)目标企业的战略评估和并购辩论。

2.第二阶段——谈判阶段

(1)并购战略的发展。

(2)目标企业的财务评估和定价。

(3)谈判、融资和结束交易。

3.第三阶段——整合阶段

(1)组织适应性和文化评估。

(2)整合方法的开发。

(3)并购企业和被并购企业之间的战略、组织和文化的整合协调。

(4)并购效果评价。

二、并购中的财务问题

在并购整个过程的不同阶段所遇到和要解决的财务问题也是不相同的,对照并购过程各阶段的具体内容,至少有以下财务问题需要解决:

1.第一阶段——准备阶段(主要财务问题是目标企业估价)

因为无论企业并购的具体动因是什么,从财务角度来看,最终都必须归结为创造企业价值增加值。所以,并购可行性分析的核心内容是确定并购价值增加值。围绕这个核心内容,财务需要解决三个问题:

(1)估计并购将能产生的成本降低效应、销售扩大效应、劳动生产率提高效应、节税效应等,从而确定并购所能创造的价值。

(2)估计并购成本。

(3)确定并购创造的价值增值(类似净现值的确定过程)。

2.第二阶段——谈判阶段(主要财务问题是支付方式和筹资方案的选择)

财务是第二阶段的核心,主要内容包括:

(1)确定目标企业的价值和并购溢价的允许范围,从而确定并购价格区间。

(2)确定价格支付方式。主要支付方式有现金支付、股票支付和承担债务等方式,不同的支付方式会产生不同的财务效果,并影响对并购资金的需求。

(3)确定筹资方案。

3.第三阶段——整合阶段(主要财务问题是利用财务指标评价并购成功与否)

通过财务评价指标体系的分析,比较并购前后的经济效益的变化水平及幅度,评价并购成功与否。

三、目标公司的选择

发现和抓住适合本企业发展的并购目标是企业并购成功的前提。

企业并购,属于一种大规模的战略性投资,是一项复杂、高风险的系统工程,决策准确,可带来较好的收益;决策失误,则会给企业带来巨大的损失。其中,如何进行目标公司的发现和选择是并购成功的关键。从理论上讲,目标公司的选择一般包括发现目标公司、审查目标公司和评价目标公司价值三个阶段。

（一）发现目标公司

在实践中,并购企业一般通过以下两个渠道发现目标公司：

1. 利用公司自身的力量

利用公司自身的力量,即由公司内部人员通过私人接触或自身的管理经验发现目标公司。首先,公司高级职员熟知公司经营情况和相关企业的情况,并购同行业中的公司的想法常常来自这些人员,为此,公司有必要提供专门的机会和渠道使他们有关并购的想法得以产生、传播、讨论和信息收集与研究,从而促进目标公司的发现。其次,也可以在公司内部建立专职的并购部门,其主要工作是收集和研究各种公开信息,发现适合本公司的目标企业。在大企业中,并购部门可以独立于其他业务部门,而在中小企业中,这部分工作往往由公司财务管理部门兼任。

2. 借助公司外部力量

借助公司外部力量,即利用专业金融中介机构为并购公司选择目标公司出谋划策。并购领域的专业中介机构中,有一大批训练有素、经验丰富的并购专业人员,如精通某一行业的律师或会计师、安排并购双方谈判的经纪人等。投资银行由于有专业客户关系方面的优势,也越来越多地参与到并购事务中,他们经常为并购公司提供一揽子收购计划、安排并购融资、代为发行证券等。

需要说明的是：投资银行在企业并购活动中扮演着越来越重要的角色,这已形成一种发展趋势。投资银行家与公司保持经常性的私人联系,由于熟悉公司的具体情况和发展目标,他们能为公司高层决策人员提供适合公司具体情况的并购建议和目标,当然,一旦并购成功,投资银行也会获得一定收益。

（二）审查目标公司

对于初步选定的并购目标公司,还需要作进一步的分析评估和实质性的审查,审查的重点一般集中在以下几个方面：

1. 对目标公司出售动机的审查

目标公司如果主动出售,往往有其原因,审查其出售动机,将有助于评估目标公司价值和确定正确的谈判策略。一般来讲,目标公司主动出售动机主要有以下六种情况：①目标公司经营不善,股东欲出售股权；②目标公司股东为实现新的投资机会,需要转换到新的行业；③并非经营不善,而是目标公司大股东急需大量资金投入,故出售部分股权；④股东不满意目标公司的管理,故常以并购的方式来撤换整个管理集团；⑤目标公司管理人员出于自身地位与前途的考虑,而愿意被大企业并购,以便在该大企业中谋求一个高薪且稳定的职位；⑥目标公司调整多样化经营战略,常出售不符合本企业发展战略或获利不佳的子公司,同时并购一些获利较佳的企业等。

2. 对目标公司法律文件方面的审查

它主要包括：欲收购公司的产业政策、公司章程、合同契约、股票证明书、主要财产目录清单等法律性文件。

(1)审查企业章程、股票证明书等法律性文件中的相关条款,以便及时发现是否有对并购方面的限制。

(2)审查目标公司主要财产目录清单,了解目标公司资产所有权、使用权以及有关资产的租赁情况等。

(3)审查所有对外书面合同和目标公司所面临的主要法律事项,以便及时发现可能存在的风险。

3.对目标公司业务方面的审查

它主要审查目标公司是否能与本企业的业务相融合。因为不同行业的企业有着不同的经营程序、业务流程,彼此之间较为陌生,并购过程需要付出高昂的整合成本,并承担巨大的风险;而同行业的企业由于业务相通或相近,彼此更为熟悉,并购操作也相对简单,并购后企业一般也不需要作大的调整与改造,能很快得心应手地经营;同时,产、供、销环节与渠道更为扩展,并购后的企业能更快地、高效地扩大企业规模,利用"1+1>2"的协同效应,谋求企业更快发展。

另外,并购的目的不同,对目标公司业务方面的审查重点也不同。如果并购的目的是利用目标公司现有生产设备,则应关注目标公司的生产设备是否保养良好、是否实用;如果并购的目的是通过目标公司的营销资源来扩大市场份额,则应对其客户的特性、购买动机等需求情况有所了解。

4.对目标公司财务方面的审查

为防止目标公司提供虚假的或错误的财务报表,应尽量使用经注册会计师审计过的财务报表。重点审查目标公司三个方面的内容:

(1)分析企业的偿债能力,审查企业财务风险的大小。

(2)分析企业的盈利能力,审查企业获利能力的高低。

(3)分析企业的营运能力,审查企业资产周转状况。

5.对并购风险的审查

(1)市场风险。即并购信息引起的目标公司在股票市场或产权交易市场的价格变动的风险。

(2)投资风险。并购作为一种直接的外延性投资方式,其收益受到许多因素的影响,就有可能产生损失的风险。

(3)经营风险,即经营失败的风险。通过相关风险的分析,可以为全面论证并购、合理实施并购活动提供一定的警示作用,降低并购风险,甚至回避风险,确保并购效应的实现。

(三)评估目标公司价值

评价目标公司价值也叫企业并购估价,其实质就是对目标公司进行综合分析,以确定目标公司的价值,即并购方愿意支付的并购价格。价值评估在企业并购中具有核心地位,是并购方选择并购对象的重要依据之一,也是决定其并购是否能真正成功的重要因素。

应该注意的是:企业并购估价的对象不是目标企业现在的价值,而是并购后目标企业能为并购企业带来的价值增值。因此,必须至少考虑目标企业的增长性和并购产生的协同效应或其他效应两个因素,这两部分价值将决定并购企业出价的上下限。企业并购是一项复杂的经济行为,其中的一个重要环节是如何正确地估计目标企业的价值并据以确定交易价格。由此可见,企业并购估价的难度在于:

①对于企业整体的估价相对于个别资产投资的估价要复杂得多。

②对于可以预计未来现金流量的企业,可以通过增量现金流量的折现对企业未来增长性进行估价。而如何对在很长的时期内不产生现金流量的企业进行估价,仍是悬而未决的问题。

③并购的动因往往就是并购企业对并购所能带来的价值增值的预期。对于这些并购效应的估价是并购企业估价的另一个难题。

企业价值评估就是要对目标企业的资产状况和经营成果进行详细的审查鉴定,并在一定的条件下模拟市场进行科学的测算,根据并购者的动因与目的以及目标企业的具体情况,可以相应地采取不同的评估方法。企业并购估价的常用方法主要有以下几种:

1.市盈率法

市盈率法是根据目标企业的收益和市盈率确定其价值的方法。在使用该方法时应注意以下几个方面的问题:

(1)确定目标公司的收益。一方面要考虑会计资料的真实、可靠,以及所使用的会计政策是否合理合法。应该剔除由非正常项目对利润的贡献,以及不合理的关联交易所造成的利润虚增。另一方面,最简单的估价方法是采用目标企业最近一年的税后利润,因为它最贴近目标企业的现状。但是,考虑到企业经营中的波动性,尤其是经营活动具有明显周期性的目标企业,采用其最近三年税后利润的平均值作为估价收益指标更为适当。实际上,对目标企业的估价还应当更多地注重其被并购后的收益状况。在被并购后,目标企业的资本收益率到底能提高多少,而且是否能够达到并购企业的资本收益率,是确定并购价格的重要因素。

(2)市盈率的设定。通常,可供选择的标准市盈率有以下几种:

①并购时点目标企业的市盈率。

②与目标企业具有可比性的企业的市盈率。

③目标企业所处行业的平均市盈率。

另外,在以并购时点目标企业的市盈率作为标准市盈率时,必须考虑到市场在出价前数月可能就已预期接管的发生,使股票的市盈率发生变化,此时一个较好的办法是通过市场模型清除市场预期。这一模型把一种股票的收益与综合市场指数联系起来,在一定时期内,某种股票收益可能随着整个市场收益线性变动,这种关系就是所谓的股票市场因素。因此,可以使用这种模型来确定在没有预期兼并利益情况下股票的理论价格和市盈率。

(3)计算目标企业的价值。利用选定的估价收益指标和标准市盈率,就可以计算出目标企业的价值,计算公式如下:

$$目标企业的价值＝估价收益指标×标准市盈率$$

采用市盈率法估算目标企业的价值,标准市盈率的选择至关重要,如果选择不当,则会对测算结果产生较大影响。在短期分析中,假定市场以较高的 P/E 比率对被收购公司的收益进行资本化。这一假定并没有从理论上得到论证。有人认为新的 P/E 比率应该是并购公司 P/E 比率和目标公司 P/E 比率以各自收益为权数的加权平均。这样并购公司和目标公司都没有从中获取收益,并购公司和被收购公司股东所产生的影响是中性的。当然,市场实际上并不是以这种方式作出反应的。由于规模经济和协同效应的影响,必须考虑收购后所形成的新的公司的盈利能力和有效使用资产的能力,在这个基础上对 P/E 比率作出重新调整,是真正合理的。

【例3-1】 假定A公司打算收购B公司。有关的财务资料如表3-1所示。

表 3-1 并购双方的财务指标

	A 公司	B 公司
总收益(万元)	200	100
EPS(元)	0.20	0.20
股票价格(元/股)	3.00	1.80
P/E 比率(倍)	15	9
股票数(万股)	1 000	500

如果 A 公司按市场价格以股票交换方式收购 B 公司,那么 B 公司的股东将可以得到 300 万股 A 公司的股票。这一点很容易计算出来。因为 B 公司发行 500 万股股票,市场价格是每股 1.80 元,由此可知,B 公司资产的市场价格是 900 万元。因此,B 公司的股东将能够得到价值 900 万元、每股价格 3 元的 A 公司的股票 300 万股。

收购后的情况如表 3-2 所示。

表 3-2 并购后的财务指标

指标	(A+B)公司	指标	(A+B)公司	指标	(A+B)公司
总收益(万元)	300	发行股票数(万)	1300	EPS(元)	0.231

从 EPS 来说,收购前两家公司的 EPS 都是 0.20 元,收购后上升到 0.231 元,两个公司的股东都可以获利。但是,如果按照 P/E 比率来衡量,却需要首先确定收购后新股票的价格。这一价格决定于就未来的收益能力而言,市场对接管所作出的反应。一种极端的情况是,假定市场认为 A 公司通过战略并购 B 公司后,将能够大幅提升 B 公司原有资产的效率,从而使 B 公司的市盈率达到 A 公司的水平,在这种情况下(A+B)公司的股价为 $15 \times 0.231 = 3.47$ (元),对 A 公司的股东来说,由于价格上升而每股获得资本收益 0.47 元(3.47−3.00);由于市场交换比率是 1.8/3=0.6,对 B 公司的股东来说,将是一个新的 EPS:$0.6 \times 0.231 = 0.139$ (元),以 15 倍的比率进行资本化,得到的价格是 2.08 元,因此每股资本收益是 0.28 元(2.08−1.80)。显然,兼并在短期所产生的最直接的影响是改善和提高了所有股东的福利。产生这一结果的原因是被收购公司的 P/E 比率低于收购公司的 P/E 比率。与上述情况相反,如果被收购公司的 P/E 比率高于收购公司的 P/E 比率,那么将导致收购后 EPS 和股票价格下降的结果。

2.折现现金流法

折现现金流法是使用非常普遍的价值评价方法。1986 年,美国西北大学教授阿尔弗雷德·拉巴波特在《创造股东价值》一书中认为,并购中目标企业价值评估方法与一般企业价值评估方法在本质上是一致的,都是用未来一段时期内被并购企业的一系列预期现金流以某一折现率进行折现后的现值与该企业的初期现金投资(即并购支出)进行比较,当该现值大于投资额时,这项并购才是可接受的。并购公司的目的在于获取未来收益,所以目标公司估价应该以持续经营观点来预测未来现金流量,并按公司加权平均资本成本折为现值。因此,现金流量折现法就可以说是估算企业内在价值最直接和最有效的方法。运用折现现金流法对目标企业估价的步骤如下:

(1)建立自由现金流量预测模型。企业自由现金流量是指扣除税收、必要的资本性支出和营运资本增加后,能够支付给所有的求偿权者(债权人和股东)的现金流量。自由现金流量预测模型的目的是运用现金流量折现法确定最高可接受的并购价格。该方法认为决定目标企业价值的主要因素有五个:销售和销售增长率、销售利润、新增固定资产投资、新增营运资本、资本成本率。

拉巴波特建立的自由现金流量预测模型为

$$CF_t = S_{t-1}(1+g_t) \times P_t(1-T_t) - (S_t - S_{t-1}) \times (F_t + W_t)$$

式中:CF_t——现金流量;

$\quad S_t$——年销售额;

$\quad g_t$——销售额年增长率;

$\quad P_t$——销售利润率;

$\quad T_t$——所得税税率;

$\quad F_t$——销售额每增加1元所需追加的固定资本投资;

$\quad W_t$——销售额每增加1元所需追加的营运资本投资;

$\quad t$——预测期内某一年度。

(2)估算折现率或加权平均资本成本。在估计折现率时,首先应分别对各项长期成本要素进行估计,如普通股、优先股和债务等。在此基础上,再根据并购企业期待的并购后资本结构计算加权平均资本成本。

$$WACC = \sum K_i \times b_i$$

式中:$WACC$——加权平均资本成本;

$\quad K_i$——各单项资本成本;

$\quad b_i$——各单项资本所占比重。

(3)计算现金流量现值,估计购买价格。根据目标企业自由现金流量对目标企业估价为

$$TV_a = \sum \frac{FCF_t}{(1+WACC)^t} + \frac{V_t}{(1+WACC)^t}$$

式中:TV_a——并购后目标企业的价值;

$\quad FCF_t$——在t时期内目标企业的自由现金流量;

$\quad V_t$——t时刻目标企业的终值;

$\quad WACC$——加权平均资本成本。

【例3-2】 假定A公司拟在2015年初收购B公司。经测算,收购后有6年的自由现金流量。2014年B公司的销售额为1 500 000元,收购后前5年预计销售额每年增长8%,第6年的销售额保持第5年的水平。销售利润率(含税)为4%,所得税税率为25%,固定资本增长率和营运资本增长率分别为17%和4%。加权资本成本为11%,求目标企业的价值。例中资料计算结果如表3-3所示。

$$TV = \frac{2.34}{(1+11\%)} + \frac{2.53}{(1+11\%)^2} + \frac{2.73}{(1+11\%)^3} + \frac{2.95}{(1+11\%)^4} + \frac{3.18}{(1+11\%)^5} + \frac{6.61}{(1+11\%)^6} =$$

13.52(万元)

表 3 - 3 并购后的财务指标 单位:万元

年 份	2015	2016	2017	2018	2019	2020
销售额	162	174.96	188.96	204.07	220.40	220.40
销售利润	6.48	7.00	7.56	8.16	8.82	8.82
所得税	1.62	1.75	1.89	2.04	2.21	2.21
增加固定资本	2.04	2.20	2.38	2.57	2.78	0
增加营运资本	0.48	0.52	0.56	0.60	0.65	0
自有现金流量	2.34	2.53	2.73	2.95	3.18	6.61

折现现金流法较为复杂,其主要问题是各种参数估值的不确定性,而参数的微小误差就会导致对目标企业估值的较大的误差。由于在估计和选择参数时必须对许多有关市场、产品、定价、竞争、管理、经济状况、利率等的情况作出假定,所得出的数值有一个可信度的问题。鉴于这种方法是根据企业的实际运营情况对企业的内在价值进行估计,所以这一过程本身是重要的,其结果也是重要的。折现现金流法的一个重要优点是考虑到收购目标公司后通过改进绩效或协同效应所产生额外的价值,尤其是在为买方确定最高定价时。折现现金流法的另一个优点是能够提供由某个特定的管理行为所创造的潜在价值的估计,例如通过提高销售额、降低每单位销售额所包含的营业费用、加强营运资本的管理或降低加权平均资本成本等行为对企业价值的影响。只要将企业采用某种管理行为后的预计现金流进行折现,得到新的价值,并与企业原先的价值进行比较,便可估计某个特定的管理行为所创造的潜在价值。

3. 成本法

如果并购后目标企业不再继续经营,也可以利用成本法估计目标企业的价值。常用的成本法有以下三种:

(1)净资产账面调整法。企业账面价值是指资产负债表上总资产减去负债的剩余部分,也被称为股东权益、净值或净资产。它是以会计核算为基础的,并不能充分反映企业未来的获利能力。会计准则允许各企业选择不同的折旧方法或存货的计价方法,这就使得企业账面价值不能反映这些资产的真实价值或使用价值。而且,有些无形资产,如专利权、商誉等在资产负债表上无法反映出来,但它们却能为评价企业盈利能力提供许多信息。因而,一般情况下不应以账面价值作为最终评估结果。因此,在进行目标企业的价值评估时,一般应以净资产账面价值为基础,加入一个调整系数,全面反映并购价值和价格。其计算公式为:

$$并购价值 = 目标公司的每股净资产 \times X \times (1 + 调整系数)$$

其中:X 为拟收购的股份数量。

调整系数应根据目标公司的行业特点、成长性、获利能力以及并购双方讨价还价等因素确定。

(2)清算价值法。清算价值法是在企业作为一个整体已丧失增值能力情况下的一种资产评估方法。其中,清算价值是指目标企业出现财务危机而导致破产或停业清算时,把企业中的实物资产逐个分离而单独出售得到的收入。它可以用作定价基准,即任何目标企业的最低实际价值。关于企业并购中清算价格的运用在我国仍是一个新课题,还缺少这方面的实践,清算价格的理论和实务操作都有待进一步总结和完善。

（3）重置价值法。这种方法是通过确定目标企业各单项资产的重置成本,减去其实体有形损耗、功能性贬值和经济性贬值,来评定目标企业各单项资产的重估价值,以各单项资产评估价值加总再减去负债作为目标企业价值的参考。它的基本思路是:任何一个了解行情的潜在投资者,在购置一项资产时,他所愿意支付的价格不会超过建造一项与所购资产具有相同用途的替代品所需的成本。如果投资者的待购资产是全新的,其价格不会超过替代资产的现在建造成本扣减各种陈旧贬值后的余额。这种评估目标企业价值的方法适用于并购企业以获得资产为动机的并购行为。用这种方法评估企业价值,是目前我国评估实务界运用最多的。

利用重置成本对目标企业估价还可以利用其市场价值。最著名的资产模型就是前面提到的托宾的 Q 模型。

如果一家企业的市值超过重置成本,则表明该企业拥有某种未来增长机会,而超过部分则是利用这些增长机会的价值。利用 Q 值进行评估的困难之一就是标准 Q 值的选择。即使企业从事相同的业务,其资产结构也大不相同。此外,对目标企业成长机会的评价也非易事,在西方并购实践中,广泛使用 Q 值的近似值,即市场价值与企业净资产价值的比率。

4. 换股合并估价法

如果并购是通过换股进行,则对目标公司估价的任务就是确定一个换股比例。换股比例是指为换取一股目标公司的股份而需付出的并购方公司的股份数量。

在市场经济条件下,股票的市场价格体现了投资者(包括股东)对企业价值的评价,所以,人们通常用股票的市场价格来代表企业价值或股东财富。一般来说,股票的市场价格反映了企业目前和未来的盈利能力、时间价值和风险报酬等方面的因素及其变化,因此,股票市场价格最大化在一定条件下成为企业追求的目标。换股并购也要服从这个目标,只有并购后双方股东财富有所增长,并购方和目标公司的股东才能接受。

四、企业并购的成本分析

企业并购包含一系列的工作,并购成本不只是一个普通的财务成本概念,而是由此发生的一系列代价的总和。并购成本有广义和狭义之分,狭义的并购成本是指在并购过程中实际支出的总和;广义的并购成本是指整个并购及其整合过程中可能发生的一切支出的总和,既包括并购发生的有形成本,也包括并购发生的无形成本。广义的并购成本主要包括以下几个方面:

1. 并购完成成本

并购完成成本指并购行为本身所发生的直接成本和间接成本。直接成本指并购直接支付的价款,即付给被并购企业股东的现金、股票及其他资产。间接成本指并购过程中所发生的费用,即并购费用,包括三个方面:一是债务成本,指在承担债务式并购和杠杆收购过程中需要支付的本金和利息;二是交易成本,指并购过程中发生的搜寻、调查、策划、谈判、资产评估、公正、经纪等中介费用在内的交易成本,以及发行股票需要支付的申请费、承诺费等;三是更名成本,主要包括并购完成后发生的重新注册费、工商管理费、土地转让费、公告费等。

2. 并购整合成本

并购整合成本指并购完成后,为使并购企业健康发展而需要支付的长期营运成本。这一成本具有长期性、动态性和难以预见性,企业在并购决策中应重视并使其降至最低点。并购整合成本具体包括整合改制成本和注入资金成本。整合改制成本是指并购企业取得被并购企业控制权后,对被并购企业整合过程中所发生的成本,如支付派遣人员进驻、建立新的董事会和经理班子、安置多余人员、剥离非经营性资产、淘汰无效率设备、进行人员培训等费用；注入资金成本是指并购企业为提升目标企业的业绩，恢复其融资功能，还需向目标公司注入优质资产，拨入启动资金或开办费，为新企业打开市场而需增加的市场调研费、广告费、网点设置费等。

3. 并购机会成本

并购机会成本指并购实际支付或发生的各种成本费用用于其他投资项目可以获得的收益。

4. 并购退出成本

并购退出成本指并购企业在并购活动由于各种原因不能成功时，需要退出该次并购的成本。

五、企业并购的风险分析

企业并购是一种具有高风险的经营活动，因此应该重视并购过程中的各种风险。并购过程中的风险主要有以下几种：

1. 融资风险

融资风险指并购中资金是否可以保证时间上和数量上的需要，融资方式是否适应并购动机，现金支付是否会影响企业正常的生产经营以及杠杆收购的偿债风险等。

2. 营运风险

营运风险指并购完成后，可能无法使整个企业集团产生经营协同效应、财务协同效应、市场占有力效应等预期的正效应，难以实现规模经济和经验共享互补，存在并购后形成的新企业因规模过于庞大而产生规模不经济的风险。

3. 信息风险

信息风险指企业在并购过程中，由于没有及时掌握真实的信息而贸然行动，致使失败的风险。

4. 技术风险

技术风险对于为了取得相关的技术的并购来说，也可能出现并购后并没有获得相关的技术，而没有达到并购目的的风险。

5. 反并购风险

反并购风险指被收购企业对收购行为不满，可能会不惜一切代价制定反收购措施并布置反收购行动的风险。

6. 法律风险

法律风险指国家在关于并购、重组的法律法规的细则中通过的，增加并购成本从而增加并购难度，给并购企业的并购带来的风险。如我国目前的收购法规就要求：收购企业持有一家上市企业5%的股票后就必须公告并暂停买卖，以后每增减5%，还要重复该过程；持有30%股票后还必须发出全面收购要约。这套程序给并购企业实现并购目标造成了相当大的风险。

7. 体制风险

体制风险指由于管理体制而导致并购失败的风险。在我国，国有企业资本营运过程中相当一部分企业的并购行为都是由政府部门强行撮合而实现的。尽管大规模的企业并购活动离不开政府的支持和引导，但是并购行为毕竟是一种市场行为，如果政府依靠行政手段对企业并购大包大揽,不仅背离市场原则,难以达到预期效果,而且往往还会给并购企业带来风险,使企业并购偏离资产最优组合目标。

除上述几种风险以外,还有管理当局制订的并购决策方案可能遭到股东大会否决的决策风险;并购方股东的股权比例可能少于目标企业股东在新设企业中的股权比例的控制权风险等。总之,并购的风险非常复杂和广泛,企业应谨慎看待,尽量避免风险,将风险消除在并购的各个环节中,最终实现并购的成功。

六、企业并购的协同效应分析

假设 A 公司准备兼并 B 公司。A 公司的价值是 V_a,B 公司的价值是 V_b,那么可以将 V_a 与 V_b 分别表示两个公司在股票市场的市场价值。则兼并后的公司 AB 的价值 V_{ab} 与兼并前 $V_a + V_b$ 价值之差即为并购产生的协同效应:

$$协同效应 = V_{ab} - (V_a + V_b)$$

兼并企业通常必须向被兼并企业支付溢价。例如,若被兼并企业的股价为 10 美元,兼并方可能要支付 12 美元,这就产生了 2 美元(20%)的支付溢价。那么两个公司在协商支付溢价之前需要先确定协同效应。

并购协同效应可用以下的常用折现模型确定:

$$协同效应 = \sum_{t=1}^{T} \frac{\Delta CF_t}{(1+r)^t}$$

其中 ΔCF_t 表示 t 时联合公司产生的现金流量与原两个单一公司产生的现金流量的差额,换句话说 ΔCF_t 表示兼并后 t 时的净增现金流量;r 表示净增现金流量的风险调整折现率,通常采用等于目标公司权益所要求的报酬率。

根据资本预算的定义,可以将净增现金流量分为以下四个部分:

$$\Delta CF_t = \Delta 收入_t - \Delta 成本_t - \Delta 税负_t - \Delta 资本需求_t$$

式中:Δ 收入$_t$——并购净增收入;

Δ 成本$_t$——并购净增成本;

Δ 税负$_t$——并购净增税负;

Δ 资本需求$_t$——新投资要求的净增运营成本和净增固定资产。

第四节　企业并购的支付方式

任何实施并购的企业都必须充分考虑采取何种方式完成并购,充分认识不同支付方式的差异,并依据具体情况作出相应的筹资安排,是并购中非常重要的方面。实践中,企业并购的支付方式主要有三种,即现金支付、股票支付和混合证券支付。

一、现金支付

(一)现金支付的特点

现金支付是由主并企业向目标企业支付一定数量的现金,从而取得目标企业的所有权。一旦目标企业的股东收到了对其所拥有的股权的现金支付,就失去了任何选举权或所有权。

现金支付是企业并购中最先被采用的支付方式,也是在企业并购中使用频率最高的支付方式,并购速度快,但对并购双方的影响各不相同。

对目标企业股东而言:①即时得到确定的收益;②即时形成纳税义务。对主并企业而言:①现有股权结构不受影响;②迅速完成并购;③给企业造成一项沉重的现金负担。

因此,现金支付多被用于敌意收购。因其速度快,目标企业的管理人员建立起反并购防御措施的时间短,可能性小,一般就不会引起更多企业参与并购竞价,从而使主并企业的并购成本上升、并购时间延长、并购难度加大。

(二)现金支付的影响因素

1.主并企业的短期流动性——首要因素

现金支付要求主并企业在确定的日期支付一定数量的货币,立即付现可能会导致现金紧张,因此有无足够的即时付现能力是主并企业首先要考虑的因素。

2.主并企业的中、长期流动性

有些企业可能在很长时间内都难以从大量的现金流出中恢复过来,因此主并企业必须认真考虑现金回收率以及回收年限。

3.货币的流动性——跨国并购中货币的自由兑换程度

在跨国并购中,主并企业还必须考虑自己拥有的现金是否为可以直接支付的货币或可自由兑换的货币,以及从目标企业收回的是否为可自由兑换的货币等问题。

4.目标企业所在地有关股票的销售收益的所得税法

不同地方对资本收益的赋税水平的规定是不一样的。比如荷属安地列斯群岛,目标企业的股东不会面临课征资本收益税的问题,而英国伦敦的资本收益税税率高达30%。目标企业所在地的资本收益税的水平将影响主并企业现金支付的出价。

5.目标企业股份的平均股本成本

因为只有超出目标企业股份的平均股本成本的部分才应支付资本收益税,如果目标企业股东得到的价格并不高于平均股本成本(每股净资产值),则即使是现金支付,也不会产生任何税收负担。如果主并企业确认现金支付会导致目标企业承担资本收益税,则必须考虑可以减轻这种税收负担的特殊安排。否则,目标企业也只能以自己实际得到的净收益为标准,作出是否接受出价的决定,而不是以主并企业所支付的现金数额为依据。通常情况下,一个不会增加税收负担的中等水平的出价,要比一个可能导致较高税收负担的高出价更具有吸引力。

二、股票支付

股票支付是指主并企业通过增加发行本企业的股票,以新发行的股票替换目标企业的股票,从而达到并购目的的一种支付方式。

(一)股票支付的特点

股票支付主要有以下特点:

(1)主并企业不需要支付大量现金,因而不会影响主并企业的现金状况。

(2)并购完成后,目标企业的股东并不失去他们的所有权,而是成为并购完成后企业的新股东。但一般来说,主并公司的股东在经营控制权上占主导地位。

应该注意以下问题:由于目标企业的股东保留自己的所有者地位,因此,股票支付对于主并企业股东来说会使其股本结构发生变化,主并企业股权稀释的极端后果是目标企业的股东通过主并企业增加发行的股票取得了对并购完成后企业的主导控制权。股票支付的另一个不足之处是使用股票支付所需手续较多,耗时耗力,不像现金支付那样简洁迅速。

股票支付常见于善意并购,当并购双方的规模、实力相当时,可能性较大。

(二)股票支付的影响因素

1.主并企业的股权结构

主并企业主要大股东对股权稀释程度的认可决定着股票支付方案的采用与否。因为,股票支付方式对主并企业的股权产生重大影响。

2.每股收益率的变化

增发新股会对每股收益产生不利的影响,如目标企业的盈利状况较差,或者是支付的价格较高(即增发的新股较多),则会导致每股收益的减少。虽然在许多情况下,每股收益的减少只是短期的,长期来看还是有利的,但无论如何,每股收益的减少仍可能给股价带来不利的影响,导致股价下跌。所以,主并企业在采用股票支付方式前,要确认是否会产生这种不利情况,如果发生这种情况,那么在多大程度上是可以接受的。

3.每股净资产的变动

新股发行可能会导致每股所拥有的净资产的减少,从而对股价造成不利影响,因此,主并企业需要确认这种每股净资产的下降是否能被企业原有股东所接受。

4.财务杠杆比率

发行新股可能会影响到企业的财务杠杆比率,所以,主并企业应考虑是否会出现财务杠杆比率升高的情况,以及具体的资产负债的合理水平。

5.当前股价水平

这是主并企业决定采用现金支付还是股票支付的一个主要影响因素。一般来说,在股票市场处于上升过程中时,股票的相对价格较高,这时以股票作为支付方式可能更有利于主并企业,增发的新股对目标企业也会有较强的吸引力;否则,目标企业可能不愿持有新股,即刻抛空套现,导致股价进一步下跌。因此,主并企业应实际考虑本企业股价所处的水平,同时还应预测增发新股会对股价带来多大的影响。

6.当前股息收益率

新股发行往往与主并企业原有的股息政策有着一定的联系。一般而言,股东都希望得到较高的股息收益率。在股息收益率较高的情况下,发行固定利率较低的债权证券可能更为有利;反之,如果股息收益率较低,增发新股就比各种形式的借贷更为有利。因此,主并企业在决定采用股票支付还是通过借贷筹集现金来支付时,先要比较股息收益率和借贷利率的高低。

三、混合证券支付

混合证券支付是指主并企业的支付方式为现金、股票、认股权证、可转换债券等多种形式的证券组合。

单一的支付方式总有着不可避免的局限性,通过把各种支付工具组合到一起,能集中各种支付工具的长处而避免它们的短处。由于这种优势,近年来混合证券支付在各种出资方式中的比例呈现出逐年上升的趋势。与普通股相比,公司债券的资金成本低,且具有节税的功能。

(一)认股权证

认股权证是一种由上市公司发行的证明文件,赋予其持有人在指定的时间内、用指定的价格认购由该公司发行的一定数量新股的权利。

（1）对主并企业的好处：可以因此而延期支付股利，从而为公司提供了额外的股本基础。

（2）对主并企业的不利之处：会涉及主并企业控制权的改变，因此，主并企业发行认股权证必须认真考虑认股权的行使对企业股权结构的影响。

（3）对目标企业股东的好处：可以行使优先低价认购公司新股的权利，也可以在市场上将认股权证出售获取现金。

（二）可转换债券

可转换债券是企业向其持有者提供在某一给定时间内、可以以某一特定价格将债权转换为股票的选择权的证明文件。

对主并企业的好处：

（1）企业能以比普通债券更低的利率和较宽松的契约条件出售债券。

（2）提供了一种能以比现行价格更高的价格出售股票的方式。

（3）当企业正在开发一种新产品或一项新业务时，可转换债券也是特别有用的，因为预期从这种新产品或新业务所获得的额外利润可能正好与债权的转换期一致。

对目标企业股东的好处：

（1）具有债券的安全性和作为股票可使本金增值的有利性相结合的双重性质。

（2）在股票价格较低时，可以将它的转换期延迟到预期股票上升的时期。

第五节　企业并购的筹资管理

一、现金支付时的筹资

通常情况下，并购一家企业需要的资金数量相当庞大，在采用现金支付方式时，除非主并企业有充分的甚至比例过高的流动资产变现之外，主并企业通常都要到本企业以外去寻找必要的现金。常见的筹资方式有：

1. 增资扩股

最为重要的是考虑增资扩股对主并企业股权结构的影响，大多数情况下，股东更愿意增加借款而不愿增资扩股。这也是大多数主并企业在并购以后，财务费用大幅度上升，财务负担沉重，结果导致经营困难、并购失败，甚至破产的一个主要原因。

2. 向金融机构借款

无论在国内还是在国外，这都是比较普遍采用的筹资方式。在向银行提出贷款申请时，首先要考虑的是贷款的安全性，即考虑贷款将来用什么资金来偿还。一般情况下，至少有一部分贷款的偿还是来源于目标企业未来的现金流入。这种现金流入有两种来源，即目标企业以后的生产经营所产生的收益和变卖目标企业一部分资产所获得的现金。

3. 发行公司债

我国公司法允许具有一定条件的公司，为筹集生产经营资金，发行公司债券或可转换债券。美国近十年的新现象是高风险、高利率的垃圾债券成为企业并购中的重要筹资方式。

4. 发行认股权证

认股权证通常和企业的长期债券一起发行，以吸引投资者来购买利率低于正常水平的长期债券。由于认股权证代表了长期选择权，所以附有认股权证的债券或股票，往往对投资者有较大的吸引力。从实践看，认股权证能在下列情况下推动公司有价证券的发行销售：当企业处于信用危机边缘时,利用认股权证,可诱使投资者购买公司债券;在金融紧缩时期,一些财务基础较好的企业也可用认股权证使其公司债券吸引投资者。

二、股票或综合证券支付时的筹资

在并购中,主并企业用股票或综合证券支付时,发行的证券要求是已经或者将要上市的。因为只有这样,证券才有流通性,并有一定的市场价格作为换股参考。

1. 发行普通股

主并企业可以通过将以前的库藏股重新发售或者增发新股给目标企业的股东,换取目标企业的股权。普通股支付有两种方式:第一种方式是由主并企业出资收购目标企业的全部股权或部分股权,目标企业取得资金后认购主并企业的增资股,并购双方不需要另筹资金即可完成并购交易;第二种方式是由主并企业收购目标企业的全部资产或部分资产,目标企业认购主并企业的增资股,这样也达到了股权置换的目的。

2. 发行优先股

有时候向目标企业发行优先股可能会是主并企业更好的选择。如果目标企业原有的股利政策是发放较高的股息,为了保证目标企业股东的收益不会因并购而减少,目标企业可能会提出保持原有的股利支付率的要求;对于主并企业而言,如果其原有的股利支付率低于目标企业的股利支付率,提高股利支付率,则意味着新老股东的股利都要增加,这会给主并企业的财务带来很大的压力。此时,发行优先股就会避免这种情况。

3. 发行债券

由于债券的利息一般会高于普通股的股息,而且可以保证企业清算解体时,债务人先于股东得到偿还,对目标企业的股东就会有吸引力;而对主并企业而言,收购了一部分资产,股本额仍保持原来的水平,增加的只是负债,从长期来看,股东权益则被稀释。由此可见,发行债券对并购双方都是有利的。

三、企业杠杆并购

(一)杠杆并购的特点

杠杆并购是主并企业通过负债筹集现金以完成并购交易的一个特殊情况。换言之,杠杆并购的实质是并购中现金支付的一种特殊筹资方式。杠杆并购的主要特点如下:

(1)负债规模(相当于总的并购资金)较一般负债筹资要大,其用于并购的自有资金远远少于完成并购所需要的全部资金,二者的比例一般在10%～20%之间。

(2)主并企业用来偿还贷款的款项来自目标企业的资产或现金流量,即目标企业将支付它自己的售价。

(3)存在一个经纪人。这个经纪人在并购交易的双方之间起促进和推动作用,并且往往是由交易双方以外的第三者来充当。

(二)杠杆并购的融资方式

杠杆并购的融资结构往往是混合融资方式。但大多是以债券为主要融资工具,主并企业以目标企业的资产作为担保或抵押,发行回报率高的次级债券,吸引投资者。所以,人们常常将杠杆并购与垃圾债券联系在一起,甚至将两者画上等号。实践中,也并非都是以垃圾债券占主导地位。在很多杠杆并购的一揽子融资安排中,一级和次级银行贷款所占的融资比例可高达 60％,债券融资比例大约为 30％,优先股、普通股占 10％。杠杆并购的融资方式非常多种多样,主并企业可以充分利用银行信贷额度、抵押贷款、商业票据、高级债券、次级债券、可转换债券、认股权证、优先股、普通股等多种融资工具。与杠杆并购多样的融资方式相对应的是参与融资的机构广泛,通常有商业银行、投资银行、保险公司、投资基金及其他非银行金融机构。资信高的金融机构参与其中,可提高并购的可信度,吸引投资者,促进并购的顺利进行。

(三)杠杆并购成功的条件

选择何种企业作为并购的目标是保证杠杆并购成功的重要条件。一般来说,具有以下特点的企业宜作为杠杆并购的目标企业:

1.具有稳定连续的现金流量

由于杠杆并购中巨额利息和本金的支付和偿还,需要目标企业的收益和现金流量来支付,所以,目标企业的收益及现金流量的稳定性和可预测性是非常重要的。目标企业收益及现金流量的质量是债权人关注的重点,在他们看来,现金流量的稳定性、连续性在某种程度上比利润规模大小还重要。

2.拥有人员稳定、责任感强的管理者

考虑到贷款的安全性,债权人往往对目标企业的管理人员要求很高。只有管理人员勤勉尽职,才能保证贷款本息的如期偿还。管理人员的稳定性,通常根据管理人员的任职时间的长短来判断,时间愈长,债权人倾向于认为其在并购完成后留任的可能性就愈大。

3.被并购前的资产负债率较低

由于杠杆并购是以增加大量的负债为基本特征的,并购完成后,企业的资产负债率必然会大大提高。如果并购完成前,目标企业的资产负债率较低,一方面增加负债的空间相对较大;另一方面,在增加相同数量负债的情况下,与并购前资产负债率就已经比较高的企业相比,有较多的资产可以用于抵押,能够增强债权人的安全感。

4.拥有易于出售的非核心资产

杠杆并购中巨额负债的偿还途径,第一是目标企业的收益以及由此形成的现金流量,第二就是变卖目标企业的部分资产。如果企业拥有易于出售的非核心资产,就可以在必要的时候出售这些资产来偿还债务,从而增强对债权人的吸引力。一般而言,以技术为基础的知识、智力密集型企业,进行杠杆并购比较困难,因为,企业只拥有无形资产和智力财富,未来收益和现金流量难以预测,并且难以变卖获得现金。但这也不是绝对的,如果债权人认为该企业的管理水平高、无形资产能够变卖、企业现金流量稳定,也同样会给予贷款。

(四)杠杆并购的特殊形式——管理层收购

当杠杆并购中的主并方是目标企业内部的管理人员时,这种杠杆并购就是管理层收购。换言之,管理层收购就是目标企业的管理层利用借贷所融资本购买本企业的股份,从而改变本企业的所有者结构、控制权结构和资产结构,进而达到重组本企业并获得预期收益目的的一种并购行为。管理层收购的主要特点如下:

(1)管理层收购的主要投资者是目标企业内部的经理和管理人员。他们对本企业非常了解,并有很强的经营管理能力。他们通常设立一家新的企业,并以该新企业的名义来收购目标企业。管理层收购完成后,这些经理和管理人员的身份由单一的经营者变为所有者与经营者合一的双重身份。

(2)管理层收购主要通过借贷来完成。管理层收购的融资结构由优先债(先偿债务)、次级债(后偿债务)与股权三部分构成。这样,目标企业的管理者必须有较强的组织运作资本的能力,融资方案必须满足贷款者的要求,也必须为权益持有人带来预期的价值。

(3)管理层收购完成后,目标企业可能由一个上市公司变为一个非上市公司。一般来说,这类企业在经营一段时间后,又会伺机成为一个新的公众公司并且上市套现。另外一种情况是,当目标企业为非上市公司时,管理层收购完成后,管理者往往会对该企业进行重组整合,待取得一定的经营业绩后,再谋求上市,使管理层收购的投资者获得超常回报。

随着管理层收购在实践中的发展,管理层收购的形式也在不断变化。除了目标企业的管理者为唯一投资收购者这种管理层收购形式外,实践中又出现了另外两种管理层收购形式:第一是由目标企业管理者与外来投资者或并购专家组成投资集团来实施并购;第二是管理者收购与员工持股计划(ESOP)或职工控股收购(EBO)相结合,通过向目标企业员工发售股权,进行股权融资,从而免于纳税,降低收购成本。

第六节　企业反并购的措施

在市场经济条件下,一个企业可能因外延扩张需要而并购其他企业,同样,其他企业也可能因外延扩张需要而并购该企业,当然出于股东利益或其他目的,被并购企业的管理当局也可能会采取防御企业并购的各种措施。本节,我们将从被并购企业的角度说明企业并购的防御措施。

一、企业反并购的经济措施

企业反并购的经济措施很多,主要包括提高并购企业的并购成本、降低并购企业的并购收益、并购并购企业和适时修改企业章程等。

(一)提高并购企业的并购成本

1.资产重估

在现行会计制度下,资产通常采用历史成本计价。在存在通货膨胀的情况下,资产的历史成本往往低于资产的实际价值。如果某一企业资产的账面价值或历史成本低于资产的实际价值,这种企业往往成为企业并购的对象,提高账面价值将会抬高并购出价,从而抑制被并购。

2.股份回购

股份回购的作用很多,对于防御企业并购的作用主要体现在以下几个方面:①减少企业的多余现金,降低并购企业的并购兴趣;②减少发行在外的零星股份,增大并购企业的并购难度;③降低企业所有者权益,增大资产负债比率,减少企业融资能力;④抬高企业股价,增大并购企业的并购成本。当然,股份回购对目标企业的财务活动会产生重大影响,因企业的负债比例提高,财务风险增大。

3.寻找"白衣骑士"

"白衣骑士"是指目标企业为免遭敌意并购而自己寻找的善意并购企业。企业在遭到并购威胁时,为不使企业落入恶意企业之手,可选择与其关系密切并有实力的企业,以更优惠的条件达成善意并购。一般地讲,如果并购企业出价较低,目标企业被"白衣骑士"拯救的希望就大;反之,并购企业的出价很高,则"白衣骑士"的并购成本也相应提高,目标企业获救的机会相应就减少。

4.金色降落法

企业一旦被并购,其高层管理人员将遭到撤职或降职的危险。金色降落法是一种补偿协议,它规定目标企业被并购的情况下,高层无论是被迫还是主动离开企业,都可以领到一笔巨额的安家费,这将增大并购企业的并购成本。当然,也可能会诱使高层管理人员低价将企业卖出。

(二)降低并购企业的并购收益

1.出售、抵押"皇冠上的珍珠"

从资产价值、盈利能力和发展前景诸方面衡量,企业内部经营最好的分支机构被喻为"皇冠上的珍珠"。这类企业通常会诱发并购企业的并购动机,成为并购企业的并购目标。为此,被并购企业为保全其他分支机构,可将"皇冠上的珍珠"这类经营好的分支机构出售或抵押,从而降低并购企业的并购兴趣,以达到反并购的目的。

2."毒丸计划"

"毒丸计划"包括"负债毒丸计划"和"人员毒丸计划"两种。其中,"负债毒丸计划"是指目标企业在收到并购威胁的情况下大量增加自身负债,降低企业被并购的吸引力。例如,发行债券并能够约定在企业股权发生大规模转移时,债券持有人可要求立刻兑付,从而使并购企业在并购后立即面临巨额现金支出的危险,从而降低了并购企业的并购兴趣;"人员毒丸计划"是指企业的绝大部分高级管理人员和关键岗位的技术人员共同签署协议,在企业被低价并购的情况下,协议签署人中只要有一人在并购后被降职或革职,则这些协议签署人将集体辞职。"人员毒丸计划"对预防需要专属管理知识和专有技术的混合并购的收效较大,但对于不需要专属管理知识和专有技术的横向并购或纵向并购的收效可能较小。

3."焦土战术"

这是企业在收到并购威胁并无力反击时所采取的一种两败俱伤的做法。例如,将企业中引起并购企业兴趣的资产出售,使并购企业的意图难以实现;或是增加大量与经营无关的资产,大大提高企业负债,使并购企业因考虑并购后严峻的负债问题而放弃并购。

(三)并购并购企业

并购并购企业又称"帕克门"战略。这是作为并购对象的目标企业为挫败并购企业的并购企图而采用的一种战略,即目标企业对并购企业进行反并购威胁,并开始购买并购者的普通股,以达到保卫自己的目的。例如,甲企业不顾乙企业意愿而展开收购,则乙企业也开始购买甲企业的股份,以挫败甲企业的并购企图。

(四)适时修改企业章程

这是企业对潜在并购企业或诈骗者所采取的预防措施。常用的反并购条款包括:董事会轮换制、超级多数条款和公平价格条款等。

1.董事会轮换制

董事会轮换制是企业每年只能改选很少比例的董事。即使并购企业已经取得了多数控股权,也难以在短时间内改组被并购企业董事会、委任管理层,实现对被并购企业董事会的控制,从而增大操作目标企业的行为难度。

2.超级多数条款

超级多数条款规定企业被并购等重大事项必须取得2/3或80%甚至更高的投票权。这样,若企业管理层和员工持有企业相当数量的股票,那么即使并购方控制了剩余的全部股票,并购也难以完成。

3.公平价格条款

价格条款规定并购企业必须向少数股东支付目标企业股票的"公平价格"。所谓公平价格,通常是以目标企业股票的市盈率作为标准,而市盈率的确定是以企业的历史数据并结合行业标准为基础。这样就增加了并购企业的并购成本。

二、企业反并购的法律措施——诉讼策略

诉讼策略是目标企业在并购防御中经常使用的策略。诉讼的目的通常包括:逼迫并购企业提高价格以免被起诉;避免并购企业先发制人地提起诉讼,也可以延缓并购的时间,以便另寻"白衣骑士";在心理上重振目标企业管理层的士气。

诉讼策略的第一步往往是目标企业请求法院停止并购行为。其理由通常是反垄断、披露不充分和犯罪等。于是,并购企业首先给出充足的理由不成立,否则不能继续增加目标企业的股票。这时目标企业就有机会采取有效措施进一步抵制被并购。不论诉讼成功与否,都为目标企业取得时间,这是该策略被广为采用的主要原因。

第七节　企业重组的策略

一、企业重组的内涵

企业重组(资本经营)是作为与商品经营相对应的一个概念提出并加以利用的。企业重组主要是指出资人(资本所有者)及其代理人为实现企业发展战略和资本增值最大化,通过资本扩张、调整或收缩等方式及其组合,实现企业的股权、实物资产或无形资产和其他各种资源的优化配置,来提高资本运营效率、谋求竞争优势的产权经营行为。

现代市场经济意义上的企业重组的实质,包括三个主要内容:一是资本的直接运作,是企业控制权的扩张、收缩、重整;二是以资本运作为先导的资产重组与优化配置;三是按照企业重组原则进行商品经营。所以企业重组的核心是资本控制权问题。从经济学的角度看,资本就是通常所说的资产,它侧重于揭示企业所拥有的经济资源,而不考虑这些资源的来源特征;从财务的角度看,资本通常表现为两重属性,即自然属性和社会属性。其自然属性是指资本的一般价值形态,资本运营的一系列形式如兼并、联合、出售等都表现为对资本价值的投入、价值增值的收回等;资本的社会属性则是指资本所代表的出资人的特权——控制权和剩余索取权,资本运营在价值流动的形式下暗含着实质性内容,即对出资者的控制权或产权的经营,典型的形式就是通过参股、控股等运用较少资本实现对更大规模、更优资产的控制。企业重组的过程实际上就是一个不断地获取、实现或放弃控制权的过程,从而实现资本收益的最大化,实现资源配置的最优化。

二、企业重组策略的内容

(一)资本扩张

资本扩张是出资者的普遍要求,因为唯有资本扩张,使企业形成一定的规模,才能使企业具有更强的生存能力,才能使企业在市场竞争中获胜,才能使企业得到良性、快速的发展。资本扩张一般可以通过两个途径达到:一是通过企业内部的自我积累;二是通过外部的并购与重

组,其主要形式就是并购。经济学意义上的并购就是指资本的合并。笼统地说,并购是指任何一项由两个或更多实体形成一个经济单位的交易,它更重要的含义是企业通过少量的资本去取得对大量资本的支配权。并购是企业实现资本扩张的主要方式。

(二)资本收缩

资本收缩是指将所控制资产转移给可以对其进行更有利管理的所有者,是指收缩对原有资产的控制权,而不是指资本规模的缩减。资本收缩是对资本扩张风险显化时的一种补救措施,一般出现在资本扩张无法实现的领域,是为下一步的资本扩张作准备。资本收缩包括资产剥离和分立等。其中,资产剥离是指将公司的一部分(资产、产品种类、子公司或部门等)出售给外部的第三方,进行剥离的企业将收到现金或与之相当的报酬;分立则是创造出一个独立的新的法律实体,它的股份按比例分配给母公司的股东,但控制权被分离。资本收缩一般包括资产剥离、公司分拆、割股上市、资产配负债剥离、股份回购五种形式。

(三)所有权结构变更

所有权结构变更的一种形式就是交换发盘,即以债权或优先股交换普通股,或相反地以普通股交换优先级更高的要求权,从而达到调整杠杆率、调整资本风险的目的。所有权结构变更的具体形式包括管理层收购、员工持股计划(ESOP)、股票回购等多种形式。

本 章 小 结

本章主要介绍了企业并购与重组的基本知识。"并购"是"兼并"和"收购"的合称,包括吸收合并、新设合并和收购三种形式。按照不同的标准,并购可划分为纵向并购、横向并购、混合并购等多种类型。企业并购动因有诸多不同的理论体系,包括效率理论、经营协同效应理论、多元化理论、财务协同效应理论、战略调整理论、价值低估理论、自由现金流量理论、上市公司的壳资源理论等。企业并购主要分为三个阶段:准备阶段、谈判阶段、整合阶段。准备阶段主要是采用市盈率法、折现现金流法、成本法、换股合并估价法等对目标企业进行估价,确定并购所能创造的价值增值;谈判阶段主要是对支付方式和筹资方案的选择,并购的支付方式有现金支付、股票支付和混合证券支付三种,不同的支付方式会产生不同的财务效果,并影响对并购资金的需求;整合阶段主要是通过财务评价指标体系的分析,比较并购前后的经济效益的变化水平及幅度,评价并购成功与否。另外,企业可以采取提高并购企业的并购成本、降低并购企业的并购收益、并购并购企业和适时修改企业章程等经济措施和其他法律措施进行反并购。

关 键 术 语

并购　兼并　收购　吸收合并　新设合并　纵向并购　横向并购　混合并购　杠杆并购非杠杆并购　金色降落法　"毒丸计划""焦土战术""帕克门"战略

思 考 题

1.并购的形式有哪几种?

2.并购是如何分类的?

3.并购的动因有哪些?

4.如何审查目标公司?

5.企业并购估价的常用方法主要有几种?适用性如何?

6. 现金支付的优缺点是什么？影响现金支付的因素有哪些？

7. 股票支付的优缺点是什么？影响股票支付的因素有哪些？

8. 如何筹集现金支付所需的现金？

9. 企业反并购的策略有哪些？

10. 企业进行重组的策略有哪几种？

案 例 分 析

中集集团的并购扩张之路

案例背景

中国国际海运集装（集团）股份有限公司（后简称中集集团）初创于 1980 年 1 月，最初由香港招商局和丹麦宝隆洋行共同出资 300 万美元合资组建，是中国最早的集装箱专业生产厂和最早的中外合资企业之一。

1982 年 9 月 22 日中集集团正式投产，1987 年，交通部中国远航运输总公司（后简称中远公司）对中集进行投资，招商局和中原公司各持有中集 45％的股份，宝隆洋行则占有 10％的股份。1993 年，中集改组为公众股份公司，定向募集职工股 576 万股，1994 年在深圳证券交易所上市，发行 A 股 1 200 万股，B 股 1 300 万股，募集资金 19 830 万元人民币。1995 年起中集以集团架构开始运作。中集集团致力于为现代化交通运输提供装备和服务，主要经营集装箱、道路运输车辆、机场设备制造和销售服务。截至 2005 年年底，中集集团总资产 171.73 亿元，净资产 94.56 亿元，在国内和海外拥有 40 余家全资及控股子公司，员工 34 000 人。招商局总持股 22.75％，中国远洋运输（集团）总公司控股的中远太平洋有限公司的附属全资公司中远集装工业有限公司持股 16.23％。

20 世纪 80 年代以后，我国的对外贸易迅速发展，极大地带动了集装箱行业的发展。国内经济的持续稳步增长促进了进出口贸易的繁荣，特别是出口业务表现出强劲的发展势头，价低量大仍然是我国出口产品的主要特点，这一特点也决定了其主要依赖于海运的方式，导致国内市场产生了对集装箱的大量需求。同时我国制造业与运输业相对较低的成本特点，进一步增强了集装箱业的竞争能力，也为其提供了更大的发展空间。20 世纪 90 年代初期的市场增长使得早期进入该行业的公司取得了较高的回报，行业利润率一度高达 30％，吸引了大批厂家进入集装箱行业。国内先后有 20 多家企业上马集装箱项目，同时，东南亚国家的一些企业也开始大力发展集装箱业，生产能力的激增导致低水平的重复建设和低水平的激烈竞争，使得市场供需出现了大逆转，矛盾最严重的时候，全球的需求量为 100 万箱，但生产能力却高达 250 万箱。针对行业内重复建设带来的资金、资源的严重浪费，国家明确规定控制新的项目上马。与此同时，行业内恶性竞争的恶果开始明显。一些技术与管理水平相对较低的企业已陷入困境，难以自拔。

正是在这样一个特殊的市场环境中，作为国内集装箱龙头企业的中集集团敏锐地看到低成本扩张的机会：实施并购。中集集团认为，由于实施了对新建项目的控制，市场供需矛盾不会进一步激化，而那些拿不到订单的企业也希望寻求到一条退出之路，而中集集团作为一个股份公司，其在管理水平、市场拓展、融资条件等方面具有不可比拟的优势，通过并购实现规模扩张恰逢其时。

横向并购战略的实施

根据市场条件,中集集团确定了实施横向并购的战略计划,力争通过在集装箱行业的横向并购进行扩张,从而增强自身的核心竞争力,并实现一系列生产要素的有效转移和重视。为此,中集集团首先对自身并购优势进行了分析,进而实施了一系列并购和整合。

1. 并购优势分析

首先,从市场占有情况来看,中集集团具有其他竞争对手不可比拟的优势。这在很大程度上得益于中远公司的加盟。中远公司的前身是 1961 年成立的中国远洋运输集团,航运业是它的核心业务,该公司拥有 600 余艘船舶,1 700 万载重吨,在航运企业的世界排名中位居第三。中远公司成为中集集团的大股东之后,对集装箱的需求自然更加倚重中集集团的产品,从而进一步巩固了中集的市场优势。

其次,从公司融资来看,中集集团作为上市公司具有得天独厚的资金募集优势。公司1994 年以 8.5 元的价格发行 A 股 1 200 万股,B 股 1 300 万股,1996 年和 1997 年又先后增发B 股 3 000 万股和 4 800 万股,资金实力较为雄厚。上市公司具有比较好的公众形象,容易促成并购的实现,而且国家对上市公司通过并购实现规模扩张持鼓励态度,公司所在地深圳市政府也为推动上市公司并购出台了许多优惠政策。

最后,从管理实力来看,中集集团已有了扎实的积累,培养出一批专业的营销队伍,建立起一支卓有成就的管理队伍,产品的市场覆盖面不断扩大,客户结构得以优化。时任董事长麦伯良曾说:"因为收购企业后要对其进行改造和管理,没有足够的实力是很难产生效益的",借助公司完善的管理制度、有效的成本控制和质量管理体系,在行业内部中集集团已形成了良好的品牌效益,为收购的实现奠定了坚实的基础。

2. 并购的实施

按照利用核心优势,通过并购实现低成本扩张的战略规划,结合所处产业的特征,中集集团对并购目标的选择主要考虑了区域因素。从区域环境来看,在国家沿海开放政策的带动下,整个沿海地区的投资环境、法制环境和思想观念都比较灵活和开放,而且集装箱一生产出来,最好能就近装货出口,成本才会最低。所以,中集集团首先将并购对象框定在沿海地区。从当时国内集装箱生产的情况来看,华北、华南、华东三大区域结构已初步形成,为了实现最有效的地域布局,实现战略优势,中集集团也制定了在每个区域建立生产基地的并购战略。

从 1993 年到 1998 年,中集集团共进行了六次较大规模的并购,如表 3-4 所示。

表 3-4 中集集团六次大规模的并购

时间	并购对象	简要说明
1993	大连集装箱公司	收购了大连集装箱公司 51% 的股权,在华北地区建立了生产基地,投入约合人民币 1 967 万元对生产线加以改造并增加设备
1994	南通顺达集装箱股份有限公司	收购了该公司 61.8% 的股份,投入约合人名币 2 768 万元用于生产线的改造
1995	合资经营上海中集冷藏箱有限公司	与中国国际海运集装箱(香港)有限公司、佛罗伦集团有限公司、上海罗南农工商总公司和德国格拉芙有限公司签订合资经营上海中集冷藏箱有限公司的协议,投资总额 5 000 万美元,中集集团持股 52%

续表 3-4

时间	并购对象	简要说明
1995	广东省新会大利集装箱厂	整体并购,但在 1996 年 4 月将 40%的股权转让给 4 家外商,中集集团仍持股 60%
1995	合资成立南方中集	与中国国际海运集装箱(香港)有限公司合资成立深圳南方中集集装箱制造有限公司(简称南方中集),注册资本为 600 万美元,中集集团持有 75%的股权
1998	上海远东集装箱有限公司	中远工业公司向中集集团转让其持有的上海远东集装箱有限公司 22.5%的股权和天津北洋集装箱有限公司 47.5%的股权

从 1993 年兼并计划的实施,经过 7 年的发展,集团规模迅速扩大,集团资产总额从 1993 年的 5.76 亿元增长到 1999 年的近 67 亿元。2000 年中集集团已成为世界最大的国际标准干货集装箱制造商和中国最大的冷藏集装箱制造商,2000 年度干货集装箱国际市场占有率为 38%,国内生产份额将近 48%。

3.并购后的整合

并购完成后,中集集团立即派驻新的管理层对企业进行重组改造,对被并购企业的员工则尊重其个人意愿,愿意留下来的都可以留下来,但对原管理层则全部替换,最多一次曾派驻 29 名管理干部。因为中集集团并购主要是通过股权控制实现的,通过更换管理层可以有效地贯彻和落实集团的发展战略与管理思想。正是通过管理层的移植,中集集团将集团公司的目标管理体制带到了被并购公司,使企业、经营者和员工成为真正的利益共同体,完整的考核、激励与约束体系将集团的整体目标层层分解,落实到具体责任人,不仅实现了管理的统一性,而且通过完善的制度保证了经济效益的实现。

集团的规模优势主要体现在生产成本的控制和降低上。钢材、油漆、木地板是集装箱生产的主要原材料,大约占生产成本的 70%左右,中集集团就充分利用大规模集团大量采购、需求稳定的特点,通过三级谈判、三级压价,从源头降低了原材料成本。同时,统一计划、统一采购、统一分配、统一核算的集中式管理最大限度地降低了集团内部的成本损耗。并购扩张后,中集集团在主要的三大区域都拥有了生产基地,集团公司统一接单并安排生产使得各下属公司都只是成本中心,通过集团公司的统一调配生产和销售,大大降低了空箱的运输成本。

此外,中集集团对被并购企业也进行文化上的渗透与移植。企业文化能否得到认同往往是并购后整合的关键一步。中集的企业文化核心就是员工的发展与企业的发展紧密结合,企业力图为每一位员工创造最好的发展空间,而员工的发展则是在企业的发展基础上,提倡全体员工"尽心尽力,尽善尽美",得到认同的企业文化转变为了员工创新工作的动力。

案例分析与启示

中集集团成功的并购扩张已成为许多中国企业希望通过并购实现规模化长远发展的典范。从中集集团通过并购实现快速增长的过程中,我们可以得到以下几个方面的启示:

1.通过横向并购获得规模经济优势

规模经济理论认为,生产规模和经济效益之间有着重要的函数关系,随着产量的增加生产成本是降低的,而且设备的效能也会随之增加,同时,管理潜力也得以开发和利用。而横向并购是获得这种规模优势的重要途径之一。中集集团的一系列并购都属于横向并购,特别是由于许多企业因为竞争不力而处于退出边缘,更是降低了并购的直接成本和难度,并使得管理和技术等具有行业专属性的生产要素有效地转移和重组。

当然并不是企业一味地通过并购其他企业,扩大企业的生产规模,就能够获得规模经济;并且,不当的扩大企业规模还有可能导致规模不经济。那么,企业在进行并购时应该采取哪些措施,主要应包括创造良好外部环境,明确并购行为主体和性质。并购实质是企业间"企业的买卖行为",其行为主体是企业,政府在企业并购活动中发挥作用是必要的,但越俎代庖是有害无益的。横向并购的动因主要在于降低成本和扩大市场份额,随着生产经营规模的扩大,规模经济使生产成本随着产出增加而降低,收益不断递增。通过横向并购企业可以快速将各种生产资源和要素集中起来,从而提高单位投资的经济收益或降低单位交易费用和成本,获得可观的规模经济。为此,企业有动力扩大生产规模,而并购,特别是横向并购是企业扩大生产规模最便捷有效的途径之一。

2. 并购为企业战略服务

中集集团的并购行为始于战略,并服务于战略。集团从企业本身、所处市场、全球市场的发展现状为基点作出了长远发展战略,而且对于战略的实施进行了系统的策划和准备,正是由于具有较完备的战略准备,并购战略的实施才实现了预期的效果。中集集团成功案例也说明只有在并购公司积累了一定的核心优势时,进行横向并购才能真正服务于总体战略。

通过并购,企业避免了培育一个新产业可能会带来的风险与不确定性,而且有利于根据市场现状选择最佳进入时机。虽然多元化经营未必一定通过并购来实现,可以通过企业内部的成长而达成,但时间往往是重要因素,通过并购其他企业可迅速达到多元化扩展的目的。多元化经营不仅可以降低风险而且可以使企业发掘出新的增长点。所以多元化经营往往成为企业发展到一定阶段之后的重要战略之一。并购也是企业迅速进入其他生产经营领域,实现多元化战略的重要方式。

3. 并购后的整合不容忽略

并购本身并不能创造价值,并购真正的效益来源于并购后对生产要素的有效整合。并购过程中,无论是主并公司还是目标公司都有一些可以转移或者可以共享的生产要素,只有对这些生产要素进行重新定位、组合和配置,才能发挥出各种要素的潜能并相互融合,主要是利用严格的管理制度和管理人员的移植,使目标公司很快成为集团公司价值链上的重要一环,使其为整体战略目标服务。

工厂规模的扩大促进专业化分工的产生和发展,同时也对生产的协作提出了更高要求。由于企业的并购,企业需要重组定位。关于专业化分工和协作的经济性,斯密认为"有了分工,相同数量劳动者就能完成比过去多得多的工作量"。其原因有三:第一,劳动者的技巧因专业而与日俱增;第二,由一种工作转到另一种工作,通常会损失不少时间,有了分工,就可以免除这种损失;第三,许多简化劳动和缩减劳动的机械发明,使一个人能够做许多人的工作。

企业的并购需要相互重组学习,企业规模的扩大会导致生产劳动过程中"学习效果"的产生。学习效果是指通过反复性劳动形成的熟练性。一个企业在长期的生产经营过程中会逐步积累一定的技术和管理经验,企业并购之后,优势企业与劣势企业得以互通有无,相互学习对方先进的技术和管理经验,进而降低成本。学习效果的产生降低了原来生产中较高的次品发生率,它不仅在劳动过程中及质量管理上,而且在库存管理、工厂设计、产品研制和开发、原料供应和市场交易以及财务管理和其他经营等方面都发挥着重要作用。总之,伴随着企业规模积累性的扩大,学习效果使得平均费用呈现指数性下降。

资料来源：荆林波. 中国企业大并购[M]. 北京：中国社会科学文献出版社，2002.

中集集团公司网站 http://www.cimc.com

全球并购研究中心 http://www.online-ma.com.cn

九华咨询网 http://www.jiuhua.net

第四章　内部控制与风险管理

本章要点

1. 企业财务预警系统分析的技术方法
2. 金融衍生工具(期权)在风险管理中的应用
3. 风险控制与管理的方法

第一节　COSO 内部控制整体框架

一、COSO 内部控制整体框架概述

(一)COSO 的含义

COSO 全称为"发起机构委员会"(Committee of Sponsoring Organizations)。它是一个自愿性质的私营机构,致力于通过商业伦理、有效的内部控制和公司治理来提高财务报告的质量。COSO 最早成立于 1985 年,是"反对虚假财务报告委员会"(National Commission on Fraudulent Financial Reporting,NCFR)下属的独立私营机构,人们通常也称其为 Treadway 委员会。Treadway 委员会研究虚假财务报告产生的原因,为上市公司和它们的独立审计者、证券交易委员会及其他行业监管者,以及教育机构提供建议。

(二)COSO 内部控制整体框架的诞生

美国水门事件后,内部控制理论引起了美国各界的广泛重视。然而,对内部控制的理解分歧却由来已久,立法者、监管者和商人的不同利益决定了各自不同的立场。20 世纪 90 年代初成立的 COSO,开创性地提出了一套成体系的内部控制整体框架,这标志着内部控制理论发展到新的阶段,赢得了各方的好评。

1977 年,美国国会通过了《反海外贿赂法》(FCPA),在反贿赂条款之外,又规定了与会计及内部控制有关的条款。美国注册会计师协会(AICPA)的审计人员责任委员会发布了《报告、结论与建议》。随后,在 1980、1982、1984 年先后颁布了审计准则公告第 30 号、第 43 号、第 48 号。财务经理人员协会(FEI)发布了《美国公司的内部控制现状》。美国证券交易委员会(SEC)则要求上市公司提交其内部控制的报告书。

1985 年,由 AICPA、美国审计总署(GAO)、FEI 等机构共同赞助成立了反对虚假财务报告委员会,即 Treadway 委员会。Treadway 委员会旨在研究舞弊性财务报告产生的原因及其相关领域,其中包括内部控制不健全的问题。Treadway 委员会就内部控制问题提出了许多有价值的建议,并倡议建立一个专门研究内部控制问题的委员会。因此,Treadway 委员会的赞助机构成立了私人性质的 COSO,其组成人士包括美国会计师学会、内部审计师协会、金融管

理学会等专业团体的成员。1992 年 9 月,COSO 提出了《内部控制整体框架》报告,并在 1994
年进行了增补。①1994 年,委员会提出对外报告的修改篇,COSO 报告将内部控制的目标分
为三类:经营(operations)目标与主体资源利用的有效性与效率有关;财务报告(financial
reporting)目标与编制可靠的公开财务报表有关;合规(compliance)目标与主体符合使用的法
律和法规有关。②2004 年 COSO 又颁布了《企业风险管理整体框架》,在上述三类目标的基础
上补充了战略(strategic)目标——高层次目标,与使命相关联并支撑其使命。

(三)COSO 内部控制整体框架的概念及内容

1. COSO 内部控制整体框架的概念

美国证券交易委员会规定,管理层对与财务报告相关的内部控制进行评估时,所采用的评
估标准必须依据一个公认恰当的控制框架来制定。这个框架必须由一个机构或团体依据既定
的程序步骤建立,并曾广泛接受公众的评论。美国证券交易委员会最终规定要求一个"合适的
框架"必须遵守以下原则:不受偏见左右;允许公司合理连续地对内部控制进行定性与定量评
测;有完整的结构以保证任何影响公司内部控制有效性评估结论的相关因素都不被遗漏;与对
财务报告内部控制的评估有关。SEC 认为 COSO 的内部控制整体框架(internal control inte-
grated framework)满足这一要求。同时 SEC 也承认,在美国将来会出现 COSO 之外的、既满
足 SEC 规则同时也不损害投资者利益的系统。

2. COSO 内部控制整体框架的内容

《内部控制整体框架》报告的核心内容是内部控制的定义、目标和要素。报告认为,内部控
制是由董事会、管理层及其他人员在公司内进行的,旨在为经营的有效性、财务报告的可靠性、
适用法律法规的遵循性提供合理保证的过程。实际上,内部控制是为了确保组织的最高层参
与到整个机构的运作中,以实现组织目标。而所谓的可靠性则指财务报告的一致性、可比性以
及选择适当的会计处理方法。

为了实现内部控制的有效性,需要下列五个方面的要素支持:控制环境(control environ-
ment)、风险评估(risk assessment)、控制活动(control activities)、信息与交流(information
and communication)和监控(monitoring)。

控制环境包括最高管理层的完整性、道德观念、能力、管理哲学、经营风格和董事会的关
注、指导。其特征是先明确定义机构的目标和政策,再对战略计划和预算过程进行支持;然后,
清晰定义利于划分职责和汇报路径的组织结构,确立基于合理年度风险评估的风险接受政策;
最后,向员工澄清有效控制和审计体系的必要性以及执行控制要求的重要性,同时,高级领导
层需对文件控制系统作出承诺。

风险评估是在既定的经营目标下分析并减少风险。这一环节是 COSO 内部控制整体框
架的独特之处。虽然,多年来,美国银行一直使用复杂的模型技术,诸如"紧张检验"、"蒙特卡
罗(Monte Carlo)模拟"和"风险价值"法测算风险,但把风险评估作为要素引入内控领域,这还
是第一次。

相比之下,控制活动则是人们较早关注的方面,它包括确保管理层指令得以实施的政策和
程序:批准、授权;核对会计分录;核实(包括内部控制模型);检查业绩、风险披露限制;职责划
分、生产安全。制定程序的原则有:避免由"相关人士"组成的集团从头到尾控制某个操作或交
易;"四只眼睛"的原则。

信息与交流是整个内部控制系统的生命线,为管理层监督各项活动和在必要时采取纠正

措施提供了保证。内控是一个动态的过程,即依据环境制定措施,进行信息反馈,进行纠错,如此不断改进。但受成本效益原则的约束,内控实际上是一个无止境的过程。

监控,意在评估内部控制,贯穿于经营活动之中,具有一定的超然独立性。监控的实施途径可以是内部审计,也可以是内部控制自我评估。前者的实施人是独立的职能部门,而后者是由管理部门和员工完成的。内部审计的目的是,就控制系统的风险和操作情况向管理层提供独立保证并帮助管理层有效地履行责任。内部审计是先依据审计章程,确定审计单位的独立性及其作用;然后将称职的工作人员分成三个主要单位,分别承担财务、操作和电子数据处理的工作;再根据机构的主要业务风险编写审计计划,协调实地工作、报告编写以及每次审计的后续工作;最后,就操作系统的运作与管理层执行简明扼要和持续的沟通,应该让内部审计的结论为人所知。审计委员会监督内部审计的过程,采用外部审计评估控制系统,就财务报表的真实性和公正性提出意见。

二、COSO 内部控制整体框架的发展及应用

(一)COSO 内部控制整体框架的发展

自 1992 年美国 COSO 发布《内部控制整体框架》以来,该框架已在全球获得了广泛的认可和应用,但理论界和实务界一直不断对其提出一些改进建议,强调内部控制整合框架的建立应与企业风险管理相结合。

2002 年颁布的《萨班斯法案》也要求上市公司全面关注风险,加强风险管理,这在客观上也推动了内部控制整体框架的进一步发展。

与此同时,COSO 也意识到《内部控制整体框架》自身也存在一些问题,如过分注重财务报告,而没有从企业全局和战略的角度关注企业风险。正是基于这种内部和外部的双重因素,需要出台新框架以适应发展需求。

2003 年 7 月,COSO 根据《萨班斯法案》的相关要求,颁布了《企业风险管理整合框架》的讨论稿,该讨论稿是在《内部控制整体框架》的基础上进行扩展而得来的。2004 年 9 月 COSO 正式颁布了《企业风险管理整体框架》,这标志着 COSO 最新的内部控制研究成果面世。

在内部控制整体框架五个要素的基础上,COSO 企业风险管理的构成要素增加到八个:内部环境、目标设定、事项识别、风险评估、风险应对、控制活动、信息与交流、监控。八个要素相互关联,贯穿于企业风险管理的过程中。

(二)COSO 内部控制整体框架的应用

在实务中,COSO 内部控制整体框架得到了广泛的应用。1993 年 5 月 11 日,美国联邦存款保险公司(FDIC)董事会批准了《1991 联邦存款保险公司改进法》第十二条中的内容,要求银行就其内部控制情况向 FDIC 和联储(FRB)等管理机构报告。虽然,主管机构并未要求必须采用 COSO 内部控制整体框架作为报告格式,但却鼓励各银行以 COSO 框架为依据。事实上,各银行自身也有积极性采用,因为使用 COSO 框架能够充分展现公司的管理水平,取信于投资者,从而在一定的信息对称的情况下,提高公司在公众中的美誉度。

国内有关内部控制的权威规定主要有:中国人民银行制定的《加强金融机构内部控制的指导原则》(1997 年 5 月,已废止);中国注册会计师协会制定的《独立审计具体准则第 9 号——内部控制与审计风险》(1997 年 1 月);财政部会同证监会、审计署、银监会、保监会颁发的《企业内部控制基本规范》(2008 年 5 月);财政部、证监会、审计署、银监会、保监会五部委颁发的

《企业内部控制应用指引》、《企业内部控制评价指引》和《企业内部控制审计指引》（简称"企业内部控制配套指引"，2010 年 4 月），自 2011 年 1 月 1 日起在境内外同时上市的公司施行，自 2012 年 1 月 1 日起在上海证券交易所、深圳证券交易所主板上市公司施行，在此基础上，择机在中小板和创业板上市公司施行，鼓励非上市大中型企业提前执行。

第二节　内部控制与风险管理、公司治理

一、内部控制与风险管理的内在联系

（一）企业制度的发展演进与风险相关

有限责任制度的确立是企业组织从业主制或合伙制走向现代股份公司制的关键步骤，它使股东的家产与企业的财产及企业的经济责任相互独立。股东的变换不再影响企业的信用能力，为股权交易扩大了范围并增加了流动性，从而降低了投资风险并促进了企业融资，造就了今天巨型的股份公司。为了使股权交易与股东变换不影响企业经营的连续性，也为了使资本与经营能力实现更优的组合，企业的所有权与经营权在现代企业中高度分离开来，由此也带来了新的风险，即职业经营者有可能不履行其受托责任而损害股东的利益。另外，有限责任也有可能诱使企业从事风险过高的项目而损害债权人利益。因为，在有限责任下潜在的收益主要由企业（股东）获得，而失败即破产的风险则主要由债权人承担。上述风险是市场化的，可以由市场竞争自发约束或市场交易提供避险；而属于机制问题、组织或交易中的代理问题，需要规则与制度进行规范。这些制度包括企业治理中的责任制度，如财务报告、内部控制及审计等。

（二）内部控制和风险管理的根本作用都是维护投资者利益，保全企业资产，并创造新的价值

企业的内部控制是企业经营权与所有权分离的条件下，对投资者利益的保护机制。其目的就是保证会计信息的准确可靠，防止经营层操纵报表与欺诈，保护公司的财产安全，遵守法律以维护公司的名誉以及避免招致经济损失等。COSO 在《企业风险管理整体框架》中谈到风险管理的意义时是这样论述的：企业风险管理应用于战略制定与组织的各层次活动中，它使管理者在面对不确定性时能够识别、评估和管理风险，发挥创造与保持价值的作用。风险管理能够使风险偏好与战略保持一致，将风险与增长及回报统筹考虑，促进应对风险的决策，减小经营风险与损失，识别与管理企业交叉风险，为多种风险提供整体的对策，捕捉机遇以及使资本的利用合理化。那么内部控制与风险管理之间是什么关系呢？可以概括为：内部控制的动力源于风险防范并构成风险管理的必要环节，但内部控制并不等同于风险管理，只能防范风险，不能转嫁、承担、化解或分散风险。

（三）企业风险管理是在新的技术与市场条件下对内部控制的自然扩展

技术及市场条件的新进展，推动了内部控制走向风险管理。在先进的信息技术条件下，会计记录实现了电子控制、实时更新，使传统的查错与防弊的会计控制显得过时。然而，风险往往是由交易或组织创新造成的，这些创新来源于新兴的市场实践，如安然公司将能源交易大量发展成类似金融衍生品的交易。另一方面，环境保护及消费者权益保护的加强，都强化了企业的社会责任，若略有不慎，企业就可能遭受来自商品市场或资本市场的惩罚，表现为企业的品牌价值或资本市场上的市值贬损。因此，企业需要一种日常防护机制来防范风险，包括遵守法律与法规，确保投资者对财务信息的信任以及保证经营效率等。在新的技术与市场条件下，为

了更有效地保护投资者利益,需要在内部控制的基础上发展更主动、更全面的风险管理。

通过对《企业风险管理整体框架》和《内部控制整体框架》的比较分析可以看出:

(1)在企业风险管理框架中,企业内部控制系统是风险管理的重要环节,良好的内部控制依赖于彻底的、规范的对公司所处风险的性质与范围的评价。内部控制是企业对其所面临风险的一种反应,是在风险状态下对企业目标的实现提供合理的保证。内部控制作为风险反应的最重要手段,是一种控制和最小化风险的机制。

(2)在企业风险管理框架中,"风险是对企业的目标产生负面影响的事件发生的可能性,它正面的对应物是机会"。从企业存在的根本目的是为股东或利益相关者创造价值的角度来看,企业风险管理不仅是被动的识别、评估、防范和化解风险,还应包括对机会的利用。

(3)内部控制是基于定性判断的基础上,确保内部控制目标的实现。而企业风险管理框架引入了风险偏好、风险容忍度、风险反应等概念和方法,因此,企业风险管理可以基于概率统计的基础上,合理确保企业的发展战略与风险偏好相一致,利润增长、风险与回报相联系,从而帮助董事会和高级管理层实现企业风险管理的目标。

(4)内部控制从方法观、过程观,再到风险观的提升既是社会环境的要求,又是内部控制适应社会环境变化的逻辑发展。企业风险管理是在新的技术与市场条件下对内部控制的自然扩展,必将会对企业管理发挥更大的作用。

(5)推行企业风险管理是一个长期、艰苦的工作,需要得到许多部门和人员认可,而来自高级管理层的重视是非常重要的。

二、内部控制、风险管理、公司治理三者的关系

(一)公司治理

1.公司治理的概念

公司治理是用来管理利益相关者之间的关系,决定并控制企业战略方向和业绩的一套机制。公司治理的核心是寻找各种方法确保有效地制定战略决策,管理潜在利益冲突的各方之间秩序的一种方式。同时,它在合法、合理、可持续性的基础上实现股东价值最大化,同时确保公平对待每一个利益相关者,即企业的客户、员工、投资者、供应方合作伙伴、土地管理部门和社区等。因此,公司治理反映了企业的文化、政策、如何处理利益相关者之间的关系及其价值观。

2.公司治理的基本原则

公司治理中有一个非常重要的部分是面对责任、受托责任、对股东和其他人的数据披露、审计及控制机制。公司治理的负责人应该遵守各方面的原则。有效的公司治理原则主要包括:①建立完善的组织结构;②明确董事会的角色和责任;③提倡正直及道德行为;④维护财务报告的诚信及外部审计的独立性;⑤及时披露信息和提高透明度;⑥鼓励建立内部审计部门;⑦尊重股东的权利;⑧确认利益相关者的合法权益;⑨鼓励提升业绩;⑩公平的薪酬和责任。

(二)内部控制、风险管理、公司治理的关系

1.管理范围的协调

风险管理框架下的内部控制是站在企业战略层面分析、评估和管理风险,是把对企业监督控制从细节控制提升到战略层面及公司治理层面。风险管理不仅仅关注内控建立,最主要的是关注内部控制运行和评价,从企业所有内外风险的角度为公司治理层、管理层持续改进内部

控制设计和运行提供思路,风险管理比内部控制的范围要广泛得多,如图4-1所示。

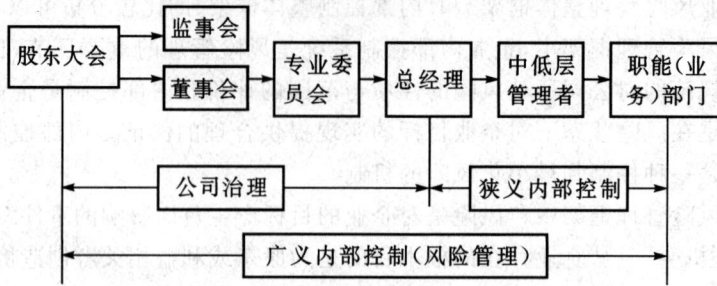

图4-1　风险管理、内部控制、公司治理三者关系

2.前动与后动的平衡

在风险管理框架下的内部控制既包括提前预测和评估各种现存和潜在风险,从企业整体策略的角度确定相应的内控应对措施来管理风险,达到控制的效果,又包括在问题或事件发生后采取的后动反应,积极采取修复性和补救性的行为。显然,在未发生风险负面影响前即采取措施,更能够根据事件或风险的性质,降低风险的损失,降低成本,提高整体管理效率。

3.治理、风险、控制的整合

在风险管理框架下的内部控制试图寻求一个有效的切入点使得内部控制真正成为组织战略管理的重要成分嵌入组织内部,提高组织对内部控制重要性的认同,并使得内部控制能为组织战略目标的实现作出更多贡献。依照风险管理的整体控制思维,扩展内部控制内涵和外延,将治理、风险和控制作为一个整体为组织目标的实现提供保证。这一整合的过程将克服原本内部控制实施过程中内部控制与管理脱节的问题,整个组织风险管理的过程也是内部控制实施的过程,内控不再被人为地从企业整个流程中分离出来,提高了内部控制与组织的整合性和全员参与性。

4."从上到下"控制基础和"从下到上"风险基础执行模式的融合

过去,一提到内部控制,人们往往认为是管理者制定出相应的规章制度约束员工的。但在风险管理框架下的内部控制既体现内部控制从上到下的贯彻执行,也强调内部控制从下到上参与设计、反馈意见以及"倒逼"机制,即从上到下控制基础和从下到上风险基础的执行模式的融合。

风险管理框架下的内部控制(风险管理)既包括管理层以下的监督控制,又包括管理层上的治理控制,按照内部控制五要素分析内部治理控制如表4-1所示。

表4-1　风险管理框架下的公司内部治理控制

内部控制要素	公司治理中的体现(举例,并不全面)
控制环境	股东大会、董事会、监事会、经理的职责定位与授权; 董事会内部职责分工与授权,如内设战略、执行、审计、薪酬、提名、专业委员会等; 董事会、监事会与经理团队的沟通氛围; 股东与董事会的风险偏好; 董事长主持董事会工作,其职业修养与专业能力将影响治理效果; 董事、监事能力; 独立董事的独立性

内部控制要素	公司治理中的体现(举例,并不全面)
风险评估	战略、目标、重大经营计划等决策需对内、对外风险充分评估; 为具体治理活动设计控制措施前需要进行风险评估
控制活动	治理结构本身的牵制机制设计,如监事会的设立、独立董事制度、审计委员会设立等; 企业战略和目标的制定与决策程序; 通过听取业绩报告,董事会对经理战略执行的过程控制; 董事长对经理的决策授权与监督; 董事、监事、经理的考核激励控制; 公司章程,董事会及其下属委员会、监事会的议事规则; 信息披露的控制程序
信息沟通	股东、董事、监事履行职责时,必须适时得到充分的相关信息; 董事会与经理团队应建立正常沟通机制,适时了解战略和目标的执行情况,及时采取行动; 股东分散、不参与企业的经营管理,董事会应按规定适时披露相关信息,保障所有股东的合法权益
监督	董事会(或审计委员会)聘请独立第三方对经理履行职责情况的检查; 监事会对董事会与经理的监督检查

第三节　企业财务预警系统

在市场经济条件下,企业经营面临着巨大的风险与不确定性,经常有企业发生财务危机甚至破产。国内外的大量实例表明,陷入经营危机的企业几乎无一例外地以出现财务危机为征兆。历史情况表明,财务危机并非在一朝一夕内形成,而有一个较长的潜伏时期,因此有必要建立财务危机预警系统,在财务危机的萌芽状态预先发出危机警报,促使经营者及时采取有效对策,改善管理,防止企业陷入破产的境地,以保护各相关主体利益。

一、企业财务预警系统的含义

目前,国内外理论界对企业财务预警系统的定义有多种,主要有以下几种代表性观点:

第一种观点:"财务预警系统是以企业信息化为基础,对企业在经营管理活动中潜在风险进行实时监控的系统。"这一观点着重强调了财务预警系统的风险控制功能,忽视了财务预警系统的其他重要功能,因而这种观点具有一定的局限性。

第二种观点:"财务预警系统是以企业财务信息数据为基础,以财务指标体系为中心,通过对财务指标的综合分析、预测,及时反映企业经营情况和财务状况的变化,并对企业各环节发生或将可能发生的经营风险发出预警信号,为管理当局提供决策依据的监控系统。"这种观点虽然在风险控制功能的基础上侧重提出了对财务指标进行分析,但指标分析只是财务预警分析方法中的一种,还有其他分析方法。另外,这个系统除了分析方法以外,还应包括组织机制、运行机制及其他部分,因此这种观点也有其局限性。

第三种观点:"财务预警系统就是通过对企业财务报表及相关经营资料的分析,利用及时的财务数据和相应的数据化管理方式,将企业所面临的危险情况预先告知企业经营者和其他利益关系人,并分析企业发生财务危机的原因和企业财务运营体系隐藏的问题,提早做好防范措施的财务分析系统。"这个观点比较全面地涵盖了财务预警系统的工作过程和功能。

综上所述,财务预警系统就是指用一定的方法对财务危机进行监测,并发出警示,提示管理者及早采取措施加以防范的体系,财务预警系统具备预知性、及时性、完备性、实用性等特点。

二、企业财务预警系统的功能

财务预警系统在公司财务管理中扮演着多种角色,它作为一种风险控制形式,是与整个公司的命运息息相关的;它作为一种内部控制形式,几乎与公司各方面管理密不可分;它作为一种激励方式,可以促使各部门提高工作效率,创造最佳财务业绩,以避免成为被监控的重点。财务预警系统的功能基本包括以下几个方面:

(1)信息收集功能。财务预警的过程同时也是一个收集信息的过程,它通过收集与企业经营相关的产业政策、市场竞争状况、企业本身的各类财务和经营状况的信息,进行分析比较开展预警,信息收集也是一个贯穿财务预警始终的活动。

(2)监测功能。监测即跟踪企业的生产经营过程,将企业生产经营的实际情况同企业预定的目标、计划、标准进行对比,对企业营运状况作出预测,找出偏差,进行核算、考核,从而发现产生偏差的原因或存在的问题。当危害企业的财务关键因素出现时,可以提出警告,让企业经营者早日寻求对策,以减少财务损失。

(3)诊断功能。根据跟踪、监测发现的异常情况,运用现代化企业管理技术、企业诊断技术进行分析判断,确定经济运行中存在的弊端及其根源所在,以达到把有限的企业资源用于最需要或最能产生经营成果的地方的目的。

(4)预防功能。通过财务预警系统,能系统而敏锐地发现企业潜在的危机,从而有效地避免和防范类似财务危机的发生。财务预警系统能够详细记录危机的发生、处理和解决过程,作为前车之鉴,增强企业的免疫能力。

(5)治疗功能。通过监测、诊断、判断企业存在的弊病,找出病根后,应对症下药,更正企业营运的偏差或过失,使企业恢复到正常运转的轨道。一旦发现财务危机,经营者既要阻止财务危机继续恶化下去,也要寻求内部资金的创造渠道,还要积极寻求外部财源。

(6)健身功能。通过预警分析,企业能系统而详细地记录财务危机发生的缘由、处理经过、解除危机的措施、处理结果及改进的建议,作为未来类似情况的前车之鉴。这样,将企业纠正偏差与过失的一些经验、教训转化成企业管理活动的规范,以免重犯类似的错误,不断增强企业的免疫能力。

三、财务预警系统分析模式

财务预警分析的技术方法主要有单变量与多变量预警分析、指标判断和因素判断、定性分析和定量分析等。本节我们重点介绍定性预警分析和定量预警分析两种预警模式。

(一)定性预警分析模式

1.标准化调查法

标准化调查法又称风险分析调查法,即通过专业人员、咨询公司、调查公司、协会等对其可能遇到的各种问题加以详细调查与分析,形成报告文件供企业经营管理者参考、使用。称其标准化是因他们所分析的问题具有共性,对所有企业或组织都有意义并且普遍适用,但是该方法无法解决特定企业所遇到的特定问题。

2."四阶段症状"分析法

一般情况下,企业财务运营情况不佳甚至出现危机,肯定有特定的症状,并且该症状应该是逐步加剧的,我们的目标就是及早发现各个阶段的症状,对症下药。可以把企业财务运营危机的病症大体分为四个阶段,各阶段并发症如图4-2所示。如果企业运营中出现相应情况,一定要找出病因,采取有效措施,摆脱财务困境,恢复财务正常运作。

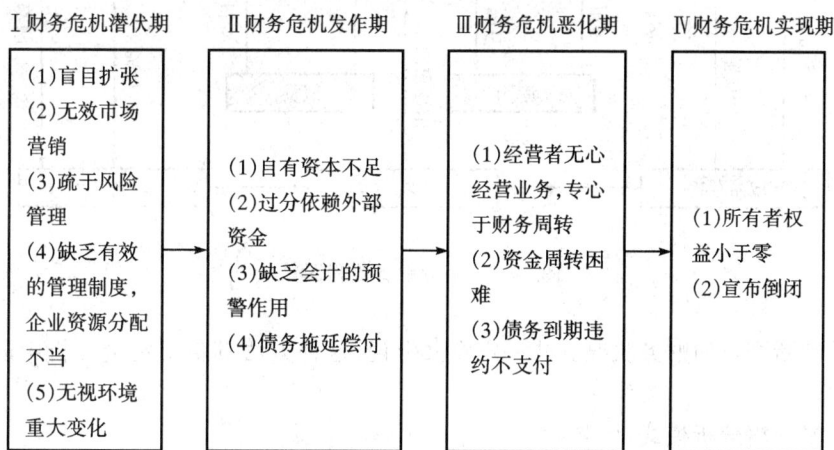

Ⅰ财务危机潜伏期	Ⅱ财务危机发作期	Ⅲ财务危机恶化期	Ⅳ财务危机实现期
(1)盲目扩张 (2)无效市场营销 (3)疏于风险管理 (4)缺乏有效的管理制度,企业资源分配不当 (5)无视环境重大变化	(1)自有资本不足 (2)过分依赖外部资金 (3)缺乏会计的预警作用 (4)债务拖延偿付	(1)经营者无心经营业务,专心于财务周转 (2)资金周转困难 (3)债务到期违约不支付	(1)所有者权益小于零 (2)宣布倒闭

图4-2 财务运营危机的四个阶段

3.三个月资金周转表分析法

该方法的实质是企业面临着变幻无穷的理财环境,所以要经常准备好安全度较高的资金周转表。是否制作资金周转的三个月计划表,是否经常检查结转下月余额对总收入的比率,以及销售额对付款票据兑现额的比率及考虑资金周转问题,这对维持企业的生存极为重要。

这种方法的判断标准是:①如果企业制定不出三个月的资金周转表,这本身就已经是一个问题了;②倘若已经制好了表,就要查明转入下一个月的结转额是否占总收入的20%以上,付款票据的支付额是否在销售额的60%以下(批发商)或40%以下(制造业)。

4.流程图分析法

这是一种动态分析方法,分析企业的动态流程图,找出关键点,防范风险。该方法的关键是要识别企业生产经营和财务活动的关键点,图4-3是企业财务流程的基本图示。每个企业都有其财务控制关键点,企业应该在关键点处采取防范措施,才能降低风险。

5.管理评分法

管理评分法的理论基础是:管理不善导致企业灾难,其管理不善的种种表现比财务反应提前若干年就可以发现。这种管理评分法试图把定性分析判断定量化。这一过程需要进行认真的分析,深入企业及其车间,细致地对企业高层管理人员进行调查,全面了解企业管理的各个方面,才能对企业的管理进行客观的评价。这种方法的原理即对企业的经营缺陷、错误和征兆对比打分,然后根据他们对破产过程产生影响的大小程度作加权处理,得到一个总分数,以总

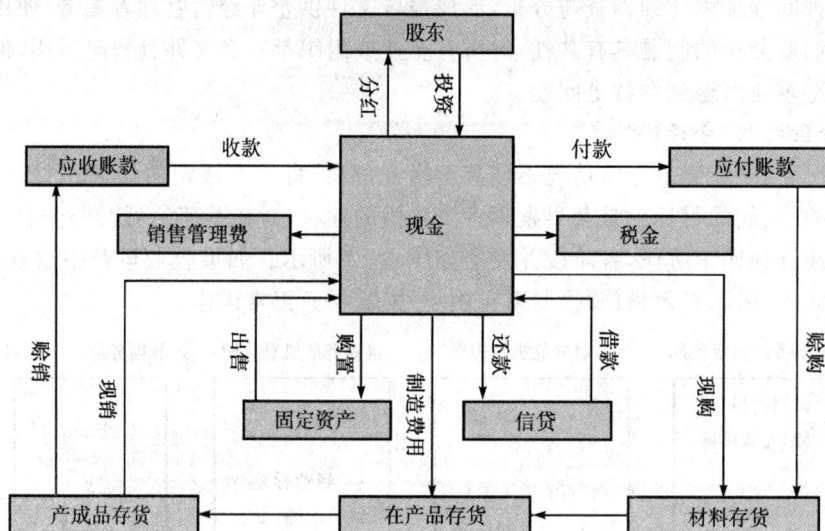

图 4-3　企业财务流程图示

分数的高低判断企业的财务状况。从一定意义上说,这种方法具备了定量分析中的多元线性函数的思想。

(二)定量预警分析模式

1. 单变量模式

单变量模式是指运用单一变数,用个别财务比率来预测财务危机的方法,费特兹帕特里克(Fitzpartrick,1932)最早进行了单变量破产预测研究,他以 19 家公司作为样本,发现判别能力最高的是净利润/股东权益和股东权益/负债这两个比率。而 1966 年美国的比佛则是最早运用统计方法来研究公司失败问题的人。他仅仅狭义地将财务失败界定为破产,以及"债券拖欠不履行、银行超支、不能支付优先股股利等"。他首先以单变量模式发展出财务危机预测模型,使用五个财务比率对 158 家公司进行一元判定预测。他分别将这五个财务比率作为变量对79 家经营未失败公司和 79 家经营失败公司进行一元判定预测,发现债务保障率财务预测效果最好,资产收益率次之,资产负债率再次。其公式分别为:

$$债务保障率 = \frac{现金流量}{债务总额} \times 100\%$$

$$资产收益率 = \frac{净收益}{资产总额} \times 100\%$$

$$资产负债率 = \frac{负债总额}{资产总额} \times 100\%$$

跟踪考察企业时,应对这些比率的变化趋势予以特别关注。一般来说,陷入财务危机的企业,这几个比率一般都具有"低于行业平均水平,不断下降"的长期趋势。该方法在企业失败前五年就可达到 70% 以上的预测能力,失败前一年可达 87% 的判别能力。

单变量模式虽然简单,但却因不同财务比率的预测方向与能力经常有相当大的差距,有时会产生对于同一企业使用不同比率预测出不同结果的现象,因此受到了很多批判。再者,尽管对较长时期进行的单变量比率分析可能说明企业正处于困境或未来可能处境艰难,但这不能具体证明企业可能破产及何时会破产。而且,它还会受到企业外部环境(如通货膨胀或紧缩)的影响。这些局限性的存在,使得单变量模式逐渐被多变量模式所取代。

2.多变量模式

多变量模式就是运用多个财务指标或现金流量指标来综合反映企业的财务状况,并在此基础上建立预计模型,进行财务预测。

(1)企业安全率模式。企业安全率由两个因素构成:经营安全率与资金安全率。此法可以了解企业财务结构现状,并以寻求企业财务状态改善方向。

$$经营安全率＝安全边际率＝安全销售额/现有或预计销售额$$
$$资金安全率＝资金变现率－资产负债率$$
$$＝资产变现率－资产负债率$$
$$＝(资产变现金额－负债账面金额)/资产账面金额$$

在计算资金安全率时,所谓的"资产变现金额",就是企业立即处置其所有资产后可以变成现金的总数。在计算资产变现值之际,要以资产负债表所列的各项资产——加以估算加总而得。例如:资产负债表上的现金和银行存款可用账面金额、应收款项扣除坏账准备外,还需要扣除一些催收账款费用;存货必须把账面金额减掉一些其他损失;房屋及土地则可用市场同类可比价格。

在企业的预警分析中,可将资金安全率与安全边际率结合起来,判断企业的经营情况和财务状况是否良好,如图4-4所示。

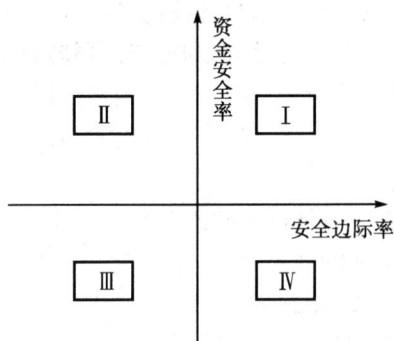

图4-4　企业安全率判断图示

判断标准是:当两个指标共同确定的企业安全率落在第Ⅰ象限,表示企业经营状况良好,应该采取有计划经营扩张策略。

企业安全率落在第Ⅱ象限,表示企业经营状况尚好,但是市场销售能力明显不足,应全盘研究对策,以加强企业总体销售实力,创造企业应有利润。

企业安全率落在第Ⅲ象限,表示企业经营已陷入经营不善的境地,随时有倒闭的危机,经营者应下决心立即采取措施,进行有效的重整。

企业安全率落在第Ⅳ象限,表示企业财务状况已露出险兆,经营者应将改善财务结构列为首要任务,要求企业全员有总体现金观念,提高自有资金比例,并积极进行开源节流。此时对市场营销应采用适度的成长策略,并且要求营销部门对顾客作必要的筛选,提高信用政策的标准,以防止不良销售损失,避免加速企业财务状况的恶化。

（2）多元线性函数模型。此方式是从总体宏观角度,检查企业财务状况有无呈现不稳定的现象,未雨绸缪,作好财务危机的规避或延缓危机的发生。多元线性函数模型在财务管理文献上有数种之多。

爱德华·奥特曼的 Z 分数模型是运用五种财务比率,进行加权汇总产生的总判别分（称为 Z 值）来预测财务危机的模型。该模型的一般方程为：

$$Z=V_1X_1+V_2X_2+V_3X_3+V_4X_4+V_5X_5$$

其中：V_1,V_2,V_3,V_4,V_5 是权数；X_1,X_2,X_3,X_4,X_5 是各种财务比率；Z 值为判别分。

X_1＝营运资金/资产总额,用于衡量企业流动资产净额相对资产总额的比例。

X_2＝留存收益/资产总额,用于衡量企业一段时间内的累计获利能力,其中"留存收益"数字来自资产负债表。

X_3＝息税前收益/资产总额,该比率剔除了税收和杠杆因素的影响,用于衡量企业资产的生产能力。

X_4＝股东的权益资产/负债总额,测定的是财务结构,其中权益由全部股份（优先股及普通股）的价值（最好取市值）构成,而债务则包括流动负债及长期负债。

X_5＝销售额/资产总额,即总资产周转率,企业总资产的运营能力集中反映在总资产的经营水平上,因此,总资产周转率可以用来分析企业全部的使用效率。如果企业总资产周转率高,说明企业利用全部资产进行经营的成果好,效率高；反之,如果总资产周转率低,则说明企业利用全部资产进行经营活动的成果差,效率低,最终将影响企业的获利能力。如果总资产周转率长期处于较低的状态,企业就应当采取措施提高各项资产的利用程度,对那些确实无法提高利用率的多余、闲置资产应当及时进行处理,加速资产周转速度。它的分子"销售额"应该为销售收入净额,即销售收入扣除销售折扣、销售折让、销售退回等后的金额。

Z 分数模型中的财务比率 X_1,X_2,X_3,X_4,X_5 以绝对百分率表示,例如,当"营运资金/资产总额"为 30％时,X_1 则表示 30。

按照这一模式,Z 值越低,企业就越可能破产。通过计算某个企业连续若干年的 Z 值就能发现企业发生财务危机的先兆。回归分析结果表明：当 $Z<1.20$ 时,企业属于破产之列；当 $Z>2.90$ 时,企业属于不会破产之列；当 $1.20<Z<2.90$ 时,企业属于"灰色区域"或"未知区域"之列,也就是说难以简单地得出是否肯定破产的结论。

（3）多元逻辑模型。多元逻辑模型的目标在于寻求观察对象的条件概率,从而据以判断观察对象的财务状况和经营风险。它是建立在累计概率函数的基础上,不需要自变量服从正态分布和两组协方差相等的假设条件。多元逻辑模型假设企业的破产概率为 p（破产取 1,非破产取 0）,并假设 $\ln[p/(1-p)]$ 可以用财务比率线性解释。首先假定 $\ln[p/(1-p)]=a+bX$,然后根据推导可以得出 $p=\exp(a+bX)/[1+\exp(a+bX)]$,从而计算出企业破产的概率。其判别方法和其他的模型一样,先是根据多元线性函数模型确定企业破产的 Z 值,$Z=a+bX$,然后推导出企业破产的条件概率。其判别规则是：如果 p 值大于 0.5,则表明企业破产的概率比较大,那么判定企业为即将破产类型；如果 p 值低于 0.5,则表明企业财务正常的概率比较大,判定企业为财务正常。

多元逻辑模型最大的优点就在于不需要严格的假设条件,克服了线性方程受统计假设约束的局限性,从而具有广泛的适用范围。目前这种方法的应用也较为普遍。但是,其计算过程比较复杂,而且在计算的过程中有很多的近似处理,不可避免地影响到预测精度。

（4）人工神经网络（ANN）模型。人工神经网络模型就是将神经网络的分类方法应用于财务预警分析。而人工神经网络是一种平行分散处理方式，其构建原理是基于对人类大脑神经运作的模拟，它具有动态性，可克服统计方法的限制，是解决区隔问题的一个重要工具。它通常由输入层、输出层和隐藏层组成，其信息处理分为前向传播和后向学习两步进行。网络的学习是一种误差从输出层到输入层向后传播并修正数值的过程，学习的目的是使网络的实际输出逼近某个特定的期望输出。根据最后的期望输出，得出企业的期望值，然后根据学习得出的判别规则对样本进行分类。

人工神经网络模型不仅具有较好的模式识别能力，而且具有学习能力，可随时依据新数据资料进行自我学习、训练，并调整其内部的储存权重参数以应对多变的企业环境，这是传统方法所无法比拟的。因为它具有良好的性质和能力，故而可以作为解决分类问题的一个重要工具。

人工神经网络模型具有良好的纠错能力，从而能够更好地进行预测。然而，由于其理论基础比较抽象，对人体大脑神经模拟的科学性、准确性还有待进一步加强，因此其适用性也大打折扣。

第四节　金融衍生工具在防范财务风险中的应用

一、金融衍生工具的含义

所谓金融衍生工具，是以货币、债券、股票等基本金融工具为基础而创新出来的金融工具，它以另一些金融工具的存在为前提，以这些金融工具为买卖对象，价格也由这些金融工具决定。具体而言，金融衍生工具包括远期、期货、互换或期权合约，或具有相似特征的其他金融工具。

二、金融衍生工具的特点

1. 衍生工具的价值受制于基础工具

金融衍生工具或者衍生产品是由传统金融产品派生出来的，由于它是衍生物，不能独立存在，其价值在相当程度上受制于相应的传统金融工具。这类能够产生衍生物的传统产品又称为基础工具。根据目前的发展，金融基础工具主要有三大类：①外汇汇率；②债务或利率工具；③股票和股票指数等。虽然基础工具种类不多，但是借助各种技术在此基础上都可以设计出品种繁多、特性不一的创新工具来。

由于是在基础工具上派生出来的产品，因此金融衍生工具的价值主要受基础工具价值变动的影响，股票指数的变动影响股票指数期货的价格，认股证跟随股价波动，这是衍生工具最为独到之处，也是其具有避险作用的原因所在。

2. 衍生工具具有规避风险的职能

金融创新能够衍生出大量新型的金融产品和服务投放在金融市场上，强有力地促进了整个金融市场的发展。传统的金融工具滞后于现代金融工具，表现在其都带有原始发行这些金融工具的企业本身的财务风险。而且，在这些传统的金融工具中，所有的财务风险都是捆绑在一起的，处理分解难度相当大。随着把这些财务风险松绑分解，进而再通过金融市场上的交易使风险分散化并能科学地重新组合，来达到收益和风险的权衡。

3.衍生工具构造具有复杂性

相对于基础工具而言，金融衍生工具特性显得较为复杂。这是因为，一方面金融衍生工具如对期权、互换的理解和运作已经不易；另一方面由于采用多种组合技术，使得衍生工具特性更为复杂，所以说，衍生工具构造具有复杂性。这种情况导致金融产品的设计要求高深的数学方法，大量采用现代决策科学方法和计算机科学技术，它能够仿真模拟金融市场运作，在开发、设计金融衍生工具时，采用人工智能和自动化技术。同时也导致大量金融衍生新产品难为一般投资者所理解，难以明确风险所在，更不容易完全正确地运用。

4.衍生工具设计具有灵活性

金融衍生工具在设计和创新上具有很强的灵活性，这是因为可以通过对基础工具和金融衍生工具的各种组合，创造出大量的特性各异的金融产品。机构与个人参与衍生工具的目的有三类：一是买卖衍生工具为了保值；二是利用市场价格波动风险进行投机牟以暴利；三是利用市场供求关系的暂时不平衡套取无风险的额外利润。出于各种复杂的经营目的，就要有各种复杂的经营品种，以适应不同市场参与者的需要。所以，衍生工具的设计可根据各种参与者所要求的时间、杠杆比率、风险等级、价格等参数的不同进行设计、组合。因此相对其他金融工具而言，衍生工具的设计具有更大的灵活性。

5.衍生工具运作具有杠杆性

金融衍生工具在运作时多采用财务杠杆方式，即采用交纳保证金的方式进入市场交易。这样市场的参与者只需动用少量资金，即可控制资金量巨大的交易合约。期货交易的保证金和期权交易中的期权费即是这一种情况。财务杠杆作用无疑可显著提高资金利用率和经济效益，但是另一方面也不可避免地带来巨大风险。近年来，一些国际大机构在衍生工具的交易方面失利，很大程度上与这种杠杆"放大"作用有关。

6.衍生工具交易具有特殊性

金融衍生工具交易的特殊性主要表现在两个方面：一是集中性，从交易中介机构看，主要集中在大型投资银行等机构。美国目前占了全球金融衍生产品交易的相当比重，但是在美国3 000多个金融机构中，只有300多个从事衍生工具交易，而且其中10家大型机构即占了交易量的90%，可见交易的集中性。二是灵活性，从市场分布看，部分交易活动是通过场外交易方式进行的，即用户主要通过投资银行作为中介方参与衍生工具交易，投资银行代为寻找对家或直接作为交易对手个别进行，这些交易是非标准化的，这说明金融衍生工具具有很强的灵活性。

金融衍生工具在企业财务风险管理中都有其重要的作用，本节主要讲解期权在企业财务风险管理中的作用。

三、企业财务风险的期权管理策略

企业的财务活动"包括三个最基本的方面，即筹（融）资活动、投资活动（包括企业内部资金配置和外部资金投放）和收入分配活动。三者是相互联系、相互制约、又相互独立的三个方面，构成了企业全部理财工作的主线"（余绪缨，1995）。因此，企业的财务风险按照财务活动的主要环节可以划分为筹资风险、投资风险和收入分配风险。虽然外汇风险实质上是筹资风险、投资风险和收入分配风险的一部分，但为了突出外汇风险的重要性，这里将其从筹资风险、投资风险和收入分配风险中分离出来,单独进行阐述。

1. 企业融资风险的期权管理策略

(1)发行具有隐含期权特性的固定收入债券。具有隐含期权特性的固定收入债券主要有可提前赎回债券(callable bond)、可提前回售债券(puttable bond)和可转换债券(convertible bond)。可提前赎回债券的持有者在购买债券的同时,实际上向发行者出售了一份利率看跌期权。企业发行可提前赎回债券的主要目的是为了避免市场利率下调所导致的损失。可提前回售债券的持有者不但购买了债券本身而且还购买了一份利率看涨期权。企业发行可提前回售债券的动因主要在于:可提前回售债券的提前回售条款增加了债券的吸引力,便于企业融资成功,缓解资金紧缺的压力。另外,具有回售条款债券的票面利率较低,可以降低企业的融资成本。如果股市低迷,企业股价被低估,此时以直接发行股票的方式融资是不恰当的,因为股本的扩张不仅稀释每股收益,导致股价进一步下跌,而且此时股权融资尤为艰难,即便融资成功,筹集一定数量的资金需要发行更多的股票,同时高额的发行费用对企业也极为不利。企业若发行可转换债券,利用隐含其中的转换期权吸引投资者,不仅可以获得利息成本较低的资金,而且还可以将股票推迟到市场行情好转时发行。

(2)利用利率期权控制企业的融资成本。利率保证(interest rate guarantee)实质上是以一份远期利率协议为标的资产的看涨期权,在期权到期时,如果市场利率高于远期利率协议的协议利率,企业就可以行使看涨期权并通过远期利率协议将融资成本确定。相反,如果市场利率低于远期利率协议的协议利率,企业将让期权失效,并直接以市场利率融资。一份利率上限(interest rate cap)实质上是一系列基于某种利率指标的欧式看涨期权的总和。企业通过买入利率上限可以在市场利率超过执行利率时将融资成本锁定在执行利率上,而当市场利率低于执行价格时,又可以得到相应的利息成本节约的收益。一份利率下限(interest rate floor)实质上是基于利率的一系列看跌期权。对于主要以不可提前赎回的固定利率债券筹集长期资金的企业来说,如果市场利率上升,企业可以获得因利息节约所带来的收益,但如果市场利率下降,企业就要承担利息成本过高的压力,从而面临市场利率下跌的风险。在这种情况下,企业通过买入利率下限,就可以在市场利率下跌时通过利率下限的收益来降低固定利率债券的利息负担。利率双限(interest rate collar)由利率上限多头和利率下限空头组合而成,它是在买入一份利率上限的同时卖出一份利率下限,用出售利率下限的收益来降低利率上限的全部或部分成本。对于融资者而言,与利率上限类似,利率双限为防止因利率上升所导致的损失提供了保证,但与此同时,利率双限把融资者因利率下降而可能获得的最大收益固定在下限的水平上。在构造利率双限时,如果利率上限和利率下限的执行利率相等,合约持有者的借款利率将被固定在执行利率上,这实质上相当于一份利率互换合约。利率互换期权(interest rate swaption)是基于利率互换合约的期权,支付方互换期权(支付固定利率、收取浮动利率)实质上是一份利率看涨期权,而收取方互换期权(收取固定利率、支付浮动利率)实质上相当于一份利率看跌期权。在高利率的市场环境中,通过买入利率互换期权,企业既可以锁定融资成本,又可以获取市场利率下跌所带来的收益。在低利率的市场环境中,通过卖出利率互换期权,企业可以用出售的期权费来冲减市场利率上升所增加的融资成本。对于发行可提前赎回债券的企业,由于投资者通常低估可赎回债券中隐含的利率看跌期权的价值,因此企业还可以通过卖出一份定价合理的收取方互换期权将隐含利率看跌期权的价值提前货币化,从而降低企业的融资成本。

2.企业投资风险的期权管理策略

(1)股票投资风险的期权管理策略。股票投资风险的期权管理策略主要有以下两种：

①单一股票投资风险的期权管理策略。对于单一股票投资的风险，其最基本的期权管理策略主要是卖出保护性股票看涨期权(covered call)和买入保护性股票看跌期权(protective put)。在拥有股票的情况下卖出看涨期权，当股票价格上涨时，看涨期权空头虽然限制了股票多头的收益，但其自身的潜在风险已被消除，当期权被要求执行时，期权的卖方交割股票即可；当股票价格下跌时，股票多头将要承受损失，但出售看涨期权的期权费对其损失将有所缓冲。单纯从期权的角度来看，由于有股票多头的保护，看涨期权空头实际上不存在风险。有保护的看跌期权所起的作用如同对股票办理了保险，当股票价格下跌时，股票多头的损失会被执行看跌期权获得的收益所冲减；当股票价格上涨时，看跌期权不会被执行，但股票多头的盈利会由于期权费的支付而有所减少。两种策略各有利弊，投资策略的选择主要取决于投资者对股票价格走势的预期。如果投资者预期股票价格会走强，则应选择有保护的看跌期权；如果投资者预期股票价格将会走弱，则应选择有保护的看涨期权。

②股票投资组合风险的期权管理策略。高度分散投资能消除投资组合的非系统风险，但却不能消除系统风险。对于投资组合的系统风险，投资组合的管理者要么自己承担，要么采取措施将其转移。股票投资组合的管理者通常是以直接购买股票指数看跌期权或者自己构造合成股票指数看跌期权的方式来转移投资组合的系统风险。直接购买股票指数看跌期权的策略就是在持有多种股票投资组合的同时，买入某种股票指数的看跌期权。如果看跌期权的执行价格等于投资组合管理者事先确定的投资组合价值水平，那么投资组合价值低于这一水平的损失就可以通过看跌期权的收益得到弥补，看跌期权从而为投资组合的价值确定了一个下限。但如果期权市场不具有足够大的容量来吸收投资组合管理者进行的大笔交易，或者投资组合管理者需要购买的看跌期权的执行价格和到期时间与期权市场可交易合约的规定不相符，在这种情况下投资组合管理者为了得到需要的看跌期权，可以通过卖出看跌期权标的资产并将所得投资于无风险资产的方式来合成这一看跌期权。

(2)债券投资风险的期权管理策略。债券投资的风险是指市场利率的不确定性变动所导致的债券价格波动的风险。对于投资长期固定利息收入债券的投资者来说，主要面临的是市场利率上升的风险；而对于投资短期浮动利率债券的投资者来说，主要面临的是债券到期时市场利率下降所导致的再投资利率风险。一般来说，债券投资风险的期权管理策略主要有以下三种：

①买入保护性利率看涨期权。投资者经常需要对长期固定利息收入债券的多头头寸进行套期保值，购买保护性利率看涨期权就是一种有效的套期保值策略。购买的利率看涨期权既可以是利率现货期权，也可以是利率期货期权，无论是利率现货看涨期权，还是利率期货看涨期权，都能转移利率上升债券价格下跌的风险，从而为投资者的债券价值确定一个下限。

②卖出保护性利率看跌期权。卖出保护性利率看跌期权是指在持有债券多头头寸的情况下卖出虚值利率看跌期权。如果债券投资者预期未来的市场利率不会低于当前的利率水平，投资者卖出虚值利率看跌期权的期权费收入在市场利率上涨债券价格下跌时提供了一定的保护作用。当然，卖出利率看跌期权策略不能像买入利率看涨期权策略那样完全转移市场利率上涨的风险，但其获得的期权费至少抵消了市场利率上涨所带来的部分损失。如果市场利率的变化与投资者的预期相反，当市场利率下跌并超过利率看跌期权的执行价格时，利率看跌期

权的空头头寸要发生损失,其损失将抵消债券价格上涨的部分收益。利率看跌期权从而为投资者的债券价值设定了一个上限。

③利用利率上限、利率下限和利率双限。利率上限、利率下限和利率双限不仅被广泛应用于企业的融资风险管理,而且可以用来防范债券的投资风险。如果投资者持有长期固定利率债券,为了防范市场利率上涨债券价格下跌的风险,投资者可以买入利率上限。如果投资者持有短期债券或其他浮动利率债券,为了防范债券到期时再投资利率下跌的风险,通过买入利率下限可以为短期债券的再投资利率或其他浮动利率债券的利息收益确定一个下限水平。正如在企业融资风险的管理中企业可以通过卖出利率下限来降低利率上限的成本,浮动利率债券的投资者也可以通过卖出利率上限来降低利率下限的购入成本,这种利率双限策略虽然降低了浮动利率债券的套期保值成本,但同时也放弃了市场利率上涨到利率上限执行利率以上的收益。

3.企业收入分配风险的期权管理策略

狭义的收入分配,实质上就是利润分配,是指企业按照国家有关法规和公司章程的规定将当期实现的净利润在提取各种公积金后向企业的股东进行分配。而广义的收入分配,是指企业的收入在支付各项成本、费用(不包括人工成本及费用)以后在经营者和生产工人投入的人力资本和股东投入的物质资本之间进行分配。普遍认为在企业的收入分配环节不存在风险,但我们认为在广义的收入分配概念下,如果企业的收入分配政策不合理,薪酬制度不能起到有效的激励作用,也会存在企业经营业绩下降的风险。这是因为:在企业所有权和经营权分离的情况下,企业所有者与经营者之间实质上是一种委托代理的关系。由于信息的不对称,合约不完备,企业的经营者往往作出有利于自身利益最大化的决策,其经营目标可能和所有者的企业价值最大化的目标不一致,从而使所有者面临道德风险。道德风险的存在,可能会使企业坐失良好的发展机遇,增加不必要的非生产性支出以及盲目无效地扩大生产规模,由此所导致的损失可能对企业的经营业绩和财务状况构成重大的不利影响。

4.企业外汇风险的期权管理策略

我国在进入 WTO 之后,对外经济开放的领域更加广泛和深入,企业的国际性融资、投资和贸易等涉外业务将更加普遍,任何一个涉及这些经济业务的企业都可能要面临汇率不确定性波动的外汇风险。在企业的外汇风险管理中,企业通常采用的期权管理策略主要有以下几种:

(1)购买货币看涨期权(currency call option)。若企业需要在未来某一时期支付一定数量的某种外币,为了防止该种外币升值所导致的损失,同时又能获取该种外币贬值所带来的潜在收益,企业可以购买该种外币的看涨期权来对外币空头头寸进行套期保值。相反,若企业预期在未来某一时期要收到一定数量的某种外币,为了防止该种外币贬值所导致的损失,同时又能获取该种外币升值所带来的潜在收益,企业可以购买本币的看涨期权来对外币多头头寸进行套期保值。企业在决定所需看涨期权的执行价格时,只能根据自己的套期保值目标在看涨期权提供的保护程度与所需的成本之间求得一种均衡,这是因为深度实值看涨期权虽然能提供更多的保护,但保值成本更高,而虚值看涨期权虽然价格便宜,但保值效果也相对较差。

(2)构造双限货币期权(currency options collar)、分享式远期合约(participating forwards)、比率远期合约(ratio forwards)和回廊式货币期权(currency rate corridor)等打包期权。企业在购买货币看涨期权进行套期保值时总是要面临一种两难选择。一方面,公司不想购买实值程度很深的看涨期权,因为看涨期权的实值程度越深,其期权费也越高;而另一方面,公司也不想购买虚值程度很深的看涨期权,因为看涨期权的虚值程度越深,其保护作用就越小。在实际中,企业解决这一问题的通常办法是只对一定范围内的汇率波动提供保护从而节约保值成本。具体的策略主要有两种,一种是通过卖出看跌期权来降低所需购入的看涨期权的成本,如双限货币期权、分享式远期合约以及比率远期合约;另一种是通过卖出执行价格更高的看涨期权来降低执行价格较低看涨期权的购入成本,如回廊式货币期权。

（3）购买远期反转货币期权(forward-reversing options)。如果企业已经签订了一份外汇远期合约,但市场汇率的走势与企业的预期相反,此时企业就不可能获得在市场汇率有利变动时的潜在收益。远期反转期权就是金融中介机构为解决这一问题而设计出来的一种复合衍生金融产品。远期反转期权是指在金融中介机构与客户签订远期合约的同时,卖给客户一份可以将远期交易反转的期权,但并不收取直接的期权费,而是将期权费及其融资成本直接计入远期汇率中。客户在买入反转期权后,在市场汇率的变动与预期不一致时有权中途停止或退出远期交易。

（4）购买亚式货币期权（Asian currency option）、障碍货币期权（barrier currency option）和复合货币期权（compound currency option）等新型货币期权。亚式货币期权包括平均汇率货币期权和平均执行价格货币期权,其中平均汇率货币期权的应用更为普遍。亚式货币期权适用于对与一定时期内发生的一系列交易有关而不是与某项交易有关的外汇风险暴露进行套期保值。障碍货币期权包括敲出货币期权和敲入货币期权。障碍货币期权之所以具有吸引力,是因为它们要比普通的货币期权便宜。障碍货币期权最适用于对或有事项的套期保值,障碍货币期权的障碍水平设置在或有事项发生的触发点上,当或有事项发生时,敲入或敲出货币期权也将同时发挥作用。复合期权有四种基本的组合,即看涨期权的看涨期权、看跌期权的看涨期权、看涨期权的看跌期权以及看跌期权的看跌期权。套期保值者购买复合期权的原因主要在于复合期权能在不能确定是否会存在风险暴露的情况下,为公司提供一种更灵活的套期保值措施。

以上每一种期权管理策略都有其内在的优点和缺陷,都具有最适合于自己的应用范围。对于企业的外汇风险管理来说,没有绝对理想或绝对不理想的套期保值策略,期权套期保值策略的选择主要取决于套期保值成本的大小、企业的风险偏好及其对市场汇率变动的预期。

第五节 其他财务风险管理方法

伴随着企业"跳跃式"的超长发展,众多为大众追捧、媒体渲染的"明星"企业纷纷倒闭,而面临倒闭的原因又惊人的相似,大多是因为忽略对企业财务风险的有效防范而导致企业财务状况恶化甚至资金流断裂。当然,企业财务风险涉及企业的很多方面,对风险的管理对于企业来说至关重要。本节主要介绍财务风险的控制和管理方法。

一、企业财务风险控制
企业财务风险控制的方法主要包括报表分析法、指标分析法、专家意见法等。
（一）报表分析法
报表分析法是根据一定标准,通过企业各类报表资料对其财务风险进行搜索、寻找、辨别的分析方法,具有操作简便、易行、可靠性强、符合企业经营管理人员的思维和工作习惯等特点,单人和多人操作均可使用,在企业财务风险管理中广泛使用。

企业生产经营中并存着三种类型的核算,即会计核算、统计核算和业务核算,所以也就相应存在三种核算报表:财务报表、统计报表和业务报表。这三种报表互相联系、相辅相成,在揭示企业生产经营业务中发挥着极其重要的作用。就报表分析的主要内容来看,主要有以下几个方面:

(1)分析评价盈利能力及其稳定性。管理人员通过将若干期报表进行对照分析,发现企业持续稳定的获利水平和创造能力,发现企业盈利能力及其稳定性,进而给企业进行最基本的风险诊断。

(2)分析评价偿债能力及其可靠性。分析和评价企业的短期偿债能力是企业风险检查的重要方面,特别是对于保护债权人利益,维持企业正常的经济关系和债务关系,保持企业健康发展具有重要意义。

(3)分析评价资本结构及其稳定性。企业要进行正常的生产经营活动必须拥有一定资本金,并通过最初资本金的运用获得盈利和积累,以扩大和增强企业的实力。企业的资本金不仅要有稳定的来源,同时要有合理的构成,并且符合国家有关方针、政策和法律法规的规定,符合企业发展的方向,体现稳健经营、减少风险的原则;反之,如果企业资金来源和构成混乱,企业肌体的内部功能便会减弱,各种财务风险"病毒"便会滋生、蔓延。

(4)分析评价资金分布及其合理性。企业经营资金总是分布在生产经营过程的各个环节之中。企业经营的好坏,并不仅仅决定于是否有能力筹集所需要的资金,更主要的是对其掌握的资金是否合理地分布于生产经营各阶段,而且是否予以充分而有效的利用。一般来说,资金周转的快慢反映企业是否充分和有效利用了现有资金。也就是说,企业资金分布合理,就周转得快,周转快就能以较少的资金取得更多的收入,取得更多的收入也就有更多的资金投入生产经营活动,因而企业能在一个更高层次上得到发展,应付财务风险便具有更强的经济基础。

通过报表检查分析,有的问题的性质、成因及其危害性可以一目了然,显露出财务风险的真面目;也有的问题仅能揭露出表面现象,财务风险识别工作未能完成,还需要管理人员对其进行更深一步剖析,以发现问题的内在联系及其风险特征,找到问题的症结所在,通过判断揭示其不易被人发现和认识的隐患所在。报表分析最直接的作用,可以省去一部分繁琐的资料收集工作,进而提高风险管理的工作效率;可以提高报表本身的编制质量,直接分析由此可能引起的财务风险;同时有助于了解企业的理财活动过程和所面临的市场形势,发现企业存在的潜在隐患和现实危机。另外,报表分析的作用不仅表现在财务风险的识别,还体现在风险的测定和衡量、风险管理项目的决策、管理效果的预测等方面,可以说报表分析法作为风险管理的方法,能够运用于整个经营风险管理的基本过程。

(二)指标分析法

指标分析法是指根据企业财务核算、统计核算、业务核算资料和其他方面(如企业信息情报部门收集的、市场调查获取的、从有关政府主管部门得到的)提供的数据,对企业财务风险的相关指标数值进行计算、对比和分析,并从分析的结果中寻找、识别和发现财务风险的技术方法。这一方法可与报表分析法一起使用,也可以单独使用,但是用该方法前必须对有关指标设定一个临界值,或拟定一条风险警戒线,即某一项指标值达到什么样的水平才对企业生产经营和财务管理形成威胁,才能判定为财务风险因素。如企业的资产负债率在多少水准上是适宜的,超过此幅度的负债为企业所无法承受而且无力控制,也就是构成了财务风险。

这一标准的确定可以采用目前通行的惯例,也可以采用企业以前遭受风险袭击的临界值,还可以采用同类企业或者中外企业所用的标准,也还可以用经验判断法和集体评判法加以确定。

对财务风险分析指标的选择和设计,不同行业、部门和地区,不同的企业和事业单位有不同的考虑,但对于相关指标选择的要求是基本一样的:

(1)指标的来源和采集的多样性。要求所分析的指标来自企业生产经营和财务管理活动的各个方面,因为财务风险的来源是广泛的,没有特定的一成不变的内容和形式,广泛采集能够更多地覆盖企业经营活动的各个方面,在更广泛的领域发现财务风险的生长点,尽早发现财务风险的滋生膨胀。

(2)指标内容的动态性。管理人员期望找到一个无所不适的财务风险是不现实的,财务风险的识别需要管理者根据经营环境和风险项目,因地制宜地选择科学、有效的指标内容。

(3)指标尺度的弹性。指标分析中所采用的标准值应该有一定弹性,有张有弛,在不同的经营环境中作出不同的选择和调整,对所使用的指标合理掌握宽严度,既不因指标过松而漏过形形色色的财务风险,也不因指标过严弄得草木皆兵,分散管理精力,浪费宝贵的人力物力资源。

(三)专家意见法

专家意见法也叫定性分析法、经验分析法,它是指企业组织相关领域的专家,利用专家的经验、知识和能力,根据预测对象的外界环境,通过直观的归纳,找出预测对象变动、变化、发展的规律,从而进行风险识别和分析判断的方法。其最大的优点是在缺乏足够统计数据和原始资料的情况下,可以作出定量估计和得到报表上还未反映的信息。专家意见法的实施程序为:

第一,在调查研究法的基础之上,充分占有财务风险方面的资料信息,根据企业理财特点、资金来源和使用分布、股权构成和股利政策等,划分轻重缓急,选择对企业生产经营活动有严重影响和制约的、较为复杂的关键的风险项目,作为专家意见法分析的对象。

第二,选择和聘请有关领域的专家参加风险分析工作,专家人数一般不能小于六人,各位专家彼此之间暂不发生联系,其名单和构成由该项工作的负责人掌握,专家与项目负责人单独以书面形式联系。

第三,向各位专家提供有关财务风险分析的背景材料,并以书面形式向其提出有关财务风险识别的问题。

第四,企业管理人员收回各位专家的意见后,对之进行加工管理,并将其按照一定形式排列起来,然后将各种不同的意见及其理由反馈给各位专家,让其提出进一步的看法。

第五,专家第二次提出意见时显然要参考第一次意见汇总的结果,以作出改变或者调整自己的观点,或者坚持自己看法的选择,然后将第二轮结果汇总至企业管理负责人处。

第六,将上述第四、第五步骤的工作反复进行,这种反复肯定使得所得结果分布收敛,由此直至得出比较一致的结果为止。

二、企业财务风险管理

我国企业产生财务风险的原因很多,既有企业外部的原因,也有企业自身的原因,而且不同的财务风险形成的具体原因也不尽相同。总体来看,主要有以下几个方面的原因:

第一,企业财务管理系统不能适应复杂多变的宏观环境。企业财务管理的宏观环境复杂多变是企业产生财务风险的外部原因。财务管理的宏观环境包括经济环境、法律环境、市场环境、社会文化环境、资源环境等因素。这些因素存在于企业之外,但对企业财务管理产生重大的影响。宏观环境的变化对企业来说,是难以准确预见和无法改变的。宏观环境的不利变化必然给企业带来财务风险。例如世界原油价格上涨导致成品油价格上涨,使运输企业增加了营运成本,减少了利润,无法实现预期的财务收益。财务管理的环境具有复杂性和多变性,外部环境变化可能为企业带来某种机会,也可能使企业面临某种威胁。财务管理系统如果不能适应复杂而多变的外部环境,必然会给企业理财带来困难。目前,由于机构设置不尽合理、管理人员素质不高、财务管理规章制度不够健全、管理基础工作不够完善等原因,我国许多企业建立的财务管理系统缺乏对外部环境变化的适应能力和应变能力。具体表现在对外部环境的不利变化不能进行科学的预见,反应滞后,措施不力,由此产生财务风险。

第二,企业财务管理人员对财务风险的客观性认识不足。财务风险是客观存在的,只要有财务活动,就必然存在着财务风险。在现实工作中,我国许多企业的财务管理人员缺乏风险意识,认为只要管好用好资金就不会产生财务风险。风险意识淡薄是财务风险产生的重要原因之一。

第三,财务决策缺乏科学性导致决策失误。财务决策失误是产生财务风险的又一重要原因。避免财务决策失误的前提是实现财务决策的科学化。目前,我国企业的财务决策普遍存在着经验决策及主观决策现象,由此而导致的决策失误经常发生,从而产生财务风险。

第四,企业内部财务关系混乱。我国企业与内部各部门之间及企业与上级企业之间,在资金管理及使用、利益分配等方面存在权责不明、管理混乱的现象,造成资金使用效率低下,资金流失严重,资金的安全性、完整性无法得到保证。

第五,资本结构不合理。根据资产负债表可以把财务状况分为三种类型:第一类是流动资产的购置大部分由流动负债筹集资金,小部分由长期负债筹集;固定资产由长期自有资金和大部分长期负债筹集。也就是流动负债全部用来筹集流动资产,自有资本全部用来筹措固定资产。这是正常的资本结构类型。第二类是资产负债表中累计结余是红字,表明一部分自有资本被亏损吃掉,从而总资本中自有资本比重下降,说明出现财务危机。第三类是亏损侵蚀了全部自有资本,而且也吃掉了负债的一部分,这种情况属于资不抵债,必须采取有效措施以防范这种情况出现。

针对上述财务风险的原因,企业应根据自身的风险情况,采用正确的风险管理方法,制订严格的控制计划,降低风险。

1. 制定财务分析指标体系,建立长期财务预警系统

对企业而言,获利是企业经营的最终目标,也是企业生存与发展的前提。建立长期财务预警系统,其中获利能力、偿债能力、经济效率、发展潜力等指标最具有代表性。资产获利能力指标有总资产报酬率和成本费用利润率。前者表示每一元资本的获利水平,反映企业运用资产的获利水平;后者反映每耗费一元支出所得的利润,该指标越高,企业的获利能力越强。偿债能力指标有流动比率和资产负债率。如果流动比率过高,会使流动资金丧失再投资机会,一般生产性企业最佳为 2 左右;资产负债率一般为 40%～60%,在投资报酬率大于借款利率时,借款越多,利润越多,同时财务风险越大。资产获利能力和偿债能力两类指标是企业财务评价的两大部分。经济效率的高低直接体现企业的经营管理水平。其中反映资产运营能力的指标有

应收账款周转率以及产销平衡率。

企业发展潜力指标有销售增长率和资本保值增值率,运用德尔菲法等确定各个指标权数,用加权算术平均或者加权几何平均得到平均数即为综合功效系数,用此方法可以量化企业财务状况。

从长远观点看,一个企业要远离财务危机,必须具备良好的盈利能力。盈利能力越强,企业的对外筹资能力和清偿债务能力才能越强。其相关指标有总资产净现率、销售净现率、股东权益收益率。虽然上述指标可以预测财务危机,但从根本上讲,企业发生风险是由于举债导致的,一个全部用自有资本从事经营的企业只有经营风险而没有财务风险。因此,要权衡举债经营的财务风险来确定债务比率,应将负债经营资产收益率与债务资本成本率进行对比,只有前者大于后者,才能保证本息到期归还,实现财务杠杆收益。同时还要考虑债务清偿能力和债务资本在各项目之间配置的合理程度。考核指标有长期负债与营运资金比、资产留存收益率以及债务股权比率。

2. 结合实际采取适当的风险防范策略

在建立了风险预警指标体系后,企业对风险信号如产品积压、质量下降、应收账款增加、成本上升等,要根据其形成原因及过程,制定相应的风险管理策略,降低危害程度。面对财务风险通常采用回避风险、控制风险、接受风险和分散风险等策略。其中控制风险策略可进一步分类,按控制目的分为预防性控制和抑制性控制。前者指预先确定可能发生的损失,提出相应措施,防止损失的实际发生;后者是对可能发生的损失采取措施,尽量降低损失程度。市场经济中,利用财务杠杆作用筹集资金进行负债经营是企业发展的有效途径。从大量的企业负债经营实例分析,企业经营决策失误、盲目投资、没有进行事前周密的财务分析和市场调研是造成负债经营失误的原因。

3. 加强财务活动的风险管理

市场经济条件下,筹资活动是一个企业生产经营活动的起点,管理措施失当会使筹集资金的使用效益具有很大的不确定性,由此产生筹资风险。企业筹集资金渠道有两类:一是所有者投资,如增资扩股、税后利润分配的再投资。二是借入资金。对于所有者投资而言,不存在还本付息问题,资金可长期使用、自由支配,其风险只存在于使用效益的不确定性上。而对于借入资金而言,企业在取得财务杠杆利益时,实行负债经营而借入资金,将给企业带来丧失偿债能力的可能和收益的不确定性。

企业通过筹资活动取得资金后进行投资的类型有三种:一是投资生产项目,二是投资证券市场,三是投资商贸活动。然而,投资项目并不都能产生预期收益,从而引起企业盈利能力和偿债能力降低的不确定性。如出现投资项目不能按期投产,无法取得收益;或虽投产但不能盈利,反而出现亏损,导致企业整体盈利能力和偿债能力下降;或虽没有出现亏损,但盈利水平很低,利润率低于银行同期存款利率;或利润率虽高于银行存款利息率,但低于企业目前的资金利润率水平。在进行投资风险决策时,其重要原则是既要敢于进行风险投资以获取超额利润,又要克服盲目乐观和冒险主义,尽可能避免或降低投资风险。在决策中要追求收益性、风险性、稳健性的最佳组合,或在收益和风险中间体现稳健性原则的平衡器作用。

企业财务活动的第三个环节是资金回收。应收账款是造成资金回收风险的重要方面,有必要降低它的成本,包括机会成本(常用有价证券利息收入表示)、应收账款管理成本、坏账损失成本。应收账款加速现金流出,它虽使企业产生利润,然而并未使企业的现金增加,反而还会使企业运用有限的流动资金垫付未实现的利税开支,加速现金流出。因此,对于应收账款管理,应建立稳定的信用政策,确定客户的资信等级并评估企业的偿债能力,确定合理的应收账款比例,建立销售责任制。

本 章 小 结

随着外部环境的不断发展,企业所面临的风险也越来越多样化,预防风险、减少企业的损失至关重要。本章主要内容包括以下四个方面:一是内部控制框架,主要介绍了内部控制框架的内容、历史、应用,有助于读者了解内控制框架的相关内容;二是内部控制与风险管理,主要介绍了内部控制与风险管理之间的联系与区别,通过理解内部控制与风险管理之间的内在联系,为企业管理中内部控制与风险管理奠定理论基础;三是财务预警系统,主要介绍了财务预警系统的含义、功能以及工作原理,掌握财务预警系统的功能、工作原理,进而利用财务预警系统为企业风险管理服务;四是其他财务风险管理方法,介绍了一些特殊的财务风险管理方法,充实了风险管理的内容。

关 键 术 语

内部控制　风险管理　财务预警

思 考 题

1.甲公司明年预计销售额为 2 500 万元,变动成本率 60%,固定成本 800 万元,计算安全边际率。

2.财务风险控制方法主要有哪些?

3.阐述财务预警系统的主要分析方法。

案 例 分 析

诺基亚公司的风险管理

1.解读风险管理

"风险"这个词,在诺基亚被认为是那些会导致经营目标(包括短期和长期的经营目标)受损的相关风险。由于诺基亚公司控制企业经营的风险出发点非常明确——为股东创造最大价值,因此,根据股东价值模型:股东价值＝公司利润/公司风险,即利润越高股东价值越大,风险越大股东价值越小。如果企业管理者进行了很好的风险管理和控制,风险可以转化为成本,那么在这种情况下,股东价值＝公司利润。

基于此,诺基亚的风险管理目标就是:通过减少纯粹风险的成本而使股东的商业价值最大化;通过风险管理,确保企业在任何情况下都能继续经营下去。为实现这个目标,诺基亚确立了清晰的风险管理理念:"公司有责任采取有效的风险管理措施(作为核心管理能力之一)支持公司完成其价值目标。"

由于风险管理并不是一个独立的程序或者行动,而是融于日常商业交易和管理活动实践中的。因此,诺基亚在其风险管理政策中清楚地描述了风险与风险管理措施应用于实际工作的指导方针,具体原则如下:①通过采用最基本的、系统的方法,管理来自商业交易活动、支持平台和运作流程中的各种风险;②风险管理是诺基亚公司的管理层和所用员工的基本责任,包括对自己职责和经营范围内可预见的风险,有责任(并且是作为风险管理的第一责任人)提醒他人和管理层注意;③积极地预见和管理风险,在机会中获取直接的利益,并管理潜在的风险。

2.驾驭风险管理

实际上,在具体讨论如何管理风险之前,有一件事必须明确,那就是一个公司的风险偏好,如果不知道管理层可以容忍多大的风险存在,就无法行动。风险管理者就是要在管理层给出的风险偏好的基础上,在平衡风险管理成本和承担风险所受的损失中给出原则以及具体措施和行动方案。

诺基亚公司对风险的偏好/容忍度是:对于商业活动本身存在的内在风险,诺基亚是准备接受风险并获取最大的回报,理解并利用、管理和化解那些已经风险化的事件中不利的影响。而在下列方面,公司是厌恶风险的:影响人身安全的;危及公司的生存和关键资产的(比如商标);会导致触犯法律法规的。在了解了公司风险偏好的基础上,诺基亚对风险实施可能的应对措施:技术上,诺基亚的风险管理平台由两部分组成——政策平台和系统平台。政策平台是关于组织与个人在处理风险中的原则、角色和责任的哲理体系;系统平台则是一系列在日常工作的流程和业务活动实践中贯彻风险政策的做法和工具。系统平台的内容包括程序、参与人以及改进与发展。

诺基亚风险管理程序循环从定义职责与实际操作开始,包括了目标的审核、风险的识别、风险的分析、风险的管理、风险的监控五个步骤。以上五步循环过程定义了风险管理的任务和必须做的事情,在实践中,这个流程被用做完成风险管理任务的指导和参照的模型,它由业务与信息的流程、参与风险管理的员工角色定义、完成风险管理的方针以及好的实例或者榜样等要素组成。

3.让风险管理落地

为了实现上述活动与目标,在诺基亚公司,除了最基础的管理工作保证全员参与并实现其风险管理思想外,最有价值的一环就是将这些战略、要求和体系落地的工具。其风险管理方面的工具包括政策、理念、流程、工具以及参与人构成了风险管理的系统性架构,诺基亚公司通过其创新的风险管理理念和完备的控制手段,真正为股东实现了价值。之所以能够做到这一点,绝对不是诺基亚领导人头脑中一时的灵光闪现,而是其多年来风险管理体系发挥的作用。此外,诺基亚风险管理中另一个值得我们借鉴的地方是其完善的风险管理和应急机制并没用耗费过多的成本,也没有庞大的风险管理部门来支撑这项业务。它的成功之处在于将其风险管理的意识和政策灌输落实到每个管理者和员工的心里并融于日常工作中。这个做法与 ISO 9000 的全员质量管理思想完全一致。

根据本案例的介绍,您认为诺基亚公司风险管理的"亮点"有哪些?

第五章　公司治理

本章要点

1. 产权理论与公司治理
2. 公司治理的模式
3. 公司治理的效应与评价

"治理"一词源于拉丁语"gubernare",意即"统治"或"掌舵"。所谓治理,就是运用权力去指导、控制以及用法律来规范和协调影响人们利益的行为。1999年,世界经济合作与发展组织(OECD)制定的《公司治理原则》中给公司治理作了如下的描述:"公司治理是一种据以对工商业公司进行管理和控制的体系。公司治理明确规定公司各个参与者的责任和权力分布,诸如董事会、经理层、股东和其他利害相关者,并且清楚地说明决策公司事务时所应遵循的规则和程序。同时,它还提供一种结构,使之用以设置公司目标,也提供了达到这些目标和监控运营的手段。"

公司治理问题源于企业所有权与经营权的分离以及由此产生的代理关系问题。在企业发展的历程中,当企业规模和经营范围不断扩大以致所有者自己管理企业不再具有效率时,两权分离就是必然的选择。这种建立在现代公司制企业制度下的委托代理经营,一方面提高了企业运营效率,降低了社会交易成本,促进了经济发展和社会财富的增加。另一方面,两权分离的企业,也产生了很多问题,如代理人选择风险、代理人道德风险、信息不对称和内部人控制、经营不善的成本和破产风险、内部利益关系冲突等。因此,结合时代特征和经济背景,建立合理有效的公司治理结构,对推动我国企业良性运转是十分必要的,同时,对我国资本市场发展内容的丰富和完善也是十分重要的。

第一节　产权理论与公司治理

公司治理在发达市场经济国家也是一个很新的概念。20世纪90年代以来,公司治理在发达国家成为一个引起人们持续关注的政策问题。公司治理(corporate governance),又译为法人治理结构,是现代企业制度中最重要的组织架构。狭义上,公司治理主要是指公司的股东、董事及经理层之间的关系。广义上,公司治理还包括公司与利益相关者(如员工、客户、供应商、债权人、社会公众)之间的关系,以及有关的法律、法规等。

公司治理理论的思想渊源可以追溯到200多年前亚当·斯密在《国富论》中对代理问题的

论述,他认为在股份制公司中由于所有权和经营权的分离而产生了一系列的问题,从而应当建立一套行之有效的制度来解决所有者和经营者之间的利益冲突。自 1932 年美国学者贝利(Berle)和米恩斯(Means)提出公司治理结构的概念以来,众多学者从不同角度对公司治理理论进行了研究,其中具代表性的是超产权理论、两权分离理论、委托代理理论和利益相关者理论,它们构成了公司治理结构的主要理论基础。他们发现现代公司的所有权和控制权发生了分离,控制权从所有者手中转移到管理者手中,而公司的管理者常常追求个人利益的最大化,而非股东利益的最大化,所以应该强调股东的利益,实现股东对经营者的监督制衡。从此,特别是在 20 世纪 80 年代以后,公司治理问题受到理论界越来越多的关注和重视。在公司治理理论的发展过程中,逐渐产生了以"股东利益至上"为基础的单边治理和以"利益相关者"为核心的共同治理两种代表性的治理理论。

根据科斯定理,当交易成本为零时,只要产权明晰,组织对资源的配置达到最有效率。但这种理想状态不易达到,所以更加凸显了公司治理的作用。

一、所有权的特征

所有权是指财产所有权,包括企业的最终所有者对企业的所有权和企业作为法人对企业资产享有的法人财产权。在讨论权利在公司治理中的配置时,我们更多地关注所有者对企业的所有权。

(一)传统企业所有权的特征

传统的所有权特征以出资人各方认缴资本的份额占总资本的比例,来表明各方所有权的大小,也表示控制权的大小。但这种出资的份额主要是通过协议明确了各方的权力分配与责任的分担。当合资的某一方退出,则需经过协商才可以转让。

(二)现代公司所有权特征

现代经济的一个重大创新是出现了资本市场和发明了股票代表出资的份额,它具有以下几个重大意义:

(1)发达的资本市场,方便了投资者进入和退出被投资企业。任何一位投资者都可以通过资本市场买进股票而成为公司的所有者,也可以通过资本市场卖出股票,退出公司。这样既可以保证公司资本保全原则不受损害,又方便了股东身份的变换,加快了资本的流通。

(2)现代资本市场上,股票一般是不记名的,这使得股票的流通极为方便。这就弥补了传统的通过投资协议来约定的投资份额难以流通的尴尬和转让证券的烦琐程序。

(3)现代公司一般代表一份投票权,将传统的以总额表达的出资额以更小的单位集合表达,从而使所有者能方便地处置自己投资的份额,以保持其需要的持股份额。

(4)由于一股代表一份投票权,而投资者又可以方便地增加或减持股份,方便了以股票代表的所有权的集合与分割。当投资者持股超过一定比例时,就意味着取得了控制权。当他不想取得控制权时,又可以通过减持股票,减少其持股比例。这进一步促进了资本市场的活跃和现代经济的发展。

二、所有权与控制权的分离、冲突与整合

控制权是公司制度的产物,只要辨别谁掌握了挑选董事会成员的权力,谁就掌握了公司的控制权。由于公司所有活动都是在董事会领导下实施的,谁掌握了挑选董事会成员的权力,就

控制了董事会,实质上就控制了公司,掌握了公司的控制权。阿道夫·伯利与加德纳·米恩斯的研究指出,在现代公司中,几乎没有控制权的财富所有权与几乎没有所有权的财富控制权,似乎是公司制度发展的必然结果。公司制度发展趋向于使先前依附于所有权的以下三种职能发生了分离与整合:对企业拥有权益的职能、对企业拥有权力的职能、对企业行使权力的职能。

这种分离和整合大体上经历了三个阶段:在工业革命之前,企业所有者也是经营者,他们集上述三种职能于一身,完全拥有企业的所有权益,也完全拥有对企业的所有权力,更完全掌握了行使对企业的权力。到19世纪,企业规模化生产成为可能,企业中就逐步出现了所有权职能的分离。所有者拥有前两项职能,对企业拥有权益和拥有权力,而对企业行使权力的职能则由另外的集团——受雇佣的经营者来执行。在这种制度下,所有者与经营者的区别在部分程度上是地位与行为上的。在公司制度下,第二项职能已经从第一项职能中分离出来,所有者可能只拥有权益,在公司中的地位,已经降低为仅在公司拥有一系列合法的、实际的利益。而我们称之为控制者的集团,居于对企业拥有法律和实际权力的地位。

这样,在经济和技术发展的推动下,通过以股份为代表的所有权分散,控制权的集中,形成了两个新的主要的利益集团——几乎没有控制权的所有权和几乎没有所有权的控制权。这些控制者的控制权的获得,主要通过法律基础的方式和事实基础的方式。

(一)以法律基础取得的控制权

以法律为基础取得的控制权,各种方式实际控制权均是或多或少基于拥有大多数投票权的股票而取得。

(1)通过近乎全部所有权实施的控制,这通常出现在传统的公司中。一个人或几个合作者拥有全部或近乎全部的发行在外的股份,不仅拥有合法的权益和权力,也能够行使这些权力,特别是挑选并支配经营者的地位。这种情况下所有权和控制权是统一的。

(2)通过多数所有权实施控制。在股权结构简单的公司,只要掌握了半数以上的发行在外的股份,就掌握了公司所有法定的控制权,尤其是选举董事会的权力。而掌握少数股权的人或集团,实际上已经发生所有权与控制权几乎完全分离。

(3)虽然不具有多数股权,但通过一些合法手段取得控制权。这些合法手段包括"金字塔形控制""通过有投票权的特殊股票而取得的控制""股权信托控制"等。

(二)基于事实基础取得的控制权

在一些情况下,控制者取得的控制权是基于事实取得的,这往往是一种实际的权力,它依赖于通过一定比例的所有权、参与公司的经营或对公司行为产生重大影响的外部环境等所获得的战略地位。这种控制权相对于法律基础的控制权而言,更加难以清楚地界定,更加不稳固,也更加容易受到偶然事件和变化的影响。

(1)少数所有权控制。当个人或小的集团持有足够的股份而能够通过其股份处于控制公司的地位时,少数所有权控制就出现了。这种控制权的取得主要取决于他们从分散的股东手中获得代理投票权的能力,从而在选举董事会时控制大多数的投票。

(2)经营者控制。这种控制权主要出现在所有权高度分散,以至于没有哪个个人或小集团能够,哪怕是极少的却足以控制公司活动的情况。在这样所有权高度分散的公司中,控制权究竟由谁掌握呢?在董事会选举中,股东通常有三种选择:不参加投票、参加股东大会并亲自投票、将投票权通过委托书形式委托给由公司经营者选出的某个代理(投票)委员会。除非该股东拥有相当的股票,否则他在股东大会上的投票是无足轻重的。根本不投票和委托经营者指定的代理委员会的效果是一样的,由于代理委员会是经营者指定的,实际上经营者尽管没有拥有股票,但已经控制了董事会的选举,也就控制了公司,实现了经营者控制。

现代经济下所有权与控制权的分离,导致了两大利益集团的产生。由于两个利益集团之间存在可能的冲突,增加了代理成本,因此现代财务经济学研究的重点是解决委托代理关系中存在的激励与约束问题,其中最关键问题是在公司治理结构中居于核心地位的董事会问题,包括董事选举,董事会中内部董事、外部董事、独立董事结构与比例,董事会的议事规则与决策程序等,还包括其他利益相关者在公司治理吕的关系与作用。

三、控制权——财务控制权在公司治理中的配置

现代企业理论证明,一个有效的公司治理结构(见图 5-1)必然表现为剩余索取权和控制权的对称性安排。从企业所有权安排的性质和内容看,不管是企业剩余索取权还是企业控制权的安排,其核心部分都是在财务方面。"剩余"的表现形式是财务收益,而控制权的核心也是财务控制权。从公司法、公司章程所限定的诸多战略性决策的内容看,几乎全部是财务性或与财务控制有关。不管是企业内部的经营者还是远离企业的所有者,都期望能够分享更多的财务控制权,通过财务牵制企业的整体。从这个意义上说,控制权实质是财务控制权,控制权在公司治理结构中的配置,是财务控制权在公司治理结构中的不同层次之间的配置,财务控制权不仅仅是简单的监督权,更重要的是对企业的经营决策具有的财务控制权。

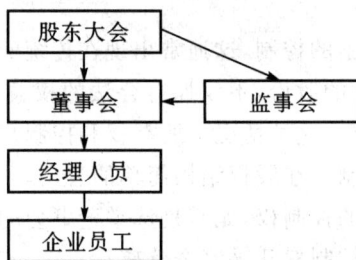

图 5-1　公司治理结构框图

(一)股东控制权的配置

在现代股份公司中,股东对公司的经营和管理并无直接的控制权,他们无法要求公司董事会或公司经营者以某种特定的方式来从事某种活动或决定某些事情。通常来说,股东不参与公司事务的管理和公司业务的执行,他们仅仅能够通过投票表决的方式来采取行动。因此,表决权是股东干预公司事务的最为积极有效的手段。

1.股东的表决权

股东参与公司的事务是通过股东会对公司的重大问题表明自己的态度。表决权属于股东的固有权利,是股东作为公司成员的重要体现,是股东与债权人区别的重要标志,更是保障股东投资预期利益的基础性权利。公司股东表决权适用的范围比较广,主要包括选任和解聘公司董事、批准或不批准公司组织结构的变更、批准或不批准公司董事所从事的其义务与利益冲突的交易。

2.股东的收益权

收益权是指股东对其在公司投资中获得回报的权利,主要是获得股息和红利的权利。收

益权体现着公司的基本属性。收益是股东对公司进行投资的主要预期和基本动机,公司章程和股东会决议对公司利润分配的规定为股东享有收益权提供了合法的渠道。作为自益权的股东收益权,可依公司章程或股东会决议而行使。

3.股东知情权

知情权是股东知晓公司经营活动和经营业绩真实情况的权利,包括查阅公司章程、财务会计报告、董事会报告、股东会记录、股东名册、董事长和董事等高层管理人员的个人资料等重要文件,是股东享有的基础性权利。

4.股权转让权

股权转让权是指股东有权将自己在公司中的权益转让给其他人的权利。其主要是指出资和股份的转让权。但转让权的前提是确保公司资本维持不变,不得通过转让减少注册资本。转让权在实践中主要是有限责任公司股份的转让,因为股份有限公司的股份是等份的,可随时转让。

5.股份优先购买权

优先权是指股东基于股东资格优先于非股东获得公司某种利益的权利,是公司法基于股东资格赋予股东的一种优待。在有限责任公司中,股东的优先权具有维系公司稳定和连续的作用。优先权具体包括:公司发行新股的优先购买权、公司增资的优先出资权、其他股东股份转让的优先购买权。股东行使优先购买权的前提是在与非股东同等条件下所享有的。

6.诉讼权

股东的诉讼权是指股东在其利益受到直接或间接的侵害时,依法向国家司法机关寻求救济的权利。法律对民事主体的民事权益保护,最基本的措施就是赋予民事主体的救济权,并确保其救济权的有效实施。

(二)董事控制权的配置

从公司治理实践的角度来看,董事实际上就是那些对公司事务进行指导、处理、管理和监督的人,他们对公司的整个运营过程实际上享有最终的控制权。早期的公司治理实践赋予股东较高的地位,这使得股东会对于董事权力范围内的干预现象屡屡发生,对董事的正常管理活动构成严重威胁,不利于公司事业的发展。公司治理实践在20世纪初开始提升公司董事的权力,如果公司事务的管理权已经被公司章程授予了公司董事会,则当董事会在行使这些权力时,公司股东不得加以干预。

1.董事的一般性管理权

公司董事的一般性管理权是指根据公司法和公司章程的规定而享有的对公司运营事务及重大决策的权利。通常来说,公司董事所享有的一般性管理权极为广泛,他们有任命、监督和解除那些对公司日常事务进行管理的高级管理人员,可以确定这些高级管理人员的薪酬;可以将某些权力委托给公司的各种委员会、经理人员或其他人;可以自由决定是否宣告和支付股利;可以制定、修改和废除公司的内部管理细则;可以开始、发动和批准公司的某些特别行动;可以制定公司的某些重要政策。

2.董事不受限制的代理权

除了一般性管理权以外,公司董事还有代表公司对外进行交易活动的权利。实际上,董事的管理权是对内的一种权力,它仅仅涉及董事与公司之间的关系。而董事的代理权则是董事对外享有的一种权力,它涉及董事、公司和行为相对人之间的关系。从本质上讲,董事代表公司对外进行活动时是公司的代理人。因此董事在代表公司与第三人从事交易时,应当受到双重限制:首先,公司董事在代表公司与第三人从事交易时必须遵守公司章程,不违反公司的目的性条款,不得超越公司本身的权力;其次,公司董事在代表公司与第三人进行交易时应当遵守公司对该董事的授权,不得超越此种授权范围而从事代理活动。

3.董事自我持续的管理

从公司治理的一般框架中可以看出,公司董事会受股东会的控制并对其负责。公司董事的选任和解任是公司股东会的重要权力,此权力的有效行使可以确保公司董事会受公司股东会的制约。但在实践中,公司董事会并不受股东会的制约,既有的董事会能够影响甚至控制股东会,主要原因在于:①公司股东的人数众多,股权分散,难以团结在一起共同对抗其他股东;②公司董事可以利用代理投票制度,要求公司股东将他们的投票权委托给自己行使,一旦他们拥有了足够比例的表决权,就可以在股东会上对抗其他持反对意见的股东;③董事会常常在公司股东会召开的间隙安排公司董事退休,并以他们享有的空白董事职位的填补权来将自己喜欢的人选任到公司的董事会中。

(三)经理人员控制权的配置

根据现代公司的治理结构,公司的董事会虽然对公司事务享有管理权,但他们实际上仅仅起着政策制定者和建议提出者的作用,很少具体管理公司的日常事务。公司日常事务的管理和具体业务的执行是由公司高级管理人员负责的,他们由董事会任命,根据董事会授权管理公司的事务,并对公司董事会负责。

1.经理人员的治理权

实际上,公司高级管理人员在代表公司与第三人从事业务活动时是公司的代理人,他们在其代理权限范围内所订立的契约和所从事的交易被认为是公司与第三人所订立的契约和所从事的交易,由公司就他们的行为对第三人承担法律责任。从这一意义上说,经理人员治理权主要表现为公司授予他们的代理权限,他们对外与第三人订立契约或从事交易应当事先取得公司董事会和公司章程的授权,在此授权范围内所发生的行为对公司有约束力。但如果公司追认经理人员的越权行为,或经理人员虽未取得授权但仍向善意第三人宣称自己拥有代理权,并且第三人有理由相信其拥有这一权限时,公司仍须对经理人员的行为负责。

2.经理人员应承担的民事义务

公司高级管理人员除了在董事会的指导下对公司日常事务享有管理权和对具体业务享有执行权以外,还须在公司范围内遵守法律为他们规定的基本行为准则,承担忠实义务和注意义务,否则就要对公司的损失承担法律责任。

(1)经理人员的忠实义务。忠实义务要求公司高级管理人员在行为时不得追求个人利益,不得同所在公司缔结其利益同其对公司所承担义务相冲突的契约,否则应对公司承担法律责任。

(2)经理人员的注意义务。由于公司高级管理人员是公司的全职雇员,具体负责公司的日常事务的管理和业务的执行,因此他们应在管理公司事务和执行公司业务时对公司承担合理的注意义务,必须理性地对公司事务投入时间、精力,贡献自己的才智,遵守公司法、公司章程以及各项公司管理制度。

值得注意的是,即使经理人员违反上述两项义务的要求并对公司造成损害,但若他们在订立契约时对公司的相关利益情况进行了公开披露,则不需对公司承担法律责任。

四、制度与公司治理

（一）制度环境是决定和影响公司治理绩效的重要因素

1. 制度及其对经济增长的作用

在西方经济学文献中，"制度"一词的含义是十分宽泛的。老制度经济学派认为：制度是社会价值观、信仰、习俗、行为规范等的复合体。制度经济学的代表人物诺斯则从不同角度对制度作出解释。他认为制度包括以下含义：

第一，制度是调整人类行为的规划。他认为制度是一系列被制定出来的规则、守法程序和行为的道德伦理规范，它旨在约束追求主体福利或效用最大化利益的个人行为。

第二，制度是一种收入的过滤器、调节器。他认为，制度作为过滤器不仅存在个人与资本存量之间，而且存在于资本存量与经济实体之间，它决定了体制的产出与收入分配。

第三，制度是一种约束机制。他认为，界定个人行为的特征是重要的，这些特征构成了制度的约束。通过对行为进行一定形式的约束，人类的组织成为可能，若是没有约束，文明存在就没有可能。

第四，制度内含着一定的激励机制。他认为，整个制度结构在社会与经济促进探索、实验与创新的程度上将起关键作用。他指出制度框架中内含的激励结构会引导边学边做的进程和默认知识的发展。

第五，交易费用是制度理论的基础。他指出他的制度理论是由一个关于人类行为理论结合一个关于交易费用的理论建立起来的。通过二者的结合，可以理解制度为什么会存在以及它们在社会中起怎样的作用。

舒尔茨也认为：制度是管束人们行为的一系列规则。如果把经济行为主体比作运动员，经济活动比作竞赛，那么，制度就是竞赛规则。因而，制度也是一种约束机制和规则。在一个社会共同体中，这些规则包括两个方面：一是通过政治设计并由政府机构贯彻执行的法律法规及规章制度，即外在制度或正式制度；一是人们在社会实践中形成的习俗、传统、道德、文化等内在制度或非正式制度。

新制度经济学认为：制度及制度变迁是经济增长的内生变量。诺斯指出：制度，尤其是产权制度对经济增长的影响是根本的。

在知识经济时代，科学技术对经济的发展有着不可忽视的重要作用，现代经济增长理论尤其重视知识进展、科技进步对经济增长的贡献。但研究经济增长的大师们却常常把"制度"看做是经济增长极为重要的前提和基础。

新制度经济学家认为，决定经济增长水平和速度的关键在"效率"，而影响效率的众多因素中，"制度的效率"处于核心地位。在人类历史的变迁中，制度的变迁是根本的变迁。诺斯指出，教育的普及、出生率的降低、资本产出系数的提高等，都是经济发展过程中的现象，而非发展的原因，发展是制度变化的结果。

2. 制度环境对公司治理模式的影响

公司治理结构是社会制度基础的函数。外在的制度环境对公司治理的影响主要表现在对公司治理结构的制度安排上，不同的制度环境，演化出不同的公司治理结构。所以，公司治理结构并不存在"一规适万物"的最佳模式。世界各国公司治理的实践证明，制度环境在提高公司治理绩效中具有极其重要的作用。英美等国家的民众具有的推崇个人主义的精神特质，强调个人主义文化的民主制度、发达的外部资本市场以及完善的外部法律环境和政治文化,决定了英美国家股权高度分散、公司监管市场十分发达的以市场为基础的公司治理机制,形成被人们称之为"股东主权型"的公司治理模式。以德法为代表的欧洲大陆国家以及亚洲的日本,区别于英美国家的制度环境与政治文化,形成了"共同治理型"的公司治理模式。因而可见,公司治理模式具有很强的路径依赖的特征,不同的制度环境造就不同的公司治理模式和公司治理绩效。当然,公司治理制度安排,必须与本国制度环境相适应,才能构建出高效率的公司治理模式,才能创造出较高的治理绩效,从而推动该国经济的发展。

(二)决定和影响公司治理绩效的制度环境分析

一般说来,影响和决定公司治理结构模式及治理绩效的制度环境,主要包括政治法律制度、基本经济制度、社会意识形态以及文化价值观念等。对公司治理绩效影响较大的制度环境有产权制度、资本市场以及公司治理文化等。

1. 产权制度

产权制度是公司治理结构和治理绩效的基本因素。从交易费用的观点来看,企业就是要素所有者相互交易产权的联结体。而公司的治理安排,就是以契约的方式,规范公司相关利益者的关系,治理它们的交易行为,从而降低交易费用,提高公司治理绩效。公司治理契约是否有效,关键在于如何在股东、董事会和经理人员之间配置剩余索取权,并在此基础上决定剩余控制权的分配。公司剩余控制权即是在未来出现未能预期的情况时,谁有权作出决策。剩余索取权与剩余控制权的配置状况是决定公司治理机制优劣的直接原因。剩余索取权作为所有者拥有的公司剩余的权利,它是以清晰的产权为基础的,没有清晰的产权就没有受保护的剩余索取权。在产权清晰界定且能够自由流动的情况下,为了追求剩余索取权的最大化,股东必然通过董事会、代理权争夺等具体的治理形式,来取得对公司的控制,从而贯彻股东的意图,降低代理成本,提高公司治理绩效。也就是说,通过有效的公司治理结构,实现公司剩余索取权与控制权的合理配置,即通过产权关系的治理,降低公司内部交易费用,提高公司治理绩效。从这个意义上说,公司治理实质就是产权关系契约中不断博弈的动态过程。

从企业产生和演变的历史中可以看出,任何形式的公司都是在对应固有的制度框架和交易形态下产生和形成的,产权是在给定的环境条件下形成公司治理结构。不同的产权制度和产权规划,会产生不同形式的公司治理结构。即产权制度的不同是世界各国不同的公司治理结构的重要制度原因。所以诺斯指出,产权制度不仅决定了谁是游戏的参与者,还决定了游戏规则。正是因为公司的产权结构安排,有效的公司治理结构的存在才成为必要。公司产权安排,是公司治理结构得以构建的理论前提和逻辑前提。

从根本上来说,公司产权结构安排实际上是由股东股权和企业法人所有权相结合而形成的双重权利结构,即股东通过出资而享有股权,企业拥有全部股东出资而形成的企业法人财产而享有企业法人所有权,这种双重的权利结构折射出所有权与经营权(控制权)相分离的权利构架关系,使得构建权利和利益的制衡机制形成,这就为公司治理结构的建立提供了必然性。公司治理结构的存在又为企业法人财产权的有效行使提供必要的组织保障。

企业的产权安排包括企业的外部产权安排和内部产权安排。企业的外部产权安排有两个层次:一是由企业所有权主体的结构形成的产权安排,即企业的所有权掌握在谁的手里,以及不同产权主体的关系的界定;二是所有权主体与企业之间的产权安排,即企业所有者通过委托—代理关系制度转让企业资产的经营权和管理权,从而形成企业法人财产制度。企业的内部产权安排也包括两个层次：一是企业法人产权在企业内部不同机构之间的分解与配置；二是各机构所拥有的产权在各机构内部不同人员之间的具体划分。企业四个层次的产权安排，为公司治理结构提供了不同的制度基础。

2.资本市场

资本市场在完善公司治理结构、提高公司治理绩效方面，具有重大作用。资本市场的融资机制，使投资者有权选择投资对象，从而改善和提高公司治理水平。资本市场的价格机制，有利于出资人了解公司经营业绩，降低股东对经营者监控的信息成本，降低公司治理成本，提高公司治理绩效。资本市场的并购机构，作为一种强有力的外在压力，迫使经营者尽职尽责，从而纠正公司治理的低效率。总之，健康的资本市场是提高上市公司质量和绩效的重要制度环境。因为一个健康的资本市场，必须给投资者带来投资回报，为投资者提供分享经济增长的成果，为投资者提供增加财富的机会。只有这样的资本市场，才能有效地配置社会资金和社会资源的合理流动。作为资本市场的重要组成部分的证券市场，必须为投资者提供可分享的利润。而证券市场的投资价值和利润的源泉，只能是上市公司。只有上市公司的质量与业绩不断提高，才能为证券市场源源不断地提供利润。上市公司是证券市场的基石，投资者要在资本市场获取投资回报的关键在于提高上市公司的质量与业绩。要提高上市公司质量与业绩的一个重要方面的任务，就是必须加强资本市场的制度建设，从而为上市公司提高经营业绩创造一个高标准、高效率、高回报的健康的资本市场。

3.公司治理文化

公司治理文化是指导和约束公司治理行为和员工行为的价值理念，具体包括股东、董事、监事、经理人员、重要员工等公司利益相关者及其代表，在参与公司治理过程中逐步形成的有关公司治理的理念、目标、哲学、道德伦理、行为规范、制度安排等及其治理实践。根据这一定义，可以将公司治理文化的要素按其内在和外化分为观念层、制度层和行为表现层这三个层次。

公司治理文化的观念层包括公司宗旨、公司治理目标、理念等，是公司治理文化的内核。制度层是在观念层的指引下，体现观念层实质内涵的各种成文或不成文的制度和规范，公司治理的制度或结构可以划分为两大类：一类是正式制度，另一类是非正式制度。非正式制度是指由价值道德规范、文化习俗和意识形态等形成的行为规范，这些规范虽然没有在正式合同中写明，从而不具有法律上的可执行性，但在公司治理实践中却发挥着重要的作用。制度层是观念层与行为表现层的中介，是公司治理的核心理念的具体化和体现。公司治理的核心理念正是通过正式与非正式两种制度形式实现的。行为表现层是公司治理实践的最终外在表现，由制度层直接决定，表现了公司治理的各种个性特征，如董事会规模、构成以及结构，董事会决策方式，董事会与经理层的关系，股东大会的作用，股东大会或董事会会场氛围等。

良好的公司治理文化是公司有效治理的信用基础，是公司核心价值观的重要内容，也是提高企业竞争力，促进企业持续发展不可缺少的环境条件。因而，公司治理文化在很大程度上决定了该公司的治理结构模式与特征，并且是在公司治理实践中逐步形成的。公司治理结构由一系列具体的制度安排构成，而公司治理文化的制度层是观念层的具体体现，并由观念层决定。由于公司治理文化的观念层比较稳定，不容易变化，因此，特定的治理文化就决定了特定的公司治理结构。任何一个公司的业绩都与其治理水平相联系，良好的公司治理文化是公司治理结构高效运作的基本保证。

　　在一个良好且成熟的公司治理文化中,公司治理的正式制度安排与公司治理的观念层文化相一致,参与公司治理的当事人受到一种自我激励,这种激励通过正式制度的确立变得更加明确。同时,正式制度与非正式制度相互兼容时,它们将相互强化,并降低公司治理成本,从而提高公司的经营绩效。

第二节　公司治理的模式

　　由于各国的政治、经济、社会、文化的差异,公司治理在不同的国家表现出不同的形式,形成不同类型的公司治理模式。当前,在世界各国的公司治理实践中,逐渐形成了三种比较典型的模式:以英美国家为代表的股东主权模式、以日德国家为代表的共同治理模式和以东亚国家为代表的家族控制模式。

一、英美国家公司治理结构模式

(一)英美国家公司治理结构模式的特点

　　英美国家公司治理结构模式的特点表现为典型的股东主权型模式。这种模式的产生有其深厚的社会经济制度基础。英美国家长期以来是在传统的自由放任的资本主义经济制度下发展起来的。这种传统的自由放任的资本主义经济制度有两个重要特点:一是都有高度发达的资本市场。早在 19 世纪后期,资本市场就发展得非常成熟。资本市场的发达使得公司股份得以极为分散,流动性极高;二是都有反对金融势力垄断的传统。特别是 1929 年金融危机以后,这些国家认为金融垄断是导致经济危机的重要原因,1933 年,美国通过《格拉斯—斯蒂格尔法案》,该法案规定投资银行和商业银行必须分立,此外,商业银行只能经营七年以内的中短期贷款,这样,使得企业长期资金主要依赖资本市场提供,而且银行对企业的渗透不像日本、德国那样深入。

　　正是在这样自由放任的资本主义经济制度下形成了英美国家公司自己的融资结构特点,即一方面,在企业总资产中,以股权资本为主,资产负债率低;另一方面,在股权资本中,股份极为分散。

　　而英美国家的股东主权型公司治理结构正是在这样的企业融资结构下形成的,股东主权型公司治理结构的具体特点是:

　　(1)在企业融资结构中,以股权为主,资产负债率低。美国公司的资产负债率一般在 35%~40%之间,相对于德国和日本的 60%左右要低得多;同时,在美国公司融资结构中不仅以股权资本为主,负债率低,而且单个债权人(银行)在某一企业的债权比重也是很低的。美国金融法律规定,银行对某一家客户的贷款不得超过该银行资本的 15%,而日本和德国的限额分别为30%和 50%。在企业融资结构以股权资本为主时(而且债权分散),其公司治理必然是股东主义型的,即股东控制为主的,债权人一般不参与公司治理。在这里,股东的利益是至高无上的,得到了最好的维护。而债权人只是在公司面临债务危机时才会发生干预企业经营的可能。

　　(2)在股权资本中,股份又是高度分散化的。这可以从两方面反映出来:一是美国和英国公司中前五位最大股东的股份集中度分别为 25.4%和 20.9%,远低于日本和德国公司的33.1%和 41.5%;再从各国的股权结构角度看,在美国,分散的个人投资者的比例(为 30%~35%)远高于日本和德国(分别为 20%和 4%)。二是短期持股的机构投资者的股权比例(为

55%～60%)也远高于日本和德国(分别为 6%和 3%)。而代表集中股权的长期持股机构投资者的持股比例(2%)却又远低于日本和和德国(分别为 40%和 27%),同时,美国另外能代表集中股权的企业法人股权比例(为 2%～7%)也远低于日本和德国(分别为 30%和 41%)。

(3)由于公司融资以股权资本为主,这就决定了股东在公司治理上的控制权;但同时又由于英美国家公司的股权结构是高度分散的,这就容易造成股东之间"搭便车",这样,对经营者的激励和约束就成为公司治理结构所要解决的首要问题。而在自由放任的资本主义经济制度下发展起来的高度发达的证券市场对这一问题的解决发挥了重要作用。一方面,证券市场使得公司股份流动性极为方便,当股东"用手投票"不起作用时,自然可以"用脚投票",这就是:在众多分散股东难以联合起来对经营者进行有效约束时,在企业外部通过证券市场形成了一个有效的经营者约束机制,即收购接管机制;另一方面,借助证券市场设计对经营者的经理股票期权计划。收购接管的约束机制和经理股票期权计划的激励机制构成了英美国家公司治理结构的重要特点。

(4)股东大会动议。其主要是通过少数大股东的联合,在股东年会上提出动议,通过表决推翻经营者已作出的决定甚至"用手投票"撤换经营者。

(5)机构大股东对公司的直接指导。即机构大股东对公司董事会进行某种约定,并建立起维护股东利益的相关规则。比如美国加州政府雇员退休基金会向其所投资的公司约法三章,要求这些公司吸收更多的外部董事、董事长不得兼任总经理以及建立对董事会工作的评价系统,等等。

(6)通过建立健全法律法规体系来保护投资者利益和保障信息披露。美国和英国都较早地对上市公司的股东权利和信息披露等进行立法。如,美国 1933 年《证券法》规定,上市公司保障投资者能够知道与上市证券有关的财务信息和其他重要信息,禁止证券交易中的操纵市场、内幕交易等行为。美国的《示范公司法》和英国的《示范公司章程》规定了董事会和董事的权利和义务,以保护股东权利。

(二)英美国家公司治理结构模式的框架

英美国家公司治理结构模式的框架由股东大会、董事会、经理三者构成。其中股东大会是公司最高权力机构,董事会是公司最高决策机构,经理是公司日常经营管理机关。英美国家公司治理结构中不单独设立监事会,其监督功能由董事会下的内部审计委员会承担,内部审计委员会全部由外部独立董事组成。

英美国家与日本德国的公司治理结构模式的区别主要是两点:一是董事会大多由非执行董事(外部董事)组成,同时,董事会既是决策机构,又承担了监督功能;二是在设计经理激励约束机制时,充分利用了证券市场的作用(主要是激励股票期权计划和收购接管机制)。

以下是英美国家公司治理结构的主要框架:

1.董事会的组成与结构

英美国家的董事会多数由非执行董事组成。从理论上说,这将使得董事会不仅能够履行经营决策职能,同时能够比较客观和独立地履行评价与监督职能。或者说,对经营者的监督在美国的单一董事会模式中已经内部化了。

为了保障董事会的独立性,美国的纽约证券交易所要求所有上市公司在董事会中设立一个全部由外部董事组成的内部审计委员会,负责董事会与外部审计师的联系,以避免执行人员控制董事会和审计人员。在这里,董事会下全部由外部独立董事组成的内部审计委员会就是公司的监督机构。

英美国家公司董事会通常下设各种专门委员会,以更好地履行其决策与监督职能。除了审计委员会外,其中最主要的是执行委员会和财务委员会。执行委员会一般由董事长、副董事长、总裁、执行副总裁以及某些重要经营管理部门的总经理组成,执行委员会负责对公司经营活动的全面指导,掌握公司除财务以外的其他各项重要决策,由董事长主持;财务委员会一般由董事长和几位董事组成,由主管财务的副总裁主持。财务委员会总揽公司的财政大权,负责制定公司的财务目标、筹资与投资决策以及公司盈利分配等事项。根据需要,公司还可以设立其他的专门委员会,如任免委员会(负责高级经理人员的选任和解聘)、报酬委员会(负责决定公司高级经理人员的薪金)、提名委员会(负责候选董事的提名),此外,还有诸如福利委员会、退休金委员会、人力资源委员会、投资委员会,等等。

2. 对经理的激励与约束机制

英美国家公司治理结构中对经理的激励与约束机制的设计主要体现在激励股票期权和收购接管机制,这充分体现了英美国家证券市场发达的特点(激励股票期权和收购接管机制的作用都要有一个发达成熟的证券市场作基础)。

为了减少经理的短期行为,英美国家注重长期激励手段的运用,这主要是经理股票期权的应用。自20世纪70年代以来,美国对公司治理结构进行了改革,特别强调通过授以经理股票期权来建立经理与企业之间的长期利益联系。据统计,1997年,在《财富》杂志排名前1000家美国公司中,有90%实施了经理股票期权计划。1998年,全美100家大公司管理人员的薪酬中,有53%来自股票期权,而这一数字在1994年为26%,20世纪80年代中期仅有2%。

在对经理人员的约束机制方面,除了其他约束机制以外,英美国家还主要依托发达证券市场的收购接管机制作为其约束经理的重要手段。由于股权的高度分散,与股权集中的日本德国相比,收购接管变得更加容易。由于证券市场价格机制成熟,公司业绩下降必然使公司股票价格下降,这时,公司就存在被收购接管的危险。在存在收购接管的外部威胁下,经理人员不得不尽职尽责,努力提高公司业绩。

二、日德国家公司治理结构模式

(一)日德国家公司治理结构模式的特点

与英美国家的股东主权型公司治理结构相比,日德国家公司治理结构的显著特点是:股权与债权共同治理(在德国,由于特殊的历史背景,共同治理的主体还要加上雇员)。所以,我们可以将日德国家公司治理结构的模式称为共同治理型。

日德国家共同治理型模式有自己的融资结构基础,而这种融资结构是在这些国家不同于英美国家经济发展道路的基础上形成的。

与英美国家相比,日本、德国等国家公司融资结构的显著特点是:①资产负债率高,一般高达60%以上。同时,主要债权人——银行,不仅是公司贷款的主要提供者,还是公司的主要股东,也就是说,银行兼债权人和股东为一身。②法人(特别是工业公司)之间相互持股。

日本、德国公司的这种融资结构与其社会经济制度也是紧密联系的。日本、德国都是后起的资本主义国家,为了赶上发达国家的经济发展水平,他们采取了完全不同的发展道路。这就是,一方面,加强银行对企业的资金支持;另一方面,加强企业与企业之间的长期合作。正是由于银行对企业的资金支持和企业之间的紧密合作,才支撑了战后日本、德国经济的迅速发展。

这样,日本、德国就形成了完全不同于英美国家公司融资结构及其股权结构。

在以上融资结构基础上,形成了日德国家公司治理结构的共同治理模式,这种模式的特点是:

(1)股权与债权共同治理,银行兼股东与债权人为一身,直接参与公司治理。

(2)由于法人之间相互持股,因而形成了法人之间互派经理充当董事进入对方董事会参与决策的机制。经理之间出于共同利益的要求,形成了相互信任而不是相互监督的局面。这样,共同治理型模式在实际运行时又演变成经营者控制模式。

(3)在共同治理模式演变成经营者控制模式后,为了加强对董事会和经理的监督,在日本,公司设立独任监察人专司监督职能;而在德国,则是强调雇员对公司治理的参与。所以,在德国,共同治理还包括雇员的参与。也就是说,除了股权与债权以外,在德国,雇员是共同治理的另一个重要主体。

需要特别指出的是,德国的雇员参与式共同治理型公司治理结构有其特殊的政治社会背景,是各派政治力量斗争和妥协的产物。二战以后,德国分为东西两个国家,东德实行的是工人当家做主的社会主义政治与经济制度,这对西德产生了重大的压力,西德为了缓解劳资关系紧张的局面,同时也为了强化雇员的参与意识,改善企业生产经营状况,从而形成了雇员参与治理的模式。1951 年德国议会通过了《煤炭和钢铁行业参与决策法案》,使雇员参与决策以法律形式确定下来。1976 年,《联合决策》法案正式生效,它突破了原法案仅限于煤炭、钢铁行业的局限性,规定雇员人数在 2 000 名以上的公司都必须吸收雇员参与公司决策,其形式是雇员以 50% 的比例进入监督董事会。

(二)日德国家公司治理结构的框架

日德国家公司治理结构虽然都属于共同治理型,但在德国,雇员在很大程度上参与公司治理,这样,日本和德国的公司治理结构框架就有显著的不同。在日本,公司间交叉持股比较普遍,通过交叉持股形成一些稳定的利益集团。日本公司治理结构的框架由股东大会、董事会、经理、独任监察人四者组成。其中,经理是董事会的主要成员(甚至经理还对公司董事人选具有重要的影响权),由主要经理人员组成的常务委员会实际上控制了董事会的运行。所以,实际上,共同治理型在日本演变成了经营者控制型。这时,为了有效地监督经营者,日本公司治理结构中设立了独立监察人制度,依靠独任监察人行使监督职能。独任监察人同时具有业务监察和会计监察的权力,而且独立行使其监督权力,不受监察人会的决议的限制。这种内部监控模式的有效性取决于政府的保护、法人的实力、经理阶层和公司雇员的勤勉以及金融机构的不懈支持。

德国公司的治理结构表现为独特的双层董事会制度。由股东大会选举产生监督董事会(简称为监事会),再由监事会公开招聘管理董事会(简称为理事会)成员组成理事会。理事会负责企业的日常经营管理活动,其职能相当于美国公司的经理人员。监事会则主要代表股东利益监督管理董事会,但并不直接参加企业的具体经营管理,其职能相当于美国公司的董事会。德国公司监事会的独特之处主要表现在监事会的职能和组成两个方面:一是德国公司监事会具有经营决策与评价监督双重职能。监事会是公司最高决策机构,同时拥有对管理董事会(理事会)的人事权和评价监督权力,这与英美国家董事会的功能相近。二是德国公司监事会的独特结构即股东监事与雇员监事各半。这充分体现了德国公司中雇员参与治理的特点。

三、东亚国家公司治理模式

家族控制型公司治理模式是指公司所有权与经营权没有实现分离,公司与家族合二为一,公司的主要控制权在家族成员中配置的一种公司治理模式。在这种治理模式下,公司所有权主要控制在由血缘、亲缘和姻缘为纽带组成的家族成员中,公司主要经营权也由家族成员把持,公司决策程序按家族程序进行。家族控制型公司治理模式是从内部人体系中派生出来的一种模式,企业的创立家族通过复杂的交叉持股取得对公司的绝对控制权,国家则通过控制金融系统在微观经济运行中发挥重要作用,政府官员以国家名义对公司事务直接干预。其特点是公司的"一股独大",经理人容易通过串通大股东控制公司的重要决策,而侵犯小股东和其他利益相关者的利益,造成对"内部人控制"的失控。这种公司治理模式在东亚的韩国,东南亚的新加坡、马来西亚、泰国、印度尼西亚、菲律宾等国家盛行。这种公司治理模式曾经被广泛认为是东亚经济增长的"发动机"。然而在东亚经济危机以后,大量的研究表明,这种公司治理模式是导致东亚经济危机的一个重要原因。这种公司治理模式在韩国最为典型,下面就以韩国财阀为例,对家族控制型公司治理模式作一些分析。

韩国财阀是在韩国政府大力支持下成长起来的、由家族控制的高度多元化的大型企业集团。在韩国经济发展过程中,财阀一直扮演着十分重要的角色。20 世纪 70 年代的重化工业时期,韩国最大的 46 家财阀占 GDP 的比重从 1973 年的9.8％提高到 1981 年的 24.0％。1995 年,三星、现代、LG、大宇四家财阀在韩国 GDP 和就业人口的比重分别是 9％和 3％;最大 30 家财阀相应比率分别为 16％和 5％。韩国财阀在家族控制型公司中最具有代表性,它们集中地体现了家族控制型企业的共同特征。

(一)公司所有权或股权主要由家族所控制

家族控制型公司治理模式一个显著的特点,就是企业主或家族成员处于绝对控股的地位,公司股权高度集中于家族成员或家族性的私人企业。由于家族企业没有把企业财产所有权与企业所有权进行区分,因而不可能把企业产权公开化、社会化和多元化。家族控制型公司的股权结构呈现超稳定状态,为了保持家族对企业的控制权,他们往往不愿意采取控制权分散的股权融资形式。即使有些家族式企业愿意将其公司上市,将部分股权让渡给社会公众持有,但是家族本身会确保对公司最大股权的控制。因此,家族式企业的股权结构无论怎样变化,家族控股的地位不会丧失。在韩国,几乎所有的大财阀都被他们的创始人或其后代所控制。与东亚其他国家相比,韩国公司的所有权集中度并不高。如前 30 家大财阀的所有权集中度平均只有10％左右。但通过股权金字塔和交叉持股机制,家族能以不到 10％的股份,掌握公司 30％～40％的股份,进而控制整个公司。

(二)公司经营管理权为家族成员掌握

家族控制型公司治理模式中,家族不仅处于绝对控股地位,企业的经营管理权也为家族成员所控制。一种情况是企业经营管理权主要由有血缘关系的家族成员所控制,另一种情况是企业经营管理权由有血缘关系的家族成员和有亲缘、姻缘关系的家族成员共同控制。如 1984年,韩国的韩进集团,创始人赵重勋任集团会长,集团的三大主力企业的重要职务均由其家属或亲属担任。20 世纪 80 年代,在韩国的现代集团,除集团创始人郑周永外,其一个胞弟、七个儿子、两个妹夫、长子的内弟和五弟的岳父分别在集团下属的系列企业中担任经理和会长职务。事实上,在韩国,财阀的经营管理者几乎都是控股家族所有者利益的代表,而非真正意义上的追求公司价值和全体股东利益最大化的"职业经理人"。

(三)家族控制型公司的董事会

董事会的主要职责是看守公司所有利益相关者的共同利益。充分发挥董事会的监督约束功能,是提高公司治理绩效的重要条件。在韩国的企业中,其治理结构在法律上与其他市场经济国家没有太大的区别,都是由股东大会选举董事会,董事会聘任总经理。但是,在韩国,由于家族及其控制的高级经理层全面主导企业的发展,表现为高度集权模式,因而公司的董事会成员通常都是由所有者——管理者任命,并直接对其负责。韩国财阀的董事会几乎都是清一色的执行董事,没有外部董事。董事的任命、提拔、报酬及其整个职业生涯都是由控股股东及家族操纵,因而董事会成员的激励自然是为控股股东的利益最大化服务,而非为整个股东利益最大化服务。由于韩国法律规定,股东至少需要持有5%以上的股份才有权提出更换董事的提议,因而外部小股东几乎没有任何力量对不负责任的董事会成员产生任何威胁。在韩国有75%的企业公开承认,他们在选择董事的过程中,基本上不考虑小股东的意见。

(四)家族企业的外部约束机制

韩国家族企业来自金融机构的外部监督机制比较弱。因为在韩国,银行作为政府干预经济的工具,是由政府控制的。在整个所谓的“汉江奇迹”期间,银行一直扮演的是“提款机”的角色。企业的生产经营活动只要符合政府的宏观经济政策和产业政策的要求,不管其资产质量如何、投资前景如何,都会得到银行源源不断的贷款。银行缺乏必要的信用评价技术、风险管理技术以及对受贷方知情决策制度,使韩国家族企业受到来自银行的监督和约束减弱。20世纪80年代金融自由化开始以后,韩国非银行金融机构逐渐取代了商业银行成为韩国财阀的主要间接融资渠道。而许多非银行金融机构又为家族财阀所控制,因而通过债权人(金融机构)实施监督与控制的机制便形同虚设。

韩国家族控制型公司受到来自政府约束相对较大。在韩国家族企业的发展中,韩国政府是功不可没的。韩国政府凭借其用来支援产业开发的一套组织体系,即政府直接管理企业、政府投资企业及政府依照股权或法规控制银行、信用社、短期投资公司等“官治金融”体系,通过宏观经济政策和产业政策,有计划地引导和扶持企业开发支柱产业。凡是符合政府宏观经济政策和产业政策要求的,政府就会在金融、财政、税收等方面给予优惠政策,大力扶持,反之则在金融、财政、税收等方面给予限制。在政府开发支柱产业的过程中,一大批以家族关系为核心的企业集团便应运而生。

在韩国,政府主要是通过相关法律法规的制定和实施来参与公司治理。但由于紧密的政企关系,韩国政府的外部治理职能没有得到充分的发挥。从政策与法规层面来看,韩国政府许多法律法规条款的制定是不利于韩国公司治理结构改进的。如冗长、繁琐的破产程序,很高的小股东实施股东权利的法律门槛,以及政府对企业兼并与合并的管制等。从实践层面来看,韩国政府有些对改进公司治理结构有积极意义的法律法规也没有得到有效的执行,使这些法律法规的政策效应大打折扣。如对金融和非金融机构强制性信息披露,对内部贸易的惩罚,以及对重大交易需经股东大会通过的强制性要求等等。此外,模糊的信息披露和猖獗的内部关联交易,也加大了韩国家族控制型公司的治理成本。

以韩国财阀为代表的东亚家族控制型公司治理模式,具有与英美公司为代表的股东主权型公司治理模式和以日德公司为代表的共同治理型公司治理模式不同的特点。它的形成与发展,是与东亚各国的国情和企业成长与发展所处的环境密不可分的。由于这种治理模式的剩余索取权和控制权是相对称的,因而这种治理模式在一定程度上是有效的。家族企业具有较强的凝聚力和稳定性。家族企业具有家族与企业合二为一的特征,家族成员一般把企业资产视为家族财产。建立在血缘、亲缘、姻缘关系基础上的企业容易形成很强的凝聚力和向心力。在家族企业中,一般都有一个核心权威。这个核心权威一般都是创业者及其家族。在家族的绝对权威下,要求对企业保持高度的忠诚和服从。家族企业强调权威与慈爱、人和与忠诚、对企业的归属感以及强烈的等级观念。由于家族权威以及家族伦理规范的约束,因而家族企业决策一般是比较迅速的。由于家族企业治理模式的有效性,人们不能否认,正是韩国和东南亚家族治理企业,造就了名噪一时的"东亚奇迹"。

世界上没有"最好"的公司治理模式。《OECD 公司治理准则》指出:好的或有效的公司治理制度是具有国家特性的,它必须与本国的市场特征、制度环境以及社会传统相协调。以上三种公司治理模式的差异源于不同的市场经济模式及其中的公司经营导向、法律环境和文化理念等诸多因素的区别。英美国家的股东主权型公司治理模式主要是根植于自由市场经济,崇尚自由竞争,信奉股东财富最大化。自由竞争的环境有赖于完善的市场制度,在很大程度上依赖于市场的监管,故又被称为市场导向型公司治理模式。日德国家的共同治理型公司治理模式则更多形成并发展于混合市场经济,长期利益和集体主义是其得以产生的文化理念支撑,在实务中更多体现相关组织机构的内部监管。东亚国家的家族控制型公司治理模式则受到儒家文化的影响,企业的控制来自于家族或家庭。这三种公司治理模式的区别源于其各自形成与发展的制度环境,本身没有优劣之分,都是在一定文化传统下的产物。

第三节 公司治理的效应与评价

公司治理是一个非常复杂的系统过程,影响公司治理的因素很多,它们共同作用于公司治理的过程之中。

一、公司治理的效应分析

(一)公司治理评价价值的理论分析

公司治理评价无论对于投资者还是对于公司本身而言都极为重要。

首先,公司治理评价系统是投资者进行决策分析的战略工具。几十年来,机构投资者一直扮演了培育和加强良好公司治理的重要角色。由于公司治理对他们投资组合的财务风险有影响,就自然成为他们投资战略不可缺少的一个组成部分。当投资者评估公司整体状况时,除考虑财务指标之外,治理指标也被采纳。例如,TRAA-CREF 首先会关注那些拥有较好治理表现的公司:"我们首先考察一个公司的治理状况,然后是绩效。如果治理结构不良,我们不会等到问题实际发生。"由于公司治理结构是一个复杂的系统,投资者迫切需要一些对其进行评价的方法,以便在一个共同基础上对不同投资组合的风险/收益进行比较。这种需求促使了大量公司治理评价系统的诞生,公司治理评价也成为投资者进行投资决策时分析和测量相关风险的重要标准。

从另一角度来看,评估和测量公司治理对于银行而言更重要。不仅投资者,而且银行也成为公司丑闻的受害者。根据英国银行大卫(David)的观点,银行在风险管理中应该更加关注公司的透明度和公司治理。这种观点与新巴塞尔协议的要求相吻合,在风险管理中包含公司治理因素是不可避免的。当然,运用这个新框架提供的测量风险方法更为复杂,使得这个法案还未被广泛采纳,但是,新巴塞尔协议对公司治理状况的关注无疑会促使银行将公司治理评价系统作为评估风险的重要工具。

其次,公司治理有利于促进公司提高治理水平。公司治理状况好的公司,其股价必然要高,表现在股票市场上则是,投资者愿意购买或持有公司股票,有利于企业资金的筹集。公司治理评价系统的运行,一方面使上市公司高管人员可以及时掌握公司治理的总体运行状况,以及上市公司在各个具体方面的治理情况,并及时对有可能出现的问题进行诊断,采取措施,最终确保公司价值的增加;另一方面,公司治理评价系统对上市公司的治理状况进行全面、系统、及时的跟踪并定期将评价的结果公布,将对公司产生信誉约束,促使上市公司不断改善公司治理状况,最大限度地降低公司治理风险。

(二)公司治理状况和公司价值的实证研究

公司治理应被视为达成公司目标和战略的一种制度安排,不能就公司治理本身而谈论公司治理。公司治理需要放在结构和机制中考虑,这种结构和机制使得公司能够有效地制定战略,并提高经营业绩。一些主要使用美国数据进行的相关研究探索了公司治理机制和公司业绩之间的关系,虽然大部分成果并无定论,但也有一些例外,例如米尔斯坦和麦卡沃伊(Millstein & MacAvoy)通过研究一些被美国加州公务员退休基金认为得到良好治理的公司,发现积极和独立的董事会和卓越的公司业绩之间有着显著的相关性。冈帕斯(Gompers)研究显示,股东权力比较强大的公司有着较高的回报、更高的公司股价和更加优秀的经营业绩。

实际上,用来研究公司治理和公司业绩的方法产生了很多问题。因为,公司业绩本身是一个很复杂的问题,不仅存在如何计量的复杂问题,而且它还是一系列因素协同作用的结果。公司治理仅仅是驱动企业业绩的一个可能因素。仅仅从公司治理角度来考虑公司绩效的变化,可能会比较片面。

比较而言,来自新兴市场上的研究则得出一些令人兴奋的结果。布莱克(Black)认为,由于成熟市场上外部治理环境较为完善,上市公司的治理水平相差不大,因此治理水平与绩效之间并不存在显著的相关性;而在新兴市场上,由于法规的力量薄弱,外部治理极不完善,公司间的治理水平存在着较大的差异,公司治理对企业价值和绩效会产生更大影响。CLSA 的统计数据也显示了公司治理水平和财务指标、公司价值、股价表现之间的强相关关系。克拉珀和洛弗(Klapper & Lover)也发现公司治理与公司市场价值之间的正相关关系。一些更详细的研究进一步证实了这些发现。布莱克提供了公司治理行为对俄罗斯公司市场价值影响的具体程度,即公司治理得分每减少 3 个单位,就会带来公司价值 7 倍的提升。纽厄尔和威尔森(Newell & Wilson)通过研究 6 个新兴市场发现,平均而言,公司治理状况从最差到最好会导致公司价值大约 10%～12% 的提升。这些结论与德美和金(Demev & Kim)的研究结果相吻合,他们利用 CLSA 的公司治理评分代表公司治理质量的水平,发现治理较好的公司拥有更高的价值;如果一个公司的治理得分有 10 个点的增长,公司价值会有 13% 的增加。

很明显,公司治理和绩效之间的不确定性关系仍需要进一步进行实证研究。但是,公司无法忽视来自投资者和市场对完善公司治理的压力。绝大多数的投资者表示愿意投资于治理水平较高的公司,并且愿意比业绩相同但治理水平较低的公司多支付一定的溢价。从这个角度而言,培育良好的公司治理机制可以获得在资本市场上的比较优势,降低投资者的预期风险,最终赢得较低的资本成本。

二、公司治理的评价

(一)公司治理评价概况

世界各地的不同团体(组织)已经开始使用不同的方法对公司治理状况进行评价。根据这些治理评价系统使用的范围可以分为面向多个国家的评价系统和面向特定国家的评价系统。(注:例如,戴米诺评价服务涵盖了17个欧洲国家,CLSA公司治理评价则包括了20~25个新兴市场;而DVFA、布朗斯威克等一些评价系统则是用来评价某一特定国家的公司治理状况。)

一个科学的公司治理评价系统应该能够对各个国家的治理状况进行评级。在上述的治理评价系统中,只有戴米诺、标准普尔和CLSA是面向多个国家而制定的。在有些评价中使用的标准都很相似,戴米诺评价服务包括一个由法律分析和特定国家范围内的公司治理实务组成的国家分析报告;标准普尔提供了关于法律、监管、信息披露和市场基础4个方面有效程度的评估;CLSA主要利用与管制和制度环境有关的宏观公司治理决定因素来对各个市场进行评级。

另外,戴维斯、亨得瑞克和世界银行的评价系统也值得关注。前两者比较了公司治理的国别差异,但是,它们采用了不同的方法,这两种评价系统主要考虑了基于治理实务和单个公司治理状况的国家平均水平。而世界银行的研究则基于与公司治理有关的6个综合指标进行了国家层次上的比较。

通过比较各个治理评价系统具体使用的标准,发现以下四个特点:

(1)评价系统均是由一系列详细指标组成,且各个评价系统均包括了三个因素:股东权利、董事会结构及信息披露水平;对单个国家进行评价的系统则存在较大的差异。

(2)在所有的评价系统中,评分方法基本是相同的。总体而言,较低的得分意味着较差的治理水平,较高的得分意味着较高的治理状况。但是也有两个例外,ICRA使用相反的评分方法,CGR1意味着最好的治理状况,CGR6意味着最低的治理水平;布朗斯威克的治理风险分析则是以惩罚得分的形式来计算,得分越高,公司的治理风险越大。

(3)绝大多数评价系统都使用了权重评价方法,根据治理各要素重要程度的不同赋予不同的权重。

(4)获取所需评价信息的方法是一致的,均来自公开可获得的信息,其他信息是通过与公司关键员工的访谈而获得的。

(二)公司治理评价的意义

1. 对公司融资的作用

公司要从外部获得股权和债权融资,需要得到融资方的认同,最基本的是要使得融资方意识到他们的权利能够得到合适的保护。只有在此情况下,他们才愿意以合适的价格提供资本。公司治理评价就是证明公司对融资者能够提供这种保护的一种"显示信号"。公司治理评价可向投资者提供一个客观、公正的公司治理水平的信息,对于公司治理水平高的公司,投资者会愿意以更高的溢价购买公司的股份。

2. 对投资者决策的影响

公司治理评价可以作为投资者对公司进行投资决策时的重要依据。对投资者来说,公司治理评价可以使投资者比较不同公司治理水平的差异,从而了解公司运行的方式、了解内部人(包括经理层和控制性股东)如何对待外部股东特别是少数股东、了解公司如何对待债权人、了解公司财务透明度,从而把握对公司投资可能存在的风险因素。对于战略投资者和机构投资者来说,公司治理评价具有更加重要的作用,因为机构投资者的资产组合中占多数的股票都是流通市值较大的公司,这类公司的治理水平对公司持续、稳定的经营和发展以及股票的市场价值具有特别重要的意义。而机构投资者一般是长期投资,所以更加关注公司的经营稳定性。

3. 对公司价值的影响

公司治理评价的结果会受到公司现有股东、外部投资人、债权人及其他利益相关人的密切关注。公司治理评价高的公司的股东会提高持有公司股权的信心,继续持有或增加持股,外部投资者会选择这样的公司作为投资目标,银行等债权人更愿意为这样的公司持续提供贷款,供应商、经销商更愿意扩大与公司业务,带动公司经营业绩的上升,所有这些因素都会推动公司股票价格和公司价值的上升。而公司治理评价低的公司则会出现相反的结果。

4. 对监管机构和证券交易机构的作用

证券监督机构和证券交易机构需要对公司治理水准作出客观的判断来决定对公司的监管和指导。公司治理评价,为监管机构提供了重要的监管依据。对于监管机构而言,客观真实地了解和掌握上市公司信息是非常重要的。而公司治理评价一般是由社会中介机构进行的,其评价不会受到权力干扰和关系、利益等因素的影响,评价的结果更具有客观性和公正性。公司治理评价,为监管机构提供了一个统一的、可以量化的客观标准,有利于监管机构采取相应的措施,加强对上市公司的监管和指导。特别是对那些治理评价较低的公司,更应该作为监督管理的重点对象。

5. 有助于企业建立和实施公司治理战略

所谓公司治理战略就是公司在治理结构方面中远期内所要达到的目标和为此采取的相关行动,一个公司之所以需要治理战略是基于公司治理对公司作用的深刻认识。公司治理战略的目标包括公司准备在近期和远期所要达到的公司治理水平以及为实现这些目标在各个方面所采取的措施。公司治理评价体系,通过对公司治理水平的现状与理想水平的差距的分析,为公司制定和实施战略提供了重要的参照,不仅有总体的目标,还有各个方面的细致内容。公司治理评价同时也是公司自身改进治理水平的需要,通过客观的公司治理评价,不仅使公司自身从总体上把握公司治理的水平,还能够从公司治理评价的分析报告中详细了解影响本公司治理水平的因素及主要问题,从而明确建立公司治理战略。

目前公司治理战略已经成为公司发展战略的重要组成部分。在美国有许多专门为企业设计和实施公司治理战略的专业性咨询公司。企业可以通过公司治理评价认识自身的优势、劣势以及主要问题,为改进公司治理明确方向。

本 章 小 结

公司治理问题源于企业所有权与经营权的分离以及由此产生的代理关系问题。由于企业规模和经营范围不断扩大直接导致了两权分离。

公司治理面临的首要问题就是产权制度安排,因为产权明晰及其结构的配置直接涉及企业的控制以及相关的其他权利,是研究公司治理结构的前提。所以我们首先研究了所有权与控制权的关系以及二者在公司治理中的配置问题。

通过研究制度环境对公司治理绩效的影响,指出完善的公司治理结构、健全的公司治理机制,能够有效地保护或降低公司遭遇的各种导致公司损失甚至破产的风险和失误,从而增强公司价值,提高公司治理绩效。

　　还介绍了目前国际上几种主要的公司治理模式并分析了它们各自的特点,指出公司治理模式必须与本国的市场特征、制度环境以及社会传统相协调。

　　最后对公司治理的效应与评价进行了分析。

关 键 术 语

公司治理　公司权利配置　制度环境　公司治理绩效　公司治理结构　公司治理评价

思 考 题

1. 如何理解现代企业中所有权与控制权的关系?
2. 财务控制权在公司治理中的意义是什么? 如何实现其合理配置?
3. 对公司治理绩效影响较大的制度环境有哪些?
4. 产权结构对公司治理是如何产生影响的?
5. 比较三种典型的公司治理模式,分析其优缺点。
6. 阐述公司治理评价的意义。

案 例 分 析

德意志银行集团的公司治理

　　德意志银行集团是一家老牌全能银行,是德国最大的金融控股集团。20 世纪 90 年代以来,德意志银行正由全能银行的体制逐步转变成为全球性的多元化金融集团。从股权结构上看,德意志银行的大股东都是机构投资者,占到 80% 以上的份额,雇员持股占到 11%。

　　德意志银行公司治理原则的目标立足于提升和强化现有的及潜在的德意志银行的股东、消费者、雇员和在国内以及国际市场上的一般社会公众的信任度。德意志银行特别指出,考虑到社会经济生活的全球化,德意志银行尊重联合国条约中的有关全球稳定增长模式下公司治理的一般准则,并履行作为一家全球性企业在公司治理方面肩负的责任。作为共同治理理念的体现,德意志银行强调股东权益得到保证的同时,认为股东的权益只能在长期消费者得到满足、雇员获得激励以及银行履行了其社会义务的前提下才能实现。

　　德意志银行公司治理实行双层决策体系,包括董事会和监事会。董事会由八名董事组成,下设决策委员会和功能委员会。决策委员会的职责:①为董事会提供及时的有关银行业务发展和交易情况的信息;②定期汇报各个业务部门的状况;③与董事会磋商并向董事会建议银行的发展战略;④董事会决策的准备工作。功能委员会帮助董事会进行跨部门的战略管理、资源分配、控制以及风险管理,包括如下部门:①财务委员会;②投资委员会;③风险委员会;④资产/负债委员会;⑤投资/选择性资产委员会;⑥信息技术和管理委员会;⑦人力资源委员会;⑧合规委员会。监事会是任命、监督董事会并为董事会提供咨询的机构。监事会下设四个常务委员会:①主席委员会;②协调委员会;③审计委员会;④信用和市场风险委员会。

　　公司主要的常设管理部门是所谓的管理董事会(board of managing directors),由八人组成,没有 CEO,只有一个发言人(spokesman)兼任两大业务系统之一的客户和资产管理系统的主席,还兼任公司股权投资部门的主席,同时设有 COO,CFO,CRO。

　　监事会负责决定董事会成员的薪酬大小及结构。对于董事的报酬,基本工资依据国际同行业的可比标准产生,奖金则与公司业绩挂钩,主要是按照利润率来支付。奖金在全部工资构成中占据主要份额,为了有利于对董事们的长期激励,也设置了股权激励和延期付息股票计划。但是与英美模式下管理人员的薪酬主要由股票期权组成的方式不同的是,股票期权并不占据全部工资的主要份额。为了激励员工广泛参与银行的公司治理,2001年度的股东大会确定了全球持股计划(DB global share plan),以激励分布在全球范围内的员工。在这一计划之内,为德意志银行工作满一年,允许员工购买在市场价格打折基础上的一定数量的股票(附有相应的期权)。所附期权允许员工以后购买另外相同数量的股票。对于退休人员也提供一定数量的打折股票但是不附期权。德意志银行制定的股票薪酬激励计划覆盖面很广,有利于对员工产生普遍的激励作用。

德意志银行的公司治理首先突出了共同治理的理念,第一,强调银行的经营目标是要履行其社会义务,之后才是服务于股东;第二,基于风险管理的原则,监事会除了对董事会提建议以及监督之外,按照国内国际的标准,还要确保审计官的独立性;第三,对监事人员的要求比较高,要求监事人员要具备专业知识、管理技能和实践经验、国际业务经验以及要有足够的时间来履行自己的职责,监事会不应该有两个以上的原董事会的成员;第四,为了避免利益冲突,要求董事会成员应该向监事会主席披露在交易过程中的个人利益,避免董事会成员为了追求个人利益而损害公司利益,同时董事成员不能利用公司的业务机会为个人牟利;第五,德意志银行特别重视风险管理体系的建设,并强调随着时间推移不断对风险管理体系的有效性进行审定。

第六章　无形资产投资与管理策略

本章要点

1. 无形资产功能与营造战略
2. 无形资产创新经营策略
3. 品牌价值管理

知识经济时代的一个重要标志,是以智力成果为特征的无形资产在人类财富中的比重迅速增加。知识经济的最根本标志就是科学技术和知识成为推动经济增长的第一力量。在知识经济时代,无形资产对社会经济进步的促进作用更加显著,对企业生存与发展的贡献亦日益突出。据统计,世界经合组织内一些先进企业有形资产与无形资产的比例已达 1：23。企业的管理及其竞争力的核心大多体现在无形资产上,无形资产已成为企业竞争力的重要标准。无形资产是国家和企业的宝贵财富,决定着其经济兴衰和前途命运,应当引起人们高度关注。

第一节　无形资产功能与营造战略

在知识经济的今天,专利权、商标权、专有技术等以知识为基础的无形资产在企业经营中的作用越来越重要,其在企业总资产中所占比重也越来越高。实施无形资产战略,借助无形资产盘活有形资产存量,正日益成为诸多成功企业优化资产,实现资源整合,谋取竞争优势的重要机制。为迎接世界范围内新技术革命的挑战,我们应当更新观念,改变资产结构,将投资的重点放在无形资产上,逐步形成一整套规范的无形资产投资决策的分析、程序和方法,以适应这种新的投资方向的要求。

一、无形资产的功能

无形资产是一种"软"资产,它主要表现在形态上存在的非"实体"性。它除了资产的共有属性外,还具有自身的特性和功能效应。

(一)无形资产是提高企业经济效益的保证

无形资产是一种高效益的资产。一般情况下,无形资产同有形资产一样,都是企业的宝贵财富。但无形资产本身具有超乎想象的价值,这是有形资产所不能比拟的。在现代市场经济社会,商标、品牌等无形资产是企业进军市场的旗帜和竞争制胜的"王牌",它能够给企业带来超额利润。在激烈的市场竞争中,哪个企业拥有驰名商标、品牌,也就意味着占据竞争的优势,对市场空间的扩大和占有率的提高发挥着巨大的功效。我国联想、北大方正等高技术企业在不到10年的时间内,从几万元、几十万元的投资,发展到具有数十亿元销售额、产品享誉全国、有形资产亦过亿元的企业就是有力的证明。无形资产可以带动有形资产,通过其含有的科学技术"物化"劳动资料、"物化"劳动对象,用尽量少的消耗,制造出尽量多的产品,最大限度地提高经济效益。

改变我国企业的经济效益,必须变粗放型经营为集约型经营,增强无形资产在资产总量中的作用,盘活存量,形成新的增长点。

(二)无形资产是保护企业产权安全的必要武器

随着科学技术的进步和社会经济的发展,无形资产的重要性越来越明显。可以说无形资产在社会投资中的比重会日益增大,例如对人力资本形成的投资额与投资需求将会更大幅度上升,无形资产在企业财产中的比重也会日益增大。无形资产是企业财产不可分割的一部分,而且占有很重要的地位,应该对其加强经营管理,如果忽视这一点,就会给国家和企业造成经济上、技术上的严重损失。

我国还有些企业的产品质量高,在国际市场受欢迎,为企业创造了巨大的经济效益,企业也投入了大量的资金进行广告宣传。但由于不懂商标注册的紧迫性和重要性,致使牌子被别人抢先注册,若再使用自己辛辛苦苦创下的商标,反成了侵权违法者,只好花巨款赎回自己的商标,或是重新采用新的商标。不管用哪种方法,企业都付出十分沉重的代价。

还有的企业没把自己的独特配方、工艺视为宝贵的无形资产来珍惜,不注意保密,被外商轻而取得,使企业和国家遭受损失。

(三)无形资产是知识经济时代资本家族的新成员、新要素

优良的信誉、知名的商标和品牌,如同一个"中子",对企业的价值增值可以释放出无法估量的"核聚变"般的能量。国际权威资产评估机构统计表明,对价值增值方面的作用,无形资产超过有形资产4~5倍,无形资产成为一个巨大的财富源泉。以知识形态存在的无形资产作用被人们日益重视,不但在无形资产所有者的单位内起着"物质技术基础"和"特殊商品"的作用,而且在社会发展进程中,智力资源还发挥着改变传统资本结构的作用。无形资产作为一种新的投资形式在对外投资中发生了转化,以"无形资产"的角色出现在新的经济合资实体中。

无形资产承担"资本"要素,不仅为大量的技术成果转化为现实的生产力拓宽了途径,同时也可以利用无形资产进行企业重组、盘活或激活其他生产力要素,并提供广泛的就业机会;企业还可以利用具有无形资产的优势进行低成本扩张,采取买断股权、产权重组、兼并、联合等形式不断扩大资本经营规模。无形资产作为资本要素,有利于促进风险投资与风险资本市场的发展,使新兴的高科技、高智能企业的建立有了资本保障,为不同形式"资本"的嫁接拓宽了渠道,使高新技术产业、智能产业在资本市场获得积极的风险投资,从而有更广阔的生存发展空间。企业还可利用无形资产的优势向银行及非银行金融机构进行融资;或利用无形资产优势采取造壳上市、买壳上市等到股市直接融资;或是通过发行企业债券进行融资。

(四)无形资产是实现可持续发展的新资源

可持续发展是当代世界经济发展的主要方向。无形资产是可持续发展的新资源,重视无形资产有利于提高企业集约化经营水平,有利于激活大量闲置的有形资产使之发挥正常效用,同时也扩大了劳动力就业机会。因此,重视无形资产经营可相对地节约资源,减少污染,改变传统的外延或粗放型经营,避免低水平简单重复和资源密集型产品的生产。同时以优质无形资产为纽带,组建企业集团,可实现高效、低成本的资本扩张,是充分利用资本这种可持续发展资源进行集约化经营的有效方式。

二、企业无形资产的营造战略

企业的无形资产在于企业自身的创造。驰名的商标、品牌、信誉和形象不是天生的,完全要依赖企业自身的努力来创造。总结国内外驰名商标、品牌等无形资产成功营造的范例,大致有这样一些主要途径:

(一)专利营造战略

当今的国际社会已进入了一个知识与技术不断创新的时代。能否在培育、创造和创新的过程中,切实有效地维护自身的知识产权与技术专利,成为企业及其竞争对手保持并扩大竞争优势的关键。一个企业拥有专利的状况、专利战略的运用状况,已成为决定企业市场竞争地位的一个十分重要的因素。事实证明,哪个企业专利工作开展得好,哪个企业就能够在日益激烈的市场竞争中多赢得一份主动,争得一份优势。

在国际市场上,一些实力雄厚的大公司、大企业,往往是重视专利工作、注重专利战略的研究和运用的典范。在激烈的竞争中,一些名不见经传的小企业,竟然打败称雄于世的大公司,其秘密武器往往也是专利。国外许许多多的公司、企业之所以每年都要申请成千上万的专利,其原因就是:一方面他们可以用专利来武装自己,形成对他人的强大攻势;另一方面又可以用专利筑起牢固的防线,以阻止竞争对手的进攻。发达国家的公司、企业为了最大限度地取得竞争中的优势,尽快占领广大的市场,便把专利战的触角,最大限度地伸到与自己利益相关的每一个国家,这样使得一切实行专利制度的国家都无一幸免地被卷入了这场无休止的专利战中。面对这种严峻的形势,我们的企业再也不能无动于衷,而应迅速地不失时机地拿起专利这一有力武器,去保护企业的国内市场和争夺国际市场;要充分重视专利知识的学习,重视专利管理及专利战略的研究与运用,力争在较短的时间里熟练掌握并灵活运用专利这一武器,以便在当今世界激烈的技术、经济角逐中争取主动。

现在的市场竞争,很大程度上就是知识产权尤其是专利的竞争。在商业收购案以及专利战中都可以看出,专利的商业价值不可限量。专利是企业参与市场竞争的有力武器。

专利的商业价值主要体现在:

(1)专利作为一种无形资产,本身就具有一定的价值。按照《中华人民共和国公司法》规定,专利等企业无形资产可作为注册资本,可占注册资本的比例最高达到70%。

(2)可以作价入股、质押贷款。而且,专利的价值能够吸引风险投资,增强投资商的信心。好的专利能够体现一个技术项目的科技含量、新颖性、成长性等,增强投资者对项目的信心。

(3)专利的垄断性所带来的价值体现。专利的两个最基本的特征就是"独占"与"公开",以"公开"换取"独占"是专利制度最基本的核心,这分别代表了权利与义务的两面。"独占"是指法律授予技术发明人在一段时间内享有排他性的独占权利,即具有一定的垄断性。利用知识产权特有的"独占"优势,企业可以通过一系列相关工作,建立一个合法的垄断,以提升公司的优势地位。专利的商业价值可通过专利转让、交叉许可、侵权损害赔偿等途径实现。企业还可以通过建立专利池,或者跟更大的商业模式结合,以获得一些更大的垄断或者优势。如爱立信持有的2万多项专利基本覆盖电信行业的方方面面,2010年,专利组合给爱立信贡献了约合7.04亿美元的收入。

(4)专利还可以帮助企业开拓新的市场、实现高利润。专利是对现有生产技术的升级改造，或是对新的技术领域的研究开发。尤其是那些顺应时代发展的专利，往往可以撬动几十亿、上百亿的市场。

从很多例子中可以看到，真正掌握了核心技术的外资企业往往拿走销售利润的绝大部分，而为其代工的许多中国企业只能获取微薄的利润。如：苹果拥有知识产权专利，它可以站在利益价值链的最顶端来获得最大的利润，而中国的一些代工厂却只能沦为低端的加工者。因此，知识产权的价值不仅仅在于自身可以卖多少钱，更重要的是对企业内部竞争力和盈利能力的提升。

对于企业而言，知识产权的商业价值最终还是要靠企业的发掘。要获得一个发明专利授权对企业来说并非一件难事，但是如何运用好知识产权、运用好专利，却不是一件容易的事情。因此，如何将知识产权等无形资产提升为现代企业的核心资产，是当今企业管理最为重要的议题。

（二）质量信誉战略

无形资产的营造，涉及专利权、商标权、营销策略、销售渠道、市场形象各个方面，并牵动着企业的不同层面与环节，是一个复杂的系统工程。强化质量信誉是企业无形资产营造的基础和永恒的主题。没有高度的质量和信誉前提，即使企业在一时创造出知名度，也终将无法持久，从而影响市场的开拓和无形资产的形成。波音公司前董事长威尔森一针见血地指出：从长远看，无论在哪个市场上，唯一经久的价值标准是质量本身，质量是产品的生命，质量是品牌的物质基础，质量是企业形象的保证。科学的质量管理和质量保证体系是创造优质名牌的重要保证。

产品质量是品牌价值的基石，能体现企业的技术含量和文化，没有质量就没有名牌。长期以来，中国产品在国际市场上的总体形象是质次价低，这与中国企业落后的质量观念和质量管理体制不无关系。注重产品质量对正处于品牌经营起步阶段的中国企业来说有着尤为重大的意义和作用。只有源源不断的技术创新，企业才能不断向市场推出新产品，不断提高产品的质量知识含量和科技含量，改进生产技术，降低成本，进而提高顾客价值，提高产品的市场竞争力和市场占有率，并适时开拓新的市场领域。产品质量关系到企业的生存与发展，只有那些质量优异的企业才能在竞争大潮中站稳脚跟。

大庆油田也一直以"质量是企业永恒的主题，是企业的第一生命"作为自己的经营理念。产品质量的高低是企业有没有核心竞争力的体现之一，提高产品质量是保证企业占有市场，从而能够持续经营的重要手段。质量在今天之所以变得比过去更加重要，是因为市场环境同商品紧缺时代相比，已经发生了根本性的变化，只要能生产出来就能卖出去的年代已经一去不复返了。

成功的企业无一例外的重视产品和服务的质量。质量改进是当今关系企业生存的重要问题，企业产品质量的重要性愈加突出。因此，注重产品的质量问题，也是当今企业发展必须考虑的问题。

营造质量信誉战略，要求企业必须在质量信誉上进行不懈的积累、升值。在确定公司战略发展结构、制定公司政策时，严格的质量标准是不容忽视的，它是企业必须切实遵循的一条基本规范。一般而言，一套完整的质量管理体系涉及产品的用户调查、研究、设计、试制、工艺、包装的设计制造、原材料和外购件的合理供应、生产、计划、检查、行政管理和经营管理、销售和为用户服务等各个环节。根据我国的实际，应成立专门的质量管理机构，负责对整个企业质量活动的计划、组织、协调、监督和检查,各职能部门及其下属公司与车间也应建立相应的质量管理小组,设置兼职的质量管理员,这种质量管理体系的核心任务是质量控制和质量检验。质量控制要求质量管理体系制定明确的质量目标和质量方针及各类管理程序,实行质量管理标准化,并建立严格的质量责任制和高效灵敏的质量反馈系统,使产品质量形成过程中影响产品质量的各种因素均处于积极的受控状态。当企业决定生产某品牌的产品时,负责质量保证的工程师必须对产品的设计、制造、包装、发运整个过程中的每个环节都提出严格的质量要求,编制质量保证计划书,如设计标准、规范、规定和准则,并按计划书的质量要求进行准备和生产,如产品生产之前对设备进行改造或校准调试以保证产品的质量。

质量检查与试验是质量管理体系的另一大职能,质量管理部门应制定和发布检查与试验计划书,分发给工程生产控制部门、生产过程控制部门、制造部门和材料部门,然后根据公布的质量检查与试验计划的要求,实行来料检查、生产过程检查、最终成品检查和搬运储藏检查,通过层层检查,杜绝不合格产品的生产和上市。企业的领导者除了要不断完善质量管理制度之外,还要坚定地维护质量管理制度的尊严,支持质量管理部门的工作,此外还要赋予质量管理部门以相应的权力和地位,以便他们能排除各种干扰,顺利地开展工作,使质量检查和实验落到实处。

(三)品牌战略

品牌形象是企业竞争优势的主要源泉和富有价值的战略财富。任何产品都有自己的品牌,它是区别于其他商品的质量与形象的标志。由品牌到名牌,是企业科学技术、管理理念、实践经验、企业文化、价值观念、形象信誉、战略思想、运筹策略以及服务质量等诸方面因素精华的凝结与升华,是高品位、高质量、高信誉度、高知名度、高市场覆盖率以及高经济效益的集中体现。品牌一旦成为了名牌,就会获得一种独立的、甚至对市场与企业前途命运产生支配力量的地位,发挥着巨大的辐射杠杆功能。此即所谓的品牌效应或品牌战略。

品牌战略就是公司将品牌作为核心竞争力,以获取差别利润与价值的企业经营战略。品牌战略是市场经济中竞争的产物。战略的本质是塑造出企业的核心专长。品牌战略包括品牌形象、产品定位、发掘差异化、品牌核心价值等多方面因素。

企业实施品牌战略,应该以市场为导向,按照国内外市场的需要变化趋势,以高科技、高质量为重心去开发和培育品牌产品,不断提高品牌的科技文化含量。在当代市场经济条件下,要成为知名品牌,应该在科技开发与产品科技含量方面具备一定的创新与领先优势,才能赢得市场。品牌战略的实质是通过品牌带动企业产品供给结构的升级换代,实现供给结构的创新,并且通过供给结构的创新来创造新的需求,达到拓展市场空间的目的。

品牌的知名度除了靠产品自身的质量外,还要靠信息的传播来提高。特别在品牌的初创阶段,尽快扩大品牌的市场空间,让更广范围内的消费者感受品牌、认同品牌、偏爱品牌,加强整体营销策划,包括产品的组合、价格的确定、各种促销和广告活动等,均应围绕扩散品牌、提高品牌的知名度和市场占有率而努力。

名牌标志着一种形象。因此,实施品牌战略的最高境界便是卓越的企业形象的塑造,包括外显形象(产品形象、质量形象、员工形象、服务形象)、中介形象(经营形象、管理形象、发展形象)以及核心形象(精神形象)等三个基本层次。品牌战略是围绕品牌、形象而展开的一个全方位、广角度、宽领域、超时空、高层次、综合实力的竞争,是企业人力资源、生产资料资源、财务资源、技术信息资源、管理资源以及信誉、风格、服务、品牌、标识和企业文化,包括员工精神风貌、共同价值理念、创新能力与意识等诸方面综合素质与复合优势的体现,是一个复杂的系统工程。在这一复杂的系统结构中,最深层次的便是企业文化,质量信誉是名牌的生命,而文化品位则是名牌的灵魂。现代世界经济的竞争,表面是产品和服务的竞争,深一层次是品牌竞争,再深一层次是经营管理的竞争,更深一层次是体制的竞争,最深层次则是文化的竞争。这里的文化,既不是笼统的大概念,也非外显的表层结构,而是其最本质的深层结构:观念意识与创新能力。从这种意义上讲,重视并不断提高文化价值,是企业实施品牌战略,谋取竞争优势的根本。

第二节　无形资产创新经营策略

在知识经济下,产业结构出现了迅速的转型,一系列的传统产业趋于收缩,而信息产业、生物工程等产业加速扩张。随之而来的是劳动力结构的变化、就业结构的变化和企业结构的变化,知识型劳动力的地位提高,就业机会增多。那些具有信息业特征的小型企业在很短的时间内,借助于现代融资制度,迅速壮大,获取了丰厚的利润。而那些有着长期积累逐渐发展起来的百年企业,却面临着财务紧张和倒闭的危险。

可以说知识经济提供了一个新的背景,要求企业对此进行适应,作出经营思想上的调整,无形资产的经营也面临不断创新。

一、反向经营策略

"反向经营哲学"兴起于20世纪90年代的西方国家,并被认为是当代最时髦和最前卫的商业营销策略。国际上许多著名公司都采用这一战略,并取得良好业绩。这些公司本身并不生产商品,而刻意把自己塑造为一个商业组织。他们以自己闻名遐迩的商业品牌,将许多产品形成系列后置于自己麾下,用品牌去经营这个商业组织,使企业的资源培育明确定位于品牌的经营,也就是树立品牌资源,再用品牌资源去扩大市场和经营这个商业组织本身。

现今的社会是一个科技进步飞速发展、消费观念向品位档次高层演进、市场份额日益趋向具有竞争优势的优质名牌聚合集中的时代。全球市场正发生着微妙而深刻的变化,而且这些变化具有革命性。这些变化包括:电讯业的迅猛发展,使产品代购和定价可以瞬间完成;耐用消费品的更新换代一浪高过一浪;日本及东南亚的制造商直逼西方对手,全球性竞争日趋激烈;西方经济危机使消费者对价格日益敏感和谨慎。

面对瞬息万变的需求变革与白热化的全球竞争,传统的以"产品驱动"为理念的经营策略已经无法适应现代社会的需求和激烈的市场竞争。在传统理念下,生产厂家根据自己的特长进行生产,然后通过经销商到市场上销售。在这种经营思想的影响下,生产者缺乏组织和开拓自己产品的知识,把自己的命运寄托于经销商。当生产厂家的生产数量增长时,他们发现这不是理想的经营方式。其表现出的问题是:利润比较低,缺乏市场信息,销售的订单是由经销商安排的。于是,他们自然地扩展道路开发和建立自己的销售网络,形成"产品驱动"战略。

在"销售驱动"反向经营理念下,企业将重点转向自身销售网络的开发与建设,着力控制营销渠道并不断拓展网络对销售的有效支持能力,使经销的产品尽可能接近自己的最终用户,以期快速敏捷地感受、捕捉与传递市场供求信息,然后回头再组织恰当质量与数量产品的生产供应,并借助优势的名牌产品及其系列占领目标市场,进而确立优势的竞争地位,形成销售与生产供应的高效、良性循环态势。

反向经营策略包括以下三个基本要点：

（一）以品牌树立为经营中心

在反向经营思想中，品牌是企业赖以生存和发展的基础和资源。品牌不同于商标，一个商标可能有很高的商誉，也可能默默无闻，而品牌则是市场对产品或企业的认同。企业培育品牌，而不是仅仅注册一个商标，其目的在于培育企业的市场信任资源。以市场为导向的品牌资源培育必须着眼于更大的市场，也就是要强调市场的覆盖率。一个好的品牌，应在目标市场上有较高的市场覆盖率。反向经营策略中的品牌树立的重要内涵是形成一个不断扩张的销售网络，使品牌资源在网络运行中得以发挥作用。

（二）以商业组织来实施销售驱动

所谓商业组织是一个企业集团，但它不是以产品和技术联结起来的企业集团，而是以品牌和销售网络联结起来的，以资本为纽带的企业群体。这个集团的核心企业控制着品牌和销售网络，并以此为基础不断扩大品牌的影响力和销售网络的覆盖率，集团中的生产型企业利用这一品牌和销售网络实现市场扩张。核心企业可以利用资金、商誉，巩固和扩大企业集团规模，提高品牌的市场影响和认同程度。在其全部经营中，销售是中心，但它不是传统意义上的把产品推销出去，或者以市场需求为导向制定企业的经营方针，而是把销售资源作为企业的基础性资源，以此为根据确定企业经营战略。

（三）充分利用各种工具和机会培育企业的资源

反向经营策略不仅摒弃了以产品驱动企业自然发展的思路，还在培育资源方面有了重大变化。企业为实现快速扩张，可以利用各种资源收购销售网络和品牌，而不一定要自己慢慢培育。现代经济拥有巨型销售网络的企业，其资产规模通常非小企业能够比拟。因此，借助于外部资源，特别是制度条件来实现小型企业的快速扩张是十分重要的。也就是说，小型企业应善于把外部资源转化为内部可以使用的资源，并将这些资源引导到销售资源培育上去。

二、虚拟一体化运营策略

随着信息的日益发达，西方国家近年又从计算机行业衍生出一种新的管理概念，即虚拟一体化经营策略，并迅速渗透成为西方诸多企业一个重要的经营理念。

从计算机技术范畴而言，"虚拟"是指通过借用外部共同信息网络及有序的信息等资源，以提高信息资料贮量并使之存取更加效率化的一种方法。这一概念移用引申到企业的经营理念中，实质上就是借用外部力量或通过对外部一切有用资源优势的整合弥补，而使企业自身内部有限的资源能够取得竞争中的最大优势和最高效率的运转，亦即所谓的比较优势效应。

相对于存在着明确而稳定的受控资产边界产权一体化，虚拟一体化是以信息技术为基础，由多个具有独立市场利益的企业或企业集团，通过非资本纽带媒介生成的一种（类）相对稳定的或者临时性的产品生产、营销和服务的分工协作关系，是一种无形的、虚拟的一体化结构。

当前，虚拟一体化运营策略的主要形式是合同制造网络与策略联盟等。合同制造网络通常是由那些拥有著名商标、品牌的企业或企业集团集中优势资源，着重发展自身最具竞争力的产业、服务或产品项目，或者专注于业务环节中具有最高附加值功能、最为关键构件等的设计与行销规划，其他次要的环节甚至整个的具体制造加工委托交付给外部的专业化生产的合同协作单位，并在彼此间通过精密的资料交换建立起订购—代工网络等。在这一协作网络中，居于核心地位的企业,应当甚至必须在相关业务领域的网络体系中拥有足以将其他协作单位聚合在一起的某种能力,如技术优势、信息优势、产业开发优势或者市场网络优势等。合同制造网络关系的建立,不仅极大地降低了企业不同产品生产或不同作业过程的调整准备成本,而且能够迅速捕捉并适应市场需求的变化,创造出高弹性的竞争优势。策略联盟是企业与其他数家具有相同市场关系的企业,为了共同抵御风险或达到协同互利等目的而共同投资开发某个项目、产业领域或共享信息及其他资源等所结成的合作关系。具体可以是上下游企业或原本同业竞争对手间的联盟,也可以是具有共同客户或消费者群的企业间组成的联合销售网络等。

虚拟一体化不仅能够借助以计算机为辅助的柔性制造系统而使产品的加工制造过程更加精密可靠,从而大大降低了为不同客户生产加工不同规格产品的协调成本、转换成本与交易成本,而且与外部网络相连接的管理信息系统与柔性制造系统能够与客户在网上建立起直接的联系,极大地提高了信息传递的效率、及时准确性与市场反应能力,并便于企业与经销协作单位之间在产品设计特性、质量标准和订货量等方面及时、高效地进行资料交换,而将生产与服务调整到最佳的状态。

虚拟一体化运营策略的精髓是将企业有限的经济资源集中在关键性的、高附加值的功能上,而将次要的、低附加值的功能虚拟化,从而发挥自身最大的优势并最大限度地提高竞争能力。但应当提请企业注意的是:在进行虚拟一体化运营时,必须控制关键性的资源,如专利权、营销渠道和研究开发能力等。同时,为了维护企业及其品牌形象,保持竞争优势,还必须关注产品质量、成本及产品生命周期等其他方面的平衡。

三、基因置换策略

基因置换策略也叫存量资产优化组装,即以现有存量资产为基础,而将健康资产中具有旺盛生命力的无形资产的"基因"(品牌、商标、商誉、技术、经营力),注入处于休眠或病变状态的存量资产体内,以期激活或置换其休眠的或病变的"基因",从而达到盘活整体存量资产的目的。

企业正常运营中的存量资产,体现着一种有序的组织化结构或功能。资产总是要通过组装的形式,即"软"性无形资产和"硬"性有形资产的合理配置组合才能正常运转。在各种资产的组装磨合过程中,无形资产出现过剩或闲置,便会造成浪费,就不能最大限度地发挥无形资产的杠杆扩张效应;相反,一旦无形资产匮乏,有形资产就会失去粘合力与催化力,整个资产运动就会出现障碍,缺乏活力,最终进入休眠甚至病变状态。

在存量资产优化组装过程中,作为一种"软"资产,无形资产具有两大功能:粘合功能与催化激活功能。在存量资产整体运动中,无形资产与有形资产在地位和作用上是相互对称的。休眠或病态资产之所以缺乏生命活力,其中关键的原因是资产运动过程出现"对称破损",即总体存量资产中的无形资产与有形资产结构比例失调。最普遍的"对称破损"是无形资产不足或缺乏。存量资产一旦处于休眠或病变状态,由于缺少无形资产粘合与催化,已不大可能依靠其自身的运动代谢功能复苏或康复。要激活这种休眠或病变状态的存量资产,必须从外部注入具有旺盛生命力的无形资产这一"强心剂",消除"对称破损",盘活存量资产。

用无形资产盘活存量资产,涉及三种不同情形的企业:第一种是虽有良好的无形资产能力,但因组装结构不合理而导致存量资产缺乏活力的企业;第二种是拥有雄厚无形资产剩余能力而自身资产组装已处优化状态的企业;第三种则是缺乏无形资产且自身存量资产处于休眠或病变状态的企业。

在第一种情形下,企业应考虑的主要是如何进一步有效地发挥无形资产的杠杆效应,优化存量资产的配置组装结构问题。其中企业的管理体制与组织结构的合理是一个不容忽视的因素。大量事实告诉人们,在信息技术高度发展、产品日新月异、市场经济全球一体化的现代经济社会,竞争优势的主要来源已不再仅仅是不断研究变化中的环境并制定有效战略的能力,更需要具有以不断变化的方式调动其资源配置而成功地实施战略的能力,即企业管理体制与组织结构有效性与保障能力。或者说,能否全面更新和优化企业的管理体制与组织结构,并赋予其应有的灵活性与适应性,对于提高企业资源配置效率、最大限度地发挥各项资产的功能、谋取市场竞争优势都将产生重大的决定性影响。

对于第二、第三种情形的企业,在考虑第一种情形因素的基础上,欲盘活存量资产,一是前者向后者注入或后者向前者引进足够的无形资产,如折股合资或合营等;二是缺乏无形资产的企业通过产权中介市场购买所需要的无形资产;三是拥有无形资产的企业对拥有休眠或病态资产的企业进行整体并购后,进行资产的整合重组;四是缺乏无形资产的企业并购拥有无形资产的企业,然后进行资产的整合重组。

存量资产优化组装或进行基因置换通常有如下几种基本模式:

1. 商标(商誉)置换模式

商标(商誉)置换模式即企业以接受资本投入的方式,取得其他企业驰名商标(商誉)的使用权,以对休眠或病态存量资产加以组装激活。这种模式主要适用于产品质量可靠,能够达到驰名商标标志产品质量水准,但由于原来商标知名度不大,产品销路不畅的企业。

2. 技术置换模式

技术置换模式即企业以接受资本投入的方式引进其他企业的先进技术,置换休眠或病态资产原有的落后陈旧的技术,通过技术置换来优化组装休眠或病态存量资产。这种模式对于那些具有较强经营力、一定的知名度及雄厚的有形资产,但技术落后陈旧的企业组装优化存量资产较为适用。

3. 经营力置换模式

经营力置换模式也叫"托管"式置换模式,即企业将自身拥有的存量资产以有偿的方式委托给具有较强经营力的法人或自然人,通过受托经营方对原来的休眠或病态存量资产注入强大的经营管理能力,从而实现存量资产优化组装和激活的目的。此模式适用于知名度较高、技术条件良好,但由于经营管理水平低下而导致存量资产处于休眠或病变状态的企业。

4. 组合置换模式

前三种模式都是围于单一无形资产基因置换模式,而对于那些由多重诱发"基因"导致存量资产处于休眠或病变状态的企业,仅仅依靠单个无形资产进行置换显然是不够的。在这种情况下,就必须依靠具有活力的若干无形资产的组合进行复合置换,根据休眠或病变存量资产的不同特征与不同诱发基因,选择相宜的组合方式。当然,在利用无形资产对存量资产进行组装激活的同时,再注入一定数量的有形资产,特别是现金资产通常是必要的。

第三节　品牌价值管理

进入 21 世纪,企业和产品的竞争从质量和价格的竞争上升到了品牌的竞争。没有品牌,企业就没有灵魂,就会失去生命力,品牌的价值对企业的生存和发展是非常重要的。在市场经济日益发达的今天,品牌再也不是简单的标识和符号,它已经发展成为企业的战略经营目标,已经成为企业最有价值的无形资产和竞争武器。

美国著名品牌策略专家莱瑞·莱特所言:"拥有市场比拥有工厂更重要,而拥有市场的唯一办法就是拥有占市场主导地位的品牌。""品牌策略"及"品牌管理"在 20 世纪 80 年代已经是市场营销学者及企业管理人员重点研究的课题。如今的市场已进入品牌争夺时代,品牌在现代市场营销和竞争中发挥着越来越重要的作用。在 2014 年最新出炉的《福布斯》"最有价值品牌排行榜"中,苹果力压微软拔得头筹,其品牌价值约为 1 242 亿美元,几乎是榜中的其他品牌的两倍多。

一、品牌与品牌价值管理

商品的名称、企业的名称、文化或是评价等都可以称之为品牌,品牌是一项蕴含着巨额财富的无形资产。品牌的这个名称是与该名称的实体相互依存的,没有这个实体作为品牌的载体,品牌就无法继续存在。

品牌价值是一种超越企业实体和产品以外的价值,是与品牌的知名度、认同度、美誉度、忠诚度等消费者对品牌的印象紧密相关的、能给企业和消费者带来效用的价值。优良的品牌不仅是企业的无形资产,能给企业带来直接的和长远的经济效益,而且是社会的宝贵精神文化财富,对大众的思想意识和生活观念产生着重要的影响。这种让顾客的需求感到满足,乐于消费、忠诚消费,甚至产生消费依赖所表现出来的市场价值就是品牌价值。商品的名称、企业的名称、文化、评价等,如果能够赋予消费者需求的满足,就具备了这样的价值。品牌价值是企业竞争的优势之一,这种竞争可以使企业持久维持优势。要达到此效果,企业不仅要让品牌具有某种价值,更要让顾客因为此种价值而愿意与该品牌建立紧密而长久的关系。近些年,国内的许多企业管理者已逐渐意识到了品牌的内在规律和价值。良好的品牌形象是企业在复杂多变的市场竞争中占据有利位置的重要因素,成功的品牌之所以经久不衰,是因为它良好的形象在消费者心目中确立了稳固的地位,即使其商品已历经改良或充实,只要不断提高品牌内在的人文意义、完善外在的形象,其物质价值和精神价值就会不断提高。

品牌价值不同于普通的商品价值,它具有很多独特的性质。产品本身是劳动的结晶,它随着产品的交换而得到转移,而品牌价值虽然在产品的价格决定上发挥重要作用,但它并不因产品的交换而得到转移和转换,它具有独立性。同时,品牌价值会随着消费者对其认同度和接受力的差别而使其向扩大的方向或缩小的方向变化,品牌价值又具有可变性的特征。企业的经营资源可以通过品牌进行有效的整合,并调整好市场推广的进程,定会给企业带来良好的经济效益。

面对激烈的市场竞争,变单一经营商品为经营品牌、创著名品牌、塑造良好的品牌形象,已逐渐成为企业的共识。随着我国市场经济的发展,"品牌管理"正在引起我国越来越多学者和管理者的关注和重视。国内的各大企业开始尝试构建并利用品牌,重视品牌价值、发展企业文化、树立企业形象。实施品牌战略、营造品牌环境、加强品牌保护,将有助于企业的可持续发展。

20 世纪 90 年代中期,欧美的市场营销管理学者强调以价值为基础的市场营销管理思维。所谓价值,不仅包括经济上的用金钱可衡量的价值,也包括金钱不能衡量的价值,如愉悦、身份、满足等这些只在精神及心理上体现的价值。品牌也是如此,品牌的价值包括两方面的内容:一是体现在特定商品身上的实用价值,必须以其优良的品质得到消费者的肯定;二是能够满足人们精神需求的附加价值,这个附加价值就是品牌的人文意义。企业的产品要达到蕴含品牌的双重价值,就必须努力做好以下几个方面的工作:

1. 构建具有可靠品质的品牌

没有可靠的品质,品牌就如空中楼阁,没有了根基。著名经济学家吴敬琏认为构建品牌有两个关键要素:其一是"求实"。要最大限度地提高消费者对产品质量和提供服务的满意度,这是品牌形成的基础。一些花了很多钱的企业最后无法成功地打造品牌,关键就是因为它们没有这种基础。其二是"求名"。当今时代,人们的时间资源稀缺程度提高,信息爆炸加快,在客观上需要企业通过品牌这个载体把产品和服务的各种信息高效地传达到消费者这里。营造品牌的关键就是要"造名"与"造实"并重,使名与实相符。吴敬琏认为,过去我国企业执行品牌战略时出现的主要毛病是文不胜质,名不副实。他强调:"光有宣传没有可靠的品质是造不出品牌的。"可靠的品质才是品牌在市场中站稳立足的根本,是品牌的核心价值所在,是连接品牌与消费者的纽带。真正的品质并不完全是物质的,品质也是一种精神。讲品质就是要在平时做事的时候时刻记住"保证品质"这四个字,不只是生产员工,包括设计人员、管理人员等都要有这个观念。

2. 注重品牌的人文意义

梯队效应将品牌价值在购买行为过程中的作用区分为:知名度、兴趣度、认知度、差异度、偏好度、购买欲望度、忠诚度等几个层次。顾客知道某一品牌在市场上存在,这仅表示品牌已具有知名度,但距离顾客下决心购买此品牌产品仍有一段距离。梯队效应假定某潜在客户知道某品牌的存在,对此品牌产生兴趣,于是大脑中储存有关此品牌及产品的信息就被调入大脑皮层,消费者从中了解这一品牌的特点及与其他竞争品牌的区别,这种了解必须上升至偏好阶段,潜在顾客才有倾向购买此品牌。当偏好度很强烈,产生一种希望拥有此品牌产品的欲望,购买行为才最终出现。促使消费者购买行为的发生,最终是对消费者需求的满足,让消费者得到了愉悦的心情,这就是品牌的人文意义这个附加价值起到了至关重要的作用。

品牌价值建设的进程中存在一个"价值取向"的问题。首先,成功的品牌不仅基于产品的功能和质量,在产品或服务上也能为顾客带来超越满足感的价值;其次,品牌带给消费者的人文价值也是消费者选择品牌、接受品牌和忠诚品牌的关键因素,广告活动、产品设计、推销活动等做得很好,也不一定能让顾客感受到品牌的人文价值。企业要以宽广的视野、战略的角度、全方位地建立品牌,赋予品牌独有的价值,让顾客及公众每听见此品牌,便联想到相关的人文意义,这样才能让品牌长留顾客的脑海。国内不少品牌,尽管知名度较高,但往往只代表一种名称或只让消费者想起其出产地,没有体现出品牌内涵的人文意义,产生的经济效益和社会效益不高。

3. 跟踪品牌的成长过程

多数企业在品牌建设方面存在极大的片面性,他们认为品牌问题即是广告问题。事实上,品牌的建设不仅仅是制作绝妙的广告和广告投放多少的问题,品牌在成长过程中还会存在销售情况、市场状况、竞争态势、广告效果、促销效果、消费行为、渠道建设、市场战略等问题。夸克顾问市场研究公司从多年的市场研究实践中,总结推出了"品牌跟踪研究模型"。在这个模型里,包含了多种行之有效的研究方法:市场总量研究、竞争状况研究、广告效果测试研究、消费者心理研究、消费者行为与习惯研究、渠道建设研究等方法。这一模型可以高效地整合品牌跟踪系统,帮助企业找到品牌发展过程中的薄弱环节和停滞的关键点,通过对品牌问题关键点的解决,进而带动解决品牌存在的其他问题,层层深入到对整个品牌系统的改造、建设,可以使品牌在激烈的市场竞争中长盛不衰。

4.拉近消费者与品牌的距离

品牌面向的直接对象是消费者,拉近消费者与品牌的距离,是品牌建立的必要条件。长期以来,很多企业都不遗余力地在这方面努力,期望获得消费者对品牌的忠诚。拉近品牌与消费者的距离,要力图使消费者感觉到产品和服务是专门为他们设计的,这样消费者给予的回报也是显而易见的,他们会更加青睐该品牌,企业可以获得更好的经营业绩。

拉近消费者与品牌的距离,就要更好地实现"面对面"的交流和服务。目前,一些企业开始根据不同的顾客群体对企业的贡献度,把目标消费者划分为几个群体,以便提供个性化的"面对面"服务,我国的一些企业已经开始了初步的尝试。如现在的银行对大客户基本都开设了专用窗口,甚至由专人直接服务。"面对面"的顾客服务就是让顾客感到"物有所值",进而感到"物超所值"的过程,其核心任务就是为顾客营造愉快的消费体验。如果不能让消费者感受到这种近距离的接触,消费者就会对品牌产生一种不满,甚至是厌恶。如今的消费已经不同于往日的简单消费,如今更多的是追求消费的满足感和舒适感,所以很多时候服务的方式会提高消费者对品牌的接受程度和忠诚程度。

5.构建品牌良好的公共关系

品牌要有其独特的风格,因为差异化可以使品牌在商品琳琅满目的市场中独树一帜。形象差异化离不开媒体的塑造,比起广告这种单向的独角戏来,双向对话的公共关系更为有效。通过公共关系打造品牌需要更多的时间和创造性,但是它最终能比大吹大擂的广告更好地进行品牌建设。公共关系拥有的全套工具有:新闻、事件、宣传手册、社区活动、游说、社会投资等,所有这些手段配合使用可以取得引人注目的效果。实践证明,作为一种特殊的公共关系活动,相关目标营销使得商业和公益事业结成战略合作关系,有利于快速提升品牌形象,使产品差异化,增加销售额和顾客忠诚度。卓越的品牌更多地依靠形象和情感,关心消费者的疾苦和世界的现状,这种经营上的差异化和创新性有利于在危难时候树立起品牌高大光辉的形象。世界最受人尊敬的公司,如微软、可口可乐、强生、英特尔、惠普等不但考虑公司的利益,而且考虑消费者和整个社会的利益。这些公司之所以出名,不仅是因为它们的产品好、服务周到,而且公司的公益和慈善活动也广为称道,使公司的声誉和可信度得到了有效的提升。

二、品牌价值管理中存在的问题

伴随着我国加入WTO及改革开放的深入发展,我国已经出现一大批在国际上享有盛誉的企业。海尔集团是我国最大的家电集团,在世界白色家电排名中居于前列;中国远洋运输集团拥有船只五百多艘,已经居世界第五位,在国际航运市场上享有很高的声誉;联想在PC市场上连续六年中国第一,连续四年成为亚太市场第四,在笔记本市场已经成为亚太市场第一。但是如果认真分析的话,中国品牌目前跟国际知名品牌的差距还是比较大的,与诸如可口可乐、IBM、微软、麦当劳等国际级品牌相比显得微不足道。相对于那些真正成熟的国际品牌,我国企业的品牌影响力不够,承受国际竞争压力和接受全面挑战的能力还远远不够。品牌全球化已来临,中国品牌再没有选择权,如果不尽快促进品牌的成长壮大,我们的市场就会遭到世界品牌的强烈冲击,会十分危险。

我国企业在品牌价值管理方面还存在很多问题,主要表现为:

(一)品牌保护意识缺乏

品牌效应震荡着国内外贸易舞台,当今的市场竞争已经发展到了品牌竞争的阶段。经济全球化条件下的国际市场竞争,就是品牌的竞争,是培养品牌意识、保护品牌产权、发展品牌战略的竞争。

但我国企业的品牌保护意识很缺乏,主要表现在以下几方面:一是商标注册不及时。注册商标是树立品牌的前提。目前,我国一些企业既不注重商标的国内注册,也不及时在海外注册,导致我国一些商标特别是知名商标在境外遭抢注事件屡屡发生,不仅给国家和企业造成巨大的经济损失,也严重影响了我国企业开辟国际市场。二是品牌资源闲置、浪费现象严重。我国一些企业,特别是国有企业在长期的生产经营过程中培育了不少在国内很有影响的品牌,但在企业改革改制过程中,由于不善于利用品牌,使得品牌资源闲置浪费现象较为严重。三是品牌自我保护意识差。一些企业缺乏对自主品牌的有效保护,受大量假冒、仿冒产品的侵害,使花费大量人力、物力、财力培育起来的品牌优势丧失,导致企业效益下降甚至破产倒闭。更为严重的是,在与跨国公司合资、合作过程中,外资选择的总是知名度高、实力强、潜力大的企业进行合资,凭借自己资金和技术的优势,要求中方将品牌的使用权转让给合资企业,再利用国内企业的经营渠道和市场将合资产品的品牌或自身品牌打入中国市场,合资产品或者外资产品的品牌逐渐被市场接受后,再把中国的品牌打入冷宫,最终垄断中国市场,致使我国多年培育起来的一些自主品牌逐渐消失,个别行业的民族品牌甚至全军覆没。

(二)品牌定位混乱

定位成功,则企业可以与竞争品牌作正面的竞争,定位模糊、缺乏鲜明的特色,会使消费者认识不清,失去竞争优势。市场上经常会有品牌定位失控的例子,有的品牌借助一些事件炒作,一段时间过后,又重新定位,无法准确确定消费群体,盲目地扩大自己的诉求对象,无法得到消费者的认同。更有甚者将名称、包装、商标、色彩等克隆,让人辨别不出。这些品牌定位的错位与失控,最终只能让消费者产生抵触的情绪,对于品牌的成长造成巨大损失。好的品牌定位是成功的一半,其定位的目的就是创造鲜明的个性和树立独特的市场形象,企业要想拥有较高的市场占有率,就必须将"定位"做得恰如其分。在对品牌进行定位时,要通过多因素分析,综合行业的性质、企业的实力、产品的功能、市场的发育程度、消费者的偏好、效用的大小等因素来进行评估,根据实际评估的结果,实事求是地对品牌进行定位。我国有许多品牌在定位上纷纷走入"创造名牌就要定位高档"的误区,其实只有将定位理论充分掌握和运用得当,定位正确,品牌才会发育得健康,才能具有强大的竞争力。

(三)品牌形象乏味

品牌形象是反映客体所产生的一种心理图式,它已成为消费者购物时最重要的指标,品牌形象不鲜明,消费者就不能立即产生对品牌的识别。我国品牌形象的塑造,贫乏之处主要表现在产品特色跟消费者关注的特性不一致,在造型美观、时髦、高雅、多样等方面还十分薄弱;品牌的命名设计、图案设计、广告传播力度等方面,均存在着致命的弱点。对品牌形象的成功塑造,表现为品牌形象的冲击力和辐射力一旦塑造出,该品牌就会活生生地呈现在人们的眼前,消费者在众多的信息之中,会时刻感觉到该品牌的存在。可口可乐的文化底蕴之厚实形象,培养了顾客的忠诚。中国品牌必须尽快从以产品功能为主的形象宣传中走出来,品牌如果没有鲜明的形象,就会显得乏味,会在市场上被淹没。

企业的形象也是其品牌价值的重要来源之一,消费者看到产品的品牌就会联想到生产产品的企业。如果企业的道德形象败坏,消费者对品牌的信任度就会降低。所以,企业要积极参与社会交流,承担社会责任,树立关爱自然、回报社会的良好形象。

(四)品牌的创新力度不足

品牌所代表的产品和服务是构成品牌价值的核心因素。只有以领先的自主技术、领先的服务标准,才能创造出领先的自主品牌。创新是当今品牌争夺市场、扩大生存空间的有力武器。市场经济规律告诉我们:任何产品,无论有多久的历史、多么显赫的业绩、多响的名气、多雄厚的资本,对市场和顾客的变化无动于衷,产品的老套导致失败是必然的。

我国企业往往不重视消费者的需求,在新产品的推出和服务方面不够积极。近年来,由于研发投入低,对引进技术消化、吸收、创新不重视等原因,导致我国拥有自主知识产权的核心技术不多,支撑我国形成自主品牌的技术创新严重不足。不仅难以产生新的品牌,而且也无法有效利用现有的品牌优势延伸品牌链条,更谈不上做大做强。西方发达国家的企业历来十分重视消费者的需求,形成了较为完善的消费者服务体系,吸引了大量的消费者。作为中国企业,要在全球市场有立足之地,就必须时刻关注市场变化,超前一步进行产品研发和服务创新,以满足广大消费者的需求,才有可能让"Made in China"真正成为中国品牌的标志。通过创新,企业不但可以适应外部环境的变化,而且有可能超越同行业其他企业而获得更有力的无形资产开发环境,开发新的无形资产,发现新的经营领域。

(五)缺乏系统的品牌营销战略计划

塑造一个强势品牌本身是一个科学的、战略的经营过程。一个知名品牌往往需要企业几十年甚至上百年的精心呵护才能形成。品牌营销的方式一般以品牌的定位为主题,采用媒体营销、事件营销以及采用联合品牌等多种方式相结合展开营销活动,最大限度地向消费者传达品牌形象。

在品牌竞争中,我国企业所惯用的品牌策略依旧是广告、降价这些较为低层次的竞争手段,嘴里喊着是名牌产品,品质与价钱上却明显暴露了管理上存在的弊端,品牌营销缺乏长期的计划性和战略性,营销方式也比较单一。据一份调查表明,成熟期的产品在市场上,只有15%～30%的消费者认为价格是购物的主要标准,而60%以上的消费者看重的是品牌。中国的品牌还处于无序的竞争中,大多数企业还没有进入更高层次的服务与形象竞争范畴。更有甚者,把服务仅定位在维修上,缺少售前、售中、售后的完善配套系统服务。企业对于消费者的喜好度研究甚少,推出的产品让消费者难以产生认同感。于是在产品品牌的塑造与成长过程中,企业无非靠两个办法,一是加大广告投入,并抢夺黄金时段,由于过分依赖,甚至认为做广告其实就是做品牌,而不注重在产品的高质量、优服务等方面投入。二是大打价格战,由于价格竞争有限,企业在打出降价这张"王牌"时,也不管有没有降价的"底气",只是一味地"应战"。这些低层次的竞争手段使中国品牌塑造步履艰难。面对当前的形势,科技含量高、附加价值高的品牌已成为当代抢占市场竞争制高点的主要武器,同时也是现代市场经济条件下资本增值的有利杠杆,是促进经济增长方式转变和经济发展的新的生长点。

(六)缺少独立、完整的品牌管理系统

品牌作为企业重要的无形资产,需要进行科学化、制度化的管理才能不断成长。许多世界著名的公司一般都建立专门的品牌管理部门,负责品牌的形象设计、品牌营销计划以及品牌管

理制度的建设和日常维护等,并给予品牌管理部门与生产、研发、销售等部门同样重要的地位,允许其参与公司战略计划的制订。相比之下,我国众多企业品牌管理比较混乱,缺少独立的、完整的品牌管理系统,对于决策的科学性皆重视不够,这已成为品牌运作中致命的一大弱点。

在企业初创时期,只要经营者的想法和决策符合实际、创意正确,就很容易获取暂时的盈利,但这是在信息来源范围较窄、管理和运作幅度及品牌容量不大的情况下取得的结果。企业一旦步入成长期和成熟期,随着信息量的加大,品牌容量也随之加大,光靠经营者"拍脑门"决策,肯定会不再灵验。如果没有科学决策和品牌战略管理的整体运作,就会陷入停滞和衰退,最终造成企业陷入困境。实施品牌经营、突出品牌战略已经成为各跨国公司的首选。美、日、欧等经济发达国家及地区都有自己扬名世界的品牌产品、品牌企业。科学的决策和完善的品牌管理系统对于塑造企业的品牌和加强其在世界上的竞争力有着强大的推动力。

三、实施有效的品牌价值管理

目前我国品牌管理方面比较突出的问题是有些品牌在一定时期在国内外市场拥有了一定的名气,但由于缺乏与时俱进的精神,缺乏持久性,在国际市场上不能长期稳定地发展。多项研究结果表明,创立品牌必须要引进现代的管理经验。在管理方面要积极吸取国外的先进管理经验,他山之石可以借鉴。针对我国现状,进行品牌价值管理着重要从以下几个方面努力:

(一)加强内部管理,树立品牌意识

品牌通常由企业的内外部共同作用形成,加强内部管理,让员工的活力注入品牌,是品牌成长过程中的重要方面。独特的企业文化和团队精神,对企业构建强势品牌、创立无形的品牌价值发挥着不可忽视的作用。企业拥有一支强大的品牌管理团队非常重要,通过这支团队,可以制定合理的品牌管理制度、流程和工具,可以建立企业上下共同重视品牌的文化,从而为企业创造绩效。设计、建立和管理并不是一蹴而就的工作,需要企业认真思考和实践,才能找到真正适合自身条件并且符合市场需求的品牌管理团队。对于团队精神和企业文化,虽然很多企业的口号都不一样,具体的环境因素和条件也都各不相同,需要企业因地制宜地寻找有助于增强团队凝聚力、能为品牌价值管理添砖加瓦的团队精神和企业文化。协作精神也是必不可少的。企业内部有各种职能部门,每个人承担的责任不一样,承担的风险不一样,所能获得的利益也不一样,分工明确才能够各尽其职发挥专长,企业不是孤立的,很多方面的工作要互相配合互相协调。广告部门把企业产品推广得很好,可是质量检查部门放松了,企业质量不高,经常出现退货,也不能树立企业形象,更谈不上企业品牌价值的构建、管理和发展了。加强内部管理,达到预期的品牌价值管理需要考察实情,有针对性地制定各项制度和管理方案。

(二)维护品牌核心价值

核心价值是品牌的追求,是品牌营销传播活动的原点,即企业的一切价值活动都要围绕品牌核心价值而展开,都是对品牌核心价值的体现与演绎,并丰富和强化品牌核心价值。品牌核心价值是品牌资产的主体部分,它让消费者明确、清晰地识别并记住品牌的利益与个性,它是驱动消费者认同、喜欢乃至爱上一个品牌的主要力量。品牌管理的中心工作就是清晰地规划勾勒出品牌的核心价值,并且在以后的 10 年 20 年,乃至上百年的品牌发展过程中,始终要坚持这个核心价值。只有在漫长的岁月中以非凡的定力去做到这一点,才能起到向消费者传达品牌核心价值或提示消费者联想到品牌核心价值的作用。品牌核心价值在消费者大脑中留下深深的烙印,成为品牌对消费者最有吸引力的地方。定位并全力维护和宣扬品牌核心价值已

成为许多国际一流品牌的共识,是创造百年金字招牌的秘诀。

国际范围内众多家电企业麾下的几百种家电产品都用同一个品牌,却始终拥有广泛的消费群体,主要是因为消费者对冰箱、洗衣机、彩电、音响等产生的信赖归结为一个共同点,即对这一品牌在技术、品质、服务、亲和力上的高度认同。国内做得比较成功的是海尔,海尔通过传播"零缺陷管理""海尔,中国造""国际星级服务""真诚到永远"等对各种电器都有销售促进力的信息,所有这些信息都是围绕着"真诚、人性、卓越科技、国际级大品牌"这一核心价值而展开的,有效提升了其综合家电品牌的含金量。

品牌的建立不仅需要打造个性鲜明并对消费者有很强感染力的核心价值,而且必须以水滴石穿的耐力维护品牌核心价值。

(三)充分利用品牌传播资源

品牌传播实际上是对各种媒体进行信息控制与利用的过程,在这个过程当中,如何利用好这些可控制的传播资源,成了品牌传播制胜的关键。有效利用可控制资源的最主要的目的就是尽可能减少在品牌信息传播过程中的损耗与浪费,从而被更多的终端消费者认知,提高资源利用率,发掘隐藏的品牌资源,提高知名度。

有效利用可控制资源,发掘隐藏的品牌潜力主要有四种方式:

1.整合有效的可控资源

在品牌传播过程当中,一味地靠打广告来达到目的是很不现实的。信息可传播途径越来越多,分化了消费者对品牌信息的注意力与有效接收力。同样,一份可控制传播资源,也正在为其他更多的竞争品牌所利用,自然冲淡了传播效果。很多企业越来越重视在品牌传播过程中传播方式的多样化,使信息在传播过程中凸显出来,从而更好地为消费者认知或接受。

2.控制有效的识别途径

要减少品牌传播过程当中的资源损耗,就要根据消费者的识别途径进行可控制传播资源的分配与整合。同样的传播途径,不同的品牌,在实际的传播过程当中,亦会大相径庭。控制有效的识别途径、选择合适的传播方式,对于培育品牌、发展品牌是非常关键的。

3.控制终端及渠道资源

很多企业在进行品牌打造的过程当中,只注意广告传播的资源控制,却忽视了产品的渠道与终端的资源整合,结果使品牌在终端与渠道传播过程当中的可控制与可利用资源被闲置起来,从而使可利用资源变成了隐藏资源,造成了品牌传播与品牌突围的巨大浪费。渠道与终端的可发掘资源无处不在,它的创造性也很强,这也正是其相对于主流媒体的魅力所在。体育馆、超市、书店、食堂、购物商场、候诊室、健身俱乐部等,只要涉及人们生活及工作的地方,都是发掘品牌传播资源的有利场所。

4.整合与控制创新资源

在品牌传播的过程当中,广告铺天盖地地对消费者狂轰滥炸,不但造成广告成本日益上升,而且产生的广告效果也越来越差。对传播资源进行有效的创新性整合与利用,是减少品牌在传播过程中陨灭的重要方法。为了提高品牌识别率,减少传播过程当中的不确定性因素,终端与渠道资源为进行创新整合提供了思路。

(四)注重品牌创新

品牌具有价值的一个重要原因就是它所代表的产品和服务是高品质的。随着市场的发展,人们对产品与服务的要求也在逐渐提高。创新是无形资产发展的灵魂和生命,没有创新的无形资产是很难成功的。新经济时代是一个知识创新的时代，企业的品牌管理与发展要适应这个时代就必须创新。所谓品牌创新，是指企业品牌要适应时代的变化和科技的进步，不断地寻求发展，包括技术创新、设备创新、材料创新、产品创新、组织创新、管理创新以及市场创新等。

在发达国家的各种品牌涌入我国之际，我国的企业要想在这名牌林立的市场中争取自己的一席之地，就必须要加大技术创新、管理力度创新，以新的产品、更高效的管理方式在竞争中发展和维护自己的品牌！远大空调有限公司坐落在湖南省长沙市郊区一个不起眼的地方。作为一家民营企业，从1988年起步，仅14年时间，其资产就由3万元上升到17亿元，远大品牌从中国走向世界，已成为世界知名品牌。远大能在如此短的时间内创造如此巨大的财富，远大总裁张剑对此深有感触地说："在竞争如此激烈的国际国内市场上远大能取得今天的成就，关键靠创新，离开了创新企业将难以生存。这里面既有技术、产品的创新，也有管理和观念的创新。"当今时代对企业来说，丧失了创新就意味着落后，选择创新正是远大的智慧所在。

（五）运用品牌延伸策略

品牌不能只靠荣誉的光环吃老本，在保持本色的前提下要精益求精，还要抓住契机，充分利用品牌这个无形资产，延伸品牌效应，提升企业实力，不仅能扩大品牌的影响，还可丰富产品的内涵，促进名牌产品的发展，带来社会效益。品牌延伸策略就是在企业内部使用现有的品牌生产其他产品，即在品牌这把大伞下聚集一个系列的产品组成品牌大家族，形成品牌的"王国"。实施品牌延伸策略，可以帮助新产品顺利进入市场，减少新产品上市的风险。同时，可以大幅度降低产品介绍期的促销费用，消费者会有意无意地将对原产品的信任感传递到新产品上。品牌延伸还可以进一步扩大名牌的影响，增加名牌的价值。

著名的品牌"娃哈哈"，原来只生产儿童营养液，后来延伸开发了娃哈哈果奶、娃哈哈绿豆沙、娃哈哈八宝粥、娃哈哈银耳燕窝、娃哈哈纯净水等系列产品，都是借"娃哈哈"之名轻而易举地占领了市场，"娃哈哈"品牌也获得了放大效应，形成了一个庞大的"娃哈哈"家族。

国际上著名的大公司一般都使用单一品牌，目的就是追求名牌延伸效应。用市场营销学的观点看，品牌形成社会地位后，从某种意义上讲也是一种载体，适时适度适宜地把品牌做大做优，提升综合实力，对市场来说是确立了名牌产品的位置，加速了优胜劣汰的进程，增加了动力与活力。对消费者来说能从容主动地选购称心如意的名牌产品，多了物美价廉的欣喜，少了质次价高的烦恼。但是需要提起注意的是，延伸名牌效应的前提是其主业产品必须保证优良品质，吸纳新技术、新工艺、新材料，不能舍本求末，丢了本钱。开发新产品应该是主业产品的同类产品，这样可以发挥名牌产品的长处，使新产品起点高，消费者易于接受。

企业要形成规模，占据市场，品牌战略的实施和品牌价值管理的重视和运营是必不可少的。企业要做得更大更强，就要周密细致地对市场进行调研，并尽可能细分市场，达到量化指标，确保推向市场的产品显现出真正的特色和个性，成为受消费者欢迎的、在市场上独领风骚的名品。企业注重推出个性较强的品牌是争夺市场的需要。个性化品牌，其根本的经营理念就是重视创新和提升品牌价值，在竞争空间越来越小的状况下向传统名牌作出挑战。随着国内市场的竞争逐渐走向国际市场的竞争，产品在质量、工艺、性能、技术等方面相差无几的情况下，要想与国外个性化品牌相竞争，就必须紧跟国际新技术新潮流和发展新思路，结合国情和消费者丰富的精神需求，拿出自己"镇山宝"一样的个性化品牌，让不同层次、不同地域、不同消费习惯、不同情感需求的消费者得到满足。谁率先开发出成熟的个性化王牌产品，谁就能在国际市场上赢得主动,品牌价值会带来巨大的经济利益。品牌经营、品牌价值管理是企业在市场经济条件下的生命线,是企业成败的关键性因素。

四、品牌资产价值的评估方法

(一)收益法

收益法主要考虑到品牌资产是没有实物形态但能给企业带来经济利益的经济资源,其价值并非在短期的财务期内立即得到体现。企业在进行一定品牌投资后,在未来的产品销售或劳务的提供中就可以增强其获取现金流量的能力,因此它的公允价值一般预测该资产给企业带来额外现金流量的能力,即该资产在时或不在时所获得的增量现金流量的方法。

(二)成本法

成本法是从投资成本、重置成本角度对品牌资产价值进行评估,进一步可细分为历史成本法和重置成本法。其成本主要包括:设计费、咨询费、法律费用、登记注册费、手续费、广告宣传费、人工成本、开发成本、侵权及诉讼费等。

(三)市场法

市场法是由于拥有品牌财产的所有权而产生的未来收益的现值,即品牌资产是一个活跃市场所能允许的自愿买者和自愿卖者之间交换的品牌财产的总值。

五、运用品牌资产价值评估应注意的问题

企业品牌资产价值的评估工作较为复杂,它受到来自于企业内部和外部诸多主客观因素的影响。对同一企业而言,采用不同的评估方法常常会使企业品牌资产评估的结果大相径庭。因此,根据企业的特点以及评估的实际情况与目的来选择适当的评估方法就显得格外重要。

在传统的工业经济时期,有形资产在企业资产总值中占有绝对比重,且数额相对稳定,经营风险也小,这种情况下以历史成本来估计品牌资产价值就有较大的可信性。而在知识经济不断发展的今天,尤其是对于一些高科技含量、高知识含量的企业而言,用历史成本法确定其价值显然有悖于客观实际;对于资本投资很小的咨询公司、服务型企业,由于有形资产比重较小,仅账面价值评估难免低估其品牌价值,因此采用收益法比较合理。

如果品牌是因为作为无形资产价值入账而进行的评估,就要考虑成本法计价。如果是自创或外购的,要根据相关入账价值标准进行确认,如果品牌是以转让为目的的,就要考虑市场法。

综上,现代企业的竞争力有很大一部分是来自于品牌的影响力,对经营者来说,要充分认识到品牌资产的重要性,加强其价值的评估和管理,提高现有品牌资产的推广效应,增加其价值,提升企业的竞争力,使企业更好地占领市场,促进企业的发展。

本　章　小　结

进入知识经济时代,无形资产已成为企业重要的经济资源,在经营中发挥的作用也越来越大,研究企业无形资产的投资与管理具有重要意义。

无形资产是一种"软"资产,它在保护企业产权安全、实现企业价值增值、保证企业可持续发展、提高企业经济效益方面具有独特的作用。无形资产的营造可以通过专利、质量信誉、品牌战略的实施来实现。而在知识经济时代,无形资产的创新经营策略也不断发展,本章主要介

绍了近年来兴起的反向经营策略、虚拟一体化运营策略、基因置换策略等。

对于无形资产中比较重要的品牌，重点阐述了品牌价值管理的内涵和意义，分析了我国企业在品牌价值管理中存在的问题并指出了解决的对策。

关 键 术 语

无形资产　营造战略　创新经营策略　品牌价值管理

思 考 题

1. 什么是无形资产？如何理解无形资产的功能？
2. 何谓专利营造战略，应如何实施？
3. 无形资产创新经营策略有哪些？
4. 基因置换策略的内容是什么？有哪些基本模式？
5. 品牌价值体现在哪些方面？如何有效地创造品牌价值？
6. 对我国企业在品牌价值管理方面存在的问题应如何应对？

案 例 分 析

基于事实决策

案例一：阿迪达斯的失败

阿迪达斯公司成立于1949年，其运动设备（产品）目前在全球同类产品的市场占有率为12%，落后于1972年才成立的耐克公司30%的市场占有率达18个百分点。然而，在耐克崛起之前，全球运动产品几乎是阿迪达斯一家的天下。1954年世界杯足球赛，阿迪达斯因其生产的球鞋鞋底的塑胶鞋钉能帮助运动员提高运动速度，增加稳定性而一战成名，当时世界上有85%以上的运动员穿的是阿迪达斯公司的产品，三叶标志成了成功的象征。面对骄人的战绩，阿迪达斯公司的决策者们没有重视耐克公司正在迅速成长这样一个严重的事实，决策者们认为自己拥有85%的市场占有率，即便对手抢走一部分市场，仍有大半个天是属于阿迪达斯公司的，没有采取确实有效的对策去扼制竞争对手对自己的威胁，造成今天眼巴巴地看着对手以18个百分点领先自己，在运动服装市场独领风骚的残酷现实。

以顾客为中心

案例二：霍利菲尔德的耳朵

20世纪末世界拳击史上的一场闹剧在泰森与霍利菲尔德之间展开，泰森的"世纪之咬"使老霍损失了少半个耳朵。比赛后的第二天，在美国的各大型超市内竟然出现了许多叫"霍利菲尔德之耳"的巧克力，其栩栩如生的耳朵形状，使好奇幽默的美国市民们争相购买，将老霍的"耳朵"带回家中"一咬为快"。该巧克力生产商利用比赛中出现的轰动性新闻效应，突发奇想，超乎寻常地分析了顾客的心理需求，及时开发出外形新颖的产品，因此而美美地赚了一回顾客口袋中的钞票，大捞一笔。

持续改进

案例三：IBM、Intel与Microsoft的个人电脑市场之战

20世纪50年代，IBM开始进入电脑行业，随后就势不可挡地超越了先行者雷明顿兰顿公司，占领了工商界电子电脑市场。1969年，IBM以72亿美元的营业收入和9亿美元的净收

益,当之无愧地取得了龙头老大的地位,并以 70% 的市场占有率垄断了美国大型电脑市场。然而被成绩冲昏头脑的 IBM 的高层决策者们对于新的富有巨大魅力的行业领域——个人电脑却视而不见,直到 1986 年 IBM 才开始进入个人电脑领域,但为时已晚,无论 IBM 怎样挽回,也只能屈居第三,"IBM 永远是第一"的神话因此破灭。

如果说 1987 年 IBM 推出的最优质的 IBM PC 机为 IBM 公司挽回了很大一部分个人电脑市场,那么,1986 年 IBM 为了短期内推出优质领先的个人电脑,而将中央处理器晶片 CPU 交给了 Intel 公司,将 DOS 作业系统交给了 Microsoft,则是培养了自己未来的敌人。1982 年 Intel 和 Microsoft 的股票价值合起来才只有 IBM 的十分之一,但到了 1992 年 10 月,他们联合起来的股票价值就超过了 IBM。到 1992 年底,已经高于 IBM 市场价值的 50%。而 1991 年 IBM 亏损 28.6 亿美元,1992 年继续恶化,酿成了美国历史上最高的公司亏损纪录——49.7 亿美元。

领导作用

案例四:福特汽车:成败只在一念间

福特汽车公司世人皆知,是国际汽车工业的大家族,但是在它的发展道路却几经沉浮。老亨利·福特从 1899 年起两次创办汽车公司,都因缺乏专业知识而失败,1903 年再次创业,选用能人,运用科学的管理手段,开始了福特公司繁荣发展的阶段,一跃成为世界上最大的汽车制造企业。但是后来老亨利·福特被一时的成功冲昏了头脑,实行家长式管理,辞退功臣库兹恩斯和一大批有才干的人,甚至一天之内赶走了 30 名经理。很快福特公司的经营状况陷入困境,1945 年竟到了濒临破产的地步。同年 9 月,老福特下台,让位于他的孙子小亨利·福特。

小亨利·福特接管公司后重整旗鼓,聘用了通用汽车公司的副总裁布里奇全面主持公司的业务,甚至破格聘用了包括后来的美国国防部长麦克马拉在内的年轻人,经过几年的努力,终于使福特公司复现往日的繁荣,坐上了美国汽车制造业的第二把交椅。富于戏剧性的是小福特后来也重蹈祖父的覆辙,独断专行,以主人自居,先后辞去了布里奇、艾柯卡等人,结果使历经艰辛换来的振兴没有保持多久,公司地位一跌再跌,业务经营每况愈下,最终也不得不辞去董事长的职务。

第七章   纳税筹划

纳税筹划来源于 1935 年英国的"税务局长诉温斯特大公"案。当时参与此案的英国上议院议员汤姆林爵士对税收筹划作了这样的表述:"任何一个人都有权安排自己的事业。如果依据法律所做的某些安排可以少缴税,那就不能强迫他多缴税收。"这一观点得到了法律界的认同。经过半个多世纪的发展,税收筹划的规范化定义得以逐步形成,即"在法律规定许可的范围内,通过对经营、投资、理财活动的事先筹划和安排,尽可能取得节税(tax savings)的经济利益。"

纳税筹划在发达国家十分普遍,纳税筹划这个概念像工作计划一样频繁使用,早已有专门的人员以纳税筹划为职业,许多大公司内设有专门的税务部门或筹划机构从事纳税筹划工作。专家测算,合理的纳税筹划可使企业的税负成本降低 15%~20%。然而在我国,纳税筹划发展缓慢,人们对纳税筹划还比较陌生,甚至将纳税筹划与偷漏逃税联系起来。随着我国市场经济体制不断完善,各项法律法规逐步健全,企业作为规范的市场主体,从维护自身整体利益出发,必然要摒弃短期的偷逃税行为,使企业的纳税行为合法化、最优化。

因此,企业如何在法律允许的范围内节省纳税支出,降低纳税成本,即有效开展纳税筹划,提高企业的经济效益和可持续发展能力,已成为目前理论界和实务界普遍关注的一个问题。在本章中,主要是对纳税筹划的有关理论问题进行探讨,包括纳税筹划的概念和特征、纳税筹划的主要类型、纳税筹划的基本技术、国内与国际纳税筹划的方法等。

第一节   纳税筹划概述

现实生活中,人们在谈到纳税筹划时,总会联想到"偷税""逃税""漏税""避税""节税"等内容,并且疏于区分。实际上,这些词语从法律角度讲都是有特定内涵的,正确把握其内涵并进行区分,对于正确理解纳税筹划问题至关重要。

一、纳税筹划的概念及主要内容

(一)纳税筹划的概念

荷兰国际财政文献局所编的《国际税收辞典》所给出的定义为:"税收筹划是指通过纳税人合法的经营活动或个人事务的安排,实现缴纳的最低的税收。"《中国税务百科全书》的解释:"负有纳税义务的单位和个人在纳税前采取各种合乎法律规定的方法有意减轻或消除纳税负担的行为。"我们认为纳税筹划是在投资、筹资、经营、股利分配等业务发生之前,在法律、法规允许的范围之内,利用税收法规所赋予的税收优惠,通过对经营、投资、理财等事项的事先计划和筹划,从而达到税负最轻或最佳,获得最大的税收利益的一种经济策划活动。通俗来讲:纳税筹划就是指在不违反税法及相关法律、法规的前提下,通过对纳税主体的涉税事项作出事先筹划和安排,从而享受最大的税收利益,降低企业税收成本,实现企业价值最大化的一种管理活动。

理解纳税筹划的概念,应把握以下三个要点:

(1)纳税人开展纳税筹划,必须在符合税法规定许可的范围内进行,不能采取非法手段减少或消除纳税义务。同时,纳税筹划所取得的是合法权益,受法律保护,所以它是纳税人的一项基本权利。

(2)目前国内对纳税筹划有两种不同的观点:一种观点称为"狭义派",认为纳税筹划就特指一种情况即节税筹划,换句话说这是将节税与纳税筹划等同的观点;另一种观点应称之为"广义派",将纳税筹划外延延伸到各种类型的少缴税、不缴税的行为,甚至将逃税策划、骗税策划都包括在纳税筹划的概念中。我们的观点是纳税筹划应包括一切采用合法和非违法手段进行的纳税方面的策划,以逃税为代表的违法手段不属于纳税筹划范畴。

(3)因为税收征纳关系涉及征收人和纳税人两个主体,因此税收筹划或税务内容应当既包括纳税筹划,也包括征税筹划。纳税筹划是站在纳税人的角度提出的概念,当然不包括征税筹划的内容。因此,本书认为纳税筹划与税收筹划、税务筹划既有联系又有区别。

(二)纳税筹划的主要内容

1.避税筹划

避税筹划是指纳税人采用非违法手段(即表面上符合税法条文但实质上违背立法精神的手段),利用税法中的漏洞、空白获取税收利益的筹划。纳税筹划既不违法也不合法,与纳税人不尊重法律的偷逃税有着本质区别。国家只能采取反避税措施加以控制(即不断地完善税法,填补空白,堵塞漏洞)。

2.节税筹划

节税筹划是指纳税人在不违背立法精神的前提下,充分利用税法中固有的起征点、减免税等一系列的优惠政策,通过对筹资、投资和经营等活动的巧妙安排,达到少缴税甚至不缴税目的的行为。

3.转嫁筹划

转嫁筹划是指纳税人为了达到减轻税负的目的,通过价格调整将税负转嫁给他人承担的经济行为。

4.实现涉税零风险

涉税零风险是指纳税人账目清楚,纳税申报正确,税款缴纳及时、足额,不会出现任何关于税收方面的处罚,即在税收方面没有任何风险,或风险极小可以忽略不计的一种状态。这种状态的实现,虽然不能使纳税人直接获取税收上的好处,但却能间接地获取一定的经济利益,而且这种状态的实现,更有利于企业的长远发展与规模扩大。

二、纳税筹划的特征

(一)合法性

纳税筹划的合法性表现在其活动只能在法律允许的范围内进行。税法是国家制定的用以调整国家和纳税人之间在征纳税方面的权利与义务关系的法律规范的总称,当纳税人依据税法作出多种纳税方案时,选择税负较低的方案来实施是无可指责的。纳税人只有深刻理解、准确掌握税法,并具有对纳税政策深层次的加工能力,纳税筹划才有可能成功,否则纳税筹划可能成为变相的偷税,只能是"节税"越多,处罚越重。

(二)目的性

纳税筹划的直接目的是降低税收支出。企业要降低税收支出,一是可以选择低税负,二是可以延迟纳税时间。不管使用哪种方法,其结果都是节约税收成本,以降低企业的经营成本。但需要指出的是,纳税筹划的最终目的是企业整体效益最大化,而不单纯是企业税负最小。如某一方案虽然可以使企业税负降低,但可能使企业在此领域丧失优势,结果使总体利润减少,则是不可取的。

(三)时效性

纳税筹划的成功概率取决于各种相关因素的综合作用,而种种因素都处于变化之中,许多纳税优惠政策也具有很强的时效性。因此,企业只有讲求时效,抓住机会,选准纳税筹划的切入点,才能不失先机,取得成功。

(四)专业性

由于纳税筹划是纳税人对税法的能动运用,是一项专业技术性很强的策划活动。它要求筹划者要精通国家税收法律、法规,熟悉财务会计制度,更要时刻清楚如何在既定的纳税环境下,组合成能够达到实现企业财务管理目标、节约税收成本的目的。

三、纳税筹划的原则

(一)经济性原则

由于纳税筹划在降低纳税人税收负担、取得部分税收利益的同时,必然要为纳税筹划方案的实施付出额外的费用,导致企业相关成本的增加,以及因选择该筹划方案而放弃其他方案所损失的相应机会收益。纳税筹划与其他管理决策一样,必须遵循成本效益的原则,只有在纳税筹划成本低于筹划收益时,纳税筹划才是可行的,否则,应当放弃筹划。

(二)前瞻性原则

前瞻性是指通过事先对生产经营、投资活动等进行全面的统筹规划与安排,达到减少或降低税负的目的。企业的纳税行为相对于经营行为而言,具有滞后性的特点,这在客观上为企业提供了实现筹划的机会。开展纳税筹划必须事先筹划,如果经济业务已经发生,纳税项目、计税依据和税率已成定局,就无法事后补救。

(三)协调性原则

由于税法强制性和不完备性的特点,决定了税务机关在企业纳税筹划有效性中的关键作用。在实务中,只要是税法没有明确的行为,税务机关都有权根据自身的判断认定是否为应纳税行为,因此,纳税筹划人员应与税务部门保持密切的联系和沟通,多做协调工作,在某些模糊或新生事物的处理上得到其认可,以增加纳税筹划成功的几率,这一点在纳税筹划过程中尤其重要。

(四)可操作性原则

企业在纳税筹划过程中,应当全面权衡利弊得失,充分考虑节税方法的可行性,保证不能影响企业生产经营的正常进行。

四、纳税筹划的意义

(一)有助于提高纳税人的纳税意识

纳税筹划促使纳税人在谋求合法税收利益的驱动下,主动自觉地学习、钻研税收法律、法规和履行纳税义务,从而可以有效地提高纳税人的税收法律意识。同时,纳税筹划与纳税意识的增强一般具有客观一致性和同步性的关系,是纳税人纳税意识提高到一定阶段的表现。例如,当前进行纳税筹划的企业多是一些大中型企业或"三资"企业,这些企业的纳税一般比较规范,相当一部分还是纳税先进单位。也就是说,进行纳税筹划或纳税筹划搞得好的企业往往纳税意识也比较强。

(二)有助于实现纳税人财务利益的最大化

纳税筹划的目的是降低税收支出,以降低企业的经营成本,这就有助于企业取得成本优势,使企业在激烈的市场竞争中得到生存与发展,从而实现长期盈利的目标。此外,纳税筹划还可以防止纳税人陷入税法陷阱。税法陷阱是税务当局设置的看似漏洞、实为陷阱的圈套(这也是政府反避税的措施之一)。纳税人一旦落入税法陷阱,就要缴纳更多的税款,影响纳税人正常的收益。纳税筹划可防止纳税人陷入税法陷阱,不缴不该缴付的税款,有利于纳税人财务利益最大化。

(三)有助于优化产业结构和资源的合理配置

在市场经济条件下,国家宏观调控直接作用于市场,政策目标的实现有赖于作为市场主体的纳税人对国家政策作出正确积极的回应。成功的纳税筹划意味着纳税人对国家制定的税收法律、法规的全面理解和运用,对国家税收政策意图的准确把握。纳税人根据税法中税基与税率的差别,根据税收的各项优惠、鼓励政策,进行投资、筹资、企业制度改造、产品结构调整等决策,尽管在主观上是为了减轻自己的税收负担,但在客观上却是在国家税收经济杠杆的作用下,逐步走向了优化产业结构和生产力合理布局的道路,体现了国家的产业政策,有利于促进资本的流动和资源的合理配置。

第二节 纳税筹划技术

从税制要素考虑,节税筹划技术可以归纳为九种:免税技术、减征技术、税率差异技术、分劈技术、扣除技术、抵免技术、缓税技术、退税技术和税收优惠技术。在具体操作中,这九大技术不是一成不变的,而是可以相互转化的。

一、免税技术

免税技术是指在合法、合理的情况下,使纳税人成为免税人,或使纳税人从事免税活动,或使征税对象成为免征对象的纳税筹划技术。免税一般分为法定免税、特定免税和临时免税三种。在这三类免税中,法定免税是主要方式,特定免税和临时免税是辅助方式,是对法定免税的补充。由于我国正处于转型时期,所以税法中出现了大量的特定免税条款和临时免税条款。如企业从事国家重点扶持的公共基础设施项目的投资经营的所得,自项目取得第一笔生产经营收入所属纳税年度起,第一年至第三年免征企业所得税,第四年至第六年减半征收企业所得税。

二、减征技术

税收减征技术,是按照税收法律、法规减除纳税人一部分应纳税款,是对某些纳税人、征税对象进行扶持、鼓励或照顾,以减轻税收负担的一种特殊规定。减税方法有两类:一类是出于税收照顾目的减税,比如国家对遭受自然灾害地区企业、残疾人企业等的减税,这类减税是一种税收照顾,是国家对纳税人由于各种不可抗拒原因造成的财物损失进行财务的补偿;另一类是出于税收奖励目的的减税,比如我国对遭受风、火、水、地震等自然灾害的企业在一定时期给予减税优惠待遇,就属于税收照顾性质的减税。

三、税率差异技术

税率差异技术是指在合理合法的情况下,利用税率的差异而直接节减税收的筹划技术。在市场经济条件下,一个企业可以利用税收中税率之间的差异来节减税收实现企业利润的最大化,例如《中华人民共和国企业所得税法》第 28 条规定,符合条件的小型微利企业,减按20%的税率征收企业所得税;国家需要重点扶持的高新技术企业,减按 15%的税率征收企业所得税。

四、分劈技术

分劈技术是指企业所得和财产在两个或更多纳税人之间进行分割而使节减税款达到最大化的纳税筹划技术。例如,《中华人民共和国增值税暂行条例实施细则》第 7 条规定:"纳税人兼营非增值税应税项目的,应分别核算货物或应税劳务的销售额和非增值税应税项目的营业额;未分别核算的,由主管税务机关核定货物或者应税劳务的销售额。"营业税税率一般为3%~5%,一般情况下都低于增值税税率,如果将非应税劳务营业额与应税劳务销售额分开,则相应会减少纳税人税负支出。

五、扣除技术

扣除技术是指在合法和合理的情况下,使扣除额增加而直接节税,或调整各个计税期的扣除额而相对节税的纳税筹划技术。例如,《中华人民共和国增值税暂行条例》中规定,企业应纳税额为当期销项税额抵扣当期进项税额后的余额。再比如,纳税人在计算企业所得税额时,允许将支付给工人工资、限制性支出等项目按照标准进行扣除,从而减少企业应纳税所得额。

六、抵免技术

抵免技术是指在合法和合理的情况下,使税收抵免额增加而绝对节税的纳税筹划技术。

税收抵免额越大,冲抵应纳税额的数额就越大,应纳税额则越小,从而节减的税额就越大。抵免技术是解决国际所得或财产重复征税的一种措施。例如:某纳税人源于中国境外的所得为100 000 万元,已在境外交纳的企业所得税为 20 000 元(该国适用企业所得税率 20%),按照我国税率 25%计算应补交的税款为 100 000×25%－20 000＝5 000(元)。

七、缓税技术

缓税技术,又称延期纳税技术,是对纳税人应纳税款的部分或全部的缴纳期限适当延长的一种特殊规定。尽管采用缓税技术不能使应交纳的税款免纳或少纳,但它使应该交纳的税款可以向后推迟一段时间,而且不需支付任何报酬,这就相当于从政府手中拿到了一笔无息贷款,不仅节省了利息支出,而且还因通货膨胀带来了好处,变相降低了应纳税额。例如,我国税法规定,对纳税有困难的,经县级以上税务机关批准,其税款可以延期缴纳,但最长时间不能超过 3 个月。

八、退税技术

退税技术是按照税法的规定应缴纳的税款,由税务机关在征税时,全部或部分退还给纳税人的一种纳税筹划技术。它与出口退税、先征后退、投资退税一并属于退税的范畴,是一种特殊的免税和减税方式。例如,对销售自行开发的软件产品或改造进口软件后对外销售的产品按税法规定按 17%税率征税,其增值税实际税负超过 3%的部分,实行即征即退的政策,这主要是国家为了鼓励软件开发企业,提高国际市场竞争能力的一种措施。

九、税收优惠技术

改革开放以来,我国对经济特区等各类经济区域制定了一系列税收优惠政策。目前,我国的税收优惠政策主要集中在:经济特区、沿海开放城市、沿海经济特区、经济开发区、边境对外开放城市、沿江开放城市、内陆开放城市、北京地区、上海地区、西部地区。利用税收优惠政策进行筹划必须掌握优惠政策,随着与 WTO 的接轨,我国的税收优惠政策会越来越少。

第三节　纳税筹划的基本方法

虽然企业经营地点不同,各个企业的类型不同,其组织形式、经营方式也千差万别,各个企业进行纳税筹划的方法也各不相同,但从总的来说,企业制订纳税计划减少应交税款的方法方式是大致相同的,比较常见的纳税筹划类型有税率式纳税筹划、税基式纳税筹划、税额式纳税筹划三种类型。本节主要介绍这三种类型的纳税筹划的概念、筹划原理及各类型筹划技术运用的方法。

一、税率式纳税筹划

税率式纳税筹划,是利用国家税法制定的高低不同的税率,通过制订纳税计划来减少纳税的方法。常见的筹划方法有:价格转移纳税筹划方法、选择低税率行业或地区进行投资。

（一）价格转移纳税筹划方法

价格转移纳税筹划方法，一般适用于关联企业之间的转让定价，主要有货物、劳务、资产、费用和资金的转让定价等。

1. 货物的转让定价

集团公司利用其关联公司之间提供的原材料、产品销售等往来，通过采用"高进低出"或"低进高出"等内部作价办法，将收入转移到低税负地区的独立核算企业，而把费用尽量转移到高税负地区的独立核算企业，从而达到转移利润和减轻公司整体税负的目的。

2. 劳务的转让定价

关联企业之间除了上面提到的材料和产品贸易往来外，还会经常相互提供各种劳务服务。其做法同货物的转让定价基本相同，关联企业之间可以利用提供劳务服务的内部作价方式来实现利润的转移，减轻整体税负。

3. 管理费用的转让定价

企业集团总部为其下属公司提供各种管理服务，因此，有关的管理费用必须分摊给下属公司负担。集团公司为了降低企业整体税负，往往没有按合理标准来分配管理费用，而是对高税率子公司多分配费用，对低税率子公司少分配费用，使企业获得最大的经济利益。

4. 有形资产的转让定价

在企业的生产经营过程中，关联企业之间经常发生生产设备等有形资产的租赁行为。这就为我们进行纳税筹划提供了空间。

5. 无形资产的转让定价

无形资产，是指企业拥有的商标、商誉、专利权、专有技术等产权。由于无形资产具有单一性和专有性的特点，转让价格没有统一的市场标准价格可供参照，其转让定价比货物及劳务更为自由灵活和方便，转让价格亦可包含于被转让的设备款之中，但是如果是国内企业将无形资产的转让定价包含在设备里面，则应考虑国家对出售固定资产征税的其他税收政策法规。

6. 资金的转让定价

资金的价格表现为贷款或借款的利息。关联公司之间可以通过其内部结算银行发生借贷行为，其常常表现为总公司对分公司进行贷款。这样，总公司就可通过对税率高的分公司实行高利率贷款的政策，而对税率低的分公司实行低利率贷款的政策，使公司利润从高税率公司向低税率公司转移，以减轻整体所得税税负。

（二）选择低税率行业投资和纳税

从税制的角度，税收理论界主张税收政策应该是"中性的"，即国家向纳税人征税不要影响到纳税人对自身经济行为的选择，但不少国家为了从宏观上调节产业结构，通过制定不同的税收优惠政策引导投资者的投资投向，作为纳税人，顺应和利用国家现行的税收政策，进行适当的纳税筹划，可以减少税收负担。

我国现行税制中纳税人在不同行业的税收负担差别较大。利用低税率的行业实施纳税筹划有两个方面的思路：一方面，在企业设立之时充分考虑行业的税负情况，把税收优惠因素作为投资决策的重要因素，顺应国家税收政策，以减轻税收负担；另一方面，在可能的情况下进入有税收优惠的行业。

另外，由于我国的流转税有增值税和营业税两大税种，并分别对货物和劳务征收增值税和营业税，而营业税中劳务项目不同适用税率也不同，这就给我们进行纳税筹划提供了空间，在进行纳税筹划时,应同时考虑对流转税的筹划。

(三)选择低税率地区投资和纳税

由于我国地域广阔,国家对不同地区规定不同的税率,在纳税筹划中,运用最为广泛的是针对不同地区的税收优惠政策进行筹划。特定地区的税收优惠主要有:经济特区税收优惠、沿海经济开放区税收优惠、沿海开放城市税收优惠、经济技术开发区税收优惠、保税区方面的税收优惠等五方面。这种区域性的税收优惠差异,给投资者提供了更多的投资选择和利用的机会,纳税人在投资和纳税时,必须对此进行慎重选择并充分运用税收政策。

1. 在低税率地区设立经营机构

在国家税法规定的低税率地区内设立经营机构,把低税率地区外的收入、利润通过转让定价、财产租赁及其他形式转移到该经营机构,从而降低整体税负。在低税率地区设立的经营机构也有可能只是一个"信箱公司"或"文件公司",其公司的董事会及其他重大决策机构和财务部门均在其低税率区内的经营机构办公,但其实际的生产和交易场所却均在低税率地区以外进行。

2. 在低税率地区设立信托机构

2001 年出台的《中华人民共和国信托法》对信托的概念进行了完整的定义:信托是指委托人基于对受托人的信任,将其财产权委托给受托人,由受托人按委托人的意愿以自己的名义,为受益人的利益或者特定目的进行管理或者处分的行为。这样受托人就成为财产的实际支配者,以受托人的名义管理和使用受托财产,以利于受益人。通过在低税率地区设立信托公司,可以将在内地的设备、厂房、有价证券都挂在信托公司的名下,经营的收入和利润自然属于信托公司,从而就可以节约税收成本。

二、税基式纳税筹划

税基式纳税筹划,是指纳税企业通过缩小税基的方式来减轻纳税的筹划方法。由于税基是计税的根据,是计算应纳税额的数量化,在税率不变的情况下,税基越小,纳税人实际缴纳税款就越少。常见的筹划方法有如下几种:筹资方式选择纳税筹划方法、费用分摊纳税筹划方法、存货计价的纳税筹划方法、折旧计算纳税筹划方法、资产租赁纳税筹划方法等。

(一)筹资方式选择纳税筹划

企业常见的筹资方式有:发行股票、发行债券、借款、集资和企业自筹等。不同筹资方式的税收负担大不一样,存在着诸多可筹划的空间。

1. 发行股票与债券的选择

在投资总额中压缩注册资本比例,增加借款所支出的利息,可节省企业所得税;同时,在分配利润时,由于按股权分配,能减少投资风险,又能享受财务杠杆利益——提高权益资本的收益水平及普通股的每股股金。

2. 筹资途径的选择

一般而言,自我积累筹资方法承担的税收负担比贷款重,贷款筹资方法承担的税收负担比企业之间拆借资金重,企业之间拆借资金筹资方法承担的税收负担比企业内部集资重。从税负与经营效益关系看,自我积累产生的全部税负要自己承担,借贷款则归还利息后,企业的实际税负也相应降低。各种筹资方式的选择并无定规,必须就具体情况综合考虑资金成本、税收和收益后,以税后利润最大为目标进行选择。

(二)费用分摊纳税筹划方法

费用分摊的方法常见的有三种:①实际费用摊销法,就是根据实际费用发生额进行摊销。②平均分摊法,就是把一定时间内发生的费用平均分摊在每个项目或产品的成本中。③不规则摊销法,即根据经营需要进行费用摊销,可能将一笔费用集中摊入某一项目或产品的成本中,也可能在一批产品中一分钱也不记。这三种方法产生的结果都不同,对企业利润冲减程度和纳税多少均有差异,所以企业就可以利用这种差异进行纳税筹划,尤其是生产免税产品与非免税产品企业,或者是整个生产经营活动中有部分项目是免税或低税项目,更可充分灵活交叉运用上面三种方法。

(三)存货计价的纳税筹划方法

现行会计制度规定,企业的各种存货可用先进先出法、后进先出法、加权平均法、移动平均法等方法中的任选一种或几种。

企业期末存货的大小与销售成本的高低成反比,从而影响当期应纳税利润的确定,主要表现在如下四方面:

(1)期末存货计价过低,当期利润相对减少,交纳的所得税也少;

(2)期末存货计价过高,当期利润相对增加,交纳的所得税也多;

(3)期初存货计价过低,当期利润相对增加,交纳的所得税也多;

(4)期初存货计价过高,当期利润相对减少,交纳的所得税也少。

即:期初存货计价过高或期末存货计价过低,交纳的所得税就少。

不同的存货计价方法,产生的结果对企业成本多少及利润多少和当期实缴税款的多少是不同的。一般来说,材料价格上涨期,采用后进先出法,计入材料的成本就多,当期计税的税基就相对小;采用先进先出法则计入材料的成本少,当期纳税的税基大。企业可根据实际需要,灵活运用。如果企业处于免税期,企业获得的利润越多,享受的税收减免就越大,这时,企业就可以通过选择有利的存货计价方法,减少成本费用在当期的摊入,使当期利润最大化;如果企业处于正常的征税期,企业获得的利润越多,交纳的税收就越大,这时,企业就可以通过选择有利的存货计价方法,增加成本费用在当期的摊入,使当期利润最小化,从而减少当期应交纳的税款。

在对存货计价从长期看,实交的税收相同,但考虑资金的时间价值,我们还是值得筹划的。

(四)折旧计算纳税筹划方法

固定资产折旧方法与纳税筹划密切相关,不同的折旧方法年折旧提取额不同,这直接关系到利润抵减的程度,因而会造成纳税的差异。

按比例税率课税的情况下,如果税率不变或呈下降趋势,通常加速折旧法比直线法可使企业在税收上得到更多的益处。这是因为加速折旧法使企业在固定资产使用前期计入了较大的折旧费,使应税收益相对减少,而在后期折旧费用减少,使应税收益相对增多,延缓了纳税的时间。从折旧抵税款的现值来看,运用双倍余额递减法计算的折旧抵税额最多,年数总和法次之,而采用直线法时抵税额现值最小。采用加速折旧法,前期缴的税少,后期增加,相当于政府给企业提供一笔无息贷款,可以加快企业投资的回收速度,从而抵减未来的不确定性。

虽然加速折旧法通常能给企业带来延迟纳税的好处,但这并不意味在任何情况下只要用加速折旧法就能给企业带来纳税上的节约。在以下三种情况中,直线法较加速折旧法更能使企业获得纳税上的益处。

（1）企业在盈利前期享受所得税减免时，同样在比例税率的情况下，用加速折旧法比用直线法的所得税税负重。这是因为在加速折旧的情况下，本应享受税收减免优惠的前期利润额受到了过多折旧费用的冲减，导致可以作为利润的部分却作为了费用，从而没能使这部分利润享受到减免税的优惠。

（2）按比例税率课税的情况下，若各年的税率呈上升趋势，固定资产折旧采用直线法优于加速折旧法。这是因为采用加速折旧法时，企业虽然取得了延迟纳税的好处，但在未来所得税税率越来越高时，以后纳税年度税负的增加往往大于延缓纳税的好处。在这种情况下，直线法比加速折旧法对企业更为有利。

（3）在超额累进税率的情况下，通常固定资产折旧采用直线法优于加速折旧法。这是因为采用直线法计算的年折旧费大致相等，在其他条件大致相同的情况下，企业的利润不会忽高忽低，而是保持一个相对稳定的状态，从而避免了出现利润"波峰"而适用较高的税率，导致税负偏高。

（五）资产租赁纳税筹划方法

目前，资产租赁已成为企业进行纳税筹划，借以减轻税收负担的主要方式。对承租人来说，租赁可以获得的好处是：其一可以避免因拥有机器设备而要承担的负担和风险；其二可以在经营活动中以支付租金的方式减少企业的应税利润，从而达到减轻所得税负担的目的。对出租人来说，一方面租赁可取得设备超负荷工作而带来的额外收益，另一方面租赁可以获得比生产经营更稳定的收入。

如果承租人与出租人是关联企业，租赁可以使其直接公开地将资产由一个企业转给另一个企业。常用的资产租赁纳税筹划方法有：

（1）同一集团公司内部，有 A、B 两企业，A 企业处于高税率地区，B 企业处于低税率地区，A 企业将盈利的生产设备连同生产项目一并以租赁形式转租给 B 企业，并按照有关规定收取足够高的租金，这样集团内部就将利润转移到税负低的地区进行纳税，最终使集团公司所享受的税收待遇比税法规定的还优惠，整体税负最低。所以，资产租赁这种形式可以调节集团内部各企业的利润水平，降低纳税。

（2）集团公司内部有 A、B、C 三个企业，A 企业购买设备后验收记入固定资产账，过一段时间后再以较为正常的价格出售给 B 企业，从而使该设备以符合税法规定的出售自己已使用的物品的名义出售出去；B 企业再以较低的价格将该设备出租给 C 企业，这样集团公司照样可按规定提取固定折旧。B 企业可按税金收入的 5％缴纳营业税，而 C 企业的租金支出则可计入成本费用按 25％的比例减少应纳所得税。另外，房产税也改按税金收入的 12％缴纳，从而使集团公司整体税负降低。

从外部融资租入固定资产时，资产列入企业固定资产管理，企业可以按规定提取折旧，增加企业的税前扣除额，从而减轻企业纳税负担；同时融资租入固定资产而发生的长期应付款，其利息负担作为生产经营过程中发生的利息支出，可以直接计入当期的财务费用，从而也会因计税利润的减少而减少应交纳的企业所得税。

三、税额式纳税筹划

税额式纳税筹划，是指纳税人通过直接减少应纳税额的方法来减少自身的税收负担。其主要是利用减免税优惠达到减少税收的目的。在税额式筹划方式中，主要是利用税法规定的减税、免税优惠达到减少应纳税额的目的，一般不需经过太复杂的计算。税额式纳税筹划避税与税收优惠中的全部免征或减半免征的联系更为密切，必须充分了解有关的税收减免税政策规定。

税额式纳税筹划常见的筹划方法有如下几种：

(一)企业设立纳税筹划方法

1. 组织形式的筹划

企业组织形式为两类：一类是依据财产组织形式和法律责任权限，国际上通常把它分为三类，即公司企业、合伙企业和独资企业。另外一类是在公司企业内进行划分的，这个层次分为总分公司及母子公司。基于企业组织形式的纳税筹划可分为两个层次：

(1)公司企业和合伙企业的选择。公司企业与合伙企业两者纳税区别在于：公司的营业利润在企业环节课征公司税，税后利润以股息的形式分配给投资者，投资者又得缴纳一次个人所得税；而合伙企业的营业利润不交公司税，只交纳各个合伙人分得收益的个人所得税。对于规模庞大、管理水平要求高的大企业，一般宜采用股份有限公司，这不仅是因为规模较大的企业筹资难度大，而且在于这类企业管理相对困难，经营风险大，如果采用合伙企业组织形式，很难正常健康地运转起来。但对于规模不大的企业采用合伙企业比较适合，首先管理难度不大，合伙共管也可以见成效；其次又能因为纳税规定上优惠而获得不少利润。这部分利润可以视为公司税在企业组织形式的合理选择下产生的。

(2)子公司和分公司的选择。在具体筹划公司形式时，还有许多可考虑因素，如公司的发展规律、当地税率的高低、税基的宽窄以及税收的优惠条件等。对于初创阶段较长时间无法盈利的行业，一般设置为分公司，这样可以利用公司扩张成本抵冲总公司的利润，从而减轻税负。但对于扭亏为盈迅速的行业，则可以设子公司，这样可以享受税法中的优惠待遇，在优惠期内的盈利无需纳税。对于税收优惠条件而言，一般都是独立公司优惠政策多，但优惠条件严格复杂；分支公司享受优惠少，但优惠条件要求不如独立公司高。所以，在考虑设立分公司或子公司时，应充分对比筹划成本和优惠获利的大小。

2. 注册地点的筹划

(1)国际避税港注册筹划。国际注册地筹划主要是指将公司注册在"避税港"等国际低税负地区，以减轻企业的税收负担。它一般是指一个国家或地区的政府为促进国外资本流入，在本国或本地区划出的一定区间范围，规定在此范围投资的企业可以享受不纳税或少纳税的待遇。企业可以根据自身的具体情况，选择符合自身实际的国际避税地进行企业注册。

(2)国内低税率地注册筹划。为了实现我国的经济发展战略，国家制定了一系列针对不同地区的税收优惠政策，这些优惠地区主要包括：经济特区、沿海经济开放区、经济技术开发区、高新技术产业开发区、保税区、国家确定的革命根据地、少数民族地区、边远地区、贫困地区、旅游度假区、西部开发区。

3. 投资行业的选择

投资行业选择是指投资者根据国家产业政策和税收优惠规定，通过对投资行业的选择，以达到税收筹划的目的。国家产业结构优化政策具有一定的地域性，故而投资行业的选择也可分为两个不同层次，即在地点一致的情况下，选择税负相对轻的行业投资；在地点不同的情况下，选择税负相对轻的地点和行业投资。为了选择有利的投资行业，减轻自身的税负，首先必须了解各行业的税收优惠政策。

(二)企业分立纳税筹划方法

企业在分立的过程中会涉及各方面的税收问题,筹划得当会极大地减轻企业的税收负担。

1.支付方式的筹划

由于支付方式的不同,导致所得税处理方式也不同,如被分立资产的财产转让是不缴纳所得税,被分立企业亏损是否能够得到弥补等问题,我们都必须进行恰当的筹划。在具体做法上可通过分立规避高税率。现行企业一般的所得税税率为25%,符合条件的小型微利企业,减按20%的税率征收企业所得税;可用分立的方法,将企业相关产业分化成两个或两个以下适应低税率的企业,使整体税负降低。

2.分离特定生产部门

此法同时适用于混合销售行为。现行税收法规规定:一项销售行为同时涉及增值税应税项目又涉及非应税劳务,为混合销售行为。从事生产、批发、零售的企业和个人,交纳增值税;其他单位或个人的混合销售行为,交纳营业税。企业为了将非应税劳务由税率较高的增值税改为适应税率较低的营业税,达到少交税收的目的,可将从事应交营业税的运输业、建筑安装业、金融保险业、通信业、文化体育业、服务业等部门,设为一个独立核算的子公司,以降低税负。

(三)企业合并纳税筹划方法

企业合并是指两个或两个以上的企业按照法定程序变成一个企业的法律行为。企业合并有两种形式,即新设合并和吸收合并。

1.盈亏相抵的纳税筹划

盈亏相抵法是指通过企业之间的合并,将亏损企业的亏损或盈利企业的盈利合并缴纳企业所得税,从而减轻自身税收负担的筹划方法。税收筹划的方法是,获利能力高的企业兼并高亏损企业,以冲减获利企业的应纳税的利润,达到少交企业所得税的目的。

2.吸收合并与收购股权的筹划

企业兼并时,可采用现金吸收合并,也可采用持有股份的形式。采用现金吸收合并,其产权关系清楚,但被合并方收到现金时,就要交纳所得税;如果采用持有股份的形式,虽不能将全部股份一次性转移,但则不需交纳所得税。

第四节　国际纳税筹划

国际税收筹划是自然人和法人所制订的一项法律所允许的使全球的税收负担最小化的计划,其目的是使对外经济活动的所有管辖权的总所得实现最大化。

一、国际税收概述

(一)国际税收的概念

国际税收是指涉及两个或两个以上的国家财权利益的税收活动,它反映着各国政府在对跨国纳税人行使征税权利而形成的征纳税关系中所产生的国家之间的税收分配关系。其实质是国家之间的利益分配,是各国政府对跨国公司所得的再分配。

在国际税收中,由于跨国纳税人要同时对两个或两个以上的国家承担纳税义务,并分别向来源国和居住国交纳税款,即要同时承受两个或两个以上国家对跨国纳税人所规定的税收负担。这就使得各国政府对跨国纳税人课征所形成的税收负担不仅涉及征纳双方的经济利益，而且涉及有关国家的财权利益，从而形成国际税收分配关系。

(二)国际税收的种类

世界各国所规定的税种繁多，最常见的有以下几种：

1.所得税

所得税是以企业的收益或所得为对象课征的税，如公司所得税、个人所得税等。在大多数发展中国家由于以人均计算的国民收入较低，一般不对个人征收所得税，因而公司所得税是这些国家财政收入的主要来源。各国所得税率的高低有很大差别，一般而言，发达国家的税率较高，发展中国家为鼓励外国投资者的投资，税率较低。

2.增值税

增值税是以商品生产和流通环节的新增价值或商品附加价值为征税对象的一种流转税。增值税是国际公认的一种透明度较高的中性税收，它不仅有利于组织财政收入，而且有利于鼓励企业按照经济效益原则选择最佳的生产组织经营形式，也有利于按国际惯例对出口产品实行彻底退税，增强本国产品在国际市场上的竞争力。

3.关税

关税是一个国家的中央政府对过境的应税货物征收的税种，重要的是对进口货物征收，只在极少数情况下才对出口货物征收，征收关税的目的主要是为了筹措财政收入以及保护本国企业。

4.预扣税

预扣税又叫预提税，是由东道国政府对本国居民或经济法人向外国投资者和债权人支付的股息和利息所征收的税。这些税通常是在对方收到这笔收入以前就已经扣除掉了。例如，如果一公司向外国投资者支付50万美元的股利，预扣税率为20%，则该公司只向外国投资者支付40万美元，另外10万美元是由该公司代表该国政府以预扣税的形式预先扣除。

5.资本利得税

资本利得税又称资本收益税，它是指对企业出售资本性资产所得利益而课征的税。资本性资产是指那些不是准备随时变卖的资产，如持有期间较长的股票、债券等。

二、国际税收筹划的含义及其产生的客观因素

由于税收对国际企业的现金流量产生重要影响，而各国税制之间存在着差异，所以对国际企业来说，正确制订国际税收筹划方案，将对其全球投资与经营战略具有重要意义。

(一)国际税收筹划的含义

国际税收筹划是指跨国纳税人利用合法手段跨越国境，通过人(自然人或法人)或资金的流动与非流动，减少或消除其对政府的纳税义务。

(二)国际税收筹划产生的客观因素

如果各国税制相同，国际税收筹划的可能性就不存在。国际税收筹划产生的客观因素，主要表现在以下几个方面：

1.税收管辖权的差异

税收管辖权是指一国行使其征税权利的范围。一个国家的税收管理权可以按属地和属人两种不同原则确定。在按属地原则确定的税收管辖权下，只对跨国纳税人源于本国国界内的

收入予以征税。在按属人原则确定的税收管辖权下,不论跨国纳税人的收入源于何国,只要是本国居民,就要对其全部收入予以征税。

2. 税种税率的差异

各国税种设置不尽相同,而且各国设置的税种即使名称相同,纳税人和征税对象也不完全相同。同时,各国在税率确定方面也存在极大的差异。

3. 税基差异

在国与国之间,某种税种从对象上看基本相同,但在征税基数的确定方面,由于各国规定的减免或税收优惠各不相同,使得税基宽窄不一,纳税负担的轻重也有所不同。

4. 税收优惠的差别

许多国家为了吸引外国投资,对于国外投资者在征税上给予实行各种不同形式的优惠,如减免税、各种纳税扣除等。一国的税收优惠政策是跨国纳税人税收筹划的一个重要内容。

此外,各国使用反避税方法的不同,税收优惠措施上的差异,税法有效实施上的差异等,都为国际企业进行国际税收筹划提供了机会。

三、国际重复征税的消除

国际重复征税是指两个或两个以上国家的不同课税权主体,在同一时期对同一纳税人就同一征税对象造成的重复征税。国际双重征税增加了跨国纳税人的义务,不利于国际间资本流动和经济技术的合作与交流,各国政府都极力寻求妥善解决的方法。目前,在国际税收中通常采用的避免或减缓重复征税的方法主要有免税法、抵免法和扣除法。

(一)免税法

免税法又称豁免法,是对本国居民纳税人已被有关外国政府课征同类或类似税种的境外所得免于征税。免税法有全额免征和累进免征两种。

全额免税法是征税国仅按纳税人国内所得额确定适用税率征税。例如,A国某公司在某纳税年度总所得为1 500万元,其中,来自于A国的母公司所得1 000万元,来自于B国的子公司所得为500万元,A国企业所得税税率为35%,B国的企业所得税税率为30%。按此方法,公司在A国应交纳的所得税仅按来自于A国的母公司所得额进行计算,为350万元(1 000×35%)。

累进免税法是指征税国对居民境外所得虽给予免税,但在确定纳税人总所得的适用税率时,却要将其境外所得并入计算。具体计算方法是,先计算出总公司的总所得额,再按规定的税率计税,然后按国内公司的所得额占总公司的总所得额的比例,求出居住国应征所得税税额。沿用前例,假设A国所得税采用累进税率,年所得不超过500万元,税率为30%;500万~1 200万元,税率40%;1 200万元以上,所得税率为50%。

总公司在A国应交纳的所得税额为:

$$[500×30\%+(1\ 200-500)×40\%+(1\ 500-1\ 200)×50\%]×1\ 000÷1\ 500=386.67(万元)$$

(二)抵免法

该方法是指居住国政府在本国税法规定的限度内,允许本国居民用已在收入来源国交纳的所得税款,抵免应就其世界范围内所得向居住国交纳税款的一部分,以避免重复征税。我国就采用此方法。用公式可表示为:

居住国应征所得税额=公司的全部所得×居住国税率-允许抵免额

仍用前例,假设 A 国的企业所得税率为 35%,公司需向 A 国应交纳的所得税额为:

$1\,500 \times 35\% - 500 \times 30\% = 375$(万元)

(三)扣除法

该方法是指居住国政府在行使居民管辖权时,允许本国居民将其向外国政府交纳的所得税额为扣除项目从应税所得中扣除,就扣除后的余额计征所得税,以免除国际重复征税的一种方法。按照此法对跨国公司征税时,母公司所在国应纳所得税的计算公式为:

母公司所在国应纳所得税=(公司总所得-国外已纳税所得)×适用税率

仍用前例数据,A 国的企业所得税率为 35%,B 国的企业所得税率为 30%,则公司需向 A 国交纳的所得税额为:

$(1\,500 - 500 \times 30\%) \times 35\% = 472.5$(万元)

从上述计算可看出,在同等条件下,税收扣除法只能在某种程度上减轻或缓和国际重复征税,并不能从根本上完全消除国际重复征税,因此,国际上采用扣除法的国家极少。

四、国际避税与反避税

(一)国际避税的方法

国际避税是指跨国纳税义务人为维护和实现其经济利益最大化,利用各国税法规定上的差异以种种合法手段来减少或消除纳税义务的经济活动。

在国际实践中,国际纳税人所用的国际避税方法多种多样,主要有以下几种:

1.利用公司居所进行避税

目前,大部分国家都采用居民管辖权,即对居民纳税人的全球所得征税,而对非居民则仅对来源于本国的所得征税。同时,各国的税负水平又高低不一,高税国的居民公司比低税国的居民公司承担了更高的纳税义务。因此,国际企业可以将居所从高税国向低税国迁移,以后者居民身份纳税,从而减轻原应负担的税负。

2.利用国际税收协定进行避税

为解决国际重复征税和调整两国间税收利益分配,世界各国普遍缔结双边协定。在这些协定中,缔约国双方往往都要作出相应的让步,从而达成缔约国双方居民都享有优惠,而且这些优惠只有缔约国居民才有资格享受。但是,当今资本的跨国自由流动和新经济实体的跨国自由建立,使其与税收协定网的结合成为可能,这便为跨国纳税人进行国际税收筹划开辟了新的领域。比较常见的做法是:跨国纳税人试图把一国向另一国的投资通过第三国迂回进行,以便从适用于不同国家的税收协定中受益。例如,A、B 两国之间未签订税收协定,但都分别与 C 国签订了双边互惠协定。A 国的甲公司要向 B 国的乙公司支付股利,乙公司就在 C 国建立丙公司,由甲公司把股利支付给丙,再由丙支付给乙,从而达到减轻税负的目的。

3.利用国际避税地避税

国际避税地是指以免征某些税收或压低税率的办法,为外国投资者提供不纳税或少纳税条件的国家或地区。目前,世界范围内存在的避税地数量多,分布广,且不同避税地给国外投资者税务上的宽松程度各不相同,但归纳起来,避税地不外乎以下几种类型:

(1)没有所得税和财产税的国家或地区,又称为"纯国际避税地"。属于这一类的避税地有巴哈马、百慕大、索马里等。

(2)完全放弃居民税收管辖权,只行使地域管辖权的国家和地区。这类地方有安哥拉、巴林、瑞士、中国澳门、中国香港等。

(3)实行正常课税,但提供某些税收优惠的国家或地区。这类地方有加拿大、希腊、英国、卢森堡、爱尔兰等。

利用国际避税地的避税手段是在避税地建立一个特殊的公司,通过虚构的中介业务及低进高出的转移价格机制,向该公司转移财产、利润和其他所得,以减轻或规避母公司或其他子公司所在国的高税负。

4.利用电子商务避税

电子商务是采用数字化电子方式进行商务数据交换和开展商务业务的活动,是在互联网与传统信息技术系统相结合的背景下产生的相互关联的动态商务活动。在实现了书写电子化、信息传递数据化、交易无纸化、支付现代化的同时,也引起了审计环境、审计线索、审计信息的储存介质、审计的技术方法、审计方式等一系列的重大变化。而这些使得国际税收中传统的居民定义、常设机构、属地管辖权等概念无法对其进行有效约束,无法准确区分销售货物、提供劳务或是转让特许权,因而电子商务的迅速发展既推动世界经济的发展,同时也给世界各国政府提出了国际反避税的新课题。

(二)国际反避税的方法

由于国际企业和税收筹划会损坏一些国家的税收权益,各国对税收筹划便会采取相应的措施。诸如加强税法建设,完善税收法律体制,加强征管措施等。

反避税立法是国际反避税措施中最基本的方面,主要有:在税法中增加反避税的一般性条款和特定条款;增加针对一种或多种避税行为的特定条款;制定具有全面影响力的综合性条款等。

国际反避税的具体措施:

1.对自然人进行国际避税的约束

(1)限制自然人避税性移居。根据国际公法的一般原则,一国政府不应禁止其公民或居民外侨移居出境。联合国于1966年制定了关于民事和政治权利的盟约,其中包括个人自由流动在内。许多国家参加了这一盟约。但它并没有被所有签字国纳入各自的法律体系中,主要是出于保护国家安全、公共秩序等需要,对个人自由流动有所限制。诸如对于有违法偷税、漏税、欠税行为的移居者,有关国家禁止其离境,但是,对于并没有违法的有避税意图的移居者,则不能用禁止离境的简单方法加以阻止,而只能采取其他手段加以制约。

对以避税为动机的自然人的国际迁移,有些国家采取了使移居出境者在移居后的很长一段时间内,在其原居住国(国籍国)仍负有纳税义务的措施。如美国有保留追索征税权的规定。根据美国《国内收入法典》,如果一个美国人以逃避美国联邦所得税为主要目的,而放弃美国国籍移居他国,美国在该人移居后的10年内保留征税权。对其实现的全部美国来源所得和外国的有效联系所得,按累进税率纳税;出售位于美国的财产以及出售由美国人发行的股票或债券所实现的收益,被视为美国来源所得。美国税务当局通过对该人滞留在美国境内的银行存款、房地产等财产的留置权,实行有效的征管,从其在美国的财产中扣除应纳税款。

(2)限制自然人假移居和临时离境。对自然人以避税为目的假移居和临时离境,居住国往往采用不予承认的方法加以约束。例如,英国曾有一个对移居出境的自然人仍保持3年居民身份的非正式规定。该规定限制一个自然人要放弃在英国的居民身份,必须为此提供证据,比如卖掉在英国的房子,并在国外建立一个永久住宅,才能于其离境之日,暂时批准其要求。然后等该人在国外居留至少一个完整的纳税年度,如果在这段时间内对英国的任何访问天数全年累计不超过 3 个月,那么,才正式认定其移居。否则,对其放弃英国居民身份要求的批准决定要延期 3 年。在这 3 年内,将仍视为英国居民征税。待 3 年届满,再参考在这一段时间内实际发生的情况作出决定。

对于采用临时离境方式来避免达到法定居住天数的避税方法,有的国家采用对短期离境不予扣除计算的对策。有的国家则采用将前一、二年实际居住天数按一定比例加以平均,来确定某个人在本年是否达到居住天数标准。

(3)限制自然人利用避税地公司积累所得。为了防止纳税人利用在国外低税或无税条件下积累所得和财产进行避税,若干发达国家制定了一些有关反避税法律条文。

①英国的享有权规定。英国税法中规定,凡是对英国境外"人"的所得有"享有权"的英国居民,应在英国就享有的国外所得纳税。"享有权"适用于下列情况:第一,不论是否以所得的形式表现出来,事实上是由某人支配的所得;第二,收到或应计的所得,这类所得起到了增加个人持有资产的作用;第三,个人收到或有权收到的各种所得或货币收益;第四,个人通过行使一种或多种权利就可得到的收益;第五,个人能以各种方式直接或间接控制所得的运用。这种"享有权"的规定非常广泛,使得一个英国居民在许多情况下,要就其在另一税收管辖权下拥有的所得纳税,而不论他的这笔所得是否汇回英国。

②法国对利用避税地公司避税的规定。《法国税收总法典》规定,一个在法国定居或开业(包括只在法国开业,而不在法国定居)的人提供服务的报酬,而由一个在国外定居或开业的人获取。如果符合下列条件之一,应由前者在法国纳税。第一,获取服务报酬的人,是由法国纳税人直接或间接控制;第二,不能证明获取服务报酬的人是主要从事工商活动,而非提供服务;第三,获取服务报酬的人,是在低税负国家或地区定居或开业。

③美国对个人控股公司未分配所得余额征收惩罚税。个人控股公司是指在纳税年度的后半年中任何时间内,其股票价值 50% 以上直接或间接为五个或更少的人(包括非美国人)所拥有,其消极所得在调整所得中达到一定比例的公司。对这种公司,除了征收正常的公司税外,再对其应分配而未分配的"累积盈余"比照个人所得税最高税率征收一道惩罚性所得税。这种个人控股公司税主要针对个人的三种避税方法。第一,为了躲避个人所得税比公司所得税税率高的那部分差额负担,便组建一个公司来持有个人的投资证券,使个人的利息和股息所得转变为公司的应税所得,从而可以按较低的公司税税率纳税。第二,将个人的劳务所得,转给一家公司。比如某个人组建一家公司,使自己成为该公司的雇员。由公司出面与服务需要方签订合同,个人只负责提供服务,而由公司收取服务收入,公司支付给个人的薪金少于赚取的服务收入,通过这种方法,个人可以成功地将某些收入转给公司,使其按较低的公司税税率纳税。第三,利用公司营业活动扣除的好处。如个人将其游艇、赛车或度假别墅等财产,连同其投资一并转给公司,使与个人财产有关的费用,像上述财产的维修保养费等,由非扣除性费用转化为可扣除性营业费用,用以冲减营业所得,而获得少缴所得税的好处。

2.对法人进行国际避税的约束

(1)限制迁移出境。英国在税法中规定,在没有得到财政部允许的情况下,英国公司不能向避税地迁移和转移部分营业,或建立一个避税地子公司。违反者将受到严厉处罚,包括对当事人的 2 年监禁、总额为应纳税额 3 倍的罚款。

(2)限制转移营业和资产。英国在税法中,除了约束法人的直接迁移外,还规定居民公司将贸易或经营转让给非居民,居民母公司允许非居民子公司发行股票或出售债券以及售出子公司等行为,也必须事先得到财政部的批准,否则将受到处罚。

(3)限制利用公司组建、改组、兼并或清理避税。在法国,当改组涉及法国公司被外国公司合并,或者法国公司以其资产缴付换取外国公司的股份时,应按适用于合并的一系列税务规定执行,并须经法国财政部批准。本期应纳税利润仍由被合并公司承担纳税义务,对合并前的亏损也准予核销。但是,所转让的资产必须保留在法国境内,并必须列入外国公司在法国的分支机构的资产负债表中。

(4)限制改变经营形式。美国规定,对本国公司在国外以分公司形式从事经营的初期损失,允许从美国公司的盈利中予以扣除;但国外分公司如有盈利而改变为子公司,仍须责令美国公司退还以前的扣除额,以防止通过改革经营形式,从损失扣除和延期纳税两方面获利。

为了防止将股东投资改变为举债,以增加利息费用扣除,减轻税负,一些国家在税法中明确规定了债务与产权的比率,不得超过 $3:1$ 或 $5:1$ 等,超过这一比率的债务所支付的利息不予扣除。

(5)在税收征管与税务司法中运用"实质重于形式"的原则。"实质重于形式"是指法律上承认形式合法而实质上违背立法意图的行为和安排。这一原则运用在对避税问题的处理上,意味着对那些符合法律要求,但却没有充分商业理由的公司和交易,将不被承认。在形式上以公司名义进行的交易,依事实可能被认定为个人的行为。税务当局查出有造假避税交易,有关合同或交易将被宣布为无效。

3.对滥用税收协定的约束

各国限制滥用税收协定的措施,大致有以下几种方法:

(1)节制法。节制同那些实行低税制的国家或易于建立导管公司的避税地国家(如列支敦士登、摩纳哥、巴拿马等)签订税收协定,因为税收协定滥用往往是借助于在这类国家中建立导管公司来实现的。

(2)排除法。将缔约国另一方被课以低税的居民公司(如控股公司),排除在享受协定优惠待遇的范围之外。

(3)透视法。将享受税收协定优惠的资格不限于公司的居住国,而是要透过法律实体看其股东的居住国。它不考虑名义股东而是考虑受益人,即最终接收股息人的居住国。

(4)承受税收法。该法给予协定优惠应以获自一国的所得,在另一国必须承受起码的税负为基础。其目的是为了避免同一笔所得,在缔约国双方均不纳税。

(5)渠道法。该法限制一个公司一定比例的毛所得,不得用来支付不居住在缔约国任何一方的个人或公司收取的费用。否则,该公司付出的股息、利息、特许权使用费不给予协定优惠。这是一种针对踏脚石导管公司的对策。

(6)真实法。该法规定特许条款,来保证真实交易不被排除在税收协定优惠之外。这些条款包括:建立公司的动机、公司在其居住国的经营交易额、公司在其居住国的纳税额等。除非建立一个公司的动机具有充分的商业理由,公司在居住国有大量的经营业务,公司在居住国缴纳的税款超过要求的扣除额等,否则,不给予该公司协定优惠。

本章小结

纳税筹划不同于偷漏逃税,它是指企业在法律允许的范围内节省纳税支出,降低纳税成本,提高企业的经济效益和可持续发展能力。节税筹划技术可以归纳为九种,即免税技术、减征技术、税率差异技术、分劈技术、扣除技术、抵免技术、缓税技术、退税技术和税收优惠技术。

纳税筹划的基本方法包括税率式纳税筹划、税基式纳税筹划、税额式纳税筹划三种类型,其中每种类型的筹划方法又包括具体的方法,如税率式纳税筹划包括价格转移纳税筹划方法、选择低税率行业或地区进行投资;税基式纳税筹划包括费用分摊纳税筹划方法、存货计价的纳税筹划方法、折旧计算纳税筹划方法等;税额式纳税筹划方法包括企业设立、分立、合并筹划方法。

国际税收筹划一节概述了国际税收的概念、种类,阐述了国际税收筹划的含义及其产生的客观因素,介绍了消除国际重复征税的免税法、抵免法和扣除法,探讨了国际避税与反避税。

关 键 术 语

税率式纳税筹划　　税基式纳税筹划　　税额式纳税筹划　　纳税筹划技术　　国际纳税筹划

思 考 题

1. 纳税筹划对企业有什么意义?
2. 国际纳税筹划与国内纳税筹划有何区别?
3. 纳税筹划有哪些技术?
4. 利用存货的计价方法如何进行纳税筹划?
5. 什么是国际重复征税,消除国际重复征税的方法有哪些?
6. 国际企业如何进行国际避税?

案 例 分 析

融资租赁企业的税务筹划实例

(2007 年 5 月 25 日　来源:辽宁税务网)

2004 年 2 月,东方机械股份有限公司(以下简称"东方公司")为进行技术改造,需更新一条自动化生产流水线,而该市的富达融资公司(经人民银行批准经营融资租赁业务)可以提供东方公司所需的生产线。

根据东方公司的具体要求,富达融资公司的设备来源可以从两个方面考虑:其一,从国外购进。该生产线的价值为 1 200 万元,境内外运输费和保险费、安装调试费及税金共计 300 万元,与该生产线有关的境外借款利息为 30 万元。其二,从国内购买。同类生产线价格为 1 228.5 万元(含增值税),境内运输费和安装调试费 30 万元,国内借款利息 22.5 万元。

富达融资公司也可以用两种方式经营:一是融资租赁。与东方公司签订融资租赁合同,明确融资租赁价款为 1 800 万元,租赁期为 8 年,东方公司每年年初支付租金 225 万元,合同期满付清租金后,该生产线自动转让给东方公司,转让价款为 15 万元(残值)。二是经营租赁。与东方公司签订经营租赁合同,租期 8 年,租金总额 1 530 万元,东方公司每年年初支付租金 191.25 万元,租赁期满,富达融资公司收回设备。假定收回设备的可变现净值为 300 万元。

作为一家专业的融资租赁企业,富达融资公司可从两个方面进行筹划(金融保险业营业税税率为 5%,城建税税率为 7%,教育费附加为 3%)。

方案一:从事融资租赁业务,按营业税"金融保险业"中的"融资租赁"税目征收营业税。

1. 选择从境外购买

应缴纳营业税＝[(1 800＋15)－(1 200＋300＋30)]×5％＝14.25(万元)

应缴纳城建税及教育费附加＝14.25×(7％＋3％)＝1.425(万元)

按照现行税法规定,对银行及其他金融组织的融资租赁业务签订的融资租赁合同,应按借款合同征收印花税,对其他企业的融资租赁业务不征收印花税。

应缴纳印花税＝1 800×0.5÷10 000＝0.09(万元)

所以富达融资公司获利是:

1 800＋15－1 530－14.25－1.425－0.09＝269.235(万元)

2. 选择从境内购买

应缴纳营业税＝[(1 800＋15)－(1 228.5＋30＋22.5)]×5％＝26.7(万元)

应缴纳城建税及教育费附加＝26.7×(7％＋3％)＝2.67(万元)

应缴纳印花税＝1 800×0.5÷10 000＝0.09(万元)

所以,富达融资公司获利是:

1 800＋15－1 281－26.7－2.67－0.09＝504.54(万元)

因此,虽然境外购买设备的实际成本抵扣的营业额更多,可以少缴一部分营业税,但选择从国内购买设备的综合收益更高,权衡之下应选择从国内购买设备。

方案二:从事经营租赁,按其营业额缴纳营业税,不得抵扣成本费用支出。

应缴纳营业税＝1 530×5％＝76.5(万元)

应缴纳城建税及教育费附加＝76.5×(7％＋3％)＝7.65(万元)

由于租赁合同的印花税率为千分之一,所以:

应缴纳印花税＝1 530×1÷1 000＝1.53(万元)

富达融资公司获利是:1 530＋300－1 281－76.5－7.65－1.53＝462.32(万元)

因此,富达融资公司采用融资租赁方式从国内购买设备税负更低,综合收益更高。

第八章 财务管理与企业资源计划

本章要点

1.ERP 的财务管理模块
2.ERP 对财务管理的影响
3.ERP 应用对企业会计人员职能的影响

ERP 系统是在 MRP 基础上发展起来的,它具有先进的管理思想和方法,能为科研、生产、应用等各行各业提供有效的服务,特别是对企业及职能管理部门,可实现对物资采购、生产、销售、物流等环节,以及生产设备、资金、人力等企业内部资源进行有效控制和管理,从而提高综合效益。ERP 作为实现先进的计算机化企业经营管理模式的工具,正越来越受到企业的重视。

第一节 ERP 思想与理论基础

一、ERP 的概念

ERP(enterprise resources planning,企业资源计划)是一种跨越多个企业、多种环境并具有统一的数据库、界面和特定应用功能的企业信息管理系统。可以从管理思想、软件产品、管理系统三个层次给出它的定义:①是由美国著名的计算机技术咨询和评估集团高德纳公司(Garter Group Inc.)提出的一整套企业管理系统体系标准,其实质是在 MRP II(manufacturing resources planning,制造资源计划)基础上进一步发展而成的面向供应链(supply chain)的管理思想;②是综合应用了客户机、服务器体系、关系数据库结构、面向对象技术、图形用户界面、第四代语言(4GL)、网络通讯等信息产业成果,以 ERP 管理思想为灵魂的软件产品;③是整合了企业管理理念、业务流程、基础数据、人力物力、计算机硬件和软件于一体的企业资源管理系统。这三个层次概念的关系如图 8-1 所示。

图 8-1 ERP 三层次关系图

　　一般而言,对于管理界、信息界和企业界的不同要求,ERP 分别有着它不同的内涵和外延。本章主要阐述 ERP 在企业界的应用,主要采用以上第三种定义方式。对于企业来说,要理解"企业资源计划",首先要明确什么是"企业资源",简单地说,"企业资源"是指支持企业业务运作和战略运作的事物,也就是我们常说的"人""财""物"等。据此可以认为,ERP 就是一个有效组织、计划和实施企业"人""财""物"管理的系统,它依靠 IT 的技术和手段以保证其信息的集成性、实时性和统一性。

二、ERP 的发展历程

　　ERP 随着企业面临环境的变化和技术手段的发展而不断变革,从物料需求计划 MRP(material requirement planning)到制造资源计划 MRPⅡ,再进一步发展到企业资源计划 ERP,逐步走向成熟。ERP 大致经历了以下四个历程:

　　(1)20 世纪 60 年代,早期的 MRP 是基于物料库存计划管理的生产管理系统,制造系统的重心在于库存的控制和管理,大部分处理库存的系统是建立在传统的经济批量观念上的,运用订货点法进行库存管理。在此期间,美国为生产与库存控制工作者建立了美国生产和库存控制协会(APICS),开创了 MRP 的研究领域。MRP 系统的目标是:围绕所要生产的产品,应当在正确的时间、正确的地点、按照规定的数量得到需要的物料;通过按照各种物料真正需要的时间确定订货与生产日期,避免造成库存积压。

　　(2)20 世纪 70 年代,MRP 经过发展形成了闭环的 MRP 生产计划与控制系统。闭环 MRP 的基本原理是将企业产品中的各种物料分为独立物料和相关物料,并按时间段确定不同时期的物料需求;基于产品结构的物料需求组织生产,根据产品完工日期和产品结构规定生产计划,从而解决库存物料订货与组织生产问题。闭环 MRP 以物料为中心的组织生产模式体现了为顾客服务、按需定产的宗旨,计划统一且可行,并且借助计算机系统实现了对生产的闭环控制。

　　(3)进入 20 世纪 80 年代之后,闭环 MRP 经过发展和扩充逐步形成了制造资源计划 MRPⅡ,系统管理的对象从物料(materials)扩展到制造资源(manufacture resource),生产、采购、销售、财务等结合得更加紧密,形成一个借助信息流实现物流和资金流的生产管理系统。MRPⅡ 的基本思想是:基于企业经营目标制订生产计划,围绕物料转化组织制造资源,实现按需按时进行生产。MRPⅡ 主要环节涉及:经营规划、销售与运作计划、主生产计划、物料清单与物料需求计划、能力需求计划、车间作业管理、物料管理(库存管理与采购管理)、产品成本管理、财务管理等。从一定意义上讲,MRPⅡ 实现了物流、信息流与资金流在企业管理方面的集成,能提高企业的整体效率与效益。

　　(4)20 世纪 90 年代,MRPⅡ 经过进一步发展形成了企业资源计划 ERP 系统。其管理核心从"在正确的时间,制造和销售客户需求的合适产品"转移到"在最佳的时间和地点,获得资源的最大增值和企业最大效益"。ERP 与上述的 MRPⅡ 相比,更加面向全球市场,功能更为强大,所管理的企业资源更多,支持混合式生产方式,管理覆盖面更宽,并涉及了企业供应链管理,从企业全局角度进行经营和生产计划,ERP 采用的计算机技术也更加先进,形成了集成化的企业管理软件系统。

三、ERP 的管理思想

　　ERP 的核心管理思想就是供应链管理,供应链目前还未形成统一的定义。早期的观点认为供应链是制造企业中的一个内部过程,它是指把从企业外部采购的原材料和零部件通过生产和销售等活动传递到零售商和用户的一个过程,局限于企业内部操作层面,注重企业本身的资源利用。后来供应链的思想注重了与其他企业的联系,注重了供应链的外部环境,认为供应链是围绕核心企业,通过对信息流、物流、资金流的控制,从采购原材料开始,制成中间产品以及最终产品,最后由销售网络把产品送到消费者手中,将供应商、制造商、物流商、服务商直到最终用户构成一个整体的功能网链结构模式。根据它的定义,可以得出它的结构模型如图 8-2所示。

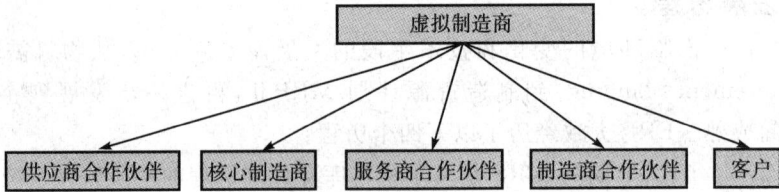

图 8-2　供应链的网链结构模型

从图 8-2 中可看出,供应链由所有加盟的节点企业组成,其中一般有一个核心企业,节点企业在需求信息的驱动下,通过供应链的分工与合作,以资金流、物流、信息流为媒介,实现整个供应链的不断增值。供应链是一个网链结构,具有复杂性、动态性、面向用户需求和交叉性的特征。

供应链管理是一种集成的管理思想和方法,是以同步化、集成化生产计划为指导,以各种技术为支持,围绕供应、生产作业、物流、满足需求来实施的管理,主要包括计划、合作、控制从供应商到用户的物料和信息,执行供应链中从供应商到最终用户的物流的计划和控制等职能。供应链管理的目标在于提高用户服务水平和降低总的交易成本并且寻求两个目标之间的平衡。实现对整个供应链的有效管理,主要体现在以下三个方面:

1. 体现对整个供应链资源进行管理的思想

在知识经济时代仅靠自己企业的资源不可能有效地参与市场竞争,还必须把经营过程中的有关各方如供应商、制造工厂、分销网络、客户等纳入一个紧密的供应链中,才能有效地安排企业的供、产、销活动,满足企业利用全社会一切市场资源快速高效地进行生产经营的需求,以期进一步提高效率和在市场上获得竞争优势。换句话说,现代企业竞争不是单一企业与单一企业间的竞争,而是一个企业供应链与另一个企业供应链之间的竞争。ERP 实现了对整个企业供应链的管理,适应了企业在知识经济时代市场竞争的需要。

2. 体现精益生产、同步工程和敏捷制造的思想

ERP 支持对混合型生产方式的管理,其管理思想表现在两个方面:其一是"精益生产(lean production,LP)"的思想,它是由美国麻省理工学院(MIT)提出的一种企业经营战略体系。即企业按大批量生产方式组织生产时,把客户、销售代理商、供应商、协作单位纳入生产体系,企业同其销售代理、客户和供应商的关系,已不再是简单的业务往来关系,而是利益共享的合作伙伴关系,这种合作伙伴关系组成了一个企业的供应链,这即是精益生产的核心思想。其二是"敏捷制造(agile manufacturing)"的思想。当市场发生变化,企业遇有特定的市场和产品需求时,企业的基本合作伙伴不一定能满足新产品开发生产的要求,这时,企业会组织一个由特定

的供应商和销售渠道组成的短期或一次性供应链,形成"虚拟工厂",把供应和协作单位看成是企业的一个组成部分,运用"同步工程",组织生产,用最短的时间将新产品打入市场,时刻保持产品的高质量、多样化和灵活性,这即是"敏捷制造"的核心思想。

3.体现事先计划与事中控制的思想

ERP中的计划体系主要包括:主生产计划、物料需求计划、能力计划、采购计划、销售执行计划、利润计划、财务预算计划和人力资源计划等,而且这些计划功能与价值控制功能已完全集成到整个供应链系统中。

另一方面,ERP通过定义事务处理(transaction)相关的会计核算科目与核算方式,以便在事务处理发生的同时自动生成会计核算分录,保证了资金流与物流的同步记录和数据的一致性,从而实现了根据财务资金现状,可以追溯资金的来龙去脉,并进一步追溯所发生的相关业务活动,改变了资金信息滞后于物料信息的状况,便于实现事中控制和实时作出决策。

此外,计划、事务处理、控制与决策功能都在整个供应链的业务处理流程中实现,要求在每个流程业务处理过程中最大限度地发挥每个人的工作潜能与责任心,流程与流程之间则强调人与人之间的合作精神,以便在有机组织中充分发挥每个人的主观能动性与潜能。实现企业管理从"高耸式"组织结构向"扁平式"组织机构的转变,提高企业对市场动态变化的响应速度。

总之,借助IT技术的飞速发展与应用,ERP得以将很多先进的管理思想变成现实中可实施应用的计算机软件系统。

第二节　ERP 对财务管理理念的影响和创新

一、ERP 的财务管理模块

随着我国加入WTO,具有网络化、数字化、信息化三大特征的知识经济时代已经到来,企业资源的综合运营能力已经成为市场竞争力的主要标志。因此,运用ERP建立新的企业管理模型和流程,调配、控制、平衡企业各方面资源,规范业务流程,有效降低企业生产、营销成本,缩短设计周期,提高企业快速响应能力,已成为企业的当务之急。

在企业中,管理主要包括三方面的内容:生产控制(计划、制造)、物流管理(分销、采购、库存管理)和财务管理(会计核算、财务管理)。这三大系统本身就是集成体,它们互相之间有相应的接口,能够很好地整合在一起对企业进行管理。企业中清晰分明的财务管理是极其重要的。所以,在ERP整个方案中,它是不可或缺的一部分。

ERP中的财务管理模块与一般的财务软件不同,作为ERP中的一部分,它和系统中其他模块有相应的接口,能够相互集成,比如:它可将由生产活动、采购活动输入的信息自动计入财务模块生成总账及会计报表,取消了输入凭证这个繁琐的过程,几乎完全替代了以往传统的手工操作。ERP的财务部分一般分为会计核算与财务管理两大块。会计核算主要是记录、核算、反映和分析资金在企业经济活动中的变动过程及其结果。它由总账、应收账款、应付账款、现金、固定资产等部分构成。财务管理的功能主要是基于会计核算的数据,再加以分析,从而进行相应的预测、决策和控制活动。

ERP系统中的信息资源可充分共享,数据在系统间能够流畅传递,不仅内部的各模块充分集成,与供应链和生产制造等系统也达到了无缝集成,使得企业各项经营业务的财务信息能及时准确地得到反馈,从而加强了对企业资金流的全局管理和控制。ERP系统强调的是面向业务流程的财务信息的收集、分析和控制,使财务系统能支持重组后的业务流程,并做到对作业活动的成本控制,实现了企业财务管理及业务流程管理的一体化。在 ERP 中,管理业务的流程是一环紧扣一环相互连接的,它形成了企业内部管理的高度集成。因此,ERP 的建设通常是一个全局的、自上而下的过程,ERP 从设计之初就考虑了整个企业的需求,保证了数据的共享和一致性。

二、ERP 与传统财务软件在现代企业财务管理中的差异

传统财务软件是为替代手工记账,从以会计核算对外报告为主要目的传统会计中产生的,而 ERP 为适应企业管理的需要而产生,它与传统财务软件有着本质的区别。对于现代企业管理真正起作用的是 ERP,其在现代企业管理中的作用是其他软件无法替代的。

(一)ERP 比较注重软件的内部控制功能,体现先进的管理思想

一个好的企业管理软件,会在内部起到互相牵制、互相监督的作用,就有利于加强管理,堵塞漏洞。ERP 有许多地方看似无关紧要,可一旦深刻了解,就会感到它先进的管理思想和丰富的内涵,这主要体现在它的功能上、细节中和系统清晰的控制思想上。反观传统财务软件的发展,大多是以财务软件为中心的外围扩展。财务软件最初基本上是从模拟手工开始的,有的甚至是手工的翻版,即使以后版本的改进与提高,也很难完全消除这种模拟手工处理的痕迹,只是达到了满足日常核算的要求,很难体现先进的管理思想。以应付账款为例,传统财务软件采用了与手工核算一样的方式,即在一级科目应付账款下设置供应商明细科目。这种方式易于理解,但无法对债务进行财务层面的监管,仅能满足简单的核算需求。相反 ERP 通过启用专门监管应付债务的供应商子账管理应付账款,把供应商与采购业务进行集成管理,通过对长期供应商与一次供应商的差别方案的有效记录和跟踪,管理供应商及往来款项,确保总账与子账的实时一致性。同理可扩展至客户管理、存货管理、固定资产管理、资金管理等,由于这些子账与业务实时集成,为业务财务共有,所以管理功能强大,方便融入业务财务部门的管理思想。

此外,与传统财务软件相比,ERP 更注重经营管理与控制。ERP 的生产与成本管理子系统,体现了 ERP 提供多步骤生产管理的功能。首先,企业按产品构成和费用预算事先定义各步骤半成品和产成品的成本结构,系统会根据企业的定义自动计算生成各产品标准成本。这就是初始化的一部分。然后,系统在接到生产订单后允许发料。当输入已经批准的生产订单后,系统自动按照已定义的产品的物料清单计算并向仓库发出领料通知。原材料或半成品一旦被领出,系统自动按照标准成本扣减存货并计入该生产单位的生产成本。而半成品或产成品完工入库时,对多步骤生产中的半成品,从一个生产步骤转入另一步骤,尽管没有真正的入库,但为计算的成本的准确性,作虚假入库后,再领取半成品处理,系统自动按标准成本扣减生产成本,增加相应存货,并且计算出产品成本差异,以便管理人员进行分析与控制。而其他软件主要是记录财务信息。其次,通过所记录的内容分析才能起到控制的作用,而并不能直观地起到控制的作用。ERP 不仅有完善的财务核算与业务处理功能,而且注重业务处理过程中的管理与控制。ERP 不仅仅为管理人员提供管理信息,而且本身也执行不少管理控制。

(二)ERP 适应现代设计的要求,具有充分保留业务处理痕迹和提供审计线索的功能

该功能正是一个理想的管理软件所必须具备的。ERP 充分考虑到了这一点,它在初始录入凭证时生成一条记录,在改动、删除时,并不是在原记录上变动,而是另有记录反映。这样在查询时,同一笔业务有哪些改动,在什么时间改动、操作,在哪项功能中变动,均可查询得出结

果。每一笔处理都留有痕迹,这就为审计工作提供了线索,人为地调节利润和改动数据就会变得一目了然。而传统财务软件的设计和开发没有充分考虑审计人员的特殊要求,基础数据变动无任何痕迹,这就使得审计难以进行,致使会计电算化处于一种"脱节"状态,这将严重影响我国管理软件特别是财务与审计工作的发展,不能适应现代审计的要求。

(三)ERP 集成化程度高

ERP 是以生产制造为中心,财务及成本只是这个大系统的一个子系统。财务子系统与其他子系统高度集成,真正实现了物流、资金流和信息流的统一。ERP 所用数据都是从生产等业务开始,财务部分与生产、采购、销售、库存等环节紧密相连,一环扣一环,真正做到了无缝连接。传统财务软件的各子系统也注意了信息的共享,但仍属于一种单项管理的集合,是离散型管理软件,各子系统一般仅围绕着自身的业务进行处理,缺乏全局观和系统化的思想,子系统间仅通过访问有关数据库来实现信息共享。ERP 围绕着企业经营的供、产、销这条主线,规范有关的业务,加强企业的管理和控制,形成集成管理。可见,ERP 的各个子功能模块是集中式的结合,对于企业的统筹管理更有意义。

三、ERP 对财务管理的影响

无论是在传统的 MRP Ⅱ 还是在 ERP 中,财务管理始终是核心的模块。会计和财务管理的对象是企业的资金流,是对企业财务状况和经营成果的衡量和体现。因此财务信息系统一直是各种行业的企业实施 ERP 时关注的重点。ERP 对传统财务管理的影响表现在以下几个方面:

(一)ERP 扩大了财务管理的内容

在传统的工业经济时代,经济增长主要依赖厂房、机器设备、资金等有形资产。而在知识经济时代,以知识为基础的专利权、商标权、人力资源等无形资产在企业总资产中所占比重将大大提高,无形资产将成为企业最重要的投资对象之一。然而,一般的财务管理软件对无形资产的确认和计量比较困难,企业在进行财务决策时很少考虑这些无形资产。ERP 除了财务系统外,还包括人力资源管理模块、供应链管理等系统,可以从各方面对这些无形资产进行分析、预测,丰富了财务管理的内容。

(二)ERP 为财务管理提供了更全面的信息

ERP 对大量规范业务的计量可以在初始化中加以设置,自动生成相应的凭证,计算和财务报告中的大部分工作也可以通过系统设置而自动生成。ERP 中财务模块与其他模块的相互集成使 ERP 除了提供必需的财务报表外,还能提供多种管理性报表和查询功能,提供更全面的财务管理信息,为战略决策和业务操作等各层次的管理需要服务。ERP 各模块的集成不仅保证了会计信息的相关性、可靠性,而且使 ERP 中的财务模块把降低企业经营成本,提高企业整体竞争能力纳入其目标范围之内,使财务管理的一部分重心转移到产品和市场上。

(三)ERP 改变了企业的管理模式

传统的财务管理强调的是事后收集和反映会计数据,它强调的是实际发生原则。也就是说,它所反映的企业经营现状具有滞后性,只能在一切都已经成为事实以后再采取补救措施来调整,这也就导致了财务信息流、资金流和企业生产经营中的物流产生脱节。而 ERP 思想强调的是事前计划和及时调整,能够实现企业的三流合一,也就是物流流到哪里,资金流就核算到哪里,信息流就反映到哪里,使企业能够根据市场情况及时反映。

(四)ERP 使新的业绩评价方法成为可能

企业业绩评价作为一种管理手段,就是要通过全面准确及时的衡量,为采取有效的管理措施指明方向。传统的企业业绩评价方法是一种事后的评价手段,并且是孤立地评价某一个环节,忽视对质量、时效、资本成本的考核。同时,由于企业最终形成的财务成果是经营活动中多个环节综合作用的结果,而传统的企业业绩评价方法大多是间接评价,很难直接分清责任。而ERP 强调管理会计的功能,以项目管理为核心,将项目作为成本中心、利润中心进行考核,对项目进行预测、控制和分析,可以进行公司级和部门级的预算和预测,并且支持自上而下、自下而上以及分布式的预算生产;ERP 可以对财务计划的实施过程进行实时评价,以便进行实时控制,及时纠正偏差,提高了财务管理的效率。

(五)成本核算更精确精细

成本核算关乎财务管理工作的成败。在 ERP 系统的支持下,企业各个部门实现了充分的信息共享。有别于传统财务管理,财务人员可以了解到采购、生产、库存、销售各个阶段的详细数据,因而,对于每一作业的进行,财务管理都应进行相应的反映,进行阶段的成本核算,提高成本数据的精细程度和准确性,从而使财务控制与财务监督更加有效。

(六)风险防范更有效

ERP 系统使企业管理实现了信息化,使企业信息数据实时更新成为可能。因此,现代化的财务管理应充分利用及时更新的数据信息,对企业各个环节进行实施监控,有效发挥财务预警功能,当出现危机前兆时即向决策者作出反应,及时纠正,使企业风险降至最低。

(七)预算管理更全面

ERP 系统为企业的预算管理提供了强大的技术支持:企业各业务部门的负责人,可以随时看到它所承担的各项费用情况,在会计期间的任何一天,都可以获得截至当时的利润情况表,并与预算进行比较。ERP 的这种技术支持,不但使经营者可以根据预算对经营策略作出及时调整,使预算管理真正落到实处,而且为预算编制积累了更加丰富的历史数据。

(八)资金管理应更严格

企业财务管理的核心是资金管理,是对资金流的集中管理与控制。ERP 系统在实施过程中对企业的业务流程进行了重组,充分实现了信息共享,减少了采购、销售与财务之间的穿梭往来。另外,企业财务人员应充分利用 ERP 系统提供的数据资源,尽最大可能实时关注每个客户的财务状况,为客户建立更为详细的信用档案,在进行是否发货的资金审核时,尽最大可能减少人为判断的随意性,并根据客户具体的信誉情况设计出更为适合的政策,提高自己使用效率。

(九)财务分析更及时

作为财务管理重要组成部分的财务分析,是以财务报表为基础的。财务报表是否及时详尽,在相当程度上将影响到财务管理的有效性。在 ERP 系统的支持下,企业的数据库中存储了大量数据信息,可以通过不同的报表处理模块,以不同的核算方式和计算方法,可以随时获取基本财务报表、地区销售状况报表、特定产权的利润报表等各种形式的详尽的财务报表。财务人员应充分利用 ERP 系统提供的便利,随时更新各类财务报表,进行及时的财务分析,为企业决策提供更具时效性的资料。

四、ERP中财务管理模块的新特点

ERP中的财务管理模块将资金流和物流进行高度集成,实现了财务管理从事后财务会计信息的反映,到财务管理信息处理,再到多层次、全球化财务管理的支持转变,以便对全球市场信息作出快速反馈,降低各类经营成本和缩短产品进入市场的周期,提供强大的财务分析和决策支持能力,获取丰富的战略性财务信息。与传统的财务软件相比,ERP中的财务管理模块有以下几个新特点:

(一)ERP中的财务管理模块是一个实时的动态管理系统

ERP以企业作业为起点,全方位跟踪企业经济业务的发生、发展和结果,并进行记录和控制。其管理的广度也从单一的财务部门扩展到各项作业涉及的各个部门,完全实现了企业内部业务处理一体化,做到了资金流、物流和信息流的统一。同时可以实现总部与分支机构以及分支机构之间的实时、动态的信息交换,在集团内实现财务、采购、销售流程的统一化和标准化,更好地统一协调和客户的业务关系,快速处理集团范围内的采购、调配和送货,实现总部对下属各单位的资金、物流的实时监控和管理。

(二)ERP中的财务管理模块实现了企业资源管理与业务流程管理的一体化

ERP中信息资源实现了充分共享,数据资源实现了流畅传递。财务管理系统不仅在内部的各模块充分集成,并且与供应链和生产制造等系统也达成了无缝集成,这就使得企业各项经营业务的财务信息能及时准确地得到反馈,从而加强了对资金流的全局管理和控制。财务管理模块强调面向业务流程的财务信息的收集、分析和控制,使财务系统能够支持重组后的业务流程,并做到对业务活动的成本控制,实现资源管理与业务流程管理的一体化。

(三)ERP中的财务管理模块使企业实现了财务管理国际化

ERP支持企业的全球化经营,可以为分布在世界各地的分支机构提供一个统一的会计核算和财务管理平台,能提供多币种的会计处理。ERP支持多个国家的会计准则和国际会计准则,在多语言、多币种的情况下能提供具有国际可比性的会计信息,以满足企业参与国际竞争的需要。

第三节　ERP在企业财务管理中的应用

随着互联网的发展和应用的普及,越来越多的事物被信息化了,会计行业也不例外,正经历着一场新的变革。从总体上讲,ERP在会计核算与财务管理中的应用有两个特点:一是宏观层面的架构在扩张;二是微观层面的ERP物理模块在不断细化。这两者的互动推进了会计作业模式的变化。

现阶段ERP在会计核算与财务管理领域的应用主要涉及以下几个方面:

一、ERP在会计核算中的应用

会计核算主要是记录、核算、反映和分析资金在企业经济活动中的变动过程及其结果。它主要由总账、应收账、应付账、现金、固定资产、多币制等部分构成。从物理层面看,ERP的会计核算模块涉及总账模块、应收账模块、应付账模块、现金管理模块、固定资产核算模块、多币制模块和工资核算模块等,结构如图8-3所示。总账模块的功能是处理记账凭证,输入、登记、输出日记账以及一般明细账和总分类账,编制主要会计报表,它是整个会计核算的核心,其

他各模块都以其为中心来相互进行信息传递。以应收账模块和应付账模块为例,应收账模块里的应收账是指企业应收的由于赊销业务产生的款项,它包括发票管理、客户管理、付款管理、账龄分析等功能。它和客户订单、发票处理业务相联系,同时将各种事项自动生成记账凭证,导入总账。应付账模块里的应付账是赊购业务产生的应付款项,它包括了发票管理、供应商管理、支票管理、账龄分析等。它能够和采购模块、库存模块完成集成,以替代过去繁琐的手工操作。总之,各个会计核算模块经过处理都能自动生成记账凭证导入总账,与此同时也可以自动生成所需数据为其他模块所用。

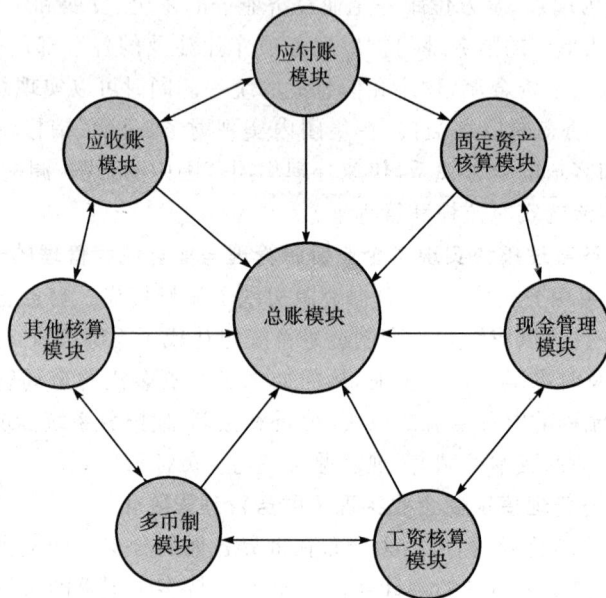

图 8-3　ERP 的会计核算模块

　　ERP 的应用将手工模式下繁重的成本计算工作量大大简化了。在 ERP 标准成本体系中,在产品、产成品和销售成本均以标准成本计价,并同时记录成本差异,可以大大减少期末成本计算的工作量,简化日常账务处理。同时,采用 ERP 进行成本管理,通过库存系统、工资系统、固定资产系统等取出相关成本数据或手工录入数据后,系统就可以自动进行成本计算,生成完工产品成本报表、在产品成本报表、成本差异分析表等报表,并保证各种数据来源的唯一性,确保数据之间的勾稽关系正确性,从而避免了手工编制报表的繁重工作量。

二、ERP 在财务管理中的应用

　　财务管理的功能主要是基于会计核算的数据,再加以分析,从而进行相应的预测、管理和控制活动。它侧重于财务计划、控制、分析和预测,强调事前计划、事中控制和事后反馈。然而,ERP 中的财务管理模块已经完成了从事后财会信息的反映到财务管理信息处理,再到多层次、一体化的财务管理支持。这种转变体现在,它吸收并内嵌了先进企业的财务管理实践,改善了企业会计核算和财务管理的业务流程。它在支持企业的全球化经营上,为分布在世界各地的分支机构提供了一个统一的会计核算和财务管理平台,同时也能支持各国当地的财务法规和报表要求。如提供多币种会计处理能力,支持各币种间的转换;支持多国会计实体的财务报表合并等；支持基于 web 的财务信息处理，为支持企业发展电子商务和基于 Internet 的应用系统如销售订单处理等，部分财务信息还可以通过 web 方式收集和发布。总之，这一切倘若在非 ERP 的环境下是无法完成的。

三、ERP 在成本管理中的应用

现代成本管理需要一个能协调计划、监控和管理企业各种成本发生的全面集成化系统，从而协助企业的各项业务活动都面向市场进行运作。在典型的 ERP 系统中，所有的成本管理应用程序都共用同样的数据源并使用一个标准化的报告系统，用户界面的同一结构使这个系统具有容易操作的特点，成本与收入的监控可贯穿所有职能部门。有差异或有问题的项目一旦出现就能被分离出来，并可采取措施去纠正。具体说来，典型的或高层次的 ERP 成本管理涉及成本中心会计、订单和项目会计、获利能力分析等几个方面。以订单和项目会计为例，它是一个全面网络化的管理会计系统，带有订单成本结算的详细操作规程。该系统收集成本，并用计划与实际结果之间的对比来协助对订单与项目的监控。系统提供了备选的成本核算及成本分析方案，从而有助于优化企业对其业务活动的计划与执行。

ERP 成本管理系统采用的是标准成本体系。标准成本体系是 20 世纪早期产生的并被广泛应用的一种成本管理制度。标准成本体系并非是一种单纯的成本计算方法，它是把成本的计划、控制、计算和分析相结合的一种会计信息系统和成本控制系统。从系统本身来看，ERP 成本系统强调事前计划、事中控制、事后反馈的统一。采用 ERP 标准成本体系，系统可自动计算出产品的标准成本、实际成本，并将成本差异计算出来，还可将差异细分为原料价格差异、原料数量差异等明细项，从而便于企业找到产生差异的直接源头，对症下药。

四、ERP 在企业绩效考核中的应用

在 ERP 中绩效考核通常是与责任中心会计相联系的，它通过将企业的总体目标按各责任中心的可控范围进行分解，制定各责任中心的责任预算，及时、准确地核算各责任中心责任预算的执行情况，以便发现其脱离责任预算的差异；对各责任中心脱离责任预算和企业目标的不利活动进行矫正，充分发挥其控制职能；责任会计对责任会计中心的工作业绩进行分析评价，以便为绩效考核提供依据。

五、ERP 的导入对会计人员职能的影响

从表面上看，ERP 的导入对会计人员来说，确实是一次大冲击，或者说是一种让"会计人员无事可做"的危机。但从深层次看，ERP 的导入，本质上是会计工作内涵的新发展，是会计工作的重心转移。会计人员的地位具有不可替代性，只是会计人员要不断提高自身素质，掌握多方面技能，由只重视会计问题转移到重视企业业务问题上来，实时、动态地为用户提供信息。企业导入 ERP 后会计人员的工作或角色转变主要体现在以下几方面：

（一）在收集、加工、披露会计信息过程中发挥自我优势，实现会计的记录、报告等基本职能

企业导入 ERP 后会计所需的原始信息由各业务部门填制并通过网络适时传递给财务系统，由财务系统按照预先设定的程序和格式自动生成会计凭证，并按选定的会计政策和报告格式自动生成不同类型的会计报表。但这并不意味着会计可以完全被 ERP 所取代，仍有许多重要的"后台"工作需要会计人员完成。例如在信息收集阶段需要会计人员对数据的真实性进行

审核与确认;在加工与披露阶段需要会计人员面向信息使用者,按需提供信息产品,也就是说除提供通用会计报告外,会计人员还要按信息使用者的不同需求,选择相应的会计政策,提供适合不同决策需要的会计信息,充分发挥会计人员的专业优势和主观能动性。

(二)针对企业管理的需要,突出会计人员参与企业管理、辅助经营决策的职能

ERP 中的财务管理模块已经完成了从事后财会信息的反映,到财务管理信息处理,再到多层次、一体化的财务管理支持。它侧重于财务计划、控制、分析和预测,强调事前计划、事中控制和事后反馈。与传统的财务管理模式下只注意会计的记录和报告职能,而忽视了其参与管理、辅助决策的职能相比,ERP 时代企业会计人员除了发挥会计的基本职能外,更重要的是发挥其参与管理、辅助决策的职能。会计人员要基于会计核算的数据,再加以分析,从而进行相应的预测、管理和控制活动,更好地参与到企业的整个管理系统中。

(三)在 ERP 环境下,更多的会计人员将改变工作场所,直接进入生产经营部门工作,并发挥重要作用

按传统观念,会计人员在远离生产经营部门的会计部门工作,但随着 ERP 的导入,不论企业规模大小,均有相当部分的会计人员走出会计部门,进入生产经营部门工作,作为这些部门的重要成员。他们利用自己的专业经验、分析能力与其他技能(预算、预测与成本会计等),在生产经营部门中扮演领导者、组织者、顾问、规划与业务整合方面的专家等各种角色,促使各部门人员协调工作,保证过程有效、决策正确。

(四)会计人员既是会计信息系统的使用者同时也是系统的维护者

在系统开发初期,会计人员应充分考虑本单位经济业务与管理活动发展的需要,参与会计信息系统的需求分析和设计,在考虑成本效益的基础上进行系统优化,兼顾会计信息系统的通用性与专用性。在系统建成并投入使用之后,应由专职会计人员进行系统维护以保证系统安全、高效运行。此外,ERP 时代加强内部控制更具有紧迫性和现实的意义,ERP 中的财务带来内部审计工作的变革,给审计工作带来了新的挑战,从而对企业会计人员提出了更高的要求。

(五)ERP 时代的会计人员应该具有全局观念

要从企业战略全局出发,实现财务与企业整个管理系统的协调一致,发挥财务战略与研发战略、采购战略、生产战略、营销战略、人力资源战略的协同效应。会计人员将主要从事长期战略计划、过程改进、产品与顾客的盈利分析、会计系统和财务报告、短期预算、合并与收购、财务和经济分析、外部财务报告、计算机系统运作等工作,为实现企业价值链各环节的一体化和提高企业的整体竞争优势,发挥会计人员的作用。

(六)其他影响

随着 ERP 的不断运用和发展,决策支持系统将会成为企业未来发展的重要工具和管理思想,同时企业联盟、虚拟企业等组织形式的不断出现,未来的企业决策形式不断呈现出动态的、个性化的特点,这不仅带来企业组织理论与管理理念的巨大变化,而且对传统会计与审计理论和方法都带来巨大冲击。这些变化和冲击都为会计提出了新的研究课题。安全会计、人力资源会计、绿色会计、无形资产会计、金融衍生工具会计、诉讼会计等都需要企业会计人员和学者来从事相关的理论研究和实务工作。

第四节 ERP 应用前景

一、ERP 的实施条件

ERP 是借用一种新的管理模式来改造原企业旧的管理模式,是先进的、行之有效的管理思想和方法。ERP 在实际的推广应用中,其应用深度和广度都不到位,多数企业的效果不显著,没有引起企业决策者的震动和人们的广泛关注。

(一)ERP 的投入是一个系统工程

ERP 的投入和产出与其他固定资产设备的投入和产出比较,并不那么直观、浅显和明了,其投入不可能马上得到回报,见到效益。ERP 的投入是一个系统工程,并不能立竿见影,它所贯彻的主要是管理思想,这是企业管理中的一条红线。它长期起作用、创效益,在不断深化中向管理要效益。

此外,实施 ERP 还要因地制宜,因企业而别,具体问题具体分析。首先,要根据企业的具体需求上相应的系统,而不是笼统地都上小型机,或者不顾企业的规模上,这样长期运作,对企业危害性极大。其次,这种投入不是一劳永逸的,由于技术的发展很快,随着工作的深入,企业会越来越感到资源的紧缺,因此,每年应有相应的投入,才能保证系统健康地运转。

(二)ERP 的实施需要复合型人才

ERP 的实施需要既懂计算机技术,又懂管理的复合型人才。当前高校对复合型人才的培养远远满足不了企业的需求。复合型人才的培养需要有一个过程和一定的时间,但企业领导者常把这样不多的人才当做一般管理者,没有把他们当做是企业来之不易的财富。这与长期忽视管理也有关,这些复合型人才在企业中的地位远远不及市场开拓人员和产品开发者,而是"辅助"角色,不是政策倾斜对象,这种因素是造成人才流失的重要原因。另外,当企业实施 ERP 时,这些复合型人才起到了先导作用,而一旦管理进入常规,他们似乎又成为多余的人,这已成为必然规律。在人才市场上,复合型人才最为活跃,那些有眼力的企业家都会下工夫挖掘人才,而这也不利于实施队伍的稳定。

总之,条件具备的企业要不失时机地实施 ERP 管理系统,不能只搞纯理论研究、再研究,长时间地考察。要首先整理好内部管理基本数据,选定或开发适合自己企业的 ERP,条件成熟了就要实施。

二、ERP 国内外应用现状

在欧美等发达国家,ERP 应用已经比较普及,多数大中型企业已普遍采用 ERP,如财富前 100 强中已有超过 70% 的企业开始了 ERP 的实施。目前正在推行全球化供应链管理技术和敏捷化企业后勤系统,国际上已把 ERP 作为数字时代企业生存的支柱。许多小型企业也在纷纷应用 ERP。

中国于 20 世纪 80 年代初开始应用 MRP 系统。近年来,随着先进企业经营方式和管理模式的改革,一些 MRP Ⅱ 应用企业又在进一步使其管理系统升级为 ERP。我国企业 ERP 应用整体现状是应用时间早、应用数量少、应用周期长、应用范围不均衡、应用深度不够、应用效益有待进一步提高。

ERP 在我国的应用主要经历了以下阶段:

　　20 世纪 80 年代,由于国外 ERP 供应商积极推广、媒体的宣传和众人的盲从,ERP 在我国的应用曾经有过一个高潮,但终因不具备 ERP 生产环境而平息。

　　我国 ERP 真正的运用是 20 世纪 90 年代末以后,全球 ERP 软件产品市场排名最前的一些公司纷纷进入我国市场,国内著名的几家财务软件公司也联名宣布进军该领域,在企业中掀起了一场热潮。2002 年 3 月 7 日,国家经贸委和信息产业部联合发出《关于大力推进企业管理信息化的指导意见》,对企业管理信息化提出了具体要求,"国家重点企业管理信息化的起点要高,步伐要快。到'十五'末期,大多数国家重点企业要基本实现企业管理信息化,其他国有大中型企业要努力实现比较完善的财务、营销管理信息化。"这一指导意见对 ERP 的应用起到了推动作用。

　　到目前为止,几乎所有的国有大中型企业都实施了 ERP 项目,在一定程度上促进了这些企业管理水平的提高。从总体上来说,我国 ERP 应用还处在深入发展阶段,正在向全行业的大面积推广应用而努力。

三、ERP 难以实施的原因分析

　　ERP 难以顺利地进入中国大多数企业的管理和运作有以下一些制约因素:

(一)企业管理者更倾向于实物系统,而不愿投资无形的管理系统

　　人们大都偏向于看得见摸得着的东西,认为更加放心,对于 ERP 这类无形的管理系统有不信任的感觉。

(二)当实施 ERP 与实际利益相冲突时,企业管理者更偏向于眼前的利益

　　因为 ERP 并不是简单的应用软件,它需要一段时间修改、适应,才能更好地融入企业日常运作当中。这段时间对每个企业来说都是不同的,有的需要两至三个月,有的则需要半年甚至更长,而企业管理者更在意这段时间当中企业损失的利益。所以,ERP 的实施便被搁置了。

(三)制度的规范化和透明化也是企业不选择 ERP 的因素之一

　　从日常的生产活动来说,对于一些老客户,企业可以先发货再开发货单以方便客户及时的需求,而应用 ERP 后,必须严格按照规则执行发货流程,将数量、金额等数据先输入计算机中,再传输到仓库,仓库根据要求提供给客户货物,客户收到货物后再打印收货单。从财务方面来说,企业可能并不希望所有的经营条目都如实地反映在账目、报表上,而一旦应用了 ERP 后,数据必须严格、真实地录入,大大减少了企业粉饰业绩的可能性。

　　另外不得不提的一点是中国企业制度的类型。在国有制企业中,ERP 的应用势必导致多余岗位的撤销,由此便会产生一定的裁员,对于人员的安抚工作加大了 ERP 运行难度。

　　同时,在已经应用了 ERP 的企业中仍然存在一些问题导致其不能很好地运行。工作方式的转变和员工自身的专业素质水平导致对 ERP 的不适应。如对无纸化办公的不适应,对系统不放过任何小错的不适应等。

四、ERP 在我国的应用前景

　　从应用层面看,我国企业应用 ERP 的态势,主要向两个方向发展,一是量的扩张,二是质的提升。从前者来看,企业应用 ERP 的领域不仅只是制造业,还包括服务业和其他领域。其中,近年来,特别是流通领域的企业应用 ERP 的比例明显上升。这与我国加入 WTO 的大趋势息息相关。也就是说,为了适应经济全球化,并能在激烈的国际竞争中求得生存与发展,我

国企业正开始重视企业管理,并应用了许多企业管理软件。从后者来看,由于我国企业数目庞大,各个企业的发展阶段、技术水平、市场结构存在着很大的差异,因此,在 ERP 应用上,多数是走"量身定制"这一模式。

我们可以探索一条国产自主知识产权的 ERP 发展途径:应当扬长避短,发挥比较优势。

(1)要找好定位,抓住国情,突出特色。国产化 ERP 软件产品应当明确自己的市场定位和技术定位,在适应国情上继续下功夫,突出产品特色与应用行业特色。

(2)要重视研发,成熟产品,加强集成。积极培育壮大自己的产品研发队伍,使自己的 ERP 产品在技术上不落后;同时,通过应用实践不断促进产品成熟度;还应当改进 ERP 产品与其他平台、系统的集成性,形成系列配套软件的竞争优势。

(3)要重视实施,历练队伍,发展代理。多在应用实施上下功夫,加强企业诊断,利用辅助软件工具支持需求调研分析;建立历练一支懂管理、熟悉 ERP 的应用实施队伍;同时,积极发展应用实施代理商,争取更多的企业管理咨询公司与 ERP 软件公司协同作战,共同发展。

(4)要密切用户,脚踏实地,稳步发展。利用国内 ERP 软件公司与企业用户的天然关系,加强与用户的联系,不断开拓市场;同时,不能浮躁,盲目追求订单,要做成功,稳步发展,功到自然成。

总之,中国 ERP 事业前途光明,但任重道远。

本 章 小 结

随着计算机技术的发展,企业资源计划作为先进的信息化企业财务管理模式的工具,受到越来越多企业的重视。本章主要介绍了 ERP 的理论基础、ERP 对财务管理的创新、ERP 在财务管理当中的应用及其应用前景。

本章主要内容包括:一是 ERP 的理论基础,主要介绍了 ERP 的概念、发展、管理思想,使读者对企业资源计划有一个比较全面的了解。二是 ERP 对财务管理的创新,主要是介绍 ERP 与传统软件相比较对财务管理的创新性、高效性,体现了应用 ERP 的必要性。三是 ERP 在财务管理当中的应用及其应用前景,主要介绍了 ERP 在企业财务管理相关各方面的实际应用,以及应用前景的展望。掌握 ERP 在企业多方面的应用,为 ERP 被越来越多的企业使用奠定基础。

关 键 术 语

企业资源计划　管理思想　创新　应用前景

思 考 题

1.在 ERP 环境中,财务人员职能应作哪些转变?

2.ERP 如何对企业的成本进行管理和控制?

3.ERP 与传统财务软件在财务管理中的差异有哪些?

4.ERP 的管理思想主要包括几个方面?

案 例 分 析

广州金莱冷轧带钢有限公司实施 ERP 工程成本管理战略

成本的核算和管理,是现代企业管理的重点和难题,自然也是 ERP,特别是 ERP 制造系统的核心和枢纽。与同类产品相比,金蝶 K/3 ERP 成本管理系统提供了更为灵活的成本计算、核算、管理功能,实现了业务、财务一体化的处理机制,其在广州金莱冷轧带钢有限公司的成功应用,为广大制造企业提供了一个如何构建优秀的成本业务系统和管理系统的范例。

广州金莱冷轧带钢有限公司是我国最大的冷轧窄带钢生产企业,年销售额 3 亿元人民币。在钢材生产竞争日趋激烈、传统体制导致企业面临生死存亡的大背景下,金莱人卧薪尝胆、锐意改革,从 1999 年前的连续亏损到 1999 年底止亏为盈,2001 年开始上马 ERP 工程、实施成本管理战略,至 2002 年荣登国内冷轧窄带钢生产企业榜首,谱写了一曲荡气回肠的命运礼赞。

逼上梁山

"是改革让金莱彻底走向了市场,让我们这些人从集团办公室跃上了事业的大舞台。"

1999 年以前,冷轧带钢厂还只是传统的老国有企业。随着市场经济的深入,管理落后、机构臃肿、产品跟不上市场需求的变化,加之销售乏力等问题导致其前身广州带钢总厂连续几年亏损,企业被逼到了生死存亡的边缘。传统的体制严重阻碍了冷轧带钢厂的发展,面对窄带钢市场需求的日益扩大,如何才能把握市场良机、起死回生,改革成为了企业最迫切的需求。广州钢铁集团针对冷轧带钢厂的问题,认真研究对策,最后坚决将带钢厂的优质主体资产剥离出来与国外先进的钢铁企业合资成立了目前的广州金莱冷轧带钢有限公司,并派驻优秀管理人员,实行现代化管理。改革将金莱人推向了市场经济的浪尖。

机制的转变首先迫使金莱人必须向市场要"饭碗"。过去生产的产品品种,可以完全按计划走,而现在只有适应市场需求,产品才有生命力和竞争力。细分市场后,金莱将产品品种瞄准到 600 毫米以下的窄带钢市场,通过理顺销售环节、主动出击、完全以客户为中心,最终得到了客户的认可。当时,市场上还有其他一些运行得比较好的国有企业在和金莱竞争,但几年下来都已经走下坡路了,而金莱至今还在快速发展。

产品质量和成本是市场的保证。近几年来,钢铁企业面临的市场竞争环境发生了巨大的改变,客户对钢材的品种、规格需求越来越多样化,对产品的质量和交货期要求也越来越高。金莱通过引进先进的生产线,通过技术创新、小改小革,不断提高产品质量、降低生产成本,同时加大产品产量来降低固定费用。当技术革新和产量扩大来降低成本的作用在一段时期内达至最大限度时,管理出效益就变得越来越重要。2001 年金莱引进了广州本地一家软件公司的 MRP Ⅱ 系统,开始了现代化管理之路。

突破屏障

"没有一个好的制造系统,就不会实现金莱建立成本中心的目标,决定 ERP 选择的因素除产品功能外,还有厂商的影响力。"

由于技术、管理普遍落后,中国钢铁企业间生产成本存在很大差距,从权威统计资料看,企业同类产品成本高低相差竟在 50% ~ 70% 之间,因此在钢材生产竞争日趋激烈的今天,通过加强管理,节能降耗,成为提高市场竞争力的战略选择。金莱市场上的成功,很大程度上取决于产品成本的降低,产品成本控制更成为上至金莱老总、下至车间仓管最为关注和重视的工作。通过技术改造、产量增加、成本管理等综合手段,到 2002 年,金莱窄带钢的成本比 1999 年下降了差不多 30%，极大地提高了市场竞争力。

2001 年初金莱上马的那套 MRPⅡ 系统让大家初尝到信息化带来的甜头，最复杂的成本计算工作能通过系统自动完成，提高了核算的准确性和人员效率。但随着对成本管理要求更加准确和精细，原系统已越来越不适应发展的需要，最重要的原因是该系统只提供了"品种法"来计算成本。"品种法"按产品品种归集成本，虽然计算和核算简单，但只适合大批量、单步骤的生产企业，随着金莱产品规格的增加，要求建立各级成本考核中心，对部门、车间、工序等生产环节提出了成本考核要求，因此需要有满足大批量多步骤生产的"分步法"来计算产品成本。由于"分步法"的复杂性，原软件供应商解决不了，迫使金莱人把目光投向了其他软件厂商。

当时，ERP 已成为企业信息化的热点，金莱人深刻意识到 ERP 是企业管理出效益的最佳工具，但仍然采取了一条非常务实的道路。金莱的老总多次开信息化规划会时都强调："实施 ERP 对企业的管理，特别是人员素质的提高，以及企业竞争力的提高，应该说是有很大的帮助，但对我们这样一个基础管理还比较薄弱的企业需要有一个循序渐进的过程，要实施 ERP 系统，首先要把基础工作做扎实，不能把 ERP 当做一个摆设，所以我们要根据公司的实际情况，逐步来推行。"

确定了信息化道路之后，选择合适的战略合作伙伴就成为金莱的另一个重要议题。期间，金莱先后考察了浪潮、用友等一系列中国软件制造商，最终选择了金蝶。

K/3 ERP 成本管理系统功能的全面性和灵活性打动了金莱。通过深入分析，了解到 K/3 成本管理系统是围绕"费用对象化"的科学理论，通过费用归集、费用分配、成本计算的过程来实现多种成本处理的业务流程，同时结合了成本对象、成本项目、费用要素等重要成本概念来描述整个过程，并集成出入库业务、生产计划、车间管理、工资、固定资产等来构建一个完整的成本管理体系。K/3 成本管理系统按照成本的业务流程提供了丰富的成本分析报表供事前预测和事中控制之用，同时也按照成本业务流程提供了丰富的凭证模板，实现了业务、财务一体化的处理机制。与金蝶的合作，使金莱顺利解决了从品种法到分步法核算的过渡，能更准确地计算出产品各生产步骤的成本，为公司的决策提供了更为科学的核算依据。

在金莱决定更换系统，朝着 ERP 的方向发展时，总部同在广东且同姓金的两家企业携起手来，并为金莱的 ERP 之路规划制定了第一阶段目标，即实现财务和成本管理一体化。

速度魅力

"乘坐超音速飞机的感觉是多么的美妙，一旦突破音障，一切都变得那么平静和自然。"

金莱充分结合现实情况，在 ERP 实施过程中，不盲目追求大而全，而针对最迫切需要解决的会计核算和成本管理下工夫，这样极大降低了 ERP 工程的风险，保证了实施效果。一期结束，金莱首先实现了财务和成本管理的一体化，提高了经营效益，并向广钢集团内部企业建立了示范和促进作用。

对于实施效果，ERP 项目负责人颇为骄傲：公司从领导到各级部门都非常重视，并成立了专门的项目小组，通过发文的形式把该项目提高到公司战略层面。由于金蝶公司的积极配合，到目前为止还没遇到什么大的阻碍，小的问题他们都及时处理了，整个项目进行得比较顺利。

通过 K/3 ERP，金莱建立了一个科学的成本管理、分析体系，促使财务管理工作走上了正轨。金莱老总称赞道："过去，财务部门在成本分析方面做得很不规范，报表不能及时得到，且做得不细，如今财务的水平提高后，对生产和经营的指导作用就更加明显。我们可以随时分析成本明细表,看出产品的成本变化和通过评估效益的高低来调整生产及销售策略。"

经过多年改革的作用和信息化的实施,金莱在产量、销量、效益等各个方面都比过去前进了一大步。1998 年钢产量为 52 000 吨,现在是 95 000 吨,而人员却减少了三分之一,还不到 400 人,1999 年以后连续几年都实现了盈利并呈加速增长势态。

改革和信息化不断促进金莱人转变观念,树立了竞争意识、市场意识、管理意识。通过强化基础管理,理顺了机构职能,精简了冗余人员,加强了管理人员的培训,特别是信息化和现代管理方法方面的培训。通过两三年的人员调整,提高了整个干部和员工队伍的素质,有近三分之一的具有先进管理思想的中层干部都是近几年走上领导岗位的,年轻而有活力。通过信息化,公司按扁平化原则设立事业部制,公司领导下设八部一室,财务部成为公司核心职能管理部门,有更多的精力参与财务管理工作。

通过成本分析,最终能反映和指导生产、经营,显现经营效果。省建行芳村支行的行长专门给金莱送来了一块匾,奖励金莱是"企业信得过单位",这是对金莱资金管理工作的充分肯定。ERP 工程的实施,加快了资金流转,堵住了经营漏洞,解脱了财务人员,使之有更多精力进行财务管理和加强与金融等部门的沟通,保证信贷的正常进行,并通过美观、及时的财务报表展现了金莱良好的企业文化和企业形象。

志在千里

"成本管理系统实施成功的标准,不仅在于事后反映了多少,更在于事前的预测和事中的控制。"

成本管理是一个内涵丰富、应用广阔的范畴,它从时间上包含了事前、事中和事后管理,又从管理的层次上包含了计算、核算和管理。所有的成本管理的基础都是实际发生的成本核算数据,没有实际核算数据或核算数据不准确都将直接影响到成本管理和决策的科学性与正确性。过去在手工模式下,金莱只能局限在事后分析,往往还出现大量的人为差错,而在如今的信息化条件下,就能建立从成本计划、预测、预算、控制到分析的一体化管理模式。

ERP 的管理思想来自于西方,由于西方工业经济发达,工业生产管理过程较规范、严谨、完善,特别是较早就应用了计算机管理、MRPⅡ/ERP 软件、成本管理软件等,因而其很多理论与方法均是基于成本软件、信息系统而诞生的。这些因素致使它们的标准、定额很确定,可以采用标准成本法、定额成本法、实时累计法计算成本,也可以大面积地进行成本预测、控制、决策等先进的管理,甚至可以精细到工作中心。而我国,由于起步晚、应用少,绝大部分成本核算和管理仍然处于手工状态,以事后核算为主,比较粗略,包括成本分析等都用得不多,这也直接导致了中国企业普遍遵从以财务为核心的管理模式,更多通过财务反映生产和经营状况。

K/3 ERP 在遵循我国成本会计原理的同时也充分考虑和借鉴了国外 MRPⅡ/ERP 环境下成本管理的特点与优越性,如:基础资料与整个 K/3 系统的共享,可以实现标准成本法、定额成本法,可以取物料清单数据生成成本物料清单,等等。金莱的管理者们,在充分汲取金蝶 K/3 ERP 丰富的管理思想并按其提供的科学方法进行管理流程调整的基础上,更创造性地去挖掘 K/3 ERP 应用的最大价值。

金莱成本管理负责人说:"目前我们已初步建立了成本预测、控制和分析模型,实现了财务与成本管理的一体化,但预测和控制的深度还不够,离全面预算和目标管理还有不小距离,这仅仅是 ERP 工程的第一步。因为从信息化建设角度看,这仅属于起步阶段,如果下一步我们能把 ERP 全面实施起来,通过更多借鉴和运用西方先进的管理思想,为企业经营管理带来更大效益,我想这才是我们的目标和愿望。"

永无止境

"对于一个企业而言,成本管理是永无止境的,这不仅是一种商业规则,更是企业发展的一种哲学。"

一个企业要核算和管理好成本,绝对不仅仅是财会部门自己的事,而是一个企业级的,需要人事、设备、固定资产、仓库、物流、车间等所有部门的密切配合。金莱目前的成本管理系统还没有完全实现各部门的全面应用,更多的是局限在财务部门的主导和体现。

金莱老总对此看得很清晰,他说:"财务和成本管理只是 ERP 的两个子系统,要达到 ERP 全面运用的最终目标还需一个长期过程,特别是最终的决策系统。但我们企业也应该看准这个方向,如果想在管理、效益等方面有进一步提高的话,必须有个基础,这个基础就是财务和成本管理,只有这两个基础扎实了,我们才能够在公司全面实施 ERP,才能够建立以 ERP 为核心的管理数字神经系统。"

但是,关于成本管理我们还是经常听到这样一个老生常谈的话题:"成本管理不适合我""我们的企业太特殊,根本无法进行成本核算""成本管理软件在我们企业根本用不起来"等诸如此类的话语。其实,抛开有些企业确实过于特殊,成本核算确实用不起来这些极端少数的例子之外,得出这样的结论是很有水分、很不负责任的。成本核算与管理关键在于两个方面:一要认真学习、吃透成本核算及管理的原理,认真吃透软件;二要在认真吃透了原理与软件之后结合企业的具体情况设计一个优秀的成本管理模式,进而设计一个优秀的成本管理信息系统。借鉴金莱的成功实施,我们知道:成本核算和管理的业务,成本管理信息系统的建立,最关键的问题很多不在于软件本身,而在于基本原理与软件和企业的结合度,在于原理与软件结合企业实际情况的应用。

资料来源:成本管理永无止境——广州金莱冷轧带钢有限公司实施 ERP 工程成本管理战略[EB/OL]. 2002 - 09 - 09. http://www.kingdee.com/xinwen/4539.htm.

案例点评:在中国信息化发展的现阶段,企业和软件公司的关系是相依相存的,企业通过一步一个脚印实施信息化应用,极大降低了风险,提高了成功率,有阶段、有重点地推动企业管理进步;厂商通过大量企业的实际应用,不断完善产品,广泛传播成功经验和行业知识,促进产品成熟,反之又推动企业进步。因此金蝶公司明珠计划的理念特别值得赞赏:让更多的中国企业在信息化建设过程中去分享一些东西,去分享成功、探索成功之路。

第九章 价值链管理研究

第一节 价值链管理理论的发展与现状

一、价值链概念的提出

1985 年美国学者迈克尔·波特在其出版的《竞争优势》一书中首次提出价值链(value chain)概念。波特将企业的价值活动分为五种基本价值活动和四种辅助价值活动,五种基本活动分别是内部后勤、生产作业、外部后勤、市场和销售以及服务;四种辅助活动分别为采购、技术开发、人力资源管理以及企业基础设施。基于这些价值活动,波特建立了内部价值链。他认为,企业是为最终满足顾客需要而设计的"一系列活动"的集合,是"一系列活动组成的"产出,价值链是一个企业用来"进行设计、生产、营销、交货及维护其产品的各种活动的集合",包括基本价值活动和辅助价值活动。根据波特的分析,企业价值链构建的基础是价值分析。价值链管理的目标应该是在整体价值最大化基础上实现各相关利益主体利益的均衡。波特提出的价值链通常被认为是传统意义上的价值链,较偏重于以单个企业的观点来分析企业的价值活动、企业与供应商和顾客可能的连接,以及企业从中获得的竞争优势。

学者约翰·沙恩克(John Shank)和 V. 戈文达拉扬(V. Govindarajan)认为,价值链是指"在企业中从基本原材料到交给最终客户的产品的整个经营过程中各种价值创造活动的联结结合"。综上可见,价值链表示的是企业经营活动的有序集合,而这些经营活动应该能为企业创造价值。

根据迈克尔·波特提出的理论,企业可以采取的通用竞争战略有三种类型:①成本领先战略。成本领先战略能帮助企业降低总成本,能够使企业在市场上获得价格优势,能获取比竞争对手更大的市场占有率和市场份额。②差异化战略。差异化战略能帮助企业标新立异,对外树立与众不同的企业特色,让消费者记住企业并成为企业的忠诚客户,使企业在任何时候都能拥有一定数量的忠诚客户,在激烈的市场竞争中立于不败之地。③专业化战略。专业化战略能帮助企业在特定的细分市场上满足客户的需要,能够在这部分细分市场上拥有一定数量的忠诚客户,获得一定的竞争优势。

在市场环境中,只有认识到买方市场客观存在的企业以及采取一切以客户为中心的竞争战略的企业,才能成为市场竞争中的胜利者和强者。随着市场环境的变化,传统的竞争战略和单一的竞争战略已经远远不能满足目前企业竞争的需要,企业只有重新审视市场形势和区域、行业的整体竞争格局,然后再综合采用相应的竞争战略,能正确应对目前复杂的竞争环境,使企业在复杂的市场竞争中获胜并生存下来。近二十年来,各种新的企业竞争模式蜂拥而出:核心竞争力,业务流程再造,供应链管理,价值链管理等。

一个企业的价值链相比于其他企业价值链的优势是该企业获取竞争优势的关键。企业在原材料采购、生产、物流和销售等环节均会存在价值创造和价值转换,这些环节构成了企业的价值链,包括企业内部的价值链和企业外部的价值链。这说明企业的价值链理论主张将企业的各经营环节看做一个整体,把分散的过程系统地联系起来,这样才能从企业所处的价值链系统中发现企业能够在哪些环节获得并增强竞争优势。企业的一系列不同的生产活动,如设计、研发、生产、营销、运输等都可以成为企业竞争优势的来源,这一系列相互分离的不同生产活动成为了企业差异化的基础。价值链将一个企业分解为战略性相关的许多活动,所有企业的价值链全部是以特有的方式结合在一起的,它们包括九种基本活动,企业处于不同的生命周期阶段,其价值链类型也不同。萌芽期企业的价值链主要是以生产制造环节为主的价值链类型,成长期企业的价值链主要是以研发、创新为主的价值链类型,成熟期企业的价值链主要是以营销、物流为主的价值链类型。衰退期企业的价值链主要是以投资选择、维持经营为主的价值链类型。企业价值链是动态的,而非静止不变,与此同时,企业的竞争优势重点也是随着其价值链的侧重点的变化而变化。

二、价值链理论的丰富与发展

(一)信息技术、因特网及电子商务带来的影响

1995 年 12 月,《哈佛商业评论》和《管理沙龙》两大阵营的理论家们,由于最新的价值链管理理论而走到一起。他们指出,与实物价值链并行的是虚拟价值链,后者可用于实物价值链的各个阶段,水平地使价值增值,只是虚拟价值链需要在互联网上操作,即供应商等利用因特网创造新的企业。这样,运用互联网管理就可以为企业创造价值或开辟新的市场。人们可以沿着价值链的每一阶段,重复同样的步骤。供应商通过互联网销售产品可以取得新的市场,例如,顾客通过互联网提出对产品的具体要求[根据彼得·海因斯(Peter Hines)的观点,顾客是价值链的一部分]。企业应努力把实物价值链上的每个环节结合到它的虚拟价值链上,看能否通过这种方式提高效率。价值链一开始只是涉及物质产品的制造方面,价值增值被认为只有通过大量的产品装配和制造技术才能实现。但到 20 世纪 70 年代中期,价值增值已经可以通过提供服务得以实现。服务环节很大程度上依赖于信息技术的先进性。信息时代,价值越来越多地建立在信息和知识上。当服务经济转变到信息经济时,使用电子商务的优势变得更为清晰,如图 9-1 所示。

(二)价值链理论的发展

20 多年来,价值链理论获得了很大的发展,成为研究竞争优势的有效工具,广泛应用于先进管理之中。波特之后,1993 年,美国经济学家穆尔(Moore)在《哈佛商业评论》上,将供应链和价值链理论外推,首次提出了商业生态系统的概念。布朗(Brow,1997)阐述精炼的价值链

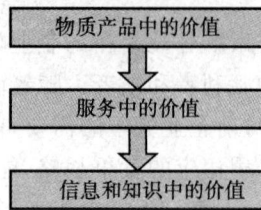

图 9 - 1　价值形式的变化

定义:将战略各相关活动分解,并通过这些活动比其竞争者更经济而获得竞争优势。但这仅是整个活动过程的一部分,还应包括供应商、分销商和顾客。沃尔特斯(Walters)认为价值链是一种系统的方法,不仅检验公司活动,而且在整个传送渠道或供应链中检验各成员的活动。价值链确定了供应商、采购者、中间商和最终用户之间的联系和相互关系并检验这些链节中给顾客创造的价值和给公司带来的竞争优势。海因斯把价值链重新定义为"集成物料价值的运输线"。与传统价值链相比,海因斯的价值链与传统价值链作用的方向相反。海因斯把原材料和顾客纳入他的价值链,把顾客对产品的需求作为生产过程的终点,利润作为满足这一目标的副产品,而波特的价值链把利润作为主要目标;另外海因斯的价值链强调基本活动的交叉功能,如在技术开发、生产作业和市场之间,并把信息技术归类为辅助活动。

1. 虚拟价值链

1995 年雷波特(Jefferey F. Rayport)和斯威尔克拉(John J. Sviokla)提出了"虚拟价值链",认为当今每个企业都在两个世界中竞争,即管理者可感知的物质世界和由信息构成的虚拟世界,后者指电子商务这一新的价值增长点。两条价值链的经济原理不同,传统的价值链对规模经济和范围的理解不同于虚拟价值链。两条价值链在管理内容、增值的过程基本上也是不同的。实物价值链是由一系列线性连续的活动构成;虚拟价值链是非线性的,有潜在的输入输出点,能通过各种渠道获得组织所需要的资源。虚拟价值链将通过原始信息转换成新的服务和产品来增加价值。当能为信息想到一种新的超越管理控制过程的使用方式时,即将信息提供给用户和合作伙伴共享或生产一种新的包含信息的产品时,这就是虚拟价值链的一种形式。通过对两种价值链价值创造过程的区别及其相互作用的理解,企业可以根据自己的组织、结构、战略观点和对这两个过程所进行的管理实践,提出新的观点和技术上的挑战。

雷波特和斯威尔克拉认为,创造价值已经被描述为价值链模型;而在波特的价值链中,信息只是被看做是一系列价值增值活动的支持元素,信息技术只是产生价值的辅助因素,而其本身不是价值的来源。虚拟价值链任一阶段创造价值都包含五项活动,即收集、组织、选择、合成和分配信息,通过这些活动收集的原始信息可以增加价值。企业在三个阶段利用信息增加价值:第一阶段是可视化管理;第二阶段是反映能力;第三阶段是企业利用信息技术建立新型顾客关系。

虚拟价值链之外,对价值链理论的发展还包括价值流管理、价值群管理和价值网管理以及模块化管理的研究。其中战略成本管理和价值链会计非常受学界关注。

虚拟价值链的战略价值主要表现在:

(1)对实物价值链的信息化反映,增强了实物价值链的可视性,便于管理者对实物价值链各环节进行协调管理,从而取得协同效应。根据波特的竞争优势理论,企业各项活动的集成度是决定竞争能力的重要因素,集成度越高,协调性越强,效率就越高。价值链是由相互有联系的一系列价值活动构成,其中的联系反映了协调工作的必要性。而信息系统对于联系的作用至关重要。虚拟价值链就像一面镜子,把实物价值链上既相互分离又相互联系的环节从整体上反映出来,使得管理者能够把实物价值链看做一个整体而不是分散的体系,能够从整体上看清实物价值链各环节的联系和运动情况,并对其进行协调优化和整合,从而获得实物价值链的协同效应,降低实物价值链的运作成本,获得竞争优势。如美国的弗雷德雷公司,该公司的信息系统不仅联结了市场营销、销售、制造、后勤、财务等,而且还能为管理人员提供有关供应商、顾客和竞争者的信息。公司的所有现场工作人员每天收集关于全国各地每家商店的产品销售信息、竞争产品的销售和促销信息,以及竞争对手推出新产品的信息,然后用电子传递的方式发给公司。管理人员利用这些实地数据和来自实物价值链每个环节的信息,决定公司内部的原材料供应,分派生产活动,制定更有效的运输路线等。

(2)虚拟价值链的建立,可以将创造价值的活动由单独在物质空间进行,转变为物质空间和虚拟空间同时进行,为企业建立起两条平行的价值链。实物价值链的任何价值增值环节都可以在虚拟空间实现,并具有实物价值链不可比拟的优势。比如,将实物价值链的研发设计放在虚拟价值链上进行,借助于互联网技术,在数据资料共享的条件下,可以超越时空限制,积聚世界各地优秀的设计师,24小时不间断的工作,从而大大提高了工作效率。另外,还可以邀请供应商和买方参与到设计工作过程中。供应商参与设计,可以使供应商及时了解企业所需,并主动对提供的商品进行改进;买方参与设计,可以使企业直接设计出市场上最具有吸引力的商品,而不必经过一次次的市场试验和试销,从而降低了新产品开发成本。由于数据资源的非损耗性,企业大大降低了研发成本。

(3)虚拟价值链有助于企业建立新型的客户关系,扩大经营范围。一些企业利用已经建立的虚拟价值链,在因特网上与选定的客户建立并保持联系。比如DEC公司的网站,允许公司未来的客户通过个人计算机与他们的销售代表接触,搜寻产品和服务;OR-ACLE公司在网上分销它们的产品等。虚拟价值链的每一个价值增值环节都考虑从信息流中提炼出精粹,而每种精粹都可能会构成一种新的产品或服务。如美国联合汽艇服务协会,利用它的虚拟价值链进行顾客风险预测,发明了针对顾客特殊需要的业务,为汽艇拥有者提供保险的同时,还提供购买汽艇的业务。当顾客被窃进行索赔时,公司既可提供支票,又可代为顾客购买汽艇。而且由于大量购买,又可从商家获得折扣。公司实物价值链上的货物流动,正是来源于其虚拟价值链的感知能力的指引。

(4)虚拟价值链可以实现价值活动共享,重新定义了企业的边界和规模经济,使得中小企业同样可以获得竞争优势。建立在市场空间的虚拟价值链,在信息技术和互联网技术的支持下,可以实现价值活动共享,增强了价值活动的生产能力。在某价值活动的成本对于规模经济或学习敏感的条件下,或者如果由于不同的业务单元在不同的时间对价值活动提出需求,而共享改善了生产能力的利用模式的条件下,共享则成为取得规模经济、加速学习曲线下降或在单一产业界限之外充分利用生产能力的潜在途径。共享使企业对不同的差异性市场或跨越地域界限销售产品、提供服务成为可能,使中小企业可以在大企业占主导地位的市场获得较低的单位成本,从而获得规模效益。

(5)虚拟价值链可以实现企业价值链与供应商和买方价值链有效结合,提高价值链的快速反应能力。波特认为,竞争优势的获取和保持,不仅取决于对价值链的管理,还取决于对整个价值系统的适应。供应商的产品特点以及它与企业价值链的其他接触点,能够十分显著地影响企业的成本和标新立异,为增强企业竞争优势提供了机会。而虚拟价值链为供需双方的有效结合提供了基础。例如,宝洁公司和沃尔玛公司通过一种复杂的电子交换连接系统,将双方已经建立的虚拟价值链有效连接,沃尔玛的有关宝洁商品销售的信息会自动传给宝洁公司。如果宝洁的商品不够销售了,宝洁的系统会自动生成订单,在经过确认之后就可以自动补货。完成交易循环后,只需使用电子发票和电子转账。由于整个"订购—支付"循环的速度极快,因此,沃尔玛在货物卖给消费者之后,很快就可以向宝洁付款。自动补货系统意味着宝洁的产品已经卖给了消费者,而不是变成了存货,而沃尔玛也因此既减少了宝洁产品的存货,也使产品脱销的可能性下降。通过合作,双方实现了双赢。再如,丰田公司的各个销售部门利用计算机每天收集客户的订货信息,并根据车型、发动机、传动机构和车辆级别等,对来自各地的订货进行分类、整理,然后在出厂前三天把这些信息传递给汽车公司。汽车公司根据这些信息组织生产,从而确保四天交货。所有这些,都离不开虚拟价值链的建立和管理。

2.战略成本管理

战略管理(strategic management)是指企业的高层领导为了保证企业持续经营和不断发展,根据对企业内部条件和外部环境的分析,对企业的全部生产经营活动所进行的根本性和长远性的谋划和指导[安索夫(Ansoff,1976)]。它通常被视为将企业的战略规划、战略实施、战略控制与调整过程中相关战略要素综合而成的一种经营管理方法,是在对企业环境全面分析的基础上,确立企业长期和短期目标,进而开发和实施导向目标的企业战略的全过程。典型的战略管理过程包含企业环境分析、确立目标与战略规划、战略实施与控制、战略业绩计量与评价等阶段。

成本管理是企业管理中一个重要的组成部分。战略成本管理关注成本管理的战略环境、战略规划、战略实施和战略业绩,可表述为"不同战略选择下如何组织成本管理"。战略成本管理的基本框架是关注成本驱动因素,运用价值链分析工具,明确成本管理在企业战略中的功能定位。战略成本管理的基本步骤包括:

(1)战略环境分析。环境分析是战略成本管理(初始或循环)的逻辑起点。通过对企业战略成本管理内部资源和外部环境的考察、评判企业现行战略成本的竞争地位——强项、弱点、机会、威胁等,以决定企业是否进入、发展、固守或是撤出某一行业的某一段价值链活动。环境分析的基本方法是价值链分析,包括:行业价值链分析——了解企业在行业价值链中所处的位置;企业价值链分析——了解自身的价值链;竞争对手价值链分析——了解竞争对手的价值链,从而达到知己知彼、洞察全局,以确定战略成本管理的方向。

(2)战略规划。经过环境分析,确定企业是否进入、发展、固守或撤出某一行业某一段价值链活动后,下一步就是进行战略规划以确定企业如何进入、发展、固守或撤出该价值链活动。战略规划首先在明确战略成本管理方向的基础上确定战略成本管理的目标,包括总目标(全面的、长期的目标)和一系列具体目标。各目标之间须保持一致性和层次性,组成目标网络。准确的目标有助于战略的制定、实施和控制。为了实现所确定的目标,根据企业内部资源、外部环境及目标要求,制定相应的基本战略、策略及实施计划。

(3)战略实施与控制。战略实施按实施计划中的要求与进度进行。在战略实施过程中,由于内部资源、外部环境的变化,会使实施过程产生偏差,因此须进行战略控制。战略控制包括确立预期工作成效的标准,对照标准衡量偏差、辨析与纠正偏差,从而控制成本动因。企业只有控制成本动因,特别是主要价值链活动的成本动因,才能真正控制成本,保证战略成本管理目标的实现。战略控制的基本方式有前馈控制和反馈控制,控制过程包含研究控制因子、确定控制标准、及时处理与传送控制信息等。战略控制系统应由企业层次、业务单元层次、作业层次组成一体化的控制系统,实行全面的、全过程的控制。当战略目标已实现或内、外部条件发生重大变化,超过了控制能力时,则需进行战略调整,即重新开始进行战略环境分析、战略规划等进入新一轮循环。

(4)战略业绩计量与评价。战略业绩计量与评价是战略成本管理的重要组成部分。业绩计量与评价通常包括业绩指标的设置、考核、评价、控制、反馈、调整、激励等。传统的业绩指标主要是面向作业的,缺少与战略方向和目标的相关性,有些被企业鼓励的行为其实与企业战略并不具有一致性。因此,需将战略思想贯穿于战略成本管理的整个业绩评价之中,以竞争地位变化带来的报酬取代传统的投资报酬指标。战略业绩计量与评估需在财务指标与非财务指标之间求得平衡,它既要能肯定内部业绩的改进,又借助外部标准衡量企业的竞争能力;它既要比较成本管理战略的执行结果与最初目标,又要评价取得这一结果的业务过程。其具体方法是比较"不采取战略行动"和"采取战略行动"条件下企业竞争地位的变化而带来的相对收益或损失。总之,战略成本管理的业绩计量与评价应围绕战略目标来进行,并促进战略目标的实现,增加企业的战略成本优势。

3.价值链会计

将价值链分析应用于管理会计始于20世纪90年代的西方经济学领域。迈克尔(Michael)和迪克(Deigan)研究了用于价值链分析的会计数据,他们分析了由迈克尔·波特所提出的战略计划的价值链框架,聚焦于价值链分析所需的会计数据,发现用会计数据作价值链的分析时存在难点,这些难点可分为内生的和外生的。内生的是不可避免的,它是由于不同方法数据积累的差异造成的,但外生则是可以避免的,从而提出为了价值链分析的目的而改进会计系统和数据的建议。

我国已故会计学家阎达五在他的《价值链会计研究:回顾与展望》中将价值链会计作为一个独立的研究领域提出。他认为信息时代的到来要求我们重新审视现行的会计模式。在分析了社会经济环境的变迁、现行会计模式的不足以及信息技术的发展对企业会计冲击的基础上,阎达五教授指出了改革现行会计模式,构建价值链会计的必要性和可能性,并给出了价值链会计理论框架的基本构建思路。他指出,价值链会计是对企业价值信息及其背后深层次关系的研究,亦即收集、加工、存储、提供并利用价值信息,实施对企业价值链的控制和管理,保证企业的价值链能够合格、高效、有序运转,从而为企业创造最大化的价值增值和价值分配的一种管理活动。价值链会计的理论框架如图9-2所示。

图9-2中,纵轴表示价值链联盟各节点企业。横轴表示会计管理的时间序列,具体内容包括事前管理的预测和决策、事中管理的核算和控制以及事后管理的分析和考评。其中事前管理属于静态管理,它是一种面向未来的前瞻性管理,预测与决策是其主要技术手段;事中管理是一种动态管理,实时性是其主要特征,它既是对经营主体的运作过程所作的一种量化性描述,又是对各种经营活动的合规性、有效性进行的一种实质性干预;事后管理是指定期对企业及其内部各责任单位的财务状况、经营成果、价值创造的贡献程度进行考核、分析与评估,并为各种生产要素按其贡献参与分配提供科学依据。该框架与传统的会计管理理论框架不同的

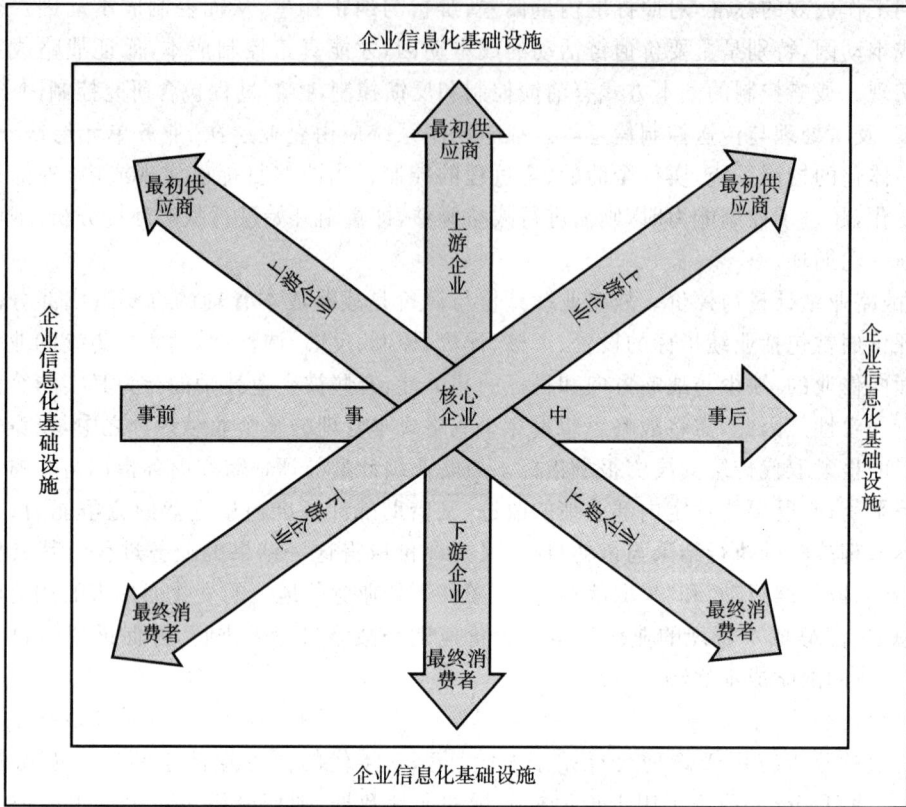

图 9-2　价值链会计理论框架

是,在进行会计管理的时候,应该明确管理的目标是在实现价值链联盟价值最大化的同时实现核心企业价值最大化。比如在进行存货决策时,会计管理部门不仅要搜集、加工价值链上游企业提供的价格信息,而且还应该考虑采购物品的质量、其供货能力、满足核心企业需要的程度以及企业间的价值链联盟关系等传统会计决策所不予考虑的因素,进而建立起以核心企业价值最大化为目标函数,价值链联盟价值最大化等其他因素为约束条件的会计决策模型。

　　以上思路的特点是,通过审视价值链与价值链管理理论去改造原来的会计管理理论,即依据会计管理的时间序列,通过扩展会计管理的时间与空间维度,实现价值链与会计的融合。

　　价值链会计是以价值链整体增值为目标的管理活动,在某些方面与传统会计管理有所不同。价值链会计的主要特征有:

　　(1)价值链会计管理实施的范围是价值链,而不是单个企业。在何谓价值链这一问题上,具有不同的看法。波特并没有直接给出价值链的定义,但是他通过将企业的价值活动分为五种基本活动和四种辅助活动,阐述了企业价值链的构成,因此波特的价值链是狭义的,其目的是研究核心企业的价值增值问题。美国作业成本科技公司和美国供应链局对价值链的定义将价值链的范围向前、后进行了延伸,使其涵盖了核心企业、供应商、分销商、服务商和客户,从而形成了价值链联盟,相对于波特的价值链其内容更加广泛,这也是现代意义上的价值链。价值链会计管理的范围正是这样的价值链,它超越了单个企业的界限。需要注意的是,价值链实质上是一个虚拟的联盟。价值链是在生产环节、流通环节和消费环节之间建立起的一个业务相关的动态企业联盟,这一动态联盟的目的就是实现联盟中各企业的资源共享,实现产品的及时生产、及时配送和及时交付,最快地完成资本循环,并获得最多的价值链增值。

(2)价值链会计管理的目标是实现价值链的价值增值。在价值链上传递的除物流、信息流和资金流之外,更根本的是增值流。美国作业成本科技公司和美国供应链局对价值链的定义也指出,价值链的组成部分必须是增值活动。从根本上讲,客户购买的是商品或服务所带来的价值。各种物料从采购到制造到分销,也是一个不断增加其市场价值或附加价值的过程。价值链上每一环节增值与否、增值多少都会成为影响价值链竞争力的关键。所以要增加价值链的竞争力,就要求消除一切无效劳动,在价值链上每一环节作到价值增值,这也是价值链会计管理的根本目标。波特的价值链理论在于如何实现核心企业的价值增值,价值链将上、下游企业与核心企业整合成一个企业联盟,组成了一个动态的、虚拟的网络,真正能做到降低企业的采购成本、物流成本和信息取得成本,提高客户满意度和市场占有率,在整个价值链的每一环节实现最合理的增值。

(3)价值链会计管理的有效实施有赖于价值链各方的同力协作。价值链是由多个企业所组成的企业联盟,因此链上的任何一个企业的决策都会影响其他企业的决策,一个企业的采购计划、生产计划和库存优化控制等不但要考虑本身的业务流程和所拥有的资源,更要从价值链整体出发,进行全面的优化和控制。因此,要实现价值链整体的增值,就需要价值链上的各方能够消除企业界限,实现协同工作。在着眼于单个企业利益的旧的管理模式下,在核心企业与供应商、分销商之间起作用的是赢—输观念,双方都想从对方索取更多的利益。而价值链会计管理的任务之一就是使核心企业与其他各方的关系真正从交易型转向伙伴型,使企业的经营目标从单赢走向双赢,并最终实现多赢。

(4)价值链会计管理具有信息化、电子化的特点。现代信息技术和网络技术是价值链赖以存在的技术基础。价值链不仅要传递物流、资金流,同时也要传递信息流。现代社会经济中的竞争,已经从单个企业与单个企业之间的竞争转化为价值链与价值链之间的竞争。价值链上的各方要想在竞争中取得成功,关键的一点就是要实现信息的共享与集成,分销商、服务商与核心企业要充分了解用户的需求,并及时与供应商在经营上进行协调,真正做到价值链上的各环节都以顾客的需求作为组织生产和安排库存的基础。只有这样才能确保价值链的整体增值并使其具有更强的竞争力。为使价值链上的各方能及时根据最终客户的需求合理安排物流,必须依赖于电子信息技术。此外,实时的信息交换还可以节约大量的信息储存和传递成本。因此,电子信息技术不仅仅是价值链会计管理的工具,更是价值链会计管理的重要组成部分。

4.关于价值链的其他研究

我国学者杨周南提出了狭义价值链和广义价值链的概念。狭义价值链泛指单体企业和企业集团内部的价值链或被称为纵向价值链;而广义价值链包含两个内容:其一是指以某一核心企业为主体的外部价值链或被称为横向价值链;其二是以多个核心企业为主体的有限闭环价值链或被称为社会价值链。

2000 年,格里芬(Gereffi)和一些学者提出全球价值链(global value chain,GVC)概念,将价值链的概念与产业的全球组织直接联系起来。围绕某种商品的生产形成一种跨国生产组织体系,把分布在世界各地不同规模的企业、机构组织在一个一体化的生产网络中,形成了全球价值链。价值链定义为:全球范围内,从概念设计到使用直到报废的全生命周期中所有创造价值的活动范围,包括对产品的设计、生产、营销、分销以及对最终用户的支持与服务等。组成价值链的各种活动可以包含在一个企业之内,也可分散于各个企业之间;可以聚集于某个特定的地理范围之内,也可散布于全球各地。随着研究的发展,目前价值链理论已从描述性的、启发式的概念转化为分析性的研究工具,其核心要素包括进入壁垒与动态租(dynamic rents)、治理结构(governance structure)和系统效率(system efficiency)。

第二节　价值链分析——战略定位

价值链分析的理念和方法已被广泛应用。价值链分析是指企业对经营活动进行识别(识别价值创造)、分类、排序(形成价值链)和优化活动的整个过程。企业价值链分析是实施战略成本管理的首要步骤,它的目的在于:明确企业各项活动对于产品价值的贡献;了解企业价值链内各环节之间的联系,以及企业与客户、供应商之间的价值链关系;分析各价值链环节的价值与成本,以便企业对价值链进行优化,确定发展战略。

以传统成本会计为基础所提供的成本信息往往很难有效地实施价值链分析,主要有两个原因:第一,传统成本会计无法提供价值活动的成本信息。在传统成本会计下,企业按产品设置成本核算对象,计算产品成本,以编制财务报告;或是按责任中心设置责任成本核算对象,核算各责任中心成本,为评价部门业绩提供依据。不论是以产品为对象还是以部门为对象,由于受传统成本会计思维方式的限定,它将成本信息的反映依托在某一核算对象上,因而其无法从企业整个价值活动的角度来分析成本发生及价值变化,所以其无论如何都不可能提供满足价值链分析要求的成本信息。第二,传统成本会计中成本信息扭曲度较大。传统成本会计系统对间接成本采用的是单一的或几个分配标准,然而,复杂企业的间接成本动因实际上是相当复杂的,仅凭一个或少数几个人为的分配标准是很难准确反映各个成本对象真实的成本发生和其对应的价值变化的。而在目前大量高新技术企业中,除原料和基本人工等直接成本外,间接的比重和绝对额都在不断提高,因此传统成本会计的信息有较大扭曲,无法用以进行价值链分析,所以作业成本的划分和确认是必然的选择。

一、价值链分析的基本程序

价值链分析的基本程序包括以下几个方面:

(1)识别价值活动。这里所说的识别价值活动,其工作内容包括两个方面:一是要识别企业经营中所有与价值有关的活动,这些与创造价值有关的活动链形成企业最基本的作业链;二是将这些与价值创造有关的作业链按职能和重要性进行各种分类和整合,以便建立企业的总价值链。

(2)价值链的确定。价值链的确定是指将企业的各种与价值创造有关的活动,按内外部职能、工艺流程和重要性等进行分类汇总。具体讲,对内有设计环节价值链、供应环节价值链、生产环节价值链、营销环节价值链、售后服务环节价值链和管理支持活动价值链等。对外来讲有向前一体化价值链、向后一体化价值链和分解化价值链等。企业也可以根据具体特定价值管理活动的要求,建立全面质量控制价值链和全面成本控制价值链等。每项价值链环节的确认,都表示企业在某个生产或经营环节为创造价值所进行的各种活动的集合。

(3)价值链内部活动及各环节之间相互联系的分析。按照迈克尔·波特的观点,虽然价值活动是构成竞争优势的基石,但价值链并不是一些独立活动的集合,而是相互依存的活动构成的一个系统。在这个系统中各个价值活动之间存在着内部联系,这种联系通常可以用一种活动和成本量的改变来影响另外一种活动和成本量的改变。例如,购买高质量的材料,材料成本可能升高,但却减少了废品和材料检修活动,降低了质量成本。价值链各环节内部和各环节之间的联系为优化价值链提供了依据。

(4)价值链的"价值—成本"分析。价值链的"价值—成本"分析是价值链分析的关键。从本质上讲,企业价值链的增值能力分析实际是企业作业链有效性的分析,根据"生产耗费作业,作业耗费资源"的基本原理,企业要对作业链的各构成环节的价值增值能力进行仔细研究分析,了解每一环节各项经营活动的价值与成本,消除或减少非增值作业,提高增值作业的效率并降低其消耗和占用。应该说明的是对于价值链的分析不能仅限于某项作业,而应从总体上来分析,如某项作业的资源耗费上升,但其能使其他作业的耗费大幅度下降,从汇总的整体作业价值与成本分析来看可能对企业是有利的。

(5)价值链的优化。价值链的优化是指利用价值链各环节内部以及各环节之间存在的联系,改变企业某些活动的安排,以达到降低产品或服务的成本,最大限度实现企业价值增值和满足客户要求的目的。有时上述两种目的可以同时达到,有时成本降低的同时价值也降低,但成本降低幅度大于价值降低幅度。比如,利用生产工艺与产品性能之间的关系,改变工艺,提高产品质量,虽然成本可能有所上升,但能较大程度地提升产品价值和降低废品损失等。

总之,价值链优化的目的是相当广泛的,它立足于从产品策划、开发、设计、生产、销售及退出的全过程,最大程度地实现客户满意和企业价值增值最大化,其过程涉及产品整个寿命周期。

二、价值链分析的类型

在以往许多战略管理的研究文献中,价值链分析都是被作为一种理论工具来讨论,往往与具体战略决策和实施过程没有紧密的联系,所以导致价值链分析在实际运用中的作用没有被真正体现出来。其实,价值链分析作为战略成本管理的工具,并非是一个泛泛而谈的东西,而应是针对不同层面的战略问题进行具体的价值链分析。企业的战略决策一般包括企业整体战略决策和产品战略决策,相应地,价值链分析也包括企业价值链分析和产品价值链分析。

(1)企业价值链分析。当企业需要考虑的不是某个产品而是整个公司发展方向的问题时,单个产品价值链分析就显得有些单薄了。所谓企业价值链分析,是指把企业所有的经营活动进行归类分析,按照职能和运行程序形成价值链,分析各环节的价值和成本,并进行优化的方法。企业价值链要比产品价值链内容更宽泛,它不仅包括各种与产品生产经营直接相关的活动(产品价值链活动),还包括企业其他价值活动如研究与开发、行政管理、基础设施维护、财务、安全、环保等基础活动。企业价值链分析的目的,是通过企业整体价值链分析,找出企业在某个价值链环节上存在的问题,以便采取全局性战略措施,改善企业价值链。

(2)产品价值链分析。产品价值链分析是把每一种产品作为价值链分析的对象,分析其价值和成本。一个产品的价值链一般包括供应、生产、营销、售后服务四个环节,每个价值链环节又包括许多活动。例如采购活动包括联系供应商、谈判、运输等活动,而生产环节则包括生产准备、机器维护、动力传递等许多活动。分析每种产品的价值链,主要是为了了解各个产品在每个价值链环节上的优缺点,以便采取战略措施,优化价值链。

三、价值链分析在战略成本管理中的应用

战略成本管理是在提高企业的竞争优势的同时进行的成本管理。它是指管理会计人员从战略的高度,围绕本企业、顾客和竞争对手组成的"战略三角"进行成本形成和成本结构分析,既提供与企业具有战略相关性的外向型信息,又对本企业的内部信息进行战略审视,为战略管理提供信息服务。

战略成本管理理论的思想精髓概括起来有三点:成本效益思想(cost benefit)、成本外延思想(cost broaden)和成本回避思想(cost avoidance)。

价值链分析为企业成本分析提供了一种基本工具,符合战略成本管理思想,扩大了对成本的理解范围,有利于更有效地控制成本,提高企业竞争优势,成为战略成本管理系统的重要组成部分。战略成本管理价值链分析的基本框架包括:纵向价值链分析、横向价值链分析和内部价值链分析,如图9-3所示。

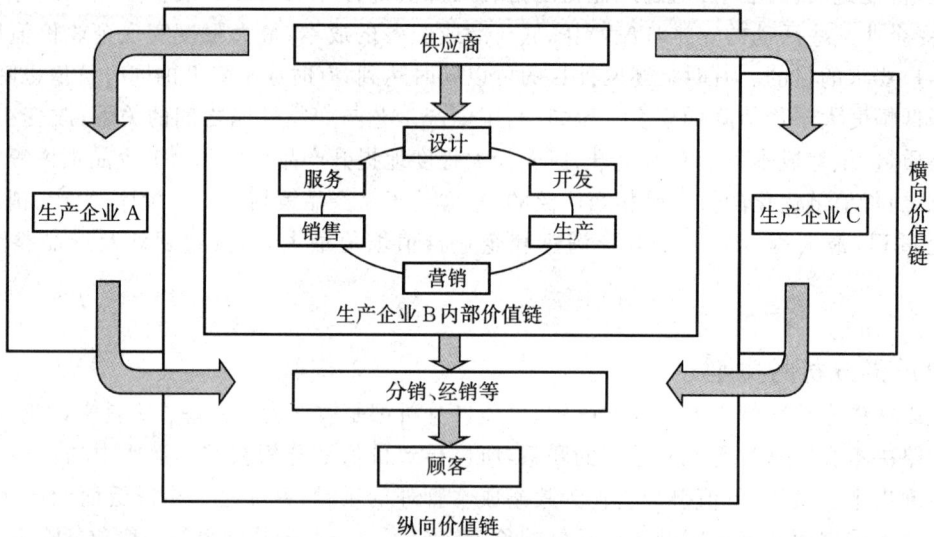

图9-3　战略成本管理价值链分析的基本框架

在进行成本管理时,首先站在战略的高度,从价值链内容的分析出发,确定行业价值链、企业内部价值链以及关键作业,分析成本动因,建立可持续的竞争战略;然后在价值链分析的基础上运用作业成本法、辅助价值链分析进行各个市场一级的战略分析。两者之间信息相互反馈,从而实现企业持续竞争优势的形成。

四、价值链分析的评价

价值链分析可以从多方面揭示有关企业竞争力的成本信息。价值链分析使企业发现了企业竞争力产生的源泉——哪些价值活动和成本因素促进了竞争力的产生,其得出的信息对制定战略以消除成本劣势和创造成本优势起着非常重要的作用。通过价值链分析可以使企业至少在以下方面起到战略性的作用:通过企业内部价值链的分析,可以使企业发现哪些作业是增值的,哪些是不增值的,哪些应予消除,哪些应予优化,从而降低成本;通过对竞争对手价值链的分析,了解竞争对手的成本情况、市场份额,使管理当局能借此评价其与竞争对手相比的成

本态势,客观评价自己在竞争中的优势和劣势,从而制定取得竞争优势的竞争战略;通过对供应商价值链的分析可以帮助企业通过谈判,从供应商那里获得更有利的价格,降低采购成本;通过管理企业价值链与购买商价值链之间的联系,来消除不增值作业,以寻找降低成本的"双赢"机会;通过行业价值链的分析,可以确定如何将价值链向前向后整合,寻求降低成本的有效途径。

　　总之,价值链分析拓宽了企业成本管理的对象,它通过分析价值活动,分析内部活动间的联系,分析内部活动同供应商、销售渠道、用户的活动间的联系,分析所有的联系与竞争优势之间的关系,从而分析相对成本状况、分析差异性及差异的程度、分析获取竞争优势的竞争范围,从而将成本管理的视野拓宽并且站在战略高度进行成本管理。

　　然而价值链分析也有其局限性。首先,价值链分析法对企业活动的分法不一定合理;其次,价值链分析实施起来具有相当的难度。其中最受关注的是:价值链分析侧重从定性的角度对企业成本进行管理,企业产品多样化导致其服务的目标市场的多样化,而目标市场的多样化导致企业价值链中成本行为发生差异,如果企业无法认识这些市场成本行为之间的差异,对这些市场共同发生的成本的分配上就会产生平均趋向,从而导致对产品定价的平均化趋向,这对战略的制定会产生错误引导,要解决这一矛盾,定性分析显得缺乏说服力,而定量分析显得至关重要,所以价值链分析法必须有其他成本管理工具的支持。

　　针对以上的局限性,作业成本法提供了强有力的支持:通过采用多种成本库,然后选择不同的成本动因对间接费用进行分配,克服了传统成本计算采用单一分配标准对产品成本的扭曲。作业成本法能提供多层次市场(包括产品和顾客)的较准确的成本信息,从而对价值链分析在这方面的不足起到了补充作用,为战略决策提供了信息支持;而价值链分析法由于考虑企业与外部的联系,从而弥补了作业成本法的内向型管理的不足,使企业的成本管理站在了战略的高度。

第三节　价值链优化——战略实施

　　企业对价值链进行整合等一系列活动就称为价值链优化。

一、业务流程再造

　　(1)次序改变。次序改变是指改变组织流程的先后次序,以缩短工作时间或存货占用时间,提高顾客需求响应速度,减少资金周转成本,实现顾客价值最大化。

　　(2)消除整合。消除整合就是找出公司现有流程中不必要的或不具有战略意义的环节,然后把不必要的环节废除,把冗长、繁琐的环节整合为一个或少数几个流程节点,并适时运用信息技术加以支持。

　　(3)自动化。自动化是指将流程的部分工作用信息技术自动地读取、传递、处理,从而极大地提高工作效率。信息技术的采用可以大大加快系统反应速度,减少工作时间,节约人力资源,并最终实现成本最优。信息技术运用于业务流程再造中的方式主要有:数据交换系统、卫星通讯系统、可视电话、网络视频、电子商务等。

二、组织再造和文化变革

　　流程再造往往伴随企业组织结构和文化的改变与适应。组织结构的变革包括:建立跨部门小组、设置流程处理专员、设立专案经理等。这些小组或职位的设置是横向管理概念的体现,其目标是将数个专业人员协同工作才能完成的作业加以整合,以便更有效率地完成某些业务流程。

文化是企业的价值观。企业员工的行为是价值观的表象。流程再造若要成功,就要培养新的企业文化,改变传统组织的本位主义并坚持以顾客需求为导向。

三、业务外包

业务外包是对企业战略环节的重新定位,即缩小经营范围,将企业资源集中于最能反映企业相对优势的领域,构筑自己的核心竞争优势。

四、产业价值链整合

产业链整合将具有竞争优势的各种资源通过它的组织结构和价值链内在联系,把供应商、零售商乃至顾客联结起来,增强产业链中各企业创造和保持竞争优势的能力。

降低成本是企业实施业务外包的重要驱动力量,业务外包节约了经理人员花费在管理全方位活动方面的时间,减少了人力资源成本,解放了高层管理人员,使其更集中力量于核心业务。同时由于企业专注于价值链的核心环节,有利于企业全力培育基于独特技能和知识的核心竞争力,使企业获得持续的竞争优势。

产业价值链相关企业之间通过相关业务流程、价值环节的相互合作配合,可大幅度降低协调成本;战略协同可以有效地减少共筑价值链系统的妥协成本;产业价值链相关企业之间的适度松散性避免了共筑价值链系统时产生的僵化成本。

五、供应商协同

企业与供应商密切协作共筑价值链体系,可以缩短产品开发周期、降低开发成本,改善物料流程。

1.先期定源共同进行产品开发

在产品设计阶段就选定供应商,并让他们担负设计零部件或工程系统的明确责任。先期选定的供应商不仅要参与零部件设计,还要协助样品的组装和新品推出后的零部件供应。

2.建立新的供应商选择机制和定价机制

先期定源决定了必须综合考虑价格以外的其他因素,选择能与企业密切合作共同开展价值链管理的最优供应商。供应商的产品质量、交货及时性、管理水平等都将成为主要考虑因素。在供应商选择和协商定价中,可以先确定市场或最终消费者可接受的价格,逆推计算,确定各部件系统的价格。这样有助于与供应商共同开展更宽范围的目标成本管理。

3.征求供应商意见并及时评估供应商行为

将每个供应商曾提过多少建议、创造了多少价值作详尽记录,并连同供应商在供货质量、价格、及时性、管理水平和协作能力等各方面的表现,作为评估的重要标准。给供应商制定成本节约目标,这也将成为评估供应商的重要依据。这样可以增强企业与供应商之间的战略协同关系,降低妥协成本。

4.共筑信任协同优化价值链

在企业与供应商共筑信任的基础上,企业可以采取如下思路控制成本:与供应商协商更优惠的价格;与供应商合作帮助其取得更低的成本;通过向上游整合对供应商实施兼并,以控制购买物的成本;共同研发更低廉的替代品;改变运送方式或货物交接方式,节约物流成本;帮助供应商进行价值链再造,以节约其生产成本,从而降低企业的采购成本;采取最经济的联系方式,以达成两企业价值链的合理对接;协商更合理的供货时间、供货批量和供货频率。

六、分销商协同

制造企业和分销商协同关系的建立应该基于以下几个方面:一是了解最终消费者的购买能力;二是分析分销商的盈利能力和盈利水平;三是评估购买商价值链及其与本企业价值链对接关系的合理性;四是采取战略改进行动,可选择的改进行动包括:帮助分销商改善价值链,节约其运营成本,降低最终消费者的购买成本;从维护最终消费者利益的立场出发,促成分销商调整其盈利水平;购销双方采取最经济最有效率的价值链对接方式;考虑更换分销商,以寻求最低的分销成本;通过价值链整合,对分销商实施兼并,以增强企业的成本竞争优势。

七、顾客联盟

利用顾客联盟进行成本控制可采用如下几种模式:

1.定制模式——提交最合适的解决方案

企业要充分了解客户信息、训练好服务人员、运用现代信息技术节约时间和人员成本、与客户一起精心订做符合其个性化口味的解决方案。在定制模式下,往往会出现过于注重满足顾客需求而不能有效控制库存的现象,这时需要建立虚拟库存系统来控制库存成本。通过虚拟库存系统可以实现物流、信息流的暂时分离。因为大多数顾客关心的只是货物能否及时送到,而并不在意它们来自何处。顾客联盟企业建立虚拟库存系统可以非常方便地介入企业邻近分销地存货系统,拓宽了顾客的选择余地,节约了存货成本。

2.引导模式——指引顾客走向成功

采用引导模式的企业担当着教育者和培训者的角色,通过改变顾客行为来实现有效的成本控制:成为顾客最信任的高参;培训那些习惯于进行地区化采购的顾客,使其接受整体采购的观点;鼓励顾客从填单订购机制转变为电子订购机制;培训顾客从原来的存货购买制度到开始实行即时交货制度。这些引导方式极大地降低了管理顾客填单、维护库房存货等工作所花费的巨大成本。

3.合伙模式——创新与结合

企业与顾客合作双方共同面对挑战、分享回报,相互依赖,彼此承诺。一方面可以采用合作设计的方式,企业与顾客从他们各自的专业知识领域出发,共同设计新产品、服务、工艺。合作设计使企业用于产品设计方面的开发设计成本大大减少;另一方面可以采用流程整合的方式,通过与顾客整合某些业务流程,重新设计运作模式和商业机制以降低成本。

八、竞合策略

企业竞合就是指企业一方面要相互竞争,另一方面也要讲究合作,这种合作可能是为共同对付一个更强大的竞争对手,也可能是两个竞争对手之间的相互合作,以避免过度竞争对彼此造成伤害。竞合已经被广泛应用于成本控制。

因企业资源和核心竞争优势具有异质性,使其复制存在诸多障碍。企业之间必须采用既竞争又合作的方式,使自身核心价值环节能够得到扩展并持续保持核心竞争力,通过不同企业异质资源的共享可以降低诸如广告成本(共享品牌)、销售成本(共享销售渠道)、服务成本(共享服务网络)等。

第四节　价值链评价——战略反馈

企业战略确定了企业所选择从事的经营活动,以及在这些活动中的竞争策略,由此决定了企业价值创造的模式和价值创造潜力。基于价值链理论进行企业战略定位,识别价值活动,确定价值链,按照价值创造最大化的原则,对业务单元的价值链进行精炼,对公司战略进行优化,保证战略的实施。到此企业战略的执行并没有结束——战略反馈是战略管理不容忽视的重要环节。评估企业价值增值,进行战略反馈,针对外部环境的变化对自身战略的审计和纠偏,对在战略执行过程中的不足、失误与不合理的内容及时地反馈、发现与调整,使企业更清楚自己的核心竞争力和价值增值点。因此战略反馈作为战略管理的一个环节,意义重大。

战略反馈的重要方式之一是价值链评价。在价值链理论的指导下,企业进行价值链分析和价值链优化后,用价值链评价来反映企业采用价值链优化方法产生的效果。

一、价值链评价的内涵及其原则

虽然价值链的研究已有 20 多年,但对于价值链评价尚无一个公认的定义。一般来讲,价值链评价是对企业价值活动中的价值信息进行加工和处理,并进行横向与纵向的分析,以不断提高价值链管理质量。

为了研判和评价企业价值链的功效,可以先找出企业价值链上的关键环节分析其主要驱动因素,然后进一步分解为具体指标,通过一定的综合评价方法将价值链的评分汇总,并将结果按档次与确定的评价标准比较进行绩效评价。

价值链优化绩效的评价应该从企业最根本的战略出发,对市场与竞争态势进行判断,对企业进行严格定位,并最终确定企业外部和内部的价值链条。其中的核心部分是企业的战略定位和内外价值链的确定是否准确。要达到要求首先要有良好的企业团队,同时企业决策者须头脑清醒,非常了解企业目前所处的位置,这样才会达到实施价值链战略所必备的条件,而具体进行评价就要求用指标来进行。

反映价值链优化绩效的评价指标有其自身的特点,其内容比现行的企业评价指标更广泛,不仅代替会计数据,同时提出测定价值链的上游企业是否有能力及时满足下游企业或市场需求的方法。实际操作中,为了建立有效的绩效评价指标体系,应遵循如下原则:突出重点,对关键绩效指标进行重点分析;采用能反映价值链业务流程的绩效指标体系;评价指标要能反映整个价值链的运营情况,而非单个节点的运营情况;尽可能采用实时分析与评价的方法,把绩效度量范围扩大到反映价值链实时运营的信息;在衡量价值链绩效时,要采用能反映供应商、制造商及用户之间关系的绩效评价指标,将评价对象扩大到价值链上的相关企业。

二、价值链评价方法

企业在进行具体的价值链优化绩效评价时,应该考虑本公司所在行业、所处发展阶段、产品或服务特征,结合所订立的战略规划,选择符合企业发展实际的绩效评价指标并划分层次结构,应紧紧围绕价值链,分析影响价值增值的驱动因素,以战略目标为导向,涵盖企业内外各个方面,体现企业的长期价值。并且,能够对企业的战略执行情况进行定期的、连续的、有效的总结,并及时获得反馈,以根据需要对战略、目标和评价指标进行实时调整。

对价值链的评价可以从以下几个方面进行:

(1)绩效评价。绩效评价主要衡量部门或个人工作效率的高低、工作业绩、成本控制水平等。

(2)价值链运行评价。这是对价值链业务流程设置的运行质量、价值链价值活动分离与整合的合理性评价,以便及时反馈和纠正管理中的问题,提供调整组织结构、优化价值链的依据。

(3)综合评价。综合评价主要是分析企业内部与企业所处行业的优势与差异、企业与企业之间的整体优势与差异、企业参与市场的能力与贡献的评价等,并供决策和管理之用。这对企业竞争力的把握、战略推行及下一阶段的工作指导思想均会产生决定性的影响。

当前企业绩效评价的主要方法总的概括起来有以下几种:

(1)平衡计分卡(BSC)。它是把企业及其内部各部门的任务和决策转化为多样的、相互联系的目标,然后再把目标分解成多项指标的多元业绩评价系统,主要由财务、客户、内部经营过程、学习和成长四个相互联系的方面组成。它最突出的特点是把企业的使命和战略转变为具体的目标和测评指标。在保持对财务业绩关注的同时,它清楚地列出长期的价值和竞争业绩的驱动因素,从而使企业了解未来业绩的推动要素,以及如何通过对客户、内部过程、技术革新等方面的投资来创造新的价值。

(2)企业关键业绩指标(KPI)。它是通过对组织内部流程的输入端、输出端的关键参数进行设置、取样、计算、衡量流程绩效的一种目标式量化管理指标。它是把企业的战略目标分解为可操作的工作目标的工具,是企业绩效管理的基础。它使部门主管明确部门的主要责任,并以此为基础明确部门人员的业绩衡量指标。

(3)目标管理法(MBO)。目标管理的概念是管理专家德鲁克在其名著《管理实践》中最先提出的。所谓目标管理乃是一种程序或过程,它使组织中的上级和下级一起协商,根据组织的使命确定一定时期内组织的总目标,由此决定上下级的责任和分目标,并把这些目标作为组织经营评估和奖励每个单位和个人贡献的标准。目标管理法是众多国内外企业进行绩效考核的最常见的方法之一。

(4)360度反馈绩效综合考核。它是由被考核者的上级、同事、下级和客户(包括内部客户、外部客户)以及被考核者本人担任考核者,从多个角度对被考核者进行360度的全方位考核,再通过反馈程序,达到改变行为、提高绩效等目的。

(5)EVA方法。EVA(economic value added)方法是指公司经过调整后的营业净利润减去该公司现有资产的经济价值的机会成本后的余额。如果差额为正,说明公司创造了价值,创造了财富;反之,则表明公司发生价值损失;差额为零,说明公司利润仅能满足债权人和投资者预期获得的收益。

(6)REVA方法。该方法是杰佛里(Jeffrey)于1997年在EVA方法的基础上提出的修正的经济增加值指标,该指标将所有决策用一个财务指标联系起来,结束了多种目标的混乱状态。杰佛里认为用于创造公司利润的资本价值既不是账面价值,也不是资产经济价值,而应是其市场价值。衡量股东收益应该用公司年度净利润减去公司年初市场价值计算的资本成本。无论任何情况,REVA指标只要为正,股东价值肯定会增加。

以上方法中,平衡计分卡和 EVA 方法受到广泛关注。

三、平衡计分卡在价值链评价中的运用

实施价值链分析可以降低成本、缩短提前期、提高服务水平,然而这其中最关键的是相关信息的实时性和可行性。实施价值链分析的企业的平衡计分卡是一个信息系统,是传递企业战略目标信息并考评价值链战略的信息系统。

平衡计分卡是美国著名的管理大师罗伯特·卡普兰(Robert Kaplan)和复兴方案国际咨询企业总裁戴维·诺顿(David Norton)在总结了 12 家大型企业的业绩评价体系的成功经验的基础上提出的适应信息时代的新兴的绩效评价方法。它突破了传统的以财务为核心的评价体系,把组织的战略目标与实现的过程联系起来,把企业当前的业绩与未来的获利能力联系起来,通过评价体系使企业的组织行为与企业的战略目标保持一致。它包含三个层次的指标:财务指标层面、客户层面、内部层面。基于价值链战略的平衡计分卡,其主要内容可包括以下几个方面:

(1)信息技术方面。价值链分析可以降低成本、缩短提前期、提高服务水平,然而这其中最关键的是相关信息的实时性和可行性。

(2)供应商关系方面。通过平衡计分卡供应商关系的评价选择和改进来实现供应商关系从竞争关系向合作关系的转变,企业通过与供应商的信息沟通可以协调进货时间和批量甚至包装和运输方式,同时避免原材料价格变动等市场风险,实现制造商与供应商之间的双赢关系。这也是外部价值链战略合作关系运行的基础。

(3)学习与成长方面。组织的学习与成长有三个主要的来源:人才、系统和组织程序。平衡计分卡在这三个方面的目标就是揭示人才、系统和程序的现有能力以及与实现突破性绩效所必需的能力之间的巨大差距。为了弥补这些差距,企业必须投资以使员工获得新的技能,加强信息技术及系统建设,并理顺组织的程序和日常工作。

(4)客户关系方面。平衡计分卡客户关系方面只需评估客户价值。由于顾客价值主要基于客户感知,包括服务水平和顾客满意度两方面。

(5)财务指标方面。平衡计分卡财务指标方面不仅评价企业财务比率、投资回报、现金流、利润等传统指标,还关注整个供应链的财务状况指标。财务绩效衡量方法显示企业的战略及其实施和执行是否正在为供应链的改善作出贡献。

平衡计分卡在价值链评价中的运用应注意以下问题:

(1)平衡计分卡的层次性。平衡计分卡建立过程中的层次性是指以企业的整个竞争战略为核心,在企业、部门、经营小组和个人层面上分层展开,下一级别的计分卡必须支持上一级别的计分卡,价值链总体的计分卡必须支持各企业的战略目标,级别越高的层次,指标越综合,反之则越具体。对于价值链而言,在内容上应当绝对地服从企业的战略,应当根据价值链对企业战略的作用,突出价值链对企业战略显著作用的部分。

(2)平衡计分卡的平衡性。正如前述,平衡计分卡的重要特征就是"平衡",该方法考虑了企业战略实现所涉及的各个维度。这一理念体现了利益相关者理论的要求,但是当我们用利益相关者理论审视平衡计分卡时,会发现两者存在着某种冲突。利益相关者理论认为,对于一个组织来说能否获得长期的生存和繁荣的最好途径是:考虑其所有重要的利益相关者并满足他们的需求。因此在设定自己的绩效目标时,应该考虑到那些对自己来说十分重要的不同利

益相关群体的需要。平衡计分卡已经考虑从利益相关者角度来设置绩效指标,但是平衡计分卡在最初设计四个维度时确实只是考虑了股东、顾客和员工三个利益相关者,忽略了供应商、债权人、国家与政府等其他利益相关者。这一问题在价值链管理环境下更是得到放大。很显然,传统的平衡计分卡系统不但没有考虑价值链联盟整体绩效管理的要求,而且对处于价值链运行环境中的企业绩效管理的特殊利益相关者也没有加以考虑。事实上,不同的企业置身于不同的环境之中,它们重点的利益相关者是有可能区别于其他企业的,仅仅从其中几个固定的利益相关者来设定指标显然具有片面性。

(3)因果关系。在建立平衡计分卡的过程中,以战略目标为中心分级分层展开时,因果链分析是必不可少的分析工具,它使平衡计分卡的建立过程从理论上看起来就像数学推理一样逻辑严密。对于应用于价值链管理的平衡计分卡,首先应当注意的是根据战略来进行层层分析,因为作为实现企业战略的一个重要部门,价值链管理的平衡计分卡必须对因果关系进行仔细的分析,如果没有发现关键因素,就很可能对企业的战略实施造成很大的影响。其次值得注意的问题是一果多因的分析。由于价值链是由若干个企业、部门组成,因此表现出的结果是一个综合后的结果,因此在进行分析时需要对造成结果的几个可能原因进行仔细分析,找出最主要的原因,才能形成对企业战略实现有极大帮助的平衡计分卡。

(4)评价指标的设计。作为企业战略实施重要部门的价值链管理部门,在平衡计分卡的指标设定上主要存在下面两个问题:一是平衡计分卡指标系统与企业原有指标系统的协调与重整。由于市场环境的经常变化,企业需要对这种变化作出在战略方面相应的改变。由于战略的改变,因此需要对平衡计分卡的内容进行调整。那么新旧平衡计分卡之间就存在协调和重整的问题。对于企业而言,在新的平衡计分卡指标系统下,需要对旧的指标体系进行分析。由于价值链管理自身运作的特点和企业战略的持续性,需要对指标的权重进行调整,对一些指标进行增减,以求更好地反映企业战略的改变。二是非财务指标的量化问题。没有计量就没有真正的管理。因为只有通过计量才能有效实施控制并克服业绩评价的主观随意性,使激励措施发挥应有的作用。对于价值链管理的平衡计分卡来说,这种量化问题更加突出。因为对价值链管理而言,更加看重的是客户、内部流程这些非量化的内容,因此如何对这些结果进行评估将非常重要。

(5)激励。由于平衡计分卡以企业战略目标为基础层层展开,因此,低一层次的指标必然以上一层次的指标为基础制定,如何度量下一层次的指标对上一层次指标的贡献也将是一个难点,财务方面的度量要容易一些,但其他方面的度量恐怕要困难得多,需要上下级之间、同级之间多次交流与反馈来实现。因此在激励报酬的确定上,每个层次的单位或小组激励不仅建立在本身的平衡计分卡分数上,还应该考虑上级单位和平级单位的计分卡成绩因素。对于运用于价值链管理的平衡计分卡来说,这种激励问题不仅存在,甚至可以说是一个非常重要的问题。由于价值链管理需要多个部门共同协同才能完成,因此在进行激励报酬的确定时,必须考虑其他协同部门的相应绩效报酬。将平衡计分卡移植到价值链绩效中进行评价,既要做好基于价值链评价的指标改造,又要注意从系统建立到应用实施的各种问题。此外,还应该建立良好的平衡计分卡管理基础和良好的信息支持系统,以迅速准确地搜集、反映信息,并在价值链联盟企业之间交换这些信息,保证平衡计分卡系统的顺利实施应用。

第五节　实证研究和发展展望

一、价值链管理的实证研究

关于价值链管理的实证研究始于 20 世纪 80 年代,主要内容如表 9-1 所示。

表 9-1　价值链实证研究

时　间	实　证
1987 年	台湾集成电路公司(TSMC)创立——价值链整合模式开始的标志
1990 年 3 月	戴姆勒-奔驰汽车集团与日本三菱集团开展战略合作,目的在于集三菱集团的技术优势与奔驰自身的价值链优势,在基础技术领域共同进行研究开发,促进奔驰集团的技术创新,从而保持其竞争优势地位
1992 年	(1)台湾宏碁创始人施振荣结合自己创业和宏碁发展的经历,对处在价值链不同位置的产业的附加值进行描述,从而勾画了基于产业价值链的"微笑曲线" (2)TCL 在 1992 年决定进军彩电市场,在短短五年之内迅速成长为国产彩电行业的佼佼者,其成功之道在于 TCL 独具慧眼,不是重复引进生产线,而是集中自身的核心优势,抓住价值链中战略环节,着力进行 TCL 品牌塑造和产品销售,并和拥有生产优势的彩电制造企业组建战略联盟,使其在彩电生产和营销价值链上形成核心优势互补,从而迅速占领了国内彩电市场
1993 年	TCL 集团进军彩电行业的战略与众不同,不是投资建厂,而是依托自身的品牌和营销网络优势,与具有生产优势的香港彩电企业长城电子集团建立合作伙伴关系,因而在彩电生产加工和市场营销不同的价值链环节上各自集中自身的核心优势,使其在整个价值链中得以创造更大的价值
1997 年	中石油产油量占全国的 89%,1996 年中石化油品占国内的 83%,两者在各自的价值链上形成垄断,没有动力提高效益,严重地制约了石油业资源优化配置和协调发展效率的快速提高
1998 年	马来西亚制定了《通信与多媒体法》,该法所确立的管制基础不是针对所应用的技术,而是在多媒体价值链中所产生的供求关系,这个价值链是由网络、应用和内容所构成的
2000 年	全球化趋势越来越明显,正式进入价值链分工时期
2001 年	(1)台湾各大厂商不约而同改变整体经营策略,大幅增加对内地的投资力度,把内地由原来的价值链中一个零部件生产基地转变成面对全国乃至全球的经营中心 (2)2001 年 12 月我国正式加入 WTO,推动了我国企业融入全球价值链的进程,使中小企业开始进入全面国际化发展阶段

时　间	实　证
2002 年	（1）环青海湖赛事承办单位请咨询公司把脉，用价值链的理论对环湖赛作了初步的实证分析，取得了很好的效果 （2）通过 2002 年 6 月对原成都钢铁厂的兼并，攀钢对炼钢系统的价值链进行了一次成功的优化 （3）安德烈亚斯·汉特胡勃（Andreas Hinterhuber）以农用化学品产业为例，提出了综合安排价值链的观点；佛朗哥·莫甘蒂（Franco Morganti）则在分析电信行业的价值链时，明确指出价值链是产业链的一种表现形式
2003 年	（1）1 月，我国著名会计学家阎达五教授在其创建的"会计管理活动论"的基础上，结合经济学与管理学前沿理论，率先提出了"价值链会计"概念 （2）12 月，中国会计学会会计新领域专业委员会在海南省海口市举行了"价值链管理与价值链会计"专题研讨会，与会代表们提出价值链会计与财务会计、管理会计中不同领域的结合研究，是价值链会计研究的重点所在
2004 年	（1）12 月 8 日，联想集团投巨资收购了 IBM 个人电脑事业部，使得中国 PC完全嵌入全球价值链，并获得了随全球 IT 价值链升级的市场机会与技术能力 （2）2004 年 2 月，国美和格力的冲突实质就是国美首先破坏了价值链上各环节的价值分配
2005 年	（1）国产手机经历了从价格战等初级竞争形式向价值链竞争等高级竞争形式转型的"阵痛" （2）中国联通成立"中国联通 uni 战略合作伙伴联盟"，联盟成员通过加强自律营造诚信形象，最终实现强势的 uni 价值链总体品牌形象
2006 年	（1）IPTV 价值链的整合非常关键，包括 IPTV 标准的制定、内容源的丰富、商业模式和盈利模式的确定等，都将是 IPTV 业务规模商亟待解决的问题 （2）从 2006 年 1 月 1 日起，原联想天工工控业务切换至科迪亚科技有限公司，成为一个涵盖销售、研发、采购、制造、服务完整价值链的工控事业部

值得一提的是：潘镇鲁、明泓在《基于价值链之上的企业竞争力——一项对 457 家中小企业的实证研究》一文中以企业价值链为基础，通过对中国中小企业较发达地区苏州市的 457 家中小企业的问卷调查，结合对重点企业进行访谈，分析影响中小企业竞争力的因素，得出如下结论：

（1）中小企业有较强的生产组织能力。在面对市场竞争和外部环境变化时，生产的调整适应能力较强，供货及时，总体生产能力利用率较高。

（2）由于重视全面质量管理的实施与运用，大多数中小企业产品的质量较为理想。但目前中小企业的售后服务网点较少，这反映了中小企业在售后服务方面的不足。

（3）人力资源管理是中小企业的"软肋"。高层管理者和员工的文化程度普遍较低，培训数量不足，方式不尽合理。这将严重影响中小企业未来的竞争力。

（4）在技术开发方面，中小企业中以积极性和扩展性进行产品创新的占了绝大多数，反映了中小企业对今后进一步发展的信心。但在研发和技改资金投入上，中小企业普遍较少，大多数的中小企业甚至没有这两项的资金投入。

　　(5)在基础设施方面,中小企业无法获得低成本的资金,它们的信息基础设施建设还有待进一步完善。

二、价值链研究存在的主要问题与不足

　　在实际应用中,价值链研究主要集中在以下几方面:①价值链用于决策支持系统的研究。通过价值链优化,为决策提供依据,决策者可看到其决策的总体效果,看到企业价值活动间的联系对其目标的影响。②对价值链进行管理。价值链管理是一种项目管理,项目管理模型(或系统)原理用于价值链管理是非常合适的,通过价值链管理能够较全面地了解企业的竞争优势和竞争劣势。③价值链研究用于确定企业的利润增长区域。④对价值系统及价值链上具体的价值活动进行研究。把价值链看成是一个系统,研究顾客价值链,价值增值过程中的增值和不增值活动与供应商的关系,以及整个生产过程中的库存问题。⑤价值链方法被认为是研究企业竞争优势的有力武器。企业内部组织间的协调、企业间价值链联盟及竞争优势评价已成为企业寻找新的竞争策略的一大途径,在这些领域中,传统价值链的研究方法被广泛应用。

　　纵观已有的价值链研究可以发现,这些研究大都限于一些概念上的模型分析和探讨,而深入量化的研究并不多,而且价值链量化分析不容易运用,获取企业相关部分的数据也十分困难。另外,价值链方法虽然是一种研究系统的方法且得到广泛运用,但目前这种研究还没有形成体系。

　　目前价值链理论还在发展,有关价值链管理的案例和实证研究在逐渐丰富,但理论研究相对不足,还没有形成缜密的完整体系。

三、未来可能的研究重点

　　随着信息技术和全球经济的发展、竞争环境的变化,价值链管理的含义也发生了深刻的变化。通过对现有文献中价值链管理发展的研究,我们认为以下几方面可能是未来研究的重点和发展趋势:

(一)价值链管理模式的选择

　　随着传统价值链不断的改进、分解、重构与优化,各种不同的价值链管理模式被研究和应用。最初出现的是垂直价值链管理,而发展到水平价值链管理时,反映的是企业与企业间"竞合"的发展趋势。从价值链—价值流—价值群—价值网,许多学者都提出了相应的管理模式,并随着时代的发展,其理论也不断得到更新。然而,在企业的实务操作中,针对企业所处特定环境、特定的发展阶段,企业如何选择适应其业务性质的价值链管理模式是一个有现实意义的研究课题。

(二)价值链管理如何作为有效的联盟管理手段

　　战略联盟与价值链管理都是增强企业竞争力的重要方式。企业的联盟形式包括垂直战略联盟与水平联盟。随着价值链分析深入战略联盟的领域,价值链管理对战略伙伴的最佳选择、实现联盟的有效管理以减少联盟的失败率的探讨将会成为未来的研究方向。

(三)价值链会计框架的完善

　　价值链会计的研究还处于起步阶段,因此,价值链会计框架的完善,价值链会计如何服务于特定对象,如何建立一套基于价值链会计的新的绩效评价体系将会是近年研究的热点。

根据前面对价值链现有研究所作的详细论述,我们认为可在以下几方面进一步深入研究:

(1)考虑信息技术和因特网的影响,重构价值链结构模型,发展和改进波特的传统价值链模式,构造虚拟价值链。

(2)应用价值链方法进行企业竞争力评价研究,考虑价值链的互动性,建立具有传递反馈信息功能的网络式评价模型,以及动态的评价模型。

(3)定量研究价值链的优化与管理,控制关键增值环节,增强竞争优势,这是价值链理论研究得以深入的一个重点。

本 章 小 结

价值链是能够为企业创造价值的企业经营活动的有序集合。价值链构建的基础是价值分析。价值链管理的目标是在整体价值最大化基础上实现各相关利益主体利益的均衡。

价值链概念由美国学者迈克尔·波特于1985年首度提出,20世纪90年代开始将价值链分析应用于管理会计,引入我国已有20余年,目前,价值链分析理念和方法成为研究竞争优势的有效工具,被广泛应用于企业界和商界。

本章首先回顾了价值链思想的产生、发展和改进过程,以及信息技术、因特网和电子商务对其产生的影响,虚拟价值链的概念的形成,价值链会计和价值链中的战略成本控制等。本章分别从价值链分析、价值链优化和价值链评价等方面,进行了较为深入的论述,分析了现有研究存在的问题与不足,并对未来的研究进行了展望。

关 键 术 语

价值链 价值链会计 价值链分析 虚拟价值链 价值链优化

思 考 题

1.试述价值链分析的基本程序。

2.如何优化企业价值链?

3.试述平衡计分卡在价值链评价中的运用。

4.价值链研究存在的主要问题与不足是什么?

案 例 分 析

基于价值链的中国石油石化产业国际竞争力分析

一、影响我国石油石化产业国际竞争力的因素

波特认为,在一个国家的众多产业中,最有可能在国际竞争中取胜的产业是国内"六因素"环境特别有利的那些产业。在这六个影响因素中,其中生产要素,需求状况,相关和支持产业的状况,企业战略、结构和竞争等四个因素是影响产业或产品市场竞争力的主要因素,但由于这些因素又是由许许多多其他因素决定的,其中价格和产品差异性是两个最直接的影响因素,因此,应充分重视对它们的来源、大小等进行比较深入的分析。

(一)生产要素(资源禀赋)

生产要素包括自然资源、人力资源、资本资源、知识资源及基础设施等,这些要素可进一步分为基本要素(basic factors)和高级要素(advanced factors)两类。基本要素,如石油探明储

量、地理位置、廉价劳动力供给等对企业竞争力有很大影响。随着科技的发展,生产对石油资源的依赖程度逐渐下降,高级要素的重要性与日俱增。高级要素包括现代化电信网络、高科技人才、尖端学科的研究机构等。

从基本要素角度看,中国人力资源丰富,在劳动力供给方面占有一定优势;同时,油气资源在国际上虽具有一定优势,但后劲不足。2006年全国累计探明石油地质储量234亿吨,累计探明石油可采储量65亿吨,累计探明天然气地质储量3.87万亿方,累计探明天然气可采储量2.47万亿方。虽然我国剩余油气可采储量前景广阔,但由于剩余资源的50%以上属于低渗或特低渗油、重油、稠油和埋深大于3 500米的资源,且大多分布在气候条件恶劣、地理环境差、油藏构造复杂、勘探程度低的中西部地区;同时,东部老油田大多已进入开发中后期,开发难度也越来越大。所以,中国油气资源的保证程度较低。

从高级要素看,中国石油石化企业的管理水平、研发能力明显提高。但是,与国外石化工业较发达的国家相比,中国在高级要素的投入、产出方面仍存在一定差距,中国石油石化产业需要在提高科技投入、加大技术改造力度上继续探索适合自身发展的途径。

（二）需求状况

一国石油石化产品的消费需求状况,影响该国石油石化产业的国际竞争力。目前中国石油石化产品基本处于供不应求状况:石油产量虽位居世界前列,但仍不能满足国内需求,石油进口量逐年增加。目前我国国内石油产量为每年1.6亿~1.7亿吨,油田主要集中在东北地区、东部地区、西部的新疆地区和海上油田。在过去的10年间,由于经济迅速发展,我国的石油消费量年均增长6.66%;而受国内资源及开采条件的制约,同期石油产量年均增速仅为1.75%。有关数据显示,我国石油资源的平均探明率为38.9%,而海洋仅为12.3%,比世界平均探明率低了60个百分点;我国天然气资源的平均探明率为23.0%,海洋为10.9%,也比世界平均探明率低了近50个百分点,只占全国产量的15%左右。我国是世界上第二大石油消费国,2007年我国原油产量是1.87亿吨,进口量是1.8亿吨,也就是说,我国石油消费的50%依赖进口。据预测,到2020年我国石油产量将保持在2亿吨左右,石油消耗将达4.5亿~5.1亿吨,进口石油依存度将达55%以上,能源供应压力巨大。

（三）相关及支持产业状况

石油石化产业国际竞争力还受到与石油石化产业相关的产业发展水平的影响。石油石化产业是基础性产业,国民经济其他部门的发展都会对其产生波及影响,尤其是交通、汽车、纺织、医药、机械制造、农业等行业。这些相关行业的发展,为石油石化产业的发展提供了发展契机,对提高石油石化产业国际竞争力有重要意义;反过来,石油石化产业的发展,又极大地促进这些相关产业的发展。

随着我国国民经济水平的提高和各相关产业部门的不断发展,对石油产品的需求越来越大,同时对石油产品的质量要求也越来越高。2007年的GDP增长速度为9.5%,同年中国石油消费量为3.68亿吨,同比增长4.1%,占世界石油消费总量的9.3%。从这些数据可以看出国民经济其他部门对石油产业的发展有强烈的要求,石油产业不加快发展,将会成为制约国民经济发展的"瓶颈",因此中国石油石化产业的潜在优势较大。

（四）企业战略、结构和竞争

产业国际竞争力还来源于在国家现有体制下,企业能否合理利用种种竞争优势搞好经营管理。它包括企业人才流向、企业组织结构以及企业经营战略选择等。企业经营战略中的核心问题是企业的目标。企业目标受到所有权结构、公司管理特征、人员激励方式等因素的影响。国外大石油公司一般都建立起了与市场经济相适应的以股份公司为主的公司治理结构，其完备的公司治理和监督机构能保证公司激励和约束机制的高效运转。而这些恰恰是处于经济转轨期致力于建立完善的公司治理机制的中国各石油石化企业无法比拟的，由此也导致了公司管理水平方面的差距。中国绝大多数石油石化企业是国有企业。尽管不再实行国家高度集中统一的管理体制，开始股权改革，但由于企业所有者与企业经营者之间的委托代理机制以及相应的激励机制不健全，企业经营者的积极性还没充分调动起来，企业的组织结构还没得到很好优化，这往往使中国石油石化企业的目标不明确，效率缺乏。再加上，在油气资源国家所有的情况下，国家石油公司对油气资源开采权的相对垄断，造成我国石油石化产业内部的竞争缺失，这不利于企业可持续竞争优势的创造。

二、我国石油石化产业的国际竞争力

在产业竞争力分析过程中，波特一直强调价值链分析，从产业发展不同阶段的价值创造角度分析产业竞争力。由于石油石化产业是一个集油气开采、炼化、销售以及辅助性服务等为一体的纵向一体化非常明显的产业，而且在各个不同的阶段，其创造价值的能力也不相同，因而对产业竞争力的影响也有差异。因此，加入 WTO 后，在国外大石油石化企业对我国市场虎视眈眈、而且一些公司已采取必要措施的情况下，仅仅分析影响我国石油石化产业国际竞争力的宏观因素还是不够的，运用价值链对我国处在不同发展阶段和环节的石油石化企业的竞争力进行分析和国际比较仍具有重要意义。

（一）上游（开采）部分国际竞争力分析

油气开采是石油石化产业建立和发展的基础。由于油气资源是在千万年乃至上亿年漫长的地质年代中形成和富集起来的，它赋存于地下，而且区域分布不均衡。在科学技术相对落后的情况下，油气勘探、开采的不确定性很高，进而造成油气生产成本也很高。从油气会计的角度看，油气生产成本是由勘探开发成本和采油（气）成本两部分构成。在一国或地区内，油气生产成本越低，说明其在油气开采方面的竞争力越强，反之则相反。

中国三大石油石化公司的原油勘探和开发成本远高于国外的大公司，尤其中国石油化工集团的原油勘探开发成本和采油成本均远高于国外大的石油石化公司，如图 9-4 所示。

由此可知，我国石油石化企业在原油生产成本上缺乏竞争力，处于非常不利的地位。这主要是我国的油田油藏及地层结构较特殊所致，同时它与我国油气资源的质量和人员素质、管理水平等也有较大关系。

（二）中游（炼化）部分国际竞争力分析

虽然我国石油石化公司的总体炼油能力已居世界前列，但炼厂规模依然偏小，而且炼厂布局不合理，油品质量不能完全满足国际环保标准等也使我国石油石化产业中游（炼化）部分的竞争力较低。从炼厂规模来看，据统计，世界炼油企业平均年生产规模是 553 万吨，最大炼油厂年产可达 3 000 多万吨，而我国 116 家炼油企业平均年生产规模仅为 167 万吨，不到世界平均水平的 45%，目前我国最大的炼油企业平均年生产规模为 870 万吨。而且，与国外相比，我国石油石化企业的炼厂分布分散，除少数石化联合企业外，多数炼厂的优化组合差，造成炼化成本较高、环境污染突出。因此有计划、有步骤地关停和兼并一些小炼厂，联合和发展一些大型和特大型炼厂是中国石油石化企业的重大战略性决策。从油品质量来看，我国的油品质量，尤其是汽油和柴油质量与国外产品有不小差距。我国汽柴油的硫含量与世界燃料规范Ⅱ类标

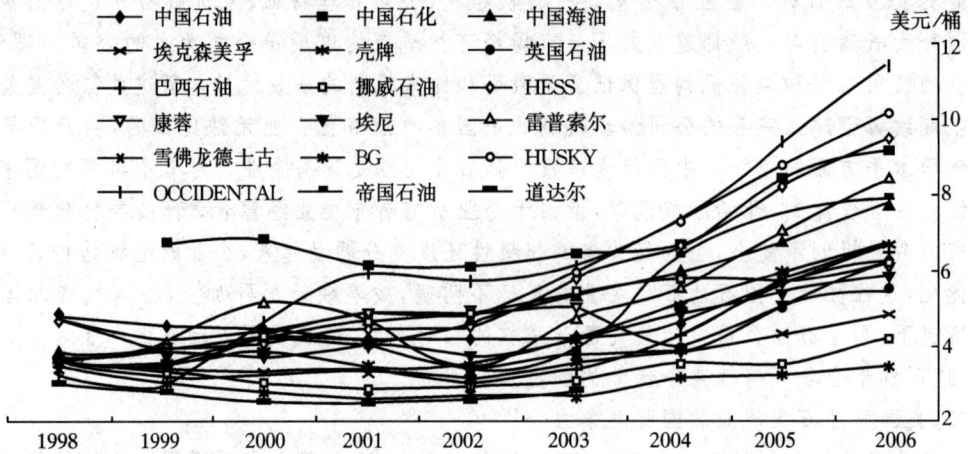

图9-4　我国三大石油公司石油桶油开采成本与世界石油公司的比较

资料来源：国金证券 2008 年年度行业报告——石油化工行业：税费变革的探讨及

三大石油公司的比较，2007 年 11 月 21 日

准相差甚远。与美国、日本、欧洲各国相比，我国汽柴油的质量在国际市场上毫无竞争力。含硫原油的含硫量每增加 0.1 个百分点，原油价格就降低 0.15 美元/桶；原油 API 度每降低一个单位，原油价格就可降低 0.27 美元/桶；原油酸值每增加一个单位，原油采购成本就会降低 2.5 美元/桶。这意味着欧、美、日各国不需用技术壁垒和环保壁垒在标准上已将我国汽油拒之门外。我国石油石化企业要将国内过剩汽油出口到欧美各国，还须在出口型炼厂的装置结构上作彻底调整。我国炼厂必须加大技改投资力度，加快油品质量的提高和升级步伐。

(三)下游(销售)部分国际竞争力分析

中国石油石化企业的销售业务主要集中在国内市场，出口产品数量较少，而且是以批发为主，在国外基本上没有自己的销售网络和终端客户。因此在比较下游(销售)板块的竞争力时，我们仅限于中外公司在中国大陆市场上的竞争力。据统计，截至 2006 年年底，全国 9 万多座加油站中，中石油的加油站数量为 1.8 万余座，占全国加油站总数的 20%；中石化的加油站数量为 2.8 万多座，占全国加油站总数的 33.3%。当然，拥有加油站仅是分销服务的一个内容，能有更多的车到加油站来加油，才说明分销服务竞争力所在。我国石油石化企业在这方面的差距还很大。2007 年，全国加油站单站加油量平均为 2 000 吨/年，而美、英、德等发达国家，平均单站加油量为 2 500～3 000 吨，单站服务汽车约 1 500～2 800 辆，平均百公里有加油站 2～3 个。因此，我国石油石化企业销售板块面临的形势十分严峻。

(四)辅助支持部分国际竞争力分析

石油石化产业的辅助部门是指研究与开发以及与油气开发和炼化、销售相关的服务性部门。它包括研究与开发、工程技术服务(如物探、钻井、测井等业务)、生产性服务(如供水、供电、物资供应等)、化工延伸加工等部门。在这些部门中，其核心是研究与开发部门。因为它直接决定企业或产业的经营成本和价值创造。总体上看，我国石油石化企业在科技人员占比上占明显优势，但专利拥有数、研发费用投入还远低于国外大公司。

(1)科技人员占比。中国石油石化企业的雇员数量是国外大公司的 5 倍～10 倍以上，数百万人的队伍中,不乏优秀人才,其中还有一些是世界知名的专家、教授。即使是技术工人队伍中也有相当数量经验丰富的操作工,知识应用能力很强,整体素质较高,在与国外大公司的竞争中有明显人才优势。

(2)拥有的专利数。2006 年,中国石油化工股份有限公司申请中国专利 842 项,获授权专利 703 项。然而,在中国已公布的石油石化行业授权专利中,国外大公司的专利占有机化工类的 83％,高分子类的 57％,催化剂类的 58％,润滑油类的 52％。按公司统计,杜邦公司有 1 124 件,赫斯特公司有 1 030 件,壳牌公司有 860 件,埃克森美孚公司有 343 件,三井化学公司有 980 件。可见,在石油化工的有机化工和高分子及催化剂方面的专利技术,国外公司已占绝对优势。另外,国外大的石油石化公司还积极开发新的油气开采和炼化技术。这为我国石油化工企业的未来生存设置了严重的障碍,它一方面增加了我国石油化工科研单位目前和将来科研开发的难度,提高了研究开发的“门槛”;另一方面,将会增加我国石油化工企业应用先进技术的成本,从根本上削弱了竞争力。

(3)投入的研发费用。我国石油石化企业拥有专利数比例低的原因之一是企业投入的科研开发费用不足。据统计,我国石油行业的“研发密度”指标,即研发投入占销售收入的比重,仅为 0.5％～1.0％,而发达国家这一比例高达 3％～10％。在国外三家全球最大的石油服务公司斯伦贝谢公司、哈里伯顿公司和贝克休斯公司 2007 年投入的研发费用合计达 15 亿美元。

美国《石油情报周刊》(PIW)公布的根据石油储量、天然气储量、石油产量、天然气产量、石油炼制能力和油品销售量六项指标综合测算的 2007 年世界最大 100 家石油公司综合排名,中国的三大石油公司均进入世界前 50 名的行列,中石油位居第 5 位,中石化排名 25 位,中国海洋石油有限公司首次进入世界前 50 名之列,位居第 48 位。从总体实力上讲,中国石油石化产业已经具备了一定的国际竞争力,但竞争力依然较弱。从其市场竞争能力方面看,中国大的石油石化企业在原油产量上与国际上大的石油石化企业相比占有优势,但在油气销售市场占有率、上下游规模结构等方面却处在劣势地位。如在上下游规模结构方面,国际大公司呈原油产量＜原油加工量＜油品销售量,而中国却相反,为原油产量＞原油加工量＞油品销售量。这说明我国石油石化产业还属资源开发型而非技术和资金型,产品附加值低。从企业的经营效率看,我国石油石化企业的资本回报率、全员劳动生产率、总资产周转率和流动资产周转率均比国际大公司低得多。

总之,随着改革开放的深入和人们对石油石化产品需求增加,石油石化产业取得了较大发展,但与国外同行相比,我国石油石化产业的总体竞争力还显得很不足。由于石油石化产业是关系到国计民生的战略性支柱产业,它的发展状况与国家安全有密切联系。因此,不管是政府还是企业,今后都应重视发展我国的石油石化产业。对于政府来讲,政府应在保护生态环境和保证企业充分补偿油气资源价值折耗和环境价值损失的前提下,制定和实施有利于促进该行业发展的相关政策,如将三家公司统归新组建的由国家控股的石油石化企业管理,以集中力量使我国石油石化企业在国际国内两个市场上取得竞争优势等;企业则应在借鉴国外大公司经验的基础上,建立和完善公司治理结构,实施规模经济战略和持续重组战略,积极采用先进技术,并以创造和培养高级要素为基本发展路线,积极应对国外石油石化企业的挑战。

第十章 企业业绩评价

本章要点

1. 企业业绩评价概述
2. 单一指标业绩评价模式
3. 多指标综合业绩评价模式
4. 业绩评价与股票期权

自 1891 年美国"科学管理之父"泰勒创立了科学管理理论后,经过一百多年的研究探索,企业业绩评价的理论、方法和技术已日趋完善和成熟,既产生了极为丰富的研究结果,同时也积累了丰富的实践经验。作为企业管理的一部分,企业业绩评价从简单地用会计指标进行判断到用综合指标进行分析,再发展到与企业管理全过程的融合,经历了传统方法向现代方法的转变。本章主要介绍业绩评价的概念、业绩评价的发展历程、单一指标业绩评价模式、多指标综合业绩评价模式以及与业绩评价紧密相关的激励方式——股票期权等内容。

第一节 企业业绩评价概述

一、企业业绩评价的内涵

(一)业绩

翻阅书刊,经常发现"业绩""绩效""效绩"等概念被广泛使用,引发了人们对这些概念的内涵和外延的争论。对企业业绩进行评价,首先要搞清楚业绩的内涵。

根据《现代汉语词典》的解释,业绩包含两层意思:①建立的功劳和完成的事业;②成就。业绩在英文中使用"performance"一词,《韦伯斯特新世界词典》对其的英文解释为:①正在执行的活动或已完成的活动;②重大的成就,正在进行的某种活动或者取得的成绩。可见,中英文对业绩的理解都强调业绩的结果性,即业绩是重大的成就。

"业绩""绩效""效绩"三个概念的英文名称都是"performance",因此我们认为这三个名词之间没有什么本质上的区别。根据布雷德鲁普的观点,一个企业组织的业绩包含三个方面,有效性和效率是其中的两个方面,因此,业绩本身已经包含了效率的意思。

综上所述,业绩的内涵包含两层意思:一方面是以结果为导向的业绩,是指在特定的时间内由特定的工作职能或活动产生的产出记录;另一方面是以行为为导向的业绩,是指与企业目标相关的、可以按照个体的能力(即贡献程度)进行测量的行动或行为。我们应该把行为和结果结合起来理解业绩的内涵。

(二)评价

评价是指为实现一定的目的,采用某种程序和方法,运用特定指标,比照统一的标准,对某一客观事物进行整体描述,作出价值判断的一种认识活动。评价有单项评价和综合评价之分。单项评价是对某一具体事物的评价,例如劳动生产率高低的评价、净资产报酬率的评价等;综合评价是指对一些复杂事物进行的评价,如企业经营业绩的评价等。

(三)企业业绩评价

企业业绩评价是按照企业管理的需要设计评价指标体系,比照特定的评价标准,采用特定的评价方法,通过定量、定性对比分析,对企业一定经营期间的经营效益和经营者绩效,作出客观、公正和准确的综合评价。

二、业绩评价要素与程序

(一)业绩评价要素

业绩评价作为管理控制系统的一个子系统,其本质上属于一个由各个要素组成的具有整体目的性和内在联系性的综合体。一个典型的业绩评价系统应该由评价主体、评价客体、评价目标、评价指标、评价标准、评价方法、评价报告等基本要素构成。管理控制系统中业绩评价的评价主体和评价客体基本明确,评价主体主要是公司董事会和各级管理者,评价客体是各级管理者。

1.评价目标

评价目标是与评价主体和评价客体相联系的一个内容,因为不同的评价主体对于同一评价客体存在着不同的需求,不同的评价客体又存在着不同的情形。评价目标与组织目标相关,但更多的是依赖于战略目标的分解,体现为影响战略实现的关键成功因素。对于现代企业而言,其评价目标也趋于多元化,既包括财务目标,又包括非财务目标;既要追求股东价值最大化,又要考虑关键利益相关者的要求。

2.评价指标

评价指标是指对评价客体的哪些方面进行评价。从业绩评价演变的进程观察,评价指标的变化趋势具有三个特征:第一,评价指标的表现形式已经从过去的单一指标逐渐过渡到多元的指标体系;第二,评价指标的计算基础已从当初仅仅只有会计基础财务指标逐渐发展成为各种基础皆有;第三,评价指标的反映内容已经从过去的关注财务结果逐步进化到目前的关注驱动财务结果的非财务活动。在评价指标的选择方面应该遵循的原则是:第一,结果指标与动因指标相结合;第二,财务指标和非财务指标相结合;第三,内部指标和外部指标相结合;第四,不同计算基础指标相结合。

3.评价标准

评价标准是判断评价客体业绩优劣的基准。评价标准最初是以实际的业绩水平为准来评判的,也就是采取绝对基础。随着组织背景的逐渐变化,采用绝对基础作为评价标准的做法也逐渐被以相对基础(选择别的参照物为基础)作为评价标准的做法所替代,而相对基础的评价标准又由最开始的历史标准逐渐产生了预算标准和行业标准。因此就目前而言,业绩评价系统最为常用的三类标准是预算标准、历史标准和行业标准(包括竞争对手的标准)。在选择何种类型的评价标准时,除了主要考虑战略计划和评价目标以外,还需要注意:第一,区分绝对基础和相对基础评价标准;第二,区分不同相对基础评价标准(主要是历史标准、行业标准和预算标准三种类型);第三,区分个人基础和集体基础评价标准。

4.评价方法

评价方法解决的是如何评价的问题,即采用一定方法运用评价指标和评价标准,从而获得评价结果。没有科学合理的评价方法,评价指标和评价标准就成了孤立的评价要素,也就失去了本身存在的意义。目前在实践中应用比较广泛的评价方法主要有三类:单一评价方法、综合评价方法、多角度平衡评价方法。单一评价方法就是应用一个最综合的指标评价经营业绩,以控制评价客体的评价目标的实现,以经济增加值(EVA)方法为典型代表。综合评价方法就是运用一系列指标从不同角度或侧面评价经营业绩,具体又可以分为指标分解评价方法和指标综合评价方法,前面以杜邦财务分析体系和帕利普财务分析体系为代表,后者包括综合指数法、功效系数法等。多角度平衡评价方法本质上也属于指标综合评价方法,但是由于这一类型的方法与传统的评价方法相比,更多的是注重不同类型指标之间平衡关系,强调不同类型指标之间的因果关系或互动关系,并且在评价指标设计、评价程序确立等方面具有一定的创新,因为单独列为一类方法,其中又以平衡记分卡和业绩三棱柱(performance prism)为典型方法。

5.评价报告

评价报告实际上属于业绩评价系统的输出信息,也是业绩评价系统的结论性文件。评价主体以评价客体为对象,通过管理控制信息系统,获取与评价客体有关的信息,通过加工和整理计算评价指标,将评价指标实际数值与预先设置的评价标准进行对比,分析差异产生的原因、责任及影响,从而得出评价结论,最终形成评价报告。评价报告的编制应按评价指标计算、差异计量与分析、评价结论形成、奖惩建议等几个步骤进行,但关键步骤在于评价指标计算和差异分析。

业绩分析系统各要素之间存在相互依存相互支持的关系,具体表现在:评价目标是业绩评价系统的指南和目的,它决定了评价指标的选择、评价标准的设置、评价方法的确立和评价报告的编报。评价目标从定性和定量两个维度又分解为评价指标和评价标准,即评价指标反映评价目标的具体内容,评价标准反映评价目标的具体水平。评价指标和评价标准相互影响。评价指标和评价标准是形成评价方法的基础,其类型的选择会影响评价方法的确立。评价方法不仅是对评价指标和评价标准的具体运用,而且是对实际业绩是否达到评价目标的判断过程和处理过程。评价报告是整个业绩评价系统的输出信息,是对业绩评价系统其他要素的最终反映和综合体现。当然,评价报告的深度、广度与可信度要取决于评价指标、评价标准和评价方法的科学性。

(二)业绩评价程序

业绩评价需要遵循一定的程序。业绩评价程序是指业绩评价系统的实施步骤,包括设计、应用、调整等方面。合理的程序是从组织方面为业绩评价系统的设计和应用提供保障。一般而言,业绩评价程序包括以下基本步骤:

第一,确定评价目标。评价目标包括财务目标和非财务目标,财务目标实际上就是公司预算总目标。

第二,分析评价客体。对财务客体进行分析,并对财务客体进行分类,最重要的目的在于明确责任。不同的评价客体在公司价值创造中承担着不同的责任,因此需要区别评价。

第三,建立评价指标体系。通过战略规划和战略计划,将评价目标进行逐层分解细化。财务目标通过预算进行层层分解,逐步落实到各级管理者岗位,成为部门预算控制目标。

第四,设置评价指标。根据战略目标,主要参考历史数据和行业数据,结合市场预测,最终确定各级评价指标的具体水平,即设置评价标准。对于财务目标而言,就是形成各级管理者的预算控制标准,使之执行战略时具有行动的依据。

第五,选择评价方法。在评价指标和评价标准确定之后,需要采用一定的方法运用评价指标和评价标准,才能获得评价结果。公司可以根据自身的实际情况采用合适的评价方法,对于多元化财务目标的业绩评价,通常采用的是综合指数法、功效系数法等。

第六,收集并整理评价数据。没有基础数据,就难以与预先设定的评价标准进行对比,就无法进行正确的业绩评价。会计信息系统需要为财务目标的业绩评价提供基础财务数据。

第七,形成评价报告。应用所选择的评价方法,利用评价数据,将评价指标的实际结果与评价标准进行对比,计算出业绩评价的最终结果,并提交评价报告。财务业绩评价结果计算和评价报告编制需要由公司财务部门负责。

第八,调整业绩评价系统。如果公司的外部环境和内部环境发生了根本性的变化,或者根据业绩评价系统运行结果发现存在不合理之处,那么需要对现行业绩评价系统进行调整。

从以上程序的介绍,我们可以发现财务总监在业绩评价中扮演者非常重要的角色。业绩评价系统的建立的确需要高级管理者根据公司的实际情况综合各部门的意见决定,业绩评价的实施也是由公司各部门共同完成的,但不可否认的是,财务总监在这个过程中起到了关键性的作用。这是由业绩评价系统的本质和公司的根本目标所决定的。公司追求的是股东价值最重要的体现,反映的是股东的需求,这就意味着大部分的评价目标是以财务数据的形式表现出来的,或者是以财务数据为基础。

三、业绩评价的分类

根据不同的分类标准,可以将业绩评价分为不同的类型和不同的层次。

(一)根据业绩评价主体不同的分类

根据业绩评价主体不同,可将业绩评价划分为内部评价和外部评价。内部评价是指企业的股东、管理者和员工等企业内部的有关评价主体对企业业绩作出的评价;外部评价是指债权人、政府部门、供应商、客户和社会公众等企业外部的有关评价主体对企业业绩作出的评价。

(二)根据业绩评价客体不同的分类

根据业绩评价客体的不同,可以将业绩评价分为整体评价、部门评价和个人评价三个层次。整体评价是指对企业整体业绩进行的评价;部门评价是指对企业中的各个部门业绩进行的评价;个人评价是指对个体业绩进行的评价。

(三)根据业绩评价内容不同的分类

根据业绩评价内容的不同,可以将业绩评价分为财务评价、价值评价和平衡评价。财务评价主要是指利用财务会计信息,对企业的财务状况进行的评价;价值评价是指建立在经济价值基础之上的评价,其典型代表是经济增加值;平衡评价是指将财务指标和非财务指标结合在一起进行的评价,其典型代表是平衡计分卡。

(四)根据业绩评价方法不同的分类

根据业绩评价方法的不同,可以将业绩评价分为单一指标业绩评价和多指标综合业绩评价两类。单一指标业绩评价是指选择单一指标,计算该指标的实际值,通过与评价标准的比较,对企业的经营业绩作出评价;多指标综合业绩评价是以多元指标体系为基础,在评价指标、评价标准和评价结果之间建立一定的函数关系,计算出每个指标的数值后,通过这种函数关系得出综合的评价结论。

四、企业业绩评价的起源与发展

(一)西方国家企业业绩评价的发展

从近代经济发展史看,严格意义上的企业业绩评价是在19世纪上半叶现代公司制度产生以后,公司所有者为了加强资本所有权控制而产生的。总体来看,西方国家企业业绩评价的演进可以分为三个阶段,即工业革命后至20世纪初的成本业绩评价、20世纪初至90年代的财务业绩评价、20世纪90年代以后的战略性业绩评价,其中每一时期的评价体系都随着企业生产经营特点的变化及所处的外部环境的变化而不断发生变化。

1.工业革命后至20世纪初的成本业绩评价

早期的成本思想是一种很简单的将本求利思想,重点是生产成本的降低,包括材料成本和人工费用的降低。伴随成本会计第一次革命的到来,企业生产成本的计算发生了根本性的变化,企业核算和评价产品成本的主要依据是材料成本和间接费用的正常分配,而超额分配费用和不足分配费用则另行处理,这时企业业绩评价的主导思想是材料成本和间接费用的降低。1911年美国会计工作者哈瑞设计了最早的标准成本制度,实现了成本会计的第二次革命。企业逐步建立起以成本控制为中心的成本会计,并据此对企业业绩进行评价,标准成本的执行情况和差异分析结果成为该时期评价企业业绩的主要指标。

2.20世纪初至90年代的财务业绩评价

20世纪初,资本主义经济由自由竞争阶段过渡到垄断竞争阶段,企业多元化经营旺盛,为企业业绩评价指标体系的创新提供了机会。美国学者亚历山大·沃尔在1928年提出了综合比率分析体系和信用能力指数的概念,通过七个财务指标评价企业的盈利能力和偿债能力。之后,美国杜邦公司的财务主管唐纳德森·布朗创立了杜邦财务分析法,说明了如何将投资报酬率分解成两个重要的财务指标——销售利润率和资产周转率,这两个财务指标成为企业进行财务业绩分析的重要依据。

1932年英国管理专家罗斯提出了评价企业部门业绩的思想,并设计采用访谈的方式了解部门业绩。1950年美国的杰克逊·马丁德尔提出了一套比较完整的公司管理能力评价指标体系。同期,美国著名管理学家彼得·德鲁克在通过实证研究后提出公司业绩评价的八项指标。1955年以后,美国《财富》、《商业周刊》、《福布斯》等财经杂志都致力于对上市公司的评价和排名,包括单项指标和综合指标排名。另外,美国一些著名的上市公司咨询机构也创造和发明了上市公司经营业绩评价系统,其中最为著名的是麦肯锡公司模型和思腾思特公司模型。

20世纪80年代以后,对企业经营业绩的评价形成了以财务指标为主、非财务指标为补充的业绩评价体系。美国管理委员会从财务效益的角度发布了"计量企业业绩说明书",提出了净收益、每股盈余、现金流量等八项计量企业经营业绩的指标。同时,克莱夫·伊曼纽尔博士和戴维·奥特利博士根据权变理论,提出了17项指标构成"权变业绩计量体系"。

3.20世纪90年代以后的战略性业绩评价

1990年凯文·克罗斯和理查德·林奇(Kelvin Cross & Richard Lynch)提出了业绩金字塔模型。该模型从战略管理角度给出了业绩指标体系之间的因果关系,反映了战略目标和业绩指标之间的互动性,揭示了战略目标自上而下和经营指标自下而上逐级反复运动的层级结构。

1991年,美国的斯特恩·斯图尔特公司提出了经济增加值指标。1997年,杰弗里等人提出修正的经济增加值指标,进一步发展了经济增加值指标。

1992年,美国的卡普兰和诺顿提出现行影响力最广的平衡计分卡法,由客户方面、内部经营过程方面、学习和成长方面、财务方面的评价指标所构成,实现了对企业经营业绩进行全面、综合的评价。

2002年,英国的安迪·尼利等人提出了一种新颖的业绩测量和管理框架——业绩三棱柱,它的特点在于强调业绩评价系统的设计应该考虑利益相关者的满意和贡献,而不是战略。

(二)我国企业业绩评价的发展

从时期上划分,可以将我国企业绩效评价的发展历程分为三个阶段,即计划经济时期的业绩评价、计划经济向市场经济转型时期的业绩评价、市场经济体制接轨时期的业绩评价。

1.计划经济时期的业绩评价

新中国成立后至1978年改革开放之前,国家对企业实行严格的计划控制。计划经济体制下企业只需完成下达的计划任务指标,由于无需交换,企业实行的是较为单一的财务业绩评价指标,企业业绩评价的重点是"产量"、"产值"及"实现利润、上交利税"。

2.计划经济向市场经济转型时期的业绩评价

1992年《企业财务通则》出台后至1995年《企业经济效益评价指标体系(试行)》出台前这段时期,计划经济逐渐被市场经济所取代,单一的企业业绩评价指标已经很难适应市场经济对企业业绩评价的要求。基于此,1992年我国财政部颁布了《企业财务通则》,其中规定企业业绩评价体系由八个指标组成,这八个指标包括资产负债率、流动比率、速动比率、应收账款周转率、存货周转率、资本金利润率、销售利税率、成本费用率等,该指标体系主要从偿债能力、营运能力和获利能力方面对企业的经营业绩进行全面、综合的评价。

3.市场经济体制接轨时期的业绩评价

1993年11月党的十四届三中全会通过了《中共中央关于建立社会主义市场经济体制若干问题的决定》,以此要求进一步转换国有企业经营机制,建立与市场经济相适应的现代企业制度。基于这一要求,财政部于1995年制定和颁布了《企业经济效益评价指标体系(试行)》的通知,这套指标体系由10项指标组成,分别是销售利润率、总资产报酬率、资本收益率、资本保值增值率、资产负债率、流动比率(速动比率)、应收账款周转率、存货周转率、社会贡献率、社会积累率等,该指标体系对原有财务指标体系进行了一定的增删,对加强企业财务管理起到了重要的促进作用。

随着企业逐步追求市场竞争的游戏规则的平等,一些国有企业不再受国家保护。为了有效地对国有企业的经营业绩进行更加科学的评价,1999年6月,财政部、国家经贸委、人事部和国家计委等四部委联合颁布了《国有资本金效绩评价规则》及《国有资本金效绩评价操作细则》,对国有企业的业绩进行重新规划。2002年3月,财政部、国家经贸委、中央企业工委、劳动保障部和国家计委重新颁布了《企业效绩评价操作细则(修订)》,修订后的操作细则在评价方法的合理性、可操作性和适应性等方面有了很大提高。

国内对于上市公司的业绩评价呈现出评价主体多元化的现象。1996年5月,中国诚信证券评估有限公司与中国证券报合作,联合开展对沪深两市的上市公司经营业绩的评价。1999年中国证券报与亚商开始联合举办"中证·亚商"中国上市公司最具发展潜力50强评比,目标是建立一个公正合理的综合评价指标体系。2001 年 5 月,中国证券报与清华大学企业研究中心研制的上市公司绩效评价模型,对中国 1 100 家上市公司给出单项指标排名和综合排名。同年国内著名财经网络公司"证券之星"与复旦大学金融期货研究所联合开发了"证星—若山风向标"上市公司财务测评系统,对我国上市公司按行业及综合分别给出了评价排名。

由于我国经济体制正在从计划经济向市场经济转轨,因此对企业绩效的评价带有明显的政府色彩。但随着市场经济体制的进一步完善,特别是沪深两大证券市场的完善,我国企业的绩效评价将会迅速与国际接轨。

第二节　单一指标业绩评价模式

传统的业绩评价体系主要由财务指标构成,其最初形式为单一的财务指标,如利润、净资产收益率等,本节介绍单一指标业绩评价的各种方法。

一、税后利润

税后利润可以直接从会计报表上取得,与其他评价指标相比,获取成本最小。但是,该指标很容易被企业管理层利用,因为在应计制会计制度下,会计制度的可选择性和会计报表的编制具有相当的弹性,从而造成这一指标有很大程度的失真。

二、每股收益(EPS)

每股收益是指本年净收益与年末普通股股份数的比值。该指标是衡量上市公司盈利能力最重要的一个财务指标,它反映了普通股的获利水平。利用该指标可以对公司的经营业绩和盈利进行预测比较,以掌握该公司的管理能力。由于公司管理者一般相信投资者对这一指标高度重视,因此会导致企业采取操纵盈利的行为;同时,该指标采用相对数形式,使投资者不能对股价不同的公司进行比较,即使对同一公司,由于股价经常变动,也不能用于历史比较。因此,该指标仅仅能作为衡量财务绩效的一个传统指标,并不能完整地反映公司价值的真实性。

三、市盈率(P/E)

市盈率是指普通股每股市价相对于普通股每股收益的倍数。市盈率的计算公式如下:

$$市盈率 = 普通股每股市价 / 普通股每股收益$$
$$普通股每股收益 = (净利润 - 优先股股利) / 普通股股数$$

该市盈率反映了在每股盈利不变,派息率为 100%,所得股息没有进行再投资的条件下,经过多少年投资可以通过股息全部收回。一般情况下,如果一只股票市盈率越低,那么市价相对于股票的盈利能力越低,表明投资回收期越短,因此投资风险就越小,股票的投资价值就越大;反之则结论相反。

使用市盈率指标时应注意以下问题:该指标不能用于不同行业公司的比较。此外,充满扩展机会的新兴行业市盈率普遍较高,而成熟行业的市盈率普遍较低,但这并不说明后者的股票没有投资价值。在每股收益很小或亏损时,股票市价不会降至零,很高的市盈率往往不说明任何问题。市盈率高低受净利润的影响,而净利润受可选择的会计政策的影响,从而使得公司间比较受到限制。市盈率高低受股票市价的影响,影响市价变动的因素很多,包括投机炒作等,因此观察市盈率的长期趋势很重要。

四、资产收益率(ROA)

资产收益率又称资产净利率,是另一个衡量企业收益能力的指标。其计算公式为:

$$总资产收益率＝(本期净利润/本期平均总资产)×100\%$$

其中:总资产是指资产负债表中的资产总额。

$$平均总资产＝(期初总资产＋期末总资产)/2$$

资产收益率是一个综合指标,企业的资产是由投资人投入或举债形成的。净利润的多少与企业资产的多少、资产结构、经营管理水平有着密切的关系。此外,资产收益率不能消除财务结构的影响,甚至可以用基本业务以外的方法加以美化。

五、净资产收益率(ROE)

净资产收益率又叫股权回报率、净值报酬率或权益报酬率,是指企业一定时期内的净利润同平均净资产的比率。其计算公式为:

$$净资产收益率＝(净利润/平均净资产)×100\%$$

该指标是评价企业自有资本及其积累获取报酬水平最具综合性与代表性的指标,其通用性强,适应范围广,不受行业局限,在我国上市公司业综合排序中,该指标居于首位。但该指标有容易被人为操纵的缺陷,上市公司对该指标进行盈余管理的现象十分严重。此外,净资产收益率的衡量方法还有不考虑资本杠杆、经营风险与税收差异等缺陷。

六、投资报酬率(ROI)

20 世纪 70 年代,麦尔尼斯在研究业绩指标体系方面作出了重要贡献,他通过对 30 家美国跨国公司 1971 年的业绩进行评价分析后,提出企业最适用的业绩评价指标首先为投资报酬率,其次是预算比较和历史比较。投资报酬率是用净收入(扣除折旧但不扣除长期负债的利息)除以净资产(全部资产减去商誉和其他无形资产以及折旧准备和负债)来计算。

投资报酬率法在评价企业的业绩时有如下优点:①评价企业业绩时第一次把净收入和所占用的资本相联系,充分考虑了规模差异对业绩评估的影响,一定程度上反映了企业经营效率的高低;②数据的获得相对容易,计算简单;③各期的投资报酬率具有相对的可比性。每期计算的投资报酬率是一个百分数,这样各期数据相比较时就在一定程度上弱化了由于不同时期的通货膨胀和利率变化等因素引起的收入的相对变化。

投资报酬率法在评价企业业绩方面的缺点表现在:由于计算数据都来自于财务报告,这样公司的经营者有可能通过有目的地增加分子(增加净收入)或减少分母(减少投资额)来增大投资报酬率。当企业管理者把投资报酬率作为衡量投资项目的标准时,一旦某项目低于企业目前的投资报酬率时就不会被采纳。在这种情况下,企业管理者就可能在提高投资报酬率的同时却降低了企业的长期价值,从而使管理者的投资决策偏离企业价值最大化的目标。

七、经济增加值法(EVA)

1991 年,美国斯特恩·斯图尔特咨询公司提出用经济增加值作为企业业绩评价的标准,并且申请了专利。EVA 概念一被提出就引起了企业界和学术界的广泛关注。很多国际知名大公司如美国电话电报公司、通用电气、可口可乐、康柏、西门子等均采用这种方法来衡量公司业绩,并取得了良好的效果。发达资本市场的投资者也将 EVA 指标作为预期未来业绩、评估公司价值的重要依据。

经济增加值定义为税后营业利润减去资本成本总额的差额,其计算公式为:

$$经济增加值＝税后营业利润－资本成本总额$$
$$经济增加值＝税后营业利润－加权平均资本成本×资本投入额$$

其中,税后营业利润是会计报表中交纳所得税后本年度实现的净利润,资本成本总额以加权平均资本成本乘以资本投入额来计算。因此,计算 EVA 的关键在于计算税后营业利润、资产期初的经济价值、企业的加权平均资本成本三项。

经济增加值的含义为:EVA 是正数时,说明企业创造了价值,公司为股东创造了额外财富;EVA 是负数时,则表示企业发生了价值损失,公司耗损了股东财富;EVA 是零时,说明公司恰好维持股东原有财富。

经济增加值作为企业业绩评价的标准具有以下优点:①经济增加值概念简单,易于理解,便于操作;②在一定程度上能够消除会计信息失真的影响;③经济增加值作为评价指标能够使股东目标和管理者决策达到统一。但经济增加值法仍然存在着一定的局限,如 EVA 是个绝对值,在企业间、部门间存在规模差异时就无法进行横向比较;经济增加值是对企业以往的业绩评价,很难对未来的业绩作出预测;特别是其采用的是单维指标,忽略了太多内在的财务运行机制,对非财务业绩的评价重视不够。

八、托宾 Q 值

托宾的 Q 比率(Tobin's Q ratio),由诺贝尔经济学奖得主詹姆斯·托宾(James Tobin)于 1969 年提出。托宾的 Q 比率是公司的市场价值对其资产重置成本的比率,反映的是一个企业两种不同价值估计的比值。分子上的价值是金融市场上所说的公司值多少钱,分母中的价值是企业的"基本价值"——重置成本。公司的金融市场价值包括公司股票的市场价值和债务资本的市场价值。资产重置成本是指今天要用多少钱才能买下所有上市公司的资产,也就是指我们不得不从零开始再来计算一遍,创建该公司需要花费多少钱。

其计算公式为:

$$Q＝企业的市场价值/企业资产重置成本$$

当 $Q>1$ 时,购买新生产的资本产品更有利,这会增加投资的需求;当 $Q<1$ 时,购买现成的资本产品比新生成的资本产品更便宜,这样就会减少资本需求。所以,只要企业资产负债的市场价值相对于资产重置成本来说有所提高,那么,已计划资本的形成就会有所增加。

由于我国证券市场的分割性,存在着流通股和非流通股,因此在计算上市公司的市场价值时存在着较强的主观性;上市公司资产的重置价值因缺乏旧货市场资料,没有足够的数据信息来准确计算上市公司总资产的重置成本。另外,我国学者受客观条件限制在计算托宾 Q 值时,采取的方法多种多样,缺乏可比性。因此,这种方法在我国实施存在较大困难。

第三节 多指标综合业绩评价模式

当人们发现单一指标难以全面评价企业的财务状况和经营成果时,便开始采用由多个指标构成的评价指标体系。本节我们介绍多指标综合业绩评价的各种方法。

一、沃尔评分法

沃尔评分法又叫比重评分法,由美国学者亚历山大·沃尔提出。亚历山大·沃尔是财务状况综合评价的先驱者之一,他在 20 世纪初出版的《信用晴雨表研究》和《财务报表比率分析》中提出了信用能力指数的概念,即把若干财务比率用线性关系结合起来,以此评价企业的信用水平。他选择了七种财务比率,分别给定了其在总评价中占的比重,总和为 100 分,然后确定标准比率,并与实际比率相比较,评出每项指标的得分,最后求出总得分,如表 10-1 所示。沃尔评分法的提出,开创了企业综合财务评价的先河。沃尔评分法是利用财务指标综合评价企业业绩的里程碑。

但沃尔评分法存在诸多问题,如财务指标选择的缘由、赋予权重大小的依据、对某些指标异常值反应敏感等,在理论上都有待证明,同时沃尔评分法也没有对企业现金流量表数据进行分析,没有考虑企业收益质量的影响。尽管如此,沃尔评分法在实际中仍被广泛应用。

表 10-1 沃尔评分法

财务比率	比重	标准比率	财务比率	比重	标准比率
流动比率	25	2.00	销售额/应收账款	10	6
净资产/负债	25	1.50	销售额/固定资产	10	4
资产/固定资产	15	2.50	销售额/净资产	5	3
销售成本/存货	10	8			

二、杜邦分析法

杜邦财务分析体系及其分析方法首先由美国杜邦公司的经理创造,故称之为杜邦财务分析体系。杜邦分析法基本的表达公式为:

$$权益净利率 = 销售净利率 \times 总资产周转率 \times 权益乘数$$

利用杜邦分析法进行综合分析时,可把各项财务指标间的关系绘制成杜邦分析图,如图 10-1 所示。

杜邦分析法以权益净利率为主线,将企业在某一时期的销售成果以及资产营运状况全面联系在一起,层层分解,逐步深入,构成一个完整的分析体系。它能较好地帮助管理者发现企业财务和经营管理中存在的问题,能够为改善企业经营管理提供十分有价值的信息,同时为投资者、债权人及政府评价企业提供依据,因而得到普遍的认同并在实际工作中得到广泛的应用。

杜邦分析法的不足之处在于:传统的杜邦分析法通常局限于事后的财务分析,一般不具有事前预测、事中控制的作用,因而不能对决策、计划、控制提供广泛的帮助;传统的杜邦分析法数据来源于财务报表,没有充分利用内部管理会计系统的数据资料展开分析。

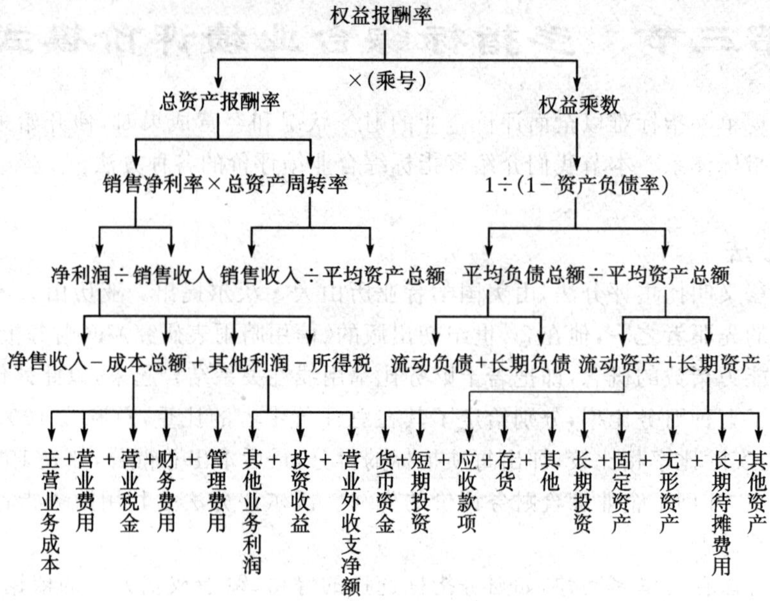

图 10-1 杜邦分析图

三、业绩金字塔

为了凸显战略性业绩评价中总体战略与业绩指标的重要联系,1990 年,凯文·克罗斯和理查德·林奇提出了一个把企业总体战略与财务和非财务信息结合起来的业绩评价系统——业绩金字塔模型。

在业绩金字塔中,公司总体战略位于最高层,由此产生企业的具体战略目标,战略目标呈多级瀑布式向企业组织逐级传递,直到最基层的工作中心。在制定科学的战略目标后,作业中心就可以开始建立合理的经营业绩指标,以满足战略目标的要求,然后再将这些指标反馈给企业高层管理人员,作为企业制定未来战略目标的基础。其结构如图 10-2 所示。

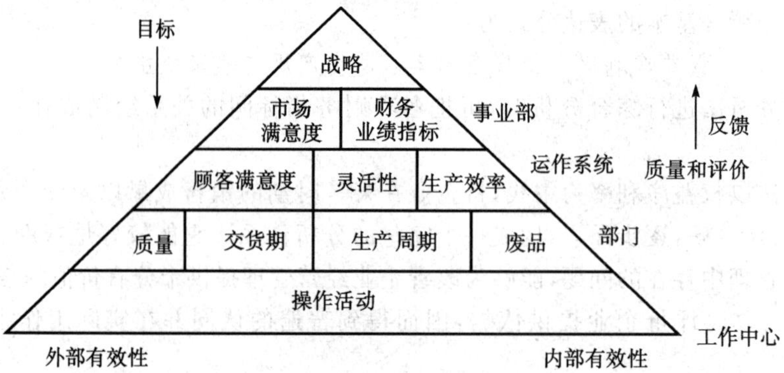

图 10-2 业绩金字塔模型

通过业绩金字塔可以看出,战略目标首先传递给事业部,由此产生了市场满意度和财务业绩指标。战略目标再继续向下传给企业的运作系统,产生的指标有顾客满意度、灵活性、生产效率等,其中前两者共同构成企业组织的市场目标,生产效率则构成财务目标。

业绩金字塔的意义在于强调了组织战略在确定业绩指标中所扮演的重要角色,反映了业绩目标和业绩指标的互赢性,揭示了战略目标自上而下和经营指标自下而上逐级重复运动的等级制度。这个逐级的循环过程揭示了企业持续发展的能力,为正确评价企业业绩作出了意义深远的重要贡献。

业绩金字塔最主要的缺点是在确认组织学习的重要性上是失败的,因为在竞争日趋激烈的今天,对组织学习能力的正确评价尤为重要。因此,虽然这个模型在理论上是比较成型的,但实际工作中采用率较低。

四、平衡计分卡

平衡计分卡是把任务和决策转化成目标和指标,并具体从四个方面来考察企业:一是客户方面,顾客如何看待;二是内部经营过程方面,企业擅长什么;三是学习和成长方面,企业能否继续提高并创造价值;四是财务方面,怎样满足股东利益。其相互关系如图10-3所示。

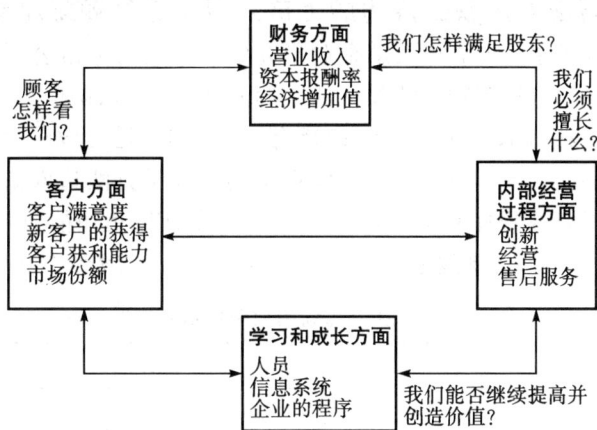

图10-3 平衡计分卡各方面关系图

平衡计分卡是一种综合性的业绩评价指标体系,该方法弥补了单一财务指标评价的不足,增加了客户、内部经营过程、学习和成长三个层面的非财务指标。平衡计分卡能够较好地实现财务指标与非财务指标的结合,并在此基础上形成了一套完整的指标体系。由于指标体系的完整性,平衡计分卡的使用能够避免企业的短期行为,从而把其长期战略和短期行动联系起来。

但平衡计分卡在应用过程中仍然存在一些问题,如平衡计分卡的编制和实施涉及大量绩效指标的取得和分析、指标的创建和分析、指标的创建和量化,存在一定的操作难度,尤其是在非财务指标的处理上存在相当难度。同时企业很难通过积分卡的20多个指标体系来阐述和表达他们的策略,管理者面对多个指标会分散注意力,而股东面对多个指标也不知如何取舍作出客观的评价。

五、中国诚信公司业绩评价财务指标体系

在国内上市公司业绩评价中享有较高声誉的评估机构——中国诚信证券评估有限公司，自 1996 年以来与中国证券报合作，每年对上市公司的业绩进行综合评价。其评价的方法为综合指数法，选取的指标体系如表 10-2 所示，在这种评价方法下，各上市公司的最后分数是在各单项指标考核评分的基础上，乘以每项指标的权重，然后相加而得。

表 10-2　中国诚信公司业绩评价财务指标体系

指标	净资产收益率	资产总额增长率	利润总额增长率	负债比率	流动比率	全部资产优化率
权重	55%	9%	13%	7%	7%	9%

资料来源：中国诚信证券评估有限公司. 中国上市公司基本分析[M]. 北京：中国科学技术出版社，1997.

与国有资本金效绩评价体系相似，该方法对指标采用主观赋权的方式，忽视了整个系统中各个财务指标间的相互联系，容易放大某些指标的作用，导致经营者进行会计操纵，影响评价的客观性。

六、清华大学与中国证券报联合推出的上市公司财务绩效排序体系

2001 年 5 月，中国证券报与清华大学企业研究中心研制的上市公司绩效评价模型，在企业财务分析所采用的 30 多项指标中，选取了 14 项，从盈利能力、偿债能力和成长能力等三个方面对上市公司的绩效进行综合评价。到 2004 年，又增加了运营改善效果类指标，从四个方面设置综合评价体系（见表 10-3）。此评价体系采用统计学方法选取指标，具备一定的科学性和客观性。但是指标计算程序复杂，影响其在企业中的实际运用能力，且采用主成分分析和交叉相关分析选取指标，忽视了财务指标本身的意义，影响了财务评价的目标。

表 10-3　上市公司绩效评价指标体系

	指标名称	计算公式
盈利能力	净资产收益率	净利润/平均权益资本
	净资产经常性收益	扣除非经营性所得后的净利润/平均股本权益
	总资产报酬率	（利润总额＋利息支出）/平均资产总额
	投入资本经营收益率	（利润总额＋利息支出）/（资产总额－流动负债）
偿债能力	流动比率	流动资产总额/流动负债总额
	强制性现金支出比率	现金流入量总额/（经营现金流入量＋偿还债务本息付现）
	现金流量负债比率	年经营现金净流量/年末流动负债
	资产负债率	负债总额/资产总额

	指标名称	计算公式
成长能力	三年主营业务平均增长率	1/3×主营业务收入近三年增加额/三年前主营业务收入
	三年利润平均增长率	1/3×利润总额近三年增加额/三年前利润总额
	三年资产平均增长率	1/3×资产总额近三年增加额/三年前资产总额
	三年资本平均增长率	1/3×所有者权益近三年增加额/三年前所有者权益
	销售增长趋势	$0.2 \times \sqrt[3]{销售增长率_{00}} + 0.3 \times \sqrt[3]{销售增长率_{01}} + 0.5 \times \sqrt[3]{销售增长率_{02}}$
	利润增长趋势	$0.2 \times \sqrt[3]{利润增长率_{00}} + 0.3 \times \sqrt[3]{利润增长率_{01}} + 0.5 \times \sqrt[3]{利润增长率_{02}}$
运营改善效果	主营业务利润率	本年主营业务利润/本年主营业务收入－上年主营业务利润/上年流动业务收入
	流动资产周转	本年主营业务收入/本年流动资金平均额－上年主营业务收入/上年流动资金平均额
	总资产周转	本年主营业务收入/本年平均资产总额－上年主营业务收入/上年平均资产总额
	存货周转	年初存货净额/上年主营业务收入－年末存货净额/本年主营业务收入
	应收款周转	年初应收账款/上年主营业务收入－年末应收账款/本年主营业务收入

资料来源:中国证券报,2003 - 05 - 15.

七、"证星—若山风向标"上市公司财务测评系统

2001 年,国内著名财经网络公司"证券之星"与复旦大学金融期货研究所联合开发了"证星—若山风向标"上市公司财务测评系统。该系统由我国著名的审计学家、财务分析专家、复旦大学会计学系博士生导师李若山教授亲自主持,该系统吸收了国际通用的沃尔评分法以及国内有关业绩评价指标体系,将财务指标划分为盈利能力、现金流量、偿债能力、资产负债管理能力和成长能力五大类,构成上市公司财务测评系统的指标体系(见表 10 - 4)。各个财务指标权重的确定,以 AHP(层次分析法)计算所得的数值为基础,经过统计资料的不断验证、调整而成。

表 10 - 4 "证星—若山风向标"测评系统指标体系

类别	指标名称	定义	性质	数据来源
盈利能力	净资产收益率(ROE)	净利润/平均净资产	正指标	财务报告指标摘要
	每股收益(EPS)	本年净收益/年末普通股股份数	正指标	财务报告指标摘要
	主营业务比率(STABLE1)	主营业务利润/利润总额	正指标	利润表
	营业利润比率(STABLE2)	营业利润/利润总额	正指标	利润表
	主营业务毛利润(MARGIN)	(主营业务收入净额－主营业务成本)/主营业务收入净额	正指标	利润表
	营业活动收益质量(OIQ)	经营活动产生的现金净流量/营业利润	正指标	利润表现金流量表
现金流量	主营业务现金比率(CASH)	销售活动产生的现金净流量/主营业务收入净额	正指标	利润表现金流量表
	经营现金稳定率(STABLE3)	折旧费用/经营活动产生的现金净流量	正指标	现金流量表
	经营现金比率	经营活动产生的现金净流量/总现金净流量	正指标	现金流量表
偿债能力	速动比率(ACID)	速动资产/流动负债	适度指标	资产负债表
	流动比率(LIQU)	流动资产总额/流动负债总额	适度指标	资产负债表
	利息保障倍数(COVE)	息税前利润/当年利息支出	正指标	资产负债表利润表
	经营现金保障比率(RATE)	经营活动净现金流量/流动负债	正指标	资产负债表现金流量表
	资产负债率(LEVE)	负债总额/资产总额	适度指标	资产负债表
资产负债管理能力	应收账款周转率	主营业务收入净额/应收账款平均余额	正指标	利润表资产负债表
	流动资产周转率(TURN)	主营业务收入净额/平均流动资产	正指标	利润表资产负债表
	负债结构率(CAP)	流动负债余额/长期负债余额	适度指标	资产负债表
	现金股利支付率(PAY)	本年度发放的现金股利/净利润	适度指标	利润表现金流量表
	长期资产适合率(MATCH)	(股东权益＋长期负债)/(固定资产净值＋长期投资净值)	适度指标	资产负债表
成长能力	主营业务收入增长率(INCREASE)	(本年主营业务收入－上年主营业务收入)/上年主营业务收入	正指标	利润表
	净利润增长率(INCREASE2)	(本年净利润－上年净利润)/上年净利润	正指标	利润表
	固定资产投资扩张率(FIX)	(上年固定资产总额－上年资产总额)/上年固定资产总额	适度指标	资产负债表

资料来源:证券之星网站 http://www.stockstar.com/home.asp.

"证星—若山风向标"测评系统的一个重要创新与优点是采用行业平均作为评价基础,测算出各个上市公司相对于行业平均的实际综合得分,依此排出上市公司的行业排名更可靠,更有参考价值。该方法的不足之处表现在以下几个方面:指标体系选用财务指标过多,试图涵盖全部财务信息,使得分析系统过于复杂,大而全却敏感性不高;将现金流量指标引入评价体系与传统财务指标不能形成一个有机整体;该指标体系各指标权重全部采用 AHP 法确定,缺乏一定的客观性。

八、国有资本金效绩评价体系

国有资本金效绩评价体系分工商企业和金融企业两类,工商企业又分为竞争性企业和非竞争性企业。具体的评价指标分为定量指标和定性指标两大类,其中定量指标又分为基本指标和修正指标两类。

表 10-5 为竞争性工商企业评价指标体系,重点是评价企业财务效益状况、资产运营状况、偿债能力状况和发展能力状况四项内容,以全面反映企业的生产经营状况和经营者的业绩。对这四项的评价则由基本指标、修正指标和专家评议指标等共 32 项组成。2002 年财政部对此又进行了修订,增加了"盈余现金保障倍数"指标,同时把"现金/流动负债比率"的权重由 4 提高到 10。

表 10-5　竞争性工商企业评价指标体系

定量指标 (权重80%)			定性指标 (权重20%)
指标类别(100分)	基本指标(100分)	修正指标(100分)	评议指标(100分)
财务效益状况 (42分)	净资产收益率(30分) 总资产收益率(12分)	资产保值增值率(16分) 销售利润率(14分) 成本费用利润率(12分)	领导班子基本素质(20分) 产品市场占有率(18分) 基础管理水平(20分) 员工素质(12分) 技术装备水平(10分) 行业(地区)影响(5分) 经营发展战略(5分) 长期发展能力预测(10分)
资产运营状况 (18分)	总资产周转率(9分) 流动资产周转率(9分)	存货周转率(4分) 应收账款周转率(4分) 不良资产比率(6分) 资产损失率(4分)	
偿债能力状况 (22分)	资产负债率(12分) 已获利息倍数(10分)	流动比率(6分) 速动比率(4分) 现金流动负债比率(4分) 长期资产适合率(5分) 经营亏损挂账比率(3分)	
发展能力状况 (18分)	销售增长率(9分) 资本积累率(9分)	总资产增长率(7分) 固定资产成新率(5分) 三年利润平均增长率(3分) 三年资本平均增长率(3分)	

资料来源:财政部统计评价司.企业效绩评价问答[M].北京:经济科学出版社,1999.

国有资本金效绩评价体系分类清楚,指标详细,但对指标采用主观赋权的方式,忽视了整个系统中各个财务指标间的相互联系,有可能人为地导致对某一个因素过高或过低地估计,人为地增加企业的绩效,影响评价的客观性。并且,该体系只是将非财务指标进行简单地罗列和赋权,没有实现财务指标和非财务指标的有机结合和层次分析。

第四节　业绩评价与股票期权

业绩评价是激励机制的前提,没有业绩评价,激励机制就难以建立;激励机制是业绩评价的必然结果,没有激励机制,业绩评价就会流于形式,两者共同促进企业战略目标的实现。作为委托人的股东为了实现自身的目标(如股东财富最大化),必须针对代理人(经营者)建立激励机制。在激励机制中,必须要考虑如下几个问题:①哪些业绩指标能够衡量经营者的工作;②经营者的行为如何影响这些业绩指标;③业绩指标如何转化为个人报酬。

经过一百多年的发展,发达国家公司员工的激励机制已基本形成了一套完整的体系。激励方式(或称激励手段)是实现激励机制的具体形式,分为物质激励和精神激励两大类,物质激励包括基本薪水、奖金、股权激励方式等,精神激励包括归属激励、榜样激励和目标激励等。本节重点讨论股权激励方式中的股票期权激励方法。

一、期权

(一)期权的概念

期权(option)是指对特定对象的选择权。具体地说,期权是一种能在未来特定时间以特定价格买进或卖出一定数量的特定资产的权利。

(二)期权的特点

(1)期权交易是一种权利的交易。在期货期权交易中,期权买方在支付了一笔费用(权利金)之后,获得了期权合约赋予的、在合约规定时间内按事先确定的价格(执行价格)向期权卖方买进或卖出一定数量期货合约的权利。

(2)期权是一种合同。合同中的条款是规范化的。以小麦期货期权为例,对期权买方来说,一手小麦期货的买权通常代表着未来买进一手小麦期货合约的权利,一手小麦期货的卖权通常代表着未来卖出一手小麦期货合约的权利。卖权的卖方负有依据期权合约的条款在将来某一时间以执行价格向期权买方卖出一定数量小麦期货合约的义务,而买权的买方负有依据期权合约的条款在将来某一时间以执行价格向期权卖方买进一定数量小麦期货合约的义务。

(3)期权是一种选择权,而不是义务。期权交易中的买卖双方权利和义务不对等。买方支付权利金后,有执行或不执行的权利而无义务;卖方收到权利金,无论市场情况如何不利,一旦买方提出执行,则负有履行期权合约规定的义务而无权利。

(三)期权的种类

期权分类标准很多,按不同的标准可以分为不同的类别:

(1)按执行时间不同,可分为美式期权和欧式期权。美式期权在期权的有效期内的任何营业日均可行使权利;而欧式期权则只有在到期日才能履约。

(2)按期权赋予的权利不同,可分为买入期权和卖出期权。买入期权又称看涨期权,是指期权购买者可以按照履约价格在到期前或到期日买进一定数量的资产的权利;卖出期权又称看跌期权,是指期权购买者可以按照履约价格在到期前或到期日卖出一定数量的资产的权利。

(3)按内容不同,可分为股票期权、指数期权、期货期权和外汇期权等。股票期权的标的资产是上市公司的股票,一份股票期权合约的标的资产是 100 股股票,即期权合约持有者可以按照特定的执行价格买入或卖出 100 股股票。指数期权是以股票指数为标的期权,最典型的两种股票指数期权是芝加哥期权交易所的 S&P 100 指数期权和 S&P 500 指数期权。期货期权的标的资产是期货合约,期货买权的所有者在行使权利时,将从期权的出售方获得期货合约上期货价格超过执行价格的超额现金。外汇期权也称为货币期权,指合约购买方在向出售方支付一定期权费后,所获得的在未来约定日期或一定时间内,按照规定汇率买进或者卖出一定数量外汇资产的选择权。

二、股票期权

(一)股票期权的概念

股票期权,英文为"stock option",其含义为公司以书面形式给予本公司人员购进公司一定数量股票的权利。目前比较多的是经营者股票期权,它是企业给予经营者的一种权利,经营者可以凭借这种权利按约定价格购买未来一定期限内公司股份的权利。

(二)股票期权的起源

据资料记载,世界上第一个股票期权计划出现在 1952 年。一家名为普泽尔的美国公司,为了避免主管们的薪金被高额的所得税吃掉,在世界上推出了第一个股票期权计划。1974 年这个计划得到美国联邦和州政府的认可,之后股票期权制在美国开始迅速发展。据有关资料统计,1980 年,期权收入在 CEO 的薪酬结构中只占 30%,平均为 155 万美元。20 世纪 90 年代初,美国在全球排名前 50 位的大公司中,有 80% 的企业已向其高级经理人员实行经营者股票期权的报酬制度,高收入中来源于期权收入的比重越来越大。到 1999 年几乎 100% 的高科技公司、大约 90% 的上市公司都有股票期权计划。据全美员工持股中心的资料显示,2001 年有 1 000 万员工获得了股票期权,是 1992 年的 10 倍。美国的股票期权制度,对加拿大、墨西哥、新西兰等其他国家有重要影响。几十年来美国为首的主要西方国家的成功经验表明,股票期权制度在激励企业经营者、减少代理成本、改善治理结构、促进稳健经营等方面具有很大的优越性。全美员工持股中心声称,实行普遍期权计划的公司比未实行的公司拥有更理想的劳动生产率和资产收益率。

(三)股票期权的特点

(1)对象的特定性。在此点上国内的学者存在争议,有的认为股票期权的适用对象仅限于公司的高级管理人员和核心技术人员。但根据美国股票期权的实行情况和股票期权的种类来看,其对象可以扩展到公司的所有员工。

(2)股权的可选择性。在施行股票期权制度下,公司高级管理人员在行权前拥有购股的选择权,即他们既可以实施购股权,也可以放弃购股权,股东不能对其加以强制。

(3)股票的可流通性。在实行股票期权制度中,公司高级管理人员的利益主要来自于股票买卖的差价。其中,行权价的确定、售股价的预期,均以股票市场价格为基本参照对象。如果股票是不可流通的且无法确定何时能够流通,则股票期权制度难以实行。

(4)激励性与约束性。股票期权最重要的特点就是在于将来的某个时期公司的效益增长而带动股票价格上升时,员工可以通过出售股票来获取利益;但由于公司高级管理人员要获得实际利益必须以实现预定经营目标为前提,因此,这种激励是以约束为前提的。

（四）股票期权的种类

由于美国是股票期权的发源地，且世界各国实施股票期权制度也多以美国经验为蓝本，所以股票期权的种类主要根据美国的有关规定进行介绍。

1.按照是否享受税收优惠，分为法定（标准）股票期权和非法定（非标准）股票期权

（1）法定（标准）股票期权。法定股票期权又称标准股票期权，它是提供给公司员工购买公司股票的期权，符合美国《国内税收法》第 422 款和 423 款的规定，可以享受税收优惠。法定股票期权包括激励性股票期权和员工股票购买计划。

①激励性股票期权，是公司向员工提供股票期权，员工可以在未来时间按照特定的价格购买公司的股票。激励性股票期权是符合美国《国内税收法》第 422 款规定的可以享受税收优惠的股票期权，即授予公司员工在未来一定时期按照约定价格购买公司股票的权利。一般而言，在股票出售之前，不涉及税收问题。

②员工股票购买计划（有时也称第 423 款股票购买计划）。在这种计划下，公司允许员工可以以高达 15％的折扣购买公司股票；如果计划方案满足特定的法律规定，购买者可以享受税收优惠。

员工股票购买计划的定义和激励性股票期权的定义基本上没有差别，最主要的不同在于员工股票购买计划主要针对一般员工，而激励性股票期权主要针对关键员工。员工股票购买计划在很多方面与激励性股票期权相似，在税收方面的优势上，两者相同。与激励性股票期权一样，员工在出售相应的股票之前不必纳税；而到出售股票时，其所得收入一般作为资本收益。同时，企业同样不必动用有价值的流动资产就可以起到更好激励员工的作用。

（2）非法定（非标准）股票期权。非法定股票期权又称非标准股票期权，是与法定股票期权相对应的一种股票期权。非法定股票期权不符合美国《国内税收法》第 422 款和第 423 款规定，因而不能享受税收优惠。非法定股票期权允许员工在未来确定的年份中，按照固定的执行价格购买公司的股票，通常有等待期的约束和要求。非法定股票期权中购买的股票期权类型不同于激励性股票期权和员工股票购买计划。绝大多数采用非法定股票期权的公司都是为了获得与提供法定股票期权相同或者类似的利益而不必遵守有关法律法规的规定。采用非法定股票期权增加员工的报酬，并提供工作激励，公司同样可以在不动用任何流动性现金的情况下，给予员工有形的奖励。

2.根据所选择的权利不同，分为看涨期权、看跌期权和看涨看跌双向期权

（1）看涨期权。看涨期权，也叫购买选择权或买进选择权，是指其拥有者可在合同规定的有效期限内按事先约定的价格和数量行使买入某种股票的权利。购买看涨期权是因为投资者看好后市，当所选定的股票价格上涨以后，购买这种期权的投资者就可以获利，这也是这种期权被称为看涨期权的原因。

（2）看跌期权。看跌期权，又称卖出选择权，是指期权购买者在规定的有效期限内，拥有以协定价格和数量出售某种股票的权利。投资者购买这种期权，主要是对后市看空，购买这种期权就相当于买入了一个卖空的权利。

（3）看涨看跌双向期权。看涨看跌双向期权既包括看涨期权又包括看跌期权，所以也称为多空套做。在这种期权交易合同中，购买者同时买入某种股票的看涨权和看跌权，其目的是在股市的盘整期间，投资者对后市无法作出正确推断的情况下，在减少套牢和踏空风险的同时获得利润。由于这种特点，购买双向期权的盈利机会最多，但其支付的费用也最大。

（五）股票期权计划的构成要素

股票期权取得的依据为股票期权计划。规范的股票期权计划的主要条款包括：受益人、赠予时机、行权价确定、授予期安排、结束条件等；具体管理和执行期权时，还包括期权的执行方法、行权时机的选择以及公司对期权计划的管理；外部环境中还涉及政府的税收规定。以下通过借鉴国外公司实践，对股票期权计划的相关问题略作探讨。

1. 股票期权计划的管理机构

一般来说，股东大会是股票期权计划的最高权力机构。美国《国内税收法》规定，股票期权的赠予计划必须是一个成文的计划，在该计划实施前 12 个月或之后 12 个月，必须得到股东大会的批准；《香港联交所上市规则》中也规定，股票期权计划必须获得股东大会的批准，而参与该计划的人不能在股东大会上投票。

对于具体管理机构，美国公司一般在董事会下设立薪酬委员会，负责决定并监督关于公司董事和其他高级管理人员适当的一揽子报酬方案，其中包括股票期权计划。由于独立董事所具有的客观独立性，从而使其比内部董事更能成为一名良好的监督者，因此美国公司倾向于委员会成员全部或多数（超过 50%）都由独立董事所组成。

2. 股票期权计划的参与人

（1）关于参与人员的范围。股票期权计划从其起源来讲，主要针对高级管理人员，因此在西方股票期权计划也称为经理股票期权计划。但是，自 20 世纪 80 年代后期以来，股票期权计划的范围逐步呈现扩大到全体员工的趋势。在高端技术行业中，这种情况更加明显，比如生物技术公司和软件公司给非经理人员的股票期权比例平均为 55%。著名的微软公司、雅虎公司和美国在线公司则实行全员股票期权计划。但是西方各国法律法规只规定股票期权计划仅限于本公司雇员，而对于参与员工占公司员工总额的比重则由公司自由决定。

（2）关于独立董事的参与资格。在美国，作为独立董事关键在于保持与公司利益的独立性。因此，独立董事不能参加股票期权计划。但为了激励独立董事更加积极认真地投入工作，使其利益与股东利益保持一致，美国公司也向独立董事提供股票期权，但该股票期权方案不同于对员工的普通股票期权方案，其一般做法是：①固定津贴之外支付股票期权。在外部董事当选时，能够一次性地获得一定数量的非法定股票期权。②以每年赠予一定数量的非法定股票期权来替代每年支付给外部董事的固定津贴，使固定收入转变为浮动收入。

3. 股票期权的有效期

股票期权的有效期是指从授予时间算起股票期权可以执行的期间。美国《国内税收法》第422 条规定，激励性股票期权计划实行 10 年后自动结束，股票期权计划的开始日期以实行日或股东大会通过日两者中较早者为准；《香港联交所上市规则》第 17 章规定，中国香港上市公司的股票期权计划期限不得长于 10 年。从美国和我国香港公司实践来看，股票期权的有效期一般为 5～10 年。

4. 股票期权的行权

行权是指被授予股票期权的相关人员在规定的时间内购买公司股票的行为。

（1）行权价格。各国关于股票期权行权的确定有三种方法：一是低于现值法，即行权价低于市价；二是等于现值法，即行权价等于市价；三是高于现值法，即行权价高于市价。

在美国，《国内税收法》第 422 条规定，激励性股票期权计划的行权价必须大于或等于授予时的股票公平市价，例如当某经理人拥有该公司 10% 以上的投票权时，如果股东大会同意他参加股票期权计划,则他的行权价必须高于或等于授予日公平市场价格的110%;而非法定的股票期权计划的行权价则可以低至公平市场价格的50%。从美国公司实践来看,美国公司大多采用折价或平价行权价(尤其是平价),而很少采用溢价法。《香港联交所上市规则》第17章中规定,股票期权的行权价不能低于股票期权授予日前五个交易日的平均收市价的80%。

(2)行权方式。美国公司行使股票期权的方式比较灵活,一般有以下四种:①现金或支票;②欠款单(即员工向公司短期借款用于购买股票);③透支(即员工向银行或证券公司协议透支购买股票);④用公司愿意接受的股票进行交换。

在中国香港还有无现金行权并出售的做法。具体规定是:获受人部分或全部行使期权前,需以书面形式通知公司表示行权的股份数量,每次通知单必须附有按行使价计的相应股份认购汇款单,公司在接到附有审计员确认书的通知单及汇款单28日内,把相应股份全部划拨到获受人或其个人合法私人代表的账户上。

(3)行权期。行权期是期权授予后到有效期结束前的那一段时期。在该期限内,被授予期权的人员可以行使行权的意思表示,即决定是否购买。为避免公司股票价格在业绩报告期间的非正常波动,防止市场操纵,美国《证券交易法》规定,作为公司的董事或高级管理人员,只能在"窗口期"(window period)内行权或出售该公司股票。所谓"窗口期"是指从每季度收入和利润等指标公布后的第三个工作日开始直至每季度第三个月的第十天为止。除此限制外,高级管理人员可以自由选择行权时机以及股票出售时机。

5.股票期权的来源

公司必须储备一定数量的股票,才能实行股票期权计划。国外的通行做法有三种:一是股票发行时预留期权额度,这部分预留股票即形成留存股票(stock treasure),成为日后授予员工期权的主要来源;二是通过增发新股获得,以解决留存股票不足的问题;三是通过二级市场上回购。在美国,上市公司可以通过留存股票账户回购股票。留存股票账户是指公司将自己发行的股票从市场购回的部分,这些股票不再由股东持有,其性质已经成为可以发行但不能流通在外的股票。公司将回购的股票存入留存股票账户,根据股票期权的需要,在未来的某个时间再次出售。

6.股票期权计划的总额度

对于激励性股票期权计划,美国《国内税收法》第422条规定,激励性股票期权在授予时,雇员所拥有股票不得超过发行在外的有投票权股票总额的10%,否则行权价格至少为公允市价的110%;从美国公司实践来看,美国最大的200家上市公司股票期权的数量占上市公司股票数量的比例在1989年为7%,1997年则变为13%。中国香港联交所规定,上市公司实行股票期权计划所涉及的证券数额不能超过当时已发行的有关类别证券的10%。

7.股票期权计划的执行和调整

股票期权计划的执行在很大程度上是通过授权来完成的。在国外,股票期权的授予多是分批、持续进行的。分批授权既能防止高级管理人员到期一次性套现获利,并且又能保证管理人员在一定期限后获得相应的收益,起到激励和制约的双重作用。授权的时期多为受聘、升职和每年一次的业绩评定。

本章小结

企业业绩评价从简单地用会计指标进行判断到用综合指标进行分析,再发展到与企业管理全过程的融合,经历了传统方法向现代方法的转变。传统的业绩评价体系主要由财务指标构成,其最初形式为单一的财务指标,包括税后利润、每股收益、市盈率、资产收益率、净资产收益率、投资报酬率、经济增加值法、托宾 Q 值等方法。

当人们发现单一指标难以全面评价企业的财务状况和经营成果时,便开始采用由多个指标构成的评价指标体系。多指标综合业绩评价的各种方法包括沃尔评分法、杜邦分析法、业绩金字塔、平衡计分卡、中国诚信公司业绩评价财务指标体系、清华大学与中国证券报联合推出的上市公司财务绩效排序体系、"证星—若山风向标"上市公司财务测评系统、国有资本金效绩评价体系等方法。

业绩评价是激励机制的前提,股票期权是实现激励机制的重要形式之一。股票期权取得的依据为股票期权计划,规范的股票期权计划的主要条款包括:受益人、赠予时机、行权价确定、授予期安排、结束条件等。

关 键 术 语

业绩评价　股票期权　单一指标业绩评价模式　多指标综合业绩评价模式　股票期权计划

思 考 题

1. 什么是业绩评价? 业绩评价有哪些种类?
2. 试述企业业绩评价的起源与发展。
3. 单一指标业绩评价方法有哪些? 它们各有什么优缺点?
4. 多指标综合业绩评价方法有哪些? 它们各有什么优缺点?
5. 什么是股票期权? 股票期权有哪些种类?
6. 股票期权计划的构成要素有哪些?

案 例 分 析

平衡计分卡在可口可乐瑞典饮料公司的应用

可口可乐公司以前在瑞典的业务是通过许可协议由瑞典最具优势的啤酒公司普里普斯(Pripps)公司代理的。该许可协议在 1996 到期中止后,可口可乐公司已经在瑞典市场上建立了新的生产与分销渠道。1997 年春季,新成立的可口可乐瑞典饮料公司(CCBS)承担了销售责任,并从 1998 年年初开始全面负责生产任务。

可口可乐瑞典饮料公司在其不断发展中推广平衡计分卡的概念。CCBS 采纳了卡普兰和诺顿的建议,从财务、客户、内部经营过程以及学习和成长四个方面来测量其战略行动。

由于 CCBS 成立时间不长,讨论的结果是它需要大量的措施。公司处于发展时期,管理层决定形成一种文化和一种连续的体系,在此范围内所有主要的参数都要进行测量。在不同的水平上,与战略行动有关的关键测量是关注的焦点。

在构造公司的平衡计分卡时,高层管理人员已经设法强调了保持各方面平衡的重要性。为了达到该目的,CCBS 使用的是一种循序渐进的过程。第一步,阐明与战略计划相关的财务措施,然后以这些措施为基础,设定财务目标并且确定为实现这些目标而应当采取的适当行动。第二步,在客户和消费者方面也重复该过程,在此阶段,初步的问题是"如果我们打算完成我们的财务目标,我们的客户必须怎样看待我们"。第三步,明确向客户和消费者转移价值所必需的内部过程。然后 CCBS 的管理层问自己的问题是:自己是否具备足够的创新精神,自己是否愿意为了让公司以一种合适的方式发展而变革。经过这些过程,CCBS 使各个方面达到了平衡,并且所有的参数和行动都会导致各个方面向同一个方向变化。但是,CCBS 认为在各方达到完全平衡之前有必要把不同的步骤再重复几次。

CCBS 已经把平衡计分卡的概念分解到个人层面上。在 CCBS,很重要的一点就是只依靠那些个人能够影响到的计量因素来评估个人业绩。这样做的目的是,通过测量与个人具体职责相关联的一系列确定目标来考察其业绩。公司根据员工在几个指标上的得分而建立奖金制度,并且控制或者聚焦于各种战略计划上。

CCBS 强调的既不是商业计划,也不是预算安排,它不把平衡计分卡看成是一成不变的定律;相反,CCBS 对所有问题的考虑都是动态的,并且每年都要不断地进行检查和修正。按照 CCBS 的说法,在推广平衡计分卡概念过程中最大的挑战是,既要寻找各层面的不同测量方法之间的适当平衡,又要确保能够获得所有将该概念推广下去所需要的信息系统。此外,CCBS 获得成功的重要一点是,每个人都要确保及时提交所有的信息,因此信息的提交也要考虑在员工的业绩表现里。

资料来源:世纪纵横(北京)管理咨询公司.

第十一章　企业集团财务管理

本章要点

1. 企业集团财务管理的概述
2. 企业集团财务公司的主要融资渠道
3. 企业集团的投资策略
4. 企业集团的利益分配

近几十年来,我国的企业集团有了较快发展,但是在发展的过程中仍存在很多的问题。2012年年初国资委主任王勇发表了这样的观点:"从中央企业自身看,这几年央企整体保持了平稳较快发展,但仍然存在很多亟待解决的问题:一些企业的成本费用控制不力,投资决策不科学、债务规模增长过快,亏损子公司增多,经营风险不断积累;一些集团企业管控能力不足,管理层级过多,管理风险不断积累,内控机制不健全甚至严重缺失;一些企业资源配置效率不高,企业协同能力不强,内部恶性竞争和重复建设现象较为严重。"由此可见,要提升培育和发展企业集团,还需要解决一系列问题。例如:如何获得集团战略发展所需要的财务资源;如何配置不具有可比性的各类产业发展所需财务资源;如何在多种企业中合理地分配资金,提高资本使用效率,并管控好扩张资产的规模与提升企业核心能力之间的关系;集团总部如何使用简洁直观的指标评价集团和各业务板块的财务资源利用效率、投资资本效率等。

第一节　企业集团财务管理概述

一、企业集团的界定与特征

对企业集团的界定,国内学术界尚未取得共识,说法颇多。有人将企业集团比喻为一个海军舰队,舰队中既有旗舰又有其他舰船。旗舰本身具有战斗力,是舰队的指挥者和神经中枢。其他舰船在旗舰统一指挥下独立作战,各自功能不一。整个舰队需要统一指挥,但各个舰船又要独立作战。这个比喻形象地勾勒了企业集团的大致轮廓:企业集团是由核心公司(旗舰)和其他单位(舰船)所构成,这些单位要受统一领导(指挥),同时又是独立经营(作战),发挥不同的作用。因此概括来说,企业集团是这样一种经济组织,它是一个以少数(也可以是一个)具有法人地位的大企业为核心,以一批具有共同利益、受这个核心不同程度控制或影响的法人企业为外围,通过资金及契约等不同形式的利益联系而构成的经济联合体。

企业集团具有下列特征:

1.以产权为主要联结纽带

企业集团内部各成员之间有着多种联结纽带将各成员紧密联系在一起,包括资本、技术、人事、契约、管理等方面的联系。其中资本联结纽带应当是企业集团最基本、最主要的联结纽带,是企业集团得以稳定和发展的基础。以资本为纽带形成的企业集团,其组织形式是以集团公司为母公司,通过控股或参股的子公司构成紧密层或半紧密层;作为松散层的关联企业,则主要以契约为联结纽带,这种契约一般表现为集团章程、具有法律效力的互惠合同或协议等。

2.资源配置效率化

由于集团内各成员企业拥有不同的投资机会,集团总部为了追求整体利益最大化,就需要在不同成员企业之间调配资本、人力和技术等内部资源,以提高整体的投资效率。企业集团的成员企业之间大都具有资金、产品或技术等方面的协作关系,这为集团内资源的重新配置提供了较大的活动空间和可行性。

二、企业集团的分类和模式

(一)企业集团的分类和主要模式

企业集团能够呈现出多种形态。从不同的角度、用不同的标准可以对企业集团进行不同的分类。常见的企业集团分类如表 11-1 所示。

表 11-1　企业集团常见分类形态

分类依据	主要模式
发展目标	①产品主导型;②行政主导型;③企业主导型
经营内容	①纯粹资本经营型;②产业经营型
组织结构	①集权型;②分权型;③管理型
主导企业的性质	①生产型;②金融型
联合的范围	①产品配套型;②市场销售型;③产业链型;④多元化型;⑤产学研一体型
涉及的范围	①产品型;②行业型;③跨行业型;④外向型
联结的纽带	①契约纽带型;②产权纽带型;③混合纽带型
形成的过程	①工厂演变型;②行政机构转换型;③强强联合型
形成的途径	①自主联合式;②行政捏合式;③"翻牌"式;④自生式

(二)企业集团的发展模式

从我国及世界各国的实践看,企业集团发展战略可以从目标、功能、结构、范围等几个方面进行综合考虑,其中起决定作用的是企业集团的发展目标。企业集团的发展目标回答了组建和发展企业集团的原因,由此决定组建和发展方式,它是企业集团发展战略的基本出发点和客观依据。根据不同目标要求,我国企业集团的发展可分为产品主导型、行政主导型、企业主导型三种模式。下面将简要分析这三种模式的特点。

1.产品主导型

产品主导型企业集团是将生产同类产品的企业组合在一起,凭借自己占有市场的优势,达到对该种产品的生产、销售进行垄断的目的。产品主导型企业集团实质上近似于托拉斯,集团成员很少有经营自主权,而集团的核心层则具有多种决策权。从我国的情况看,这种企业集团多见于同一行业中几个较强企业的结合;其组建方式多是由政府搭线、接头,再由企业根据自己的实际情况进行协商后具体确定。因此,其联系纽带也就有承包租赁、授权经营等多种非购买控股的方式。产品主导型企业集团最大的长处是可以加大集团产品的产销量,从而在企业间长久利益一致的基础上,充分实现企业间结合的规模效益。

2.行政主导型

行政主导型企业集团是中国现阶段的特殊产物,其多数是由行政性的专业厅、局或部演变而来。组建这种企业集团的目的是着眼于维护原有行政管理机构已有的职权,为适应形势的要求所作的一种形式上的变化,故可称其为"翻牌"集团。这种企业集团多是在政府行政力量领导下以合并方式建立的,且为了"制造"一个核心层,一般还要再组织一个具有法人资格的控股公司,故此又常被称为"先有儿子,后有老子"的组建方式。这种集团最大的缺点是成员企业无明确的资本联系纽带,其次是这种结合不一定都出于各方自愿。

3.企业主导型

企业主导型企业集团往往是以某一大型企业为主体,以增强本企业盈利能力和盈利水平为目的,通过兼并、购买、控股等方式组建。这种企业集团核心明确、资本纽带鲜明,各成员企业的利益关系等也可在结合之初得以确定,因此成为企业集团发展的主流。从国外情况看,为数众多的跨国公司,以控股方式控制企业的财团都属企业主导型。从国内情况看,企业主导型集团也有一定数量,其组建方式常见于核心企业以投资控股、参股和提供还贷资金控股,并在政府的帮助下实现结合,这种企业集团与前述产品主导型企业集团最明显的区别是经营范围更加广泛,可因地制宜,就地取材,利用各地的优势进行多元经营,从而更加全面地发挥群体效应,成为具有多功能、高效益的企业群体。

应当说,上面所述的第一种模式代表着以我国国有企业为核心力量的大型企业集团,从发展角度看,有待于向第三种模式靠拢;第二种模式应属企业管理体制转轨变形过程中的特殊现象,应努力促使其向第一、第三种模式转化;而第三种模式是适应市场经济发展的较理想的企业集团模式,应努力使其进一步巩固并稳定发展。

三、企业集团的组织结构

1979 年诺贝尔奖经济学奖的获得者西蒙教授认为,"有效地开发社会资源的第一个条件是有效的组织架构"。也就是说,组织架构是否合理和科学,直接影响到组织能否高效运转。企业集团的组织架构大体可以分为三种基本类型,即 U 形结构、H 形结构和 M 形结构。

(一)U 形结构:过度集权的组织架构

U 形结构,也称为"一元结构",是由泰勒首先提出的,是现代企业最基本的一种组织结构形式。它将管理工作按职能划分为若干个部门,各个部门只有很小的自主权,权力主要集中在企业的最高决策者手中,其基本框架可概括为图 11-1。

U 形结构的优点是:有利于集中领导,统一指挥,便于调配人、财、物;有利于落实总部的战略部署,加强对分部的控制,使整个企业有较高的稳定性。

U 形结构的缺点是:高层领导者陷于日常的经营活动,无力顾及长期发展战略决策与控制;由于企业的行政机构越来越庞大,各部门之间的协调也越来越困难,管理成本逐渐上升;下级部门的主动性、积极性不能有效发挥。

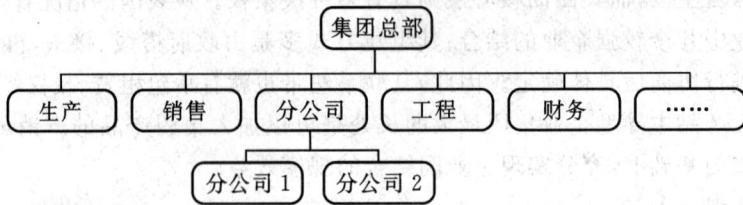

图 11-1　企业集团 U 型结构

从企业集团的发展历程看,U 形结构主要适合处于初创期且规模相对较小的企业集团,或者业务单一型的企业集团。

(二)H 形结构:过度分权的组织架构

H 形结构,也称为"控股公司结构",集团总部只持有子公司部分股份或全部控股,下属各子公司具有独立的法人资格,所从事的产业一般关联度不大,从而形成相对独立的利益中心。控股公司依据其所从事的活动内容,可分为纯粹控股公司和混合控股公司。纯粹控股公司是指其控股目的只是掌握子公司的股份,支配被控股公司的重大决策和生产经营活动,而本身不直接从事生产经营的公司。混合控股公司是指其控股目的是既从事股权控制,又从事某种实际业务的公司。H 形结构是与 U 形集权结构形成鲜明对照的分权结构形式,其基本框架可概括为图 11-2。

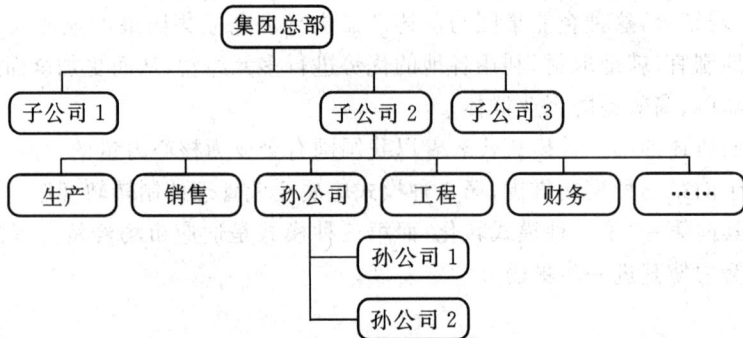

图 11-2　企业集团 H 型结构

H 形结构的优点是:子公司作为独立的法人和利润中心,对其经营管理享有高度的自主权,有利于调动其积极性;子公司的经营业务可以分布完全不同的行业,有助于分散集团的经营风险;集团总部可以摆脱日常经营管理事务,专注于整个集团发展战略的规划与推进。

H 形结构的缺点是:集团总部不能直接对子公司行使行政指挥权,必须通过股东大会和董事会,加大了控股公司的管理成本;子公司拥有很大的独立性和自主权,集团总部在资源调配方面比较困难;母子公司为独立的纳税单位,相互间的经济往来和盈利需双重纳税。

(三)M 形结构:集权与分权有机结合的组织架构

M 形结构,也称为事业部制或多部门结构,是 U 形结构和 H 形结构两种结构的进一步演化。在这种结构中,各个事业部拥有一定的经营自主权,实行独立经营、独立核算,通常是半自主的利润中心,按产品、区域和服务等来设立。各事业部通常下设职能部门来协调、管理分部的生产经营活动,各事业部虽然以盈利为中心,但其利润的计算并非完全依赖市场,而只能在企业统一发展的框架内谋求自我发展,其基本架构可以概括为图 11-3。

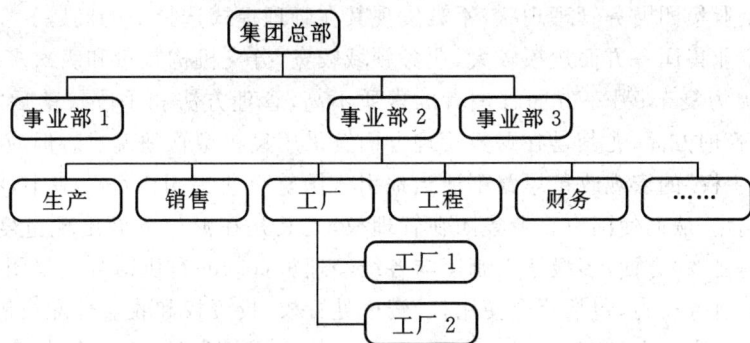

图 11-3　企业集团 M 型结构

M 形结构的优点是:各事业部虽不是独立的法人,但却是相对独立的利益主体,在利润分配和投资决策等方面有较大的自主权,能灵活自主地适应市场变化;有利于高层领导者摆脱日常事务,集中力量用于重大事项的决策;实现了集权与分权的适度结合,既调动了各个事业部发展的积极性,又能通过统一协调与管理,有效制定和实施集团公司的整体发展战略,能做到上下联动,互相有效配合,反应速度更加敏捷。

M 形结构的缺点是:事业部之间的横向联系差,容易产生本位主义,影响各成员企业之间的协调;管理层次增加,协调和信息传递困难加大,从而在一定程度上增加了内部交易费用。

M 形结构有利于企业集团实行向前、向后一体化,对供应商和客户先前有可能在市场上完成的交易进行内部化,把越来越多的企业活动置于一个企业之中,从而扩大了生产线的规模和产业组织的范围。因此,这种结构适合于规模较大、多元化经营的控股公司。

由于现代企业集团的业务日益复杂,不同的组织结构又各具不同的优缺点,因此为适应不同的情况,企业集团多采用混合的组织架构,即 U 形、H 形和 M 形的混合状态。

四、企业集团财务管理面临的主要问题

由于企业集团中,企业资本相互渗透,资本成分多样化,如何发挥企业集团的群体优势和综合功能,成为企业集团财务管理的主要问题,归纳起来主要表现在以下方面:

(一)规范企业集团法人治理结构

发达国家的经验表明,产权关系是企业集团的基础,推行控股、扩张的结果必然会形成实力强大的企业集团。我们应该在制定和完善有关法律和法规的同时,在经济效益较好、内部体制较规范、领导水平较高的企业或紧密层企业间进行规范化的集团化改组改造的探索。对不同类型的企业集团可以采取不同的持股方式:对于核心企业实力强大的企业集团来说,可以发展垂直式持股的方式;对于优势企业互相联合形成的企业集团来说,重要的成员企业之间可以采取环状的相互持股(或交换股份)方式;还可以采取环状持股与垂直式持股混合的方式,如母公司对子公司采取垂直式持股,子公司之间采取环状持股,这样既保证了母公司对子公司的控制权,又密切了子公司之间的关系,增强了企业集团的凝聚力。

(二)平衡企业集团集权与分权的关系

在现代企业管理中,集权和分权是两种基本的管理模式。一般地说,若管理对象结构复

杂,布局分散,管理者本身的控制能力弱,宜采用集权型管理;反之,则采用分权型管理。用此原理对照我国企业集团财务管理现状,不难发现其在管理模式选择上的问题。

目前我国企业集团一方面规模较大,业务领域较宽,分支机构数量和级次多,地域分布广,内部经济关系极为复杂;另一方面管理者的素质不高,管理方法和手段较落后,控制能力弱。在此条件下,在管理方面,尤其是在财务管理方面宜采用集权型管理模式。但应吸取过去把国家"扩大企业自主权"的宏观改革思路不适当地引入国有企业集团内部改造中,将"放权让利"的做法推向极端化,从而使国有企业集团在管理权,尤其是在财权方面出现过度分散的教训。其问题集中体现在:一方面,多级法人制度与各级经理负责制的有机结合使集团下属各级企业享有过多过大的财务权力,包括资金使用权、资产处置权、投资权和收益分配权等,从而使集团总部的财务权力在事实上被架空;另一方面,由于机构设置的失控,各级分支机构呈几何级数繁衍,集团企业的管理层次增多,管理链条加长,使本来已经很分散的财务权力又被多层次分割到各个层面上,最终造成集团总部的财务管理对此等局面鞭长莫及。

财务权力过度分散化最直接的后果,一是集团难以实现资源(包括资金、资产及其他资源)在集团范围内的整体调度,以确保集团总体发展的实施;二是集团难以实现对其下属各级企业经营行为的监控,企业的违规、不适当的冒险以及经营行为与集团总体发展目标相悖的现象将难以避免。

就现实看,要在企业集团内部牢固确立母公司的主导地位,确保母公司始终是整个企业集团发展目标的制定与实施的组织者,是使集团作为一个有机整体、有效运转的指挥者,母公司应集中适当权力,根据集团发展的不同阶段采取不同的办法,并充分考虑到分布在不同产业、不同地区甚至不同国家的紧密层企业的特殊环境,相应给予特殊政策。只有处理好集权与分权的关系,才能最大限度地减少内部矛盾,真正调动企业集团各层次成员企业的积极性。

(三)处理企业集团财务关系

一般地说,企业集团内部各企业与非集团企业相比,在规模经营、抵御风险、资源互补等方面,具有较大的优势。但它们与其他企业一样,也是独立的法人单位,享受独立法人的基本权利并承担相应的责任。它们应独立地参与市场竞争,并与包括集团内兄弟企业在内的其他企业按市场法则进行公平交易,即它们应受到同等的财务约束。同时,公司与子公司、分公司尽管在经营范围、方式、规模上有所不同,在利益分配上也有所差别,但在资产经营的总体目标和绩效上,却具有不可分割的紧密性和整体性。集团财务管理必须建立以资本、产权、信息等纽带为重点的各种内部财务关系,实现集团的整体性,不断增强集团的凝聚力、向心力。为此,集团财务要研究、协调母公司(集团公司)内部的关系、母公司与控股子公司的关系、母公司与参股公司的关系、母公司与协作企业的关系。

(四)实现企业集团内部资金融通

企业集团作为一个命运共同体,各成员企业相互之间有着密切的伙伴关系,在资金使用上互助互济,体现了互惠互利的精神。更重要的是,集团的各成员企业在资金使用、周转需求上往往相互间存在一个"时间差",从而为集团资金融通使用提供了有利条件。企业集团根据其生产经营、对外投资和调整资金结构的需要,在一定程度上,把集团内各成员企业可以利用的资金汇总起来,在集团内融通使用。按资金来源的不同,企业集团资金融通的方式主要有以下几种:

1. 外部资金融通

外部资金融通是企业集团借助各成员企业的银行信贷资金及集团本身的银行信贷资金在集团内进行资金融通使用的方式。如集团上贷下拨、统贷统还，集团横向划拨使用，各成员企业自行向银行贷款、实施谁贷谁还等。

2. 内部资金融通

内部资金融通是企业集团凭借自己的资金力量和各成员企业的自有资金在集团内部进行的资金横向融通使用的方式。如利用集团筹集的发展基金，在集团内统一规划，审时度势地对各成员企业提供资金额度；集团各成员企业之间对资金的余缺调节；集团内部各成员企业之间信用性资金的融通等。

3. 产融结合化

产融结合化是指产业与金融业的联系和协作，以致在资金、资本以及人事上相互渗透、相互进入对方的活动领域，具体表现为：组建集团财务公司；以金融财团为背景，发展集团经济；加强银企联系，建立银企财团；由银行等金融机构直接向企业集团投资入股等。随着企业集团的进一步发展，银行与其他金融机构在我国企业集团发展中的作用将会越来越明显地表现出来，当然，企业集团要精心筹划如何运作产融结合。

4. 制定集团内部转移价格

一般而言，大规模的企业集团多将经营管理权分散到各子公司、分公司或责任中心，增加分部的自主权，以便提高其经营效益。为了区分经济责任、正确地评价各分部的经营业绩，就有必要对分部之间的产品和劳务转移制定内部转移价格。

由于企业集团的财务管理必须从集团总体经营战略出发，谋求集团利润的最大化，因此，在企业集团与各成员企业、各成员企业之间购销产品和提供劳务时，其内部转移价格的确定在一定程度上可以偏离市场价格。企业集团内部价格的制定基础，一般为市场价格、协议价格、双重价格和成本价格四种。在制定内部价格时，如何既着眼于企业集团经营战略的实现和经济责任的落实，又着眼于企业内部各成员企业的实际利益，以充分发挥内部价格在集团利益分配中的作用，是财务管理的重要课题。

5. 强化集团财务监控

应该说，在一个企业集团中，给予下属各级企业一定的财务权力是必要的，这是调动各级企业及其经营者积极性的最基本的因素。但各级企业的财务权力应该受到监控，权力一旦失去制约，必将导致行为违规。

目前我国对集团企业的财务监控有三个方面：一是政府监控，包括政府主管部门、国资部门、财税和审计部门的监控；二是社会监控，包括社会中介机构如会计师事务所、审计师事务所的监控；三是集团自我监控，包括集团内部财务和审计部门对集团各级企业的监控。在这三方面的监控中，政府监控和社会监控属外部监控，在很大程度上具有强制性的特点。集团自我监控属内部监控，是最直接、最全面、最有效的监控，然而，它又是最具有弹性、随意性和不确定性的监控。正是因为这个特点，加之长期以来我们对内部监控的忽视，我国集团企业内部财务监控普遍处于较薄弱的状态，主要表现为：①集团企业领导对财务监控重视不够，监控部门的权威性差；②财务监控制度（包括财务管理制度和内部审计制度）不完善，不系统；③财务监控机构不健全，监控人员思想素质和业务素质不高；④监控方法和手段落后，监控效率和效力低。

财权过度分散与财务监控严重乏力同时并存，集团各级企业的经营行为严重失职也就不足为怪了。目前集团企业内部各级企业普遍存在财务报表严重不实、滥投资、乱分配、截留利润、私设"小金库"、滥发奖金、搞账外经营等现象,这些都是财权过度分散,财务疏于监管的结果。

强化财务监控,总的原则是:监管要到位,做到横向到边,纵向到底;力度要加强,做到管得住,管得好。在具体操作上,第一,集团领导必须高度重视财务管理,把财务管理作为企业管理的基础和核心来抓,要旗帜鲜明地树立集团财务、审计部门的权威性;第二,财务监管机构设置要科学,监管人员配备要充分,财务管理制度要健全,执行要有刚性,检查、监督要到位;第三,要认真探索适用于本企业集团的财务监管方法。

6. 分配企业集团利润

合理分配企业集团利润,不但是巩固和发展企业集团、增强企业集团凝聚力和生命力的核心问题,而且是处理企业集团与国家经济利益及各成员之间经济利益的焦点。分配企业集团利润,既要维护国家利益,保证财政收入;又要兼顾企业集团自我发展和自我改造的需要,以及各成员企业的经济利益;还要协调好各成员企业所辖行政地域的地方利益以及集团全部成员企业的全部职工的利益关系。鉴于企业集团是一种复杂的经济联合组织,其收益分配不仅要坚持各成员之间平等互利,不得发生相互侵占吃挤的行为,而且在此基础上还要注意研究集团收益分配问题的空间跨度和时间跨度的协调制约,只有这样才能达到完善意义上的合理境界。

由于我国尚无关于企业集团利益分配的法规、制度,在我国企业集团有着不同组建模式、资本纽带和结合方式的情况下,利益分配已成为企业集团面临的一大难题。具体表现为:多种利益关系和利益分配方式在不同的企业集团中都有不同的表现,在具体执行中还存在各种各样的做法等。所有这些都使得企业集团的利益分配极为纷乱复杂。因此,如何处理好企业集团的利益分配,是进行企业集团价值管理必须解决重要问题。

第二节　企业集团财务公司与融资方式

我国企业集团开办财务公司,有20多年历史,它是在经济体制改革和金融体制改革进程中产生和发展起来的新事物。财务公司的首要功能,就是使企业集团内部的金融活动更加方便快捷,并且缩减开支。1987年5月,我国第一家企业集团财务公司——东风汽车集团财务公司——正式成立,这既是国有企业集团化改革试验的必然结果,也是金融体制改革的一个新的尝试。此后,随着改革的步步深入和发展,财务公司的数量不断增加。20多年来,财务公司对促进在国内外具有竞争力的国有大公司、大集团的发展起到了重要的作用。它有效地组织和利用集团内部的资金,并通过同业拆借融通短期资金,在一定程度上缓解了由于资金投资不合理、周转不畅、使用效益低下造成的企业资金紧张状况;它通过对集团成员之间资金结算和往来的管理,强化了集团内部的监督管理;它还为集团和下属企业参与和利用金融资本市场提供专业的服务。经过20多年的实践,财务公司这一新生事物已经在我国站稳了脚跟。以1996年《企业集团财务公司管理暂行办法》的颁布实施为标志,企业集团财务公司进入了规范化和有序发展的新阶段。

一、企业集团财务公司的性质与功能

在我国,财务公司是为企业集团的内部成员提供金融服务的非银行机构,主要经办成员企业的信贷业务、结算业务和办理同业拆借业务,发行债券,以及经批准在境外从事外汇及有价证券交易等。财务公司是企业集团的成员,金融业务上受中国人民银行的管理和监督。它是我国以中国人民银行为中央银行,国有商业银行为主体,多种金融机构并存分工协作的金融体系的一个有机组成部分。财务公司必须经过中国人民银行批准,才能在企业集团内部设立。财务公司实行自主经营、独立核算、自负盈亏,并照章纳税,具有法人资格。

企业集团的生产经营运行,伴随着大量资金运动,仅靠集团自有资金和一般意义上的银行信贷关系已不能适应当今企业集团的发展脚步,因此,企业集团和银行以及有关金融机构的联合就成为一种必然的趋势。这种产业和金融结合的方式,在很大程度上决定了企业集团的生产规模、发展方向,尤其是确保集团经济是否可以进入良性循环。纵观世界发达国家里的大型企业集团,无不有着坚实的金融背景,与银行等金融机构联合是中外企业集团发展过程中的共性。

财务公司在企业集团内部融通资金,并可与银行或其他金融机构建立业务往来关系,还可以委托某些专业银行代理金融业务,其经营的业务范围主要有:①办理内部单位的定期存款业务;②办理工商银行的人民币储蓄业务;③办理同业拆借及集团内各单位之间的资金融通和管理业务;④向集团成员单位发放流动资金和技术改造贷款业务;⑤办理集团和集团成员单位发行股票、债券以及买卖、转让有价证券业务;⑥办理集团和集团成员单位的各种投资业务;⑦办理票据承兑贴现业务;⑧办理委托贷款业务;⑨办理租赁业务;⑩办理其他信贷业务。财务公司在业务上要接受中国人民银行的领导和监督。

财务公司隶属于集团公司,行政上受集团公司的直接领导,其财务管理工作纳入企业集团财务管理范畴,由集团公司统一对口同级财政部门。财务公司财务管理的范围是:①资本金管理及其他信贷资金管理;②资产的监督和管理;③财务收入管理;④成本、费用及营业外收支管理;⑤损益和损益的分配管理;⑥资金和财产的余缺管理;⑦其他财务管理。

(一)财务公司的地位

财务公司是一种具有法人资格,作为一个经济实体的新型金融机构,它的业务范围一般限于企业集团内部,主要从事企业集团各成员单位存款、贷款、结算等金融业务,主要由企业集团出资组建,是产业和金融业的结合。根据这个初步认识,可将财务公司在我国企业集团及其在未来经济发展中所处的特殊地位作如下概括:

1.财务公司是企业集团资金的调剂中枢

进行价值管理就一定要调剂资金。我国企业的这一业务一般是由企业的财务管理机构负责。设分厂、车间等二级核算单位的大型独立企业,对进行内部结算和资金调剂的要求更加强烈,而这类企业的资金调剂一般由企业财务管理机构的“内部银行”或“资金调剂中心”来完成。但是保持法人地位的各企业结合形成统一的经济实体后,情况就不同了:一是资金调剂更加频繁,调剂数额更加巨大,已超越了一般独立企业和大型企业所能承受的限度;二是在具有独立法人地位的企业间进行内部核算和调剂资金余缺,在遵循国家的各种规章制度的同时,需要更严格的手续,这就使可按企业具体情况灵活处理问题的“内部银行”或“资金调剂中心”难以适应。在这种条件下出现的有着法人地位的财务公司,自然就依其独特的工作内容而成为了企业集团资金运动的专门调剂者。

2.财务公司是我国金融体系中的一支新军

财务公司是一种金融机构,在业务上接受中国人民银行的领导和管理。但财务公司与一般专业银行的区别是很大的。专业银行可以向社会开展业务活动,而现阶段财务公司的业务范围仅限于企业集团内部;专业银行可从国家取得一定数量的铺底资金,而财务公司的资金则主要取自于企业集团的所有成员企业;专业银行可以从事多种类型的金融服务,且受中国人民银行委托,有着对企业进行监督和管理的职责,而财务公司从事的金融服务种类较少,一般也不负有与各专业银行一致的监督和管理职责。这样就形成了财务公司资金实力差,经营范围窄的特点。因此,也就决定了我国现阶段财务公司处于我国金融体系中"拾漏补缺"的从属地位。但是若把看问题的角度转向企业集团内部的金融工作,我们又可看到财务公司的许多长处,如财务公司熟知企业集团的情况,可以对集团内的投资起引导作用,可以跨地区、跨行业直接调剂集团成员之间的资金余缺等。这些长处是专业银行所不具有的,因而财务公司的地位也是各专业银行所不能代替的。从财务公司在这方面的地位来看,它已成为可与专业银行同时存在但又有一定区别的一支新生金融力量。

3. 财务公司居于我国产业与金融资本结合的"中介"地位

国外的财团和大型集团企业,一般都以大型银行为基础,如日本的第一劝业银行、三菱银行、助友银行、三和银行、三井银行,均为日本各大集团的核心,美国的花旗银行、大通曼哈顿银行、制造商汉诺威银行、摩根银行和纽约化学银行也都是美国各大财团的经营核心;日本新兴起的新日铁、日立、松下、东芝、丰田等集团,虽无固定的特大银行为经营核心,但集团内也普遍建立了银行或内部银行,肩负着融通成员企业资金的任务。从另一方面来看,以金融纽带为维系力量的产业体系也在一定程度上取代了控股纽带维系的集团。日本几大集团的系列贷款和由此形成的企业集团的高负债、低权益的财务结构正是这种维系力量的最好证明。我国面临的现实是,我国金融体系和西方国家差别很大,按条块分割设立的专业银行与"两跨一多"经营需要有强大金融力量支持的企业集团实现资本融合存在着很多困难。如要突破这个困难,就一定要有一个"输血口",以将集团经营所需资金足额筹集并合理运用。从这个角度看,企业集团一定要有自己资金使用方面的"造血口"和"造血机构",发展财务公司正是企业集团的最佳选择。财务公司可使大型企业集团真正拥有经营方面的独立地位,为进一步建立、发展我国的财团创造条件。

(二)财务公司的作用

财务公司的作用与财务公司所处的地位紧密联系。财务公司应有的作用为如下几点:

1. 保证集中企业集团内部财力,重点发展关键项目

由于企业集团的财力在建立初始都分散于各个成员企业和核心层之中,难以发挥综合优势,而用核心层企业的行政命令方式集中资金又会有悖于企业集团的基本原则。在组建财务公司后,则可通过财务公司的金融手段把各企业的分散财力集中起来,形成较大的资金力量,保证企业集团重点项目的资金需要。此作用可表现为:财务公司调剂集团内企业的资金余缺,保证集团成员急需资金之用;财务公司集中集团内企业税后留利等的分散财力,进行集团内新产品开发、新项目建设。这样的作用是财务公司属于企业集团资金调剂中枢的必然反映,也是财务公司发挥资金调剂职能的结果。

2. 代理企业集团有效筹集资金

既然财务公司是企业集团专门从事金融工作的法人单位,它就应成为处理内外融通资金、筹资企业集团所需资金的总代理。其作用为:①财务公司作为企业集团和专业银行之间的中介,利用自身的特殊地位,取得各专业银行的贷款;②财务公司可利用自己在业务上的长处,代

理企业集团对外发放股票、债券,直接向社会融资;③财务公司可利用自己在集团中的地位,以提供担保等方式,使各成员企业及时取得外部贷款等。

3.强化企业内部金融管理

这样的作用表现在:①在"统贷统还"业务中为各成员企业编制使用贷款、归还贷款的规划;②为了有效利用所筹资金对各成员企业制订各种定额和计划;③为了达到预期的资金使用效果而对成员企业资金使用过程施加控制,进行考核等。应当说,财务公司的这种管理寓于其筹资和调剂资金职能之中,是与各专业银行管理不同的企业集团内部金融管理。

综上所述,财务公司的出现已使企业集团的价值管理有了更加复杂的内容,这就需要我们对财务公司进行全面而深入的探讨,以使其为企业集团多作贡献。

二、企业集团财务公司的主要融资渠道

企业集团的财务公司,根据国家和集团制定的财务管理制度,对子公司的资金实行统存统贷、统一结算,并对资金的投放进行有效的监控,使有限的资金用到最可靠、最有效益的地方。与此同时,财务公司通过结算部组织资金"体内循环",充分发挥集团资金的整体效益。

企业集团是以股份相互联结的复杂组织体,其融资渠道有国家财政资金、银行信贷资金、非银行金融机构资金、其他企业资金、民间资金、外商资金等。作为企业集团的财务公司,应成为集团的融资中心、财务监控中心和内部结算中心。以下只对企业集团财务公司的主要融资渠道作以介绍。

(一)股票融资

股份制企业集团最大的一个融资功能就是股票融资。从一个自然成长的股份集团的发展过程考察,股份企业的融资可划分为三个阶段:社会筹股、内部集资和公开上市。前两个阶段界线不是十分明确,许多股份企业可能从内部职工集资开始,有些还是社会筹股和内部集资兼而行之。但是,自然成长的股份企业,都是从社会筹股开始,稍有差别的是,有些面宽,有些面窄。而从一个股份化的企业上升到上市公司,需要具备一些条件,如经营业绩记录良好,实力雄厚,资信较好,具有一定发展年限,有一定根基等。股份公司条例限定了上市的资格、条件,从而也限定了股份企业利用上市融资的可能性和数额。

集团股票上市后,如有职工股的,职工股所有者可以在符合国家法律规定年限之后的适当时机抛出股票,获得创造者利润;企业法人股经过证券管理部门同意后,可以在若干年后抛出部分股票,获取企业利润。但对于集团整体而言,不论卖出、买入者身份如何,股份集团永远只能通过增股、扩股的证券融资形式获得资金。

(二)银行融资

股票融资受时限的影响,只能主要解决固定资产投资的需要。因此,银行融资作为固定资产投资的补充融资与流动资金的主渠道融资就十分重要。

企业集团的融资中心功能表现在:为全资企业直接向银行借贷;凭借集团的实力与资信,下属企业可以从国内金融机构筹措到所需的流动资金和一定的固定资产贷款,而且还可以为企业带来众多有资金能力的合作伙伴。

企业集团还可以通过如下途径借助银行发挥融资中心功能:第一,集团虽难以用公司名义为集团成员中的非全资企业联系企业担保,但可以帮助其介绍融资渠道,向银行推荐企业绩效。第二,以公司名义向集团本部发行债券,通过金融机构包销,融借资金,发展集团的项目。

第三,以公司名义外引内联,发展项目,合作伙伴之所以能以自有资金或银行信贷资金投资,也是因为以集团公司的信誉为依据。此外,企业集团还可以参股股份金融机构,或者参股证券公司,通过广泛参股,与金融界结成紧密的联系。

(三)集团的资金融通

企业集团可以进行集团成员间的资金余缺调剂,集中集团的资金优势,发挥集团财力的整体效应。集团可以通过财务公司,为成员企业统存统贷,以解决下属企业资信不足的问题。但是,存贷手续必须简化,并且贷款只有即时到位,才能够巩固财务公司的功能。

企业集团的资金融通包括外部资金融通和内部资金融通两个层次。

1.外部资金融通

企业集团对外筹措资金,依据筹资决策主体可分为两种形式:

(1)集中型筹资。即由集团公司统一对外筹资,然后以一定方式投入成员企业使用。常见的"上贷下拨、统贷统还",就属这种形式。

(2)分散型筹资。即由成员企业根据国家规定直接对外筹资。"分散贷款、谁贷谁还"就属这种形式。

采取何种筹资形式,应当考虑如下因素:①集团内部结构;②融资组织机构;③内部财务体制。一般而言,在设有财务公司的企业集团,宜采用第一种筹资形式;在半紧密层和松散协作层的企业集团,宜采用第二种筹资形式。

2.内部资金融通

内部资金融通是企业集团利用本身拥有的资金和各成员企业闲置资金在集团内部进行的纵横融通使用。按照融资机制和手段,可分为计划融通方式、市场融通方式和模拟市场融通方式三种。

(1)计划融通方式。即根据企业集团统一规划,将集团资金无偿投入成员企业使用或在各成员企业间无偿平调闲余资金。

(2)市场融通方式。即集团资金融通主要通过融资市场来进行。企业集团融资市场的中介组织是财务公司,而对于银行与企业多元主导型结构形态的企业集团,其融资中介组织就是银行本身。财务公司或企业、银行通过信贷规划和利率杠杆调节各成员企业的资金供求关系,控制资金总量,优化资金结构。市场融资方式又有完全竞争条件下的融资方式和有限竞争条件下的融资方式两种形态,集团内部资金融通主要应用后一种形态。

(3)模拟市场融通方式。即在集团内部模拟金融市场,建立内部银行,并通过内部银行和资金规划融通资金。目前,组建财务公司的企业集团为数甚少,多数企业集团采用了计划融资与模拟市场融资相结合的方式,其筹资决策权和资金运用主要决策权集中于集团总部。

第三节　企业集团投资策略

大型企业集团,不同于一般的企业及其集团,它所承受的外在压力和内部驱动力,决定其要不断地发展,不能停留于维持物质增长的循环上。要发展,必定要进行投资,作为企业集团,集团本部是当然的投资中心。要保证投资的发展战略和整体效益的实现,集团必须对增量投入实行控制和调节,通过发挥投资中心的功能,来开拓新产品、发展新产业、拓展新市场。

一、企业集团投资管理目标

投资是拉动集团业务及规模增长的引擎,它决定着企业集团的扩展速度,因此投资管理是企业集团管理实践的重要内容,投资活动的成败关系到企业集团的经营效益,甚至关系到企业集团的生死存亡。任何投资必须有助于整个集团的经济效益、企业集团核心竞争能力的形成以及企业集团整体价值的最大化。

(一)确保集团总体战略的贯彻执行

企业集团的投资战略是指在企业集团经营总战略的指导下,根据各项条件的分析及对未来的预测所选择的最佳资源组合和运用方案。企业集团的投资战略是总体战略的一个构成要素,它的实施进程和最终结果必然影响着集团总体战略的贯彻执行。比如:企业集团确定了扩张型的总体战略,投资管理就需要考虑是通过多元化还是一体化来实现扩张目标,应选择进入哪些行业等。如果企业集团采用的是稳健型的发展战略,投资管理则需要考虑集团多余现金的流量方向。因此,对外投资管理的首要目标则是要能使企业集团的总体战略被有效地贯彻执行。

(二)保证投资规模与结构的合理性

集团投资整合自营资产可以维持并发展其竞争优势,延续企业的生命周期,但随着生产经营规模的不断扩大,更需要外部交易扩张型的发展战略使集团获得持续的、跳跃式的发展。由于集团的投资规模受到生产要素的资源和市场容量的双重限制,不可能无限增大。因此,通过投资管理,可以使集团投资确定有效和无效投资甚至是投资的界点,选择合适的对外投资规模。

(三)促使投资决策的科学性

科学的投资决策是投资战略目标得以实现的重要基础,是有效实施投资运作过程管理的前提条件。盲目地做多做大,会造成集团偏离发展方向,资金周转陷入困境,管理鞭长莫及。因此,投资管理的目标是要规范企业集团的投资决策程序,认真考虑国家的宏观政策导向和行业的竞争程度,评估投资风险,审视自身的资源结构和管理能力,考虑企业集团的经济规模和发展目标,合理确定投资战略,以有效地配置资产,实现企业价值最大化。

(四)保证投资实施的有效性

投资实施是集团企业依据投资决策方案,通过制定一系列的管理流程与制度,对投资立项、实施、跟踪分析到最后投资退出全过程的规范、制约和保证,以实现投资战略,获得预期收益的过程。投资实施过程是投资战略得以落实的最终环节,也是对外投资管理战略效果的几种体现。如果没有有效地对投资过程实施管理,投资活动难以保证最终的成功。

(五)有效地识别和控制投资风险

投资风险贯穿于投资的全过程,投资管理通过开展风险评估,准确识别、控制与投资目标相关的内部风险和外部风险,确定相应的风险承受度,并结合风险分析的结果,权衡风险与收益,采取适当的控制措施,避免经营风险、财务风险、市场风险及因个人风险偏好给企业集团经营带来的重大损失。

二、企业集团投资管理的内容

企业集团的投资应当综合考虑投资方向和规模、投资项目对集团发展的影响、集团内部结构等因素。对核心层和紧密层企业的投资管理宜采取相对集中或集中与分散相结合的投资体制,而对半紧密层和松散协作层企业宜采取受控制的、分散的投资体制。

企业集团总部的投资管理内容,包括两类:一类是集团总部直接投资项目,投资管理内容是全方位的,包括投资分析与论证、投资决策与运作以及业绩评价等环节。同时,应当明确投资决策权的行使在决策层和管理指挥层之间的分工。另一类是成员企业的投资项目,其侧重投资决策和运作,包括控制投资方向、控制投资规模、审定重大投资项目等。

对于成员企业的投资管理内容及其规模较小的投资项目,在集团总部的管理或影响下成员企业实行全方位管理。对于规模较大的投资项目,决策和运作权由总部行使,成员企业主要负责:①选择合适的投资项目,进行投资分析;②进行投资项目日常管理工作;③对投资业绩进行评价。

三、企业集团投资策略选择的要求

企业集团的投资,是集团实现其战略最根本的形式,企业集团作为投资中心应运用合理的投资策略,选择良好的方式,促使投资中心正常运作。

投资中心的投资策略应根据每一个历史时期、每一个发展阶段的产业发展状况,确定投资重点,以重点突进,带动企业集团的发展,最终实现发展战略目标。投资策略的选择,必须遵循竞争的规律,掂量自身的竞争能力和盈利能力。因此,应做到:①必须了解现有竞争对手过去的情况;②必须了解现有竞争对手现在的能力;③必须了解供求双方的购买能力和销售能力;④必须了解替代产品的替代能力;⑤必须分析以上四种因素相互作用所形成的合力;⑥必须了解到竞争的短期和长期效应。

企业集团成立后,应迅速制定集团的经营发展战略,确定实行开发性的投资,发展工业生产,实行贸、工、技结合,搞好综合经营的方向和目标。另外,为了保证投资长远目标的实现,集团应利用投资中心功能,与各子公司制定明确的发展规划和年度计划。

四、企业集团的投资方式

企业集团作为投资中心的投资方式一般采用联合式投资、扩张性投资和改造性投资等。

(一)联合式投资

企业集团以股票筹集资金,仍不足以满足庞大的资金需要,因此,企业集团作为投资中心,须善于采取发展式的投资办法,即外引内联投资法,利用所筹集到的资金去谋求发展,也就将资金以入股、合资或者合作的形式去再投资,外抓外资,内部联合。联合式投资可以避免集团资金、人、物等方面的劣势显现以致产生马太效应。

(二)扩张性投资

企业集团要谋求新的发展,或者基于集团整体布局、协作配套、响应支持等考虑,需要拥有某些行业或者某些项目,但受政策的制约、资金分布的影响、经营能力的限制或者需求成分的约束,新项目无法启动实施。于是,兼并、收购、租赁、承包等形式就成为企业扩张的有效投资形式。

(1)兼并。当企业集团已全部拥有某个企业的某个项目,并有能力经营好这个项目,而且可能全部收购该企业资产时,集团可以采取兼并方式,使之成为其全资公司或者直属企业。

(2)收购。当企业集团因资源状况、经营能力、需求大小的制约,而不能或不可能全部兼并某一个企业时,则可以采取部分收购的办法,成为某一个企业的参股方。

（3）租赁。当企业集团不必拥有某一个项目的资产和设备，而期望发挥市场信息、经营能力、生产管理等方面的优势，也可以采取租赁办法，将某一企业暂时性地纳入集团体系，从而进行协作配套，发挥整体优势。

（4）承包。当企业集团既欲发挥企业经营优势，又欲借助某些不景气企业的潜力时，可以采取承包经营的办法，使承包方的生产潜力、资源优势发挥出来，从而为股份公司赚取丰厚利润。

企业集团作为投资中心，必须确保投资效益，扩张到好的项目，可以产生正效应。但扩张不对路的项目，由于自身条件、资源状况、参与能力、政策变化等方面的影响，也有可能产生负效应导致企业亏损或破产。同时，在市场经济中，好项目、好机会会经常出现，而一个企业的扩张能力却是有限的，不可能尽得天下之利。因此，在扩张的同时，也要注意收缩，须知晓，收缩也是为了更好地扩张。对效益不好的项目或者企业，要不失时机地将资产转让、出售或者承包，保证企业集团利益不受到进一步的损失；同时，也有助于将抽出的资金投向效益前景更好的项目。

（三）改造性投资

企业集团的实业要发挥整体效应，必须重视和加强技术改造投资，特别要加快固定资产折旧，推进设备更新和引进技术的消化、吸收与改造。企业集团每年对固定资产清查一次，对盘盈的固定资产，以重置完全价值作为原价，按新旧程度估计累计折旧入账，原价减累计折旧价后的差额即转入更新改造资金。集团在处理折旧方面，应按重估值进行折旧，以保证充裕的资金和制度化的改造，适应日新月异的科技进步与产业更新换代。

企业集团为保证长久的后劲动力，须在资产的投入与营运方面充分重视改造性投资，才能形成持久的竞争力，产出不衰的效益。作为集团，也可以将改造性投资作为一个策略。许多集团外的老企业，自我更新、提高能力不足，无力进行技术改造，常需借助外力才能生存发展，而对于企业集团而言，要形成这些老企业的规模和生产能力并非能力所及，或者市场机会成本太大，不容许其进行全规模地介入。因此，一个绝好的选择，是对老企业进行资金介入，帮助其改造，参与分利，以最低的成本获取最大的效益。

企业集团作为一个投资中心，对其正确的理解是：企业集团为保证集团发展战略和整体效益的实现，对增量投入与存量调整实行控制和调节的功能整合。它不意味着完全的集团式集权，而是适度的集权与适度的分权。全资的独立公司，投资权绝大部分集中于集团本部，限额内由企业自主决定，从而形成小投资中心，但是具体项目须集团审议或备案；控股企业的投资权也基本上集中于集团本部，必须通过董事会加以贯彻实现；参股的企业其投资权由企业自主决定，但通过所派董事成员来贯彻集团意愿。企业的增资扩股或者产权转让，也基本采用如上的程序，从而保证了集团作为投资中心，通过投资调整产业结构，提高资产收益的作用。

投资中心的有效运作决不能建立在高度集权之上，否则易导致企业贻误投资良机。同样，投资中心的有效运作也离不开适度集权，否则易产生投资浪费。投资中心作用的发挥还需要增量与存量营运，才能从资产营运的角度上管理集团企业。

第四节 企业集团的利润分配

获取更大的经济利益是企业间相互结合的根本目的，是企业集团建立、巩固、发展的内在动力和客观基础。进行合理的利益分配,使各企业的利益目标得以实现,是调动各成员企业生产经营积极性,增强企业集团凝聚力的重要保证。

一、企业集团的利润分配体制

企业集团的组织结构和财务体制是复杂的,所采取的利润分配体制也不能单一化。集团总部应分不同情况综合采取下述利润分配体制:

(1)统收统支体制,即成员企业实现利润全部上交集团总部,集团总部依法缴纳所得税,并按规定分配税后利润。成员企业使用资金时由集团总部统一支付。核心层企业可采用这种体制。

(2)利润分成体制,即企业集团以一定方式按比例参与成员企业利润分配。具体方式又有两种:一是协议比例分成制,适用于核心层企业和实行承包租赁经营的紧密层成员企业;二是投资比例分成制,适用于控股层企业和以资金为纽带联结起来的紧密层和半紧密层企业。

(3)转移价格分配体制,即以制定合理的集团内部转移价格,来调节各成员企业间的利润分配格局。这种体制适用于企业集团对松散协作层企业的利润分配和成员企业之间的利益协调。

二、企业集团的利润分配方式

从现阶段的情况看,企业集团利润分配的方式大致可归纳为以下几种:

(一)利用集团内部结算价格进行各企业间的利益平衡

这种方法依内部结算价格采取的不同标准而有不同的实质内容,又以不同的作用范围和不同的表现方式存在于各个企业集团之中。由于这种方式简便灵活,被企业集团广泛应用。

(二)利用企业间利润分配往来的方式划分税后利润

这种方法即接受投资的企业以应付投资者利润和应付股利的方式将本企业实现的利润交付投资企业,投资企业(指核心层)再将此种收益按投资收益的股权性收益并入本企业净收益总额之中。这种方式是企业集团利益分配中最主要的方式,代表了企业集团利益分配的方向。

(三)利用企业间公积金等的统一使用作为利益分配的补充

这种方式一般见之于企业集团的小规模基本建设和内部福利设施的建设等。从实质上看,这是集团内部财力用于特定方向、近似于西方企业拨付特定留存收益的一种业务活动。由于这样的业务涉及集团内各企业的实际利益,因此也属于与集团利益分配相关的事项。

(四)利用各成员企业上交或负担核心层部分费用的方式弥补集团核心层对各企业付出的代价

这种方式多见于集团核心层只作为投资中心,担负着对各成员企业行使管理职能的情况。应当说,此种方式也是我国现阶段企业集团利益分配广为采用的方式之一。

以上四种方式在企业集团利润分配中有时表现为有主有辅,有时表现为交错共用,而更多地则表现为因不同的成员企业而被灵活选用。

三、企业集团的利润分配环节

企业集团利润分配的首要环节仍应为企业集团与国家之间的利益划分。这样的分配体现的是作为管理者的国家与企业集团间财务分配的关系,具体做法是企业集团的核心企业和紧密层企业一律按现行税法缴纳流转税,按所得税率缴纳所得税,纳税后的利润再经过各项法定提留等后作为应付投资者利润或应付股利在集团各个企业中进行分配。

企业集团利润分配最复杂的方面应属集团核心层与紧密层企业间税后利润的划分。这样的分配体现的内容是多方位的。比如,以控股方式形成紧密层的企业与核心层间的划分体现的是投资报酬返还的按资分配关系;以承包、租赁方式形成紧密层的企业与核心层间的划分体现的则是核心层向紧密层企业的所有者交付承包费和租金的有偿使用资产关系;而行政性合并形成紧密层的企业与核心层间的划分又体现为对群体经营或规模经营形成更多收益的共事关系等。由此可看出,税后利润的这种划分最有企业集团的特色,是企业集团利益分配的核心内容。

企业集团的利益分配还要体现核心层与非紧密层企业的利益分配关系。但是,这里讲的非紧密层企业应分两种不同的情况,即处于参股阶段的企业和只是订有合同、协议的协作企业。应当说,参股层企业与核心层间的关系与控股企业有着相同的性质,但由于核心企业尚未形成控股,还不能决定这种企业的财务政策和方针,因此,应对利益分配作更周密的考虑。而只有合作关系的企业则应完全从市场交往的角度按市场价格和预先定好的取资金额或取费比例来进行利益划分。

从上述内容可见,企业集团利益分配的特殊之处在于有着各成员企业间利润分配的事项。这样的事项又因紧密层企业、非紧密层企业、紧密层企业的不同方式及非紧密层企业与核心层不同的关系各有特殊的表现。因此,以每个企业集团的组成状况为依据,理清企业集团在利润分配格局上的特性,是处理好企业集团利润分配工作的第一步。

本 章 小 结

企业集团是以一个或多个大型企业为核心,以资本为纽带的控股公司及其附属公司组成的具有多层次组织结构的经济组织。

财务公司是为企业集团的内部成员提供金融服务的非银行机构,主要经办成员的信贷业务、结算业务和办理同业拆借业务,发行债券,以及经批准在境外从事外汇及有价证券交易等。它的融资渠道主要是:股票融资,银行融资,集团的资金融通。

企业集团的投资方式主要采用联合式投资、扩张性投资和改造性投资等。

企业集团的利润分配体制有三种:统收统支体制,利润分成体制,转移价格分配体制。企业集团利润分配的方式有四种:利用集团内部结算价格进行各企业间的利益平衡;利用企业间利润分配往来的方式划分税后利润;利用企业间公积金等的统一使用作为利益分配的补充;利用各成员企业上交或负担核心层部分费用的方式弥补集团核心层对各企业付出的代价。企业集团利益分配有三个环节:企业集团与国家之间的利益划分;集团核心层与紧密层企业间税后利润的划分;核心层与非紧密层企业的利益分配关系。

关 键 术 语

企业集团 财务公司 统收统支体制 利润分成体制 转移价格分配体制

思 考 题

1.企业集团财务管理有何特点?

2.企业集团财务管理面临哪些新问题？

3.如何理解财务公司的性质和功能？

4.企业集团有哪几种投资方式？

5.讨论企业集团的利润分配问题。

讨论要点：①企业集团的利润形成机制；②企业集团的利润分配环节；③企业集团的利润分配体制；④企业集团的利润分配方式。

案 例 分 析

让资产在流动中增值

——康佳资本运营启示录

以"康佳"彩电闻名遐迩的康佳集团，从1980年一个不足百人的来料加工小厂，发展到1991年向社会公开发行股票的股份有限公司，仅用短暂的10年就完成了生产型和经营型的两次转型，目前正在以收购、兼并等资本运营服务于企业的成长发展。当我们透视康佳这一飞跃的动力、阻力和合力时，感受到的是强烈的震撼。

动力篇

1993年康佳迈出了资本扩张的第一步。首先，与牡丹江电视厂合资组建牡丹江康佳实业公司（以下商称牡康），注册资本3 000万元，康佳以现金1 800万元投入，占60%股权；牡丹江电视机厂以厂房、设备等作价投入1 200万元，占40%股权。紧接着，1995年7月，康佳与陕西如意电气总公司共同组建陕西康佳电子有限公司（以下简称陕康），康佳出资1 200万元，拥有40%权益。1997年5月，康佳又一控股企业安徽康佳电子有限公司诞生了，康佳出资4 225万元，拥有65%的权益。加上康佳自我投入兴建的广东东莞康佳电子城，康佳已在中国彩电市场的"东西南北"布好了棋子，一个以彩电生产经营为核心、以资本为纽带的康佳集团初露峥嵘。

走资本经营的道路则体现了康佳的精明、冷静和实事求是。首先是对道路的选择。康佳算过一笔账，为实现年销售400万台彩电的规模，且不说建设周期和产品运销到全国各地的成本，单是需要的1万多名职工的工资，在特区内都将是巨大的成本支出。牡康、陕康圆了康佳这个梦，它们在成立的第一年分别生产彩电7.36万台和9.22万台，实现利润均超过千万元。仅仅四年牡康已从创立时的一条整机生产线、430名员工、15万台年生产能力的小企业成长为拥有三条整机生产线、1240名员工、70万台年生产能力的中型企业。至今，康佳仍无法想象，如果靠自我发展，要花多少钱，要用多少年才能达到目前的规模。

其次是康佳走在这条路上的方向。集团化往往伴随着多元化，但康佳却异常执着，自己生产彩电，找别人合作还是生产彩电。康佳也有其他产品，如音响器材、通讯产品、VCD等，但这些都不是康佳的主要精力集中点。正如总经理陈伟荣所说，康佳不是不搞多元化，而是时机未到，多元化的前提是在专业化领域取得优势。

阻力篇

技术可以输出，资金可以输出，可是一种观念、一种管理方式的输出就不那么容易了。

1993年，在深圳最起码的上下班打卡，在牡康员工却受不了；依照规定，厂内不准吸烟，上班不允许打瞌睡，而牡康的员工却依旧我行我素。仅第一年，员工主动炒企业鱿鱼的达五六十人。然而，康佳没有放弃自己的管理原则，一次次地向工人解释：没有严格的管理就没有合格的产品。短暂的磨合过去后,牡康员工终于能打出"争做康佳人"的旗帜,夹道欢迎前去调查的康佳管理者。

相同的情形继而在陕康出现。康佳在陕康继续推行严格的管理,推行合同制,推行能者上、庸者下的优胜劣汰机制。与此同时,康佳在生活上竭尽所能为员工创造温情:员工病了,厂里派人看望慰问;过生日了,厂里送上蛋糕,大家齐唱生日歌;给职工提供学习深造的机会……这些陕康人以前不常有的现在都有了。

陕康人终于明白了:"要享受主人翁的权利,就必须尽主人翁的义务。"忧虑没有了,行动自觉了。以往转换机型要停产一个星期作准备,现在陕康可以边生产边准备,几十分钟内完成机型转换。过去吃不消的人现在争相回到陕康。陕康在短短的时间里达到日产21英寸彩电630台,超过其最辉煌时500台的记录。康佳人说:"我们先要创造康佳的机制、康佳的文化。"康佳资本运营的重要内涵之一就是将他们在改革开放中最先得到的技术、信息和先进的管理体制、运行机制与国有企业的人才优势、成本优势以及资本存量优势相结合,构成新的增长点。这就是"康佳模式"。

合力篇

企业兼并总解决不好两个难题:一是钱从哪里来,二是人往哪里去。这两个难题解决不好,兼并也就随之泡汤了。而在这方面康佳是幸运的。

康佳先是得益于股票上市,使其募集了大量长期资本。正是利用部分募股资金,康佳兼并了牡丹江电视机厂。在1997年兼并安徽滁州电视机厂后,康佳的财务压力大大增加,解决燃眉之急的又是股票市场,康佳首次配股资金5.2亿元及时到位。

康佳股证券委经理陈亚光表示,股票市场不仅为康佳资本扩张带来了资金,而且还带来了信誉。

康佳在资本扩张时得到了当地政府的鼎力支持。据说,牡康合资协议刚签完,正巧牡丹江一位副市长在深圳出差。康佳把他请到公司,提出三点要求:一是整个管理要按"康佳模式",各方面制度基本上要全面移植;二是人事去留原则是择优聘用;三是市里各主管局对企业干预不要太多。对此,那位副市长一口承诺。就这样,牡丹江电视机厂分为两个厂区,以北厂最好的厂房、设备和业务骨干与康佳合资;南厂则承担了5 000万元的债务,每年偿还400万元的利息,同时负担176名退休工人。

不仅是牡丹江,陕西咸阳和安徽滁州政府也给康佳以巨大的支持——当地银行注入贷款,运输和电力部门服务上门,土地局以优惠价格出让土地建厂房……至今,康佳人在并购企业中最大的感慨是,要有政府的支持!

康佳启示

康佳的资本扩张历程既短暂,又简洁,用一句话总结便是:低成本横向一体化成长方式。康佳带给我们不少启示:

——经济结构要调整,重要的是企业兼并,资产重组,让资产在流动中增值。

——在企业兼并浪潮中,上市公司应发挥自身资本运作方面的优势,利用募股和配股资金,兼并亏损企业,走低成本扩张之路,实现集团化规模经营,造就中国的跨国企业。

——企业在兼并与被兼并过程中,要切实转换机制,从"输血"到实现"造血",才是兼并双方共同发展的基础。

——对于企业兼并,每一级政府都应给予支持,破除地方保护主义,该剥离的不良资产要剥离,该卸的包袱要卸下来,一个棋子活了,才可能满盘皆活。同时,还应注意少一些"拉郎配",多为企业兼并重组创造优良的环境。良好的外部环境形成了,企业资本扩张的潜能才会寻找到合理的方式发挥出来,越来越多新的"康佳现象"才会出现,市场经济的资源配置效率才会真正得以提高。

　　资料来源:陈雪.让资产在流动中增值[N].中国证券报,1997-09-17(1,5).

　　试分析康佳集团的投资策略。

第十二章 中小企业财务管理

本章要点

1. 中小企业的界定
2. 中小企业筹资渠道和方式、筹资特点、筹资管理
3. 中小企业投资方式和特点、投资管理
4. 中小企业财务发展的战略安排

第一节　中小企业财务管理概述

一、中小企业的类型与作用

(一)中小企业的类型

2011 年 6 月 18 日,财政部、国家统计局、国家发展与改革委员会及工业和信息化部共同发布了《关于印发中小企业划型标准规定的通知》,该通知对我国大部分行业的中小企业有了非常明确的界定。具体标准是根据企业的从业人员、营业收入、资产总额三个指标以及结合行业特点来制定的。

中小企业划分为中型、小型、微型三种类型,具体标准根据企业从业人员、营业收入、资产总额等指标,结合行业特点制定。

各行业划型标准为:

(1)农、林、牧、渔业。营业收入 20 000 万元以下的为中小微型企业。其中,营业收入 500 万元及以上的为中型企业,营业收入 50 万元及以上的为小型企业,营业收入 50 万元以下的为微型企业。

(2)工业。从业人员 1 000 人以下或营业收入 40 000 万元以下的为中小微型企业。其中,从业人员 300 人及以上,且营业收入 2 000 万元及以上的为中型企业;从业人员 20 人及以上,且营业收入 300 万元及以上的为小型企业;从业人员 20 人以下或营业收入 300 万元以下的为微型企业。

(3)建筑业。营业收入 80 000 万元以下或资产总额 80 000 万元以下的为中小微型企业。其中,营业收入 6 000 万元及以上,且资产总额 5 000 万元及以上的为中型企业;营业收入 300 万元及以上,且资产总额 300 万元及以上的为小型企业;营业收入 300 万元以下或资产总额 300 万元以下的为微型企业。

(4)批发业。从业人员 200 人以下或营业收入 40 000 万元以下的为中小微型企业。其中,从业人员 20 人及以上,且营业收入 5 000 万元及以上的为中型企业;从业人员 5 人及以

上,且营业收入 1 000 万元及以上的为小型企业;从业人员 5 人以下或营业收入 1 000 万元以下的为微型企业。

(5)零售业。从业人员 300 人以下或营业收入 20 000 万元以下的为中小微型企业。其中,从业人员 50 人及以上,且营业收入 500 万元及以上的为中型企业;从业人员 10 人及以上,且营业收入 100 万元及以上的为小型企业;从业人员 10 人以下或营业收入 100 万元以下的为微型企业。

(6)交通运输业。从业人员 1 000 人以下或营业收入 30 000 万元以下的为中小微型企业。其中,从业人员 300 人及以上,且营业收入 3 000 万元及以上的为中型企业;从业人员 20 人及以上,且营业收入 200 万元及以上的为小型企业;从业人员 20 人以下或营业收入 200 万元以下的为微型企业。

(7)仓储业。从业人员 200 人以下或营业收入 30 000 万元以下的为中小微型企业。其中,从业人员 100 人及以上,且营业收入 1 000 万元及以上的为中型企业;从业人员 20 人及以上,且营业收入 100 万元及以上的为小型企业;从业人员 20 人以下或营业收入 100 万元以下的为微型企业。

(8)邮政业。从业人员 1 000 人以下或营业收入 30 000 万元以下的为中小微型企业。其中,从业人员 300 人及以上,且营业收入 2 000 万元及以上的为中型企业;从业人员 20 人及以上,且营业收入 100 万元及以上的为小型企业;从业人员 20 人以下或营业收入 100 万元以下的为微型企业。

(9)住宿业。从业人员 300 人以下或营业收入 10 000 万元以下的为中小微型企业。其中,从业人员 100 人及以上,且营业收入 2 000 万元及以上的为中型企业;从业人员 10 人及以上,且营业收入 100 万元及以上的为小型企业;从业人员 10 人以下或营业收入 100 万元以下的为微型企业。

(10)餐饮业。从业人员 300 人以下或营业收入 10 000 万元以下的为中小微型企业。其中,从业人员 100 人及以上,且营业收入 2 000 万元及以上的为中型企业;从业人员 10 人及以上,且营业收入 100 万元及以上的为小型企业;从业人员 10 人以下或营业收入 100 万元以下的为微型企业。

(11)信息传输业。从业人员 2 000 人以下或营业收入 100 000 万元以下的为中小微型企业。其中,从业人员 100 人及以上,且营业收入 1 000 万元及以上的为中型企业;从业人员 10 人及以上,且营业收入 100 万元及以上的为小型企业;从业人员 10 人以下或营业收入 100 万元以下的为微型企业。

(12)软件和信息技术服务业。从业人员 300 人以下或营业收入 10 000 万元以下的为中小微型企业。其中,从业人员 100 人及以上,且营业收入 1 000 万元及以上的为中型企业;从业人员 10 人及以上,且营业收入 50 万元及以上的为小型企业;从业人员 10 人以下或营业收入 50 万元以下的为微型企业。

(13)房地产开发经营。营业收入 200 000 万元以下或资产总额 10 000 万元以下的为中小微型企业。其中,营业收入 1 000 万元及以上,且资产总额 5 000 万元及以上的为中型企业;营业收入 100 万元及以上,且资产总额 2 000 万元及以上的为小型企业;营业收入 100 万元以下或资产总额 2 000 万元以下的为微型企业。

(14)物业管理。从业人员 1 000 人以下或营业收入 5 000 万元以下的为中小微型企业。

其中,从业人员 300 人及以上,且营业收入 1 000 万元及以上的为中型企业;从业人员 100 人及以上,且营业收入 500 万元及以上的为小型企业;从业人员 100 人以下或营业收入 500 万元以下的为微型企业。

(15)租赁和商务服务业。从业人员 300 人以下或资产总额 120 000 万元以下的为中小微型企业。其中,从业人员 100 人及以上,且资产总额 8 000 万元及以上的为中型企业;从业人员 10 人及以上,且资产总额 100 万元及以上的为小型企业;从业人员 10 人以下或资产总额 100 万元以下的为微型企业。

(16)其他未列明行业。从业人员 300 人以下的为中小微型企业。其中,从业人员 100 人及以上的为中型企业;从业人员 10 人及以上的为小型企业;从业人员 10 人以下的为微型企业。

(二)中小企业的作用

中小企业是中国数量最大、最具创新活力的企业群体,在促进经济增长、推动创新、增加税收、吸纳就业、改善民生等方面具有不可替代的作用。中小企业提供了 50% 以上的税收,创造了 60% 以上的国内生产总值,完成了 70% 以上的发明专利,提供了 80% 以上的城镇就业岗位。中小企业的重要作用和地位具体表现在以下几个方面:

1. 中小企业是国民经济的重要增长点,是推动国民经济持续发展的一支重要力量

中小企业在我国的国民经济发展中,始终是一支重要力量,是我国国民经济的重要组成部分。中小企业作为市场竞争机制的真正参与者和体现者,在很大程度上可以说是经济发展的基本动力,反映了经济分散化、多样化性质的内在要求,体现出中小企业的先进性、革命性和生命力之所在。同时,中小企业以其灵活而专业化的生产和经营,给配套的大企业带来协作一体化的好处,大大节约了成本,减少了风险,增强了盈利性。

2. 中小企业是增加就业的基本场所,是社会稳定的重要基础

中小企业的一大特点就是面广量大,开业快,投资少,竞争激烈,经营灵活,对劳动者劳动技能要求低,且大部分是从事劳动密集型产业,因而吸纳劳动力的容量相对较大,能创造更多的就业机会。我国作为一个工业化水平较低、人口众多的发展中国家,妥善解决劳动力的出路问题是国家长治久安、社会稳定的根本保障。据测算,对于相同的固定资产投资,国有中小企业占用国有资产仅 17%,吸纳就业量却达 74%,吸纳的就业容量为大型企业的 14 倍,而对于相同的产值,中小企业吸纳的就业容量为大型企业的 1.43 倍。中小企业的这种吸纳就业和再就业人员的蓄水池功能,对社会稳定起到了重要的作用。

3. 中小企业是促进农业、农村经济发展和增加地方财政收入的重要财源

中小企业是地方财政收入的重要来源。我国各级政府 80% 的财政收入来源于中小企业。尤其是在我国的县域经济中,中小企业占有很大的比重,中小企业的发展直接为地方财政提供税源。事实上,哪个地区的中小企业效益好,那里的财政收入就比较宽松,群众的负担就比较轻,干群关系就比较协调,社会稳定也有了牢固的基础。

4. 中小企业是技术创新方面的生力军作用

中小企业是科技创新的重要源泉,是推动科技尽快转化为生产力的重要力量,中小企业往往是一个国家技术进步的重要载体。中小企业是经济发展中的增长点,是技术创新的重要力量,这不仅体现在中小企业呈现出以知识和技术密集型取代传统的劳动密集型、资本密集型的发展趋势,而且由于中小企业经营灵活、高效的特点,把科学技术转化为现实生产力所耗费的

时间和经历的环节也大为缩短。事实上 20 世纪主要发明中 60％是由独立发明人或小企业贡献。因为高科技产业是高风险产业，大企业一般注重常规生产，不愿意冒风险。而小企业往往成为科技转化为生产力的"试验田"。我国中小企业中的高新技术企业，在科技创新、技术开发等方面意识强、行动快，成为名副其实的技术创新生力军。典型的如山东青岛海尔、江苏春兰集团都是由中小民营企业发展起来的，其科技水平现已处于世界领先地位。

5. 中小企业对活跃市场具有主导作用

社会需求的多层次决定了商品市场的多层次。在这方面与大企业比较，中小企业大多是纺织、鞋帽、家电等行业，具有贴近市场、经营机制灵活等优势。尤其是在外部环境恶化时，大企业的应变比较慢，中小企业船小易掉头，对经济变化能作出迅速反应。中小企业的存在和发展，还可以保证市场活力，促进市场竞争，避免少数大公司对市场的垄断。中小企业可以利用其经营方式灵活、组织成本低廉、转移进退便捷等优势，更快地接受市场信息，及时研制满足市场需求的新产品，尽快推出，占领市场。中小企业本钱小，风险大，但机制灵活，富于创新，可以利用自己的优势，活跃在竞争十分激烈的领域，参与那些大型企业不愿涉足的"多品种"、"小批量"、"微利多销"和维修服务领域，以及新兴领域，从而使整个市场活跃起来。

6. 中小企业成为产品出口的重要力量

世界各国的中小企业的产品出口，活跃了国际市场。日本在 20 世纪 50—60 年代的经济腾飞时期，中小企业产品出口的比重达 40％～60％，为日本成为世界贸易大国奠定了坚实的基础。我国的对外出口产品中，工业制成品的比重逐年增加。其中一些大宗出口产品，如服装、手工业品、五金工具、轻工、纺织、玩具等产品，主要靠中小企业提供。我国的众多中小企业利用机制灵活优势和低劳动力成本优势，生产出口了大量劳动密集型产品，为我国出口创汇的提高和外贸事业的发展作出了重大贡献。在出口产品增长的同时，引进外资逐年增加，在境外开办企业也有了新发展。

7. 中小企业能够更有效、更经常地利用地方性的资源

大企业由于生产规模巨大，采用多层次集中控制的方法对生产实施管理，有利于使用大宗资源。对量少、分散的资源不易有效利用，或者造成运输或管理成本过高，中国幅员辽阔、国情复杂、发展很不平衡，适合中小企业开发、利用的资源很多。即使在大都市中，贴近居民生活、为都市消费与工商业服务的许多经济事业与项目，都具有浓重的地方化、社区化特色。这些活动很难由少数大企业做好，更不用说包办。这正是广大中小企业的用武之地。

8. 中小企业在制度创新中发挥重大作用

在市场经济导向的体制改革中，中小企业因其改革成本较低，可以起到改革"试验田"和"前驱"的角色，率先进行各种改革尝试，为更大规模的改革提供经验。中小企业还可以提供就业机会，吸收在改革过程中从国有大企业中精简出的人员，从而减少改革带来的社会压力。另一方面，通过大量中小企业的创办与充分的市场竞争，能够培育出大批企业家人才并培养企业家精神。这种宝贵的企业家资源和精神，对中国社会具有极为深远的重大历史作用。而国有大企业，因其与传统体制、政府机构的关系，很难从中培育出足够数量与质量的企业家，更难以形成企业家精神的氛围。

9. 中小企业能更好地提供个性化的服务

随着社会经济的进步和人们生活水平的提高，人们越来越追求适合自己个性的生活。中小企业以其机制灵活、贴近市场、规模较小、沉没成本和退出成本均较低等特点，可以直接为顾

客提供个性化的服务,满足客户定制需求,提高消费者的生活质量。

二、中小企业财务管理存在的问题

目前中小企业财务管理主要存在以下问题:

(一)融资困难,资金严重不足

与大企业相比,中小企业的总资本利润率、流动资金比率、生产率等都较高,但融资能力总是不足,从而使企业的成长能力受到限制。目前我国中小企业初步建立了较为独立、渠道多元的融资体系,但是融资难、担保难仍然是制约中小企业发展的最突出的问题。

(二)投资能力较弱,且缺乏科学性,投资效果不好

一是中小企业投资所需资金短缺。银行和其他金融机构是中小企业资金的主要来源,但中小企业吸引金融机构的投资或借款比较困难。二是追求短期目标。由于自身规模较小,贷款投资所占的比例比大企业多得多,所面临的风险也更大,所以它们总是尽快收回投资,很少考虑扩展自身规模。中小企业大都没有科学有效的投资评价程序和方法,有时仅凭运气和估计进行投资,造成投资成功率不高。三是投资盲目性,投资方向难以把握。

(三)财务控制薄弱,财务管理水平低下

具体表现为:一是对现金管理不严,造成资金闲置或不足。二是应收账款周转缓慢,造成资金回收困难。原因是没有建立严格的赊销政策,缺乏有力的催收措施,应收账款不能兑现或形成呆账。三是存货控制薄弱,造成资金呆滞。很多中小企业月末存货占用资金往往超过其营业额的两倍以上,造成资金呆滞,周转失灵。四是重钱不重物,资产流失浪费严重。不少中小企业的管理者,对原材料、半成品、固定资产等的管理不到位,出了问题无人追究,资产浪费严重,不少中小企业的管理者对原材料、半成品、固定资产等的管理不到位,出了问题无人追究,资产浪费严重。

(四)管理模式僵化,管理观念陈旧

一方面,中小企业典型的管理模式是所有权与经营权的高度统一,企业的投资者同时就是经营者,这种模式势必给企业的财务管理带来负面影响。中小企业中相当一部分属于个体、私营性质,在这些企业中,企业领导者集权现象严重,并且对于财务管理的理论方法缺乏应有的认识和研究,致使其职责不分,越权行事,造成财务管理混乱、财务监控不严、会计信息失真等。企业没有或无法建立内部审计部门,即使有也很难保证内部审计的独立性。另一方面,企业管理者的管理能力和管理素质差,管理思想落后。

第二节　中小企业的筹资和投资管理

一、中小企业筹资的特点

与大型企业筹资相比,中小企业筹资具有以下特点:

(一)抵押与担保受到限制

在市场经济条件下,信用在经济生活中起着十分重要的作用。中小企业由于规模小、实力弱,因而资信较差,若要获得信用贷款,一是要提供信用抵押,二是要提供信用担保。

由于中小企业在发展过程中,大量依靠集体或者采用合资合作方式,在不同程度上,存在产权不明晰、法律障碍多的现象,因此无法用作贷款抵押品。再加上中小企业本身的高风险、

低信用,使其难以获得满足银行要求的贷款担保人。而随着我国金融改革力度的进一步加大,金融机构以传统的贷款业务扩张为主的管理模式逐渐向以贷款安全性为主的管理模式转变。在中小企业一无合适的抵押品,二无担保人,自身资信又很低的情况下,获得金融机构的信用贷款是困难的。

(二)直接筹资受到限制

目前我国直接筹资的比重约占社会融资总规模的25%左右,扣除国债直接融资部分,直接融资在企业外部融资中仅占10%左右。实际上,当前阻碍我国直接融资效率提高的障碍并不在于证券市场的发育程度,而在于制度性因素。如包括股市和债市在内的直接融资市场准入方面的所有者及规模的限制等,均阻碍着资本按市场的要求流动。尽管近年来宏观政策方面出现了一些有利于中小企业尤其是高新技术企业发行上市的氛围,但A股市场的高门槛仍将绝大多数中小高新技术企业拒之门外。此外,中小企业直接融资的种类偏少,主要是股票和为数不多的债券及少量的投资基金。这些都限制了中小企业直接筹集资金的需求。

(三)筹资目标多样化

中小企业筹资目标很多,有的追求资金成本最低,有的追求还款期长,还有的追求偿债风险最小等,筹资目标的多样性决定了中小企业筹资方式的多样性。

二、中小企业筹资渠道和筹资方式

(一)筹资渠道

(1)国家财政资金。《国务院关于进一步支撑小微企业健康发展意见》中指出要设立国家中小企业发展基金。中央财政安排资金150亿,分5年到位。该基金主要用于引导地方、创投机构及其他社会资金支持处于初创期的小型微型企业。

(2)银行信贷资金。目前,我国信贷资金的主要提供者是商业银行。我国的商业银行包括国有商业银行、其他商业银行以及区域性银行和外资银行等种类。其中,国有商业银行包括中国工商银行、中国农业银行、中国银行和中国建设银行;其他商业银行包括交通银行、中信银行、中国光大银行、华夏银行、招商银行、中国投资银行、中国民生银行等;区域性银行包括广东发展银行、上海浦东发展银行、上海银行等。银行信贷资金是银行对企业的各种贷款,它是目前我国中小企业最主要的资金来源。

(3)非银行金融机构的资金。非银行金融机构的资金是指信托投资公司、保险公司、融资租赁公司、证券公司、企业集团所属的财务公司、典当行等为企业提供的信贷资金。如信托投资公司主要从事信托、委托、代理等融资业务;保险公司开办的金融业务主要是短期贷款、中长期投资、证券投资等;财务公司主要办理企业集团内部成员之间的存款、贷款、内部转账结算、票据贴现等融资业务;典当行是专门为中小企业(一般非国有企业较多)和个人提供短期融资服务的一种特殊金融机构。

(4)其他企业资金。企业间的相互投资和商业信用的发生,也是企业资金的一项重要来源,如吸收直接投资、商业信用等。

(5)民间资金。居民手中的结余货币,是游离于银行和非银行金融机构之外的个人资金,这些个人资金形成民间资金的渠道,为企业所用,如吸收直接投资,发行股票、债券等。

(6)企业自留资金。企业自留资金是指企业内部形成的资金,如计提固定资产折旧、无形资产摊销、产生留存收益等。

(7)外商资金。外商资金是指国外投资者以及我国香港、澳门、台湾等地区投资者投入的资金。

(二)筹资方式

筹资方式主要是解决在筹资渠道既定的情况下,采用什么是最合理的手段来筹措资金的问题。筹资渠道是企业筹措资金的来源和方向,筹资方式是企业筹集资金所采用的具体方式。具体来说,中小企业资金的筹集方式有以下几方面:

1.权益筹资方式

(1)吸收直接投资。吸收直接投资是指企业按照"共同投资、共同经营、共担风险、共享利润"的原则来吸收国家、法人、个人、外商投入资金的一种筹资方式。它是非股份有限公司筹措资本金的基本形式。中小企业在资金紧张时,可以吸收愿意加盟的投资者投入的资金,以增加企业的资本金。

吸收直接投资的重大出资者都是企业的所有者,他们对企业具有经营管理权。如果企业经营状况好,盈利多,各方可按出资比例分享利润;但如果企业经营状况差,连年亏损,甚至破产清算,投资各方则必须按其出资比例在出资限额内承担损失。

吸收直接投资,投资者的出资方式有:现金投资、实物投资、产权投资、土地使用权投资等。投入资本的出资方式除国家规定外,应在企业成立时经批准的企业合同、章程中有详细规定。对于出资方式,《中华人民共和国公司法》有以下规定:股东以实物、知识产权、土地使用权出资的,应当进行评估,核实财产,不得高估或者低估作价,并依法办理其财产权的转移手续。

吸收直接投资的优点有:①吸收直接投资有利于尽快形成生产经营规模,增强企业实力;②吸收直接投资可以根据其经营状况好坏,向投资者进行回报,财务风险较小;③吸收直接投资还可以有利于获取先进设备和先进技术以提高企业的生产水平。

吸收直接投资的缺点有:①资金成本较高。特别是在企业经营状况较好和盈利较多时,向投资者支付的报酬是根据其出资的数额多少和企业实现利润的多少来计算的。②容易使企业的控制权分散。采取直接吸收投资,投资者一定都要获得与投资数量相适应的经营管理权,如果某投资者出资达到一定的比例,则能对企业完全控制。

(2)发行股票。股票是股份公司为筹集自有资金而发行的有价证券,同样也是投资人投入股并取得股利的凭证。股份是股份有限公司投资人的投资份额以及股东权利和义务的计量单位。股份是股票的实质内容,股票是股份的证券形式。发行股票与吸收直接投资相比,股份有限公司可以将其所需筹资的自有资金划分为较小的单位,这就为不同的投资者在投资、转让、抵押和继承等方面提供了方便。通过发行股票筹资具有以下特点:①投资具有永久性。投资者投资入股后,公司只要在经营存续期间,投资人就不能直接向公司退股,只能通过证券市场进行转让。因此,发行股票筹集到的资金是永久性资本。②收益具有风险性。股票的收益包括红利和差价,前者是由公司产生利润后进行的股利分配收益,后者是低价买入高价卖出的投资收益。这些收益大小均与公司的经营业绩、股利政策、持续获利能力等有关,故具有一定风险。③持股者有权参与决策。投资者凭其股票持有权参与企业的经营管理和利润分配,并对企业的经营状况承担责任。因此,股东为了从保护资本的安全性、收益性和责任有限性出发,必然要参与公司的经营决策、筹资决策、投资决策和股利分配决策,以维护自己的正当权益。④可转让性。股票持有者可在证券交易所将股票按一定的价格转让给愿意购买该股票的投资者,从中收回投资并取得一定收益。

随着我国中小企业股票板块的兴起,符合条件的中小企业可以通过发行股票的方式筹集资金。这种筹资方式可以在短期内筹集到大量的资金,但其筹资成本比较高,筹资条件也相对严格。因此,我国绝大部分中小企业目前尚无法运用发行股票来筹措资金。

(3)企业内部资本积累。中小企业权益性筹资的最主要方式是减少甚至不分配盈利,实现盈余的资本化,以此来增加企业的资本总额。资本积累筹资具有机动性大、方式简便、几乎没有筹资成本、企业主动性大等优点。但资本积累方式与其企业利润分配政策相关,如果处理不当,将影响股东情绪,遭到股东的反对。

我国中小企业自有资金少、自身积累严重不足已是一个毋庸置疑的事实。随着中小企业在国民经济中地位的逐步提高,这种通过自身资本积累方式来寻求自我滚动式发展的模式已经不能适应发展的要求,中小企业还需要新的金融服务和制度创新。

(4)吸收创业投资。创业投资又称风险投资,是指专业性或非专业性投资人为具有一定潜力、快速成长并可以为经济增长作重要贡献者和增长点的新兴企业提供一定期限的股权性资金支持,并且通过经营管理服务对所投资企业进行全方位培育和辅导,在企业发育相对成熟后通过上市、转让等手段推出投资企业,以实现资本增值,然后开始新一轮的投资活动。

创业投资最先产生于美国,经过半个多世纪的探索,不仅造就了微软、网景、雅虎、戴尔等全球高科技产业的佼佼者,而且带动了大批中小企业的发展。创业投资在我国最早起步于1985年。创业投资具有以下特点:①权益性。创业投资通常是一种权益资本,而不是借贷资金,它主要为新兴的、快速成长的企业尤其是为上市创业企业提供资金支持。②高风险性。风险投资的高风险性是由风险投资的对象决定的。风险投资的对象一般是高科技中小企业的技术创新活动,它看重的是投资对象潜在的技术能力和市场潜力,因而具有很大的不确定性,即风险性。从新产品的研究和开发到推向市场是一个较长的过程,其中每一个环节都可能面临许多失败的风险。③投资对象多为处于创业期的中小型企业,尤其是高新技术企业。只有高新科技企业才能给风险投资以高的回报,也只有高科技行业才能蕴藏着如此高的风险。虽然高新技术产业的风险性大,但是产品附加值高,因而收益也高,反映了风险投资的特点,因此当然地成为风险投资的绿洲。④高期望回报。风险投资者之所以愿意承受比一般的商业投资者高得多的风险,是因为这种高风险的背后同样隐藏着比一般商业投资更高的平均利润率。这种高收益主要表现在中长期的整体回报上。一旦一两个项目获得成功,就会带来比一般的商业投资平均利润率高得多的收益。⑤中长期性。风险投资的投资周期要经历研究开发、产品试制、正式投产、扩大生产到盈利规模进一步扩大、生产销售进一步增加等多个阶段,直至最后风险企业上市,再经过一段股权持有期,风险投资者才可以收回风险资本,获得资本增值收益。由于风险资本所投资的风险企业从创建到上市前,股权变现较为困难,股权持有期通常在3～7年之间,甚至长达10年,因此风险投资具有中长期性。⑥高参与性。风险投资者在向高技术企业投入资金的同时也参与企业或项目的经营与管理,因而表现出很强的"参与性"。由于投资的高风险特征,风险投资家为了有效地降低风险,一般会监督所投资的企业,从产品的开发到商业化生产,从机构的设置到人员的安排,从产品的上市到市场的开拓、企业形象的策划等,都离不开风险投资者的积极参与。⑦周期性。创业投资者通过中长期持股为所投资企业提供一种长期发展的资本条件,但其并不永久性地持有其股权,也不以股利为主要收益,更不是为了长久经营企业,而是等所投资企业相对成熟、股权资本增值后,通过股权转让方式退出投资,再以获得的收入开始新一轮投资。

中小企业吸收风险资本来源,主要来自四个方面的投资者:

一是"天使"投资者。"天使"投资者是指创业企业的第一批投资人,他们在公司产品和业务成型之前就已投资进来,以帮助年轻公司迅速成长。

二是风险投资公司。风险投资公司大部分通过风险投资基金来进行投资,这些基金一般以有限合伙制为组织形式。

三是产业附属投资公司。这类投资公司往往是一些非金融性实业公司下属的独立风险投资机构,它们以直接股权投资为主要业务,并通过股权转让获取收益。

四是金融机构。银行、保险公司等通过即将上市的风险企业和风险企业的杠杆收购业务提供资金,或直接投资于合伙制的风险公司,以期获得更高的投资回报。

中小企业取得风险投资应具备的条件:①高科技。因为高技术行业本身就有很高的利润,而领先的或受保护的高技术产品(服务)更容易使风险企业进入市场,并在激烈的市场竞争中立于不败之地。②小规模。大多数风险投资者更偏爱小企业的原因是:首先,小企业技术创新效率高,有更大的活力,更能适应市场的变化;其次,小企业的规模小,需要的资金量也小,风险投资公司所冒风险也就有限,而且由于小企业的规模小,其发展的余地也更大,因而同样的投资额可以获得更多的收益。③范围。一般的风险投资公司都有一定的投资范围,主要包括两个方面的内容:一是技术范围,风险投资公司通常只对自己所熟悉行业的企业或自己了解的技术领域的企业进行投资;二是地理范围,为了便于沟通和控制,风险投资公司所资助的企业大多分布在公司所在地的附近地区。④市场。主要包括产品市场规模、产品市场需求特性、市场进入难易程度和潜在增长;产品差别化程度,企业创造独一无二产品的技术技能及专利保护有效性;产品和技术被替代的可能性及其时间概率、潜在的竞争者数目。⑤管理。风险投资家资助的是那些已经组成了管理队伍,完成了商业调研和市场调研的风险企业,一般不会单给一项技术或产品投资。但事实上,只有极少数的项目在资金投入前就已经有了实际上的收入以及具备了初步经营条件。⑥经验。现有的风险投资行业越来越不愿意去和一个缺乏经验的风险企业家合作,尽管他的想法或产品非常有吸引力。在一般投资项目中,投资者都会要求风险企业家有从事该行业的工作经历或成功经验。

一般来说,风险投资的运作包括选择、协议、辅导、退出四个阶段。第一阶段是选择阶段,即选择投资对象,主要工作是获取较多、较优的投资方案,并且筛选和评估这些投资方案,对众多投资方案进行相互比较,从中选择较优的方案,作出是否投资的决策。第二阶段是协议阶段,风险投资公司在完成项目选择之后就需要与被投资的风险企业进行实质性接触,共同协商投资方式、投资条件等有关权利和义务,最后形成有法律效力的合资文件,作为进一步发展的依据。第三阶段是辅导阶段,风险投资者完成风险投资项目的选择并且与风险企业达成合作协议后,风险投资者就要按协议要求,提供风险资金,参与风险企业的经营管理,并协助其进行产品开发和市场开发,风险投资者参与风险企业管理的目的是为了保证风险企业的高速发展,使风险投资早日实现回收。第四阶段是退出阶段,退出阶段是一个完整风险投资周期的完成阶段,投资者进行风险投资的目的并不是为了获得对风险企业的长久控制权,并在投资过程中取得利润分配,而在于通过风险投资的退出,从股权增值中获得高回报。根据风险企业的经营状况和外部金融环境的不同,风险投资的退出方式可分三种:一是将风险企业改组为上市公司,风险投资公司将其持有的股票在公开市场中抛售,收回投资和实现风险收益;二是风险投资公司将其持有的股份转让给其他投资者,或者风险企业被其他企业兼并;三是因风险企业经营失败等原因宣布破产,这意味着风险投资的失败。

2.负债筹资方式

(1)发行债券。债券是社会各类经济主体为筹集负债性资金而向投资人出具的、承诺按一定利率定期支付利息并到期偿还本金的债务凭证。债券体现了债券持有人与发行人之间的一种债权、债务关系。其具有以下特点:①流动性。债券可以在证券市场上流通转让。②收益性。债券持有人可以定期获得固定的债券利息。③安全性。由于债券发行要进行信用等级评定,而且大多需要担保,因此投资风险较低。债券可由个人或单位购买,既可以转让、继承,也可以作为抵押品,但不能提前兑现。债券持有者与企业之间是一种借贷关系,持券人可按其获取利息,到期取回本金,但无权参加经营管理,不承担企业经营亏损的责任和义务。

(2)信贷融资。信贷融资是企业负债筹资的一种主要方法,包括企业从银行和非银行金融机构借入各种资金,即指企业根据借款合同从有关银行或非银行金融机构借入的需要还本付息的款项。

信贷融资的优点:一是融资成本低,银行借款的资本成本比发行股票要低得多;二是筹资时间短,企业向银行借款,手续相对比较简单,能在较短时间内完成资金的筹措;三是筹资具有一定灵活性。

信贷融资的缺点:一是财务风险比较大,企业向银行借款,定期要付利息,到期要还本;二是限制条件多,银行贷款讲究流动性、安全性和效益性,只有经营状况好,信誉程度高的企业,才能取得一定的贷款;三是筹资金额有限;四是由于宏观经济环境的变化,存在着利率变动的风险。

随着我国金融制度、管理和工具的不断创新,目前中小企业信贷融资具有多样性,归纳起来主要有:①普通贷款。即一般的商业银行贷款,适合所有的中小企业,但企业必须提供一定形式的担保才能获得。担保形式一般包括抵押、质押和保证三种。用于抵押的财产多为房屋、机器或土地,抵押率通常不超过70%;质押贷款要求以当事人的动产或权利作为质物,质押率一般不超过90%;保证方式贷款需要借款人向银行提供有足够偿债能力的第三方(通常是企业),为贷款提供保证承诺。②信用担保贷款。目前在我国已有100多个城市建立了中小企业信用担保机构。这些机构大多实行会员制管理的形式,属于公共服务性、行业自律性、自身非营利性组织。而相比银行,担保公司对抵押品的要求更为灵活,不仅有有形资产,无形资产亦可作抵押,其品种多达几十种。中小企业可以向专门开展中介服务的担保公司寻求担保服务。为保障担保人利益,担保公司往往要求企业提供反担保措施,它不仅包括担保公司与企业协商的种种条件,还包括担保公司对企业财务状况的考察。③贴息贷款。即由政府部门负责贷款的全部或部分利息,而由银行提供的贷款。贴息贷款支持的重点是国家产业政策、区域经济政策和资源环保政策需要扶持的企业。贴息贷款种类很多,一般来说,确定贴息的部门即为负责补贴的部门,国债贴息特别适合存续期较长、必须推进技术改造和产品升级换代的中小企业。④综合授信。所谓综合授信,即银行对一些经营状况好、信用可靠的企业,授予一定时期内一定金额的信贷额度,企业在有效期与额度范围内可循环使用。对于正常贷款,若企业一次借1 000万元一年期,就必须按1 000万元一年期的利率付给银行利息,且这笔利息是从借款当天开始还起。而综合授信则是企业在1 000万元的额度内若只使用100万元资金,则只需交100万元的利息,若贷款只使用3个月就按3个月的利率还利息。综合授信为企业在融资过程中节约了成本。除了节约资金利息的成本以外,还有一个工作成本的节约过程,综合授信实行一次性审批,企业可以一次性准备申请材料,银行也可以一次性对企业进行审查。⑤买方贷款。如果企业的产品有可靠的销路,但在自身资本金不足、财务管理基础较差、可以提供的担保品或寻求第三方担保比较困难的情况下,银行可按照销售合同,对其产品的买方提供贷款支持。卖方可以向买方收取一定比例预付款,解决生产过程中的资金困难;或者由买方签发银行承兑汇票,卖方持汇票到银行贴现。

(3)商业信用。商业信用是以赊购或赊销等商业信用方式进行的筹资,包括赊销商品、应付商业票据和预收货款等。赊销商品是指先收货后付款的购买方式,这种筹资的特点是购货方收到货物时,既不支付货款,也不出具借据,而是形成应付账款到期支付;应付商业票据是指购货方利用商业汇票的结算方式进行交易而形成的债务筹资,由于商业汇票具有一定的付款期限,因此企业利用应付票据筹资可以做到"借鸡生蛋";预收货款是销货方要求购货方预先支付货款,而后按商定期限到期交货的一种筹资方式,这种方式一般要求企业商品紧俏,或商品销售具有优越条件等。

(4)融资租赁。融资租赁是企业根据自身设备投资的需要向租赁公司提出设备租赁的要求,租赁公司负责融资并采购相应的设备,然后交付承租企业使用,承租企业按期交付租金,租赁期满时承租企业享有停租、续租或留购设备的选择权。融资租赁是一种适应性较强的融资方式,是集融资与融物、金融与贸易于一体的新型金融产品。它已成为国际资本市场上仅次于银行信贷的第二大融资方式,目前全球近三分之一的投资是通过这种方式完成的。与其他融资方式相比,融资租赁具有满足中小企业融资的独特优势,是目前我国劳动密集型中小企业融资的最佳方式。

融资租赁具有以下特点:①融资租赁降低了中小企业的融资门槛。融资租赁对企业整体的资信能力要求不高。融资租赁交易中,由于出租人在整个租期内始终拥有租赁物的所有权,可以确保出租人的财产安全并有效规避经营风险。因而出租人对承租人的审查更注重其使用租赁设备产生的现金流量,而不过多强调出租人整体的资信能力,对承租人的资产负债要求不高。这正可以规避中小企业整体资信能力较差的劣势,使其较容易获得融资。②融资租赁手续简单。银行贷款须经层层审批,不符合中小企业资金需求量小、期限短、需求急、频率高的特点;而融资租赁对企业整体的资信能力要求低,不需要额外担保,对企业的信用审查仅限于项目本身,因此信用审查的手续简单。③融资租赁有助于中小企业的设备更新,减少设备陈旧过时的风险。融资租赁是金融与贸易相结合的投资方式,企业筹资与购买设备的一步完成可以加快设备的更新,促进技术进步,增加企业的竞争力。而且,采用融资租赁方式添置固定资产,融资租赁的期限一般是资产可使用年限的75%,企业可根据对设备技术更新周期的预测确定租赁期限,租赁期限届满,一旦设备过时,就选择停租,换掉旧设备,租用更新的设备,从而可以减少设备陈旧过时的风险,把设备陈旧过时的风险转嫁给出租方。④融资租赁租金分期支付,降低了中小企业的财务风险。银行贷款一般是到期一次还本付息,这会给财务基础较弱的中小企业造成很大的偿债压力,有时甚至会造成因不能偿付债务被迫申请破产的风险。而融资租赁却可以根据每个企业的资金实力、销售季节性等情况,制订灵活的还款计划,例如租金可以逐期支付、延期支付、递增或递减支付等,这样就使中小企业自身的现金流量情况与还款计划相匹配,可以减轻企业的偿债负担,减少到期不能偿付的风险。

三、中小企业筹资管理

中小企业在制定筹资策略时,应充分考虑以下几个方面,以保证筹资的合理性。

(一)以"投"定"筹"

筹资的目的是为了投资,企业的筹资策略必须以投资策略为依据,筹资的时机、规模和组合必须依据投资项目的情况而定。当然,这并不否认在制定投资策略时应考虑的筹资能力,但企业在制定筹资策略之前,必须确定投资策略。

(二)量力而行

企业筹资和使用资金是有代价的,其中有些筹资的代价表现为企业要承担一定的债务。这时,就要考虑企业的偿还能力,如果负债过多,企业就可能入不敷出,资不抵债。因此,企业筹资时,必须全面衡量企业的收益情况和偿还能力,做到量力而行。

(三)具有配套能力和消化能力

配套能力是指企业的生产要素(如人力、财物、技术、管理等)与筹措的资金、资产协作配合的能力。消化能力是指企业对筹集的资金、资产、技术吸收掌握、运用和管理能力。配套能力和消化能力直接影响到企业的投资效益,进而决定着企业的偿还能力。因此,企业在进行筹资时,必须综合考虑企业的各种生产要素,寻求一种能使各种生产要素彼此协调的方案。

(四)降低筹资成本

筹资成本是指企业为筹资和使用资金而付出的费用,包括:资金筹集过程中发生的费用(如企业发行债券支付给承销商的佣金),资金使用过程中发生的支出(如利息、租金、股息等)。筹资成本是筹资效益的决定因素,它的大小是企业筹资与否的基本前提。

(五)保持对企业的控制权

一些企业的筹资方式是以让渡一定的所有权为条件的,如股权性融资;也有一些筹资方式会使企业今后的经营活动受到一定的限制,如债权性融资中债权人提出的限制性条件。企业所有权、控制权的部分丧失,常常会影响企业生产经营活动的独立性,对企业近期和远期发展都有重大影响。因此评价企业筹资方案时,必须把企业所有权、控制权的丧失作为一个重要因素加以考虑。

企业要充分考虑筹资管理的难度。企业筹资管理的难度主要表现为企业在筹资过程中涉及的审批程序和组织管理工作两个方面。筹资的审批程序又涉及筹资方案能否得到批准及审批机构的工作效率两个方面。前者取决于国家政策及有关机构的规定;后者取决于审批机构的层次及人员的工作效率等。筹资过程中的组织管理工作难度主要取决于筹资的范围、投资者的意愿以及对筹资条件的要求。企业筹资管理的难度决定企业能否得到资金以及为此而付出的代价,是企业在评价筹资方案时应着重考虑的因素。

(六)适当安排筹资的期限结构

筹资的期限结构包括付息的时间和还本的时间。决定企业筹资期限的因素,主要是企业投资以及生产经营需要。企业在制定筹资策略时,需要预先安排好偿还顺序,防止多种债务同时到期,或过分依赖于某一种筹资方式。

(七)要控制企业资产负债率和偿债率

企业负债率和偿债率过高,会引起企业的信用危机和支付能力不足。在确定企业资产负债率和偿债率时应考虑投资收益、经营信誉、预期的投资收入时间和支出时间等因素。企业资产负债率和偿债率是决定企业承受债务能力的重要指标。

(八)重视税款减免和社会条件的制约

企业筹资的税款减免是指企业由于筹资经营而减免的税款,如国家规定某些盈利企业兼并亏损企业可免交部分税款。企业筹资的社会条件制约主要指国家法律、法规对企业筹资的限制。因此,企业筹资时应掌握国家税收政策、筹资规定等限制条件。

(九)提高企业的竞争能力

企业可以通过实施筹资策略,提高市场竞争能力。一是通过筹资、兼并可达到减少竞争对手的目的;二是通过筹资提高了企业的信誉;三是通过筹资能实现扩大市场占有面的目的,这也是企业筹资时不能忽视的因素。

四、中小企业投资管理

(一)中小企业的投资特点

与大企业投资相比,中小企业投资具有以下特点:

1.中小企业投资风险大

中小企业的经营环境具有不确定性,由于其生产经营有很大风险,因此也造成了投资预测风险性极大。同时,受资金量的限制,中小企业不可能将资金分散投资在多个项目上,而往往专注于某一项投资,因而不能有效地分散投资风险,加剧了其投资的风险程度。

2.中小企业投资可能出现过度投资或投资不足的情况

当新的投资机会来临,并能较容易地获得投资资金时,中小企业往往缺乏冷静的态度,会倾向于更多的投资,甚至出现过度投资。如果资金短缺,许多中小企业可能选择利用贷款进行投资,则会由于受到借款金额的限制而造成投资不足。

3.中小企业投资决策缺乏科学性

在投资决策中,应用最广泛的是现金流量法,它包括净现值法和内含报酬率法。而中小企业投资由于受决策者个人的资金、时间价值观念和消费偏好的影响,因此不一定会采用这种方法。其原因是:①中小企业投资项目依据的管理目标是多元化的,除了财务目标外还有其他目标,并非是现金流量最大化。②由于中小企业竞争激烈,受专业知识技术、资产的影响,多会在原行业生存。为了能在新产品、新技术不断出现的形势下得以存活,就要追加投资以提高产品质量,而此时的投资并不取决于现金流量的多少。③中小企业的投资活动还要受外部利害关系人的约束。在通常情况下,主要利害关系人的要求会对企业的投资决策产生重大影响。例如,客户在得到某项特殊产品或服务后要求企业提供售后服务,而企业为了达到这一要求可能需要进行新的投资。该项投资的主要目的是企业能够给客户带来更好的服务,确保客户满意,因而单纯现金流量无法反映这一目标。

(二)中小企业的投资方式

1.直接投资

直接投资,也称生产性投资,是指把资金只直接投放于生产经营性资金流,以便获取利润的投资,如购置设备、兴建厂房、开办商铺等。直接投资的目的除了获利之外还有扩大生产规模、增加市场占有率等。

2.间接投资

间接投资又称证券投资,是指把资金投放于金融性资产,以便获取股利或者利息收入的投资,如购买政府公债、购买企业债券和企业股票等。间接投资的主要目的是为了获取利润,中小企业采用的间接投资方式主要有以下几种:①投资于金融企业,开办或参股银行、保险公司。②投资于股票、债券等金融资产。③投资于产权市场,通过产权交易和企业并购,获得生产能力。

以上三类投资方式的共同点在于,它们都不直接进行固定资产投资,从宏观经济的角度分析,它们介于投资行为和储蓄行为之间,具有某种"中间性",并且其中有的方式更接近于储蓄行为。

(三)中小企业的投资战略

投资是中小企业财务管理的核心,是关系到企业生死存亡的关键因素。企业投资战略必须以企业总体发展战略为导向,同时成为企业进行具体投资活动的依据。

1. 中小企业投资战略的分类

(1)按投资战略的性质及发展方向可分为进取型、保守型和退却型投资战略。

(2)按投资战略的投向特征可分为专业化和多元化投资战略。

(3)按投资领域的产业特征可分为资金密集型、技术密集型和劳动密集型投资战略。不同类型的投资战略适用于不同类型与阶段的企业。

2. 中小企业选择投资战略应考虑的因素

(1)市场机会和风险。

(2)企业发展目标和阶段。

(3)企业现有投资规模和结构。

(4)企业内部经营管理状况。

3. 中小企业投资战略的选择

(1)进取型投资战略。由于中小企业一般处在孕育期和发展期,在发展方向上应选择较为积极的投资战略,因此,进取型投资战略应该是其首选战略。具体分为以下两种情况:①处于孕育期、经济实力较弱的企业,由于对外筹资能力一般较低,主要通过内部积累实现企业扩张,战略上应选择内涵发展型投资战略。通过在资源(包括原材料、能源、人力、社会关系等)、技术、销售等方面有侧重地开发,逐步扩大企业生产,增强企业实力。②处于成长期、综合实力较强的中小企业,由于已经具备了一定的规模和抗风险能力,因此在投资方向上具有了更大的自由度,这类企业既可选择内涵方向的投资,也可根据市场的发展选择时机进行外延投资,即结合企业所属行业特征、企业管理能力、规模实力、发展目标及产品结构等一系列因素,选择专业化或多元化的投资战略。

事实证明,由于多元化投资对企业管理能力、规模实力要求很高,因此中小企业在多元化投资上成功的案例很少。中小企业只有在其主业非常稳定、管理机制健全成熟的基础上,才可考虑选择适当时机,拓展其他产业。

(2)退却型投资战略。在经济大环境不景气、企业发展空间萎缩的情况下,中小企业可选择退却战略,及时从亏损领域抽回资金和人员,重新寻找有发展前途的领域。

(3)保守型投资战略。当企业的产品市场已经趋于饱和,企业又无力开辟新市场时,选择保守型投资战略有利于企业产品的转向。

4. 中小企业投资产业方向的选择

投资产业方向的选择是关系企业长远发展的关键问题。中小企业在选择时必须充分考虑市场机会、竞争状况、企业自身综合实力及产品技术特点等因素。

在传统经验习惯上,中小企业投资产业的战略选择,基本遵循着"劳动密集型→资金密集型→技术密集型"的发展路线。处在创业时期的中小企业,在资金比较匮乏的情况下,应首先考虑劳动密集型投资战略,当然,这也需要以劳动成本较低为前提。若企业已具备一定的资金实力,且市场出现了较好的投资机会,企业应适时选择资金密集型投资战略。但考虑到自身抗风险能力的局限,中小企业应高度重视投出资金的流动性和安全性,防范财务风险。当企业具备了雄厚的技术力量和研究开发能力时,如高科技中小企业,则应选择技术密集型投资战略,但这种战略需要有强大的市场营销和资金投入作支持。

需要说明的是,随着知识经济时代的到来,在风险投资机制日益建立的今天,中小企业(尤其是高新技术企业)在投资产业选择中有了更多的空间。在作为技术密集型产业的 IT 业中,众多中小企业迅速崛起的经验,给予了企业家们更多的启发与激励。

第三节　中小企业财务发展战略

一、中小企业财务发展的基本思路

中小企业发展所面临的环境特征决定了中小企业发展财务战略的特殊性。发展中小企业财务战略的基本思路应该是:

(一)良好的资本结构

资本结构是指权益资本与债务资本的构成及其比例关系。良好的资本结构为企业发展创造良好的信用潜力。优化资本结构,就是企业应在权益资本和债务资本之间确定一个合适的比例结构,使负债始终保持在一个合理的水平上,不能超过自身的承受能力。在通常情况下,负债经营的临界点是全部资金的息税前利润等于负债利息。在达到临界点之前,企业提高负债将使股东获得更多的财务杠杆利益。一旦超过临界点,加大负债比率会成为财务危机的前兆。同时,中小企业要在资金结构上追求配比性。而且,中小企业资金运用决定其筹资类型和数量。

(二)营运资金的良性循环

营运资金的良性循环可以为企业生产经营的内涵扩大提供保障,相对于大企业而言,中小企业由于缺乏外部筹资能力和内部资金调度余地,因此加强营运资金管理显得尤为重要。这就要求中小企业具备资金运转较快,资金结构合理,时间调度能力强,自身调剂能力强,资金运作具有一定抗风险和应对突发问题的能力。

(三)优越的理财环境

优越的理财环境可以为企业开拓发展空间提供条件。优越的理财环境包括具有完整的会计资料,合格的会计人员、财务管理人员,良好的管理环境,适合理财的管理制度等。

二、中小企业的财务战略

财务战略是指在企业战略统筹下,以价值分析为基础,以促进企业资源长期均衡有效地流转和配置为衡量标准,以维持企业长期盈利能力为目的的战略性思维方式和决策活动。财务战略既从属于企业战略,又制约和支持企业战略的实现。在知识经济、信息经济和网络经济日趋占据主导地位的超强竞争时代,企业的优势只能来源于比竞争对手更有效和更快速地培育、积蓄和更新资源。现在很多企业开始关注战略管理,谋求制定和实施一种既能够充分利用自身优势,又能够对激变的环境作出快速反应的有效战略。在这个过程中,制定有效的财务战略,对中小企业的成功来讲是很必要的。

(一)做好财务管理基础工作,提升企业财务管理层次

对于中小企业来讲,注重财务管理的大局,提升财务管理的层次是很有必要的。具体应注意以下问题:

第一,配备专职财务管理人员,加速培养财务管理人才,使企业的财务工作走向规范化,以提高管理效率。特别是我国在加入WTO后,市场竞争更趋激烈,财务管理也会随之更加复杂,中小企业若缺乏财务管理专门人才,可以借助社会上的专家系统提高企业的财务管理水平。

第二,加强财务控制,建立完备的财务管理制度和监督机制。如:规范物资采购、收发、销售的操作程序,避免将财务管理、记录、审核等一系列工作交由一人去做,财务资料要定期整理分析和不定期检查,查出问题要及时处理等。

(二)分析企业所处的环境,选择合理的财务战略模式

财务战略的选择,必须借助于对企业政治法律环境、经济环境和社会文化环境等进行系统的分析。否则,制定出背离企业实际的财务战略,非但不能促进企业成长,反而会给企业带来可能是致命的失败。在进行财务战略环境分析时,不仅要了解战略环境的内容,还要了解它对企业资本流动及财务运营影响的性质和特点。一般地讲,财务战略的环境分析包括对政治法律环境、经济环境(经济体制、社会经济结构、经济周期、通货膨胀、行业竞争、管理创新)和社会文化环境(教育、文化、科学、观念)的分析。在充分分析的基础上,对企业所处的发展周期阶段可以有一个正确的界定,然后再选择符合自己的财务战略模式:是扩张型财务战略、稳健型财务战略还是防御收缩型财务战略。中小企业在进行分析时,需注意以下两个方面:一是不同的环境因素对企业财务活动的影响是不同的,各项因素虽表现出一定的相对独立性,但它们又是作为一个整体对财务活动起作用的,因此在战略的环境分析时,要充分考虑各种因素对资本流动、营运资金管理影响的综合性、联系性,不能只考虑个别因素的影响。二是环境是一个多层次、多要素的集合体,表现出明显的复杂性和不确定性,它对财务活动既有积极的影响也有消极的影响,由于任何企业都无法对全部环境因素及其对财务活动的影响进行评估和预测,因此只能设法找出与本企业财务活动最为密切的因素。

(三)财务战略中的筹资战略

筹资战略就是企业根据内外环境状况和趋势,对筹措资金的目标、结构、渠道和方式等进行长期和系统的谋划,旨在为企业经营战略的实施和企业长期竞争力的提高提供可靠的资金保证。筹资战略要解决的主要问题是企业的筹资方针,即筹资的主要来源、基本条件,以及改善筹资关系的基本对策等。如何制定有效的筹资方针,应做到"完善自身、增多渠道"。这对中小企业的发展有着很大的意义。

(1)完善自身,积极解决"贷款难"问题。中小企业财务信息透明度低,担保主体又无法确切落实,使得银行不敢轻易放贷。针对这种情况,中小企业应以更长远的眼光完善自身,除了努力提高自身收益水平之外,还要努力树立好的信用形象,按期偿还贷款,积极和银行取得联系,增进双方了解。有条件的话,企业可以建立自己独特的内部信用评价体系,以诚信为基础,提供自己有关信用评价的信息,用以解决现今中小企业信用评价的困难。目前,中小银行尤其是一些地方性商业银行正在成长之中,中小企业可以同它们增进交往,共同商定企业的发展规划,力争取得银行的理解和长期的支持。此外,中小企业应按银行规定使用借入资金,取得银行的信任。

（2）创造条件，争取从社会募集资金。通过向社会集资募股不仅可以增强中小企业的发展后劲、减轻竞争压力，还可以打破原有的权益结构，突破家族式管理的约束，增强公众对企业的了解，提高知名度。目前，中国证监会对中国证券市场进行了重大改革，具有相当规模和实力的股份制中小企业，可以考虑创造条件争取在主板市场发行股票融资。另外，很多中小企业，尤其是一些高新技术企业和成长型的中小企业，可以通过进入创业板的方式融资。此外，中小企业还可以允许投资者以厂房、机器设备、材料物资、无形资产等方式参与投资。

（3）向职工集资，扩大资金规模。内部职工集资不仅为企业在发展进程中扩大资本规模提供了新的途径，而且能进一步密切职工与企业的关系，增强企业的凝聚力。

（四）财务战略中的营运资金管理战略

相对于大企业而言，中小企业由于缺乏外部筹资能力和内部资金调度余地，因此加强营运资金管理显得尤为重要。中小企业营运资金管理，虽然在内容上与大企业并无太大区别，但在管理思想和管理原则上还是有所不同。从中小企业营运资金管理的特征看，应该从以下方面着手进行战略规划：①在资金运用上，要维持一定的付现能力，以保证日常资金运用的周转灵活，预防市场波动和贷款困难的制约。要加强现金管理，对企业的现金流量作准确的分析。②加强存货管理，建立科学的库存储备以缩短库存周期，对库存呆滞积压物资，采取灵活方式快速变现。③加强应收账款的管理，建立和完善应收账款管理体系，要采用科学的方法对风险予以识别和控制。要掌握对方企业的基本情况，收集其经营状态的信息，了解其信用状况，判断其还债和信用履行能力。在应收账款政策上，一要通过现金折扣和缩短收账期促使对方早日还款，二要将收款责任落实到销售部门和销售人员身上。

（五）财务战略中的投资战略

投资战略主要解决企业的投资方针，即投资的重点、强度、速度，以及投资效益的最低限和投资风险的最高限。中小企业应本着"稳健投资、适时扩展"的原则，制订投资方案，促进企业的长远发展。针对中小企业的特征，在投资方面应注意以下几点：

（1）稳健理财，切忌盲目扩展。中小企业在寻求发展过程中常犯两个错误：一是将营运资金用于固定资产投资。中小企业营运资金周转一般比较紧张，但若经济形势较为景气，也有可能实现较丰厚的利润积累。这种情况下，中小企业往往会对营运资金周转不甚关注，而急于扩大固定资产投资，从而导致营运资金周转新的紧张。二是分散投资。中小企业在发展过程中，为了避免产品单一情况下过大的经营风险，力图通过多样化投资和多角化经营分散风险。然而，分散投资很容易导致原有经营项目上营运资金周转的困难，而投资新的项目时又不能形成一定规模，难以建立竞争优势。因此，中小企业在进行新的固定资产投资或多样化投资之前，必须首先筹措必要的长期资本，以确保原有经营项目营运资金周转不因新的投资受到影响。

（2）积蓄财力，适时实现规模扩大。中小企业实现发展的关键在于：一是日常要做好积蓄财力的准备，二是要抓住有利时机实现发展。当然，财力的积蓄和规模的扩大不可能一次完成，只能是分次实现。初步的财力积蓄为初步的规模扩大提供基本的资本保证，而规模的初步扩大又可为新的财力积蓄提供条件。

（3）加强风险的预防和控制。在新经济形势下，由于知识更新的速度越来越快，信息传播处理和反馈的速度越来越迅猛，创业投资的风险也随之越来越大。因此，中小企业必须树立正确的风险观，善于对环境变化带来的不确定性因素进行科学预测，有预见性地采取各种防范措施，使可能遭受的投资风险损失尽可能降到最低限度。

(六)财务战略中的收益分配战略

中小企业应采取稳健的、适度偏低的收益分配政策,在日常做好积蓄财力的准备。只有这样,才能抓住有利时机,实现发展。第一,中小企业在收益分配前,必须将企业的内外多种因素综合起来考虑,如债务条款、现金流量、筹资能力、投资机会等,根据企业所处的环境,考虑以后的发展,制定收益分配政策。第二,在知识经济时代,企业间的竞争主要是人才的竞争,只有留住企业的优秀人才,才能保证企业未来的发展动力,所以在分配时,还要重视人力资本的收益分配。如何通过制定适合的分配政策来激励企业员工、留住优秀人才,是中小企业应该研究的课题。

(七)财务战略中的成本控制战略

成本控制是财务战略的一个重要组成部分,前提是企业要树立起成本观念。首先,中小企业应根据企业生产经营灵活性较强、生产过程的复杂性和难度不高的特点,建立规范的成本控制制度,确定成本费用会计处理的原则和成本费用的开支范围,制定明确的成本费用核算的会计业务规程,科学地选拔和任用成本会计人员。其次,中小企业应加强成本预算的执行力度,实现预算控制。再次,中小企业应利用"船小好调头"的特点,采用作业成本管理、成本企划等方法,提高企业经济效益。最后,中小企业应积极采用目标成本管理,通过建立和完善目标、组织、运作和考核四大体系,不断完善企业目标管理制度,明确企业成本管理的责任,使成本费用得到有效的控制。

本 章 小 结

中小企业是国家经济的柱石,它在我国经济发展中具有极为重要的地位和作用。同其他大型企业一样,中小企业也面临财务问题,这将是决定其成败之关键所在。本章首先对我国中小企业的概念界定、种类、总体概况以及其在国民经济中所处的地位和作用进行了介绍,分析了中小企业在财务管理方面存在的问题,并对中小企业如何确定筹资融资方式、制定投资融资战略以及财务发展战略进行了比较全面系统的论述。

关 键 术 语

中小企业　投资管理　筹资管理　财务发展战略

思 考 题

1. 我国是如何界定中小企业的?
2. 中小企业在我国国民经济中的地位如何?
3. 中小企业筹资有何特点?主要有哪些筹资渠道和方式?
4. 中小企业投资有何特点?主要有哪些投资方式?
5. 中小企业应选择怎样的投资策略?
6. 中小企业如何安排财务发展战略?

案 例 分 析

万芳百货案例

万芳百货是一家区域型零售企业,年销售额15亿元,是B市零售业龙头企业。同时,在B

市还有一家以社区性综合超市为主营业态的零售企业——月凯超市。月凯超市年销售额为 6 亿元,屈居 B 市零售业老二的位置。从销售额来讲,万芳百货无疑是 B 市零售业老大,但从门店数和占领的网点资源来看,月凯超市则更有竞争力。万芳百货在 B 市及周边区域仅有 6 家百货店,而月凯超市则有大大小小 40 多家门店。

万芳百货和月凯超市都暗自将对方视为竞争对手。起初,由于双方业态差异,针对的消费者定位不同,竞争态势并不明显。但随着月凯超市在万芳百货周边开设几家大卖场,而万芳百货当仁不让地在月凯超市对面开设一家 GMS 综合卖场,两家的火药味开始浓烈起来。

一山不容二虎。万芳百货的老板张万芳早就有心收购月凯超市,但苦于没有足够的资金。万芳百货曾经跟月凯超市高层就并购事宜进行过多次接触,都因对方要价过高,超出自己的承受能力而作罢。因此,张万芳心中一直打着这样一个算盘:上市融资,再以"股票+现金"的方式收购月凯超市,但万芳百货尚不具备足够的把握冲刺股市。为了保险起见,融资之后再上市,则是万芳百货较为可行的办法。

王经理的许诺

万芳百货刚萌生上市的念头,就已经有风险投资机构找上门来。在朋友的介绍下,张万芳会见了某风险投资机构的王经理。王经理对零售行业颇有见地的分析让张万芳感到兴奋。"百货行业如今面临着很好的机遇。自 2007 年以来,整个百货行业保持了 17% 左右的速度增长,比其他业态的增长幅度都要高。难能可贵的是,百货业这种增势要保持 10 年左右",王经理话机一转,说可以投资 500 万美金帮助万芳百货上市,并给出了一份详细的行业研究报告,报告详细描述了百货业广阔的投资前景。

张万芳感到既兴奋又不安。兴奋的是,如果资本运作得好,万芳百货就可以解决资金问题,收购月凯超市自然不在话下,并且可以借资本之力做强做大;不安的是,如果操作不当,反而会给企业带来巨大的损失。几年前一位企业家朋友的惨痛教训至今让他记忆犹新。

当年,很多中国企业对上市还很陌生的时候。张万芳的一位朋友——深圳凤祥鞋业公司的老板李凤祥就已经开始摸索。从小作坊起步,经过数年的努力,李凤祥的公司发展为现金流约 5 000 万元的大企业。这时,有风险投资机构劝说李凤祥上市,并承诺投资数百万美金。李凤祥被投资经理说动,毅然同意。

上市之后,这家风险投资把手上的股票抛售套现后就退市了。然而,所抛售的股票被另外一家海外投资机构 B 集团所收购,再加上从二级市场上购买的股票,B 集团共持有李凤祥鞋业公司 40% 的股份,已经成为凤祥鞋业的最大股东。B 集团购买股票的最终目的是为了低价买进,整合之后再高价卖出,从中赚取差额利润,这与李凤祥的经营思路存在严重的分歧。半年后,势单力薄的李凤祥被排挤出董事会。

运营总监的看法

李凤祥的教训像块石头一样压在张万芳心头,他决定在公司内部召开会议讨论。在张万芳把他的疑虑说出来之后,运营总监提出了他的看法:"万芳百货之所以存在被收购的风险,主要是由于公司规模小,风险投资的 500 万美金就可以占据很大比例的股份。如果我们提高公司内部人员持股比例,不就可以防范此事了吗?"

"道理谁都明白,可问题是公司没有雄厚的资本啊。"张万芳一脸苦笑地说。

"公司净资产是有限,可是我们还有 600 多名员工呢。其中光经理级别以上的就有上百人,他们谁家没有几十万的存款?"运营总监继续阐述他的看法,"我们可以鼓励员工购买公司股份,在内部集资,这样可以保证公司内部占有大比例的股份,防止被恶意收购。而且,还可以增强员工的积极性和对企业的忠诚度。"

运营总监的一番话赢得了大多数人的赞同。大多数人对上市持乐观态度,他们的理由很充分:上市对企业的长远规划有着相当重要的作用;另外,上市公司在与银行的合作上,形式更灵活,可以做到无抵押贷款,节省了很多资金成本;再者,上市公司可以赢得政府更多的扶持;最后,上市对公司的社会形象、对企业文化建设的推动作用、对员工的凝聚力等都有很大的帮助。

风险总监的看法

风险总监认为万芳百货上市时机不太成熟,存在极大风险,而投资机构的煽动更不可信。

首先,万芳百货是否能够成功上市还是个问题。就公司目前的状况,买壳上市不太可能,只能采取 IPO 的方式上市。但万芳百货尚处于发展阶段,管理不规范,盈利能力也处于行业中低水平,IPO 成功率很低。一旦失败,公司不仅士气受挫,引发员工对公司前景的担忧,而且,还要为此花费财务顾问费、辅导费、会计师审计费、律师费、评估费、公关费等数百万元。

其次,即便万芳百货成功上市,也面临重重考验。企业要遵守股票交易所规则、证券法规,规范管理财务、信息披露等。提高透明度会暴露企业许多商业机密,万芳百货通过政府公关取得的税收优惠、商业物业低价租金等将会被竞争对手得知,产生潜在的危机。

在公司内部集资也存在政策上的风险。在操作上,员工持股必须委托员工持股会或者工会来集中托管和日常管理,而员工持股会所依据的法律文件中关于股份转让、股份继承、股份回购、预留股份等问题与相关上市规则存在矛盾,反而成为企业上市的障碍。

根据案例作出分析判断:万芳百货公司是否应上市? 上市需要承担多大风险?

第十三章 非营利组织财务管理

本章要点

1. 非营利组织的概念、作用及特征
2. 非营利组织财务管理目标、特点、内容和方法
3. 非营利组织资金来源的构成、特征及其管理
4. 非营利组织资金运用的内容、特点及其管理

第一节 非营利组织概述

一、非营利组织产生的背景及其作用

(一)非营利组织产生的背景

非营利组织是于 20 世纪 20 年代中期在全球范围内悄然兴起的,到 20 世纪末,各种类型的非营利组织纷纷涌现。根据美国约翰·霍普金斯大学的政府行为和非营利部门研究专家莱斯特·M·赛拉蒙(Lester M. Salamon)教授对 41 个国家的非营利组织的比较,非营利组织占 GDP 的 4.6%,占非农业就业人口的 5%,占服务业就业人口的 10%,相当于公共部门就业人口的 27%,非营利部门中志愿者的规模大约为非营利部门总就业人口的 30%。在非营利组织比较发达的美国,2012 年非营利组织总数就达 170 万个,10% 的美国人在非营利机构工作。据官方数据,2013 财年美国共有经过联邦税务局批准、登记豁免联邦所得税的非营利组织 159.9 万个,其中 105.24 万个是符合《国内税收法》第 501(c)(3)条款规定的公益慈善组织。若加上其他非营利组织,全国真实存在的非营利组织数量还要更高。国会的公共政策研究部门"国会研究服务部"发布的报告显示,2009 年 7 月美国各种非营利组织和慈善机构约有 150 万个,它们的资产总额大约 4.24 万亿美元,向国税局申报的年收入将近 2 万亿美元,雇佣的员工占全国就业人口的 10%,即使把那些由私人设立、以向其他组织或特定人群捐款为主要业务的基金会除外,资产总额和年收入也分别有 2.6 万亿美元和 1.4 万亿美元。这还只计算了年收入 25 000 美元以上的非营利组织,因为年收入不到 25 000 美元的不需要申报(2010 年之后,年收入不到 5 万美元的无需申报),它们占了总数的接近一半。

非营利组织的产生有着深厚的市场经济背景。在市场经济条件下,一方面,政府由于过度多层化,政治程序比较复杂,难以对社会需求作出及时回应;另一方面,由于消费者与生产者之间存在信息不对称,消费者无法准确判断生产者所提供商品的质量,难以制止生产者提供劣质商品来获取额外利润。由于这种政府与市场在提供公共物品方面存在的局限性,导致了对非营利部门的需求,因此介于政府和市场之间的非营利组织应运而生。非营利组织是对政府与

市场的必要补充,其与政府及市场之间存在频繁的互动和交换关系。

非营利组织有多种组织形态,包括基金会、慈善组织、学会、协会、研究会、促进会等,涉及社会福利、教育培训、医疗保健、社区服务、生态环境、科学技术、文化艺术、国际合作、宗教等诸多领域。

(二)非营利组织产生的理论依据

自从 20 世纪 70 年代以来,在北美和欧洲,学术界对非营利组织的研究急剧增加,即使在东欧,对非营利组织也给予了高度关注,出现了很多有代表性的理论。

1.政府失灵和市场失灵理论

维斯博德(Weisbrod)最早从政府失灵和市场失灵的角度来解释非营利组织存在的原因,他采用了剩余分析的策略来论证非营利组织存在的必要性。他认为政府、市场和非营利部门在满足个人物品的需求(包括私人物品和公共物品)方面存在相互替代性。公共物品无法由个别消费者和生产者通过市场交易来提供,即市场失灵。

然而,米亚(Meyer)认为政府提供的任何公共物品的数量和质量都是由政治决策过程来决定的,而政府对公共物品的提供倾向于反映中位选民的需求,导致了公共物品对部分选民的过度供给,同时对另外一部分选民供给不足,导致了政府失灵。

在维斯博德的分析框架中,政府、市场和非营利部门在满足个人对于公共物品需求方面存在相互替代性关系,非营利组织在捐赠人的资助和志愿者的无偿劳动以及政府的支持下得以存在,政府和非营利组织在满足公众需求的背景下共同存在,是互补关系。

2.合约失灵理论

汉斯曼(Hansmann)最早提出了该理论,从营利性组织的局限性入手,来分析非营利组织部门的功能需求。现有的经济学理论认为,在某些特定的条件满足前提下,营利性组织会以体现社会效率最大化的数量和价格来提供商品和服务。但是在有些领域,消费者与生产者在关于产品和服务的质量和数量上存在明显的信息不对称,在这种情况下,营利性企业很可能利用自己在信息不对称中所占的优势地位欺骗消费者,谋求自身利润最大化,导致合约失灵。

3.慈善理论

罗斯-阿克曼(Rose-Ackerman)则从供给的角度来解释非营利组织存在的原因,认为非营利组织领导人通过创造非营利组织来传递他们的价值和理念,为了传播他们的价值和理念,他们建立了非营利组织,这也成为非营利组织领导人的激励因素。慈善理论认为,非营利组织企业家提供这种产品完全出于利他动机,用经济学术语来说,就是非营利组织企业家的效用通过慈善行为来实现,或者捐赠带来的良好的声誉和社会地位让他们感到满足。

4.自利理论

与慈善理论相反,自利理论认为,捐赠人在实施捐赠行为的事后,也是消费者,捐赠行为被看做是自利行为的一种表现,即所谓的"捐赠控制",捐赠行为使得捐赠者像营利性组织的利益相关者参与公司治理一样,使得代理人欺骗的激励动机减弱,因此这也可能是非营利组织存在的原因,这种情况下,捐赠人就有动机实施捐赠行为,同时捐赠者还可能获得免税的优惠政策。

(三)非营利组织的作用

从非营利组织产生的过程可以看出,非营利组织主要是以弥补政府和市场的缺陷为己任,因此其发挥的社会作用也是介于政府与市场之间,主要包括:

1. 弥补政府社会发展资金的不足

非营利组织可以通过接受捐赠等方式筹集资金,用于慈善、教育、文化等各方面的非营利性活动,弥补政府资金投入不足,如美国每年约有 5 000 亿美元投入非营利事业,其对社会发展起到了十分重要的作用。

2. 创造就业机会

随着现代社会非营利组织的规模越来越大,在国民经济中的地位日趋重要,在非营利组织中工作的人员也日益增多,非营利组织对于解决就业问题的作用不可轻视,如美国非营利组织的雇员就达到 1 000 万人。

3. 增加资源运用的透明度和合理性

非营利组织资金来源具有非强制性,为了吸引更多的资源,其资源运用过程必须透明,由于参与非营利组织的人员众多,也有利于对资金运用过程的监督。非营利组织筹资方式的特殊性,也使其能较充分利用社会上闲置的资源,提高资源的利用效率。

4. 增加社会对弱势群体的关注

许多非营利组织的主旨是救助和帮助失业人群、老年人、残疾人、儿童、妇女、患疾病而缺乏救治以及家境贫寒的人。为了达到这一目标,非营利组织常常会采取一些救助行动而引起全社会对这些群体的关注。

5. 扩大社会公平,缩小贫富差距,促进社会改革进程

非营利组织在许多国家得到不同程度的发展,尤其是在一些社会变革比较迅速的国家,非营利组织发展速度更快。这一现象不是偶然的,而是因为非营利组织在社会变革过程中起了"润滑剂"的作用,其关注贫困、救助弱者等行动有助于扩大社会公平、缩小贫富差距、保证社会稳定,从而推动改革进程。

6. 非营利组织是公共物品的重要提供者

实践证明,政府包办一切的供给模式,不能满足人们多元化的需求,还会造成效率低下。在西方掀起的新公共管理运动,主张公共物品的供给主体多元化,而非营利组织成为公共物品的供给主体之一发挥了重要的作用。另外,在社会保障方面,非营利组织也发挥了重要作用,捐赠、社会互助和志愿服务为社会贡献了自己的力量,真正履行了社会责任。

7. 政府权力的监督者

非营利组织为人们的自由结社提供了自我组织的空间,这些组织以公共利益为目标,以保护人类整体利益为宗旨,通过有组织的活动,唤起公众的公共意识,影响政府的公共决策。

二、非营利组织的概念和特征

(一)非营利组织的概念

对于非营利组织的概念各国理论界有着不同的看法。美国约翰·霍普金斯大学非营利组织比较研究中心对非营利组织的定义,着眼于组织的基本结构和运作方式,认为凡具有组织性、民间性、非营利性、自治性和自愿性等五个组织特征的组织都可以被视为非营利组织。非营利组织应该根据法律注册的合法身份,制定内部规章制度,组织的管理者应对组织的承诺负责,并进行经常性活动;非营利组织不是政府的一部分;非营利组织不是为其拥有者积累利润,虽然非营利组织也可以进行经营活动,但所得必须继续用于组织的使命,而不是在其成员中进行分配;非营利组织能控制自己的活动,拥有不受外部控制的内部管理程序;无论是实际开展

活动还是在管理组织的事务中,非营利组织均有显著程度的志愿参与。

美国财务会计准则组织委员会则将非营利组织定义为具有以下特征的实体:①该实体从捐赠者处获得大量的资源,但捐赠者并不因此而要求得到同等或成比例的资金回报;②该实体经营的目的并不是为了赚取利润;③该实体不存在营利组织中的所有者权益问题。

我国将非营利组织定义为不以营利为宗旨和目的,资源提供者向组织投入资源不图经济回报,资源提供者不享有组织的所有权,其剩余资产不存在明确的所有者权益,同时还承担一定的受托经营责任的组织。在我国非营利组织包括学会、协会、商会、基金会、联谊会等各种社会团体,以及学校、图书馆、博物馆、研究所、医院、福利院等各种事业单位和民办非企业单位,它们在教育、文化、科学技术、医疗卫生、环境保护、权益保护、社区服务、扶贫发展及慈善救济等领域为社会公益提供服务。

(二)非营利组织的特征

非营利组织是不以获取利润为目的,而是为社会公益服务的组织,它的目标是完成某一具体的社会使命,这使得非营利组织具有与企业、政府和行政单位不同的特征。

1.非营利组织是社会公益组织,行政管理职能弱

非营利组织和政府组织都具有社会公益性质,但两者相比,后者的行政管理职能强,前者的行政管理职能弱,除一部分具有一定行政职能的事业单位外,大多数非营利组织不具备行政管理职能。

2.非营利组织资金来源比较复杂

企业主要的资金来源是通过销售产品、提供劳务即让渡资产使用权等日常活动而从顾客那里获取收入。而非营利组织则不同,它们不完全依靠从顾客那里获取的营业收入来维持生存和发展。有些非营利组织的资金主要来源于服务收入,如民办学校的主要收入是学生交纳的学费,私立医院通过向病人收取医疗费和药费来维持经营。其他非营利组织收入的主要来源则不是靠服务收费,而主要靠社会捐助。在我国,非营利组织的资金来源主要靠财政拨款、财政补贴、单位收支结余或捐赠者的捐助。

3.非营利组织所有权形式的特殊性

企业的资产归企业的所有者所有,其拥有资产的权益,享受企业的经济利益。非营利组织的资产严格地说并不属于组织所有,也不属于捐赠者,它们是一定意义上的"公益或互益资产",属于社会。所以非营利组织在一定意义上是作为受托人来行使公益资产的所有权的。因此,尽管非营利组织资财的所有权属于非营利组织自身,但它不能对其资财进行转让、出售,并且在某些情况下,必须按照资财提供者的要求来运作、管理和处置资财。资财提供者不期望收回或取得经济上的利益,因此,非营利组织通常不进行损益的计算,也不进行净收入的分配。如果非营利组织解散或破产,它们的剩余资产不能像企业那样在成员之间分配,而只能转交给其他公共部门(政府或者其他的非营利组织)。

4.非营利组织享受税收优惠待遇

由于非营利组织以实现社会效益为宗旨,不以营利为目的,其出资者也不要求获取经济回报,政府通常会给予其特殊的税收支持。一般来说,凡是与非营利项目有关的收入都可以免交收入所得税;如果收费与非营利项目无关,比如经营活动取得的收入,则这部分收入应交所得税。然而,在同一非营利组织的内部,很难明确其收入是否与营利有关,因此,它们多少会从中获得一定的收益。

三、非营利组织的分类

（一）按非营利组织具体的业务性质划分

非营利组织按其具体的业务性质来划分，主要包括：①科教文化事业单位，如科学、教育、卫生、体育、广播电视单位等；②公益性事业单位，如环保、气象局等；③社会福利、救济事业单位，如养老院、孤儿院、慈善机构等；④宗教组织；⑤基金会，如教育基金会、希望工程基金会等。

（二）按非营利组织主体性质划分

非营利组织按其主体性质来划分，主要包括：

1. 公立非营利组织

我国的公立非营利组织主要是指事业单位。近年来，我国对事业单位的改革一直在不断地进行摸索，我国的事业单位体制因而也发生了较大变革，其资金也由计划经济时期的全部依赖于国家拨款逐步变革为大部分或部分依靠国家拨款解决。

事业单位的类型按财政资金支持程度可分为三类：①全额拨款事业单位，这类事业单位的所有开支一般主要由财政拨款；②差额拨款事业单位，这类事业单位一般只有员工工资由财政拨款，其他开支由组织开展业务活动所获取的收入来解决；③自收自支事业单位，这类事业单位一般无财政拨款，所有开支均由组织展开的业务活动收入来支付。

另外，按事业单位性质不同，可以将事业单位分为行政支持类事业单位、社会公益类事业单位和经营开发服务类事业单位。对事业单位陆续进行的改革，因其性质不同而异：如对行政支持类事业单位，主要是规范精简，加强管理；对社会公益类事业单位，主要是优化布局结构，完善机制，放权搞活；对经营开发服务类事业单位，主要是实行转企改制，使其进入市场。

2. 民间非营利组织

民间非营利组织是指按照财政部 2004 年 8 月颁布的《民间非营利组织会计制度》所界定的，依照国家法律、行政法规登记的社会团体、基金会、民办非企业单位和寺院、宫观、清真寺、教堂等。这些民间非营利组织一般具有以下三个方面的特点：该组织不以营利为宗旨和目标，资源提供者向该组织投入资源并不得以取得经济回报为目的，资源提供者不享有该组织的所有权。

第二节　非营利组织财务管理概述

一、非营利组织及其财务管理的目标

（一）非营利组织的目标

当前，人们对非营利组织目标的认识并不一致，主要观点有以下几种：

1. "不获利"说

日本学者川口青史记认为：非营利组织一般是指不以获取利润为目的，而从事商品生产、流通、提供服务的民间组织。

2. "六特征"说

美国约翰·霍普金斯大学的莱斯特·M·塞拉蒙教授认为，非营利组织有六个方面的特征：一是"组织性"，即非营利组织有一定的制度和结构；二是"民间性"，即非营利组织在制度上与政府分离；三是"非营利性"，即非营利组织不向它们的经营者或"所有者"提供利润；四是"自治性"，即非营利组织基本上是独立处理各自的事务；五是"自愿性"，即非营利组织成员是不受

法律要求而组成,这些组织接受一定程度的时间和资金的自愿捐赠;六是"公益性",即非营利组织服务于某些公共目的并为公众奉献。

此外,近几年,国内外其他学者也对非营利组织的目标进行了探讨。如美国学者沃夫提出的非营利组织目标的"五特征"说认为:①非营利组织有服务大众的宗旨;②非营利组织是不以营利为目的的组织结构;③非营利组织有一个不至于令任何人利己营私的管理制度;④非营利组织本身具备合法免税地位,具有可供捐助人减免税的合法地位。我国清华大学 NGO 研究所的学者邓国胜认为非营利组织是指那些有服务大众的宗旨,不以营利为目的,组织所得不为任何人牟取私利,组织自身具有合法免税资格和提供捐助人减免税合法地位的组织。

综上所述,非营利组织从事的是社会公益性、服务性事业,提供的是公共物品,不以获取利润为目的。非营利组织的设立和运行主要动机往往是在一个特定范围内为社会公益服务,也就是完成某种特定的社会使命和工作任务。非营利组织与营利组织的根本区别在于,非营利组织是为了完成某一具体的社会使命而存在,而不是为了自身的生存而存在。一个非营利组织,如果已经完成或无法完成其具体的社会使命,该组织就没有存在的必要。因此,可以认为非营利组织的目标是实现某一具体的社会使命,以实现社会效益最大化。

(二)非营利组织财务管理的目标

在当今市场经济社会,任何组织的行为都需要资金的支持,非营利组织也不例外,非营利组织为完成某一具体的社会使命同样需要有足够的资金支持。实际上,非营利组织本身运营所需要的办公经费、活动经费、人员经费等常困扰着组织管理者。财务管理作为组织管理的一部分,是有关资金的获得和有效使用的管理工作,财务管理的目标取决于组织本身的目标。因此财务管理与非营利组织完成某一具体的社会使命相适应,财务管理的目标可以描述为:致力于最大限度地筹集资金,并有效地使用资金以最大限度完成社会使命,使社会效益最大化。

二、非营利组织财务管理的特点

与营利组织相比,非营利组织的财务管理具有以下特点:

(一)没有利润指标

非营利组织是为了实现其社会使命而运作的,非营利组织在运作过程中也会产生收益,以便提供其活动的资金,维持该组织的生存。但其不能将收益分配给其创立人、会员、干部、董事或员工,因此在非营利组织财务管理中不需要利润指标。

(二)资金渠道复杂

非营利组织的资金来源按其性质大体可分为非自创收入和自创收入两类。其中非自创收入包括三部分:①财政补贴,包括来自中央政府和地方政府的拨款和项目经费;②社会捐赠,包括个人捐赠、企业、基金会及国际组织提供的资助;③服务收费,包括会员缴费、服务取酬。自创收入又称为经营性收入,包括经营实体收入、投资收入、产品销售收入等。

(三)责、权、利不明确

在非营利组织中,由于缺乏利润等具体的量化衡量指标体系,使得非营利组织的管理人员经常难以就各种目标的相对重要性程度达成一致,同时对于一定的投入能在多大程度上帮助组织实现自己的目标也难以确定,衡量非营利组织运营效率成了一大难题,因此对于各部门的责、权、利也就无法十分明确。

(四)所有权形式特殊

非营利组织的成员不是按照法律要求而组成的,而是在自愿的基础上,捐赠出一定的资金或财产给该组织。在成员将资金或财产捐赠出后,捐赠者对该资产就失去了所有权,该资产的所有权即归非营利组织所有。非营利组织不能对其资财的权益进行转让、出售,在某些情况下必须按照资产提供者的要求来进行运作、管理和处置。由于资财的提供者不期望收回或者以此获得经济上的利益,因此非营利组织通常不进行损益的计算,也不进行净收入的分配,即使有收益也是留归组织本身所有。因此对于非营利组织而言,资产的权益归组织本身所有,而不是归资财的提供者所有。

(五)注重对财务资源进行预算控制

由于非营利组织提供的产品或服务,一般没有公开市场的供需关系来测定其价值,而且资源的提供者与服务的消费者之间几乎没有关联,因此,非营利组织财务资源不能通过市场价格形成有效的约束机制。非营利组织使用财务资源需要独特的控制程序并按照资源提供者或其代表限定用途分配,将资源用于特定目的或用途而不能挪作他用。这使非营利组织特别注重对资金的预算控制和管理的方法。

三、非营利组织财务管理的内容和方法

(一)非营利组织财务管理的内容

财务管理是有关组织资金的筹集、投放和分配的管理工作。在我国非营利组织仅就其经营结余部分计算交纳所得税,其余收入免税。其财务特性决定了组织财务管理的重点自然就落在了收入与费用的管理上。

1.收入管理

非营利组织收入是非营利组织为实现其社会使命而获取的资金,这将导致非营利组织本期净资产增加的经济利益或者服务潜力的流入。收入管理既是非营利组织财务行为的起点,又是其财务管理的起点。在非营利组织财务管理中收入管理起着关键性的作用,它能否完成最大限度的筹集资金并提高筹资效率的任务决定了组织费用管理的有效性。

按照组织收入特征,收入管理又可分为非自创收入的管理和自创收入的管理两部分。进行收入管理时还应当处理好非自创收入和自创收入比例之间的矛盾,既要解决非营利组织资金不足,又要充分利用法律和政策优惠。

2.费用管理

非营利组织的费用是非营利组织为组织自身的生存发展和开展业务活动以实现其社会使命而发生的各种资金耗费,这将导致非营利组织本期净资产减少的经济利益或者服务潜力的流出。

费用管理是非营利组织财务管理的重点,财务性资金的分配和有效利用是非营利组织财务管理的核心问题。确保资金使用社会效用的最大化是非营利组织费用管理的使命。依据资金用途应按照经营性成本和公益性费用分别管理。

(二)非营利组织财务管理的方法

由于资金的来源与运用是非营利组织财务管理的主要对象,为了对资金进行有效的管理,须采取预算控制,即非营利组织的财务管理的主要手段是预算管理。

1.非营利组织预算管理的意义

预算管理是财务管理的核心。非营利组织的预算是各项事业发展计划在财务上的体现，它能使非营利组织有限的资金得到合理配置和充分利用，使稀缺的资源产生最大效用。同时，非营利组织的预算也是政府分配资源方式的具体体现。因此，预算是搭在政府财政部门与非营利组织之间的桥梁，也是对非营利组织进行财务控制所使用的主要手段。通过对预算管理方式的改革，促进预算管理方式的合理性，从而增强政府财政部门控制非营利组织的财务收支行为，以加强对非营利组织的控制和监督，提高其经营绩效、支付能力和工作效率，这对于发挥非营利组织向社会提供公共物品和公共服务方面的独特优势、促进非营利组织与政府的相互补充和配合具有重要意义。

非营利组织进行预算管理是市场的要求。非营利组织虽然处于非物质生产领域，但同样也是国民经济的重要组成部分。它一方面为社会提供科学、文化、教育等方面的服务，另一方面也是商品、劳务的购买者和消费者。因而非营利组织介入市场，必然要按照市场经济的一般规律去办事，要处理好组织内部各方面的分配关系，发挥组织内部各方面的积极性，加强资金管理，提高运营效率，这是市场的需求，也是非营利组织自身生存与发展的必然要求。

非营利组织进行预算管理是市场竞争的必然结果。市场经济要求非营利组织引入竞争机制，实现资金使用效益的最大化。实践证明，非营利组织仅仅依靠公益捐赠和政府投入来谋求发展是行不通的。只有引入市场竞争机制，实现优胜劣汰，使稀缺资源得到优化配置，使组织建立起自我完善、自我发展的新机制，获得竞争优势，才能持续存在，健康发展。因此，客观上要求不断改革和规范非营利组织的财务控制制度，在财政政策上为非营利组织降低成本、合理利用组织内部资源、提高市场竞争力创造一个良好的环境；建立起一个有利于非营利组织自我发展、自我约束、充满生机和活力的财务控制体制，保证组织内部的财务活动规范、高效以及资金使用效益最大化目标的实现。

2.非营利组织预算管理的具体方法

（1）收入预算及控制。收入预算是指非营利组织在年度内通过各种形式、各种渠道可能取得的用于各项事业以及其他活动的非偿还性资金的收入计划。收入预算汇集了预算年度内非营利组织可能提供的用于开展各项事业的全部资金收入，通过对各项收入预算指标的分解，可以明确完成非营利组织计划的财政保证力度以及非营利组织依法经多渠道筹措经费的能力。具体可按收入的来源渠道，如补贴收入、会费收入、利息收入、提供服务收入、捐赠收入等，结合各部门的责任预算来反映可用资金总额及来源结构。

（2）成本费用预算及控制。成本费用预算是指非营利组织年度内用于各项业务活动及其他活动的支出计划。通过对各项支出预算指标进行研究，可以明确非营利组织内部的资源配置情况，及时掌握单位的发展方向和发展速度。按支出的经济性质，成本费用预算一般可分为业务活动成本、管理费用、筹资费用、基本建设支出及其他费用等，可分别按其明细项目分解指标，明确相应的以成本指标完成情况为考评依据的奖惩制度，并通过预算控制进行业绩考核，分析差异，从而提高资金运营效率。

（3）部门预算。首先，根据组织机构及其运行管理的特点，从便于分解落实内部经济责任的角度，将非营利组织划分为若干个部门或责任中心，如业务开展部门、职能管理部门、后勤供应部门等，以利于分清责任、辨认成绩、单独考核。其次，在明确非营利组织目前实际情况的前提下，通过市场调查，结合组织潜力和预期目标进行分类整理，形成一套系统、完善的成本预算指标体系,进而将成本预算指标分解落实到各级责任中心和个人。将管理责任下放到部门层次,各支出部门在部门内部进行预算资源再分配,这样一方面可发挥各责任中心的自主积极性;另一方面通过建立相应的奖励和惩罚措施,可以减少责任中心本位主义、僵化管理的可能性。同时,部门预算可以使相关责任单位和个人的责、权、利紧密结合,在组织经营过程中监控成本流程,按照预算指标进行全过程的控制管理。

全部或大部分收入靠政府补助的非营利组织,应该由财政部门实行部门预算管理。部门预算是市场经济国家普遍采用的预算编制方法,是由政府部门编制,经财政部门审核后报议会(我国为各级人民代表大会)审议通过,反映部门所有收入和支出的预算,它不仅包括各级政府总预算,也包括一些非营利组织的预算。部门预算的编制采用综合预算形式,部门所有单位(包括非营利组织)的各项资金,包括财政预算内拨款、财政专户核拨资金和其他收入,作为部门和单位的预算收入,统一由财政核定支出需求。凡是直接与财政发生经费领拨关系的一级预算会计单位均可作为预算管理的直接对象,如财政部门直接将行政单位(包括非营利组织)预算编制并批复到这些单位。按部门编制预算后,可以清晰地反映政府预算在各部门的分布,从而绕过了财政预算部门的中间环节,克服单位预算交叉、脱节和层层代编的现象。部门预算可作为独立的政府预算法案汇编于总预算。

(4)项目预算。实施项目预算管理首先要在项目启动前进行反复论证,建立周密的资金使用计划。项目管理部门对项目实施的全过程进行管理,财务部门按项目计划和实际进度与质量拨付资金。在每年年末,管理部门必须按规定向主管部门报告项目资金年度收支情况,并进行差异分析,采取相应的调整措施。在项目完成后,非营利组织应当报送项目资金收支总预算和使用效果书并接受检查,进行整体项目的业绩考核,并予以奖励与惩罚。

(5)零基预算。零基预算法的具体方法是,在编制预算时,对于所有的预算支出均以零为出发点,从根本上研究、分析和判断每项支出是否具有支出的必要性以及支出数额的大小。它要求对各个业务项目需要多少人力、物力和财力逐个进行估算,并说明其经济效果,在此基础上,按照项目的轻重缓急性质,分配预算经费,制定各费用项目的预算数,进而编制费用预算。零基预算不仅能够压缩经费开支,从而能够切实做到将有限的经费用在最需要的地方,而且零基预算的编制过程就是非营利组织各级预算部门挖掘潜力,发挥各级管理人员积极性和创造性的过程。它能够促进非营利组织各级部门精打细算,量力而行,合理使用资金,提高经济效益和社会效益。

(6)滚动预算。滚动预算法也称连续预算法,是一种经常、稳定地保持一定期限的预算管理方法。其特点是预算执行一段时期后,根据这一时期的预算效果结合执行中发生的变化和出现的新情况等,对剩余期间预算进行调整,并自动向后延续一个时期,重新编制一个新预算期的预算,从而使总预算保持一定的预算期。滚动预算采用"长计划,短安排"的动态预算管理方法,可以根据当前预算的执行情况及时作出调整和修正,使预算更加切合实际,实现整体支出结构的优化。其中,当涉及单位发展的重大项目、中长期计划时,为保证中长期战略规划的如期实现,大多采用多年期滚动预算法。

(7)绩效预算。绩效预算是以预算项目的绩效为基础编制的,通过支出计划与效益之间的关系反映预期达到的效果。绩效预算可将工作任务和工作目标相结合,促使各部门自觉地按预算开展经济活动。在非营利组织绩效预算的执行中,要建立自上而下、自下而上的层层控制、层层反馈的信息网络,以便及时发现问题,及时采取有效措施加以解决和调控,保证绩效预算在执行过程中发挥有效的控制作用,从而达到加强预算管理的目的。

第三节　非营利组织资金来源管理概述

一、非营利组织资金来源的构成

非营利组织的资金来源大体分为收入来源和借贷资金。

非营利组织收入来源是指非营利组织开展业务活动及其他活动依法取得的非偿还性资金。这是非营利组织为实现其社会使命而获取资金的主要来源。

非营利组织的收入来源广泛,按其来源可分为非自创收入和自创收入。

非自创收入是指非营利组织接受的政府拨款和社会捐赠,它是非营利组织收入的重要来源。非自创收入的管理需要做好与政府合作、寻找企业合作伙伴、面向社会公众募捐等专项工作。非营利组织的非自创收入来源主要包括各级政府财政拨款和财政补助收入、上级补助收入、社会公众的捐赠收入。其中,社会公众的捐赠收入又有各种不同形式,如现金捐赠、非现金捐赠、捐赠承诺、劳务捐赠等。有些捐赠可能会设立条件,因此,按照捐赠收入是否设有条件,捐赠又可分为永久性限定捐赠收入、暂时性限定捐赠收入和非限定捐赠收入等。

非营利组织的自创收入主要包括业务收入、经营收入和投资收益。业务收入是指非营利组织为实现其社会使命而开展业务活动取得的收入,这是自创收入的基本形式。需要注意的是,非营利组织是为实现其社会使命而运作,因此,对于为实现其社会使命所提供的服务,不能按照市场经济价值来收费,其收费应当是低水平甚至是免费的。经营收入是指非营利组织在实现其社会使命的业务活动之外开展经营活动取得的收入。投资收益是指非营利组织将所获得的资金,在运用于实现其社会使命的具体项目之前,通过资本运作方式进行投资,获取投资收益,以实现资金的保值增值。

具体来讲,非营利组织的资金来源主要有以下几种:

(一)政府拨款或补助

这种筹资方式对于资金来源主要依靠财政拨款的全额拨款事业单位有着极为重要的意义,因为这是该类组织最主要的资金来源。因此,该类事业单位要根据工作目标,进行深入调研与科学预算,准确核定所需拨款的额度,制定科学合理的预算方案,确定的预算额度既要保证既定工作的开支需要,又要保证不夸大虚报。

通过政府拨款或补助获取所需资金的筹集方式对于差额拨款事业单位的资金来源也有一定影响。差额拨款事业单位的人员工资由财政拨付,工资能否正常足额发放直接影响到工作人员的工作热情和积极性,对于事业单位顺利开展其业务活动有着重要的作用。因此,认真准确地核定人员编制,正确计算工资发放额,科学编制预算是该类事业单位所必须做好的基础工作。

民间非营利组织有时也会得到政府给予的适当资助。随着民间非营利组织的进一步发展壮大,其发挥的作用也与日俱增,政府给予其的资助也将会逐步加大。

(二)社会捐赠

不论公立的非营利组织,还是民间的非营利组织,都可以接受社会捐赠和赞助,也可以在国家政策、法规允许的条件下向社会捐赠。特别是对于民间非营利组织,其基本资源的提供者主要是组织的捐资者和会员,因而接受捐款和发展会员将成为其资金的最重要来源。民间非营利组织应不断拓展业务空间,吸引不同阶层、不同领域、不同国家的人员向组织捐款、捐物或成为组织的会员。

(三)自创收入

非营利组织自创收入是指非营利组织通过提高产品或服务而向消费者直接收取的收入以及通过投资而从受资方取得的收益。扩大自创收入并加强其管理应当是我国非营利组织发展的方向。自创收入主要包括业务收入、经营收入和投资收益。需要指出的是,非营利组织从事合法的经营来支持其非营利性的活动,需要符合下列条件:一是利润或收入不可分配给其创立人、会员、干部、董事或员工;二是其主要目的并非单纯从事经济活动,而是实现其非营利宗旨。另外,非营利组织进行投资时,必须认真研究投资项目的收益及其风险,优化投资组合,在不提高风险的条件下使收益达到最高,或者在一定的收益条件下使风险降至最低。

(四)借款

非营利组织可以通过向银行或非银行金融机构借款的方式筹集到自身发展所需的资金。由于非营利组织不是以营利为目的,因此在利用借款筹资时可能会遇到诸多困难。比如,由于非营利组织的营利能力有限,银行或非银行金融机构不愿意将资金贷给它们;由于贷款额度过大,导致非营利组织短期内的还款压力剧增,财务风险升高,进而影响其正常业务的开展。由于采用向银行或其他非银行金融机构借款的方式筹集资金成本较发行债券低,因此借款这种筹集资金的方式正被越来越多的非营利组织青睐。

(五)发行债券

针对非营利组织发展过程中普遍存在的资金不足的现状,非营利组织可以通过向社会公开发行债券的方式筹集资金。这种筹资方式在营利组织中采用较为普遍,在非营利组织中则较少采用。人们通常认为,发行债券筹资只能运用于营利企业而不能运用于非营利组织。我们认为,除了慈善组织以外的非营利组织,为了实现组织的社会使命,需要扩大服务规模、加强基础设施建设、改善服务条件、解决资金瓶颈问题,完全可以通过发行债券来筹集发展所需要的资金。非营利组织可以借鉴营利组织发行债券的成功经验,发行适合自身业务特点的债券以筹集所需的资金。通过发行债券的方式筹集资金,与银行贷款相比,筹资风险较大,资金成本较高,但一般无需办理担保抵押手续,所以该方式是上述几种筹资方式的有益补充。非营利组织应根据自身实际需要,权衡利弊,合理使用这种筹资方式。

二、非营利组织收入资金来源的特征

与营利组织的收入相比,非营利组织的收入来源具有以下特征:

(一)收入来源比较广泛,包括自创收入和非自创收入,其中以自创收入为主

许多人认为非营利组织不应该有经营收入,其资金应全部来自于外部援助,尤其民间捐赠应当是非营利组织的主要收入来源。其实,这是对非营利组织的误解。实际上,非营利组织的收入来源非常广泛,比如,加拿大非营利组织业务活动表包括九大类收入项目:捐赠收入、政府资助、投资收益、资产处置收入、固定资产出租收入、会费收入、募捐收入、销售或劳务收入和其他收入;澳大利亚的非营利组织资金来源主要是依靠商业化运作和公司化管理。虽然非营利组织在经营过程中可以营利,但是营利额必须要用于组织的发展和壮大以及公益事业上。非营利组织收入的确有一部分是来源于接受民间捐赠和公共部门支持,但其主要来源还是自创收入。比如,在中国香港,非营利组织的收入中自创收入约占40%;美国赛拉蒙教授主持的约

翰·霍普金斯非营利部门比较项目研究表明,没有一个国家的非营利部门主要是由私人慈善支持的。根据《世界银行发展报告(1992)》和国际劳工组织《社会保险承包(1993)》资料显示,国外非营利组织的资金来源中,民间捐赠所占比重为 10%,公共部门支持所占的比重为 43%,私人收费所占比重为 47%。民间捐赠不仅取决于社会经济发展水平,还取决于公民的志愿性。在经济发达的美国,1995 年民间捐赠(包括个人、公司和基金)也只占非营利组织总收入的 12.9%,而非营利组织的主要收入来源于服务收费,服务收入占总收入的 56.6%。然而,就我国非营利组织的收入来看,自创收入的比重还比较低。清华大学非营利组织研究所于 1999 年在全国范围内对非营利组织进行的问卷调查表明,我国非营利组织的平均收入结构中,营业性收入仅为 6%。可见,扩大自创收入是我国非营利组织可持续发展的必然要求。

(二)取得的收入可以获得免税或减税的优惠

非营利组织的非自创收入,一部分来自于政府补助,另一部分来自于社会公众捐赠,这些收入将有利于非营利组织活动的展开。一般情况下,各国政府对于这部分非自创收入是不征税或进行减免税的,而非营利组织取得的自创收入在某些情况下也可以减征所得税。例如,美国有 50 个州,如果想在某个州建立一个非营利组织,那么就需要得到该州政府的许可,允许其作为非营利组织来运作。为了免交联邦税,非营利组织必须要到美国的税务局,即联邦级的机构去进行登记然后方可获得豁免,经过以上程序,它们营利收取的各种合法收入就都不会被征税。澳大利亚的非营利组织通过向税务局申请,并获批准后,也可以享受非营利组织在经营税、商品税和所得税方面的免税优惠,而免税的通常做法是先征后退。在我国,根据相关法规规定,对于非营利组织取得的捐赠收入和公共部门财政拨款收入,免征所得税;而对有经营性收入的事业单位仅就其经营结余部分计算交纳所得税。

(三)政府资产或接受捐赠收入属于非偿还性资金

非营利组织取得的各项收入是不需要偿还的,甚至也没有相应的成本支出,因而这些收入可以用于安排开展组织业务活动及其他活动。非营利组织取得的需要偿还的资金,一般应作为负债处理,而不作为收入处理。

三、非营利组织资金来源的管理

在非营利组织的各种资金筹集方式中,政府拨款或补助、社会捐赠、自创收入所形成的资金为自有资金;借款、发行债券所形成的资金为负债资金。不同的筹资方式有不同的特点,非营利组织应该加强自有资金管理和负债管理,做好充分、科学的预测,仔细权衡各种筹资方式的资本成本和财务风险因素,选择适当的筹资渠道和筹资方式。

(一)非营利组织收入来源的管理

在非营利组织财务管理中,收入管理起着非常重要的作用,它决定着预算、支出管理的有效性。对于非营利组织收入的管理应着重抓好以下几个方面的工作:

1.依法安排收入,实现收支两条线管理

当前我国非营利组织得到政府完全资助或部分资助,这些组织的资金管理采取收支两条线模式。对于非营利组织取得的收入,不论是预算内政府资助收入,还是自创收入的预算外收入,都必须统收统管,上缴同级财政专户;而支出则由同级财政监督,按照预算内外资金收支计划和单位财务收支计划统筹安排,从财政专户中拨付。

2.充分利用现有条件,积极开拓财源

一方面,各非营利组织应尽量获得政府资助和社会公众募捐;另一方面,还应该按照市场经济的客观要求,充分利用人才、技术、设备等条件,拓宽服务范围,开拓财源,自创收入,增强自我发展能力,具体做法是:

(1)以市场竞争的观念,打造品牌竞争力,开发主营业务收入。一般而言,非营利组织都有自己特定的宗旨,偏重于关注社会发展的某一个方面。但是在市场经济日益完善的当今社会,非营利组织要想真正发挥其作用,也必须融入市场的竞争当中。竞争的特征之一就是优胜劣汰,提高组织竞争力的途径之一是实行产品差异化,而竞争策略之一就是发展专业化竞争,即是将组织的资源和营运范围集中在行业的特定环节,并因此形成竞争优势。只要拥有一种持久的竞争力,并将其转化为形象竞争力,非营利组织才能获得良好的营运业绩。这就要求民间非营利组织在成立之初就应该明确本组织的服务领域,力争做大做强自己的主营业务,集中人力、财力打造自己的服务品牌,提高服务质量,增加社会公众的信任度,根据服务质量收取会员费或服务费,从而增加主营业务收入。会员费或服务费标准由民间非营利组织根据自己的服务质量和服务对象的接受能力自主决定。服务费是非营利组织获得资金极其重要的来源,在发达国家的非营利组织收入中,收费收入已占很大比重,在美、意、日三国非营利组织的收入中,收费所占的比例都在50%以上。主营业务收入在补偿必要的成本费用开支后,全部投入于组织的业务扩展和提高服务质量上。

(2)开发其他业务市场,增加收入。虽然说非营利组织不以营利为目的,但是并不是说非营利组织不能盈利,为了使民间非营利组织能有充足的资金保证其优质完成其服务社会的使命,民间非营利组织可以开辟其他筹资渠道以增加收入,从而真正发挥民间非营利组织的职能,促进民间非营利组织的可持续发展。在一些发达国家的非营利组织收入中,商业经营的收入构成了总收入的很大部分。在美国,近年来的一个新趋势是非营利组织变得日益商业化起来。譬如,非营利医院纷纷兴办面向社会的健康俱乐部,非营利博物馆纷纷开办礼品店,非营利的各种社团纷纷与公司签订产品认可或促销协议,以商业化经营换取对方的捐款等例子层出不穷。我国非营利组织也可以将筹集到的资金一部分用于投资主业,另一部分投资于营利产业,但取得的经营收入和利润在按规定交纳相关税费后要回归组织,全部用于非营利组织的业务扩展。

(3)开发募捐市场。在非营利组织的收入中,捐赠收入也是其收入的重要组成部分。捐赠一方面可以体现捐赠人对社会的贡献;另一方面也可以帮助其进一步扩大捐赠人的社会影响力,进而扩展其本身的业务。非营利组织要加大对民众尤其是对新富阶层的劝募力度。同时,非营利组织要向社会公开自己的服务范畴、经营过程、经营效果,并接受社会的监督,以取得公众的信任,使其真心实意地慷慨解囊。

(4)积极争取政府的资金援助。在欧洲一些发达国家,非营利组织最大的一个资金来源就是政府补贴和拨款。如德国非营利组织收入的68%来自政府,法国非营利组织的收入也有60%来自政府。在美国,政府对于非营利组织的资助分为直接资助和间接资助两种形式。到1980年,联邦政府对非营利部门的直接资助相当于非营利部门总收入的35%,另外,联邦政府每年因为对非营利组织的"暗补"所造成的税收转移数额也非常巨大。在我国,除了部分非营利组织能够得到政府的拨款和补助外,对于其他大部分非营利组织,尤其是民间非营利组织来讲,由于政府财力的限制,政府的资金援助不会成为它们收入的主要来源。但我国政府可以考虑将无力亲自去做的社会福利等项目向民间非营利组织公开招标,这样既可以节省政府的财力,发挥第三部门的作用,同时又可以调动民间非营利组织的社会参与意识,并且增加其收入。为此,民间非营利组织应集中本组织的人力、物力、财力,积极投标竞争项目的经营权,增加组织的收入,以保证组织的资金来源。

3. 保证收入的合法性和合理性

在非营利组织收入管理中,要特别强调收入的合法性和合理性,以将非营利组织的收入纳入正确的法治轨道。所谓合法性,就是要依法办事,依法组织收入,严格遵守国家收费政策和管理制度。所谓合理性,就是要从我国的实际情况出发,取之得当,用之合理。

(二)非营利组织的借贷资金管理

针对发展过程中存在的资金缺乏的现状,非营利组织可以积极通过负债的方式来筹集资金。比如,高等院校为扩大招生规模而扩建教学楼和学生宿舍,医院为改善医疗条件而更新医疗设备,这些都可通过负债来筹集资金。非营利组织应该加强负债筹资的管理工作,合理确定贷款规模,努力规避和控制财务风险,合理安排项目整个期间的现金流量,在拓展业务领域的同时,不断提高社会声誉,使组织具有广阔的发展前景和持续发展的能力。今后采用向银行或其他非银行金融机构贷款的方式筹集组织发展所需的资金将是一种越来越普遍的筹资方式。

第四节　非营利组织资金运用管理概述

一、非营利组织资金运用的内容

非营利组织资金运用是指非营利组织为组织自身的生存发展和开展业务活动以实现其社会使命而发生的各种资金耗费。非营利组织的资金运用按照其功能分为业务活动成本、管理费用、筹资费用和其他费用等。业务活动成本是指非营利组织为了实现其业务活动目标,开展其项目活动或者提供服务所发生的资金耗费,它又可称为项目及活动支出。如果非营利组织从事的项目、提供的服务或者开展的业务比较单一,可以将相关费用全部作为"业务活动成本"来进行管理;如果非营利组织从事的项目、提供的服务或者开展的业务种类较多,非营利组织应当在"业务活动成本"项目下分项目管理。管理费用是指非营利组织为组织和管理其业务活动所发生的各种费用,包括非营利组织董事会(或者理事会、类似权力机构)经费和行政管理人员的工资、奖金、福利费、住房公积金、住房补贴、生活保障、离退休人员工资及补助,以及办公费、水电费、邮电费、物业管理差旅费、折旧费、修理费、租赁费、无形资产摊销、资产盘亏损失、资产减值损失、因预计负债所产生的损失、聘请中介机构费和应偿还的受赠资产等。其中,福利费应当依法根据非营利组织的管理权限,按照董事会、理事会或类似权力机构的规定据实列支。筹资费用是指非营利组织发生的、无法归集到上述业务活动成本、管理费用或者筹资费用中的费用,包括固定资产处置净损失、无形资产处置净损失等。非营利组织发生的管理费用、筹资费用和其他费用又称为行政支出。

二、非营利组织资金运用的特点

与营利组织的支出相比,非营利组织的资金运用有以下特征:

(一)非营利组织的资金运用注重社会效益

前已述及,非营利组织支出是指非营利组织为组织自身的生存发展和开展业务活动以实现其社会使命而发生的各种资金耗费。这里的支出与企业的投资不同,企业投资是为了获得经济上的利益,投资的管理必须从经济效益出发,而非营利组织支出注重的是社会效益。对于非营利组织的支出管理,应当按支出的用途分为项目及活动支出与行政支出,然后分别进行管理。项目及活动支出是非营利组织为了实现其社会使命而发生的支出。项目及活动支出的管理应当从社会效益出发,通过规划与监督,最大限度地保证实现组织的社会使命。行政支出是非营利组织为了自身的生存与发展而发生的支出。行政支出的管理应当厉行节约,尽可能控制行政支出占总支出的比重。当然,并非行政支出所占总支出的比重越低越好。这是因为,任何一个组织开展活动都会有一定的行政开支,非营利组织自身的能力建设,包括对员工的培训都需要高额的费用。因此,只有非营利组织的能力得到提高,资金才能被更为有效地使用。

(二)除了经营性支出外,非营利组织的配比一般不讲究投入与产出

也就是说,非营利组织的支出成本效益原则中的效益是社会效益而不完全是经济效益,比如慈善总会善款的拨付或支出,高校用现金支付学术资助费、优秀学生奖学金等各种支出。

三、非营利组织资金运用的管理

支出行为是非营利组织财务管理的重点。一些政府资助的非营利组织平时按财政拨款数列报支出,而不需要政府资助或捐赠的非营利组织按其收支计划(或收支预算)执行。作为非营利组织财务管理部门和财务管理人员必须加强对其组织支出的管理。

(1)严格遵守《中华人民共和国预算法》和《中华人民共和国会计法》等国家财务制度和财经纪律,办理各种拨款支出必须以预算为准。在搞好组织《内部控制规范》及内控目标的前提下,要经常核查制度的落实情况,保证组织各项支出的合理性、合法性。

(2)加强财务预算编制责任制,强化预算约束刚性,实行支出的分类管理。在不影响组织活动的前提下严格遵守支出计划,不得随意改变资金用途。同时,在支出管理中,要精打细算,厉行节约,杜绝挥霍。努力采取措施,挖掘潜力,不断提高资金使用效益。

(3)对于有自创收入的非营利组织在进行成本支出核算过程中,应该按照权责发生制归集成本费用,遵守成本开支范围,严格成本管理,正确计算产品成本,以确保组织活动提供的产品或服务能够及时得到补偿。

非营利组织的可持续发展以社会的支持为基础。非营利组织要得到社会的支持,尽可能多地筹集资金以实现其社会使命,从而实现自身的可持续发展,就要具备很高的社会公信度。非营利组织的社会公信度主要取决于其财务收支的透明度。如果没有严格的财务制度,不能做到财务收支透明,那么非营利组织的廉洁就无法得到保证,资金也就不可能得到有效使用,从而导致非营利组织无法树立其应有的社会公信度。

本 章 小 结

非营利组织作为现代社会组织的一大类型,涉及非常广泛的社会领域。与营利性企业相比,其财务管理有着自身独有的特点。本章从非营利组织的发展入手,介绍了非营利组织的概念、特征、分类等,并进一步阐述了非营利组织特有的财务管理目标、内容和方法。在此基础之上,围绕非营利组织资金来源管理和运用管理两方面,阐述了非营利组织如何广泛地筹集资金,加强资金的管理,有效地运用资金,以提高资金利用率和社会效益。

关 键 术 语

非营利组织　财务管理　资金来源　资金运用

思 考 题

1. 简述非营利组织的含义。
2. 营利组织与非营利组织财务管理的目标有何不同?
3. 非营利组织财务管理有哪些特征?
4. 非营利组织有哪些筹集资金的渠道和方式?
5. 如何加强非营利组织财务管理?

案 例 分 析

在我国,由于改革开放后政策环境的日益宽松,以及伴随着经济发展的民间力量的壮大,非营利组织的发展也甚为迅速。但是在迅速发展的同时,我国的非营利组织面临着诸多问题,其中资金短缺就是一个普遍存在的问题,并且这一问题对非营利组织的生存和发展产生了严重影响,成为了制约非营利组织发展的一个瓶颈。以下是一则成功地解决此问题的案例。

鹤童老年福利协会是中国第一家民办非营利老年福利服务社团,在1995年创建之初只是一家小型养老院,发展到今天已成为拥有6座院舍、8个相关机构,服务辐射北京天津两地,有员工200名,长期赡养着400余名老人的著名非营利组织。然而创办养老院等服务机构负担沉重,鹤童现有的6所老人院,仅年租金一项就高达97万元,在这种情况下,单纯依靠政府拨款和社会捐赠是远远不够的。鹤童老年福利协会作为一个非营利组织,既不像国有养老院一样能得到大量的政府补助,也不像营利养老院一样可以收取高额入住费用,因此压力非常沉重,而它能够取得今天的成功,离不开它的商业化经营方式。鹤童直面市场,像企业一样进行经营预算,其中,服务定价是鹤童在市场定位中一个重要的机构营运参数。鹤童通过对近年天津市居民人口可支配收入进行调查,准确地预测出老年人口按照可支配收入,包括退休金、储蓄和子女的赡养费月均只有600元左右,鹤童以这个数据为服务定价的基础。这样既可以面向社会提供有效服务,又考虑到了老年人口的支付能力。

要求:根据上述案例,分析非营利组织应如何解决资金短缺问题。

第十四章　国际财务管理

第一节　国际财务管理概述

一、国际财务管理的概念

国际财务管理是现代财务管理学的一个新的分支学科,世界各国对它的研究还不够成熟。国内外学者对国际财务管理概念的理解与表述也尚未统一,存在着分歧。目前,比较流行的观点主要有以下几种:

第一,国际财务管理就是世界财务管理。该观点认为国际财务管理应当研究能适用于世界各国企业的财务管理原理和方法,也就是使世界各国的财务管理实现统一。这种观点脱离了当今世界各国的现实,只能作为国际财务管理发展的最终目标。

第二,国际财务管理就是比较财务管理。该观点认为各国的理财环境,如政治、经济、法律、文化教育等方面存在着很大的差异,各国财务管理的目标、内容和方法也不尽相同。国际财务管理应在研究和制定适合各国财务管理基本理论和方法的同时,比较不同国家在组织企业财务活动、处理财务关系方面的差异,以便在处理不同国家之间的财务问题时,互相理解,互利互惠,共同发展。这种观点仅限于对各国财务管理的特点进行汇集和比较,缺乏实质性的指导作用。

第三,国际财务管理就是跨国公司财务管理。这种观点认为,国际财务管理主要研究跨国公司在组织财务活动、处理财务关系时所遇到的特殊问题。根据联合国"跨国公司行为准则政府间工作组"提出的定义,跨国公司是一个由经济实体构成的工商企业,它的主要内容是:①该实体由两个或两个以上营业的一组企业组成;②这些企业是根据资本所有权、合同或其他安排建立的共同控制体营业的;③各实体推行全球战略时,彼此共同分享各种资料和分担责任。这种观点把国际财务管理限制在跨国公司范围内,未能完全概括国际财务管理内容。跨国公司财务管理只是国际财务管理研究的重点,但仅限于此还不够,国际财务管理应研究一切国际企业在组织财务活动、处理财务关系时遇到的问题。在这里,国际企业是相对于国内企业而言的,它是指一切超越国境从事生产经营活动的企业,主要包括跨国公司、出口企业、合资企业、合作企业和独资企业,以及其他多种形式的处于不同国际化演进过程中的企业。

综上所述,我们认为国际财务管理是研究在国际经济条件下,从事跨国生产经营活动的国际企业所面临的特殊领域的财务管理问题,它是遵循国际惯例和国际经济法规的有关规定,根据国际企业财务收支活动的特点,组织国际企业财务活动,处理国际企业财务关系的一系列经济管理活动。

二、国际财务管理的发展

国际财务管理是随着国际企业的出现而产生的,并随着国际企业和国际金融市场的发展而不断完善。总体上讲,促使国际财务管理的形成和发展主要有以下三个方面的原因:

(一)国际企业尤其是跨国公司的迅猛发展,是国际财务管理形成和发展的基础

第二次世界大战之后,特别是 20 世纪 70 年代以来,随着生产发展和科学技术的不断进步,国际企业得到了前所未有的发展。为了向国际市场扩展,一些企业的经营活动跨越国界,甚至在国外设立分支机构或子公司,形成跨国公司。据统计,2000 年全球跨国公司已达到 6.3 万家,其国外分公司和子公司达 70 万家。目前,发达国家的跨国公司,大都在 20 多个东道国设有几十家、几百家甚至上千家公司。以跨国公司为主的国际企业的全球经营战略必然要求企业财务管理工作与之相适应。如:要求在全球范围内以更低的成本筹集资金,并把资金投放到对公司发展更有利的国家和地区;在全球范围内进行盈余分配等。这些都极大地促进了国际财务管理的形成与发展。

(二)财务管理基本原理在全球的广泛传播,是国际财务管理形成和发展的根源

财务管理产生于 19 世纪末的美国,并迅速传入西欧。英国把财务管理的原理传入印度和其他英联邦国家。第二次世界大战以后,亚洲的日本、韩国、中国台湾和中国香港由于吸收了欧美财务管理的方法,极大地促进了上述国家和地区公司财务管理的发展。与此同时,前苏联在吸收欧美财务管理基本原理的基础上,结合社会主义国家财务活动的特点,建立了社会主义国家的财务管理体系,并将其迅速传播至如东欧和中国等社会主义国家,推动了社会主义国家财务管理的形成和发展。受到上述传播的影响,目前财务管理的基本原理在各国基本相同。比如,财务分析中的比率、财务计划中的平衡原理、财务控制中的分权原理、财务决策中的风险原理、时间价值原理等都基本一致。当然,在不同时期和不同国家,由于社会制度、政治、经济等多方面因素的影响,财务管理在发展过程中必须符合本国国情,因此各国财务管理还存在一定的差异。国际财务管理的发展将有助于这种差异的协调,并将促进各国财务管理不断吸收和融合,使财务管理进一步走向国际化。

(三)金融市场的不断完善与全球化,是国际财务管理发展的动力

自第二次世界大战以来,由于科技革命的影响,生产国际化发展到一个新的阶段,并推动了资本国际化。国际资金借贷日益频繁,国际资本流动达到空前规模,极大地促进了国际金融交易的发展。近二十年来,国际金融交易出现了一个重要的变化,这就是试图摆脱任何一国的管辖,出现了新兴的国际金融市场、境外金融市场。这种市场不受所在国金融、外汇政策的限制,可以自由筹措资金,进行外汇交易,实行自由利率,无须交纳存款准备金。这种金融市场最早出现在伦敦,以后在新加坡、中国香港等地相继出现。国际金融市场的发展,为国际企业迅速筹集资金和合理运用资金提供了便利条件,同时也对国际企业的财务管理活动提出了新的要求,特别是浮动汇率的实行,导致汇率变动迅速,对国际企业的财务收支和财务管理产生巨

大的影响。国际企业无论在国际金融市场上筹资还是投资,都必须认真预测汇率的变动趋势,选用合理的避险方式以减少或消除外汇风险。总之,金融市场的国际化和汇率的不断波动,极大地促进了国际财务管理的形成和发展,使其在较短时间内成为一门新的学科。

三、国际财务管理的特点

国际财务管理是国内财务管理向国际经营的延伸,因而它与国内财务管理的基本原理、目标和方法等方面都有相似之处。但是由于国际企业的业务散布于许多国家,其经营活动受到不同国家的经济政策、法律和文化环境的影响,因此,国际财务管理比国内财务管理更为复杂丰富,并具有以下显著特征:

(一)国际企业财务管理环境的复杂性

由于国际企业从事的是跨国生产经营活动,其经营活动涉及多个国家,而各国的政治、经济、法律和文化都有很大的差异,从而形成了复杂的理财环境。国际企业在进行财务管理时,不仅要考虑本国的各方面环境,而且要密切关注国际形势和其他国家的具体情况,尤其是对以下问题要给予充分重视:①汇率的变动;②外汇的管制程度;③通货膨胀和利息率的高低;④税负的轻重;⑤资本抽回的限制程度;⑥资本市场的完善程度;⑦政治上的稳定程度。

(二)国际企业筹资渠道和方式的多样性

从筹资渠道来看,国际企业既可以利用母公司所在国的资金,又可以利用东道国的资金,还可以通过国际资本市场等多种渠道来筹集资金。从筹资方式来看,也有更多的可选择性,如股权筹资、国际债券、国际租赁、国际银行信贷、国际贸易和其他金融机构信贷。由于各国的政治、经济情况不同,货币软硬程度相差较大,利率高低不一,国际企业可凭借自己在世界各国的资金网络,选择最有利的资金来源和最佳的筹资方式来筹集成本最低的资金。

(三)国际企业财务风险管理的特殊性

通常情况下,国际企业面临比国内企业更大的风险,也就是说,国际企业除面临国内企业所具有的风险外,还面临更大、更新的风险。这是由国际企业所处的经营环境所决定的,它面临着政治、经济环境中的各种风险。这些风险包括两大类:一是经济和经营方面的风险,具体来说,主要有汇率变动的风险、利率变动的风险、通货膨胀的风险、经营管理的风险和其他风险。二是政治风险,具体来说主要有政府变动的风险、政策变动的风险、战争因素的风险、法律方面的风险和其他风险。一般而言,政治风险属于国际企业无法左右的风险,而经济和经营风险则可以通过企业有效经营来加以避免和克服。这是因为汇率、利率、通货膨胀等风险因素对国际企业来说,既可以是遭受失败的原因,又可以是获得利益的原因。所以财务人员要对这部分风险进行科学预测,以避免不利影响,取得最大收益。

四、国际财务管理的内容

国际财务管理与国内财务管理相比有更为丰富的内容,但目前针对国际财务管理内容,国内外财务学界有着不同观点,没有形成一致的意见。综合各种意见,我们认为国际财务管理的内容主要应包括:外汇风险管理、国际筹资管理、国际投资管理、国际税收管理。

(一)外汇风险管理

外汇风险是指在国际经济贸易和金融活动中,由于外汇汇率变动,使企业以外币计价的资产价值及负债、支出增加或收入减少,可能发生损失,其结果是不确定的。外汇风险包括交易风险、换算风险、经济风险,其产生的主要原因是汇率变化莫测。外汇风险管理是国际财务管理最基本的内容之一,是国际财务管理和一般财务管理的根本区别所在,是国际财务管理其他内容的基础。

(二)国际筹资管理

筹集资金是企业财务管理最基本的活动之一。国际企业的筹资方式和资金的来源具有多样性,国际企业应根据其生产经营对资金的需求数量,通过一定的金融机构或金融市场,采取灵活的筹资方式,以低成本、低风险获取所需资金,从而提高国际企业的竞争力。

(三)国际投资管理

国际投资是指国际企业将筹集到的资金跨越国界用于国际生产经营活动,以获得比国内经营更高利润的一种投资行为。按投资方式,国际投资可分为直接投资和间接投资;按投资期限,国际投资可分为中长期投资和短期投资。由于要面临较复杂的投资环境和较大的投资风险,因此,在进行国际投资时,国际企业应做好以下方面的工作:①根据经营情况,作出投资决策;②合理选择投资渠道和方式;③对投资环境进行分析评价;④对投资项目进行可行性分析和经济效益的评价。

(四)国际税收管理

由于国际企业的经营活动涉及两个或两个以上的国家,因此在国际经营环境中,公司要实现其整体税收后收益最大化目标,充分合理组织资金流动,不仅要加强收入与费用的管理,更要注意加强对国际税负的控制,力争使公司整体税负最低。随着国际企业的数量和规模的扩大,尤其是跨国公司的不断发展,国际税收问题越来越受到重视,成为国际财务管理的一项重要内容。国际税收管理的主要内容是:①根据国际企业母公司和东道国的税法、税收协定来避免国际企业出现双重征税;②利用内部转移价格把利润转移到低税率国家和地区,使国际企业纳税总额减至最少;③利用各种避税港来减少国际企业所得税;④利用一些国家的优惠政策,实现更多的纳税减免。

第二节　外汇风险管理

一、外汇及汇率

(一)外汇的概念

外汇是国际汇兑的简称,它有动态和静态两种含义。从动态讲,外汇是指以本国货币兑换成外国货币并转移到国外的活动;从静态讲,外汇是以外国货币表示的进行国际结算的手段。

国际货币基金组织对外汇所作出的说明为:外汇是货币行政当局(中央银行、货币机构、外汇平准基金组织及财政部)以银行存款、财政部国库券、长短期政府债券等形式所持有的,在国际收支逆差时可以使用的债权。

根据《中华人民共和国外汇管理条例》的规定,外汇的具体形式有:①外国货币,包括钞票、铸币等;②外币有价证券,包括政府债券、公司债券、股票等;③外部支付凭证,包括票据、银行存款凭证、邮政储蓄等;④其他外汇资金,如特别提款权(SDR)、欧洲货币单位(ECU)等。

(二)外汇的种类

按照不同的标准,外汇有若干不同的种类,目前常用的有以下几类:

1.按可否向其他国家支付的不同分为自由外汇和记账外汇

（1）自由外汇。自由外汇是指不需要外汇管理当局批准，在国际金融市场上可自由兑换，自由买卖，并在国际结算中能广泛使用和流通的外汇，如美元、日元、英镑、欧元、瑞士法郎、港元、加拿大元等。

（2）记账外汇。记账外汇也称协定外汇、双边外汇、清算外汇等，它是根据有关双边政府协定，仅限于两国之间使用，未经外汇管理当局批准不能自由兑换为其他国家货币的外汇。

2.按来源不同分为贸易外汇和非贸易外汇

（1）贸易外汇。贸易外汇是指与商品的进出口贸易及其从属费用收付相关的外汇。这里的贸易从属费用包括与进出口有关的运费、保险费、广告费等。

（2）非贸易外汇。非贸易外汇是指除贸易外汇之外与其他对外经常性往来相关的外汇，如侨汇、旅游、宾馆饭店、铁路、海运、航空、邮电、港口、海关、银行等方面的国际收入和支出，还涉及非贸易性的个人和团体出国旅游费用及图书、电影、邮票等服务引起的各项外汇收支。

3.按交割期限不同分为即期外汇和远期外汇

（1）即期外汇。即期外汇又称现汇，即外汇买卖成交后在两个营业日内完成交割的外汇。即期外汇有电汇、信汇和票汇三种。

（2）远期外汇。远期外汇又称期汇或远期汇兑，是指交易双方在预约期间内依照合同规定的汇率进行交割的外汇。远期外汇的期限一般为1～6个月，有的也可长达1年。

（三）外汇汇率

如同商品有价格一样，外汇也有价格。外汇汇率又称外汇汇价、外汇牌价，是指一国货币用另一国货币来表示的价格。如1美元＝6.8元人民币，就是美元与人民币的汇率，指1美元的价格用人民币表示为6.8元。同时，又因为$1\div6.8\approx0.147\,1$，也可以说，1元人民币的价格用美元表示为0.147 1美元。由上述可知，确定两种不同货币之间的比率，首先要确定以哪个国家的货币为标准，由于确定的标准不同，外汇汇率就有两种标价法。

1.直接标价法

直接标价法是以每单位或每100单位的外国货币为标准，折算成一定数量的本国货币来表示其汇率的方法。在直接标价法下，外国货币数额固定不变，汇率的涨跌都以相对本国货币额的变化来表示，一定单位外国货币折算的本国货币增多，说明外币汇率上涨，即外币币值上升，或本国货币币值下跌。反之，一定单位外币折算的本国货币减少，说明外币汇率下跌，即外币贬值或本币升值。在绝大多数国家的外汇市场上都采用直接标价法。我国外汇管理局和中国银行公布的外汇牌价，所采用的就是直接标价法。如：1美元＝6.8元人民币或100美元＝680.8元人民币。

2.间接标价法

间接标价法是以外国货币来表示一定单位本国货币的价格，即以每单位或每100单位的本国货币为标准，折算成一定数量的外国货币。在间接标价法下，本国货币数额固定不变，外国货币的数额随着本国货币或外国货币币值的变化而变化。一定单位的本国货币折算的外币数量增多，说明本国货币汇率上涨，即本币升值或外币贬值。反之，一定单位本国货币折算的外币数量减少，说明本国货币汇率下跌，即本币贬值或外币升值。目前只有英国和美国采用此标价法，如在伦敦外汇市场上英镑对美元的汇率为1英镑＝1.54美元。

二、外汇风险及其种类

(一)外汇风险的含义

外汇风险又称汇率风险,是指一个经济实体或个人在参与国际经济、贸易、金融等活动的一定时期内,因汇率的变动,使其以外币计价的资产(债权)或负债(债务)的价值上升或下降,从而给企业收益带来的不确定性。如今,外汇风险问题越来越引起各国政府、企业以及个人的广泛重视。需要指出的是,外汇风险造成的影响是双向的,既可能是有利影响,即使资产和经营成果增加,负债减少;也可能是不利影响,即使资产和经营成果减少,负债增加。对于力求稳健经营以提高收益的企业来说,必须首先考虑到汇率变动有发生损失的可能性,以及如何避免这种可能性或把这种可能性尽量缩小。因此,一般来说,在财务管理中更多考虑的是汇率变动对企业资产、负债和经营成果产生的不利影响,从而带来损失的可能性。

(二)外汇风险的种类

根据影响内容的不同,国际企业在经营中所面临的外汇风险主要有三类,即交易风险、折算风险和经济风险。

1.交易风险

交易风险是指在以外币结算的交易中,从买卖成立到货款收付结算的期间内,因汇率变动而产生的可能给企业带来收益或损失的外汇风险。其具体包括以下内容:

(1)商品进出口交易的外汇风险。商品进出口交易的外汇风险是指企业进行商品、劳务进出口的交易过程中,使用外币计价结算,由于成交日到结算日之间汇率发生变动,使企业以本币计算的收入、支出可能增加或减少而导致的风险。例如,中国某公司出口一批产品,以美元结算,货款 100 万美元,3 个月后收取货款。成交日,汇率为 1 美元=6.850 元人民币,货款折算为 685 万元人民币。收款日,汇率变为 1 美元=6.750 元人民币,按此汇率将收入的美元卖给银行,折算人民币为 675 万元。这笔货款由汇率的变动造成的外汇风险损失为 10 万元人民币。可见,美元贬值使企业由于出口而收入的美元折合为人民币的数额减少;反之,如果美元升值,则使企业收入的美元折合为人民币的数额增多。

(2)外币借贷的汇率风险。外币借贷的汇率风险是指企业借入(贷出)某种外币,由于借入(贷出)日到偿还(收款)日之间的汇率变动,使企业偿还(收取)的本息折合本币数额增多或减少的风险。例如,某公司从银行借入 500 万美元,期限 1 年,年利率为 10%,借款日汇率为 1 美元=6.850 元人民币,到还款日,美元升值,汇率为 1 美元=6.880 元人民币。由于汇率变动,使企业遭受外汇风险损失为16.5万元人民币[500×(1+10%)×(6.880−6.850)]。反之,如果美元贬值,公司将受益。

(3)远期外汇交易的汇率风险。远期外汇交易的汇率风险是指在远期外汇交易中,由于合约规定的远期汇率与合约到期的即期汇率不一致,而使按远期汇率付出(收取)数额多于或少于按即期汇率付出(收取)的本币数额而发生的风险。例如,某公司与银行签订用人民币购买美元的远期外汇交易合约,合约规定 90 天后,公司按 1 美元=6.600 元人民币的汇率向银行买入 100 万美元。如果 60 天后,外汇市场中美元的即期汇率为 1 美元=6.750 元人民币,公司按此汇率买入 100 万美元需支付 675 万元人民币,由于进行远期外汇交易只付出 660 万元人民币,因此节省了 15 万元人民币。如果,即期汇率为 1 美元=6.550 元人民币,则公司会多支出 5 万元人民币,造成损失。

2. 折算风险

折算风险又称会计风险或资产负债表风险,是指企业把不同外币余额的资产和负债按照一定汇率折算为本国货币的过程中,由于交易日和换算日的汇率不同,使报表上的有关项目发生变动的风险。一般情况下,跨国公司的外币资产和负债项目在发生时是按当时的汇率折算的,而在编制报表时却要对某些项目按编制报表日的汇率进行换算。另外,跨国公司在编制合并报表时,要把世界各地的子公司用外币编制的个别报表换算为统一的货币形式。因此汇率的变动必然影响报表上资产、负债和损益项目。例如,中国某出口企业以人民币为本位币,年初在其美元银行存款户头上有 10 000 美元,当时美元对人民币汇率为 1 美元=6.780 元人民币,在该企业财务报表中这笔美元存款可折算为 67 800 元人民币。年底,该企业编制资产负债表时,汇率为 1 美元=6.630 元人民币,这笔美元存款经过重新折算为66 300元人民币。其结果是同样数额的美元存款经过不同的汇率折算,最终资产账面价值减少了 1 500 元人民币。事实上,公司在期末或编制合并报表时并未发生外汇交易,因此会计折算风险并不影响企业的现金流量,仅仅是会计上的一种折算而已。

3. 经济风险

经济风险又称经营风险,是指汇率的变动影响到企业的产销量、销售价格、成本等,从而使企业的现金净流量发生变化,最终导致企业价值发生变动的风险。

例如,某出口企业生产的产品主要向美国出口。2006 年 1 月 1 日,企业尚未开始生产经营活动之前,美元对人民币的汇率发生变动,由 1 美元=8.950 元人民币变为 1 美元=8.130 元人民币。汇率的这一变动将对该企业的利润和现金流量产生影响。具体来讲:

(1)对产品销售量的影响。假设该企业的产品单位售价为 200 元人民币,汇率变动前折合为 22.35 美元(200÷8.950),汇率变动后折合为 24.6 美元(200÷8.130),本国不降价,美国进口商觉得产品价格比过去高了,就有可能减少进口,因而企业的出口销售量有可能减少,这将使该企业的利润和现金流量减少。

(2)对产品售价方面的影响。出口国为了不减少出口销售量,就应适当降低产品售价。而产品售价的降低,也将使企业的利润和现金流量减少。

总体而言,经济方面的风险比前面所述两类风险影响更大。因为经济风险存在于汇率变动以后,而且它的影响是连续、长期的;而交易风险产生于汇率变动之前,结束于汇率变动之后,折算风险在汇率变动时业已定型,这两种风险都是一次性的。一个国际企业能否实现长期经营、健康发展,对经济风险的分析比交易风险和折算风险更为重要。经济风险的分析是一种概率分析,是从公司整体上进行预测、规划和分析的过程,它不仅包括财务内容,而且还涉及市场营销、供应和生产等各方面。

三、外汇风险管理

外汇风险影响着企业经营活动的各个方面。国际企业为了降低外汇风险,就必须对汇率变动情况进行监督、预测,并制定相应的降低外汇风险的措施,尽可能地减少风险。

(一)外汇风险管理程序

设定运行良好的风险管理流程是外汇风险管理的重要环节,主要包括确定风险管理目标、进行风险识别、风险预测及风险计量、制定风险管理方案等几个方面。

1.确定风险管理目标

企业进行外汇风险管理时必须明确管理的对象,即确定对哪一类型的外汇风险进行管理,是交易风险、经济风险还是折算风险。因为如果企业要同时对几种外汇风险进行管理,就会遇到一定困难:针对不同外汇风险管理手段的实施效果可能会相互抵消。例如,一国货币贬值会使有折算风险的公司遭受折算风险损失,但货币贬值却可能使该公司在国内外市场的竞争力增强。这样,针对折算风险所采取的管理措施可能并不符合该公司的总体利益要求。

2.进行风险识别

外汇风险识别,就是在财务公司周围分繁复杂的宏观、微观环境和内部经营环境中识别出可能给财务公司带来意外损失或者额外收益的风险因素。风险识别需要管理者对财务公司的经营环境、经营业务的充分熟悉和了解,需要丰富的实践经验、完备快捷的信息处理和深刻敏锐的预见力。运用各种科学的方法对金融风险进行系统的分析与诊断,找出各种风险的根源及具体表现,揭示潜在的风险及其性质。

3.风险预测

预测汇率的变动情况。预测有关汇率变动主要包括以下内容:一是预测汇率变动的方向,即确定某种货币是升值还是贬值;二是预测汇率变动的幅度;三是预测汇率变动的时间。其中,汇率变动的幅度和时间是确定外汇变动的关键。为管理外汇风险,企业必须建立定期预测汇率变动的程序,除了基本经济因素外,有时还须注意政府对外汇市场进行干预的时间和规模。当然,预测汇率变动非常困难,即便如此,许多国际企业仍花费大量人力物力对汇率的变动进行预测。

外汇风险识别完成后,应按照风险敞口类型和不同货币,进行量化并确定存续期间,据此制定套期保值策略。所有风险敞口的预测都需要按照标准模板和方法进行,以便于合并分析和集中管理。为提高现金风险预测的可信度,还需要把实际数据与预测数据进行对比检验。

4.风险评估和计量

风险管理的首要原则是不承担超过损失承受能力的风险。因此,风险评估和计量是公司风险管理的重要环节。因为通过风险评估,公司可以了解各种风险可能的损失级别或损失值,从而确定是否承担该风险。风险计量和评估涉及对风险发生可能性评估、风险事项发生损失的可能性评估、对损失级别或损失值进行评估和计量,从而计算出各项风险事项本身的风险级别或风险值。对于外汇风险的评估计量方法,分定性评估和定量评估(计量)。

(1)外汇风险的定性评估。外汇风险的定性评估就是对外汇风险进行"质"的方面的分析。对外汇风险进行定性评估主要依据的是大量历史事实和业务经验。具体到实际操作中,首先要确定财务公司各种外汇风险发生的可能性,按照可能性的大小对外汇风险进行横向维度的评级,再按照风险后果的严重程度对外汇风险进行纵向评级,最后确定风险所在的区间。

(2)外汇风险的计量。对外汇风险的定量估计是现在最常被提起的方法。随着计算机技术和金融工程技术的迅速发展,对外汇风险的计量也越来越准确。风险计量的方法主要有:均值—方差模型、Beta系数法、重新定价模型、持续期模型、风险值模型等。

5.选择恰当的外汇风险管理方案并加以实施

抵消由汇率变动而造成的外汇损失的方法很多。在确定恰当的外汇管理对策时必须对多种方法的性质和成本仔细权衡,以尽可能地缩小汇率变动给企业带来的不利影响。一旦确定了外汇风险管理对策,公司必须要迅速有效地加以实施。为此,企业必须建立一定的组织结构来协调和执行风险管理对策,此外,企业还应设立适当的政策以便指导风险管理部门,并处理各部门之间可能发生的冲突。

(二)交易风险管理

外汇交易风险管理的手段有两大类：一类是合约保值，主要包括在远期市场、货币市场、期货市场和期权市场上的保值以及互换协议；另一类是经营策略，指通过款项的提前或延迟支付，国际企业也能获得规避交易风险的效果。

1.合约保值

(1)远期外汇市场套期保值。例如，中国 A 公司出售一批价格为 200 万美元的产品给一家美国公司，约定 90 天后对方以美元付款。A 公司的财务人员预测美元对人民币的汇率在未来 90 天内要下降，因此，A 公司与银行签订以汇率为 1 美元＝6.850 元人民币卖出美元的远期合约，以规避外汇风险。假设，90 天后美元的即期汇率为 1 美元＝6.600 元人民币，则：

如果公司不签远期合约，收到的货款为：$200 \times 6.600 = 1\,320$（万元人民币）

公司签订合约后，收到的货款为：$200 \times 6.850 = 1\,370$（万元人民币）

由此可见，公司签订合约后多获取收入 50 万元人民币（$1\,370 - 1\,320$）。因此，利用外汇远期合约可以起到减少外汇风险损失的作用。

(2)货币市场套期保值。货币市场套期保值与远期外汇市场套期保值类似，也涉及合约和一笔用于履约的资金。不过货币市场的合约是贷款协议，打算进行货币市场套期保值的企业，可以按一种货币借入款项计算，然后再换成另一种货币。

沿用前例，公司财务人员预测在收款日，美元将贬值，A 公司在美国立即购买美元，然后把借款换成英镑，90 天期满时，用收到的货款偿还借款。假设在借款时，美元对英镑的即期汇率为 1 美元＝0.5 英镑，90 天美元借款利率为 1.8％，90 天后美元的即期汇率为 1 美元＝0.45 英镑。套期保值过程如下：

借入美元时：$200 \div (1 + 1.8\%) \approx 196.46$（万美元）

借款之后，立即购入英镑：$196.46 \times 0.5 = 98.23$（万英镑）

90 天后，借款本息合计 200 万美元[$196.46 \times (1 + 1.18)$]，此时也收到货款 200 万美元，正好偿还借款。如果此时美元的即期汇率为 1 美元＝0.38 英镑，公司把持有的英镑兑换成美元，可得 258.5 万美元。由此，该公司利用货币市场多获得 58.5 万美元（$258.5 - 200$）。但是如果90 天后美元没有贬值或是贬值幅度极小，那么利用货币市场套期保值就可能为不明智的举动。

除上述方法外，还有一些其他降低交易风险的措施，如利用期权合约套期保值、互换协议等。

平衡责任：即在同一时期，创造一个与存在风险的货币相同币种、相同金额及相同期限的反方向资金流动。例如，某出口企业收到国外进口商支付的出口货款 500 万美元，该企业须将货款结汇成人民币用于国内支出，但同时该企业需进口原材料并将于 3 个月后支付 500 万美元的货款。此时，该企业可以与银行办理一笔即期对 3 个月远期的人民币与外币掉期业务：即期卖出 500 万美元，取得相应人民币，3 个月远期以人民币买入 500 万美元。通过上述交易，该企业可以轧平其中资金缺口，达到规避风险之目的。

外汇期权业务：期权比远期更灵活。例如，出口企业将要收一笔欧元，可以向银行支付一笔期权费，并与银行约定将来有权以约定价格 1.21 欧元兑 1 美元卖出欧元。如果到期市场欧元价格低于 1.21，企业可以行使权利，用比市场高的价格卖出欧元；但如果到期欧元价格高于 1.21，企业可以不行使期权，转而到即期市场上去卖欧元，只需要支付少量期权费用。这虽然增加了成本,但也给企业创造了选择的灵活性。

利用海外企业:有境外公司的企业,可以考虑合作。如购买国际市场上的 NDF(不可交割人民币远期)产品,用未来更低的价格付现在的钱;出口企业应该主要融外币,而不要融本币,可以将外汇应收账款质押向银行贷外汇,以后还外汇以规避人民币兑换风险。在实际业务操作中,许多国际知名企业就是通过其跨国公司的地理多元化分布,来避免布局单一所带来的单一货币汇率变动风险,这对于大型公司来说不失为一种有效汇率避险方式。

计价货币的从优使用:在市场上都看好人民币升值的条件下,出口企业可选择以人民币作为计价货币;进口业务反而可选择美元作为计价货币,或者选择两种货币各半的办法计价。

2. 经营策略管理

一些经营策略也具有部分抵消外汇风险的功能,因而也可运用到交易风险的管理中来。外汇风险管理中最常用的经营策略是调整交易中的支付期限,即提前或延迟支付。具体做法是,当预计某种外币即将贬值,公司应在其贬值前尽快收回所持有的该货币应收款项,而延迟支付所持有的该货币应付款项;当预计某种外币即将升值,公司应在其升值前尽快支付所持有的该货币应付款项,而延迟收回所持有的该货币应收款项。该种方法最适用于关联企业之间,因为关联企业之间在材料采购、产品销售、管理服务、资金筹措等方面都存在大量的周期性支付活动,有更多的提前或延迟支付的机会,并且实施起来也比较容易。当然,这种提前和延迟支付款项的方法要受到公司活动资金需求的限制以及当地政府对外汇交易活动限制的影响。

(三)折算风险的管理

由于折算风险是由汇率变动造成的资产负债表上的资产和负债发生变化的风险,因此国际企业通常采用资产负债表保值方法。该方法的原理是使公司的合并资产负债表中的外币风险资产和外币风险负债相等,这样的状况是净风险资产等于零,其结果是汇率变化所引起的风险资产价值变化恰好被风险负债价值变化所抵消。

(四)经济风险的管理

经济风险分布跨国经营的各个方面,是一项非常复杂的风险,对国际企业的发展影响重大,因此经济风险的管理无论对于国际企业的财务主管还是最高决策层都是一项极其重要的工作。经济风险管理的主要内容包括:采取多元化经营和实施多种财务策略。

1. 多元化经营

多元化经营是国际企业在国际范围内分散其销售、生产地以及原材料来源,通过多元化经营,使其在有关各方面产生的不利影响相互抵消。比如,国际企业可利用汇率变化后,不同国家、地区生产要素的价格差别调整各子公司间的原料、零部件、半成品等供应关系,以保证公司生产总成本总体上不受影响。再比如,汇率的变化可能使某一国子公司的竞争力下降,但也可能使另一国子公司的经营业绩得以提高,这样的结果可能使两地子公司的影响相互抵消,从而保证公司整体上不受汇率变动的不利影响。

2. 多种财务策略

多种财务策略主要包括:①筹资渠道多元化。国际企业筹资时应尽量从多种资本市场上筹集资金,用多种货币计算应偿付的本息金额。如果出现有的外币贬值,而有的外币升值的现象,就可以使外汇风险相互抵消。②投资多元化。国际企业向多个国家投资,创造多种外汇收入,可以适当规避单一投资带来的风险。

第三节 国际筹资管理

一、国际筹资的特点

国际企业为了实现理财目标,要在全球范围内筹措所需的资金。在筹资活动及其管理方面,国际企业与国内企业既存在相似点也存在差异,与国内企业相比较,国际企业在筹资方面具有以下特点:

(一)资金需求量大

由于国际企业实施的是全球战略,从事的是跨国界的生产经营活动,因此其对资金的需求相对于国内企业较大。

(二)资金来源广泛

由于国际企业资金需求量大,除了从企业内部获得资金外,更多地需要跨越国界,在国际市场上筹措资金,因此国际企业具有较广泛的资金来源。

(三)筹资机会与方式较多

由于国际企业不但可以通过集团内部融通资金,还可以在国际资本市场上筹集资金,因此筹资的机会比国内企业相对较多。同时,可选择的筹资方式也相对较多,国际企业可采用国际债券、国际股票、国际贸易及国际租赁等多种方式筹集资金。

(四)筹资风险较大

由于国际企业可以面向国际金融市场筹资,筹资中所受的影响因素也就较多,如各国的政治气候、法律环境、经济条件及文化背景等,且大部分因素都处于不断变化之中,不确定性较大,因此国际筹资的风险也相对较大。

二、国际筹资的战略

筹资战略是国际企业跨国筹资管理的重要部分。不同筹资渠道与筹资方式所决定的筹资成本高低的不同,直接影响着国际企业的经营成本和理财成效。与筹资机会俱增的筹资风险影响着公司总体的风险水平和筹资来源。筹资结构的合理与否也会直接影响国际企业的后续筹资能力,进而影响其成长与发展水平。因此国际企业应从全球战略的高度,权衡各种可利用的资金来源,从中择优并加以合理的组合,以达到总体筹资成本最小、筹资风险最低、筹资结构最佳的三大筹资战略目标。其具体内容为:

(一)筹资成本最低

由于各种人为和非人为因素的影响,国际资本市场可细分为众多的差异市场,不同市场上的资金风险不同,同时受政府补贴或税收等因素影响,再加之国际资金借贷一般都采用浮动利率且汇率变动频繁,因此,其筹资成本各异。国际企业应充分利用机会尽可能寻找资金成本最低的筹资方式。

(二)筹资风险最小

任何一种筹资安排都有可能给企业带来一定的风险。这些风险包括国际风险和经济风险。因此,国际企业在进行筹资安排时,无论由母公司还是子公司筹资,都必须考虑到风险因素,并尽量规避或降低筹资风险。

(三)资本结构最佳

在寻求低成本和低风险的筹资渠道和方式时,国际企业必须设定最佳资本结构,主要是确定最佳的债务资本比率。为此,国际企业必须关注与债务筹资有关的违约或破产风险、子公司或投资项目的资本结构以及母公司未担保或未合并子公司的债务对企业整体价值的可能影响。

三、国际筹资的渠道和方式

为了实现筹资成本最低、筹资风险最小、资本结构最佳的筹资战略目标,国际企业应选择适当的资金来源和筹资方式。

(一)国际筹资的渠道

国际企业所需资金量庞大,必须利用各种渠道筹集资金,主要有以下几种:

(1)来自企业集团内部的资金。来自企业集团内部的资金是指母公司与子公司之间相互提供的资金。国际企业的内部资金主要来自于未分配利润、企业内部积存的折旧基金等。通过这种渠道筹集到的资金不需支付筹资费用,可以降低筹资成本。

(2)来自母公司所在国的资金。国际企业可以利用与其母公司所在国(简称母国)经济发展的密切联系,从母国银行、非银行机构、有关政府机构、企业甚至个人处获取资金。具体来说,主要有三条途径:一是从母国金融机构获得贷款。这是国际企业从外部获取资金的重要途径之一,特别是一些跨国银行,通常与其母国的主要国际企业存在着极为紧密的关系,因此它们会以支持这些公司的业务活动作为它们的国际战略。二是在母国资本市场上通过发行债券筹资。这是国际企业一种传统的筹资渠道。三是通过母国有关政府机构或经济组织获得贸易信贷。

(3)来自国际企业东道国的资金。当来源于国际企业内部及其母国的资金不能满足资金需求时,国际企业东道国的资金就成了重要的补充来源。由于各国的经济状况和条件不同,国际企业利用东道国资金的情况也因国别而异。

在发达国家和地区,经济基础较好,资本市场发育比较成熟,资金相对充裕,但各国金融环境存在着一定的差异,因此国际企业的筹资渠道也有所不同。例如,在美国,证券市场比较完善,是国际企业最重要的筹资场所;在德国,金融业比较发达,因而银行是提供资金的主要机构。

在发展中国家和地区,由于经济相对落后,证券业起步较晚,资本市场不健全,因此国际企业能够通过资本市场筹措的资金相当有限,主要依赖银行提供资金,但银行基于风险的考虑,一般只提供中短期贷款。

(4)来自国际间的资金。除上述三种筹资渠道外,国际间的资金是国际企业又一重要的资金来源。其筹资主要包括:①向第三国或国际金融机构借款。当国际企业向第三国购买货物时,可以向该国银行申请获取出口信贷。此外,国际企业还可向国际金融机构,如向世界银行、亚洲开发银行、国际金融公司等借款。②通过国际资本市场筹资。这种筹资的对象主要是一些大型跨国银行或国际银团。此外,国际企业还可以在国际租赁市场上融资。

(二)国际筹资的方式

对于上述渠道的资金,跨国公司可以采取跨国权益筹资、国际信贷、国际债券筹资等方式进行筹资。

1. 国际债务筹资

国际企业可以利用举债方式筹措资金,具体形式有国际债券筹资、国际信贷筹资以及国际租赁筹资。

(1)国际债券筹资。国际债券筹资是指国际企业在本国以外的金融市场上发行以非本国货币标价的债券进行筹资。按照面值标价与所在国的关系,国际债券分为外国债券和欧洲债券。

外国债券是指一国政府、金融机构或企业在某一外国债券市场上发行的,以发行所在国货币为面值的债券,如我国某企业在日本债券市场上发行的以日元标价的债券。

欧洲债券是指一国政府、金融机构或企业在某一外国债券市场上发行的,不以发行所在国货币为面值的债券,如美国公司在瑞士发行的英镑债券。

发行国际债券一般有两种形式:一种是私募发行,即在有限范围内对特定的投资者发行债券;另一种是公募发行,即对社会各单位和广大公众发行债券。由于各种国际债券发行方式不同,发行程序也不尽相同,因此国际企业在跨国发行债券时必须认真分析各国的规定。

(2)国际信贷筹资。国际企业利用国际信贷筹资,主要有两种方式:国际银行信贷和国际贸易信贷。

国际银行信贷是指国际企业在国际金融市场(如欧洲美元市场、亚洲美元市场)上向外国贷款银行借入资金的一种信贷方式。贷款的主要提供者是一些大型商业银行。国际银行信贷按信贷期限的长短不同分为短期银行信贷和中长期银行信贷。

国际贸易信贷也称国际企业的进出口信贷,是指一国为支持和扩大本国出口,增强国际竞争力,以对本国的出口给予利息贴补或提供信贷担保的方法,鼓励本国的银行对本国出口商或外国进口商提供利率较低的贷款,以解决本国出口商资金周转的困难,或满足国外进口商对本国出口商支付货款需要的一种信贷方式。根据提供信贷的主体不同,国际信贷可分为商业信贷和银行信贷。前者是国际进出口企业之间相互提供信贷,后者是银行对进出口企业的贸易所提供的信贷。

(3)国际租赁筹资。在这种筹资方式下,由于跨越国界,而使得承租人和出租人分属于不同的国家,故又称跨国租赁。根据国际企业利用租赁的目的和投资回收期的不同,国际租赁分为两种基本形式:一种是融资租赁,即租赁公司购买国际企业所要求的设备,在契约或合同期内,将此设备租给国际企业使用的信用业务,它是融物、融资相结合的一种筹资方式;另一种是经营租赁,它是一种短期租赁,规定出租人除了提供融资外,还提供租赁物的维修、保养和管理等服务。

国际租赁作为利用外资的一种特殊形式,具有资金融通和贸易相结合的特点,可以发挥投资、融资和促销手段的功能。

2. 国际权益筹资

国际企业还可以利用国际权益筹资,具体形式有国际股票筹资和存托凭证融资。

(1)国际股票筹资。国际股票筹资是指国际企业通过在国际资本市场上发行以外国货币为面值或以外国货币计价的股票而向社会筹集资金的一种方式,也称为国际股权筹资。采用国际股票所筹措的资金,是国际企业资金来源的基础,主要用于创建新的企业和扩展原有的业务。

(2)存托凭证融资。存托凭证融资也称存股证或存券证(depositary receipt,DR),是指可以流通转让的、代表投资者对非本国证券拥有所有权的证书。它最初起源于 1927 年的美国证券市场,为便利美国投资者投资非美国股票而产生。到目前为止,已发行的 DR 约有 900 多个,遍及 40 多个国家和地区,根据发行地的不同可分为 ADR(美国存托凭证)、EDR(欧洲存托凭证)、HKDR(中国香港存托凭证)、SDR(新加坡存托凭证)、CDR(全球存托凭证)等。目前,我国共有 20 多家企业以 ADR 方式在美国证券市场上融资。随着我国加入 WTO,这种融资方式将具有广阔的前景。

3. 国际贸易筹资

国际贸易筹资是最传统的外汇资金融通渠道,该融资的具体方式很多,如进出口押汇、打包贷款、票据贴现、应收账款保理和福费庭等。

(1)进出口押汇。进出口押汇(bill purchased)是银行向出口商提供资金的一种方法,由出口方银行和进口方银行共同组织。进出口商进行交易时,出口商以汇票以及提单、报单和发票等全套货运单据向银行抵押,借取汇票金额一定百分比的资金。由银行凭全部货运单据向进口商收回货款的本息。在汇票由受票人偿付后,银行留下预付的金额,加上利息和托收费,其余的贷记给出口商。进出口押汇按承做地点的不同分为进口押汇和出口押汇,前者是指进口方银行所承做的押汇,后者是指出口方银行所承做的押汇。

(2)打包贷款。打包贷款(packing credit)又称为出口信用证抵押贷款,是指出口企业用收到的正本信用证作为还款凭据和抵押品向银行申请的一种装船钱融资。银行向出口商提供的这种短期贸易贷款是支持出口商按期履行合同义务和出运货物。由于早先该贷款用于解决包装货物之需,故俗称打包贷款。从形式上看,打包贷款的抵押品是正本信用证,而实质上是处在打包中的代装船出运的货物。

(3)票据贴现。在进出口贸易中,很多情况下使用远期汇票的付款方式。如果远期汇票得到银行的承兑,出口商可以通过出售银行承兑汇票进行融资。如果远期汇票没有得到银行承兑,出口商仍然可以利用远期汇票进行融资,即汇票贴现。

(4)应收账款保理。应收账款保理是指出口商出售货物获得应收账款而不是现金后,将应收账款转让给应收账款保理商。保理商一般为商业银行或其他金融机构的分支机构。应收账款保理商持有应收账款,而出口商获得现金收入。出口商所获得的现金收入等于应收账款面额与贴现利息和应收账款保利费之差。应收账款让售通常是无追索权的,即出口商将应收账款出售给保理商后,不再承担任何出口商不能到期付款的风险,而是由保理商承担这种风险。保理商为了避免代理风险,接受应收账款保理业务时,一般是接受一个公司的全部应收账款,而不是一部分,以免出口商有选择地出售应收账款,将风险大的应收账款出售给保理商,风险小的不出售,加大保理商的风险。

(5)福费庭。福费庭是一种类似于保理无追索权应收账款让售业务。所不同的是,福费庭常用于中期资本性商品买卖所形成的应收账款。买方在购买资本性商品时,通常需要一段时间、一定数额的融资,有时长达 3～7 年。在购买商品时,进口商开出以出口商为受益人的本票(promissory notes),出口商即可以将本票出售给福费庭商(forfeiter)。与保理商一样,福费庭商一般也是商业银行或其他金融机构的分支机构。由于福费庭业务涉及的应收账款数额较大、时间较长,福费庭代理商不像保理商那样容易分散风险,因此在福费庭业务中通常要求进口商银行提供付款担保或者开立的信用证件作为质押。也正是福费庭业务的这种担保或者质押特性,使其获得了快速发展,尤其在欧洲。福费庭所涉及的金额通常超过 50 万美元,贴现率一般等于货币市场利率加上 1.25％。当数额过大时,通常由几家银行形成一个辛迪加(syndicate),共同承担一项业务。

4.国际融资方式的创新

近二十年来,随着国际金融市场全球化、证券化以及自由化程度的进一步加深,金融领域的创新业务日新月异,促使国际融资方式和融资工具发生了新的变化,出现了一些新型的融资工具,主要有:①BOT 项目融资模式,这是国际上近几十年来逐渐兴起的一种基础设施建设的融资模式,是一种利用外资和民营资本兴建基础设施的新兴融资模式;②ABS 项目融资模式,即资产支持证券化,它是以项目所拥有的资产为基础,以该项目资产可以带来的预期收益为保证,通过资本市场发行债券筹集资金的一种项目融资方式。融资方式的创新扩大了资金的来源,为国际企业资金的筹措提供了更多机会。

第四节　国际投资管理

一、国际投资的概念及分类

(一)国际投资的概念

国际投资是指国际货币资本及国际资本跨国流动的一种形式,是将资本从一个国家或地区投向另一个国家或地区,以期获得收益的经济活动。国际投资也是国际财务管理的重要组成部分。

(二)国际投资的分类

1.按投资主体及合作方式不同分为国际合资投资、国际合作投资和国际独资投资

国际合资投资是指某国投资者与另外一国投资者通过组建合资经营企业的形式所进行的投资,该企业遵循共同投资、共负盈亏、共担风险的原则。组织形式有无限公司、有限公司、两合公司、股份有限公司。出资方式主要有现金、实物和无形资产。

国际合作投资是指通过组建合作经营的形式所进行的投资,它是国外投资者与东道国投资者通过签订合同协议等形式来规范各方的责任和权利而组建的企业。合作投资的条件可以是现金、实物、土地使用权、工业产权或其他财产权利。合作企业的收益按合同的规定对利润或产品进行分成。合作期满后,企业的财产一般归东道国合作者所有,而外国合作者完全退出企业。

国际独资投资是指通过在国外设立独资企业的形式进行投资。它是根据某国的法律,经过该国政府批准,在其境内兴办的全部为外国资本的企业。

2.按投资对象或方式不同分为直接投资和间接投资

国际直接投资是投资者在所投资的企业中拥有足够的所有权或足够程度控制权的投资,它以控制企业经营管理权为核心,获取利润为主要目的。具体形式有:创办独资企业,包括设立新公司、子公司或分公司;开办合资或合作企业;收购或兼并现有企业;控制外国企业的股权;参股经营外国企业。

国际间接投资是指投资者在国际金融市场上购买外国政府或企业发行的各种证券。这种投资方式与国际直接投资相比,资本运动比较灵活,能够随时调节和转移,流动性较大,风险性较小。

二、国际投资的环境

国际企业进行国际投资时,必须对国际投资环境进行充分了解。国际投资环境是指在国际投资过程中影响国际资本运行的东道国的综合条件,它一般由硬环境和软环境两方面构成。

(一)硬环境

硬环境是那些具有物质形态且影响国际投资运行效果的各种外部条件和因素,主要指自然地理环境、基础设施等。

1.自然地理环境

自然地理环境包括地理位置、面积、地形、人口、城市的分布状况、自然资源、气候以及自然风险等因素。其中地理位置关系到项目地点与市场的距离的远近,利用资源的便利程度,因而对经营成本有一定影响。气候条件的好坏将关系到企业生产能否顺利进行。人口的素质、规模、劳动生产率以及需求,也是评价东道国投资环境和市场规模的重要因素之一。

2.基础设施

基础设施主要包括能源、交通运输、邮电通讯、金融信息、生活设施、文化卫生以及其他服务设施条件等。基础设施的好坏对投资效果具有很大的作用,良好的基础设施有利于提高工作效率,降低成本,增加项目产出和盈利,不断地改善基础设施可以吸引更多的外资。

(二)软环境

软环境是指那些没有具体物质形态而影响国际直接投资运行效果的一些社会因素,主要指政治法律、经济、社会文化和教育等因素。

政治法律因素是直接关系到国际投资"安全性"的问题,它包括政治观念、政治体制、法律体制、国防政策、外交政策、政治稳定性、政策连续性、对外国企业的法律规定、政府对外资的态度和法规、对出口贸易的限制情况、对国外投资的鼓励与限制、对盈利汇回本国的限制情况、外汇管理规定等。其中,政治体制、政治稳定性、政府对外资的态度和法规等因素对海外投资有着直接影响。

经济因素是影响国际直接投资最基本、最直接的因素,主要内容有:①经济政策。它主要包括产业政策、消费政策、财政金融政策和贸易政策。其中对国际投资有较大影响的是贸易政策。②经济发展水平和市场规模。它包括反映市场总规模的国民生产总值、影响市场消费水平的人口和城市人口状况、反映东道国购买力水平的国民收入、综合反映经济发展水平和市场规模的制造业产值。它是投资者衡量投资机会和获利程度的重要指标。③市场消费水平。它只是衡量市场规模的细分指标,包括各种收入阶层的分布、个人收入及其分配、个人消费水平的构成等。收入水平决定着市场消费水平,而不同的市场消费水平又直接影响着投资者的投资策略和投资机会的选择。④市场的健全程度和开放程度。投资项目的运行需要一套完善的市场机制和开放的市场机构。完善的市场机制是指有健全的商品市场、资金市场、劳动力市场和信息交流市场。市场体系是否完善决定着投资者获得经营资源的难易程度和经济利益的多少。市场的开放程度是指一国允许国外资本进入当地市场经营的程度,它决定着当地市场对外资吸引力的强弱。⑤经济与物价稳定状况。它包括外债规模、通货膨胀、利率水平、商业信用等。外债规模过大,容易因债务危机而导致国内经济的混乱;通货膨胀过高,容易导致投资的固定资产价值发生贬值;商业信用程度过低,会引起经济秩序混乱,影响经济的稳定。

社会文化和教育因素包括宗教制度、教育和劳动力的因素、社会心理因素、民族意识等。各国社会文化环境的不同会直接影响东道国消费者的生活方式、消费倾向、购买力动机和购买种类等,进而影响海外投资的国别与项目的选择。

三、国际直接投资的动机

国际企业进行国际直接投资的不同动机和原因归纳起来有以下几种:

(一)获取国外的原材料

国际企业为了避免进口原材料而发生的一系列不必要的成本费用,最好的办法就是对原材料产地进行直接投资,这样可以实现原材料供应渠道的多元化,保证原材料的及时供应,从而确保企业的正常运转,获取更多的利益。

(二)利用国外廉价的劳动力等生产要素降低成本,增加利润

由于市场的不完善,各国的劳动力和土地等生产要素的价格是不同的,因此通过对外直接投资,异地利用比较廉价的生产要素,可以降低生产成本,提高企业的投资收益率。

(三)扩大市场份额,提高竞争力

随着某一行业的不断发展,行业内的企业不断增加,产品的竞争也越来越激烈,这时对行业内的企业而言,最好的办法就是向潜在的需求市场发展。同时随着跨国公司的迅猛发展,跨国公司之间争夺世界市场竞争的日益激烈,各跨国公司为避免市场被竞争对手抢占,纷纷将目光移向海外,进行海外投资,以试图迅速占领国际市场,稳固竞争地位。

(四)寻求先进技术和管理经验

跨国公司往往希望以某种方式学到其想得到的技能、信息及科学的管理经验,以期给企业带来丰厚的超额利润。具体做法是,与当地高科技企业合资经营或收购、兼并当地高科技企业等。

(五)追求规模经济效果

在一些竞争性市场中,产品价格有时被迫接近于产品的边际成本,因此,在一些固定成本比例较高行业中的企业,必须从事大批量销售才能保本。在有些行业,特别是资本密集型企业,由于其产品的研制需要投入大量的研究与开发费用,因此这些企业必须大批量生产并销售其产品,才能降低单位产品成本,以达到保本并盈利。严峻的形势要求企业寻求更多的产品市场,而国内市场毕竟有限并趋于饱和,因而就决定了这些企业要将视野移向海外,开辟新的海外市场,以此提高产品销量,降低成本,充分发挥有利的经营杠杆作用,提高企业的生产效率和盈利能力,从而实现规模经济。

(六)分散经营风险

由于国内的投资项目都会受到本国一般经济情况的影响,因此国内投资项目的收益相关性很大;而不同国家之间的投资项目,由于各国经济发展的不一致性,其相关性较同属一国的相关性要小得多。因此,将资金在国际范围内进行多样化投资较国内多样化投资而言,更能有效地减少相对预期收益的波动,分散企业的经营风险。

四、国际直接投资的方式

国际直接投资的方式主要包括合资(joint venture)经营、合作(cooperation)经营、独资(wholly owned)经营、新建企业和收购现有企业五种。

(一)合资企业

合资企业是指由两个或两个以上属于不同国家和地区的公司或其他经济组织,经东道国

政府的批准,在东道国设立的以合资方式组成的经济实体。如果母公司拥有国外业务中的50％以上的股权份额,从而可以行使对其控制,该合资公司称为跨国公司母公司的国外子公司(foreign subsidiary);如果母公司拥有国外业务,也就是合资公司不足50％的股权份额,该合资公司称为跨国公司母公司的国外成员公司(foreign affiliate)。

(二)合作经营

合作经营是指国外企业依据东道国有关法律,与东道国企业共同签订合作经营合同而在东道国境内设立的合作经济组织。合作经营企业双方的责、权、利都是由双方签订的合同加以规定的。合作经营企业的管理可以由合作双方派出代表组成联合管理机构,也可以委托一方或聘请第三方进行管理。

(三)独资经营

独资经营是指由某一外国投资者依据东道国法律,在东道国境内设立的全部资本为外国投资者所有并独立经营的企业。许多国家都对外国投资者在该国投资,设立独资企业进行一些限制,比如,军事、通讯等行业一般不允许外国投资者独资经营。一般而言,发展中国家限制条件较多,发达国家限制条件较少。

(四)新建企业

新建企业的投资方式是由投资者独立自主经营、独立承担风险的一种国际直接投资方式,其投资过程包括选址、建设厂房、购买安装设备,一直到雇用工人进行生产。

(五)收购现有企业

收购是指跨国公司在东道国购买现有公司的产权。它是国际直接投资的主要进入方式。

五、国际投资的风险及其管理

(一)国际投资风险的类型

国际投资风险是指在特定环境和时期内可能导致国际投资经济损失的状况,主要包括政治风险、经营风险和外汇风险。

政治风险是指在国际经济往来中,由于政治因素变化而给国际投资活动可能带来经济损失的风险。其主要有:①政策变动风险。它是指由于东道国有意或无意变更政策而可能给外国投资者造成的经济损失,投资者进行对外投资活动必须遵循东道国的各项经济政策。东道国的土地、税收、产业规划等方面具体政策的变化将影响到投资者的决策并影响投资者的收益。②资金移动风险。它是指在跨国经济活动中所获得的收益,由于受东道国政府的外汇管制政策或歧视性行为无法汇回投资国而可能给外国投资者带来经济损失。③战争风险。它是指东道国国内由于政府领导层变动、社会各阶层利益冲突、民族纠纷、宗教矛盾等情况,使东道国境内发生战争而给外国投资者带来经济损失。

经营风险是指在生产经营活动中,由于市场条件和生产技术的变化而给企业可能带来损失的风险。经营风险一般由价格风险、销售风险、财务风险、技术风险等组成。

外汇风险是指由于汇率变动造成的跨国公司投资及其投资收益价值变动的风险。

(二)国际投资风险管理的措施

国际投资风险管理须做好以下几方面的工作:

(1)认真进行投资风险的科学论证。在投资前,通过投资项目的可行性研究,从宏观和微观两个方面评价投资风险的大小,而后选择风险较小且效益较高的投资方案,并预先采取防范投资风险的措施。

(2)参加国外投资保险。企业按规定在国外投保后,一旦发生风险并给投资人造成损失,保险机构将按合同支付保险金。目前许多国家都设有承保国外投资风险的服务部门,如美国的海外私人投资公司、英国的出口信贷保证部、中国的中国人民保险公司等。一般承保的风险类型主要集中于征收、战争和转移风险等方面。

(3)利用多渠道筹资。跨国公司可以利用筹集资金的机会把风险分散到东道国、其他第三国和国际金融机构等方面,这样一旦发生风险,公司不致蒙受过多的损失,而且还可以得到国际性保护。

(4)借助东道国当地的力量。当跨国公司进入东道国进行投资时,可以通过选择利用当地利益相关者分散风险,如向当地投资者出售一部分股权,扶植当地利益相关者,包括各方面有协作关系的供应商、消费者、当地雇员、银行等。

(5)经营多样化、分散化。通过经营的多样化与分散化,跨国公司可以选择多个国家进行投资,经营多种商品和业务,分散销售渠道、原材料供应等,从而分散其投资风险。

本 章 小 结

随着世界各国经济活动的国际化、跨国大企业的出现和发展、各国之间产品与技术的交换、对外投资融资等活动日益活跃,国际间资金运动日益频繁,由此产生了国际财务管理。国际财务管理是现代财务管理的一个新领域。本章从国际财务管理的概念入手,介绍了国际财务管理的形成、发展及其主要内容,并就国际财务管理涉及的主要内容,即外汇风险管理、国际筹资管理、国际投资管理等方面,从理论和实务上进行了较为全面、详细的介绍。

关 键 术 语

国际财务管理 外汇风险 国际筹资 国际投资

思 考 题

1.国际财务管理的内容有哪些?

2.什么是外汇风险?外汇风险有哪些?

3.国际筹资渠道和筹资方式有哪些?

4.国际企业的筹资与国内企业相比有哪些特点?

5.国际投资环境的基本构成因素有哪些?

案 例 分 析

上海复地香港上市

复地(集团)股份有限公司(以下简称复地)是中国最大的房地产开发集团之一,一级开发资质,复地自1994年涉足房地产业以来,坚持为大众住宅市场打造精品,在上海、武汉、南京、北京、无锡、重庆等地,已成功开发二十余个住宅项目,为近两万户家庭营造了理想生活环境。2004年2月,复地在香港联交所H股主板上市成功,进入国际资本市场。但复地在香港上市并非一帆风顺,而是经历了一波三折。

早在2002年底,复地就已经准备实施招股计划,但当时中国电信进行了大规模IPO,因市场反应不佳,被迫推迟计划,复地亦受其影响,推迟招股。

2003年2月底,复地H股计划在香港联交所主板上市,复地提出90%向国际投资者发售,其余10%在香港公开发售,但在公布招股结果的前夕,复地突然宣布押后上市,根据当时官方的解释,主要因为潜在投资者对美伊可能开战表示忧虑,影响了投资气氛。但同时有人透出消息说,主因是复地招股不理想,认购数量严重不足。当时的评论认为复地上市失败的症结在于:①内地房地产泡沫论促使机构投资者对认购内地房地产股抱审慎态度;②复地定价偏高,厘定价值的方式备受质疑;③复地标榜以"土地工厂"的方式运营不被投资者认同;④复地在招股书中并无详细阐述上市集资资金的用途。

2004年初,复地再次发起H股上市冲击,最终发行了6.38亿股,预计筹资11.48亿~14.99亿港元。虽然中途一度遭遇禽流感风波的冲击,但由于投资者对上海经济和复地发展前景表示乐观,复地终于在2004年1月30日完成募股并于2月6日在香港联交所正式挂牌。历经三年,复地募股上市终成正果。

分析:上海复地上市经历了一波三折,固然有其自身发展的原因,国内外经济环境的变动给其上市带来了较大的影响,结合本案例,说明经济环境的变化可能对跨国融资带来的影响。

第十五章　和谐财务管理

> **本章要点**
>
> 1. 和谐财务管理的概念
> 2. 和谐财务管理的目标
> 3. 和谐财务管理的理念
> 4. 和谐财务管理的内容
> 5. 企业和谐财务管理的制度文化
> 6. 信息时代企业和谐财务管理的构建

恩格斯曾指出："每一时代的理论思维,都是一种历史的产物,在不同的时代具有非常不同的形式,并具有非常不同的内容[①]。"构建社会主义和谐社会这一新的伟大构想的提出,也是时代条件的综合产物,中共十六大和十六届三中全会、四中全会,明确提出构建社会主义和谐社会的战略任务,并将其作为加强党的执政能力建设的重要内容。中共十六大报告第一次将"社会更加和谐"作为重要目标提出。这一构想的提出,表明我党治理国家和社会的根本战略观念的转变,对于我国全面建设小康社会和推进社会主义现代化事业具有全局和长远的指导作用。

企业财务管理是国家经济工作的重要组成部分,是微观调控的重要手段。时至今日,"和谐社会"已成为国人的热门话题。为了促进和谐社会的形成和发展,企业必须与时俱进,及时进行财务管理创新,提倡并全面实施和谐财务管理,这既是企业财务管理的职责所在,也是时代赋予我们的新要求。

第一节　和谐财务管理的概念与特征

一、和谐财务管理的提出

(一)和谐社会的含义

构建和谐社会是现今中国的重要社会问题。当前,我国正处于体制转轨、社会转型的特殊历史时期,改革与发展处于关键阶段,改革在广度上已涉及经济、政治、文化等所有领域,在深度上已触及人们具体的经济利益,在发展方面已由单纯追求 GDP 上升到追求人文 GDP、环保 GDP,实现人口、资源、环境统筹协调发展。为巩固改革发展的成果,避免可能出现的经济社会问题,推动经济可持续发展,需要维护社会稳定,促进社会和谐。

党的十六届四中全会第一次明确提出了构建社会主义和谐社会的重要目标,强调"要适应

[①] 彭劲松.当代中国利益分析[M].北京:人民出版社,2007:212.

我国社会的深刻变化,把和谐社会建设摆在重要位置"。所谓和谐社会就是构成社会的各个部分、各种要素的相关者的利益得到有效的协调,具体来说就是民主法治、公平正义、诚信友爱、充满活力、安定有序、人与自然和谐相处的社会。

从人的主体地位而延伸出的价值关系视角来看,和谐社会主要体现为人与社会的和谐、人与自然的和谐、人与精神的和谐三个方面。构建和谐社会就是要正确处理人与社会的关系、人与自然的关系以及人与精神的关系,实现人与社会、人与自然以及人与精神的和谐统一。

人与社会的和谐是不同价值主体之间的和谐,也就是人与人之间关系的和谐,它是构建和谐社会的核心。它表现为在价值原则上坚持社会公正,在价值目标上强调利益协调,在价值运行中维护社会秩序等。人与自然的和谐是构建和谐社会的基础。它表现为人们在合理利用自然资源的过程中创造出更多的社会财富,从而使社会趋于和谐并不断发展。人与精神的和谐是人们在思想道德、精神文化方面达成的和谐,表现为社会团结、诚信友爱、风气良好,人们心情愉快,社会成员能够形成基本的价值认同。缺少人们在精神和文化上的共融和一致,没有全体社会成员思想道德和科学文化素质的全面提高和发展,和谐社会是不可能真正实现的。因此,人与精神的和谐是构建和谐社会的灵魂。

现代社会,错综复杂的社会关系实质上体现的是各种不同的利益关系。利益是社会结构中各要素相互联系的纽带,利益结构是社会结构的特质基础。不仅人与社会之间关系如此,人与自然以及人与精神之间的关系在实质上也同样表现为一种利益关系。人与自然之间所表现的是长短期利益关系以及代际之间的利益关系,而人与精神之间的关系则涉及对利益关系的主观认同。和谐社会是一个各方面利益关系能够得以有效协调的社会。因此,要实现社会和谐,就必须使各方面的利益关系得以有效协调,利益均衡是和谐社会最根本的要义①。

(二)基于和谐的财务管理的提出

企业是各种经济活动和经济关系的中心环节,既是自然和社会资源的消耗者,也是社会财富的创造者。国民收入的初次分配是在企业这一微观层次得以实现的。同时,和谐也是企业健康、持续发展的客观要求。在构建和谐社会中,企业承担着不可或缺的重要责任。

然而,目前部分企业存在着与和谐背道而驰的行为,主要表现在:①逃避企业提供公共品和社会保障方面的责任,少缴税收与社保基金;②缺乏环保意识,为追逐利润而污染环境;③缺少诚信,对消费者提供不合格的产品服务与虚假信息,或进行假破产逃避债务;④对职工不负责任,如雇用童工、延长工时、拖欠工资、缺乏安全保障设施;⑤只顾企业效益进行裁员,将包袱甩向社会;⑥一味追求资本原始积累,对公益慈善等事业缺乏责任②。这些问题的存在,折射出一些企业在追求财富过程中对人的生命与财产尊严的漠视,以及最起码的社会公德心的丧失,从而严重影响着和谐社会的构建。

因此,企业应创新管理理念和实践,最大限度协调企业各利益相关者的利益关系,为和谐社会的构建发挥应有的作用。企业管理的过程和目的就是通过充分协调和发挥员工的积极性,去协调人、财、物的和谐配置,最终实现企业目标和社会目标有机统一的发展。财务管理是一种综合的价值管理,是企业管理的核心,要创新企业管理理念和实践,就必须创新企业财务管理的理念和实践。在这种情况下,和谐财务管理应运而生。

---

① 王烨,赵殿斌.构建和谐社会与国有企业财务管理创新[J].特区经济,2007(9).
② 蒋苏娅.论和谐财务[J].财会通讯(学术版),2007(8).

二、和谐财务管理的概念

和谐，《现代汉语词典》解释为"配合得适当"。在哲学上，和谐是一个关系范畴，是指事物之间协调、一致、均衡、有序的状态。"和谐"思想是关于自然、社会与人三大系统关系的充满辩证法色彩的理论体系，它体现在财务方面主要是指企业在财务管理活动中要理顺各种关系，兼顾企业相关者的利益，同时还要保持企业与环境之间的和谐发展。

和谐财务管理以可持续发展理论、企业社会责任理论、利益相关理论、公司公民身份理论为基础，从价值观、资本构成、企业假设、企业目标[①]等方面对传统企业财务管理进行了创新，发展了和谐社会所需要的企业财务理念，建立起激励与约束相融、兼顾利益相对平衡、有利协调发展的财务治理机制和利益协调机制，实现经济价值、社会价值、生态价值之间和谐，物质资本、人力资本、社会资本、生态资本之间和谐，经济人、社会人、生态人之间和谐，经济效益、社会效益、生态效益之间和谐的一种新型财务管理模式。可见，这是一种更加高级、人性化、民主化的财务管理，也是一种更加理性化、科学化的财务管理。

三、和谐财务管理的基本特征

（一）方式的刚柔互济性

企业管理包括刚性管理和柔性管理。刚性管理是 20 世纪通行的以制度和职权为条件，利用约束、监督、强制、惩罚等手段对企业员工进行管理的模式，如泰勒管理理论将人看做"经济人""机器的附件"。而柔性管理是以文化和情感为基础，运用尊重、激励、引导、启迪等方法进行管理。它主要依据组织的共同价值观和文化精神进行人格化的管理，以人为本，重视人，发挥人在生产经营中的作用，与"胡萝卜＋大棒"的传统管理方式根本不同。从实际效果来看，刚性管理和柔性管理各有所长。刚性管理强调建立财务管理的秩序，追求效率、稳定和连续性，易于对员工进行量化管理。柔性管理则强调适应环境、改造环境、与时俱进、不断创新[②]。柔性管理能满足员工的高层次需要，深层次地激发员工的工作动力，使其发挥出潜能。同时，柔性管理有利于企业内部形成集体主义和相互协作的精神。在实际工作中，刚性管理是管理工作的前提和基础，柔性管理是管理工作的升华。

和谐财务管理是刚性财务管理与柔性财务管理的完美统一。一方面，企业财务活动作为人类社会活动的组成内容之一，需要建立秩序加以规范。和谐财务管理通过建立科学健全的刚性财务管理体系，强制性地要求员工遵守和服从各种财务管理制度，完成各项财务指标。另一方面，和谐财务管理又强调利用各种调适手段，调整好组织中成员的理财心态。对财务活动的组织和财务关系的处理逐渐从推进式转变为牵引式，对外而言，也由过去简单化的债权债务关系变为合作关系，由过去的竞争对手关系变为互利共赢关系。因此，管理方式上的刚柔互济性，使得和谐财务管理成为更加全面协调和完美无缺的财务管理。

（二）量的非线性

一个企业只有建立和形成团结友爱、和谐融洽、安定有序的内部良好关系，才能有强大的凝聚力、向心力、开拓力和市场竞争力，才能保证经营管理和改革发展的顺利进行。和谐财务管理不仅有权力、等级观念，使用"我命令你执行"的方式，它更加强调感情管理、人本管理与文

---

①　龙静,董邦国,高蔷.和谐财务管理的新目标——和谐经济增加值率最大化[J].中国乡镇企业会计,2006(9).
②　陈志勇.推进企业柔性财务管理初探[J].财政监督,2007(9).

化管理,强调人与人之间的理解与尊重,靠对真理和美好未来的向往,靠高尚人格和心灵的互动,靠真诚和激情去把各种财务问题处理好。和谐财务管理体现人本管理特征,强调员工参与企业财务管理。因为财务管理中人的潜能是有很大弹性的,组织利用好人的潜能,财务管理的效率和效益就会大大增加,相反,就会造成很大损失。因此,和谐财务管理在量的方面表现为非线性,其财务管理效率的取得,绝不是简单的算术叠加[①]。

(三)激励的多样性

在激烈的竞争条件下,企业要想生存和发展,就要不断地提高自身的竞争力,而提高竞争力就必须最大限度地激励组织中的全体成员,充分挖掘出广大员工的内在潜力。和谐财务管理已经不再是传统意义上的财务控制,而更强调引导和激励,只有通过有效的引导和激励,才能更好地优化人们的财务行为,提升企业的价值。知识管理专家玛汉·坦姆朴经过大量研究后得出,激励人才的前四个因素分别是个体成长(约占 34%)、工作自主(约占 31%)、业务成就(约占 28%)、金钱财富(约占 7%)[②]。因此,和谐财务管理激励要改变过去仅依靠物质激励的方式,根据不同层次的需要,给予不同的激励手段,除了物质激励外,还应注重精神激励和情感激励。依靠人性解放、权力平等、民主管理,从内心深处来激发每个员工的内在潜力、主动性和创造精神,使他们能真正做到心情舒畅、不遗余力地为企业不断开拓新的优良业绩,成为企业在全球性剧烈的市场竞争中取得竞争优势的力量源泉。

(四)影响的持久性

和谐财务管理可以把企业外在的各种管理规定转变为员工内心的自愿承诺,并最终将这种内心承诺转变为员工的自觉行动。但是现实中由于受员工个体差异、企业的传统文化以及周围环境的制约等多方面因素的影响,企业整体目标与员工个人目标之间往往存在着各种差异并难以协调,因而这种"外在—内在—行动"的转化过程需要企业进行长期坚持不懈的努力。然而一旦这种协调工作通过和谐财务管理而达成一致,便会在员工的认识上获得相对独立性,将会对员工产生强大而持久的影响力。

第二节　和谐财务管理的目标与职能

一、和谐财务管理的目标

社会和谐是从最理想的角度来说,它表明社会各个要素、各个构成群体、各个构成个体,都能够相互匹配、相互理解、相互兼容。企业和谐是企业各组成部分之间、企业与外部相关系统之间处于相互协调的平衡发展状态。创建和谐企业,总的目标就是要创建"劳动关系融洽、资源利用高效、生态环境友好、回报社会热心、又好又快发展"的社会主义新型企业。财务目标是财务决策的准绳、财务行为的依据、理财绩效的考核标准。和谐社会要求企业的财务管理目标和谐。财务管理目标和谐是在企业各利益相关者之间一系列契约的联结中所有契约的正常履行,从而推动企业资本、劳动力、土地等各种生产要素相互耦合,联合完成生产活动,实现企业的和谐经营。传统的财务管理目标在财务管理目标和谐的问题上存在很多的缺点:

(1)利润最大化的缺点。利润最大化没有考虑资金的时间价值、利润风险因素,忽视现金

---

① 谷祺,王棣华.高级财务管理[M].大连:东北财经大学出版社,2006:188.
② 陈贞贞.浅析柔性管理与财务管理之融合[J].时代经贸,2007(2).

流量且可能导致短期行为。在企业经营者与所有者分离后,可能产生经营者以牺牲未来利益为代价追求短期利润而实现自身利益最大化的情况。同时企业自身也不愿意从事高投入且收益期较长的项目。这造成了所有者与经营者、短期和长期财务目标的不和谐,不利于企业的发展。

（2）每股收益最大化的缺点。每股收益最大化将绝对数的利润变成了相对数的每股收益,但仍然没有考虑时间价值、利润风险因素,也不能避免企业的短期行为。

（3）股东财富最大化以及企业价值最大化在时间价值、风险、现金流等问题上都较利润最大化和每股收益最大化有很大的改善,但近年人们关注的伪劣产品问题、就业问题、环保问题、安全生产问题、环境污染问题等就财务管理目标在外部社会中的和谐问题及各利益相关者之间的和谐问题显得尤为突出。

在和谐社会中,企业除了为股东追求利润外,也应承担一定的社会责任,考虑相关利益人,即影响和受影响于企业行为的各方的利益。企业社会责任（corporate social responsibility, CSR）是指企业在创造利润、对股东承担法律责任的同时,还要承担对员工、消费者、社区和环境的责任。财务管理要适应这一时代发展的需要,积极营造和谐的财务氛围。企业必须超越把利润作为唯一目标的传统理念,强调在生产过程中对人的价值的关注,强调对消费者、环境、社会的贡献。企业理财目标应体现出与社会、经济、政治、文化、自然等整个社会大环境的协调。

为了使企业各种内、外部关系更加和谐,实现企业的可持续发展,和谐财务管理不再是以前那些狭义的财务管理目标,而是追求利益相关者的利益、社会效益、生态效益、最佳知识结构及良性知识流形成、资本配置最优化的多目标[①]。具体内容如下：

1. 利益相关者的利益

这是企业与人和谐的体现。这里所说的利益相关者是指与企业之间拥有正式的、官方的或契约的关系的个体或群体,包括财务资本所有者（股东）、债权人、人力资本所有者（经营者和员工）、政府、顾客等。利益相关者合作理论认为,企业本质上是利益相关者缔结的一组合约,其中,每个利益相关者都向企业投入专用性资产,都对企业剩余的形成作出贡献,按照"谁贡献谁受益"的原则,这些利益相关者都是企业产权主体,都有权参与剩余分配。因此,企业的利益是所有参与签约各方的共同利益。企业在追求股东财富最大化时,必须兼顾、协调各种利益主体的利益,更加注重企业相关者利益的实现。企业的财务管理活动是否能够成功关键在于这一财务活动涉及的利益相关者的利益是否实现了有效的均衡,利益相关者的利益均衡是财务活动成功的基本动力。

和谐财务管理追求的利益相关者利益均衡有着丰富的内涵：

第一,强调风险与报酬的均衡,将风险限制在企业可以承受的范围内。

第二,营造企业与股东之间的协调关系,努力培养安定性股东。

第三,创造和谐的工作环境,关心职工利益,培养职工的认同感;加强对企业经理人的监督与控制,建立有效的激励机制以使企业的战略目标顺利实现。

第四,不断加强与债权人的关系,请债权人参与重大财务决策的讨论,培养长期可靠的资金供应者。

① 谷祺,王棣华.高级财务管理[M].大连:东北财经大学出版社,2006:189-190.

第五,保持与政府的良好关系,关心政府政策的变化并严格执行,依法诚信纳税,共建和谐社会。

第六,关心客户的长期利益,保持销售收入的稳定增长。

第七,加强与供应商的合作,共同面对市场竞争,并遵守承诺,讲求信誉,维护企业形象等。

显然,从经营者理财来说,以上利益相关者都能对企业财务管理产生影响。如果试图通过损害一方利益而使另一方获利,结果就会导致矛盾冲突,出现诸如股东抛售股票、债权人拒绝贷款、职工怠工、政府罚税等不利现象,从而影响企业的可持续发展,甚至会对企业产生致命的伤害。

相关者利益均衡目标模式有利于为企业创造一个良好的、长期发展的环境,这无疑是理财目标上的一大创新,在构建和谐社会进程中具有相关性和系统性的优势,既考虑了所有者的利益,又考虑了其他利益相关者的要求,体现了可持续发展战略,有利于促进社会与企业的和谐发展。

2. 社会效益

这是企业与社会和谐的体现。随着知识经济时代的到来,企业和社会环境的联系更为广泛和深入,作为社会大网络中的连接点和中继站,企业的社会性日益突出,企业必须高度重视自己的社会效益,不仅要为社会创造物质利益,而且要协助维护社会秩序,增进社会福利。这给财务管理提出了更高层次的要求。它侧重于回报社会,要求企业积极扩大经营规模,生产出更多的符合社会需求的产品,创造更多的工作岗位和就业机会,依法纳税,积极捐资和投入人力、物力,热心开展教育、医疗卫生、社会保障等慈善和公益事业等。为此,企业应当调动一切可以调动的资本,充分发挥资本优势,为发展社会事业而担当自己的责任。关注社会效益不仅有利于实现企业的经营目标,而且有利于树立良好的企业形象,使其在良好的环境下生存和发展。

3. 生态效益

这是企业与自然和谐的体现。当今中国的大多数环境问题都同企业活动有关:工业企业能源消耗比重接近70%,江河的污染有一半以上来自工业企业,大气污染90%来自工业企业,因企业管理不善造成的重特大环境事件也屡有发生,这都严重危害着人民群众的身体健康。作为社会公民,企业对资源和环境的可持续发展负有不可推卸的责任。所以,当我们贯彻科学发展、和谐发展时,保护环境、追求生态效益,便成为企业的财务管理目标之一。企业应当尊重自然规律,提高能源、资源利用效率,减少污染物排放,保护资源和生态环境,维护自然和谐。技术创新是实现企业生态效益的较好途径,通过技术革新既能减少生产活动各个环节对环境可能造成的污染,同时也能降低能耗、节约资源、降低企业生产成本,使产品价格更具竞争力。

4. 形成最佳知识结构和良性知识流

知识经济时代,市场份额和产出绝对规模只是企业竞争力的外在表现,在内涵上,企业竞争力主要源于企业对各类知识的占有和知识资本的运用程度。企业在一定时期积累的知识量越大,其知识资产的结构和动态组合与社会对知识的要求结构越一致,企业知识资产的转化效率就越高,企业竞争力就越强。当前,很多企业已经意识到,拥有高素质的人才和员工队伍是获得财富和更多知识的可能,但是由于知识的飞速发展,人的精力有限,一个人不可能掌握众多的知识。因此,获得优秀人才、形成最佳知识结构及良好的知识流动程序,便成为企业和谐财务管理的目标之一。

5.资本配置最优化

财务的本质是一种对资本要素的配置,和谐财务管理下资本要素范围的扩大,使财务对资本要素的配置功能进一步加强,追求各项资本的最优化配置理所当然地成为和谐财务管理目标。资本配置最优化包括对企业全部资本的配置,它一方面对企业未来的财务活动,如筹资、投资、收益分配有非常重要的影响;另一方面,在企业的不同成长期和理财环境下,可调节财务目标的部分标准,激励企业财务不断创新,提高优化配置资本的才能。如在企业发展期,考虑到智力资本的风险性和投资回报期长的特点,以物质资本的筹集和资本收益作为衡量资本优化配置的主要指标;而在企业成熟期,企业物质资本已非常雄厚,智力资本的比重就显得尤为重要。

实践中,不少企业在和谐财务管理方面做了大量的工作。如:壳牌石油公司的原则是,在强劲的收益率基础上为客户提供价值,保护环境,尊重和保护员工,服务社区,与相关利益方合作;诺基亚公司除了为社会提供先进的科技、产品和服务外,还积极参与和赞助中国各项社会、文化、体育和教育事业的发展;安利公司自1995年以来,已累计支持中国800多项慈善公益事业,投入及捐赠累计超过8 000万元,涉及环保、儿童、教育、赈灾和精神文明等各方面;柯达树立了HSE(健康、安全、环境)的经营理念;可口可乐关注中国的体育事业和希望小学等。这些企业通过关注自身的社会责任,获得了和谐的发展。

二、和谐财务管理的职能

关于财务管理的职能,理论界一般认为有财务预测、财务决策、财务计划、财务控制、财务分析评价及考核等。和谐财务管理职能与传统财务管理职能有较大的不同,它主要是指财务资源社会属性的培育、配置和使用职能,财务协调职能,财务激励职能和财务教育职能。

1.财务资源社会属性的培育、配置和使用职能

有效培育、配置和使用企业财务资源是财务管理的基本职能。传统财务管理主要侧重于对企业财务资源经济属性和价值侧面的决策、控制和分析,而不关注企业财务契约关系的配置,忽略财务制度结构的设计。和谐财务管理不仅注重企业财务资源经济属性和价值侧面的培育、配置和使用,更强调产权、契约、制度等社会和非价值层面的因素在传统财务资源配置中的作用,更加重视财权在企业内部的合理配置,以及企业社会资本和财务关系网络的有效培育[①]。

2.财务协调职能

财务协调是和谐财务管理中大量的、经常性的工作。企业财务协调是在与财务关系人之间相互洽谈商量中寻找一个各方都能够接受的方案,最终实现各方行动上的和谐与统一。人是企业的基本要素,人与人之间有各种各样的人际关系。加上企业内在分工,每个人的地位、享有的利益不同,这样必然会在企业内部形成各种矛盾和冲突。协调这些矛盾和关系,使之平衡,避免因矛盾激化而影响企业的发展,从而使企业获得良好的生存和发展空间,是和谐财务管理的重要职能,也是衡量财务管理人员管理水平的尺度之一。传统财务管理中的协调手段主要是指挥和控制,即靠管理者制定的财务规范、政策达到协调目的。而对于人们的思想、意志及人们之间的财务矛盾方面的协调,单靠传统的财务管理的协调手段无法解决。而这恰恰

---

① 王烨,赵殿斌.构建和谐社会与国有企业财务管理创新[J].特区经济,2007(9).

是和谐财务管理协调职能发挥作用的主要领域。和谐财务管理使组织内各部门、各岗位更加协调，激发人的潜能，进而增强企业的核心竞争力，提高企业的经济效益。

3. 财务激励职能

财务激励是和谐财务管理中特别需要强调的，它不同于传统财务管理的激励职能，不是仅仅靠经济利益的简单刺激去激励员工，而是用更加人性化的理财手段去激励员工更好地工作，如更多的教育培训支出、更多的人文关怀支出预算、更加合理的分配制度和福利制度、更加优化的团队精神的培养等。

4. 财务教育职能

刚性管理只具有外在的作用，只有让大家从内心深处接受并积极主动地参与，组织财务目标的意志才容易实现。和谐财务管理主要在于塑造高尚的理财精神，一旦这种精神塑造成功，便会在实际财务管理工作中产生持久的效力。而这一切需要教育，需要把管理对象当做人，而且是现代人去理解、关心、爱护，这样才能充分调动他们的工作积极性，组织的财务管理工作才能更加出色[①]。

第三节　和谐财务管理的原则与主体

一、和谐财务管理的原则

(一) 个体重于群体原则

和谐财务管理的重要职能之一就是协调。协调财务关系主要从个体开始。传统作用于群体的财务管理往往停留在一般的管理制度、一般的口号阶段，很难做到"一把钥匙开一把锁"，不能做到点点入心、深刻具体。然而，不同的个体有不同的志向、爱好和需求，不同的性格、态度和理想，不同的知识、技能和潜力，财务管理若不从这些方面入手去理清个体这种复杂性，那就很可能误用有关财务规章制度的一般原则，造成许多不良后果。尽管一切外在的财务管理措施的制定都是针对所有的人，而在贯彻落实的时候又恰恰不能用同样的力度去影响所有的人。这就要求财务管理者在一般性工作的基础上进行调查研究（最好是面谈），通过感情交流，对财务关系人的心态进行深入分析，发现其特殊性，因人、因事而异做针对性的财务管理工作，从而更加直接彻底地解决问题。解决了那些对组织意志不理解、有成见或执行起来有困难的人的问题，财务管理才能更加和谐，财务管理目标才更容易实现。

(二) 内在重于外在原则

对人的财务管理有两种形式：一种是外在的，诸如通过财务法规和制度进行严格管理。这是财务管理最基本的工作，这种财务管理形式带有明显的强制性和不可抗拒性，无论是理解还是不理解都要执行。另一种是内在的，诸如通过说服教育、感情投资、形象影响、舆论宣传、激励尊重、心理沟通的形式进行更加能动的管理。和谐财务管理要想深入人的内心世界，激励人的精神，改变人的意志，控制人的行为，就要通过感情交流、典型引路、分析信息、因势利导来解决。因此，和谐财务管理更加重视内在的管理，更加体现"以柔克刚"的思想。它"以人为中心"，依据企业的共同价值观和文化、精神氛围进行人格化管理，在员工心目中产生一种潜在的说服力，从而把组织意志变为个人的自觉行动。在这个过程中，它尤其强调管理者的身教，即

①　谷祺，王棣华. 高级财务管理[M]. 大连：东北财经大学出版社，2006：191.

管理者以自身良好的形象去营造一个优化的财务管理环境。财务管理者能否做到知行统一、廉洁奉公,能否起模范带头作用,对一个组织将产生不可忽视的巨大而潜在的影响。

(三)心理重于物理原则

传统财务管理往往更注重"物理",即客观的物质条件,靠资金去推动和激励企业的各项活动。在和谐财务管理中,"物理"的作用是重要的,但更重要的是"心理"的作用,这是一个不断变化的广阔而神秘的世界。资金是有限的,而人的创业精神、奋斗精神才是无尽的资源。过分强调资金等物理因素,就必然压抑甚至窒息人们心中的热情,这恰恰是和谐财务管理的大忌。没有资金等物质条件当然不行,但如果广大员工没有了心理动力和干劲,没有了奋斗和奉献精神,仅仅剩下物欲和贪欲,那么资金等物质因素也可以化为乌有。有了心理动力,没有资金也可以创造出资金! 这就是心理重于物理原则的基本道理。在实践中,财务管理者要善于使用"肯定重于否定"的方法,这是个管理艺术问题。大量的事实证明,在和谐财务管理中把握好肯定与否定的度,在信息准确的情况下,选择合适的时机与场合,充分肯定成绩,给管理者一定的"心理"鼓励,将会收到良好的效果[1]。

二、和谐财务管理的主体

财务管理主体是财务管理为之服务的特定组织实体,是一定的社会经济形态下具有独立的物质利益的经济实体。在工业经济时代,企业财务管理是以企业作为一个独立完整的个体,仅对企业的资金流动过程进行管理。这种实体是有形的、相对稳定的。和谐财务管理主体与传统财务管理主体有很大的不同。一方面,随着网络技术的发展以及知识资本在经济发展中作用的加强,"网上公司"、"远距离多主体网上合作体"不断涌现,虚拟"媒体空间"中的财务管理主体越来越多,外延也越发难以界定。如当若干个企业共同投资于同一大型项目时,该项目的财务主体将不再是一个企业法人,而是一个超越企业法人的机构。所以,和谐财务管理主体具有多元化、扩大化的特征。另一方面,"媒体空间"中的各种网上实体往往只是一种动态的、短期的战略联盟,合作目标完成后迅速解散,从而使财务主体又具有虚拟化、模糊化的特征。这使得企业活动与环境的联系更为紧密,共处于一体化的网络之中。企业与供应商以及企业与客户的关系不再固定,在全球网络中,企业与客户形成"在选择中结盟,在结盟中选择"的新格局。

第四节　和谐财务组织结构与理念

一、和谐财务组织结构——扁平化的网络结构

传统的金字塔型的组织结构是根据泰勒科学管理原理设计的,它按照专业化劳动分工组织生产经营活动,依靠各种工作的职能化和专业化提高工作效率。但是这种组织结构由于部门间相互割裂,存在难以协调的弊端,也很难适应经营环境的复杂变化。

和谐财务管理要求企业提高对市场需求反应的灵敏度,要求内部信息高效率流动,内部各部门更加协调合作。因此,和谐财务组织结构应该是一种灵活简洁的管理体系。这样以集权为特征的管理分工细密、管理环节复杂、成本高、效率低的金字塔型纵向层次结构,必将被以分

① 谷祺,王棣华.高级财务管理[M].大连:东北财经大学出版社,2006:192-194.

权为特征的管理层次少、结构紧凑、反映灵活的扁平化的网络结构所取代。

　　财务管理组织结构扁平化具有许多优势：①将越来越多灵活、机动的跨部门、跨地区的协作小组取代传统的逐级汇报的等级制度，这些小组可随时为解决突出问题而组合在一起，使企业可以有效地控制人、财、物、信息等四大要素。②缩短了最高层和最底层之间的距离，使企业减少信息反馈和决策的中间环节，能使上下级之间的沟通相对容易，员工的创造力、闪光点能在尽量短的时间内被捕捉到，并得以充分运用。

　　扁平化的网络结构是在网络技术的基础上，实现了信息的远程处理、集中式管理，极大地延展了财务管理的能力和质量。这种财务管理实行从源头管理，标准化信息则可以通过信息网络由计算机实时处理和提供共享，非标准化信息则可以通过信息网络由人脑决策，企业之间所获得的信息与竞争都可以在网上进行。通过远程处理、在线管理实行对财务的动态管理，真正实现财务的事前计划、事中控制和事后反馈。

　　和谐财务管理扁平化的网络结构构建的先决条件是企业内部建立完善的现代化信息体系，使知识、信息的传输和管理极为快捷和严密，从而大大减少财务管理的风险。同时，还要求企业的管理层比过去更富创造力，更具协调和组织能力。

二、和谐财务管理理念

　　财务管理理念，又称财务理念，即财务管理者的基本观点。它是在日常的财务管理中逐渐形成的，是进行财务管理工作的重要基础，对财务管理的内容、方式、方法及其工作质量有着重要影响。研究这一问题具有重要的理论意义和现实意义。和谐财务理念，借鉴现代企业财务管理理论和实践的经验教训，汲取中华民族独创的"和合"哲学思想的精神营养，是适宜于和谐社会发展所需要的理财理念。具体来说，企业应塑造以下和谐财务理念：

（一）泛财务资源理念

　　和谐财务管理更加重视泛财务资源。传统财务学中的资源概念通常指资本，基本上属于硬资源的范畴，而泛财务资源的定义是对企业有用或有价值的所有部分的结合。从形态上看，泛财务资源可分为硬财务资源和软财务资源两大类。硬财务资源的构成主体是自然资源和传统的财务资源（资本）。软财务资源的构成主体是以智力为基础的资源和无形资产，具体包括市场资源、组织经营以及人力资源、知识产权等知识资源和时间资源。

　　随着科技进步和经济的发展，硬财务资源在企业发展中的作用和相对价值降低，而软财务资源的作用和相对价值在上升。因此，企业的理财应在注重硬财务资源在整个泛资源系统中作用的同时，重视软财务资源的战略作用及其对硬资源的调控作用。泛财务资源配置应遵循公平与效率的基本原则，具体可作为一个系统来设计，包括社会规则、人的规则、经济规则和环境规则等方面。

（二）以人为本理念

　　人力资源是社会的宝贵财富，也是企业发展的支撑力量。长期以来，财务管理被看成"对钱的管理"。然而，现代企业与职工之间已超越单纯的雇佣关系，两者在生产经营和民主管理上互相合作，共享发展成果，共享发展潜力。和谐财务管理更突出"以人为本"的理念。

　　首先，在财务管理活动中，人的价值观念、行为方式起着决定性的作用，仅强调管理对象的可控性和制度性，漠视管理客体的人性，必然会在实践中遇到阻碍。在财务管理过程中，企业要发挥人本管理的最大效用，一要多为员工着想，改善职工劳动生产条件，加强安全生产和劳动防护,健全职工劳动保障,改善职工福利待遇;二要多与员工沟通,增强员工对管理的知情权和意见表达权,如在制定财务预算时,通过常规会议加强参与者的交流,使预算的制定者和执行者之间形成统一认识,明确各自职责。

其次,企业的发展要靠科技创新。科技创新活动本身是人的活动,并且与其他活动相比,人的作用更加凸显。另外,科技活动的不断创新与进步,极大地唤起了人类的自我意识,使人类的自我发展成为整个经济和社会发展的中心。因此,财务管理应以人的发展为出发点,围绕人的价值管理开展财务活动,协调好财务关系。把人作为"社会人"或"文化人"而不仅仅是"经济人"来看待。要理解人,尊重人,使职工和部门的努力都能得到相应的肯定和报偿。同时,还要努力促进职工发展,改善职工精神文化生活等,以充分发挥人的主动性和创造性,最终实现企业的财务目标。

(三)风险理财理念

从财务管理的角度看,风险是现代企业在组织财务活动中,由于不确定因素的作用,使实际财务收益与预期财务收益发生偏差的可能性。现代市场经济社会中企业经营的复杂性和多变性,给企业造成了各种各样的风险,随着市场体系的完善和市场经济的进一步发展,社会体系不断地向和谐方向发展。然而,企业在资金筹集、投放、运营、收益取得等方面的风险管理还需要进一步的完善。预算管理是预防和应付风险的重要方法,也是提高企业管理水平的重要环节。因此,企业必须在财务管理中树立风险观念,重视预算管理。通过风险回避、风险接受、风险转嫁、风险分散等手段,对财务活动的风险加以控制,以正确有效地实施财务决策,促进整个社会的和谐建设。

(四)知识理财、信息理财理念

和谐财务管理要求企业必须树立知识理财、信息理财的观念。这是因为:

第一,未来企业的竞争主要表现为知识的竞争,谁先掌握了最先进的知识谁就拥有了竞争的优势。知识管理的出发点是把知识视为最重要的资源,把最大限度地掌握和利用知识作为提高企业竞争力的关键。财务人员必须推动财务管理的知识化,同时增加自身的知识含量,包括信息网络技术知识、财务管理知识等,将其融会贯通,创造性地运用和发展,以使企业适应多变的知识经济环境。与此同时,还应不断地在实践中总结经验,不断地探索构建企业财务工作新局面的各种方式和方法,积极营造和谐财务氛围。

第二,现代市场经济的一切经济活动必须以快、准、全的信息为导向,信息已成为市场经济活动的重要媒介。财务信息又是所有经济信息中的核心部分,财务信息的准确与否、及时与否、全面与否,都直接决定着决策者决策的正确与否。财务人员要牢固地树立信息理财观念,不但要不断地为决策者提供准确无误、及时精细的财务信息,还要通过合法手段全面地掌握整个社会和竞争对手以及其他财务信息。新信息技术革命使信息的传播、处理和反馈的速度大大地加快,只有通过现代化的信息技术准确地了解和掌握自己和别人的财务信息,协调处理好与其他部门、金融机构、相关单位等有关方面的财务关系,才能做到知己知彼,有效地进行财务决策和资金运筹,在当今激烈的市场竞争中处于不败之地,使各方经济利益达到和谐统一。

(五)和为贵理念

"人和"是企业内部和谐管理极为重要的因素。只有人和了,才能调动企业成员的工作热情,不断为企业作出贡献。人和在企业财务管理的人际关系管理中的作用可分为两个层次:一是化解人与人之间的紧张与冲突,从而有利于企业的稳定;二是企业成员间通过彼此的理解和沟通,实现同心同德,协力合作。这种状态下的人际关系是一种互为目的、互相尊重的关系,但各自的价值并未融入他人之中。它表明企业成员间应通过交往达到普遍沟通,成员在交往中要超越一己私利、小团体利益,而达到相互尊重相互信任的、牢固的人际和谐。

人和承认事物之间的差异和矛盾,是多样事物的统一。它表现在人际关系上,是有原则的和睦相处。在处理人与人之间财务利益关系时,它表现为"双赢"或"多赢"。全球经济成为一个整体,供产销各环节上的利益主体的利益息息相关,一个全新的财富创造机制正在出现,企业财富的创造完全依赖于各环节的及时通讯,即时数据、思想、符号的传递。企业理财人员应使企业的经营为整个供产销链条上的所有相关利益主体服务[①]。

(六)行仁义利理念

义利问题反映的是人们对意识形态与物质利益之间相互关系的认识,是人们的哲学思想在经济问题上的反映。和谐财务管理把义和利长期被对立起来的两端有机结合起来,主张以义生利。这不仅是对传统管理思想的完善和发展,而且对财务管理者在处理义利关系时提出了新的目标,具有很强的现实意义。

社会责任是和谐财务的应有之义。国际社会已经越来越看重企业社会责任,如《财富》和《福布斯》在企业排名时将"企业社会责任"作为考核标准之一。我国《南方周末》推出"中国(内地)创富排行榜",其中"企业社会责任"是评估体系中三项指标之一,比重占45%。因此,在和谐社会构建中,企业财务管理应找到"利"和"义"两者之间的和谐统一点,主动承担应有的社会责任。为此,企业财务管理人员必须树立以下两个理财观念:

第一,树立竞争与合作观念。全球经济一体化、网络化的发展,使得企业之间、企业内部及个人之间,一方面通过信息的快速传播与反映,加剧了市场的竞争;另一方面又通过信息的网络化、科学技术综合化进行沟通和合作。作为社会的一部分,企业只有先承认国家、社会的利益,才能使自身追求利益最大化的愿望变成现实。在激烈的市场竞争中,企业要正确处理和协调好各种财务关系,使各方面的经济利益达到和谐统一。

第二,树立绿色理财观念。当前我国环境问题和可持续发展问题已经到了相当严重的程度。据国家环保总局统计,我国的江河水系70%受到污染,40%受到严重污染,流经城市的河段普遍受到污染,城市垃圾无害化处理率不足20%,工业危险废物化学物品处理率不足30%。实际上,从长远来看,生态效益与企业利益是互利共生的,企业履行环保社会责任是一种推进企业长远发展,实现生态效益和企业经济效益双赢的明智之举。因此,企业在投资时就要充分考虑自然资源、环境等因素的约束,最大限度地降低能耗比,促进环境保护,为企业乃至整个社会的和谐可持续发展尽到应有的责任。

第五节　和谐财务管理的内容

在知识经济时代的知识型企业中,最重要的不是财务资本,而是知识、信息与创造能力。因此,知识拥有者是企业最重要的人。以人为本,充分利用科技创新、科技成果,已成为企业谋求竞争优势和长远发展的重要手段,和谐财务管理的内容有别于传统财务管理。

---

① 谷祺,王棣华.高级财务管理[M].大连:东北财经大学出版社,2006:197.

一、社会资本管理

企业财务是在各利益相关者缔造的财务支持网络中展开的。社会资本是企业财务关系网络的价值形式,又称为财务关系资本,它们能够补充资本市场以提升企业获取稀缺性财务资源的能力,并对单个公司的私利行为和本位主义施加限定或限制。作为一种跨企业的社会关系,企业财务网络的建立与维护需要其成员具有合作的倾向和行动。但在现实世界里,财务网络内部普遍存在着财务性与非财务性的冲突。因此企业需要重视和加强社会资本管理,有效地化解这种具有破坏性和分裂性的冲突,这既是保障企业财务良性运作的基本条件,又是符合构建和谐社会的内在要求①。

二、筹知与投知管理

知识资本又称智力资本、隐形资本,由人力资源和无形资产两部分组成,具体包括科技创新、管理、人才素质、专利、商标、商誉、计算机软件、产品创新等内容。知识经济时代以信息、通讯、网络为一体,以高科技技术和知识为核心,知识资本的作用日益凸显。知识资本对经济增长的贡献率,在 20 世纪初为 5%～20%,在 20 世纪中叶上升到 50%左右,在 20 世纪 80 年代以后则上升到 60%～80%。美国管理学家彼得·德鲁克在《后资本主义社会》一书中提出,智力资本已经成为继财务资本和劳动之后,推动企业不断发展的"第三资源",经济的增长更直接地取决于对智力资本的投资和智力资本的运作②。因此,企业不仅需要有维护生产能力的实物资本,更需要有具备创新能力的知识资本。

特别关注知识资本并对其加强管理是和谐财务管理的重要内容,其出发点就是把最大限度地掌握和利用知识资本作为提高企业竞争力的关键,创造性地运用和发展知识,对企业实行新时代的财务管理。首先,在企业筹资中注重知识资本的筹集,要紧密结合市场实际,为企业所需的知识资本的筹集进行合理规划,使之与货币资本和实物资本相匹配,并进行应有的后续投资,增加企业的知识资本积累。其次,要制订经营方案,加强对知识资本使用过程的监控,切实提高其使用效率。再次,在收益分配中要注重知识资本的补偿,特别关注知识资本并对其加强管理是和谐财务管理的重要内容。

三、人的价值管理

人是生产要素中最积极的因素,是知识的载体,是增强企业超群竞争优势最重要的源泉。和谐财务管理理念的确定使人的价值管理成为财务管理的中心。财务管理不能停留在原来管钱、管物的基础上,还要重视人力资源的开发和利用。

(一)要健全人才培养机制

和谐社会是一个终身学习的社会,当前,培训与教育已经成为企业吸引人才、留住人才的重要条件。因此,企业应注重对员工的人力资本投入,将教育和培训贯穿于员工的整个职业生涯,使员工能够在工作中不断更新知识结构,随时学习到最先进的知识和技术,保持与企业同步发展,从而成为企业最稳定可靠的人才资源。

(二)要尊重知识、尊重人才、尊重创造

通过建立责、权、利相结合的运行机制,强化对人的激励与约束,不断使人力资本得以保值

---

① 王烨,赵殿斌.构建和谐社会与国有企业财务管理创新[J].特区经济,2007(9).
② 程书华,卜国清.资本新形式:知识资本[J].合作经济与科技,2002(1).

增值,从而最大限度地激发人力资本主体的创造活力,促进财务效率的提高以及和谐的、长期稳定的财务关系的形成。

四、和谐分配制度

在现代企业中,各种利益主体都给企业投入了专用性资本,因而均有权享受企业的利益。企业应实施按实物投资分配与知识资本分配相结合的新模式,使财务管理成为充分调动人的积极性和创造性的有效手段。在收益分配中要注重知识资本的补偿,人力资本所有者应当参与企业的税后利润分配。研究表明,在现阶段,在实施利润分享制的企业,高管人员年收入为8万~16万元最为合适;在实施年薪制的企业,高管人员的平均年薪为同期职工工资的10~20倍最为合适;在实施股权分享制的企业,高管人员的持股比例越高,公司绩效就越佳[1]。

党的十六大提出的"确立劳动、资本、技术和管理等生产要素按贡献参与分配"的原则,给人力资本分配剩余价值收益提供了政策上的前提;"以人为本"观念的推广,加深了社会对人才的重视。深圳华为公司是我国人力资本参与企业收益分配的最典型的范例。华为公司强调"人力资本不断增值的目标优先于财务资本增值的目标",认为是劳动、知识、企业家和资本共同创造了公司的全部价值。知识和能力可以转化为资本,参与公司利润分配,这就是华为的"按知分配",既分利(工资、红利、奖金等),也分权(如股东、职权、机会等),使知识资本同样具有剩余索取权。华为公司总裁任正非说:"如果我们坚持全部资本归属最初的出资者,我们就否定了劳动对其创造的剩余价值的拥有权,否定了智力(或知识)投入的剩余拥有权,公司就很难吸引、留住优秀的技术人才和管理人才[2]。"联想集团也正是用"期权"的方式,使创业者让位于年轻的拥有创新知识、专业化的人才,这种和谐的激励机制和人才资源投资方式,使人力资源配置得以更加优化。

第六节　企业和谐财务管理的制度文化

企业和谐财务管理制度文化,或称企业和谐财务管理体制文化,是企业和谐财务管理思想与哲学的体现,对企业财务管理的运作具有很大的约束力。

一、财务管理的制度文化

(一)财务文化及其层次

财务文化是指在一定的社会历史条件下,财务人员在长期的财务理论与财务实践中创造和形成的、最高层次的、非经济的物质财富和精神财富的总和。它是一个多层次的复合体,同时也是企业文化中非常显著、影响很大、丰富多彩的一种文化。人与精神和谐是构建和谐社会的灵魂,它要求人们在精神、文化上趋向共融和一致。企业培育和塑造优良的财务文化,不仅体现了和谐社会的内在要求,而且可以通过其凝聚功能、导向功能、激励功能和约束功能,来缓

---

①　李长江,冯正强,王国顺.上市公司管理层薪酬激励的最优水平实证研究[J].湘潭大学学报(哲学社会科学版),2005(3).

②　严瑾.治理企业集团财务管理存在问题的对策[J].财会通讯(理财版),2007(1).

解企业各利益相关者之间的财务冲突①，促使企业和谐，推动企业财务核心竞争力的提高。同时，优秀的财务文化会引导企业财务行为朝着诚实、守信、客观、公正和具有强烈社会责任感的良好方向发展，从而提升和改善企业的整体管理水平，促进和推动企业持续稳定地发展壮大。

从文化学的角度看，财务文化可分为三个层次：物质文化、制度文化和精神文化。它们之间具有层次性，各层次以一定的规律相互影响、相互制约，构成完整的结构体系。财务物质文化、财务行为文化属于表层财务文化，财务精神文化属于深层财务文化，财务管理制度文化是介于有形的财务物质文化和无形的财务精神文化之间的中层财务文化状态。在三种财务文化中，财务物质文化是基础，财务精神文化是动力，财务制度文化是保障。精神层文化是财务文化的决定性因素，发挥着主导功能，一般直接作用于制度层，然后再通过制度层而间接影响物质层。由于制度层具有的这种中介作用是没有任何东西可以替代的，所以在财务文化的建设中应该非常重视制度层的建设。

（二）财务管理制度文化与和谐的关系

财务管理制度文化是研究财务管理制度产生、发展及运行机制的各种观念的总和。通过对财务管理制度文化的研究，揭示财务管理制度因素与文化如何相互配合，以达到财务管理体制的不断完善，并以此来推动社会经济的发展。

财务管理制度文化包括有形的正式规则（各种制度安排）和无形规则（各种财务关系）两部分。前者越完善，财务管理越呈刚性；后者则是一种弹性规则，体现的是人和环境的和谐，是一种经济人、企业人、文化人的良好结合。财务管理制度作为价值观的一种反映，体现着文化因素、道德因素、感情因素等。优秀、成熟、健全的企业财务管理制度文化的一个显著标志是其制度文化保持刚性与柔性的协调统一。企业不仅要从正式制度上去实现企业的社会责任，还要从非正式制度上去履行企业的社会责任，从价值链和生态链上去考虑，实现企业利益相关者的满意度最大化。

财务管理制度文化随着生产力发展而不断发展变化，但又具有相对稳定性。在和谐社会的构建过程中，我们必须与时俱进，努力建设与现代市场经济相适应的、新型的、基于和谐的财务管理制度文化，体现"公平、效率、效益"的原则。

二、企业和谐财务管理的财产制度文化

独资企业、合伙企业、公司制企业等各种不同企业财务管理的区别，主要是由于企业财产制度文化的不同。公司法人财产制度文化的确立，克服了个人企业、家族企业、官办企业的种种弊端，使企业产权基本得以确立和保障，从而使财务管理的科学化逐步得到制度上的保障。

经过近现代几个世纪的演化，公司制企业财产制度文化已经成为一个包括股份有限公司、有限责任公司等在内的多种形式的财产制度文化体系。这个体系包含了一系列各自配套的、适应不同投资主体偏好的选择形式，较为合理、公正、科学地解决了企业财产所有权、支配权及财务管理权之间的关系，对于协调好与社会经济发展的关系起到了很大的作用。

股票、债券、交易所等的发展，尤其是股份有限公司的巨大进步，刺激了全社会的投资心理和投资热情，从而大大提高了全民的财务管理文化水平。有限责任制、股份有限公司制等企业的全面存在，又为各类人士提供了广阔的理财空间，给与资产占有相关的人力资源的开发打开

---

① 王烨，赵殿斌.构建和谐社会与国有企业财务管理创新[J].特区经济，2007(9).

了方便之门，也为营造机会均等的财产制度文化开辟了金光大道，企业和谐财务管理的制度文化也因此而丰富多彩①。

　　现代公司是利益相关者之间缔结的"契约网"，各利益相关者应将公司的适应能力视作自身利益的源泉，以获得单个主体无法获得的合作收益。在构建和谐社会中，传统的股东单边财务治理结构显然已不再适应，需要由利益相关者共同治理结构所取代。财务共同治理结构②是基于企业利益相关者合作逻辑，在和谐战略观的导向下，为处理企业财务利益关系、协调财务冲突，通过财权的合理配置，形成有效的财务激励与约束机制，使各利益相关者共同拥有公司的剩余索取权与控制权分配的权力并相互制约，以实现企业财务目标的一套制度安排。

三、企业和谐财务管理的组织制度文化

　　企业和谐财务管理的组织制度文化主要是企业理财权力结构体系文化。在现代市场经济中，财务管理是一项开放性、动态性、综合性的价值管理工作，在企业整个经营管理工作中处于非常重要的地位。企业理财机构的科学设置和财务管理人员的合理安排、相关制度的制定与执行，对其财务管理职能作用的充分发挥，具有十分重要的意义。

　　企业和谐财务管理应该构建共同治理的内部组织机构模式，具体内容包括以下几方面：

　　1. 实行企业财务的分层治理和管理体系

　　和谐财务管理体系可分为五个层次，即：外部利益相关者财务、经营者财务、职能部门财务、分部财务、员工财务。其中，经营者财务处于核心地位③。

　　2. 设计有效的企业剩余分享机制

　　这就是说，企业应设计共同的长期财务收益分享权机制。一般根据财务控制权和财务收益权对应原则，按照分配董事名额比例来决定各方分享剩余的比例。对于经营者和员工，在设计报酬契约时，必须考虑长期激励因素，使其报酬与企业未来的经营业绩相联系，从而激励他们与企业保持长期稳定的财务关系，为实现企业财务目标而作出贡献，如经营者风险收入和员工的长期风险收入机制都有利于企业财务战略的实施④。

　　3. 设计共同的财务监督机制

　　企业应创新董事会制度和监事会制度，组建由各利益相关者的代表共同组成的董事会和监事会，从而达到分权制衡、共同治理的目的。

　　董事会制度一方面保证了财务经理的财务管理受到必要的监督和企业重大财务决策的集体抉择；另一方面使所有者与经营者之间的关系有一缓冲地带，保证了各方财务利益的协调平衡。和谐财务管理的董事会不仅仅是股东的代理人，还是企业各利益相关者的受托人，对全体利益相关者负责。

　　创新监事会制度是指在企业监事会中建立利益相关者的共同监督机制，即建立包括出资者监事制度、员工监事制度、债权人监事制度、政府公务员监事制度和其他利益相关者监事制度等多元化的监事会制度结构，以相互制约，监督企业财务战略目标的实施。

---

　　①　谷祺，王棣华. 高级财务管理[M]. 大连：东北财经大学出版社，2006：209.
　　②　林钟高，王锴，章铁生. 财务治理：结构、机制与行为研究[M]. 北京：经济管理出版社，2005：365.
　　③　李心合. 利益相关者财务[J]. 会计研究，2003(10).
　　④　林钟高，徐虹. 财务冲突及其纾解：一项基于契约理论的分析[J]. 会计研究，2006(6).

四、企业和谐财务管理的决策制度文化

企业和谐财务管理决策制度文化与企业和谐财务管理组织制度文化有着密切的关系和相近之处，但两者并不完全相同。企业财务管理决策由单人决策制向多人决策制和委员会决策制的演变，反映着企业财务管理决策制度文化的变迁。

企业和谐财务管理的决策制度文化，主要是通过在董事会中建立共同的财务决策机制，确保各利益相关者有平等机会参与企业重大财务决策，从而使财务战略能够有效实施。为此，当前在完善股东董事会战略、预算管理委员会制度和独立财务董事制度的基础上，还必须做好如下制度安排：①员工董事制度，它是确保员工参与企业重大财务决策的一种制度安排；②债权人董事制度，它是确保银行等主要债权人参与企业重大财务决策的一种制度安排；③政府公务员董事制度，它是确保政府间接参与企业重大财务决策的一种制度安排；④其他利益相关者董事制度，它是确保除员工、债权人、政府以外的利益相关者参与企业重大财务决策的一种制度安排[①]。

五、企业和谐财务管理的控制制度文化

企业和谐财务管理控制制度文化即企业财务控制权的相机配置，又称财务控制权状态依存，是在企业财务战略实施出现偏离设计目标和路径，甚至危机时，通过建立一套有效的制度安排使利益受损失的利益相关者能够取得和调控企业的财务控制权，改变财务控制权结构来有效约束和激励企业的财务行为，以确保财务战略有效实施。

1. 债权人相机治理

当企业剩余不足以对债权人支付时，可通过破产来最大限度地补偿债权人的利益，这时企业的财务控制权转至债权人。

2. 股东相机治理

当企业剩余能满足对债权人的支付而不能满足对股东最低预期收益的支付时，股东可"用手投票"更换经营者，或"用脚投票"退出企业，这时企业的财务控制权转至股东手里。

3. 政府相机治理

当企业财务战略实施出现不力甚至危机，其表现为经营者违法违规经营时，政府要依法给予处罚。例如，若企业财务信息披露失真，财政部门就要依据《中华人民共和国会计法》对其进行处罚；若上市公司违背《中华人民共和国会计法》的有关规定，国务院证券管理部门就要依法给予其暂停或终止股票上市的处罚[②]。

4. 员工相机治理

当企业财务战略实施出现不力甚至危机而损害企业利益时，员工可采取以下相机治理措施，以确保企业财务战略的有效实施：要求董事会更换经理人员，提议召开临时股东大会更换董事，提议召开临时职代会罢免经营者，通过工会起诉违法的经营者和以职工收购为基础的企业重组等。

企业财务控制权相机配置，揭示了财务控制权分配与企业效益和偿债能力之间的关系，通

---

① 赵华，何惕，刘更新.基于柔性战略观的企业财务战略管理机制创新研究[J].长沙理工大学学报（社会科学版），2006(3).

② 李心合.利益相关者财务[J].会计研究，2003(10).

过这一机制，使和谐财务管理的财务共同治理机制得以有效地实施。

六、企业和谐财务管理的人事制度文化

企业和谐财务管理中的人事制度文化虽然受财务管理财产制度文化、财务管理组织制度文化的影响，但它主要是以企业人力资源观念和意识为基础。财务管理人员作为企业重要的人力资源，在企业财务管理中发挥着重要作用。财务人员是企业财务管理中的战略资源、核心资源，是凌驾于其他财务管理要素之上的基本要素。

当代企业财务管理中的人事制度文化是信息社会、人才竞争、智能竞争的产物，其具有代表性的特征主要是：①招聘高质量的财务管理人员；②对财务管理人员进行再培训，提升其素质；③制定科学、合理的财务管理人员晋升制度。高质量的财务管理人员既要有过硬的财务管理知识，也要有一定的生产、经营管理知识和社会知识，还要掌握现代办公手段。尤其是在近年来我国财务会计制度变化频繁的情况之下，企业财务管理者已经意识到对财务管理人员不断进行再培训的重要性，而现代财务管理人员要想适应多变的社会环境，也必须不断地学习。企业应在经费上保证财务管理人员再培训的需要，鼓励财务管理人员进行在职学习。物色选拔优秀的财务管理人员走上领导岗位，是企业财务管理成功的关键。优良的财务管理人事制度文化，可以大大提高企业财务管理的效率和财务管理人员的综合素质，减少企业理财中的重大失误[①]。

七、具体财务管理制度的制定

企业财务治理的和谐性为财务管理制度文化实施系统的建设提供了良好的制度环境与规范基础。企业在资金管理制度、收入与支出管理制度、成本费用管理制度、收益分配管理制度等各种具体的财务管理制度制定中，还要特别注意以下几点：①为了充分发挥社会主义经济制度的优越性，构建的财务管理制度必须更加和谐，更加关注弱势群体的利益。②在投入方面应当更加重视科学技术的发展，并从财务管理制度上加以保障，只有建立了良性的科技投资管理体制，加强科技投入产出方面的财务管理制度建设，才能走出高投入、高消耗、低效率、低效益的恶性循环怪圈，才能使日益恶化的自然环境及资源环境得到改善。③加强组织的沟通协调工作，制定财务管理制度要注意群众性，财务管理制度事关组织中的全体利益相关者，人人都要执行财务管理制度，遵守财务管理制度。因此，制定财务管理制度必须发动群众积极参与，企业只有实现了理财的民主化，才能取得更大的辉煌。

第七节　信息时代企业和谐财务管理

21 世纪，信息时代在知识经济大潮的簇拥下姗然而至。瞬息万变的知识信息使企业之间的竞争更为激烈，信息流成为企业的生命线。Internet（国际互联网）使企业实现了在全球范围内的信息共享与交流，Intranet（企业内部网）技术在企业管理中的应用，则使企业走出了封闭的"局域"系统，实现企业信息的实时对外开放。以互联网为基础的信息技术、信息产业正在以惊人的速度改变着人们的生活方式、工作方式和商务方式，也必然对企业的财务管理系统产生

---

① 谷祺，王棣华.高级财务管理[M].大连：东北财经大学出版社，2006：210-211.

深远的影响。

一、信息时代与企业和谐财务管理

信息时代的管理在诸多方面都与和谐财务管理相一致,从而为企业和谐财务管理提供了广阔的空间。

(一)管理目标方面

在信息时代,第一,企业的资本结构发生了很大的变化,物质资本的地位相对下降而知识资本的地位相对上升,不同资本所有者对企业均有经济利益方面的要求。同时,全球经济成为一个整体,供产销各环节上利益主体的利益息息相关。这些重大变化,决定了在信息时代企业的经济利益不仅仅归属于股东,而且归属于"相关利益主体"。第二,由于知识的共享性和可转移性克服了物质资源的稀缺性和使用上的排他性,企业对知识的积累和运用与社会对知识的要求形成经常性的正向互动关系,使企业经营目标与社会整体目标日趋一致,人们更加关注社会未来的发展趋势。第三,信息技术的发展,能够解决工业经济时代因技术能力而无法解决的外部经济问题,这使得企业财务管理关注社会责任成为一种可能[1],也为人类与自然的和谐发展创造了有利条件。由此可见,信息时代财务管理的目标与和谐财务管理的目标不谋而合。

(二)管理重点方面

信息系统是一个速度快、效率高的数字神经系统,管理手段更加现代化。知识创新成为社会发展的主要动力,知识资本将成为共识和可能。员工不再是机械工作者,而是知识工作者、信息和知识共享者。信息时代更加强调尊重人的价值,确认知识资本的存在,并最大限度地发挥出知识资本的能量。知识资本等于人的能力乘以人的激情。信息时代是实现以人为本的管理时代,人的价值将充分实现,员工将充分掌握智能化工具,人将得到更加全面的发展;信息时代更加强调给员工授权,激励员工发展各种能力,使其充分进行自我财务管理;信息时代将使人们有更多的时间进行思考、交流、战略设计和决策,人们将得到更多的机会和满足[2]。企业和谐财务管理也将更加重视人的价值。

(三)组织结构方面

信息时代改变了传统的金字塔型的组织结构,形成一些扁平型和网状型甚至无中心组织形式,这种组织是由多个独立的个人、部门和企业为了共同的任务而组成的联合体,它的运行不是靠传统的层级控制,而是在定义成员角色和各自任务的基础上通过密集的多边联系、互利和交互式的合作来完成共同追求的目标。因此,管理者与被管理者的界限越来越淡化,而更加强调他们之间的沟通与交流,从而提高管理效率和效果。这与企业和谐财务管理的组织结构相吻合。

(四)管理理念方面

信息时代在管理理念方面为和谐财务管理提供了意识保障。对内而言,信息时代更强调管理是一种服务,管理要创新,要面向未来。优秀的企业财务管理者,就是能利用好信息时代工具,与全体员工成功地走向未来的人。对外而言,在全球经济一体化条件下,信息的快速传播加剧了企业之间的竞争,而知识和技术的可共享性和开放性又促进了企业之间的沟通和合作。这要求企业财务管理应从更大的范围、更高的层面、更多的角度来考虑自己与竞争对手的

---

[1]　王伟国.网络经济时代的企业财务管理模式探析[J].石河子大学学报(哲学社会科学版),2003(3).
[2]　谷祺,王棣华.高级财务管理[M].大连:东北财经大学出版社,2006:203.

复杂关系,并正确处理和协调与其他企业之间的财务关系,使各方的经济利益达到和谐统一,实现多赢的格局。同样,和谐财务管理也非常强调"竞合",这样才能更有效益。

(五)管理效果方面

信息时代通过改变组织的神经系统,从而全面改变组织的物流系统、资金流系统、决策指挥系统,全面改善企业循环系统,提高企业素质,企业财务管理将更加和谐化。具体表现为以下三个方面:①信息时代对改善企业产品品质和服务质量将起到很重要的作用,能大大扩展企业业务空间。使用电子商务系统,可以实现及时生产,实现零库存境界,减少中间商,降低营销成本,加强与客户的交流与沟通。②信息时代将使那些单一和机械性的工作全面被淘汰,管理者和员工将自主地、创造性地工作,最大限度地增加工作的附加价值。让生产部门、其他管理部门和服务部门的员工充分利用财务、成本数据,主动增加收入、降低成本、提高资金周转速度。③信息时代将改变企业财务管理和决策的速度,使组织的运作更加稳健和有效。信息时代可以打破个人和组织固有的边界,把他人甚至全世界的智慧都集中起来,以快于思考的速度管理好组织,同时对财务危险和机遇都能迅速作出反应,以便将财务信息快速传递给需求者。

二、我国财务管理工作与信息时代要求的差距

经过 30 多年的改革开放,我国财务管理工作已经有了很大发展。一些先进的企业在其财务管理中,已经开始建立自己需要的信息系统,快速、准确、广泛地接受、传递、反馈和应用信息,初步实现了财务工作过程整体的计算机信息化和计算机处理化,比较高效率地开展各项财务管理活动。

但从整体上来看,我国财务管理工作距信息时代的要求还有一大段距离,我们需要加快速度,努力缩短差距。

我国财务管理工作现代化标志之一是多数企业实现了会计的电算化。但目前我国电算化会计信息系统表面上虽然与手工会计信息系统有很大的不同,但本质上只不过是传统手工会计信息系统的翻版,仅仅是信息处理手段有了改变,并没有实现信息时代的转变,也没有实现用现代信息技术所提供的功能来改造传统的手工会计信息系统这一宏伟目标。目前我国会计软件的最大缺陷是财务管理的功能不足,不能满足现代管理的需要,距离信息时代的要求还很远。影响企业财务管理信息化进程的主要障碍,是既懂财务管理又精通计算机的复合型专业人才的缺乏。此外,会计电算化系统只有融入 ERP 系统中,才能发挥出更大的作用,也才更有价值。然而,由于市场环境不成熟、企业机制特殊、管理不规范、基础薄弱、人才缺乏等原因,ERP 目前在我国企业中还没有普遍成功地实施。我国企事业单位的会计电算化系统往往都是一些"孤岛",没有能够真正融入本单位的管理信息系统中去。

没有先进的信息系统,企业就无法实现信息化管理,无法真正提高管理水平,无法抢占经营管理的制高点,无法与国际上先进的企业进行竞争。因此,虽然我们面临诸多困难,但不能等待,必须迎头赶上。

三、信息时代构建我国的和谐财务管理

(一)转变财务管理观念

传统财务管理侧重于财务的核算管理。而信息化管理认为:财务管理工作不仅仅是一种资金管理工作和账务处理工作,而是企业综合资源的运筹帷幄工作;财务管理工作者不是仅仅被动地去执行某项工作,而是创造性地去开展各种工作;财务管理工作者要掌握更多的智能性

工具,全面提高资源的利用效益;财务管理工作者应确立风险意识,以信息技术为风险防范工具,分析、辨认和控制可能发生的风险;财务管理的组织结构更加扁平化和网络化,财务管理人员可以更加容易和企业内外部的各种人士进行沟通;财务管理人员不仅仅是监督者,还是服务者、创新者和知识工作者,他们要与全体和企业有关的财务关系人共同分享知识,形成良性互动,实现更高的回报并获取更多的知识和智慧。

因此,在信息时代,企业的各级员工都要与时俱进,转变现有的落后观念,充分认识当前社会经济环境的变革和企业财务管理创新的必然趋势,进行创造性思维,树立新型的、以和谐为导向的财务管理观念。

(二)制定信息时代的财务管理工作发展规划

信息时代的到来,是人类社会管理的一场伟大变革,政府应当制定信息时代财务管理工作的发展规划,建立包括信息时代财务知识创新体系、技术创新体系、知识传播体系和知识应用体系在内的国家创新体系。规划应当有目标、有重点、有方针政策和实施办法,并且要组织落实,按期完成。政府部门还要加强这方面的基础设施建设,创造良好的环境。政府要完善信息化管理的法律保障体系,制定合理的支持政策,如科学研究政策、人才培养政策等;要创造良好的社会氛围,形成尊重知识、尊重人才、紧跟时代潮流的社会风气。同时,政府还要搞好协调工作,加强信息化管理的学术、经验交流与合作,建立起分工明确、步调统一、团结协作的政、产、学、研之间的新型关系,促进各种要素之间的有机结合和有效结合,创造我国信息化财务管理的新时代①。

(三)提高财务人员的信息化管理水平和知识创新能力

信息化管理要求操作人员既懂财务,又懂管理;既熟悉电算化知识,又了解网络技术;既会具体业务操作,又能解决实际工作中出现的问题。因此必须采取有效措施,提高财务管理人员的综合素质。首先,要建立起具有国际先进水平的信息化管理创新中心,使有关的高校、科研院所成为信息化管理的研究和培训基地,并加大这方面的投入。其次,要改变财务人员的知识结构和培训方式,应当从应试教育向素质教育转变,加强创新意识和创新能力的培养,树立终身教育思想,不断更新知识。做到以上两点才能将信息化管理思想落到实处。

(四)办好基础产业并运用面向信息时代的财务软件

传统的财务软件功能相对独立,数据不能共享,企业在人、财、物和产、供、销管理中难以实现一体化。要实施信息化管理,没有先进的基础设施和管理软件是行不通的。

一方面,我国要以市场为导向,加速发展以计算机、通讯、电脑软件等为主的信息化管理的基础产业;加强包括国家信息基础设施、信息化管理科研基地、信息化管理教育基础设施、信息化管理技术中心等在内的基础设施建设。同时要理顺高科技基础产业的管理体制,构造和完善其运行机制,多渠道筹集资金,加大这方面的投资力度,造就一大批高新技术人才。

另一方面,要鼓励软件公司运用 Web 数据库开发技术,开发与信息时代相适应的基于互联网的财务及企业管理应用软件。企业要及时更新会计电算化软件,使会计电算化软件向管理型、智能化、通用化、兼容化方向发展。新型网络财务系统可实现远程报表、远程查账、网上银行、网上采购、网上支付等多种服务。这种财务管理和业务管理在 Web 层次上的协同运作,

---

① 谷祺,王棣华.高级财务管理[M].大连:东北财经大学出版社,2006:204-205.

将会使企业统筹资金与存货的力度空前加大[1]，业务数据一体化的正确传递，保证了财务部门和供应链的相关部门都能迅速得到所需的更形象、更直观的数量信息与质量信息、财务信息与非财务信息、物质层面的信息和精神层面的信息等多样化的各类信息，并保持良好的沟通，从而大大提高企业和谐财务管理的效率和质量。

(五)加快企业管理信息化进程

企业管理信息化进程是从单项业务计算机化→企业部门电算化→企业整体信息化→整个社会信息化的进程。企业整体信息化阶段是企业组织结构发生根本性变革的时期，在这个时期各项业务融合集成，组织结构演变为初期网络型结构，企业管理模式将发生变化。因此，企业实现和谐财务管理必须加快其管理信息化进程[2]。企业要积极组织实施 ERP 系统，实现企业整体信息化；要对职工进行信息化素质的培养，财务人员不仅是企业信息资源的制造者、组织者，而且是高效率的利用者；要充分发挥科技人员及每一个员工的积极性和创造性，依靠科技进步、知识更新和智慧来提高劳动生产率和经济效益。信息化管理模式的建立，将使财务管理发生根本的变化，为和谐财务管理的实施奠定良好的基础。

(六)对传统业务流程进行重组

在工业社会，业务流程按职能部门划分，虽然各部门的工作是高效的，但整个流程的运作则是低效的。尽管财务管理涉及企业的每一项活动，但传统上它只对财务的收支进行管理，对财务收支的源头——业务活动——很少涉及。为了适应新型的基于和谐的财务管理的需要，必须以网络型组织结构为依托，对企业的工作流程进行重组。首先，打破企业部门内部界限，重组企业内部的工作流程，建立流程型群体，实现财务、业务、决策的一体化；其次，将企业内部的业务流程再造推广到整个供应链中，从购买原料到对顾客提供有价值的产品和服务的一连串作业活动中，减少供应链内不必要的中间环节，实现企业财务管理与整个供应链和谐统一的结合[3]。

第八节 和谐管理与企业和谐财务管理

和谐管理理论与企业和谐财务管理有着密切的联系，这个问题值得广泛深入研究。

一、和谐管理理论的意义

和谐管理理论是基于早期的和谐理论发展起来的。早期的和谐理论自 1987 年席酉民教授提出以来，受到管理理论界的普遍关注[4]。该理论主要从思想和方法论层次对社会经济系统中普遍存在的和谐机理进行了研究，其基本理论架构为：运用系统观，围绕组织演进前后和谐态的对照比较，分析导致组织出现无序及不协调的负效应的构成成分，并针对其提出和谐控制机制，进行和谐性诊断，进而建立起 HAUEC(harmony, adaptability, unity, effectiveness, coordination)五级嵌套优化模型，同时设立和谐预警系统作为保证和监控系统和谐演进的重

① 孙素岩.信息时代的财务管理变革与创新[J].会计之友,2004(11).
② 王伟国.网络经济时代的企业财务管理模式探析[J].石河子大学学报(哲学社会科学版),2003(3).
③ 王伟国.网络经济时代的企业财务管理模式探析[J].石河子大学学报(哲学社会科学版),2003(3).
④ 席酉民,葛京,等.和谐管理理论:案例及应用[M].西安:西安交通大学出版社,2006:15-25.

要手段。

虽然和谐管理理论仍需进一步完善,但它代表了当代管理领域的最新研究方向,并对管理研究和管理实践具有重要的指导意义。

第一,和谐管理理论给出了管理研究的总体方向,即管理就是使之和谐。和谐管理理论为不同的管理研究找到了一个共同的立足点,并为各种管理理论之间的整合提供了一个通用的理论接口,使管理理论的整合成为可能。

第二,和谐管理理论强调系统的整体和谐性,这与局部最优或局部和谐的关系并非是简单的加总关系。这种整体的研究思想可以把管理研究的各种方法和理论置于一个和谐体之内进行研究,这对于指导管理实践活动具有重要意义。因为它不再是站在某一个角度去解决企业管理的局部问题,而是从企业的整体利益着眼,综合考虑企业的外部环境因素,为企业的总体规划提供重要的理论指导。

第三,和谐管理理论强调组织内外部的和谐统一。它更注重管理理论与现实问题的结合,避免一般理论"苍白无力"的缺陷,这充分体现了环境依赖的管理学研究思想。

第四,和谐管理理论强调通过对影响系统自主演化能动性和理性设计能动性的和则与谐则的处理操作来实现管理的目的。即从和谐主题的辨识和漂移入手,通过对组织内和则(嵌入在大量自主演化活动中的各种非正式关系、信任、非正式规范、传统、共识等因素)、谐则(嵌入在大量理性设计活动中的各种规范,量化的、精确的安排、计划、调度、程度等因素)的处理操作来实现组织绩效与持续发展的目标。

第五,和谐管理理论追求管理的"完美"(和谐态),并认为和谐是可以测度的,这打破了目前管理学研究的"适度论"或"理性论"的束缚,提倡不断创新和不断完善。

二、和谐管理理论的总体框架

经过席酉民教授及其研究团队多年的探索和进一步的研究、发展与深化,和谐管理理论已经建立了包括"和谐主题""和则""谐则""优化""不确定性消减""和谐机制""耦合"等在内的一套富有特色的概念体系和分析体系,并逐步形成了较为完整的理论框架。

具体地说,领导(leadership,L)根据组织(organization,O)及其所处环境(enviroment,E)的分析判断,在组织的愿景之下确定组织的战略意图(strategy,S)及各阶段的和谐主题(he xie theme,HXT)。然后围绕和谐主题确定用什么样的谐则(xie principles,XP)体系与和则(he principles,HP)体系,通过耦合(he xie coupling,HXC)实现和谐主题,使组织形成和谐(he xie,HX)运转机制,从而达到组织的高绩效(performance,P)。

和谐主题是指组织在战略实施过程中所面临的具有一定阶段稳定性、可操作性和全局指导意义的核心任务与核心问题。和谐主题的搜索与判定主要受环境(E)、组织(O)和领导(L)因素的影响,同时又受到组织愿景和战略意图的指引。在和谐主题确定之后,围绕主题的实现,谐则主要着眼于相对确定下的科学设计和优化,和则主要着眼于不确定性的消减和利用,而和谐的耦合则体现了和则与谐则围绕主题在不同条件下、不同层次间的相互作用、相互转化及系统整体的涌现特性,而组织的管理系统也正是"诱导演化"和"理性设计"在一定条件下相互耦合的结果。

根据和谐管理理论的基本框架,对一个组织和谐的评价主要取决于三个一致性的判断,即:①如果战略意图和EOL(环境/组织/领导)一致,则组织所确定的战略意图是正确的;②如果和谐主题与战略意图及 EOL 一致,则说明和谐主题选择是正确的,也即组织在特定阶段的管理重心定位是准确的;③如果和则、谐则与和谐主题一致,则说明组织此阶段管理系统比较完善且管理到位。如果组织实现了三个一致性,则说明组织管理是和谐的,也意味着组织有较高的绩效。这三个一致性是否实现,直接影响了组织整体管理的和谐程度;而组织整体管理的和谐程度如何,又可以通过组织的绩效反映出来。

三、和谐管理理论与和谐财务管理的联系

和谐管理理论与和谐财务管理在诸多方面都有着密切的联系,具体表现为以下几点:

(一)都是对传统管理的创新

作为一个创新的管理理论,和谐管理理论主要是应对复杂多变的环境和管理问题而提出的,它将自身定位于管理问题的解决学。它给出了管理研究的总体方向,即管理就是使之和谐,这为不同的管理研究找到一个共同的立足点,使管理理论的整合成为可能。作为一种新型的财务管理模式,和谐财务管理是在当今我国努力构建社会主义和谐社会的背景下提出的,它的创新在于强调与企业利益相关群体的利益、社会效益和生态效益。

(二)都是追求"和谐"的管理

和谐管理理论认为,任何系统之间及系统内部的各要素都是有相关性的,且存在一种系统目的意义下的和谐机制。和谐管理理论追求管理的"完美"(和谐态)。它强调系统只有建立一种"和谐机制",才能充分调动和利用各子系统成员的积极性和能动性,最大限度地促进其能量的释放和功能的发挥①。而和谐财务管理通过财务治理机制和利益协调机制的建立,以及企业理财理念的创新,做到财权和谐配置,利益相关主体之间权力、责任和利益和谐均衡,效率和公平实现合理统一,进而达到人与社会、人与自然以及人与精神的和谐。

虽然理想的和谐状态永远都不可能达到,但和谐管理理论和和谐财务管理却为管理研究思想注入了一种积极性向度。管理实践就是追求在当前或可预期条件下的和谐性改进,这是一种动态最优化过程。在当今企业内外部环境发生结构性变化的情况下,有意识地坚持这一点尤为重要。

(三)都遵循"双规则"并强调"和"

和谐管理理论与和谐财务管理都遵循双规则,并不企图将所有管理现象统一到一个优化原则之下。同时,二者都更加强调"和",强调协调、合作和沟通,强调对人的行为及人际关系进行协调与控制的管理机制。

和谐管理理论所倡导的是创造组织自身系统"和"的环境、"谐"的关系,和中有谐、谐中有和、和、谐相互渗透,通过围绕和谐主题的和则与谐则的耦合,形成总体稳定、协调、能动发展的动态机制。而和谐财务管理刚柔并济,成为更加全面协调和完美无缺的财务管理。它既建立科学健全的刚性财务管理体系,强制性地要求员工遵守和服从各种财务管理制度;同时又强调利用各种柔性调适手段,调整好组织中成员的理财心态。

(四)都关注对人的价值管理

和谐管理理论正是以人与物的互动以及人与系统的自治性、能动性为前提的,社会越发展,人的价值就会被越加关注。和谐财务管理观念的确定使人的价值管理成为财务管理的中

---

① 席酉民,唐方成,郭士伊.和谐理论[M].西安:西安交通大学出版社,2004:94.

心。和谐财务管理以人的发展为出发点,更加重视人力资源的开发和利用,围绕人的价值管理开展财务活动,协调好内部及外部各种财务关系。

四、和谐管理理论在企业和谐财务管理中的运用问题尚待研究

和谐财务管理侧重于企业内部以及外部各种财务关系的"和谐",强调各利益相关者之间的利益协调及生态保护。和谐管理理论则侧重于企业和则与谐则耦合结果的"和谐",强调通过减少系统摩擦和内耗,提高和维持系统的整体协调性,保证系统健康运转。应该说,二者所提的"和谐"在本质上是一致的,都是指在关系范畴内事物之间协调、一致、均衡、有序的状态。毫无疑问,和谐管理理论与和谐财务管理的密切联系,为进一步理解和把握和谐财务管理的内涵,进而实现和谐财务管理提供了帮助。

然而,如何利用和谐管理理论,针对企业和谐财务管理活动,进行和谐主题辨识、和谐主题分析、和谐管理分析及绩效评价即"和谐度"测度与评价等,都是需要进一步深入讨论和研究的问题。

本 章 小 结

和谐财务管理是财务管理科学的一个新领域,是适应构建和谐社会和企业可持续发展要求而提出的一种新型管理模式。和谐财务管理以可持续发展理论、企业社会责任理论、利益相关理论、公司公民身份理论为基础,从价值观、资本构成、企业假设、企业目标等方面对传统企业财务管理进行了创新,发展了和谐社会所需要的企业财务理念,建立起激励与约束相融、兼顾利益相对平衡、有利协调发展的财务治理机制和利益协调机制,实现经济价值、社会价值、生态价值之间和谐,物质资本、人力资本、社会资本、生态资本之间和谐,经济人、社会人、生态人之间和谐,经济效益、社会效益、生态效益之间和谐的一种新型财务管理模式。可见,这是一种更加高级、人性化、民主化的财务管理,也是一种更加理性化、科学化的财务管理。和谐财务管理具有方式的刚柔互济性、量的非线性、激励的多样性和影响的持久性等基本特征。

由于和谐财务管理主体的扩大,为了使各种内、外部关系更加和谐,实现企业的可持续发展,和谐财务管理目标不再是以前那些狭义的财务管理目标,而是追求利益相关者的利益、社会效益、生态效益、最佳知识结构及良性知识流形成、资本配置最优化的多目标。

和谐财务管理职能与财务管理职能有较大的不同,它主要是指财务资源社会属性的培育、配置和使用职能,财务协调职能,财务激励职能和财务教育职能。和谐财务管理应该遵循个体重于群体原则、内在重于外在原则和心理重于物理原则。和谐财务管理主体具有多元化、扩大化、虚拟化、模糊化的特征。和谐财务的组织结构是扁平化的网络结构。企业应塑造泛财务资源理念、以人为本理念、风险理财理念、知识理财和信息理财理念、和为贵理念和行仁义利理念等和谐财务理念。和谐财务管理的内容有别于传统财务管理。信息时代为企业和谐财务管理提供了广阔的空间。

企业和谐财务管理制度文化,是企业和谐财务管理思想与哲学的体现,对企业财务管理的运作具有很大的约束力。财务共同治理结构是基于企业利益相关者合作逻辑,在和谐战略观的导向下,通过财权的合理配置,使各利益相关者共同拥有公司剩余索取权与控制权的分配权力并相互制约,以实现企业财务目标的一套制度安排。

和谐管理理论与和谐财务管理的密切联系,为进一步理解和把握和谐财务管理的内涵,进

而实现和谐财务管理提供了帮助。然而,和谐管理理论在企业和谐财务管理活动中的具体应用问题,仍然是需要进一步深入讨论和研究的课题。

关键术语

和谐社会　和谐财务管理　利益相关者　社会效益　生态效益　泛财务资源　以人为本　行仁义利　和谐分配制度　财务管理制度文化　信息时代　和谐管理理论

思考题

1.和谐社会的含义是什么?企业为什么要实施和谐财务管理?

2.什么是和谐财务管理?它的基本特征是什么?

3.和谐财务管理的目标是什么?试述其具体内容。

4.简述和谐财务管理的职能与基本原则。

5.企业和谐财务管理应树立什么样的理财理念?

6.试述和谐财务管理的内容。

7.什么是财务管理制度文化?和谐财务管理应建设什么样的财务管理制度文化?

8.怎样理解"信息时代为企业和谐财务管理提供了广阔的空间"?

9.和谐管理理论的提出具有什么意义?它与和谐财务管理有什么关系?

10.你认为应该如何测度与评价和谐财务管理的"和谐度"?

案例分析

国内上市公司中最早推行的股票
期权类计划——上海贝岭的虚拟股票期权计划

上海贝岭的前身为上海贝岭微电子制造有限公司,该公司于1988年9月始建,是我国微电子行业的一家生产大规模集成电路的大型骨干企业。1988年,上海仪电控股(集团)公司和上海贝尔电话设备制造有限公司作为共同发起人,将其共同投资的上海贝岭微电子制造有限公司依法变更成为上海贝岭股份有限公司。上海贝岭股份有限公司于1998年9月24日在上海证券交易所挂牌交易,证券简称上海贝岭,证券代码为600171。上海贝岭的经营范围包括集成电路、分立器件、相关模块和多媒体信息系统配套产品的设计制造、技术服务及咨询,销售自产产品。

自1996年开始,贝岭公司就尝试进行一系列薪酬制度的改革,这主要基于以下两个原因:①人才供求的失衡。中国在微电子行业这一领域与国外的差距比较大,国内本行业的相关人才仅来自于有限的几所大学,与企业对于人才的需求量不相适应。②来自国外同行业的压力。国外同行业大公司以高收入、提供先进技术培训等优惠条件从中国源源不断挖去人才,与上海贝岭展开人才竞争的均是国内外著名企业,如英特尔、西门子、NEC、三星等国际著名企业和其在国内的分支机构,对人才的竞争与对市场的竞争一样激烈。此外,国内外同行业的公司大都采取了股票期权的激励措施,而贝岭公司的人才激励制度已经不太适合现代高新技术企业的需求。考虑到上述因素,公司结合中国国情和市场情况对原有的薪酬制度进行了改革,相继推出了一系列的职工奖励和激励制度。其中比较成功也是比较典型的是公司虚拟股票期权的实施。虚拟股票期权计划作为公司激励体制的重要部分,通过该计划的实施,完善了分配机制,提高了公司凝聚力,进一步吸引和稳定公司急需人才,促进了公司的持续健康发展。上海贝岭对高级管理人员和高级科技人员实行不同的激励制度。对高级管理人员采用年薪制、奖金和虚拟股票期权的组合模式,对高级科技人员采用年薪、奖金、虚拟股票期权及营业收入提成的组合模式。

1. 针对高层管理人员的激励计划

控股公司对由其推荐、委派、提名并在公司领薪的总经理、党组织书记等公司主要负责人实施年收入办法。年收入主要由基薪和加薪奖励两部分组成,基薪是以年度为单位,根据企业的资产规模、管理复杂程度及其他参考因素确定的基本报酬。加薪属于风险收入,与经营者的经营成果、工作业绩及贡献挂钩。加薪有两种形式,一种是经考核后视经营业绩增发1~5个月的基薪;另一种则是上市公司的经营者可以获得与特别奖励等值的股票,但在一定的时间内不得兑现,不得流通,但享有分红、转增股本等权利。当获奖者在职期超过两年,期股累计超过5万元时,可以兑现超过部分的20%。经营者在职期满,正常离职满一年后可以按事先约定的时间表兑现股票。

2. 针对管理人员和技术骨干的激励计划

上海贝岭本次薪酬制度改革的重点在于对关键管理人员和技术骨干的分配制度上。对于这一层面的关键员工,公司提出的基本框架是"收入市场化,住房货币化,激励期权化"。公司从上市起就结合中国国情和市场情况相继推出了一系列激励制度。其中比较成功也是比较典型的就是公司虚拟股票期权的实施。公司继职工股上市之后,立即开始找寻一种具有长期激励作用的新的激励制度。根据公司董事会关于在贝岭公司实行股票期权计划的要求,公司制定了股票期权方案并于1999年7月正式推出虚拟股票期权计划。由于中国证监会在股票期权问题上还没有明确的政策,虚拟股票期权只能采用内部结算的办法进行操作,其主要操作方法为:①确定用于虚拟股票期权的资金额度,资金来源于积存的奖励基金。②分配期权时,充分考虑到对主要技术人员和技术骨干的激励作用,重点向这类人员进行倾斜。在获得虚拟股票期权的人员中,占总数20%的科技人员获得了总额度的80%,其余人员则获得剩余的20%。③期权授予时,通过一定程序的考核,最终确定每一位有权获得虚拟股票期权的人员的具体数额。④公司与每一位参与者签订合约,合约中约定了虚拟股票期权的数量、兑现时间表、兑现条件等,以明确双方的权利义务。⑤虚拟股票期权以上海贝岭股票的股数计量,并以签约时的市场实际价格按一定的比例折扣作为基准价格;期权兑现时也以股数计量,并以兑现时的实际市场价格结算,差价部分为员工实际所得,公司代为缴纳所得税。这种方法的实施,促使公司员工将个人奋斗目标和公司发展紧密结合,上海贝岭同时辅之以其他形式的薪酬和奖励形式,形成了一套比较全面的激励制度和薪酬体系。

资料来源:中国商业联合会,中国企业联合会.公司治理[M].上海:上海人民出版社,2006:102-103.

思考:

1. 贝岭公司方案的技术创新之处在哪里?

2. 贝岭公司方案是否存在潜在问题? 如果存在,问题是什么?

第十六章　行为财务学

本章要点

1. 行为财务学概述
2. 行为财务学的基本理论
3. 传统财务理论与行为财务理论的比较
4. 行为财务理论模型和实证研究

行为财务学(behavioral finance,BF)是一个较新的研究领域,综合了财务学、心理学和社会学等多种学科的研究成果,以经济学的有限理性和认知心理学为基础,从一种新的视角研究人们如何解释信息和采取行动,尤其是投资决策。它的贡献在于揭示不确定情况下,理性、行为与财务三者的深刻互动。行为财务学的研究表明:投资者并不都像数理模型描述的那样以一种理性的、可预知的、无偏见的方式作出投资决策。该理论在 20 世纪 80 年代开始受到重视,其后发展迅猛,主要应用于资本市场和公司理财。

本章主要介绍行为财务学的基本理论、主要模型,以及与传统财务理论的比较,并对行为财务理论近年来的实证研究结果进行了归纳总结。

第一节　行为财务学概述

一、行为财务学内涵

美国学者伯勒尔(Burrell)和鲍曼(Bauman)于 1951 年首先提出行为财务(金融)学的概念。他们认为,在衡量投资者投资收益时,不仅要建立和应用量化的投资模型,而且还应对投资者的行为模式进行研究。奚(Hsee,2000)认为,行为财务学是将行为科学、心理学和认知科学上的成果运用到金融市场中产生的学科。我国学者程建伟(2002)认为:行为财务学是将心理学尤其是行为科学的理论融入到金融学中,从微观个体行为以及产生这种行为的更深层次的心理、社会等动因来解释、研究和预测资本市场的现象和问题的学科。

作为一个新兴的研究领域,行为财务学至今还没有一个为学术界所公认的严格定义。比较一致的看法是:行为财务理论是利用行为经济学的分析框架,通过对行为主体在金融市场上真实行为的观察,探索行为主体在决策过程中的心理因素和行为特征,并以此来解释和预测其在金融市场中的真实行为。它将心理学、决策学、经典经济学等学科的理论融合于财务学中,以试图解释资本市场中投资者的实际决策与现代财务理论相违背的异常现象,研究投资者是如何在决策时产生系统性偏差的。

二、行为财务理论的形成和发展

现代传统财务理论主要包括马柯维茨(Markowitz,1952)的均值方差模型和资产组合理论,夏普(Sharpe,1964)、林特纳(Lintner,1965)和莫森(Mossin,1966)的资本资产定价模型(CAPM),以及布莱克-斯科尔斯-默顿(Black-Scholes-Merton,1973)的期权定价理论。这些理论的基础是法玛(Fama)的有效市场假说(efficient market hypothesis,EMH,1970)。EMH认为:投资者是完全理性的,证券价格能够充分地反映人们所获得的信息集合,已知的信息对获利没有任何价值。这些理论都假定行为主体是理性经济人,金融资产都能够在一般均衡框架下确定其价格。这些理论较好地解释了金融市场的运作机理和金融资产定价机制,成为现代传统财务管理的理论基础。

20世纪80年代以来的实证研究不断发现股票收益率具有可预测性的证据,EMH的理论基础和实证检验都受到了强有力的挑战。实证研究发现了证券市场存在许多无法由EMH和CAPM加以合理解释的异常现象(market anomaly)。著名的市场异常现象主要包括三个方面:一是与市场有关的,如一月效应(January effect,股价报酬在一月份特别高)等;二是与公司自身有关的,如规模效应[size effect,小公司的报酬比大公司高,班茨(Banz,1981)]、市净率效应[陈、哈奥、拉肯尼希克(Chan,Hamao,Lakonishk,1991)]、市盈率效应[巴苏(Basu,1983)]等;三是与投资策略有关的,股价似乎具有时间序列(time series)上的可预测性,如动量投资策略(momentum strategy)、逆向投资策略(contrarian strategy)、时间分散投资策略(time diversification strategy)和资金平均投资策略(cost average strategy)等。实证结果表明:EMH对于资本市场存在的大量异常现象不具有解释力。传统财务理论与实证研究的结果存在的巨大差异,引发人们对传统财务理论一系列假设的思考,人们开始质疑以有效市场假说为核心的传统财务理论。

1. 早期行为财务学(1960年以前)

行为财务学理论的研究最早可以追溯到19世纪的两本书:古斯塔夫·勒庞(Gustave LeBon)的《群体行为》和查尔斯·麦基(Charles Mackay)的《异常流行的错觉和群体的疯狂》,直到目前,这两本最早阐述行为学的著作仍被认为是投资市场群体行为领域的经典之作。

凯恩斯是最早强调心理预期在投资决策中作用的经济学家,他基于心理预期提出"选美竞赛"理论和基于投资者"动物精神"提出"乐队车效应"。"选美竞赛"理论认为:投资与选美竞赛一样,参加者要从100张照片中选出最漂亮的6张,选出的6张照片和最终结果最接近的人获奖。参加者并不是依照自己的审美标准去选,而是要用智慧推测其他参加者的选择标准,这需要合理的心理预期。"动物精神"理论认为:一旦股市提前反映经济上升,投资者的动物血性就会产生"乐车队效应",即由于经济繁荣推动股市上升,投资者会捅向价格的乐队车,助长股价节节攀升使得市场上升得更快,直到资产价格上升到完全不能用基础经济因素来解释,使市场预期发生逆转。凯恩斯把影响证券资产价格的决定因素归因为投资大众的未来动向和预期心理,与证券资产的真实价值无关,认为决定投资者行为的主要因素是心理因素,投资者是非理性的,其投资行为是建立在所谓"空中楼阁"之上,证券的价格决定于投资者心理预期所形成的合力。凯恩斯从繁荣与萧条的周期更迭的心理角度解释了投资者行为以及这种投资行为对证券资产价格波动的影响。

伯勒尔(Burrell)是现代意义上行为财务学最早的研究者,他在1951年发表了一篇题为《以试验方法进行投资行为的可能性》的论文,文中提出构造实验来检验理论的思路,由此开拓了一个将量化的投资模型与人的行为特征相结合的新领域。

2. 心理行为财务学(1960 年至 20 世纪 80 年代中期)

这一时期的财务学以斯坦福大学的特沃斯基(Tversky)教授和普林斯顿大学的卡内曼(Kahneman)教授为代表性人物。特沃斯基和卡内曼于 1979 年共同提出了期望理论,成为行为财务学历史上的一个里程碑。期望理论认为投资者对收益的效用函数是凹函数,而对损失的效用函数是凸函数,表现为投资者在投资账面值损失时更加厌恶风险,而在投资账面值盈利时,随着收益的增加,其满足程度速度减缓。期望理论成为行为金融研究中的代表学说,利用期望理论解释了不少金融市场中的异常现象:如阿莱悖论、股价溢价之谜(equity premium puzzle)以及期权微笑(option smile)等,然而由于卡内曼和特沃斯基在期望理论中并没有给出如何确定价值函数的关键——参考点以及价值函数的具体形式,在理论上存在很大缺陷,从而极大阻碍了期望理论的进一步发展。

3. 财务行为财务学时期(20 世纪 80 年代中期以后)

20 世纪 80 年代后期,芝加哥大学的塞勒(Thaler)和耶鲁大学的希勒(Shiller)成为研究行为财务学的第二代核心人物。塞勒主要研究了股票回报率的时间模型、投资者的心理账户;希勒主要研究了股票价格的异常波动、投机价格和人群中流行心态的关心等。

2002 年,诺贝尔经济学奖颁给了经济学家丹尼尔·卡内曼及实验经济学家弗农·史密斯(Vernon Smith),标志着行为财务学正式登上主流经济学舞台,从而将行为财务学的研究推上新的高峰。

4. 行为财务学发展前景

行为财务学已经成为财务学术界一个十分引人注目的领域,它从人的心理角度来理解市场行为,充分考虑市场参与者心理因素的作用,为人们理解金融市场提供了一个新的视角。

行为财务学对现代传统财务理论的假设和结论提出质疑,对市场有效性、风险、资产定价模型等问题提出自己独特的观点,目前虽然行为财务学研究理论体系比较松散,各种理论正在形成之中,行为财务学与传统财务学在争论中不断融合,必将形成更具有实践性的、具有完整系统性的现代财务学新流派。

三、行为财务学的研究内容

行为财务学是以人为本的行为科学在财务领域应用的综合性、交叉性的边缘学科,其研究对象是人类行为与财务系统之间的相互联系、相互影响关系。

20 世纪 80 年代以来,国内外学者关于行为财务学的研究所涉及的内容十分广泛,主要包括三类——人类行为对财务机制设计和运行的影响、财务机制对人类行为的影响以及预测、控制人类行为的方法和策略,具体包括决策特征、预期理论和股票价格的异常波动。

行为财务理论的内容主要包括行为资产定价理论、行为资产组合理论和行为财务理论模型。除上述理论外,进一步的研究涉及交易行为理论、腐败行为财务分析、代理理论与公司治理结构的研究等。

此外,行为财务学研究就是要把现实中有差异的人拉回到现代财务理论的研究框架中。该研究方式已成为研究公司财务理论和实践的一个新范式。行为财务的研究重点集中在以下几个方面:①公司价值估计。行为财务理论认为,部分投资者因非理性或非标准偏好的驱使会做出非理性的行为,而且具有标准偏好的理性投资者无法全部抵消非理性投资者的资产需求。

基于此,赫什·谢夫林和米尔·斯塔特曼(Hersh Shefrin & Meir Statman,1994)提出了行为资本资产定价理论(BCAPT),对传统的 CAPM 进行调整。②公司融资决策与资本结构的决定。根据 MM 理论及其修正模型确定的公司最优资本结构是在抽象掉公司行业特点和公司市场地位等诸多因素基础上确立的,现实的财务决策结果就必然与理论测算结果存在偏差。公司资本结构理论的研究已被纳入行为金融研究的框架之中。通过分析公司股票的市场价值表现、决策融资方式,选择公司股票发行时机;通过研究财务决策中的个体行为和群体行为模式,构建公司融资决策的理论模型成为行为金融学致力解决的问题。③投融资者个体行为研究。行为金融学从心理学和行为认知学角度对投资者产生理性偏差的原因作了研究。行为金融学借助这些行为研究成果对证券市场中出现的种种"异象"进行系统性的解释。④公司理财中的投资策略。

利用行为金融理论中所揭示的非"理性"心理因素系统性地战胜市场,实现对资产的有效管理。在中国进行行为理财研究具有独特的土壤和现实意义。

四、行为财务学的研究方法

纵观行为财务学产生和发展的历程,不难发现,行为财务学建立在实验经济学、心理学、财务学、社会学、统计学等综合学科的基础之上,是一门典型的交叉学科。它的主要研究方法是基于心理学实验结果,提出投资者决策时的心理特征假设来研究投资者的实际投资决策行为。

首先,实验经济学奠定了行为财务学的研究基础。回顾行为金融学的开端,1951 年,美国俄勒冈大学的伯勒尔教授著文《以实验方法进行投资研究的可能性》,探讨了用构建实验室的方法来验证理论的必要性,开拓了一个应用实验将量化的投资模型与人的心理行为特征相结合的金融新领域。可以说,实验经济学奠定了行为财务学的研究基础。个体决策研究领域内的诸多实验发现,对以期望效用模型冯·诺依曼和摩根斯坦(Von Neumann & Morgensten,1947)为核心的传统理性决策理论形成了巨大冲击。尤其在实验经济学的一系列赌博选择实验中受到了前所未有的挑战。最早的赌博选择实验由诺贝尔经济学奖获得者、法国经济学阿莱(Allais,1953)设计。该赌博选择实验产生了著名的"阿莱悖论"(相同结果的不一致偏好情形,也称"同结果效应"),对期望效用理论形成了挑战。在阿莱的实验之后,又有许多学者进行了大量重复实验,验证了该效应的存在。由于传统财务理论缺乏合理的解释,卡内曼和特沃斯基对此进行了研究,提出了预期理论(1979)。至今,他们和其后的学者借助诸多实验,丰富和完善了行为财务学。

其次,资本市场理论的检验使行为财务的研究进一步深化。随着资本市场的不断发展和财务研究的进一步深入,有效市场假设承受到越来越大的压力。班茨在 1981 年首先发现股票的收益率与公司的规模存在负相关性。这表明 EMH 中理性行为的前提假设并非完全正确。1994 年,美国学者墨顿·米勒(Merton Miller)也承认传统经济学无法解释资产的价格是如何确定的,认为心理学和财务学的结合将有助于解决上述问题。

一般来讲,运用行为财务学研究相关问题时通常先阐明这些理论,然后将其引入财务市场的研究中去。我国学者华金秋认为行为财务学的研究方法遵循一套独特的研究程序:从选题开始,经过构筑理论体系,提出假设,进行研究设计,收集资料,分析统计结果,检验假设,得出结论,撰写报告等步骤。这套研究程序有利于转变理论研究中的脱离实践的现象,建立务实的学术研究风气。

（1）在假设性检验研究中，研究者需要总结前人的研究成果，并对各种行为进行仔细观察，以此为基础，建立理论框架，并进而提出有待检验的假设。信息经济学、代理理论、组织行为理论等多种学科理论在国外已逐步运用于行为财务研究领域。另外，国外对资本市场研究形成了一些基本假设和模型，如 EMH、CAPM 等，在我国尚需进一步检验（尤其是在网络状态下的网上交易行为）。

（2）提出假设后，要收集资料。国外收集资料容易，研究人员可通过计算机网络获得有关资料。而我国数据库建设工作还不完善，研究人员往往需要大量的时间收集、整理。为此有关部门应尽快建立数据库，为学术研究提供便利。

（3）在行为财务的研究过程中坚持正确的指导思想极其重要。我们应该对行为模式的复杂程度有清醒认识。在建立模型时，应同时分析其局限性，对模型的前提条件和适用的范围必须有明确的认识。

五、行为财务学的应用领域

行为财务学是一个较新的研究领域，具有重要的理论意义，在实践中应用非常广泛，尤其在资本市场，很好地解决了传统财务理论的困境。行为财务学通过借助预期理论和心理误会有效地解释了证券市场的诸多难题——股价溢价之谜、流动性之谜（volatility puzzle）、可预测之谜（predictability puzzle）、封闭基金之谜以及投资经理的选择等，最引人关注的是成功地解释了投资者的决策行为。

行为财务学认为行为财务主体的决策程序随问题本质及产生问题的环境而变化。因此即使因决策的复杂性、决策者的情绪、决策的可逆性、现存信息的形式之间仅存在着细微的判别，他们对决策的程序仍有重要影响。即使所有的投资者获得了同样的信息集，但他们对信息的敏锐度、自身心理状态和控制的差异都将有可能影响决策程序。

行为财务学不仅能够解释大量金融异象，同时具有极其广阔的应用空间。

（一）行为财务对企业的经营管理有重大影响

运用数学模型对行为过程进行量化分析，有助于进行科学财务决策，开展规范化管理。行为财务还有助于完善委托代理制，明确双方的责任、权力和义务，建立合理的公司治理结构。作业成本计算、预算控制和差异分析等都可采用行为科学中的相关理论和方法来研究，从而来预测经济前景、参与决策、规划未来和评价企业经济活动。

（二）行为财务的开展有助于优化财务行为，整顿财务工作秩序

行为财务的研究和推广可以分析人们各种行为产生的原因、影响因素，寻求激发人的有益行为和积极性的有利条件，促进国家、企业和个人三者行为的协调，不断完善激励机制，从而提高财务经济行为效率。

（三）行为财务还有利于深入地认识日益复杂的资本市场

将行为理论结合到资本市场的观察和研究中，可能会获得更符合市场真实情况、更具有确切内涵的财务理论。我们可以认识股票等有价证券的价格变化规律，为资本市场投资者的投资决策提供解释和参考依据。这对防止内幕交易行为，维护资本市场秩序，进而促进我国证券市场的深入发展有巨大作用。

值得一提的是：行为财务学成功地预测了 2000 年的股灾。2000 年 3 月耶鲁大学的希勒教授出版了《非理性繁荣》一书，从行为金融学的角度对美国股市的泡沫进行了分析，把一路上

扬的美国股市称作"一场非理性的、自我驱动的、自我膨胀的泡沫",指出了美国股市存在巨大泡沫。希勒教授用清晰、完整的行为金融学理论作了解释,并准确预测了灾难的发生。该书的出版,引起了中外经济学界的关注。2002年7月,希勒教授应我国吴敬琏、谢平等专家和政府官员的邀请,出席了在中国举行的资本市场行为论坛。从此,行为财务学在我国实业界和学界得到了迅速的传播。

当然,行为财务理论也存在着诸多不足:

(1)解释的普遍性问题。行为财务模型虽然能解释市场中的某些异象,但目前只应用于微观领域,尚缺乏一种能够普遍解释各类市场异常现象的理论或模型。

(2)理论的系统性问题。迄今为止,行为财务尚未能形成一个完整的理论体系,缺乏专门的行为财务分析工具来进行理论研究,很多研究还停留在对市场异常现象的解释以及实证检验上。而且,心理因素的不确定性和不易量化也增加了行为财务研究的难度。厦门大学沈艺峰教授认为,有些学者认为行为财务是对新古典经济学的革命,是推翻传统的经济学理论,或者说是更适用于解释当今经济市场的种种现象的观点是不正确的。行为财务只是针对新古典经济学的"理性经纪人"假说提出修正,并非推翻其中的经典理论,传统的财务理论对现在的经济现象仍然有其不可低估的解释力量。

第二节　行为财务学的基本理论

2002年,美国普林斯顿大学心理学和公共关系学教授卡内曼被授予诺贝尔经济学奖。他遵循1978年诺贝尔经济学奖获得者赫伯特·西蒙(Herbert Simon)的"有限理性"理论和启发式的思想,把心理学的特别是关于不确定条件下人的判断和决策的研究思想,结合到了经济科学中,提出三种常见的启发式:代表性、可得性以及锚定和调整。卡内曼发现人类的决策行为常常是非理性和有偏差的,这与传统经济学理论(期望效用理论)的预期不符,而且这种偏差是有规律的。鉴于此,他提出预期理论以解释人类在不确定条件下的判断和决策行为。

一、行为财务学的两大基石

传统财务学的哲学基础是理性人假说,以模型形式表述就是偏好、效用和效用函数等概念,这些概念及公理性假设基础上设立的公理体系成为现代西方经济学的理论基础。但是这些基本假定近年来在实验经济学和心理学的实践检验中并没有得到一致性的确认,反而在实验中发现许多与这些公理假设极其不相应的结果。

行为财务学对市场有效中的理性人假定存在异议。有效市场理论提出套期对非理性交易者的活动具有抵消作用,即理性的投资者可以通过套期机制在短期内纠正非理性投资者造成的价格偏差,进而避免非理性投资者对证券价格的长期影响。而行为财务学却通过一系列的实证研究证明了相反的结论,即投资者无法通过套利行为纠正这种价格的偏差,即套利行为受限,它成为行为财务学的一大理论基石——行为财物理论的经济学基础。

为了研究投资者作出选择的正确性,行为模型需要指出投资者非理性模型的类型在多大程度上偏离人的假设。为此,经济行为学家转向利用心理学家的研究成果分析投资者如何形成信念、偏好,怎样作出决定,因此,有限理性行为模式成为行为财务学的第二大基石——行为财务学的心理学基础。

二、行为财务学的心理学基础——有限理性

(一)行为心理偏差

赫伯特·西蒙提出的有限理性(less-prefect rationality 或 bounded rationality)观点是相对于标准财务/金融的完全理性概念。有限理性是指由于人的精力、能力和信息等方面的有限性,在面临选择问题时,通常不可能对各种方案进行全面、详尽的计算和评估,因而无法达到经济学在完备性、传递性等公理假设的完全理性。

勒温(Lewin,1951)将投资者的偏差分为认知偏差(cognitive bias)和动机偏差(motivational bias)两大类。认知是脑力处理或认知能力,包括知觉、感知、推理和判断等方面。动机是行为的诱因或刺激。他描述了两者的区别:认知提供了感知者对世界解释,因而决定该感知者将会怎么做;而动机则预测这种行为是否真的发生,动机是认知行为的"发动机"。

(二)认知偏差

认知偏差是指由于收集或解释信息的能力或机会不足而产生的对标准的系统性偏离。在此基础上建立的行为财务/金融理论主要有两种。

1.锚定理论

心理学家研究发现,当人们被要求作相关数值的评估时,容易受事先给出的参考值影响,这种现象被称为锚定效应。卡内曼和特沃斯基(1974)研究发现,当人们在进行评估时,通常从某一个初始值出发(这个值可能是任意的),然后再进行调整;实验证据表明这种调整通常是不充足的,人们太过于"固锚"在初始值上;这又会导致保守性偏差:一旦个体形成了一种判断,在新的证据面前他们只是缓慢地更新这种判断。

卡内曼和特沃斯基(1979)在期望理论里将其发展成为一种著名论断,即数字本身是无意义的,数字只是和参照点联系起来才有意义。因此价格并不一定代表人们要支持的数量,而是代表基于某一参照点的收益和损失。

与锚定效应相联系的还有心理账户(mental accounting)(也叫心理会计)问题。不同于传统经济理论假设的资本是可以替代的,现实中人们根据资本的来源和资本用途等因素对资本进行归类,这种现象被称为"心理账户"。个人在决策时并不统观所有可能发生的结果,而是将决策分成几个部分来看,即分成几个心理账户,对于不同的心理账户会有不同的参考点和风险态度。用在投资上是指人们在心理上将不同资本放在不同账户上,比如在自己的投资组合资本中有一部分是用于保值的,有一部分是用来升值获利的。再如,赌场赢得的资本、股票市场获得的横财、意想不到的遗产等都会被认为比常规收入的价值低,人们倾向于更轻率地或愚蠢地使用这些价值被低估的资产。

心理账户的一个重要特征是"狭窄框架"(narrow framing)。狭窄框架是指人们倾向于个人的博弈与财富的其他部分分离。狭窄框架用在投资上是指人们经常表现出只注意狭义的收益或损失,如果投资者组合中许多股票中的一只表现不佳,投资者会对买进那只股票的决策感到后悔。

2.启发式偏差

当人们面临复杂的决策任务时,会倾向使用启发式判断准则,它们使估计概率和预期值的复杂任务大大简化,因而对决策者在一个信息超载的社会降低决策的复杂性来说是一个适合的工具。但启发式偏见导致投资者形成系统性心理错误(systematic mental mistakes)而不能正确的处理信息。

心理研究表明,人类大脑经常用粗略的估计方法去解决复杂的问题,也就是使用某种工具快速得出一个估计值,而不是仔细分析所有信息。这些估计值并不总是正确的。最常见的启发偏差是代表性(representativeness)偏差。

卡内曼和特沃斯基指出,当人们在判断数据 A 是否由 B 产生或 A 是否属于 B 时,人们会经常使用代表式启发法则。也就是说,当人们要判断某一事物是否出现时,只需要看事物的"代表性"特征是否出现。一般来说,代表性是有用的启发式法则,但它可能产生一些严重的偏差。例如,如果你在生活中看到坏人有 30%的概率脸上长横肉,那么以后你看到脸上长横肉的人一定会认为他是坏人。

(三)动机偏差

一些基本的动机,如保持正面自我形象、达成目标、预测未来以及良好感觉等,驱使人类行为。与此相关的行为财务/金融理论主要有:

1.过度自信理论

许多证据表明人们对自己的预测比基于客观现实的预测更自信。过度自信对个体如何处理信息有直接和间接的影响。过度自信导致个体对自己收集的信息给予过多的权重,因为他们倾向于高估该信息的精确度。过度自信产生的间接效应是个体以保留/维持自信的方式过滤信息并影响其行为。与之相联系的是心理学家所称的认知失调(cognitive dissonance)、事后认知偏差(hindsight bias)和确定性偏差(confirmatory bias)。认知失调是指当个人面临的情况和他们心中的想法和假设不同时所产生的一种心理冲突,人可能会采取行动降低认知失调,比如可能避免新信息或极力为自己错误的想法辩护。事后认识偏差是指人们在事情发生后夸大自己事前的预言,有时甚至错误回忆自己的预言以便夸大其事前的远见,事后解释以使其对自己决策技巧感到满意。确定性偏差是指人们倾向于对含糊或相反的证据以符合他们自己先前信念的方式来解释,以维持自尊。

总的来说,过度自信使人们倾向于忽视或至少低估降低他们自尊的信息。

2.损失厌恶

损失厌恶是指人们对财富的减少比对财富的增加要敏感。损失厌恶是卡内曼和特沃斯基(1979)对面临风险的人们的决策过程进行描述的模型,即期望理论的主要特征。

期望理论,也称为前景理论。期望理论用"价值函数"(value function)代替传统的预期效用模型(expected utility)。在标准的新古典财务/金融理论中,消费者的偏好必须满足冯·诺依曼-摩根斯坦形式化公理体系的一些基本要求,如必须满足完备性、传递性、连续性和独立性等。行为财务/金融理论对它们提出了一些质疑,其中最重要的挑战来自期望理论。

3.后悔规避

人类有一种倾向,即在发现自己作出了错误判断之后,往往会感到伤心、痛苦,有挫折感。人们为了避免悔恨可能带来的痛苦,常会非理性地改变自己的行为。例如,在日常生活中,人们对于失败的事总是讳莫如深,对于成功的事却津津乐道。再如,投资者不愿卖出下跌的股票是为了避免感受因自己进行错误的投资而感受到的痛苦和后悔。

4.非贝叶斯预测

新古典财务/金融理论中的最优决策模型要求投资者按照贝叶斯规律修正自己的判断并对未来进行预测。但是行为财务/金融的研究发现,人们在决策过程中并不是按照贝叶斯规律不断修正自己的预测概率,而是对最近发生的事件和最新的经验给予更多的权重,从而导致人们在决策和作出判断时过分看重近期事件的影响。

5.情绪理论

心理学文献研究了情绪是如何影响人类行为的。情绪好的人们通常比情绪不好的人要作更乐观的选择和判断。人们情绪好时更容易接受不管是强还是弱的理由。情绪强烈地影响人们在缺乏具体信息时的抽象判断。

三、行为财务学的经济学基础——有限套利理论

弗里德曼(1953)认为,理性投资者(也称为套利者)的行为可以很快纠正非理性投资者(也称为噪声交易者)导致的不当定价。假设某股票的价格由于非理性投资者的相关购买行为而高于基本价值,理性投资者就会出售甚至卖空该股票而同时买入一个近似的替代资产来规避风险,那么这种抛售的压力又会将价格推回到基本值水平。

弗里德曼(1953)的论点是建立在两个论断之上的:第一,某股票的价格一旦出现对公司基本值的偏离,即意味出现一个极具吸引力的投资机会;第二,理论交易者会立即抓住这个机会进行套利从而纠正错误定价。行为财务/金融对第二点没有异议,但对第一点,行为财务/金融认为纠正错误定价的投资策略是有风险的,这使套利可能不再具有吸引力,结果,错误定价可并未得到纠正。

在弗里德曼(1953)的理论中,理性交易就是套利者,因为错误定价的资产立刻带来了无风险的利润。但行为财务/金融认为,弗里德曼的理性交易者采用的策略不一定就是套利行为,因为这种策略是有风险的。相对于理论上的套利,现实世界的套利包含了一系列的风险,在某些条件下会限制套利行为的发生并使得偏离基本价值的现象仍然存在。

(一)基本风险

一个套利者购买一只股票面临的最明显风险是关于该股的基本价值的坏消息出现而导致股价下降从而使其遭损失。当然,套利者可以通过在购买该股的同时卖空与该股票的近似替代证券(如同一行业的另一只股票)从而避免风险。问题是这种替代证券通常是不完全替代的,这时套利者面临基本风险。这种情况下套利行为被限制的充分条件是:①套利者是风险厌恶型的;②风险是系统风险,无法分散。条件一确保了错误定价不会被单个套利者的巨额头寸纠正,条件二确保了错误定价不会被大量投资者的累计头寸纠正。

(二)噪声交易者风险

噪声交易者风险是指套利者利用的错误定价在短期进一步恶化的风险。资本市场上的噪声是指在信息不对称情况下,导致股票均衡价格与其内在价值偏离的非理性信息。

德龙、施莱弗、萨默斯和瓦尔德曼(De long、Shleifer、Surnmers and Waldmann,1990)给出了风险资产定价模型,认为风险资产的价格取决于模型的外生变量和噪声交易者对现在和将来的错误认识的公开信息;由于噪声交易者信念是不可预测的,这种风险极大地减少了套利的吸引性,只要套利者(理性交易者)是短期的,他们就必须担心投资于错误定价资产的清偿,因此即使没有基本风险,他们套利的积极性也因此而受到限制。这样噪声交易者使市场价格明显偏离基本价值。

(三)执行成本

证券交易中的佣金、交易税等成本的存在使利用错误定价获利没有那么有吸引力。由于卖空通常对套利过程来说很重要,我们也将卖空限制包含进执行成本中。最简单的限制是借

股票时收取的费用。通常情况下这些费用很小,但有时会变得很大,甚至于套利者以任何价格都借不到股票。除了借股费用,还有法律限制:在美国,对于大部分资本管理者来说,特别是养老基金和共同基金管理者,卖空是不允许的。诸如贷款费用的每期交易成本可以使套利者面临另一种风险——时间风险,即错误定价很长时间才被消除以致任何利润都沉没在累积的交易成本中。除此之外,要发现和了解一个错误定价及利用这种定价的成本可能是很高的。

四、行为财务学的核心理论——预期理论

预期理论是行为财务学的重要理论基础。卡内曼和特沃斯基(1979)通过实验对比发现,大多数投资者并非是标准金融投资者而是行为投资者,他们的行为不总是理性的,也并不总是风险回避的。预期理论认为投资者对收益的效用函数是凹函数,而对损失的效用函数是凸函数,表现为投资者在投资账面值损失时更加厌恶风险,而在投资账面值盈利时,随着收益的增加,其满足程度速度减缓。

(一)期望效用

"期望效用模型"(expected utility,EU)是现代经济学在风险决策(不确定性决策)问题上著名的理论模型,1947 年由冯·诺依曼和摩根斯坦经过严格的公理化阐述后提出,长期占有统治地位。EU 理论认为,决策者一般选择期望效用值最大的选择方案。期望效用值可以用选择方案的结果发生的概率与该选择方案的效用值的函数来表示。其基本内涵是:决策者谋求的是加权估价后形成的预期效用的最大化。EU 理论描述了"理性人"在风险条件下的决策行为。

20 世纪 80 年代以前,研究普遍认为:人是理性的动物,其行为是由理性驱使的。只有在特殊情况下,如疲劳、醉酒和愤怒时,人们的决策和思维才会是非理性的。但实际上人不可能是纯粹的理性人,决策还会受到其复杂心理因素的影响。卡内曼和特沃斯基在大量的心理学实验中观察到:人们的实际行为系统地偏离于期望效用理论的预测,以及偏离基于该理论的一些公理。1979 年,他们联合在 Econometrica 上发表论文《预期理论:风险下的决策分析》,提出预期理论。据统计,这是该刊历史上被最广泛引用的文章,在过去的 20 年中平均每年被引用超过 100 次。该文给出了理论模型来解释个人在面对不确定性时是如何决策的,提出了预期理论(也称前景理论或展望理论),构建了"价值函数"来替代期望效用模型。通过实验调查,卡内曼和特沃斯基把违反传统预期效用理论的部分归纳为三种效果:确定效果(certainty effect)、反射效果(reflection effect)、分离效果(isolation effect)。

(二)预期理论的主要假设及其在经济学中的应用

1. 回避损失(loss aversion)

损失的效用要比等量收益的效用得到更大的权重。例如,由于受市场变化的威胁,某 CEO 面对一个两难问题。他的财政顾问告诉他得采取行动,否则公司的 3 个制造厂就会倒闭,所有的 6 000 名雇员将失业,财政顾问提交了 2 个计划:

计划 A:执行该计划必定可以保存 1 个工厂,保留 2 000 雇员。

计划 B:执行该计划有 1/3 的概率可以保留全部 3 个工厂和 6 000 名员工,但是另外 2/3 概率则全部工厂倒闭以及全部雇员失业。

上述 2 个计划可以从损失的角度改写为:

计划 C:执行该计划必定损失 2 个工厂,损失 4 000 雇员。

计划 D:执行该计划则有 2/3 的概率损失全部 3 个工厂和 6 000 名员工,但是另外 1/3 概

率则没有任何工厂倒闭任何雇员失业。

从客观的以及 EU 理论的观点来看,这 4 个计划可以导致相似的结果:

计划 A:1.0 的概率保留×1 个工厂和 2 000 雇员＝损失 2 个工厂和 4 000 雇员;

计划 C:1.0 的概率损失×2 个工厂和 4 000 雇员＝损失 2 个工厂和 4 000 雇员;

计划 B:1/3 的概率保留 3 个工厂和 6 000 雇员＝1/3×3＝保留 1 个工厂和 2 000 雇员＝损失 2 个工厂和 4 000 雇员;

计划 D:2/3 的概率损失 3 个工厂和 6 000 雇员＝2/3×3＝损失 2 个工厂和 4 000 雇员。

但实验结果表明,在计划 A 和 B 中,大多数人倾向选 A,表现为获益而回避风险(risk aversion with gains);而对于计划 C 和 D,大多数人倾向选 D,表现为回避损失而冒风险(risk seeking with losses)。可见,从收益和损失两种不同的角度提出问题,会得出完全不同的结论。人们对损失更关注,以至于宁愿冒险去回避损失。理解了回避损失这个概念,就可以很好地理解政治和经济生活中的一些现象。

2. 参照依赖(reference dependence)

人们对资产的变化比对净资产更敏感,因此人们根据参照点来定义价值,而不是根据净资产本身。例如:卡内曼和特沃斯基让两组不同的被试者分别回答下列两组问题。

第一组:假设你现在已经有 1 000 美元,除了你所拥有的之外,现在你可以在下面两项中选择一项。

A:必定获得 500 美元;

B:50%的可能获得 1 000 美元,50%一无所得。

第二组:假设你现在已经有 2 000 美元,除了你所拥有的之外,现在你可以在下面两项中选择一项。

A:必定获得 500 美元;

B:50%的可能获得 1 000 美元,50%一无所得。

在第一组中 84%的被试者选 A。第二组中 69%的被试者选 B。对于被试可以获得的净收益被试者的选择也有不同。第一组被试者以已拥有的 1 000 美元为参照,选择比较保守;而第二组被试者以 2 000 美元为参照,倾向于选择冒险。可见,可以通过改变人们的参照点来改变其行为。政治竞选者可以通过降低公众对自己的期望及增高公众对其对手的期望来影响投票者的参照点,从而提高自己在投票者中的地位。

3. 捐赠效应(endowment effect)

对于获得的自己财产之外的东西,人们倾向给予更高的评价。例如:许多商家都提供产品的"试用期"。比如顾客可以先免费试用该产品 90 天,试用期满后如果顾客愿意可以选择退回该产品。然而,到那时该产品已经像是家中财产的一部分了,捐赠效应使得人们不愿意归还而更愿意购买该产品。

五、预期理论的基本内容

预期理论认为投资者对问题的认知与判断是从主观角度出发的,人们的决策结果将取决于价值函数和权值函数。具体表现为"加权价值函数"的最大化。其中"权值"不是一般意义上的概率,而是真实概率的函数,价值函数则是期望理论用来表示效用的概念,价值函数的表达形式如下:

$$V = \sum_{i=1}^{n} W(P_i)V(X_i)$$

式中，$W(P_i)$是决策权重（decision weigh），它是一种概率评价性的单调增函数，体现"编辑"（editing）效应。在编辑阶段，决策主体把预期编辑成一定简化形式，以便在评价阶段更易进行选择。$W(P_i)$在真实概率P_i极低时，值为0；真实概率极高时，值为1。同时，对不太可能发生的事件（概率大于"非常小概率"）赋予大于真实概率的权值，对很可能发生的事件（概率小于"非常大概率"）赋予小于真实概率的权值。即人们夸大（或缩小）了相应事件的发生概率。"非常大概率"或"非常小概率"的具体范围是由个人的主观判断决定的，预期理论对此没有定论。

函数$V(X_i)$是决策者主观感受所形成的价值，它体现构架效应（framing effect），即偏好情况体现在围绕参照点的价值变化方面而不是价值的绝对值方面。$V(X_i)$是对应变量X_i（例如财富）的增函数，函数曲线上各点的斜率都是正的，但$V(X_i)$在某参照点（其具体位置取决于个人的主观因素）的斜率是不连续的，这种非连续性意味着在该点左右人对风险的态度有巨大的转变，尽管影响决策的参数本身只有细微的变化。函数$V(X_i)$具有三个特征：①向参照点正负（即收益与损失）两个方向为偏离的反射性状——他们称之为"反射效应"（reflection effect）。②正向（收益状态）呈凹性（体现风险回避，即在确定性收益与非确定性收益中偏好前者），反向（损失状态）呈凸性（体现风险爱好，即在确定性损失与非确定性收益中偏好后者）。③正向变化的斜率小于反向变化的斜率（个体对同等收益与损失的风险偏好程度是前者小于后者）。

预期理论以加权"价值函数"的形式，能较好地将人的一些行为决策特性结合进来，因此吸引了较多的财务学家的关注。预期理论表明，当涉及亏损时，人们倾向于追求风险。

"S型"的价值函数（value faction）替代了期望效用模型，如图16-1所示。

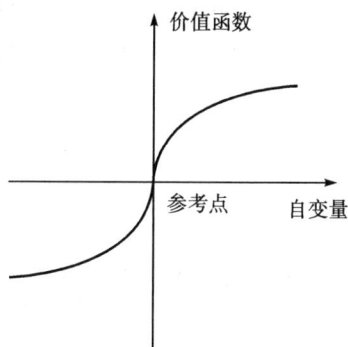

图16-1　预期理论的价值函数

预期理论将决策过程分成编辑和评价两个阶段。编辑阶段是对所给定的各种可能性进行事前分析，从而得出简化的重新表述，人们通常是以获利或损失来感受结果，而不是财富的最终状态，获利或损失总是与一定的参照物相比较，称为参考点（reference point）。参考点可以理解为进行比较的个人视点，据以构建各种情形的现状（通常是现有财富）。评价阶段是决策者评价各种经过编辑的可能性，选择价值最高的情形，它取决于价值函数V（value function）和概率评价函数W（weighting function）。

价值函数是预期理论用来表示效用的概念，它与标准效用函数的区别在于它不再是财富的函数，而是获利或损失的函数。卡内曼和特沃斯基（1979）认为：在参考点以上的部分（获利区间），价值函数上凸，表明决策者是风险爱好型；在参考点以下的部分（损失区间），价值函数下凹,表明决策者是风险厌恶型;在参考点附近,价值函数的斜率有明显变动,表明风险态度的变化对损失的感受大于获利,由风险厌恶转为风险爱好。

预期理论的另一个重要概念是概率评价函数。卡内曼和特沃斯基(1979)认为:人们对不同的效用值所对应的事件发生的概率的主观概率也是不一样的,按照实际概率值可以划分为极可能、很可能、很不可能、极不可能几种情况,不同情况下人们的概率评价值有着明显差异。应该指出的是,价值函数和概率评价函数都没有给出函数的具体形式,其本身通过举例来说明而带有一种实验的性质,这是预期理论的主要缺陷。

第三节 传统财务理论与行为财务理论的比较

一、行为财务学和传统财务学的联系

(1)行为财务学是在对传统财务学的假设基础上不断修正建立起来的。它并没有否定主流财务学理论,而是在接受人类行为具有效用最大化倾向的前提下,以有限理性为基础,进行修正和补充,丰富分析问题的视角。

(2)行为财务理论以现代财务理论为基石,是现代财务理论的拓展和延伸。现代财务理论假定投资者和管理者都是理性的,并在此基础上讨论管理者的机会主义行为、市场上的信息不对称等带来的资源配置效率变动问题。而行为财务理论则以有限理性为出发点,强调参与财务活动的一方或几方都是具有有限理性的,都会出现认知偏差。

(3)两者不是对立关系,而是密不可分。行为财务理论实际上是对现代财务理论的深化和拓展,不能将两者简单地对立起来。同时,由于有限理性假设的复杂性和心理因素的不可度量性,行为财务理论尚不能对金融市场中的各种现象作出普遍的解释,传统的财务理论对现在的经济现象仍然有不可低估的解释力量。所以在研究和应用行为财务理论时,应该保持清醒的头脑,以科学的态度将两者结合起来进行研究。

二、行为财务学和传统财务学的区别

第一,传统财务学和行为财务学是建立在不同的假设基础之上的。前者的基本假设是理性经济人,而后者建立在有限理性的基石上。理性与有限理性的区别如表16-1所示。

表16-1 理性和有限理性比较

比较项目	理性	有限理性	提出者
风险态度	风险中立	风险厌恶和风险喜好	Kahneman 和 Tversky(1997) Kahneman 和 Tversky(1992)
所拥有的信息条件	知道所有信息	噪声	Black(1986),Long 等(1990)
对未来的预期、判断能力	对未来形成正确预期、利用信息作出合理判断	过度自信 心理账户 认知偏差 锚定 启发性思考	Odean(1998) Thaler(1999) Festinger(1957) Gruen 和 Gizycki(1993) Kahneman 和 Tversky(1974)

比较项目	理性	有限理性	提出者
决策方式	正确决策	短视最大化 保守主义	Benartzi 和 Thaler(1995) Zwiebel(1995)

资料来源：宋军，吴冲锋.从有效市场假设到行为金融理论[J].世界经济，2001(10).

除理性预期之外，传统财务理论的假设还包括：投资者都倾向于风险规避；财务管理的总目标是效用函数的最大化；财务人员需要不断更新决策知识；等等。而行为财务理论的基本假设包括投资主体非理性，也称为自然人快乐。

第二，二者的理论基础不同。传统财务学的基本理论是期望效用理论。行为财务学的基本理论是预期理论和认知心理学。

第三，研究的主要内容不同，传统财务学通过建立最优决策模型来解释什么是最优决策；行为财务学认为，人们的决策并不能很好地遵循最优决策模型。因此，不仅需要研究人们应如何进行最优决策，还需要有反映投资者实际决策行为的模型来讨论投资者是如何决策的、市场的价格是如何确定的等，这些正是行为财务要解决的问题。

对应于 EMH 在理论基础和经验检验存在的问题，行为财务学的研究内容可归纳为三个层次：一是个体的有限理性特征、群体行为和非完全市场；二是金融市场的异常现象（anomalies，即无法用经典金融理论来解释的现象）；三是投资者的盈利策略。这三者的逻辑关系见图 16-2。

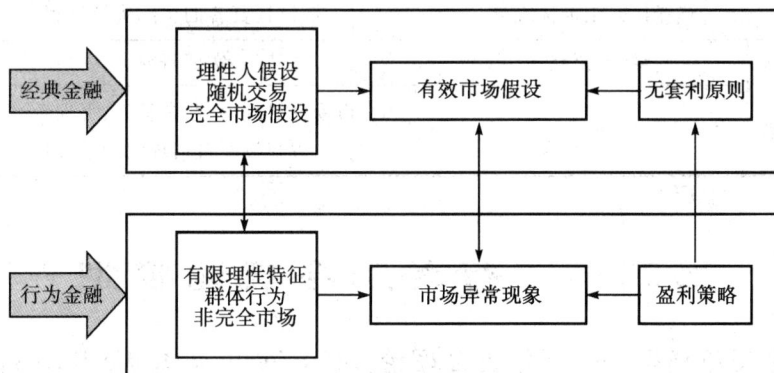

图 16-2　行为财务学三个研究层次和传统金融的比较

资料来源：宋军，吴冲锋.从有效市场假设到行为金融理论[J].世界经济，2001(10).

个体的有限理性特征、群体行为和非完全市场（主要是指有限套期保值）是资本市场异常现象产生的原因，而投资者的策略之所以能获得超额回报是由于它们利用了资本市场中的反常现象。

从图 16-2 可以看到，这三个层次的研究正好和经典金融理论的研究形成鲜明对比。有限理性特征与理性人假设对比，随机交易和群体行为对比，完全市场假设和非完全市场对比；金融市场的异常现象与有效市场假设形成对比；投资者的盈利策略与无套利原则形成对比。

第四，研究方法不同。由于传统财务管理的主要假设都可以采用财务数学模型进行表述，财务管理工作的质量和效率，可由财务指标数据进行反映，一切靠数据说话，因此传统财务管理理论可称为数理财务学,采用的是规范经济学的研究方法——首先设立一定的假设条件,并推断资本市场的理想状态,即"资本市场该是什么或应该是怎样的",并用这种标准去指导和评判资本市场;同时,又用资本市场的证据以数量经济学方法进行检验。

行为财务理论采用实证经济学的研究方法,从资本市场"现实是什么""实际发生了什么"出发,运用心理学,特别是人类行为决策的研究成果来研究资本市场的运行规律。行为财务学从诞生开始,始终建立在实验基础之上,从卡内曼和特沃斯基提出预期理论到今天的发展一直以实证研究为主。目前行为财务学的主要贡献包括四大理论:市场择机理论、迎合理论、管理者过度乐观与过度自信理论和羊群理论。

综上,行为财务理论解释了传统财务理论所无法解释的实证发现,从而对市场效率性进行了与过去截然不同的诠释,丰富了财务理论的内涵。二者的主要区别如表 16-2 所示。

表 16-2　行为财务学和传统财务学的区别

	传统财务学	行为财务学
时期	20 世纪 80 年代前	20 世纪 80 年代后
关注点	物	人
基本假设	理性经济人、CAPM、EMH	投资主体非理性,自然人快乐
理论基础	期望效用理论	预期理论(价值函数与权重函数)、认知心理学
研究内容	通过最优决策模型 解释什么是最优决策	通过描述性决策模型 探讨投资者的实际决策过程
研究方法	规范研究	实证研究
主要贡献	—	市场择机理论、迎合理论、管理者过度乐观与过度自信理论和羊群理论

第四节　行为财务理论模型

一、行为财务理论模型——行为组合理论(*behavioral portfolio theory,BPT*)和行为资产定价模型(*behavioral asset pricing model,BAPM*)

一些行为金融理论研究者认为将行为金融理论与现代金融理论完全对立起来并不恰当。将二者结合起来,对现代金融理论进行完善,正成为这些研究者的研究方向。在这方面,斯塔特曼和谢夫林提出的 BPT 和 BAPM 引起金融界的注意。BPT 是在现代资产组合理论(MAPT)的基础上发展起来的。MAPT 认为投资者应该把注意力集中在整个组合,最优的组合配置处在均值方差有效前沿上。BPT 认为现实中的投资者无法做到这一点,他们实际构建的资产组合是基于对不同资产的风险程度的认识以及投资目的所形成的一种金字塔式的行为资产组合,位于金字塔各层的资产都与特定的目标和风险态度相联系,而各层之间的相关性被忽略了。BAPM 是对现代资本资产定价模型(CAPM)的扩展。与 CAPM 不同,BAPM 中的投资者被分为两类:信息交易者和噪声交易者。信息交易者是严格按 CAPM 行事的理性交易者,不会出现系统偏差;噪声交易者则不按 CAPM 行事,会犯各种认知偏差错误。两类交易者互相影响共同决定资产价格。事实上，在 BAPM 中，资本市场组合的问题仍然存在，因为均值方差有效组合会随时间而改变。

(一)行为组合理论

金融顾问如基金公司向投资者建议的有价证券组合往往与标准金融中的组合不一致，例如：费舍尔(Fisher)和斯塔特曼(1997)注意到共同基金公司向投资者建议的各种投资组合中的股票、债券比例不一致，很明显，这与 CAPM 中两部分资金分离(two-fund separation)的原则相矛盾，该原则要求任何投资组合中股票、债券之比一定。

谢夫林和斯塔特曼(1997)建立行为投资组合(BPT)代替马柯维茨的均值一方差组合，BPT 是在马柯维茨现代资产组合理论(MAPT)的基础上发展起来的。MAPT 认为投资者应该把注意力集中在整个组合上，将组合作为一个整体，构建投资组合时考虑协方差并对风险采取一致的厌恶态度，最优的组合配置处于均值方差的有效前沿上。BPT 认为现实中的投资者无法做到这一点，他们实际构建的资产组合是基于对不同资产的风险程度的认识以及投资目的所形成的一种金字塔式的行为资产组合，位于金字塔各层的资产都与特定的目标和风险态度相联系，而各层之间的相关性被忽略了。如一部分资金放在保值目的的一层，面临较少的风险，一部分放在升值目的的一层，承担较多的风险。

(二)行为资产定价模型

谢夫林和斯塔特曼(1994)在 SP/A 理论[洛佩斯(Lopes,1987)]和预期理论的基础上，针对 CAPM 提出行为资产定价模型(BAPM)。该模型理论指出，市场上有两种交易者(知情交易者和噪声交易者)。知情交易者是 CAPM 中的投资者，他们没有认知错误且具有相同的风险偏好，噪声交易者则存在于 CAPM 之外，会犯认知错误且具有不同的风险偏好。

资本市场上资产的价格由这两类投资者共同决定：当前者在资本市场上起主导作用时，资本市场是有效的；当后者在资本市场上起主导作用时，资本市场是无效的。行为资本资产定价理论指出，传统的资本预算中的贴现率是按照传统的资本资产定价模型为基础计算出来的，这个贴现率是以资本市场的有效性和管理者的理性为前提的，但事实并非如此。按照行为财务学的观点，应以行为资本资产定价理论为基础来重新估计贴现率。

BAPM 理论认为，需求和供给由效用(产品成本和替代品价格)以及价值表现方面的特征(如品味)所决定。CAPM 中需求和供给由表示效用的 β 决定。三因素模型中需求和供给由规模(size)、账面市值比(B/M)、市场风险(market risk)决定。法玛和弗伦奇(Famal & French,1992)认为它们属于衡量风险效用方面的特征，而布伦南、乔尔迪亚和苏布拉马尼亚姆(Brennan,Chordia & Subrahmanyam,1998)则认为他们属于非风险方面的特征。BAPM 理论则既包括了效用方面特征也包括了价值表现型特征。谢夫林和斯塔特曼(1995)发现投资者都偏向投资于声誉好的公司。

二、投资行为模型

(一)DSSW 模型(Delong,Shleifer,Summers and Waldmann,1990)

该模型解释了噪声交易者对财务资产定价的影响及噪声交易者为什么能赚取更高的预期收益。噪声即市场中虚假和误判的信息。该模型认为，市场中存在理性套利者和噪声交易者两种交易者，后者的行为具有随机性和不可预测性，由此产生的风险降低了理性套利者进行套利的积极性。这样财务资产的价格明显偏离基本价值，而且噪声会扭曲资产价格，但他们也可因承担自己创造的风险而赚取比理性投资更高的回报。

(二)BSV 模型(Barberis,Shleifer,and Vishny,1998)

该模型解释了财务资产的价格如何偏离 EMH。BSV 模型建立在两个行为心理依据上：选择性偏差(representative bias)，即投资者过分重视近期数据的变化模式，而对产生这些数据的总体特征重视不够，这种偏差导致股价对收益变化的反映不足(under-reaction)；保守性偏差(conservation)，即一旦投资者形成了一种判断，不能及时根据变化了的情况修正自己的预测模型，导致股价过度反应(over-reaction)。BSV 模型是从这两种偏差出发，解释投资者决策模型如何导致证券的市场价格变化偏离效率市场假说。

(三)DHS 模型(Daniel,Hirsheifer and Subramanyam,1998)

该模型解释了股票回报的短期连续性和长期的反转。该模型将投资者分为有信息者和无信息者两类。前者不存在判断偏差，后者表现出过度自信和自我偏爱两种判断偏差。过度自信导致投资者夸大对股票价值判断的私人信息的准确性；自我偏爱导致对私人信息的反应过度和公共信息的反应不足。因此，股票价格短期内会保持连续性，但从长期来看，当投资者的私人信息与公共信息不一致时，股票价格会因前期的过度反应而回调。

法玛(1998)认为 DHS 模型和 BSV 模型虽然建立在不同的行为前提基础上，但二者的结论是相似的。

(四)HS 模型(Hong and Stein,1999)

HS 模型又称统一理论模型(unified theory model)。该模型认为，在财务市场上存在着两类交易者——观察消息者和动量交易者。观察消息者，根据他们获得的关于未来价值的私人信息进行交易，忽视股价的变化。动量交易者，则完全依赖于股票过去的价格变化进行交易。HS 模型研究了这两类投资者的互相作用机制对股价的影响。HS 模型假设私人信息在观察新信息交易者之间缓慢传播，导致观察信息者对最初的私人信息反应不足，动量交易者意识到了观察信息者的这种反应不足的倾向，试图利用这一点进行套利，但结果导致股价的过度反应。

HS 模型区别于 BSV 和 DHS 模型之处在于：它把研究重点放在不同作用者的作用机制上，而不是作用者的认知偏差方面。

(五)羊群效应模型(herd behavioral model)

该模型解释了投资者在市场中的群体行为及其后果。该模型认为投资者羊群行为是符合最大效用准则的，是"群体压力"等情绪下贯彻的非理性行为，有序列型和非序列型两种模型。序列型由班纳吉(Banerjee,1992)提出，在该模型中，投资者通过典型的贝叶斯过程从市场噪声以及其他个体的决策中依次获取决策信息，这类决策的最大特征是其决策的序列性。但是现实中要区分投资者顺序是不现实的。因而这一假设在实际金融市场中缺乏支持。非序列型则论证无论仿效倾向强或弱，都不会得到现代金融理论中关于股票的零点对称、单一模态的厚尾特征。

第五节　行为财务学实证研究结果

预期理论的提出大大推动了行为财务学的发展，一大批研究成果相继取得。特别是德·邦特和塞勒(De Bondt & Thaler,1985、1987)的反向投资策略以及杰加迪西和梯特曼(Jegadeesh & Titmann,1993、2001、2002)的动量投资策略,更是引起市场的广泛关注。总的来讲,实证研究目前主要集中在资本市场,主要有两方面的原因:一是资本市场资料准确且比较容易获得;二是传统财务理论(或是同样基于第一个原因)的研究也主要是通过资本市场进行实证证实或证伪的。

一、股票价格的异常变动研究

行为财务学认为,现代财务模型对资本市场的现象不能予以明确的解释。股票价格的变化在统计上是复杂的且非线性的。股票交易可逆转性越大、带有的情感因素越多,交易的时间限制压力越大、投资者决策越是依赖直觉和经验,股票价格变动也越大。因此,如果决策程序是可调整的,那么股票价格和变动就不仅随信息的不对称而变动,而且在决策程序上存在较大的差别时,股票价格的变动也将较大。

1. 反应过度

反应过度是指某一重大事件引起股票价格产生剧烈变动,超过预期的理论水平(超涨或者超跌),然后再以反向修正的形式回归至其应有的价位上的现象。国家宏观经济政策某内容的变动、公司年报的出台、分配方案的确定等均会导致投资片面夸大上述事件的影响,从而导致对股票价格趋势的误解。美国股市在 1987 年 10 月崩溃事件曾引起相当程度的重视,布劳斯、马克迪雷和希亚勒(Blouse,Markdilay & Hialer,1989)发现 10 月 19 日 S&P 股价指数比非 S&P 股价指数超跌 20%,而在次日的反向调整中幅度超过非 S&P 股价指数,表现为过度反应的现象。

2. 反应不足

与反应过度相对应,金融市场中还存在一种"反应不足"的现象。市场上有重大消息时,股价波动平平,而一些较大的波动却出现在没有什么消息的日子里。卡尔特、波特马和萨默斯(Cutler,Poterba & Summers,1992)在研究中还发现:许多重要的指数在较短期限内的短期收益具有正的自相关性,这种现象随着研究的逐步深入被越来越多的学者证实。"反应不足"最常见的就是市场对刚公布的信息没有足够的反应力度,随后才逐步修正的现象。

事实上,反应过度或反应不足这两种效应通常是混在一起的,从某种意义上讲是相互对立的现象。这两种现象的同时存在给财务学家带来了困惑。巴尔贝里斯和施莱弗(Barberis & Shleifer)提出了一个行为财务模型,在代表性启发原理的基础上,较好地协调了反应过度和反应不足现象之间的矛盾。

二、针对异常现象的投资策略

行为财务注重从投资者的心理和行为因素来诠释投资者的行为。因此,针对证券市场的非理性表现,为解决投资决策过程中所存在的认识与行为偏差,投资者应采取以下投资策略:

(一)小公司效应

小公司效应是指投资于小公司的收益率比大公司的收益率高。班茨(1981)发现股票收益率随着公司规模的增大而减少。法玛和佛伦奇(1992)也对此进行了实证检验,发现市值小的股票比市值大的股票年平均收益率要高。西格尔(Siegel,1998)研究发现,平均而言小盘股比大盘股的年收益率高出 4.7%,而且小公司效应大部分集中在 1 月份。由于公司规模和 1 月份的到来对市场而言都是已知信息,这一现象明显有悖于半强式有效市场假说,超常回报并不是建立在新的信息之上,而是建立在已公开的信息之上。

(二)反向投资策略(contrary investment strategy)

反向投资策略就是买进过去表现差的股票而卖出过去表现好的股票来进行套利的投资方法。一些研究显示,如选择市盈率低、股票账面比市值低、历史收益低的股票,往往可以得到比预期收益率更高的收益,且这种收益是一种"长期异常收益"。蒂西亚和瑾(Desia & Jain,1997),艾肯伯瑞、阮金和斯苔斯(Ikenberry,Rankine & Stice,1996)也发现公司股票分割前后都存在着正的长期异常收益。行为财务理论认为反向投资策略是对股市过度反应的一种纠正,是一种简单外推的方法。

(三)动量交易策略(momentum trading strategy)

动量投资策略是指对位于上升趋势中的股票进行投资以赚取价差的投资方法。这种投资策略是针对证券市场中"反应不足"的股票所进行的短期投资。在反应不足时,股价自开始上涨直至达到顶部通常有持续几天的过程,动量投资者如果在股价出现上涨趋势时购入,虽然价位较高,但是今后几天内能够以更高的价格卖出,仍然可以获利。杰加迪西和梯特曼(1993)在对资产股票组合的中期收益进行研究时发现,以 3 到 12 个月为间隔所构成的股票组合的中期收益呈现出延续性:股票的中期价格具有向某一方向连续变动的动量效应。若文豪斯特(Rouvenhorst,1998)对其他 12 个国家的研究同样支持动量效应的存在,从而证明了这种效应并不是由于数据采样的偏差所造成的误解。在实践中,动量交易策略早已得到了广泛的应用,如美国的价值线排名的利用等。

相比而言,动量投资策略是买入过去一段时间表现好的股票而卖出过去表现不佳的股票,而逆向投资策略刚好相反,即买入过去表现不佳的个股并卖出表现良好的个股。依据行为金融理论的观点,此两种投资策略的基本思维在于前者认为股市存在反应不足的现象,而后者认为股市存在过度反应的现象。

(四)成本平均策略和时间分散化策略

成本平均策略指投资者根据不同的价格分批购买股票,以防不测时摊低成本的策略;而时间分散化策略指由于股票的风险将随着投资期限的延长而降低所采取的随着投资者年龄的增长而将股票的比例逐步减少的策略。这两个策略被认为与现代财务理论的预期效用最大化原则明显相悖。

其他实证研究结果:早在 1996 年,厦门大学沈艺峰教授根据我国股票市场公开资料和数据,遵循法玛的理论思路,参考霍思的实证方法,以"宝延事件"和"万申事件"为中心,检验我国股票市场的半强式有效性假设。沈艺峰分别收集了 1993 年 9 月 8 日至 1993 年 11 月 4 日之间延中股票的交易价格(包括最高价和最低价)和 1993 年 10 月 14 日至 1993 年 12 月 9 日申华股票的交易价格(包括最高价和最低价),以及相应期间内的上海证券交易所综合指数。择取的股票样本均满足样本数据时间连续性的要求。整个实证检验结果表明当时我国股票市场不具有半强式有效性。

2007 年,李艳荣研究了在我国上市公司中同时存在的股权融资偏好和投资产出低效两种现象,构建了一个内部资本市场"财务歧视"的理论模型,然后利用该模型对我国上市公司进行了实证研究,并在此基础上提出了一个新的解释:我国上市公司由于具有融资成本低、现金流权和控制权相分离的特点,有可能在控股母公司的主导下成为其所在企业集团的"融资窗口",因此它一方面表现出了对股权融资的过度偏好,另一方面又因为"隧道效应"造成了资金的流出和投资产出的低效。

随着 2002 年诺贝尔经济学奖授予美国普林斯顿大学的丹尼尔·卡纳曼教授和美国乔治·梅森大学的弗农·史密斯(Vernon L. Smith)教授,行为财务学在我国也备受关注。2004 年光大保德信基金管理公司发行的光大保德信量化核心基金,是国内第一只明确标明以行为金融学理论为指导的投资基金,成为国内证券市场的一个创新。目前,行为财务学在中国已经不仅仅是停留在理论研究层面上,而被越来越多的学者应用于实证研究之中。行为财务学也不再是财务学的一个微不足道的分支,逐渐成为严肃财务理论的中心支柱。

本 章 小 结

行为财务学是建立在实验经济学、心理学、财务学、社会学、统计学等综合学科基础之上的一门典型的交叉学科,主要基于心理学实验结果提出投资者决策时的心理特征假设来研究投资者的实际投资决策行为。

行为财务学的核心理论是预期理论。该理论认为:投资者对收益的效用函数是凹函数,而对损失的效用函数是凸函数,表现为投资者在投资账面值损失时更加厌恶风险,而在投资账面值盈利时,随着收益的增加,其满足程度速度减缓。

传统财务理论与行为财务理论有诸多不同,二者建立在不同的假设基础之上:前者的基本假设是理性经济人,而后者建立在有限理性的基石上。此外,在理论基础、研究内容以及研究方法等方面都不尽相同。

行为财务理论主要包括行为资产定价理论、行为资产组合理论和行为财务理论模型。进一步的研究进展涉及交易行为理论、腐败行为财务分析、代理理论与公司治理结构的研究等。实证研究主要集中在资本市场,原因在于:资本市场资料准确且比较容易获得;同时,传统财务理论的研究也主要是通过资本市场进行实证证实或证伪的。

行为金融学具有极其广阔的应用空间,能够解释大量金融异象,有利于深入地认识日益复杂的资本市场;同时,对企业的经营管理有重大影响,有助于优化财务行为,整顿财务工作秩序。

关 键 术 语

行为财务学　有限理性　预期理论　锚定理论　回避损失

思 考 题

1. 简述行为财务学的基本内容。
2. 简述行为财务理论与传统财务理论的区别。
3. 简要说明行为财务理论的实证研究结果。
4. 试用行为财务理论解释我国上市公司股利政策中的股票股利偏好。

案 例 分 析

"中航油"事件中凸显的非理性行为——行为财务学的视角

2006 年 3 月 29 日,中航油新加坡公司的股票在新加坡交易所重新挂牌上市。这标志着因从事石油衍生品期权投机交易发生巨亏的中航油新加坡公司化解了破产危机。至此,中航油事件尘埃落定。此次事件给我们带来的教训是惨痛的，如何避免类似事件的再次发生成为企业界人士及国家监管部门所关心的焦点。

对此，国内外学者与业界人士纷纷从不同角度提出了见解，例如：国企跨国经营监管问题、风险控制策略、内部控制不严问题以及国际衍生金融工具本身的原因等。这些观点各有其合理性，没有哪个原因能单独解释"中航油"事件中出现的所有问题，在此，我们简单回顾"中航油"事件，并从行为财务理论角度进行分析。

2004 年 11 月 30 日　　中航油自曝石油期货亏损 5.5 亿美元　陈久霖被停职
2004 年 12 月 3 日　　新加坡政府召陈久霖及三董事协助调查
2004 年 12 月 8 日　　新加坡警方正式拘捕陈久霖
2004 年 12 月 10 日　　中航油危机小组飞赴新加坡
2004 年 12 月 14 日　　中航油新加坡公司停牌等待重组
2005 年 1 月 24 日　　中航油公布重组计划
2005 年 3 月 29 日　　普华永道发布中航油亏损事件报告
2005 年 6 月 7 日　　中航油发布公告称陈久霖可能以 15 项罪名被起诉
2005 年 6 月 9 日　　陈久霖第一次受审面临最多 70 年监禁
2005 年 6 月 13 日　　中航油重组计划在新加坡获批
2005 年 12 月 5 日　　注资 1.3 亿美元中航油完成重组

陈久霖所"掌门"的中航油新加坡公司曾拥有耀眼的光环。2002 年和 2003 年，该公司两度入选新加坡"1 000 家最佳企业"；2003 年 4 月，在美国应用贸易系统机构举办的"行业洞察力调查"活动中，入选亚太地区最具独特性、成长最快和最有效率的石油公司；2004 年，入选道琼斯新加坡泰山 30 指数，成为首家入选该指数的新加坡中资企业。

耀眼的光环使陈久霖失去了清醒的头脑。他在心理上完全放松了对风险的警惕，过分的自信和绝对的权力一步步使他走向与自己的设计完全相反的道路。而当他发现后果严重时，又抱有很多侥幸心理，不敢披露实情，也迟迟没有向母公司汇报。陈久霖在任中航油 CEO 后，就进行了四次"豪赌"，"过度自信"的表现一览无余。

在资本市场上，"现金是王"，而身为 CEO 的陈久霖甚至并未根据公司的财务实力，为此次投机交易明确设定一个现金头寸的上限。无限开放的赌注，加之永不服输的心理与支持这种心理的"判断"，恶果的酿成就在所难免。

随着 2004 年石油价格一路上涨，到 3 月 28 日，公司已经出现 580 万美元账面亏损。陈久霖决定以展期掩盖账面亏损，致使交易盘位放大。同年 6 月，公司因期权交易导致的账面亏损已扩大至 3 500 万美元。陈久霖亲自操盘，陷入标准的赌徒状态，既不考虑及时止亏，又不进行其他风险对冲，完全寄希望于有朝一日市场反转，挽回损失。金融衍生品专家对他的判断是："他完全是疯了。"

事后，普华永道作的独立调查报告列举了中航油巨亏 5.5 亿美元的六大原因：

报告显示：到了 2003 年年底以后，中航油新加坡公司错误地判断了油价走势，调整了交易策略，卖出了买权并买入了卖权，导致期权盘位到期时面临亏损。为了避免亏损，中航油新加坡公司在 2004 年 1 月、6 月和 9 月先后进行了三次挪盘，即买回期权以关闭原先盘位，同时出售期限更长、交易量更大的新期权。每次挪盘均成倍扩大了风险，该风险在油价上升时呈指数级数的扩大，直至公司不再有能力支付不断高涨的保证金，最终导致了目前的财务困境。

六大原因：一是 2003 年第四季度对未来油价走势的错误判断。二是看起来好像不想在 2004 年第一、二、三季度中记入损失的想法，最终导致了 2004 年的挪盘，公司草率承担了大量不可控制的风险，尤其是 6 月与 9 月的挪盘。三是公司未能根据行业标准评估期权组合价值。四是公司由此未能正确估算期权的 MTM（一种动量指标，可提供买入和卖出的讯号）价值，也未能在 2002 至 2004 年的财务报告及季报、半年报中正确反映。五是缺乏正确、严格甚至在部分情况下基本的对期权投机的风险管理步骤与控制。六是在某种程度上，对于可以用于期权交易（至少在精神上）的风险管理规则和控制，管理层也没有做好执行的准备。

陈久霖是如何一步一步将中航油"逼上"巨额亏损的绝路？除了 2003 年第四季度对未来油价走势的错误判断之外，2004 年 6 月份公司就已经面临着 3 580 万美元的潜在亏损，同时在原油价格继续上升的时候还继续追加了错误方向（做空）的资金。根据陈久霖向法院作出的证明，而在 8 月 12 日披露的第二季度报告中，公司的净利润仍有 1 020 万美元，但该报告没有揭示交易损失和负债情况，相反，还在吹嘘公司紧抓风险管理的程序。（有业内人士计算出，即使中航油对国际市场油价走势判断失误，大量抛空原油期货，当油价从 40 美元涨至 56 美元，中航油不得不强行平仓，所需保证金也不会超过 1 亿美元。）

从陈久霖对国际油价的错误判断开始也许就注定了这一切都无法挽回，行为财务理论认为人们有一种寻求支持某个假设的证据倾向，这种证实而不是证伪的倾向被称为"确认偏差"。在操作石油衍生品业务之初，由于判断准确中航油也曾取得了一定利润，陈久霖就倾向于不再关注那些否定该信念的新信息，而是盲目地陷入自己不熟悉的业务，但终归没有逃脱判断失误的结果，在石油价格上涨的过程中，中航油却卖出了大量看涨期权，并在发生巨额损失时不能自拔，反而进一步扩大投资，从而造成巨大的损失。陈久霖正是犯了行为金融学所称的确认偏差的认知错误。

作为决策者——陈久霖，在第二个过程中所体现出的完全是风险偏好者的非理性行为，面对巨大的风险，没有及时止损，一错再错，直至公司不再有能力支付不断高涨的保证金，最终导致了巨额损失，陷入破产境地。

事后陈久霖反思："出现这样严重的错误，既有必然的因素，也有偶然的失误。出现这种情况，完全是违背我个人的意志的，世界上没有任何人会忍心亲手毁掉自己付出心血创造起来的事业。"

我们相信他本人这么说并不是为自己开脱，根据行为财务理论：任何入市的投资者都不会怀疑自己理性的存在，也通常自认为掌握了一定信息和一定专业知识，所以在面对投资决策的时候，倾向于过度相信自己的判断力。在信息传播速度如此之快、传播范围如此之广的当今世界，风险市场在某种程度上可被视为信息市场，而过度自信的投资者往往不能正确处理各种有关的信息。这主要表现在两个基本方面：一是投资者如果过度自信，就会过分依赖自己收集到的信息而轻视市场上不断更新的信息，即投资者常使用过时的信息作出判断。二是过度自信的投资者在过滤和加工各种信息时，注重那些能够增强他们自信心的信息，而忽视那些伤害他们自信心的信息。当投资者投资后，通常只关注相关的利好消息，而忽视有关的不利消息。并且当投资者被套牢时，不愿意卖出已经发生亏损的股票，因为一旦卖出的话就等于承认自己决策失误，会伤害自己的自信心。从这个角度来看陈久霖的所作所为也不难理解了。

中国企业自身还没有建立符合市场经济规则的现代企业制度，思维方式、治理结构、管理水平都有诸多不完善之处，企业的盲目行为大量存在。运作企业时"赌"的心态比较明显。由于决策者的有限理性，即由于决策者的精力、能力和信息等方面的有限性，在面临不确定性决策时，通常不可能对备选方案进行全面、详尽的计算和评估，因而无法达到传统经济学在完备性、传递性等公理假设前提下的完全理性，从而使决策者发生认知偏差和动机偏差，并由此导致行为上的失误。

参考文献

[1] 英国 BBP 公司.高级财务管理[M].上海:东华大学出版社,2009.

[2] 刘志远.企业财务战略[M].大连:东北财经大学出版社,1997.

[3] Cliff Bowman. Strategic Management[M]. Prentice Hall,1997.

[4] 阿伯格伦,等.企业经营国际化战略[M].林新生,等,译.北京:新华出版社,1990.

[5] 王玉.企业战略管理[M].上海:上海财经大学出版社,2000.

[6] 汤谷良,王化成.企业财务管理学[M].北京:经济科学出版社,2000.

[7] 谷祺,刘淑莲.财务管理[M].大连:东北财经大学出版社,2002.

[8] 卡普兰,诺顿.建立平衡计分卡[J].新华航空,2003(3):29 - 38.

[9] 卡普兰,诺顿.综合计分卡[M].王丙飞,温新年,尹宏义,译.北京:新华出版社,2002.

[10] 马广奇.COSO 报告:企业内部控制理论评述[J].经济与管理,2006(11).

[11] 王化成.高级财务管理学[M].北京:中国人民大学出版社,2007.

[12] 杨淑娥.公司财务管理[M].北京:中国财政经济出版社,2004.

[13] 张国平.高级财务管理[M].西安:西安交通大学出版社,2005.

[14] 杨胜雄.高级财务管理[M].大连:东北财经大学出版社,2004.

[15] 汤谷良.高级财务管理[M].北京:中信出版社,2006.

[16] 崔如波.公司治理:制度与绩效[M].北京:中国社会科学出版社,2004.

[17] 朱元午.财务控制[M].上海:复旦大学出版社,2007.

[18] 蔡吉祥.无形资产学[M].北京:人民出版社,2007.

[19] 叶陈毅.无形资产管理[M].上海:复旦大学出版社,2006.

[20] 贾益东.无形资产经营[M].北京:中国财政经济出版社,2002.

[21] 张占耕.无形资产管理[M].上海:立信会计出版社,1998.

[22] 张延波.高级财务管理[M].北京:中央广播电视大学出版社,2003.

[23] 董正英,王正刚.财务管理高级教程[M].北京:科学出版社,2006.

[24] 张俊瑞.国际财务管理[M].上海:复旦大学出版社,2008.

[25] 王化成,刘俊勇,孙薇.企业业绩评价[M].北京:中国人民大学出版社,2004.

[26] 张蕊.企业经营业绩评价理论与方法的变革[J].会计研究,2002(12):46 - 50.

[27] 吴振飞,马立平.经济责任与业绩综合评价[M].北京:中国审计出版社,2001.

[28] 刘晶.上市公司经营绩效财务综合评价及其影响因素的实证分析[D].成都:西南交通大学,2004.

[29] 卡普兰,阿特金森.高级管理会计[M].吕长江,主译.大连:东北财经大学出版社,1999.

[30] 舒晓慧.上市公司财务绩效的评价方法研究[D].广州:暨南大学,2005.

[31] 张军波.企业经营业绩评价指标体系研究[D].广州:广东工业大学,2004.

[32] 冯丽霞.企业财务分析与业绩研究[M].长沙:湖南人民出版社,2002.

[33] 刘淑莲.高级财务管理理论与实务[M].大连:东北财经大学出版社,2005.

[34] 谷祺,王棣华.高级财务管理[M].大连:东北财经大学出版社,2006.

[35] 章鸣.高级财务管理[M].上海:上海财经大学出版社,2006.

[36] 杨淑娥,胡元木.财务管理研究[M].北京:经济科学出版社,2002.

[37] 张海.实行股票期权制度的理论探讨[J].中国论文下载中心,2006-03-24.

[38] 麻晓艳.企业业绩评价模式演进及趋势[J].商业时代,2007(10).

[39] 王化成,刘俊勇.企业业绩评价模式研究——兼论中国企业业绩评价模式选择[J].管理世界,2004(11).

[40] 郭复初.财务新论[M].北京:中国经济出版社,1999.

[41] 裴中阳.集团公司运作机制[M].北京:中国经济出版社,2000.

[42] 王斌,张延波.企业集团财务[M].北京:高等教育出版社,2000.

[43] 陈雪.让资产在流动中增值[J].中国证券报,1997-09-17(1,5).

[44] 杨雄胜,陈丽华.集团公司财务管理[M].北京:人民出版社,2007.

[45] 彭劲松.当代中国利益分析[M].北京:人民出版社,2007.

[46] 王烨,赵殿斌.构建和谐社会与国有企业财务管理创新[J].特区经济,2007(9).

[47] 蒋苏娅.论和谐财务[J].财会通讯(学术版),2007(8).

[48] 龙静,董邦国,高蔷.和谐财务管理的新目标——和谐经济增加值率最大化[J].中国乡镇企业会计,2006(9).

[49] 陈志勇.推进企业柔性财务管理初探[J].财政监督,2007(9).

[50] 陈贞贞.浅析柔性管理与财务管理之融合[J].时代经贸.2007(2).

[51] 程书华,卜国清.资本新形式:知识资本[J].合作经济与科技,2002(1).

[52] 李长江,冯正强,王国顺.上市公司管理层薪酬激励的最优水平实证研究[J].湘潭大学学报(哲学社会科学版),2005(3).

[53] 严瑾.治理企业集团财务管理存在问题的对策[J].财会通讯(理财版),2007(1).

[54] 林钟高,王锴,章铁生.财务治理:结构、机制与行为研究[M].北京:经济管理出版社,2005.

[55] 李心合.利益相关者财务[J].会计研究,2003(10).

[56] 林钟高,徐虹.财务冲突及其纾解:一项基于契约理论的分析[J].会计研究,2006(6).

[57] 赵华,何惕,刘更新.基于柔性战略观的企业财务战略管理机制创新研究[J].长沙理工大学学报(社会科学版),2006(3).

[58] 王伟国.网络经济时代的企业财务管理模式探析[J].石河子大学学报(哲学社会科学版),2003(3).

[59] 孙素岩.信息时代的财务管理变革与创新[J].会计之友,2004(11).

[60] 席酉民,唐方成,郭士伊.和谐理论[M].西安:西安交通大学出版社,2004.

[61] 席酉民,葛京,等.和谐管理理论:案例及应用[M].西安:西安交通大学出版社,2006.

[62] 中国商业联合会,中国企业联合会.公司治理[M].上海:上海人民出版社,2006.

[63] Haugen,Robert A. The Inefficient Stock Market[M]. New Jersey:Prentice Hall,1999.

[64] Daniel Kahneman,and Amos Tversky. Prospect Theory:An Analysis of Decision Under

Risk[J]. Econometrica,1979(47):263 - 291.

[65] 张光.西方行为财务理论的评价及运用[J].财会月刊,2005(11).

[66] 邵春燕.基于行为财务理论的企业融资行为研究[J].技术经济与管理研究,2007(6).

[67] 潘海英.金融理论研究的新视角——行为金融理论述评[J].生产力研究,2005(6).

[68] 华金秋.行为财务——财务学的新领域[J].贵州财经学院学报,2000(5).

[69] 周国梅,荆其诚.心理学家 Daniel Kahneman 获 2002 年诺贝尔经济学奖[J].心理科学进展,2003(11).

[70] 杨胜刚,吴立源.非理性的市场与投资:行为金融理论述评[J].财经理论与实践,2003(1).

[71] 夏明.在自由经济的语境中反思行为财务学[J].财会通讯,2004(11).

[72] 郑玲.行为财务对现代财务的发展[J].财会月刊,2006(3).

[73] 林钟高,谢升滕.国外行为财务理论述评[J].安徽工业大学学报,2005(11).

[74] 沈艺峰.会计信息披露和我国股票市场半强式有效性的实证分析[J].会计研究,1996(1).

[75] 李艳荣.内部资本市场、财务歧视和关联交易——对我国上市公司融投资行为的一个新解释[J].财贸经济,2007(4).

[76] 黄少军.行为金融理论的前沿发展[J].经济评论,2003(1).

[77] 黄静.行为金融理论与投资策略应用研究[D].长春:吉林大学,2006.

[78] Arberis,Nicholas C.,Richard H. Thaler. A Survey of Behavioral Finance[M]//George M. Constantinides,Milton Harris,and René M. STULZ,eds. Handbook of the Economics of Finance:Volume 1B,Financial Markets and Asset Pricing. Elsevier North Holland,2003:1053 - 1128.

[79] 陆宇建,张继袖,吴爱平.中航油事件的行为金融学思考[J].软科学,2007(8).

[80] Michael E. Porter. 竞争优势[M].北京:华夏出版社,1997.

[81] Jeffrey F. Rayport,John J. Sviokla. Exploiting the Virtual Value Chain [J]. Harvad Business Review,1995(9 - 12):75 - 99.

[82] 龚艳萍,隋月红.价值链管理研究的新发展[J].现代管理科学,2006(4).

[83] 阎达五.价值链会计研究:回顾与展望[J].会计研究,2004(2).

[84] 黄永明,聂鸣.全球价值链治理与产业集群升级国外文献研究综述[J].北京工商大学学报,2006(3).

[85] 张鸣,王明虎.战略成本下价值链分析方法研究[J].上海财经大学学报,2003(8).

[86] 蒋云霞.价值链分析在战略成本管理中的应用[J].商业时代,2006(26).

[87] 燕洪国,严复海.基于价值链的战略成本管理问题探析[J].价值工程,2005(9).

[88] 雷舰,杨丽丽.价值链理论对成本管理的启示[J].商业时代,2006(1).

[89] 余伟萍,崔苗.经济全球化下基于企业能力的价值链优化分析[J].中国工业经济,2003(5).

[90] 韩东安,王雅林.价值链优化与成本控制[J].企业管理,2006(11).

[91] 邓宏亮,陈锡文.从海尔经验看我国企业核心竞争力的培育[J].特区经济,2005(10).

[92] 刘冬荣,王琳.价值链分析在战略成本管理中的应用研究[J].价值工程,2005(3).

[93] 闫彬.战略成本管理预企业价值链[J].价值工程,2003(2):35-38.

[94] Booth R. Appreciating the Value before Counting the Cost[J]. Management Acounting, 1997(1):54.

[95] 陈镇元,邱少坤.价值链管理应以价值为中心[J].广东商学院学报,2002(6):18-22.

[96] McGuffok T. E-commerce and the Value Chain[J]. Manufacturing Engineer,1999(8): 157-160.

[97] 王欣.价值链优化绩效评价指标体系的构建[J].铜陵学院学报,2005(3).

[98] 朱爱明.价值链管理与我国大学会计管理探讨[J].南通职业大学学报,2005(9).

[99] 潘雅芳.基于价值链的企业绩效评价体系研究[J].科技信息(学术研究),2007(7).

[100] 王宏新,蔡旭.论平衡计分卡在企业价值链评价中的应用[J].辽宁工程技术大学学报, 2005(11).

[101] 潘镇鲁,明泓,基于价值链之上的企业竞争力——一项对457家中小企业的实证研究 [J].管理世界,2003(3).

[102] 迟晓英,宣国良.价值链研究发展综述[J].外国经济与管理,2000(1).

[103] 曾铮,张亚斌.价值链的经济学分析及其政策借鉴[J].中国工业经济,2005(5).

[104] 李孝林.会计准则理论框架和会计基础理论体系内容及关系试析[J].四川会计,1999 (6).

[105] 王育宝,吕璞.中国石油石化产业国际竞争力分析[J].资源科学,2005(6).

[106] 何瑛.战略成本管理研究综述[J].北京工商大学学报(社会科学版),2004(1).

图书在版编目(CIP)数据

高级财务管理/田高良,赵栓文主编. —2 版. —西安:
西安交通大学出版社,2015.1(2017.8 重印)
普通高等教育"十二五"会计与财务管理专业规划教材
ISBN 978 - 7 - 5605 - 7090 - 7

Ⅰ.①高…　Ⅱ.①田…　②赵…　　Ⅲ.①财务管理-高等
学校-教材　Ⅳ.①F275

中国版本图书馆 CIP 数据核字(2015)第 030140 号

书　　名	高级财务管理(第二版)
主　　编	田高良　赵栓文
责任编辑	魏照民　史菲菲

出版发行	西安交通大学出版社
	(西安市兴庆南路 10 号　邮政编码 710049)
网　　址	http://www.xjtupress.com
电　　话	(029)82668357　82667874(发行中心)
	(029)82668315　82669096(总编办)
传　　真	(029)82668280
印　　刷	陕西宝石兰印务有限责任公司

开　　本	787mm×1092mm　1/16　印张 23.625　字数 565 千字
版次印次	2015 年 2 月第 2 版　　2017 年 8 月第 2 次印刷
书　　号	ISBN 978 - 7 - 5605 - 7090 - 7
定　　价	49.80 元

读者购书、书店添货,如发现印装质量问题,请与本社发行中心联系、调换。
订购热线:(029)82665248　(029)82665249
投稿热线:(029)82668133
读者信箱:xj_rwjg@126.com